Animal & Droit

Bestiaire
Patrimoine juridique
Défis contemporains

ANIMAL & DROIT

Bestiaire
Patrimoine juridique
Défis contemporains

Sous la direction scientifique de

Claire Bouglé-Le Roux
Maître de conférences HDR en histoire du droit
Directrice du Laboratoire DANTE (EA 4498)
Université de Paris-Saclay (UVSQ, Versailles)

Nadège Reboul-Maupin
Professeur de droit privé
Université de Paris-Saclay (UVSQ, Versailles)
Responsable du DU Droit animalier des affaires (DADA)
Laboratoire DANTE (EA 4498)

LexisNexis

141, rue de Javel – 75015 Paris

Publié grâce au soutien du Laboratoire DANTE
(Droit des Affaires et des Nouvelles Technologies)
de l'Université de Versailles-Saint-Quentin-en-Yvelines
et de la Graduate School Paris-Saclay.
Les soutiens partenaires :

Avertissement de l'Éditeur

Toute utilisation ou traitement automatisé, par des tiers, de données personnelles pouvant figurer dans cet ouvrage sont formellement interdits.

DANGER LE PHOTOCOPILLAGE TUE LE LIVRE

Le logo qui figure sur la couverture de ce livre mérite une explication. Son objet est d'alerter le lecteur sur la menace que représente pour l'avenir de l'écrit, tout particulièrement dans les domaines du droit, de l'économie et de la gestion, le développement massif du photocopillage.

Le Code de la propriété intellectuelle du 1er juillet 1992 interdit en effet expressément la photocopie à usage collectif sans autorisation des ayants droit. Or, cette pratique s'est généralisée dans les établissements d'enseignement supérieur, provoquant une baisse brutale des achats de livres au point que la possibilité même pour les auteurs de créer des œuvres nouvelles et de les faire éditer correctement soit aujourd'hui menacée.

Siège social : 141, rue de Javel - 75015 Paris

ISBN 978-2-7110-4131-2

AUTEURS

Contributions classiques

Clara BERNARD-XÉMARD
Maître de conférences HDR en droit privé, Université de Paris-Saclay (UVSQ, Versailles), Laboratoire DANTE (EA 4498)

Camille BERTHET
Doctorante en droit animalier des affaires, Université de Paris-Saclay (UVSQ, Versailles), Laboratoire DANTE (EA 4498)

Claire BOUGLÉ-LE ROUX
Maître de conférences HDR en histoire du droit, Directrice du Laboratoire DANTE (EA 4498), Université de Paris-Saclay (UVSQ, Versailles)

Lorène BOURDIN
Avocate au Barreau de Paris, Membre de la Commission du Barreau de Paris « Droit animal »

Pierre-Louis BOYER
Doyen de la Faculté de droit du Mans, Maître de conférences HDR en histoire du droit, Laboratoire Themis UM (EA4333)

Philippe CHARLIER
Directeur du Laboratoire Anthropologie, Archéologie, Biologie (LAAB), Université de Paris-Saclay (UVSQ, Versailles) (UR 20202)

Sandrine CLAVEL
Doyen honoraire, Professeure de droit privé, Directrice du laboratoire DANTE (EA 4498), Université de Paris-Saclay (UVSQ, Versailles)

Mélanie CLÉMENT-FONTAINE
Professeure de droit privé, Université de Paris-Saclay (UVSQ, Versailles), Laboratoire DANTE (EA 4498)

Marie-Bénédicte DESVALLON
Avocate au Barreau de Paris, Solicitor of the Senior Courts of England & Wales, Responsable de la commission ouverte « Animaux et Droit »

Alice DI CONCETTO
Directrice juridique de l'Institut européen du droit et de la politique animale

Cyrille DOUNOT
Professeur d'histoire du droit, Université Toulouse Capitole, Centre Toulousain d'Histoire du Droit et des Idées Politiques (EA 789)

Laurent GODON
Professeur de droit privé, Université de Paris-Saclay (UVSQ, Versailles), Laboratoire DANTE (EA 4498)

Blanche DE GRANVILLIERS
Avocate au Barreau de Paris, spécialiste en droit équin

Magali GREINER
Avocate au Barreau de Paris Membre de la Commission ouverte « Droit de l'animal » et Co-fondatrice du Réseau d'Avocats des Droits de l'animal

Valérie HAYAERT
Agrégée de lettres modernes, Université de Warwick, Centre d'études de la Renaissance

Victoire LASBORDES-DE VIRVILLE
Maître de conférences HDR en droit privé, Université de Paris-Saclay (UVSQ, Versailles) Laboratoire DANTE (EA 4498)

Christine LEBEL
Maître de conférences HDR en droit privé, Université de Franche-Comté, CRJFC (UR 3225)

Brigitte LEBLANC
Vétérinaire, Membre de l'Association de Protection des Animaux par le Droit (APRAD)

Benoît LOPEZ
Maître de conférences en droit privé, Université de Paris-Saclay (UVSQ, Versailles), Laboratoire DANTE (EA 4498)

Maxime LOUIS
Juriste, Vice-président de l'Association de Protection des Animaux par le Droit (APRAD)

Ninon MAILLARD
Maître de conférences en histoire du droit, Université de Paris-Nanterre, Centre d'Histoire et d'Anthropologie du Droit (EA 4417), Co-rédactrice en chef de la Revue Semestrielle de Droit Animalier, *auteur de* Ad bestias... *Regards sur le droit animalier (Neta Vania/PULIM, 2023)*

Marie MALAURIE-VIGNAL
Professeur agrégé des Facultés de droit, Université de Paris-Saclay (UVSQ, Versailles), Laboratoire Institut Droit Éthique Patrimoine (EA 409)

Jean-Pierre MARGUÉNAUD
Professeur agrégé de droit privé, Université de Montpellier, Membre de l'Institut de droit européen des droits de l'homme

Geneviève MARIGNAC
Vétérinaire, Maître de conférences à l'École Nationale Vétérinaire d'Alfort

Xavier MARTIN
Professeur émérite d'histoire du droit, Université Angers, Centre Jean Bodin (EA 4337)

Alexandre MIMOUNI
Maître de conférences en histoire du droit, Université de Tours, Institut de Recherche Juridique Interdisciplinaire (IRJI-François-Rabelais) (EA 7496)

Cathy MORALES-FRÉNOY
Avocate aux Barreaux de Paris et de New York, Auteure de l'ouvrage « Le droit animal » (L'Harmattan, 2017)

Xavier PERROT
Professeur d'histoire du droit, Université Clermont Auvergne, Centre Michel de l'Hospital (UR 4232), Co-Directeur de la Revue Semestrielle de Droit Animalier, *auteur de* Ad bestias… *Regards sur le droit animalier (Neta Vania/PULIM, 2023)*

Nadège REBOUL-MAUPIN
Professeur de droit privé, Université de Paris-Saclay (UVSQ, Versailles), Responsable du DU Droit animalier des affaires (DADA), Laboratoire DANTE (EA 4498)

François-Xavier ROUX-DEMARE
Doyen honoraire de la Faculté de Droit, Maître de conférences HDR en droit privé, Directeur du DU de Droit animalier et d'Éthique et condition animale, Université de Bretagne occidentale – Brest, Lab-LEX (UR 7480)

Neli SOCHIRCA
Avocate au Barreau de Paris

Romy SUTRA
Maître de conférences en histoire du droit, Université Toulouse Capitole, Centre Toulousain d'Histoire du Droit et des Idées Politiques (EA 789)

Anaïs SZKOPINSKI
Maître de conférences en droit privé, Université de Paris-Saclay (UVSQ, Versailles) Laboratoire DANTE (EA 4498)

N'nan Djénéba TESSOUGUE
Doctorante contractuelle en droit animalier, Université de Paris-Saclay (UVSQ Versailles), Laboratoire DANTE (EA 4498)

Thierry VIGNAL
Professeur de droit privé à l'Université de Cergy-Pontoise, Laboratoire d'Etudes Juridiques et Politiques (LEJEP) (EA 4458)

Bestiaires

Laure BAL DIT SOLLIER
Agrégée d'Histoire, École Normale Supérieure, ULM

Thibault BARBIEUX
Maître de conférences en histoire du droit, Université de Paris-Saclay (UVSQ, Versailles), Laboratoire DANTE (EA 4498)

Boris BERNABÉ
Doyen honoraire, Professeur d'histoire du droit, Université Paris-Saclay, Laboratoire Droit et Sociétés religieuses (EA 1611)

Anne BLONDEAU DA SILVA
Maître de conférences en écologie, Université de Limoges, Laboratoire Eau et Environnement Limoges (E2LIM, UR 24133)

Jean-Pierre CAMBY
Professeur associé HDR de droit public à l'Université de Paris-Saclay (UVSQ, Versailles), Laboratoire VIP (EA 3643)

Raphaël CAPET
Doctorant en histoire du droit, Université Toulouse Capitole, Centre Toulousain d'Histoire du Droit et des Idées Politiques (EA 789)

Monica CARDILLO
Agrégée des Facultés de droit, Professeur d'histoire du droit à l'Université de Nantes, Centre de Droit Maritime et Océanique (CDMO - UR 1165)

Élodie CRÉTEAU-ALBERT
Maître de conférences en histoire du droit, Université Angers, Centre Jean Bodin (EA 4337)

Cédric GLINEUR
Professeur d'histoire du droit, Université de Picardie Jules Verne, Ceprisca

Céline HUSSON-ROCHCONGAR
Maître de conférences HDR en droit public, Directrice de la recherche, Institut national du service public

Sophie PETIT-RENAUD
Professeur d'histoire du droit, Université de Paris-Saclay (UVSQ, Versailles), Laboratoire Droit et Sociétés religieuses (EA 1611)

Grégory REMBLIER
Doctorant en histoire du droit, Université de Toulouse Capitole, Centre Toulousain d'Histoire du Droit et des Idées Politiques (EA 789)

Dominique TAURISSON-MOURET
Ingénieure de recherches CNRS, Laboratoire de géographie physique et environnementale (GEOLAB-UMR 6042)

Julie TRAULLÉ
Professeur de droit privé, Université de Paris-Saclay (UVSQ, Versailles), Laboratoire DANTE (EA 4498)

Victoria VANNEAU
Ingénieure de recherche CNRS, Auteure « Le chien. Histoire d'un objet de compagnie », (éd. Autrement, 2020), Institut des Études et de la Recherche sur le Droit et la Justice (IERDI)

Entretiens

Rémi DUPOUY
Auteur-réalisateur de documentaires animaliers, Reporter naturaliste

Caroline DU SAINT
Journaliste et réalisatrice du reportage « L'usine des animaux », ARTE, 2022

ABRÉVIATIONS

A.	Arrêté
AJDA	*Actualité juridique. Droit administratif*
AJDI	*Actualité juridique. Droit immobilier*
AJ fam.	*Actualité juridique Famille*
AJ pén.	*Actualité juridique Pénal*
AN	Assemblée nationale
ANSES	Agence nationale de sécurité sanitaire de l'alimentation, de l'environnement et du travail
Arch. dép.	Archives départementales
Arch. nat.	Archives nationales
Arch. parl.	Archives parlementaires
Arch. phil. dr.	*Archives de philosophie du droit et de philosophie sociale*
ARPP	Autorité de régulation professionnelle de la publicité
BEA	Bien-être animal
BID	*Bulletin d'information et de documentation de la Direction générale de la concurrence, de la consommation et de la répression des fraudes*
BNEVP	Brigade nationale d'enquête vétérinaire
Bull. civ.	*Bulletin des arrêts des chambres civiles de la Cour de cassation*
Bull. crim.	*Bulletin des arrêts de la chambre criminelle de la Cour de cassation*
CA	Cour d'appel
CAA	Cour administrative d'appel
Cah. just.	*Cahiers de la justice (Les)*
Cass. 1re, 2e, 3e civ.	Cour de cassation (1re, 2e ou 3e chambre civile)
Cass. ass. plén.	Cour de cassation, assemblée plénière
Cass. ch. mixte	Cour de cassation, chambre mixte
Cass. ch. réunies	Cour de cassation, chambres réunies
Cass. crim.	Cour de cassation, chambre criminelle
Cass. req.	Cour de cassation, chambre des requêtes
Cass. soc.	Cour de cassation, chambre sociale

C. civ.	Code civil
C. com.	Code de commerce
C. consom.	Code de la consommation
C. défense	Code de la défense
CE	Conseil d'État
CEDH	Cour européenne des droits de l'homme
C. envir.	Code de l'environnement
CITES	Convention de Washington sur le commerce international des espèces de faune et de flore sauvages menacées d'extinction
CJUE	Cour de justice de l'Union européenne
Code ICC	Code de la Chambre de commerce internationale « Publicité et marketing »
Cons. CE	Conseil des Communautés européennes
Cons. const.	Conseil constitutionnel
Cons. UE	Conseil de l'Union européenne
Contrats, conc. consom.	*Contrats, concurrence, consommation*
C. pén.	Code pénal
CPP	Code de procédure pénale
C. rur.	Code rural et de la pêche maritime
CSP	Code de la santé publique
C. trav.	Code du travail
D.	*Recueil Dalloz*
D.	Décret
DC	*Dalloz critique* (de 1941 à 1944)
DDETSPP	Direction départementale de l'emploi, du travail, des solidarités et de la protection des populations
Dir.	Directive
dir.	sous la direction de
Doc. COM	Document communautaire (Commission européenne)
Doc. fr.	Documentation française (La)
DP	*Dalloz périodique* (jusqu'en 1940)
Dr. env.	*Droit de l'environnement*
Dr. famille	*Droit de la famille*
Dr. pén.	*Droit pénal*
EEE	Espèce exotique envahissante
Énergie-Env.-Infrastr.	*Énergie-Environnement-Infrastructures*

FAO	Organisation des Nations unies pour l'alimentation et l'agriculture
Gaz. Pal.	*Gazette du Palais*
ibid.	*ibidem* (au même endroit)
ICPE	Installation classée pour la protection de l'environnement
infra	ci-dessous
INRA	Institut national de la recherche agronomique
INRAE	Institut national de recherche pour l'agriculture, l'alimentation et l'environnement
INSERM	Institut national de la santé et de la recherche médicale
IPBES	Plateforme intergouvernementale scientifique et politique sur la biodiversité et les services écosystémiques
IR	informations rapides (*Recueil Dalloz*)
IUCN	Union internationale pour la conservation de la nature
JCl.	*JurisClasseur Encyclopédie*
JCP G	*JurisClasseur périodique*, édition Générale
JDP	Jury de déontologie publicitaire
JO	*Journal officiel* de la République française
JOAN CR	*Journal officiel – Assemblée nationale* (Informations parlementaires et réponses ministérielles à questions orales)
Journ. sp. sociétés	*Journal spécial des sociétés*
L.	Loi
loc. cit.	*loco citato* (à l'endroit déjà cité)
LPA	*Les Petites affiches*
LSA	Législation sur la santé animale
Mél.	*Mélanges*
MSA	Mutualité sociale agricole
OMI	Organisation maritime internationale
OMS	Organisation mondiale de la santé
OMSA	Organisation mondiale de la santé animale
ONU	Organisation des Nations unies
op. cit.	*opere citato* (dans l'ouvrage déjà cité)
Ord.	Ordonnance
PE et Cons. UE	Parlement européen et Conseil de l'Union européenne

PNUE	Programme des Nations unies pour l'environnement
préc.	précité
Prop.	Proposition
Rapp.	Rapport
Rappr.	Rapprocher
RD rur.	*Revue de droit rural*
RDSS	*Revue de droit sanitaire et social*
Règl.	Règlement
Rép. civ. Dalloz	*Répertoire de droit civil* Dalloz (Encyclopédie)
Rép. proc. Dalloz	*Répertoire de procédure civile* Dalloz (Encyclopédie)
Resp. civ. et assur.	*Responsabilité civile et assurances*
Rev. jur. env.	*Revue juridique de l'environnement*
Rev. pénit.	*Revue pénitentiaire et de droit pénal*
RFDA	*Revue française de droit administratif*
RFD const.	*Revue française de droit constitutionnel*
RRJ	*Revue de recherche juridique – Droit prospectif*
RSC	*Revue de science criminelle et de droit pénal comparé*
RSDA	*Revue semestrielle de droit animalier*
RSE	Responsabilité sociale des entreprises
RTD civ.	*Revue trimestrielle de droit civil*
RTD com.	*Revue trimestrielle de droit commercial et de droit économique*
S.	*Recueil Sirey*
SPA	Société protectrice des animaux
supra	ci-dessus
Traité UE	Traité sur l'Union européenne
T. corr.	Tribunal correctionnel
TI	Tribunal d'instance
TJ	Tribunal judiciaire
UE	Union européenne
V.	Voir
V°	*Verbo* (au mot)

SOMMAIRE

CHAPITRE I
ANIMAL EN IMAGES

CHAPITRE 2
ANIMAL RÉIFIÉ

CHAPITRE 3
ANIMAL SOURCE DE DROITS ET D'OBLIGATIONS

CHAPITRE 4
ANIMAL ET AFFAIRES

CHAPITRE 5
ANIMAL HUMANISÉ

CHAPITRE 6
ANIMAL ET ENVIRONNEMENT

CHAPITRE 7
ANIMAL SENSIBLE

CHAPITRE 8
ANIMAL SACRIFIÉ

ÉPILOGUE

Sarcophage en marbre avec relief représentant la légende de Triptolemus, Détail : labourage sur le terrain, joug de boeufs, Rome, vers 160, G. Dagli Orti photographe, France, Paris, Musée du Louvre, Département des Antiquités grecques, étrusques et romaines, MR 877 © Photo © NPL - Bibliothèque d'images DeA / Bridgeman Images.

PRÉFACE

Dario MANTOVANI
Professeur au Collège de France

I. – Les animaux représentés : pour une zoologie juridique de l'(in)attendu

Sous sa couverture évocatrice, ce livre foisonne de visions simultanées de la relation entre les hommes et les animaux. L'effet de diffraction est certes dû à la profusion des thèmes abordés, par les mots comme par les images, mais surtout à la pluralité des disciplines qui le traversent, certaines plus évidentes, d'autres presque cachées dans les plis des pages. Le lecteur est ainsi invité à relever le même défi que lance depuis cinq siècles la tête/*Terre* d'Arcimboldo : aiguiser le regard pour deviner les figures qui la composent.

Parmi les disciplines savamment et joyeusement mobilisées par les directrices de l'ouvrage, Claire Bouglé-Le Roux et Nadège Reboul-Maupin, les deux premières à être mises à contribution sont, bien évidemment, le droit et l'art, notamment la peinture dans tous ses états. Elles ont en commun d'être des techniques de représentations du monde. Si un tableau ou une gravure rend présente à nos yeux l'interprétation que son auteur propose d'un aspect de la réalité, même s'il la transfigure, un système juridique reflète par ses catégories et ses règles la manière dont une société se représente la vie sociale et souhaite l'organiser.

« La peinture est une activité intellectuelle et créatrice » (« *la pittura è discorso mentale e artificiale* ») – c'est Léonard de Vinci qui parle – puisque « la nécessité impose à l'esprit du peintre de se transformer en l'esprit même de la nature », afin de pouvoir recréer, par d'autres moyens, des effets comparables aux trois dimensions du réel. Le droit fonctionne à son tour en forgeant des concepts : il découpe la réalité en mots pour mieux pouvoir la manier. Une poignée de main devient un « contrat », un propos blessant une « diffamation », une dispute un « procès ». Le bestiaire et les régimes juridiques qui alternent dans cet ouvrage sont donc autant de représentations, au prisme desquelles les spécialistes qui lui donnent vie décèlent avec doigté les symptômes de notre relation au vivant.

À son tour, la systématique zoologique, qui dans ces pages sous-titre le bestiaire à la manière d'une broderie, tisse comme un pont discret entre l'art et le droit. La systématique s'occupe de classer les animaux, de les regrouper en taxons selon leurs caractéristiques évolutives et morphologiques, et de leur donner un nom. Elle consiste en un système de représentation qui enserre le règne animal et ses formes multiples dans un filet de nomenclature où l'imagination du baptiseur s'allie à la méticulosité presque obsessionnelle qui caractérise tout bon collectionneur. Aux mots de la zoologie s'en ajoutent cependant d'autres plus libres – que l'on découvre si l'on s'accorde le plaisir de suivre les trajectoires se croisant dans ces pages – parfois suggérés aux auteurs par des associations d'idées, dessinant ainsi une sorte de zoologie juridique de l'inattendu. Le rhinocéros « mammifère ongulé périssodactyle » se retrouve ainsi habilement mis en rapport avec la « souveraineté », dont les définitions doctrinales servent moins à la décrire qu'à la construire ; cela va de même avec la gravure du rhinocéros d'Albrecht Dürer en 1515, « tenant de la chimère et pourtant bien réel »[1], qui a fini par représenter (c'est-à-dire prendre la place de) cet animal, bien qu'elle ne corresponde pas à ses véritables caractéristiques. Le loup « mammifère carnassier de la famille des Canidés » au prisme du droit se révèle être « une sorte de double, qu'on le protège ou qu'on le réprime ». Si le lamantin, à son tour, est pour la science occidentale un « mammifère aquatique et herbivore » et (jadis) un gibier de choix pour sa chaire savoureuse, pour la science de certains peuples africains, en revanche, il est censé être à l'origine de la vie, à la fois roi et femme et, par conséquent, vénéré et respecté. Et que dire de l'emblématique (parent proche de la physiognomonie dont les Anciens grecs et romains étaient des virtuoses) qui prend justement elle aussi sa place dans ce livre ? N'est-elle pas déjà une forme parfaite de mise en relation d'images et de mots, jeu raffiné de l'idéalisation des animaux pour parler des hommes ?

Ce genre de connexions, qui sont suggérées aux auteurs par les images du bestiaire, révèle certes les différents domaines de leurs compétences, mais aussi leurs inclinations personnelles, car, même dans l'exercice de leur métier de chercheurs, ils ne peuvent s'empêcher d'être visités par leur imaginaire, nourri depuis l'enfance par l'altérité du règne animal : ce que, sans doute, les lecteurs vont expérimenter également grâce à ce livre libre et généreux. Et, bien sûr, sont mis en relief aussi les conceptions culturelles des peuples de l'Occident et d'autres régions du monde, et celles du présent avec celles du passé : dans leur différence souvent profonde, à partir d'un même animal, ces conceptions confirment à quel point notre rapport au vivant est en grande partie un « discours mental », pour reprendre la devise de Léonard de Vinci.

Au passage, il convient de souligner un autre message qui se dégage de la diversité même des contributions recueillies dans ce livre, à savoir la variété de ce qui porte le

1. Ici et dans le reste de la *Préface*, les propos entre guillemets sont tirés d'articles de cet ouvrage.

nom d'animal : une variété qui met à mal toute tentative de les réduire à un nombre limité de catégories (juridiques). Des grands animaux, comme le lion, le rhinocéros, la girafe, le lamantin, l'autruche et le macaque Naruto, côtoient dans ces pages des animaux de moindre taille, les tortues, l'hermine (symbole à la fois du luxe et de l'abîme de « l'usine des animaux »), la chouette, le coq (dont le plus fameux, le coq Maurice), le crapaud et les insectes (ces derniers oscillants « entre la bénédiction et la malédiction » dans le droit de l'Église), sans oublier bien sûr bœuf, cheval, mouton, loup et chien. Il en ressort une absence de rapport constant entre la taille de l'animal et l'importance que le droit lui accorde où les idées qu'il engendre : il suffit de penser aux abeilles symbolisant la puissance napoléonienne. C'est une leçon importante, car elle nous confronte une fois de plus au fait que le droit possède une logique propre, indirectement liée aux faits naturels qu'il réglemente, mais qui est surtout orientée en fonction d'intérêts et de valeurs.

Parcourant ce pont discret qui, dans ce livre, lie imaginaire, zoologie, emblématique et cultures, des images on revient donc ainsi incessamment aux mots et aux représentations dont elles sont porteuses.

II. – « *Pecunia a pecu* » : les animaux-patrimoine dans un présent chargé d'histoire

Choisissons donc un mot nous aussi, pour nous servir de guide. Il s'agit d'un substantif latin, *pecunia*. Tout l'enjeu de ce livre tient, au fond, en ce seul mot, comme le dévoile sa racine. *Pecunia a pecu* : le mot « fortune, avoir » vient de « bétail », disait l'érudit romain Varron et les étymologistes modernes sont enclins à le confirmer[2]. Si on se demande quelle est la relation de l'homme avec les animaux au prisme du droit, ce mot nous apporte donc une première réponse. Une réponse qui ne peut que nous troubler, d'autant plus qu'elle possède l'évidence incontestable de tout ce qui a pris demeure dans le lexique, qui sert de catalyseur à des opinions généralisées au sein d'une communauté de locuteurs.

Les animaux, notamment les animaux domestiques destinés aux travaux agricoles (*pecus*), incarnaient si bien la richesse mobilière par excellence qu'ils ont donné en latin leur nom à ce que nous appellerions aujourd'hui l'argent (*pecunia*). La conséquence est facile à tirer : puisque les animaux constituent un élément fondamental de la richesse, les règles de droit les cernent avant tout sous l'angle du patrimoine

2. Varron, *De la langue latine*, 5.92. La glottologie considère cette hypothèse comme la plus probable : voir Michiel de Vaan (éd.), *Etymological Dictionary of Latin Online*, sv. pecu (pecū).

des humains, auquel ils appartiennent. En somme, le droit (romain) s'intéresse aux animaux parce qu'il s'intéresse à la richesse des hommes.

Évoquer ce mot latin n'est pas une simple curiosité. Depuis l'essor des universités à Bologne à la fin du XIe siècle autour de l'enseignement du *Corpus Iuris Civilis* de Justinien, le droit d'une grande partie de l'Europe (mais dans d'autres continents aussi) a été largement influencé par la façon dont les Romains ont pensé et élaboré le droit. Le droit canon en a lui aussi subi l'influence. Cette équivalence étymologique, « *pecunia a pecu* », qui renvoie les animaux au champ du patrimoine, s'inscrit donc dans une longue histoire qui ne cesse de nous rendre visite, souvent sans s'annoncer, c'est-à-dire sans même que nous nous en rendions compte. Un fil apparemment subtil mais, pour cette raison même, particulièrement révélateur du lien toujours actif avec notre passé, réside dans l'adjectif « pécuniaire », qui demeure aujourd'hui utilisé presque exclusivement dans le langage juridique, par exemple pour qualifier certaines peines. Les peines « pécuniaires » consistent justement dans le paiement d'une somme d'argent. Pour nous faire saisir à quel point passé et présent entretiennent une correspondance, rappelons que dans les premiers siècles de Rome, avant l'introduction de la monnaie en métal, les amendes étaient payées en bœufs et en brebis : voilà ce qu'est précisément une peine « pécuniaire ».

Pecunia a pecu : « fortune » vient de « bétail ». Une association lourde de sens et un terme qui se dévoile par sa racine. De fait, dire qu'un mot a une racine, c'est le considérer comme une plante qui se nourrit de son environnement et d'une certaine façon l'incorpore. Cela nous fait prendre conscience que notre façon actuelle de concevoir le droit est imprégnée de passé, elle s'appuie et s'élève sur des couches de sédiments culturels, comme sur une tourbière nourricière.

Pour explorer cette dimension, dans le concert des points de vue orchestrés par cet ouvrage, intervient alors un nouvel instrument, qui lie tous les autres : l'histoire. Et si la zoologie systématique se fait pont discret entre l'iconographie et les archives, l'histoire structure en profondeur et de façon ostensible cet ouvrage collectif. Rien d'étonnant à cela, puisque de nombreux auteurs et autrices des textes ici réunis sont des spécialistes reconnu(e)s de l'histoire du droit. Mais cette présence est d'autant plus importante et bienvenue que le droit animalier (et plus généralement les régimes juridiques de la nature, au sens des biotopes et des biocénoses) est en pleine métamorphose. Il s'agit d'un présent déjà saturé de mutations, et donc d'histoire. C'est ce que montrent les contributions portant sur le droit en vigueur, rédigées par des experts issus – par un souci de pluralisme qui enrichit grandement cet ouvrage collectif, comme toute « biodiversité » – de différents milieux professionnels, de la recherche, mais aussi du barreau, de l'entreprise ou des organisations internationales. Tout aspect du droit animalier est traversé par cette instabilité créatrice. L'*Introduction* des deux directrices de l'ouvrage et les essais des auteurs en sont l'illustration. La responsabilité civile du fait des animaux ; la garantie dans les ventes ou échanges d'animaux domestiques et plus largement l'appréhension des animaux par le droit des contrats ; le droit d'auteur (à qui appartient le selfie d'un singe ? Où puiser les critères juridiques pour décider d'un cas qui brouille toutes les lignes de frontière ?) ; le rôle du droit pénal, qui constitue, une limitation au droit de propriété sur l'animal en diminuant, d'une part, les prérogatives du propriétaire ou de son gardien, et d'autre part, en ajoutant des « devoirs » à ce dernier ; le traitement des animaux dans les procédures collectives (où l'on voit parfaitement qu'ils ne sont pas des « biens » comme les autres, mais des « biens vivants », selon une formule éloquente et efficace) ; le sort des animaux domestiques au moment où leurs contreparties humaines changent (à cause de séparation ou de mort) ; le commerce international confronté aux ambitions de conservation de la faune ; le rôle de la responsabilité sociale d'entreprise comme stratégie pour réduire les effets néfastes des activités économiques sur les animaux ; l'industrialisation de la filière de l'élevage qui constitue le scandale le plus évident et la contradiction la plus intolérable de notre époque vis-à-vis de la demande, pourtant sincère, pour davantage de bien-être animal ; les abattoirs comme « trou-noirs » où le souci de ne pas faire souffrir les animaux s'allie à la volonté d'invisibiliser leur massacre quotidien et infini : autant de domaines explorés dans ce livre, autant de témoignages précis d'une situation où tout est en évolution.

Depuis au moins deux décennies nous sommes ainsi confrontés à un phénomène grandiose – « historique » justement – que l'on a rarement l'occasion de voir à l'œuvre : un secteur majeur du droit – pour ne pas dire le droit tout entier – tente de s'adapter à des changements retentissants, qui affectent l'existence même de l'humanité telle qu'on l'a connue jusqu'ici. Régler le dérèglement, c'est l'ambition de cette adaptation. Ce processus très rapide se déroule sous les yeux d'une opinion publique de plus en plus attentive et concernée, et pas seulement à l'échelle française ou européenne. Chaque pays est témoin de changements qui s'opèrent simultanément partout, et s'efforce de tisser un dialogue qui se doit de respecter des sensibilités, des croyances, des techniques propres à ces mondes que l'on aurait cru lointains mais qui sont en réalité connectés. Il suffit de remarquer que certaines croyances et savoirs apparemment exotiques sont devenus des mots-clés incontournables, voire peut-être des lieux communs, de la doctrine juridique française : qui n'a pas entendu parler de la Pachamama, la Terre nourricière en quechua, qui a fait son entrée dans la constitution équatorienne, ou du Te Awa Tupua, lieu et écosystème qualifié d'« être vivant » par le parlement de Nouvelle-Zélande en reconnaissance de la conception maorie ? La phase de réflexion sans précédent qui s'ouvre, a donc vocation à être interconnectée, tout comme le changement climatique est un phénomène mondial. Ici aussi, la tête d'Arcimboldo est évocatrice. Ce serait un spectacle fascinant de vivre à une époque où l'on demande à la pensée juridique de dépasser ses limites, s'il n'était pas dramatique de participer à un débat qui se déroule au bord de l'abîme.

III. – L'histoire comme science du possible : le droit naturel et la structure profonde de la pensée juridique

C'est justement face à une génération de juristes en pleine « transition juridique », s'interrogeant sur les orientations à prendre, que le regard historique a un rôle à jouer, celui de contribuer à définir l'horizon des possibles. On demande souvent trop à l'histoire, mais on lui demande aussi trop peu. Appliquée notamment à une technique telle que la pensée juridique, la perspective de longue durée peut montrer de l'intérieur quelles sont les idées qui déterminent la cohérence du raisonnement en juriste, celles qui structurent le système que l'on souhaiterait changer. L'histoire juridique aide à comprendre quel type de modification est le plus cohérent, quelles parties doivent être simplement corrigées, lesquelles doivent en revanche être surmontées. C'est ici que l'histoire définit l'horizon du possible (et de l'impossible). Car les mots du droit sont des notions, non pas seulement des termes. Ils portent en eux des siècles d'histoire, qui les ont amenés à former un ensemble cohérent dans lequel tout (ou presque) se tient. Essayer de modifier l'un ou l'autre de ces concepts, d'élargir ou restreindre une catégorie, d'utiliser l'analogie pour tenter de redonner une égale dignité à tous les êtres vivants, doit par conséquence se mesurer, qu'on le veuille ou non, à cette épaisseur de la pensée juridique.

Un exemple suffira, celui de la proposition probablement la plus audacieuse et la plus notoire, celle d'attribuer aux animaux (et aux écosystèmes) la qualité de « personne » au sens juridique, c'est-à-dire l'aptitude à être titulaire de droits et d'obligations : des droits qui, pour certains, devraient être calqués par analogie sur ceux des « personnes » par excellence, c'est-à-dire sur ceux des humains, ce qui permettrait de garantir le respect de la vie des animaux, leur dignité et bien-être, la faculté de circulation, l'accès aux soins. Pour d'autres chercheurs – parmi eux, l'un des pionniers de cette réflexion en France, Jean-Pierre Marguénaud – il s'agit en revanche de leur reconnaître une personnalité tout à fait différente des êtres humains, en déclinant la personnalité technique, déjà utilisée sous la dénomination de personnalité morale, en personnalité animale, afin d'en marquer la spécificité. De nombreuses contributions dans le livre évoquent cette possibilité et ses différentes configurations, examinant ses avantages et ses inconvénients, apportant une évaluation informée et équilibrée, même dans la pluralité des opinions. Nous apprenons également, à travers un examen rigoureux des cas de « cochons en cassation », que les prémices d'une telle réflexion remontent au moins un siècle et demi avant que Christopher Stone ne propose d'admettre les arbres à plaider.

Face à la proposition de qualifier de personne les animaux, l'histoire de la pensée juridique a-t-elle quelque chose à dire ? Encore une fois, comme dans le cas de *pecunia*, l'empreinte – pour ne pas dire l'emprise – du passé sur nos systèmes juridiques (au moins, ceux de la tradition dite « civiliste ») se présente à nous avec toute sa densité, autrement dit avec sa force de résistance.

La distinction entre les « personnes » et les « choses » – entre les sujets et les objets de droit, entre ce qui est actif et ce qui est passif dans une relation juridique – provient en effet de l'Antiquité, d'une réflexion d'abord philosophique qui a été ensuite absorbée par le droit. Ici aussi – comme c'était le cas de *pecunia* –, un mot nous permet de faire rapidement le point : *natura*, dont le correspondant français, « nature » figure souvent dans les pages de ce livre. Mais passant du latin au français, la signification s'est presque transformée en son opposé. *Natura* vient de *nascor*, naître, être mis au monde (il en est le participe futur). C'est donc un mot strictement lié à la génération et au devenir, tout comme le mot grec *physis*, qui est à la racine de plusieurs mots modernes, par exemple « physique » : *physis* vient de *phyesthai*, « naître », « croître ». On pourrait traduire *physis/natura* comme « force vitale immanente » (c'est l'idée d'Aristote, dont la pensée est à juste titre souvent réactivée aujourd'hui, car sa curiosité de naturaliste n'était jamais disjointe d'une perspective éthique). On est donc presque à l'opposé de ce que nous appelons aujourd'hui l'environnement, conçu comme ce qui nous entoure, qui se trouve à l'extérieur de nous.

Mais dire que la *physis/natura* est en revanche quelque chose d'immanent, qui vient de l'intérieur, ne résout pas tous ses mystères. Pour aller plus loin, suivons la définition probablement la plus célèbre, celle élaborée au sein du stoïcisme, l'école de philosophie fondée par Zénon de Kition à Athènes, à la fin du IVe siècle avant J.-C. et courant jusqu'à la fin de l'Antiquité. Les stoïciens caractérisaient la *physis/natura* de l'univers comme un « *pneuma* igné et artisanal », c'est-à-dire une sorte de souffle brûlant capable de produire une œuvre. L'âme individuelle de chaque être vivant est elle aussi un souffle, donc, implicitement, une émanation de ce souffle igné créateur de l'Univers et de toutes choses.

Par conséquent – et c'est un acquis crucial pour comprendre la façon dont notre système juridique est structuré – les Stoïciens classent les entités qui peuplent le monde selon une échelle hiérarchique à quatre niveaux. Au premier niveau de l'échelle, on trouve les plantes, pour lesquelles la nature se manifeste par la capacité de croître et de se nourrir. Plus haut se placent les animaux, dont la nature consiste en leur capacité à se reproduire, à émettre des sons et à percevoir les objets ; les animaux possèdent également un esprit, qui leur permet de répondre aux stimuli reçus de l'extérieur. Enfin, plus haut encore, se trouvent les êtres qui se distinguent des autres animaux car ils possèdent la raison : d'abord les humains, ensuite au sommet les dieux.

Cet arrière-plan philosophique est fondamental pour comprendre une notion qui, à première vue, semble pouvoir contribuer à établir de meilleures relations juridiques entre l'homme et la nature, à savoir le « droit de la nature » (ou « droit naturel »). Comme nous le verrons, c'est au contraire une notion qui est à la base de bien des difficultés actuelles, parce qu'elle offre le soubassement le plus fort à la dichotomie entre les personnes (les humains) et les choses (tout le reste, y compris les animaux). La meilleure façon d'aborder la notion de « droit naturel » est de le faire par le biais d'un texte (car elle est très discutée et justement lorsque les discussions sont acharnées, le retour aux textes permet de rétablir la communication). Il s'agit d'un passage par ailleurs célèbre du juriste Ulpien, qui l'écrivit vers 210 après J.-C., qui nous est parvenu par le biais du *Corpus Iuris Civilis* de Justinien, notamment du *Digeste*, rédigé en 533 après J.-C., dont le rôle fut central dans l'essor bolonais des universités, mentionné plus haut. Ulpien, en tant que juriste, s'exprime de manière bien plus concise et posée que les philosophes. Mais ce qu'il dit est parfaitement en harmonie avec la doctrine stoïcienne telle que nous venons de la retracer et qu'il maitrisait parfaitement (D. 1, 1, 1, 3 Ulpien, au livre 1er des *Institutes*) :

> Ius naturale est, quod natura omnia animalia docuit : nam ius istud non humani generis proprium, sed omnium animalium, quae in terra, quae in mari nascuntur, avium quoque commune est. Hinc descendit maris atque feminae coniunctio, quam nos matrimonium appellamus, hinc liberorum procreatio, hinc educatio : videmus etenim cetera quoque animalia, feras etiam istius iuris peritia censeri.
>
> *« Le droit naturel est celui que la nature a appris à tous les animaux. Car cette sorte de droit n'est pas particulier au genre humain, mais il est commun à tous les animaux qui vivent sur la terre et dans la mer, et même aux oiseaux. De là descend l'union du mâle et de la femelle, que nous appelons mariage, de là la procréation des enfants, de là l'instinct à leur éducation ; nous voyons en effet que les autres animaux également, même les bêtes farouches, semblent posséder l'expérience de ce droit-là ».*

Selon Ulpien, le droit naturel a un sens très étroit, même s'il s'agit de pulsions très puissantes. On peut même douter qu'il s'agisse vraiment d'un *ius*, d'un droit au sens normal du terme. Ulpien le laisse entrevoir lui-même, car il parle deux fois de *istud ius*, *istud* étant un adjectif qui sert à mettre de la distance, « cette sorte de droit, ce droit-là », quelque chose qui n'est pas proprement un droit après tout.

Le droit naturel dont parle Ulpien ne concerne pas les bêtes et les humains en tant que membres d'un groupe et du point de vue de l'interaction au sein de ce groupe : la perspective n'est pas celle du comportement qu'ils adoptent envers autrui. Chacun des êtres vivants est pris dans sa singularité, cerné sous l'angle de ses instincts. Certes, ces derniers peuvent pousser un individu vers un autre de son espèce, comme dans l'accouplement et dans la protection des nouveau-nés. Néanmoins, cette interaction n'est le plus souvent qu'expansion et projection de soi. Plus que d'un droit naturel, il s'agit d'un individualisme naturel, d'un égoïsme qui ne produit de l'altruisme que par effet secondaire.

Du point de vue interne, c'est-à-dire de son soubassement, ce *ius naturale* – selon Ulpien – n'est engendré que par l'instinct, il ne repose pas sur la raison, sur le discernement entre bien et mal, donc il ne s'agit pas d'un vrai droit, mais d'une sorte de droit.

« Raison » : le mot décisif est prononcé. Revenons alors à la cosmologie des philosophes. La nature, sous la forme de souffle ardent vivifiant et artisan, déploie des qualités différentes selon les êtres qu'elle traverse. D'où l'échelle des vivants, allant des plantes jusqu'aux dieux. Chez l'homme, ce souffle ne se borne pas à susciter des instincts, comme chez les autres animaux, il est aussi porteur de raison. Et c'est justement autour de la raison que le système conçu par Ulpien monte à son tour d'un niveau, dans la suite du passage.

Après le *ius naturale* vient le *ius gentium*, le « droit des gens » (D. 1, 1, 1, 4 Ulpien, au livre 1er des *Institutes*) :

> Ius gentium est, quo gentes humanae utuntur. Quod a naturali recedere facile intellegere licet, quia illud omnibus animalibus, hoc solis hominibus inter se commune sit.
>
> *« Le droit des gens est celui qui est utilisé par les peuples humains. Il est facile de comprendre qu'il se distingue du naturel, car tandis que celui-ci est commun à tous les animaux, celui-là ne l'est qu'aux seuls hommes ».*

Même si Ulpien ne le dit pas, l'implicite de sa pensée est bien audible : c'est la raison qui fait la différence. Seuls les hommes la possèdent, et eux seuls peuvent donc accéder à ce niveau supérieur, celui du droit des gens. Un droit qui, précisément parce qu'il découle de la raison commune à tous les hommes, est commun à tous les peuples.

Attardons-nous d'abord sur cette dénomination : *ius gentium*. Qui dit gens, dans ce contexte, dit communauté organisée. Le droit des gens est l'ordonnancement de la vie en communauté : il s'attache aux êtres humains non plus pris isolément, vus sous l'angle de leurs pulsions, comme c'était le cas pour le droit naturel ; le droit des gens concerne hommes et femmes qui, faisant usage de la raison, s'agrègent et créent des communautés. Le droit des gens envisage donc les humains dans une dimension intersubjective ; par conséquent, il mérite pleinement le nom de droit.

C'est là toute la déchirure entre humain et non-humain, la racine de la séparation des êtres humains de l'écosystème, leur arrachement pour en faire le centre du monde. L'échelle des vivants, la hiérarchie qui va des plantes aux dieux, est également respectée et retranscrite au niveau juridique. Les plantes, que le souffle vital n'anime que de façon très élémentaire, ne sont même pas prises en considération. Quant aux bêtes, leur seul point commun avec les humains se situe au niveau le plus bas, celui des instincts. Mais lorsqu'on entre dans le véritable domaine du droit, celui du droit des gens, fondé sur la raison qui n'appartient qu'aux hommes, le fossé qui sépare l'humain du non-humain est net, infranchissable.

Nous avons dit que pour transformer le droit, connaître l'origine de ses concepts et définitions est un détour incontournable. Cette plongée dans la profondeur de la pensée juridique, bien que rapide, contribue ainsi à expliquer pourquoi, au sommet du système juridique, se trouve la distinction entre les personnes et les choses (d'ailleurs, ce même texte d'Ulpien que nous venons de commenter fut déterminant, comme il est bien expliqué dans ce livre, pour que « le droit canonique aussi écarte l'animal du droit en tant que sujet »). Il ne s'agit pas de simples catégories conventionnelles, en tant que telles librement modifiables, mais du point d'émergence d'une conception à la fois juridique et anthropologique tout entière, qui distingue l'homme (la « personne »), doué de raison, des animaux (les « biens » de l'article 515-14 du Code civil), qui en sont dépourvus. Non pas dépourvus de sensibilité, puisque cet article même du Code civil et de nombreuses lois spéciales depuis 1976 définissent les animaux comme des êtres vivants doués de sensibilité. Mais cela ne peut pas vraiment changer la donne, car il en allait de même pour les animaux d'Ulpien, auxquels le juriste reconnaissait sans hésiter des instincts, donc une sensibilité, dictée par ses impératifs biologiques. Mais, pour les anciens bâtisseurs de la pensée juridique, ce qui compte – on l'a vu – c'est qu'ils étaient dépourvus de la capacité de discernement entre le bien et le mal : une capacité qui est au fondement de la possibilité de participer à un système juridique (tout comme la disponibilité d'un langage permettant d'accéder à la structure conceptuelle et dialogique du droit). On peut bien sûr débattre de la mesure dans laquelle cette représentation est confirmée ou infirmée par l'éthologie, notamment l'éthologie constructiviste, et la (neuro-)biologie, mais il n'en reste pas moins que la tradition juridique s'est structurée, à partir de la redécouverte du droit romain au Moyen Âge, et passant aussi par le droit canonique, autour de ce binôme.

Cela explique tant de difficultés et de déceptions qui ont caractérisé la proposition de personnifier les animaux non-humains. Élargir la notion de personne, pour y inclure les animaux risque de ne changer que la surface, sans pouvoir dépasser ce qui est profondément inscrit dans l'ensemble du système. Non par manque de volonté, par amour de la tradition ou par attachement anthropocentrique, mais en raison de la résistance qu'offre la pensée juridique cristallisée en système. Voici que l'histoire (juridique) remplit son rôle de science, qui détermine l'horizon du possible.

IV. – Le déséquilibre des forces : mieux représenter pour mieux protéger

Sur le point de conclure cette courte préface, il convient d'en rappeler le point de départ et son fil rouge, c'est-à-dire la notion de « représentation ». Nous avons pu constater combien de types différents de représentation de la relation entre l'homme et l'animal cet ouvrage mobilise. Un constat maintenant s'impose, à savoir que ces représentations sont unilatérales, qu'elles viennent de l'homme en tant que sujet actif et qu'elles ont l'animal pour objet. Le droit, la peinture, la zoologie, l'emblématique, l'histoire, sont autant des points de vue de l'homme sur le monde. Il faut d'ailleurs ajouter à cette déjà longue liste un autre emploi du mot représentation – qui d'une certaine façon les représente tous –, propre au vocabulaire juridique : la représentation est la figure juridique qui permet à une personne qui ne peut ou ne veut accomplir un acte juridique personnellement, de le faire par l'intermédiaire d'autrui. Normalement, la notion juridique de représentation est utilisée comme catalyseur pour mettre en évidence les contradictions dans lesquelles l'idée de personnification de la nature est empêtrée. L'incapacité des animaux à faire valoir leurs droits ou à communiquer leur représentation du monde a pour effet, même si on leur accorde le statut de « personnes », de devoir ensuite donner à nouveau la parole aux hommes pour les représenter (qu'il s'agisse de populations autochtones vivant dans un habitat protégé, d'organismes publics, d'associations ou de particuliers agissant en justice).

Mais c'est précisément parce que cette œuvre collective met en évidence l'infinité des façons dont la culture humaine représente les animaux, qu'elle nous indique un autre horizon possible, plus ouvert et prometteur. En nous rappelant, avec une efficacité et une élégance qui sont elles-mêmes un message, ce que l'homme pense de l'animal, *Animal et Droit* a le mérite de nous faire percevoir toute la disparité des forces en présence. Cette œuvre contribue ainsi à nous mettre en garde contre un risque qui pourrait être engendré par des solutions tendant à réduire les différences : le risque de perdre de vue cette disparité de forces, au détriment des plus faibles, les animaux. Cette prise de conscience est cruciale pour guider chercheurs, avocats, juges, législateurs et tout être humain sensible vers la transition juridique qui est la tâche historique du présent. Le droit est, au fond, la technique de l'équité, c'est-à-dire la technique du dépassement des disparités de forces.

Arcimboldo, Giuseppe (1527-1593), *La Terre*, vers 1570, huile sur bois de tilleul, 70,2 × 48,7 cm, Vienne, Autriche, Collection privée, © Bridgeman Images.

PROPOS INTRODUCTIFS

Claire BOUGLÉ-LE ROUX
Maître de conférences HDR en histoire du droit
Directrice du Laboratoire DANTE (EA4498)
Université de Paris-Saclay (UVSQ Versailles)

et

Nadège REBOUL-MAUPIN
Professeur de droit privé, Université de Paris-Saclay (UVSQ, Versailles)
Responsable du DU Droit animalier des affaires (DADA)
Laboratoire DANTE (EA 4498)

Parmi les *teste composte* grotesques de l'artiste milanais Giuseppe Arcimboldo (1526-1593), l'allégorie de *La Terre*[1] occupe une place singulière, proposant une synthèse iconographique remarquable de la faune animale vivante. Intégrée au cycle des *Quatre éléments*[2] dont elle reste le seul exemplaire connu et conservé jusqu'à nous, l'huile sur panneau constitue le pendant de la série fameuse consacrée aux *Quatre saisons*. Réalisé dans les années 1570 en l'honneur de l'Empereur Maximilien II de Habsbourg, cet ensemble cohérent porte l'ambition, au-delà du geste, d'une réflexion avancée sur les rapports qu'entretiennent l'homme et la nature[3], qui agitent les grands artistes au cœur de la Renaissance.

« Dis-moi Terre pourquoi es-tu composée de tant d'animaux ? », interroge l'humaniste Giovanni Battista Fonteo (1546-1580) dans le texte poétique en latin destiné à accompagner la peinture d'Arcimboldo. Personnifiée, la terre y est bien élevée au

1. G. Arcimboldo, *La Terre*, vers 1570, huile sur panneau, 70.2 × 48.7 cm, Collection particulière, Vienne.

2. *Le Feu* [vers 1566], huile sur panneau, 66.5 × 51 cm, Vienne, Kunsthistorisches Museum ; *L'Eau* [vers 1566], Huile sur bois, 66.5 × 50,5, Kunsthistorisches Museum, Vienne, *L'Air* [vers 1580], huile sur toile, 74 × 55.5 cm, Collection particulière.

3. J. Zwingenberger, *Arcimboldo, artiste du vivant. Un précurseur du xxi*e *siècle ?*, [Plastik] : Vers une esthétique des éléments #10 [en ligne].

rang de ressource première constitutive de l'humanité, faune et flore inclus. L'œuvre du maître propose un raccourci des travaux livrés par les naturalistes de son temps, auteurs d'ouvrages richement illustrés et innovants, comme ceux du suisse Conrad Gesner (1516-1565)[4], ou du polonais Ulisse Aldrovandi (1522-1605)[5]. Si cette œuvre exprime bien la recherche d'une osmose entre humanité et nature, caractéristique de l'époque, elle fait écho aux défis environnementaux auxquels se trouvent aujourd'hui confrontés les juristes : la personnification de l'écosystème lagunaire de la *Mar Menor*, dans la région de Murcia par la loi espagnole du 30 septembre 2022[6], souscrit à ce mouvement[7], comme l'enchaînement récent de décisions de justice pesant la pertinence d'accorder à tel ou tel animal la personnalité juridique[8], aboutissement des propositions faites dans les années 70 au sujet des séquoias californiens par le juriste américain Christopher Stone dans son texte fameux *Should Trees Have Standing ?*[9]. Loin d'être anecdotiques, ces revendications, quelle qu'en soit l'issue[10], signalent une tendance de fond et des interrogations cruciales qui émergent déjà dans les tensions de l'œuvre d'Arcimboldo.

Amateur de cabinets de curiosité, mêlant le merveilleux et l'incongru au rare, dont l'Empereur et son fils Rodolphe II sont férus, Arcimboldo se nourrit des combinaisons inspirantes qui s'y déploient. Le maniériste est aussi familier des espaces botaniques et zoologiques installés à Vienne par Maximilien II à l'usage de l'enseignement des enfants princiers, riches en animaux sauvages et exotiques. Aussi participe-t-il pleinement à cet esprit de découverte typique du temps qui passe par l'observation, anticipant la création par Louis XIV de la ménagerie du Château de Versailles destinée à offrir un modèle de civilisation à la société du Grand Siècle[11]. Ne s'est-il pas

---

4. C. Gesner, *Historia animalium*, Zürich, 1551, 5 vol.

5. V. dans ce volume C. Bouglé-Le Roux, *Yéti*, p. 580-587.

6. L. n° 19/2022, 30 sept. 2022. V. J. Sohnle, *La personnalisation juridique de Mar Menor en Espagne – Un premier pas en Europe vers l'émancipation juridico-politique des éléments de la nature : Rev. jur. env.* 2023/2, p. 271-287. Elle connaît des précédents extra-européens nombreux, à l'exemple du fleuve Atrato en Colombie (2014), du fleuve Whanganui en Nouvelle-Zélande (2017), ou de la rivière Magpie au Canada (2020), ainsi qu'en Inde des glaciers Gangotri et Yamunotri.

7. V. sur ce point l'essai très stimulant de S. Bourgeois-Gironde, *Être la rivière*, Paris, PUF, 2020.

8. V. sur cet aspect, C. Regad et C. Riot, *La personnalité juridique de l'animal. Les animaux liés à un fonds (les animaux de rente, de divertissement, d'expérimentation)*, Paris, LexisNexis, 2020.

9. C. Stone, *Les arbres doivent-ils pouvoir plaider ? Vers la reconnaissance de droits aux objets naturels* [1972], Le Passager clandestin, 2017.

10. En réponse notamment à des demandes de libération des zoos auxquels ils étaient attachés, faites au nom du chimpanzé Cécilia, accueillie en 2017 par la justice argentine et par la Cour suprême de justice de Colombie à l'égard de l'ours à lunettes Chucho, ou de l'éléphante Happy, rejetée par la cour d'appel de New York le 4 mai 2021, toutes étant fondées sur l'*Habeas corpus*. Sur ce point, V. G. Samuels, *Chimpanzees Have Rights, Says Argentine Judge as She Orders Cecilia Be Released from Zoo: The Independent* 7 nov. 2016.

11. A. Maral et N. Milovanovic, *De L. XIV à L. 214*, in *Les Animaux du roi*, Catalogue d'exposition, dir. A. Maral et N. Milovanovic, Paris, Lienart/Château de Versailles, 2022, p. 13-17.

illustré à ses débuts et dès 1553 par une série d'études centrées sur les animaux, plantes et faunes marines[12] ? C'est ainsi qu'il compose, à la cour, d'après modèle, et entreprend cette juxtaposition d'animaux réalistes qui prennent figure humaine, qu'on a pu qualifier de quasi surréaliste[13]. L'artiste défie les codes en proposant une « nature-vivante », grouillante même, là où il est plus habituellement versé dans les compositions d'éléments de décor inertes, d'animaux morts ou cuisinés[14]. Par cette accumulation hétéroclite, l'huile sur panneau forme un portrait fantastique autant qu'un bestiaire iconographique exemplaire, propice à la classification du vivant. Savamment agencés, s'y bousculent mammifères sauvages et domestiques, exotiques ou communs, doux ou féroces, dans un déploiement encyclopédique évocateur des récits de la création[15], aujourd'hui encore très inspirant.

En son temps, le panneau animalier d'Arcimboldo connaît un vif succès. L'érudit Gregorio Comanini, auteur d'un ouvrage savant sur la peinture sous forme dialoguée, *Il Figino overo del fine della pittura*, publié en 1591 à Mantoue, célèbre le tour de force pictural tout en soulignant le soin pris par l'Empereur dans le traitement de ces animaux précieux : « Toutes ces bêtes, Arcimboldo les a peintes d'après nature, car l'Empereur les faisait venir vivantes pour lui et en faisait prendre grand soin. Jugez de son habileté ; il y a de quoi en être stupéfait[16] ». Prenant l'apparence d'un buste fragmenté, l'huile sur bois évoque en tout point la nature dans sa complexité, et invite à considérer la communauté de destins unissant animaux et hommes dans une promiscuité suggérant alternativement harmonie et monstruosité[17]. Sur un socle composé de peaux de bêtes, celles d'un lion, évocateur de la puissance de l'Empire dans une allusion transparente à Hercule, ancêtre mythique des Habsbourg, et d'un bélier emblématique de la Toison d'Or, s'élève une figure portée par un cou formé d'un bœuf étendu sur le flanc, appuyé sur la tête d'un bouquetin. Surmontent cet ensemble une trentaine d'espèces variées, représentatives de la faune sauvage, gibier

---

12. *Études d'animaux d'après nature*, gouaches sur parchemin, Vienne, Bibliothèque nationale ; G. Arcimboldo (1527-1593), Catalogue d'exposition, dir. S. Ferino-Pagden, Milano-Paris, Skira-Musée du Luxembourg.

13. Arcimboldo est régulièrement qualifié de précurseur du surréalisme depuis l'exposition *Fantastic Art, Dada, Surrealism*, organisée par Alfred H. Barr Jr, au MoMA à New York en 1936.

14. V. *Le Juriste* [1566], huile sur toile, 64 × 51, Stockholm, Nationalmuseum], composé notamment d'un oisillon et d'un poisson morts, C. Bouglé-Le Roux, *Le Juriste de Giuseppe Arcimboldo*, in *Le droit saisi par l'art. Regards de juristes sur des œuvres d'art*, Paris, Dalloz, 2023, p. 23-28.

15. Genèse, 1, 20-25.

16. G. Comanini, *Il Figino, Overo Del Fine Della Pittura. Dialogo*, Per Francesco Osanna, Mantova, Stampatore Ducale, 1591, p. 44-45.

17. Sur ces aspects, T. DaCosta Kaufmann, *Les métamorphoses de la nature selon Arcimboldo : une révision critique : Arts et sociétés*, n° 106, [En ligne] ; *Arcimboldo : Visual Jokes, Natural History, and Still-Life Painting*, Chicago and London, University of Chicago Press, 2009 ; *Interpreting Arcimboldo. Grotesque parodies or serious jokes?*, in *The Burlington Magazine*, vol. CLX, n° 1382, mai 2018, p. 368-375.

de forêts parmi lesquels prédominent des cervidés de toutes sortes qui composent la chevelure du personnage et lui dressent une forme de couronne. Une série de félins, tigre, panthère, léopard ou chat agrémentent le visage dans une précision des traits à valeur documentaire. Plus exotiques encore, se distingue à l'arrière du crâne un rhinocéros, surmonté d'un singe, tandis qu'au sommet du front un chameau fait écho à l'éléphant massif qui occupe une bonne partie du profil et dont l'oreille forme en même temps que celle du pachyderme, celle de l'homme, dans une confusion symbolique. La gueule béante d'un loup tient lieu d'œil acéré et perçant à l'homme surgissant de ce curieux amalgame, et dont la langue prend l'apparence d'une salamandre.

Rébus lancé comme une invitation au jeu, s'y devine un réseau de références complexes, de la facétie des fables d'Ésope[18] à l'*Histoire Naturelle* de Pline (Ier siècle apr. J-C)[19] ou aux étymologies d'Isidore de Séville, jusqu'aux traits de langage commun[20], réconciliant cultures savante et populaire. Sous forme d'énigme se bousculent les expressions et proverbes anthropomorphiques : là où le lièvre incite à la vigilance et le renard à la ruse, le peintre avertit du danger qu'il y a à « se jeter dans la gueule du loup ». Quand le bélier fait écho à la douceur de l'agneau, il renvoie le cas échéant à la fonction de bouc émissaire que signale son écorchement, ou à l'animal sacrifié par Abraham en lieu et place d'Isaac[21]. Ludique, la composition a vocation à enseigner ; polymorphe, son contenu varie en fonction de l'angle sous lequel le spectateur la reçoit, s'il la regarde d'un tenant ou la décompose, de près ou à distance, à l'œil nu ou à la loupe.

I. – L'animal, élément du patrimoine culturel

Au-delà de la performance, l'huile sur bois se conçoit comme un message à mettre en perspective avec le projet de fontaine pour lequel elle était initialement conçue. Mené par l'orfèvre viennois Wenzel Jamnitzer, lui-même spécialiste de miniatures animales, il tentait de reproduire une cosmologie harmonieuse du monde. L'ambition du cycle signale ainsi une réflexion sur les lois de la nature applicables à ceux qui la peuplent, en quête d'un équilibre délicat que renseigne cet empilement précaire, métaphore parlante de la difficulté de conjuguer des intérêts trop souvent

18. Ésope, *Fables*, E. Chambry éd., Paris, Les Belles Lettres, 1927.

19. Pline l'Ancien, *Histoire naturelle*, A. Ernoud éd., Paris, Les Belles Lettres, 1952/59, CUF.

20. R. Barthes, *Arcimboldo ou Rhétoriqueur et magicien*, [1978], éd. L. Bertrand Dorléac, Paris, Éditions de la Sorbonne, 2021, p. 25.

21. Sur cet aspect, V. B. Bernabé, *De l'*homo sacer *à la « victime vicaire »*, in *Histoire de la Justice* 2015, p. 137.

divergents. Arcimboldo se distingue à cet égard comme artiste du vivant[22] en intégrant l'animal dans un ensemble plus large comme élément culturel. Car cet inventaire des spécimens d'animaux connus et étudiés comme curiosités, s'il donne le « vertige de la liste »[23], participe à cette reconnaissance d'un lien indéfectible unissant l'homme à la nature, et repose sur un fond culturel dont cette composition constitue elle-même une pièce maîtresse. L'œuvre est évocatrice du bestiaire médiéval, comme elle renvoie par son esprit aussi bien à cette idée de catalogue préfigurant l'amplification scientifique[24] que Buffon (1707-1788) et Daubenton (1716-1799) réaliseront dans *Histoire naturelle* dans le *Discours sur la nature des animaux*, inséré au volume IV insistant sur l'importance des rapports entre les êtres vivants qui seuls permet de les définir[25].

En sus de l'allégorie, *La Terre* alerte sur la forte responsabilité qui pèse sur l'homme dans la conservation des espèces, dont l'épisode de l'arche de Noé propose déjà un récit structurant[26]. Pour le juriste, l'œuvre est un témoignage solide de l'intérêt apporté à l'animal dans toute sa diversité par le monde savant, au sein duquel artistes ou théologiens, lettrés et jurisconsultes jouent un rôle de premier plan intégrant à leur démarche intellectuelle les exemples tirés de la littérature ou les leçons de fables à but moralisant dans un monde où grande est la promiscuité avec les bêtes, domestiques ou sauvages[27].

Cette effervescence dont la sédimentation œuvre à la constitution d'un fonds patrimonial autour de l'animal bénéficie depuis ces dernières décennies d'une visibilité remarquable. En témoigne aujourd'hui l'émergence d'une littérature spécifique héritière d'une longue tradition[28] appelant à se faire *Homme-chevreuil*[29], à *Vivre en renard*[30], ou à être *Soi-même comme un chien*[31]. Sans aller jusque-là, le retour à une meilleure connaissance de la part prise par l'animal dans la construction du monde et des idées est en elle-même indispensable. L'historiographie récente a largement œuvré

22. J. Zwingenberger, *Arcimboldo, artiste du vivant. Un précurseur du XXIe siècle ?, op. cit.*

23. U. Eco, *Vertige de la liste*, Paris, Flammarion, 2009, p. 7.

24. G.-L. Leclerc, comte de Buffon, *Histoire naturelle, générale et particulière, avec la description du cabinet du roi*, t. 7, Imprimerie royale,1758.

25. Buffon, *Discours sur la nature des animaux*, G. Reynaud éd., Paris, éd. Payot et Rivages, 2003, p. 23-25.

26. Genèse 7, 1-9 ; Coran, sourate 11, 27-51.

27. C. Frugoni, *Vivre avec les animaux au Moyen Âge*, Paris, Les Belles Lettres, 2022, p. 9.

28. Parmi d'autres, D. Garnett, *La femme changée en renard*, [Lady into fox], London, 1922 ; E. Ionesco, *Rhinocéros*, Paris, Gallimard, 1959.

29. G. Delorme, *L'homme-chevreuil, sept ans de vie sauvage*, Paris, Les Arènes, 2021.

30. N. Baron, *Vivre en renard, la traversée du siècle*, Arles, Actes Sud, 2023.

31. N. Tavaglione, *Soi-même comme un chien*, Lausanne, La Veilleuse, 2024.

en ce sens, qu'il s'agisse des travaux pionniers des historiens Robert Delort[32], Michel Pastoureau[33], Éric Baratay[34] et plus récemment Guillaume Blanc[35], qui, tous, sous des angles divers, ont largement contribué à cette intégration de l'animal à la grande histoire. Les juristes et les historiens du droit ont pris part à cette réflexion, notamment par le biais de la création de la *Revue semestrielle de droit animalier* [*RSDA*][36] en 2009, dirigée par les professeurs Jean-Pierre Marguénaud et Xavier Perrot[37], conjuguant analyses transdisciplinaires, historiques ou de prospective juridique, et diffusion d'un patrimoine méconnu, et par des initiatives plus récentes, colloques, journées d'études ou leçons au Collège de France, à l'exemple du cours du professeur Dario Mantovani[38]. La rendent particulièrement sensible l'avalanche d'expositions à Paris et en province sur ce thème : *Beauté animale* au Grand Palais[39], *Belles bêtes !*[40] à Aven-d'Orgnac, « Rosa Bonheur (1822-1899) » au musée d'Orsay[41] sont quelques illustrations de ce phénomène massif. L'événement *Les Animaux du Roi*[42] au Château de Versailles en 2021 constitue à cet égard un point d'orgue de cette histoire par l'iconographie et l'archive, renouvelant fondamentalement la compréhension du rapport à l'animal et son intégration à la vie de cour. Plus récemment, le focus sur *Le Cheval en majesté*[43] dans la cité royale prolonge un axe de recherche très suggestif et emblématique. L'animal est partout, et il est fantastique, à l'image de l'exposition

---

32. R. Delort, *Les animaux ont une histoire*, Paris, Seuil, 1984.

33. Parmi d'autres M. Pastoureau, *Une justice exemplaire : les procès faits aux animaux (XIIIe-XVIe siècle), in* C. Gauvard et J. Robert (dir.), *Les rites de la justice. Gestes et rituels judiciaires au Moyen Âge*, Paris, Le Léopard d'or, 1999, p. 173-200.

34. E. Baratay, *Le point de vue animal, une autre version de l'histoire*, Paris, Seuil, 2012 ; *Biographies animales. Des vies retrouvées*, Paris, Seuil, 2017.

35. G. Blanc, *L'invention du colonialisme vert, pour en finir avec le mythe de l'Eden africain*, Paris, Flammarion, Champ essais, 2022.

36. https://idedh.edu.umontpellier.fr/revue-semestrielle-de-droit-animalier/

37. Renvoyons à N. Maillard et X. Perrot, sous la préface de J.-P. Marguénaud, *Ad Bestias... Regards sur le droit animalier*, 10e anniversaire de la *RSDA*, Neta Vania Edizioni/PULIM, 2023, dont l'ouvrage propose une anthologie des articles de la *RSDA* ainsi que des contributions nouvelles.

38. On se bornera à citer ici le cycle consacré par le professeur Dario Mantovani en 2023 intitulé *Droit de nature, Nature sans droits*.

39. *La Beauté animale célébrée par les grands artistes*, dir. A. Jaubert, Rmn-GP/Arte, 2012.

40. *Belles bêtes, Chefs d'œuvre de l'art animalier*, Catalogue d'exposition, dir. T. Groenstein, Péronne, Nouvelles éditions, 2023.

41. *Rosa Bonheur (1822-1899)*, 18 oct. 2022-15 janv. 2023, Catalogue d'exposition Rosa Bonheur, dir. S. Barthélémy, L. Jarbouai et S. Buratti-Hasan, Paris, Flammarion/Musée d'Orsay.

42. *Les Animaux du Roi*, au Château de Versailles, 12 oct. 2021-13 févr. 2022, Catalogue d'exposition, dir. A. Maral et N. Milovanovic, Paris, Lienart/Château de Versailles, 2022.

43. *Cheval en majesté, Au cœur d'une civilisation*, au Château de Versailles, 2 juill.-3 nov. 2024, Catalogue d'exposition, dir. L. Salomé et H. Delalex, Paris, Lienart/Château de Versailles, 2024.

organisée par le Louvre Lens en 2024[44]. La représentation ne dit-elle pas beaucoup sur la place et la condition animale dans une société donnée ? L'intégration dans les *Contes* de Charles Perrault, d'animaux d'agrément ou de parade au côté d'animaux sauvages et du gibier nécessaire aux plaisirs royaux[45], signalait déjà une sensibilité nouvelle. Condamnation implicite des idées machinistes, elle va de pair avec les travaux d'anatomie menés par son frère Claude à la même époque[46]. Objet d'une tension, entre mépris et attractivité, l'animal y bénéficie à l'évidence d'un environnement favorable, princier même pour le chat du roi Louis XV, nommé *Le Général*, représenté en 1728 par Jean-Baptiste Oudry en forme de portrait[47], dans un décor de colonnades, le pied posé sur la dépouille d'un lapin. Mais il peut aussi bien être une proie, à l'exemple

Oudry, Jean-Baptiste (1686-1755), *Portrait du Général, chat de Louis XV*, 1728, huile sur toile, 122 × 162 cm, Collection Elaine et Alexandre de Bothuri © domaine public.

44. *Animaux fantastiques*, exposition au Louvre-Lens, 27 sept. 2023-15 janv. 2024 ; *Animaux fantastiques, du merveilleux dans l'art*, Catalogue d'exposition, Gand-Lens, Louvre-Lens/Snoeck Publisher, 2024.

45. C. Bouglé-Le Roux, *Au Royaume de la propriété. Ce que nous disent* Les Contes *de Perrault de la propriété au Grand Siècle*, in *Les Propriétés*, G. Lardeux, PUAM, 2022, p. 15-51.

46. *Mémoire pour servir à l'histoire naturelle des animaux*, 2 vol., Imprimerie royale, 1671/1676.

47. *Portrait du Général, chat de Louis XV*, J.-B. Oudry, 1725, huile sur toile, 122 × 163, Collection Elaine et Alexandre de Bothuri.

Oudry, Jean Baptiste (1686-1755), *Trois chiens et une antilope*, 1745, huile sur toile, 179 × 207 cm, Collection privée © Russborough House, Collection Sir Alfred Beit Foundation.

de cette sublime antilope, du même artiste, menacée par un chasseur ou une meute de chiens prêts à fondre sur elle pour la mettre en pièce[48].

Ce fonds patrimonial riche tourné vers l'animal souligne l'exigence des défis contemporains qui doivent être affrontés (combattus ou bravés) à l'aune de cet ancrage profond. Les procès de bêtes signalés par Beaumanoir dans ses *Coutumes de Beauvaisis* et la mémoire de juristes comme Barthélémy de Chasseneuz (1480-1541)[49], célèbre

48. *Trois chiens devant une antilope*, J.-B. Oudry, 1745, huile sur toile, 179 × 205, Russborough House, Irlande.

49. C. Dugas de la Boissony, *Barthélémy de Chasseneuz* (1480-1541), thèse de droit, Dijon, 1977 et G. Leyte, *La représentation du monde selon le* Catalogus gloriae mundi *de Barthélémy de Chasseneuz,* Collection d'histoire des idées politiques, Université d'Aix-Marseille III, XV, 2003, p. 33-44 et V° *Chasseneuz*, in *Dictionnaire historique des juristes français 12e-20e siècle*, P. Arabeyre, J.-L. Halpérin et J. Krynen, Paris, PUF, 2015. V. aussi N. Maillard, *La traduction juridique du conflit entre l'homme et l'animal nuisible dans les* Consilia de Barthélémy de Chasseneuz (XVIe siècle), *in Ad bestias… Regards sur le droit animalier*, Netavania/PULIM, 2023, p. 165-180

pour sa défense des nuisibles d'Autun, invitent à se replonger dans la subtilité de ces rapports complexes. La nature, au sens large du terme, comme intérêt à protéger, appelle aujourd'hui à renouer un lien distendu pour repenser l'apport des juristes à une réflexion plus large. L'effort commande une réelle communication avec d'autres disciplines cardinales – à commencer par la philosophie[50] ou l'éthologie, dont dépend une meilleure compréhension du monde animal, étroitement lié à l'environnement dans lequel il évolue, sans échapper à une certaine férocité. Le succès de la métaphore animalière n'est qu'un des multiples usages que Jean de La Fontaine tirera de son office de Maître particulier triennal des Eaux-et-Forêts à Château-Thierry à partir de 1647[51]. Outre son observation appliquée des espèces, il s'y forme aux enjeux forestiers dans une période marquée par l'élaboration de l'Ordonnance de 1669 sur le fait des Eaux-et-Forêts. Il y livrait déjà une vision d'un monde imbriqué et souvent cruel au sein duquel droit et morale apparaissent une nécessité impérieuse. Agneau et loup ne provoquent-ils pas déjà chez Arcimboldo sur un plan pictural cet effet d'oxymore exploité dans le récit que nous livre La Fontaine de leur rencontre ?

> *« La raison du plus fort est toujours la meilleure :*
> *Nous l'allons montrer tout à l'heure.*
> *Un Agneau se désaltérait*
> *Dans le courant d'une onde pure.*
> *Un Loup survient à jeun, qui cherchait aventure,*
> *Et que la faim en ces lieux attirait.*
> *Qui te rend si hardi de troubler mon breuvage ?*
> *Dit cet animal plein de rage :*
> *Tu seras châtié de ta témérité.*
> *Sire, répond l'Agneau, que Votre Majesté*
> *Ne se mette pas en colère :*
> *Mais plutôt qu'elle considère*
> *Que je me vas désaltérant*
> *Dans le courant,*
> *Plus de vingt pas au-dessous d'elle,*
> *Et que par conséquent, en aucune façon,*
> *Je ne puis troubler sa boisson. »*[52]

---

et *RSDA* 2012, [en ligne] et plus largement, G. Leyte, *La représentation du monde selon le* Catalogus Gloriae Mundi *de Barthélémy de Chasseneuz*, *op. cit.*, p. 33-44 et [en ligne].

50. C. Pelluchon, *Réparons le monde, Humains, animaux, nature*, Essais, Petite bibliothèque, Paris, Rivages Poche, 2020.

51. C. Bouglé-Le Roux, *La figure du juge dans* Les Fables *de La Fontaine*, in *Les figures du juge à travers les créations artistiques*, dir. R. Cabrillac, Paris, Dalloz, 2023, p. 40-50.

52. J. de La Fontaine (1621-1695), *Fables*, [1668], *Œuvres complètes*, éd. J.-P. Collinet, Paris, Bibliothèque de la Pléiade, Gallimard.

Quand la ruse croise l'innocence, le destin de l'agneau n'est-il pas à l'instant même scellé par l'appétit impitoyable du loup qui l'accuse injustement de troubler son eau pour justifier sa décision de le dévorer ? Cette célèbre fable de Jean de La Fontaine, loin d'être une simple observation de la nature, résonne dans notre société contemporaine comme une invitation à se questionner sur les rapports de force qui y prévalent pour adopter, le temps d'un livre, « le parti pris des animaux »[53]. Comment peut-on oublier tous ces agneaux, loups, lapins, tortues, corbeaux, fourmis, renards, lions, et autres animaux qui se parlent entre eux avec tant de naturel malgré l'aspect irréel de ces conversations ? Qui peut ignorer les célèbres illustrations des fables de Jean de La Fontaine par les peintres et artistes entre le XVIIe et XXIe siècle ? Tout comme ces fables[54] se servent des animaux afin d'instruire les hommes en leur attribuant des caractéristiques humaines afin d'administrer des leçons de morale, notre ouvrage *Animal & Droit* s'inscrit dans cette lignée en croisant les thématiques de l'animal et du droit, en cherchant à promouvoir une réflexion éthique[55] et juridique sur sa place dans notre société. Il est vrai que diverses législations internationales et nationales n'ont cessé d'évoluer afin de protéger les animaux contre la cruauté et les mauvais traitements : ainsi de cette décision remarquable de la Haute Cour de l'Uttarakhand de 2018 en faveur des chevaux pourvoyeurs de marchandises entre le Népal et l'Inde[56]. Dans une approche pluridisciplinaire, notre ouvrage veut relater une complexité : non pas tant celle des relations entre les animaux eux-mêmes, mais celle des rapports entre humains et animaux, à la recherche d'un équilibre entre l'utilisation des animaux pour les besoins humains et la reconnaissance de leur bien-être et de leurs droits.

En France, l'évolution juridique de la condition de l'animal y est retracée et précisée au travers de son nouveau statut protecteur « d'être vivant et sensible »[57]. L'animal n'est plus considéré juridiquement comme un bien mais comme un être. Alors

---

53. L'expression renvoie à l'essai et aux travaux de Jean-Christophe Bailly, *Le parti pris des animaux*, Paris, Christian Bourgeois éd., 2013.

54. Il y eut les 450 apparitions d'animaux sauvages ou familiers répertoriés dans les fables de La Fontaine… tel un entêtement conduisant l'auteur à parler des bêtes, le conduisant surtout à prêter notre langage, notre émotion, notre parure d'humanité, V. J. Birnbaum, *Qui sont les animaux ?*, Folio, Essais, 2010, Gallimard, spéc. p. 12.

55. J.-B. Jeangène Vilmer, *L'éthique animale*, PUF, coll. « Que sais-je ? », 3e éd., 2018, n° 3902.

56. Aff. *Narayan Dutt Bhatt c/ Union of India & co,* 4 juill. 2018, et D. Mantovani, *Droit de nature, Nature sans droits*, Les mules de Rome et les chevaux de l'Uttarakhand. Que peut l'histoire du droit pour repenser notre rapport à la Nature ?, Cours au Collège de France, 8 mars 2023 et J. Reeves, *L'animal en droit international*, thèse, Université d'Angers, 2022.

57. N. Reboul-Maupin, *Nos amis, les animaux sont désormais doués de sensibilité : un tournant et des tourments ! : D.* 2015, point de vue, p. 10.

qu'est-il vraiment ? Ni un bien[58], ni une personne, possiblement un quasi-bien[59] ou une personne non humaine ! Quoi qu'il en soit, l'animal est en état de lévitation juridique[60]. À l'évidence, la définition apportée par le Code civil à l'article 515-14, si elle se fait le réceptacle de discussions anciennes[61], ne pourvoit pas à tout et ne reçoit pas l'approbation du plus grand nombre. Les réactions à son égard sont aussi vives que contrastées : satisfaction chez les « amis » des animaux, déception chez les protectionnistes plus radicaux[62] et inquiétude voire perplexité chez les éleveurs. Simple article à vocation symbolique, il ne vise que les bêtes vivantes et les animaux sensibles. Il ne donne pas une qualification aux animaux. Il ne fait qu'officialiser (implicitement) l'obligation d'une conduite éthique et respectueuse à leur égard. Néanmoins, cet article a tout de même le mérite de reconnaître la nature sensible de l'animal dans le Code civil, pilier du droit français, alors qu'il avait déjà su investir au préalable les dispositions de huit codes différents : Code rural et de la pêche maritime, Code de l'environnement, Code pénal, Code de procédure pénale, Code général des collectivités territoriales, Code de la santé publique, Code de l'action sociale et des familles et Code de la sécurité intérieure ! Qu'il soit domestique ou de compagnie, sauvage, apprivoisé, d'élevage ou d'expérimentation, l'animal est considéré et passé au crible dans notre ouvrage, « dans tous ses états », en se penchant sur un florilège de situations : animal en images, animal réifié, animal source de droits et d'obligations, animal et affaires, animal humanisé, animal et environnement, animal sensible ou animal sacrifié.

---

58. La catégorisation des biens se doit d'être renouvelée : proposition d'une nouvelle distinction biens vivants et biens inertes. Ce sont des biens utiles ou nécessaires à notre existence, ils sont des moyens qui permettent de satisfaire nos besoins d'agrément, professionnels, écologiques ou vitaux… Ils se doivent d'être mieux protégés et préservés par l'homme tant dans leur sensibilité que leur durabilité : V. N. Reboul-Maupin, *Droit des animaux : opérer une distinction fondamentale entre biens vivants et biens inertes (biens organiques et biens inorganiques) : LPA* 31 janv. 2023, n° 202a7, p. 3 et s.

59. L. Leveneur et S. Mazeaud-Leveneur, *Droit des biens. Le droit de propriété et ses démembrements*, Paris, LexisNexis, 2e éd., 2023, n° 36.

60. N. Reboul-Maupin, *Pour une rénovation de la* summa divisio *des personnes et des biens : LPA* 28 déc. 2016, n° 122x7, p. 6.

61. V. sur cet aspect les écrits du précurseur Léonard Nelson, *System der philosophischen Ethik und Pädagogik*, « Public, la vie », éd. Verlag Öffentliches Leben, 1949.

62. Les abolitionnistes, plus radicaux, s'opposent au *fait* d'exploiter les animaux alors que les welfaristes s'opposent à la *manière* actuelle de le faire. Le but des premiers demeure l'abolition de l'exploitation alors que les seconds prônent la régulation : V. J.-B. Jeangène Vilmer, *L'éthique animale*, Paris, PUF, coll. « Que sais-je ? », *op. cit.*, spéc. p. 40.

II. – Le droit bouleversé par l'animal

Sujet passionnant et inépuisable, le monde animal suscite une réflexion renouvelée que notre ouvrage aspire à nourrir. L'essor de l'animal est un phénomène marquant, reflet d'une prise de conscience croissante de la société envers sa condition. De simples biens ou ressources à « êtres sensibles dignes de protection », la perception des animaux a considérablement évolué. **Hier**[63], l'animal était considéré du fait de son utilité et cette protection passait par les canaux classiques de la prohibition de la maltraitance et des réglementations relatives à la ruralité aux épizooties ou au commerce. **Aujourd'hui,** le juriste est confronté à de nouveaux défis qui engagent un bouleversement du droit par l'animal : développement de l'élevage intensif, surconsommation, *pet business*, épidémies et modifications génétiques sont autant de sujets qui bousculent nos certitudes et réclament une véritable évolution de la société pour garantir son bien-être et la défense de ses intérêts. La dynamique s'appuie sur des réformes législatives, des avancées judiciaires, et une mobilisation continue des acteurs de la société civile, à l'heure où la confusion règne entre mesures prétendument écologiques et satisfaction des exigences de lobbys puissants[64]. Bien que des écueils persistent, notamment en matière d'application et d'harmonisation des lois, le mouvement vers une meilleure protection des animaux dans le cadre juridique semble inévitable et prend des chemins dont la variété nourrit notre imaginaire juridique. La matière suscite une recherche productive et dynamique que favorise le pluralisme d'opinions. À la voie de la personnification de l'animal succède l'examen de pistes alternatives : celle des communs permettant de sanctuariser le cas échéant certaines espèces de la faune sauvage ou des territoires susceptibles de relever à raison de leur intérêt d'un statut *sui generis*, sans parler de solutions alternatives, le cas échéant fondées sur des fictions juridiques empruntées au fonds ancien permettant une forme d'inaliénabilité favorable à la transmission aux générations suivantes. Toutes ces propositions invitent à s'extraire des catégories juridiques et des schémas de pensée classiques pour favoriser un retour sur la symbiose qui doit caractériser nos échanges afin de retrouver une forme de sérénité perdue sur un sujet au carrefour des disciplines[65].

---

63. O. Le Bot, *Le droit animalier : hier, aujourd'hui, demain*, Ve Congrès mondial « Bioéthique et droit des animaux », Hal Id : hal-01838637.

64. Le 10 juin 2024, au lendemain de la dissolution de l'Assemblée nationale, un décret modifiant le Code de l'environnement porté par le ministère de la Transition écologique assouplit les conditions d'installation de structures d'élevages intensifs, considérés comme installations classées pour la protection environnementale (ICPE). D. n° 2024-529, 10 juin 2024 portant diverses dispositions relatives à l'évaluation environnementale des projets.

65. Sur cet aspect, *cf.* les chapitres 4 à 6 de S. Bourgeois-Gironde, *Comment le droit nous rapproche de la nature*, Paris, PUF, p. 41-80.

Les traits saillants de cette évolution consistent en trois axes principaux. D'abord, quasiment tous les pays du monde disposent de législation protectrices de l'animal. La France ne faillit pas à la règle. Les textes sur le bien-être animal y concernent les domaines les plus variés. L'élevage, en premier lieu, demeure soumis à des exigences minimales qu'il conviendrait cependant de renforcer : la taille des cages, le transport des animaux et l'abattage doivent être repensés dans le sens d'une diminution des souffrances passant le cas échéant par un étourdissement préalable de l'animal. L'animal sauvage, en deuxième lieu, fait aussi l'objet d'un encadrement juridique même si ce dernier se révèle encore trop timide. Celui-ci porte notamment sur les périodes où la pratique de chasse est autorisée, le nombre d'animaux pouvant être tués et les espèces susceptibles d'être chassées. En troisième lieu, les animaux d'expérimentation, qui font l'objet d'une protection minimale même si la tendance est de trouver des procédés alternatifs, méritent davantage d'attention. L'autre axe, ensuite, concerne l'intervention des juridictions judiciaires nationales, internationales et européennes, concrétisant la portée des dispositions de protection de l'animal par des exemples emblématiques : l'interdiction de la production de foie gras[66] ; la prohibition de la chasse à la baleine[67] ; l'interdiction de l'importation de produits dérivés du phoque[68] ; l'interdiction de spectacles cruels[69]... sans compter le nouveau dispositif proposé aux victimes, lors des audiences, qui bénéficient depuis 2019 d'un chien d'assistance judiciaire[70]. L'animal est partout. Il est ainsi au cœur des procès, tantôt acteur à protéger, tantôt soutien indéfectible pour les victimes éprouvant des difficultés à relater ce qu'elles ont pu subir. L'animal fait donc partie du monde de la justice. Enfin, un dernier axe repose sur la structuration

---

66. Cour suprême d'Israël, 13 août 2003, *Noah* vs *The Attorney General*, HCJ n° 9232/01, IsrLR512.

67. CIJ, 31 mars 2014, Chasse à la baleine dans l'Antarctique (*Australie* c/ *Japon*), RG n° 148 : le Japon est sommé d'arrêter la chasse à la baleine dans l'Antarctique. La justice internationale a rappelé ainsi les obligations du Japon et estimé que Tokyo mène une activité commerciale qu'elle fait passer pour de la recherche scientifique.

68. En 2009, l'Union européenne a imposé une interdiction sur l'importation des produits dérivés du phoque, invoquant des raisons éthiques et de bien-être animal (V. PE et Cons. UE, règl. [CE] n° 1007/2009, 16 sept. 2009, sur le commerce des produits dérivés du phoque : *JOUE* n° L 286, 31 oct. 2009, p. 36). Le Canada et la Norvège ont contesté cette interdiction, arguant qu'elle constituait une barrière commerciale injuste. En 2014, l'OMC a considéré que l'Union européenne pouvait interdire ces produits pour des raisons de moralité publique, mais a noté que certaines exceptions devaient être mieux appliquées.

69. Il y a le Jallikatu, en Inde, en 2014 (Supreme Court of India, 7th May 2014, *Animal Welfare Board of India* vs *A Nagaraja & Ors*, n° 5388 of 2014), la Vaquejadas, au Brésil, en 2016 (STF, 6 oct. 2016, action n° 4983).

70. Le 10 février 2023, une convention nationale a été signée entre le ministère de la Justice, d'une part, l'association Handi'Chiens, la Société protectrice des animaux et la Fédération France Victimes, d'autre part. Elle prévoit de généraliser la présence de chiens d'assistance judiciaire en juridiction. Ils se nomment Lol, Rumba, Rancho, Outchi, Orko, Orphée, Roucky, Ravel, Tandem, Suki, Ryoma et Soca..., progressivement depuis 2019, ils interviennent dans certains tribunaux judiciaires français.

du droit animalier en tant que discipline juridique à part entière par la création de centres de recherche[71], l'essor de revues et supports juridiques spécialisées[72], la création de formations diplômantes[73] et l'enseignement de la matière dans les universités[74].

Sans prétendre à l'exhaustivité, l'ouvrage *Animal & Droit* porte l'ambition d'explorer la prise en compte des animaux dans le cadre juridique, un domaine en pleine expansion qui bouleverse les conceptions traditionnelles de notre droit. À visée universelle, le droit est ordinairement le même pour tous. Or, en ce qui concerne les animaux, il semblerait que l'on ne puisse légiférer que de façon différentielle, c'est-à-dire selon les espèces. La défense de leurs droits y est difficile d'autant que les « alibis classiques sont nombreux en la matière : ils sont alimentaires (on chasse pour se nourrir), diététiques (la viande est une nécessité nutritionnelle), historiques (l'humain était à l'origine chasseur et mangeur de viande), naturalistes (il est conforme à la nature de traiter les animaux de telle ou telle manière), écologiques (on chasse pour réguler), économiques (telle activité, comme la chasse aux phoques ou la production de foie gras, par exemple, est légitime car elle produit des emplois et de la richesse), traditionnels (la corrida est légitime là où "une tradition locale ininterrompue" peut être invoquée), *etc.* »[75]. Fausses excuses ou réels motifs qu'une approche argumentative de l'éthique animale peut facilement renverser. Mais ici comme ailleurs progresse une prise de conscience sur la nécessité d'adopter une approche rationnelle afin de repenser notre rapport à l'animal.

C'est ainsi qu'à travers des articles variés et un bestiaire illustré, l'ouvrage *Animal & Droit* perpétue la tradition d'ouvrages de bêtes dans lesquels l'iconographie joue un rôle déterminant, en appelant l'attention sur les évolutions législatives et éthiques, tout en reflétant l'importance historique et culturelle de la présence animale. Ainsi il analyse comment les animaux ont été représentés dans différentes cultures et époques, soulignant leur rôle fondamental dans la construction des identités et des normes juridiques. Ce livre offre ainsi au travers de ces chapitres

---

71. Par ex., IRIDDA : Institut de Recherche, d'Information, et de Développement du Droit Animalier.

72. Quelques exemples : *Animal Law* ; *Animal law Review* ; *Journal of Animal law* ; *Revue semestrielle de droit animalier* (*RSDA*) ; *Revue trimestrielle – Droit, Animal, Éthique & Sciences* ; *Revista Brasiliera de Direito Animal*.

73. Y compris à des niveaux de Master, et création de DU de droit animalier : V. le recensement sur le site ORCA dont le DU DADA, Droit Animalier des Affaires, Université Paris-Saclay, Versailles. Mais l'univers DADA, c'est d'abord une Revue d'art, dont un numéro a été consacré à Arcimboldo & Cie, avr. 2021.

74. V. Master, Université de Strasbourg, Cours magistral de droit animalier : cet enseignement relate les règles applicables aux animaux afin d'assurer à ces derniers et à leurs utilisateurs une protection plus efficace, que les animaux soient utilisés à des fins alimentaires, scientifiques, récréatives ou autres. Le droit de l'animal et son enseignement sont des vecteurs de conciliation et de communication entre les utilisateurs d'animaux, les propriétaires d'animaux domestiques ou d'élevage et le grand public. Les participants seront amenés à réfléchir aux questions éthiques que pose la souffrance animale et à la réponse que peut apporter la loi censée concilier des intérêts parfois contradictoires.

75. J.-B. Jeangène Vilmer, *L'éthique animale*, Paris, PUF, coll. « Que sais-je ? », *op. cit.*, spéc. p. 62.

successifs une réflexion inédite sur la manière dont les animaux influencent et sont influencés par les cadres légaux et le contexte judiciaire. Il met en lumière la transformation progressive et nécessaire du droit à l'épreuve des considérations éthiques et sociales.

Au fil des pages stimulantes de ce volume, le droit est transformé par l'animal et devient son protecteur central, affirmant sa dignité, sa sensibilité et ses droits fondamentaux. **Demain**, en conséquence, il est possible d'espérer un destin plus favorable pour l'animal ainsi que des opportunités qui se présenteront à la lumière des analyses que nous ont livrées l'ensemble de nos contributeurs. Que cet ouvrage perpétue le « réveil français »[76] pour les animaux, une épopée collective vers un avenir où chaque vie est valorisée et protégée avec compassion, justice et proportionnalité !

76. *Ibid.*, p. 121 où l'auteur considère qu'« il y a encore quelques années, on pouvait parler d'une "exception" ou d'un "retard" français pour des raisons philosophiques, culturelles et politiques. Il faudrait aujourd'hui parler d'un "réveil français" et s'en féliciter », V. préface de P. Singer, *La libération animale*, Paris, Payot, 2012, p. 36-38.

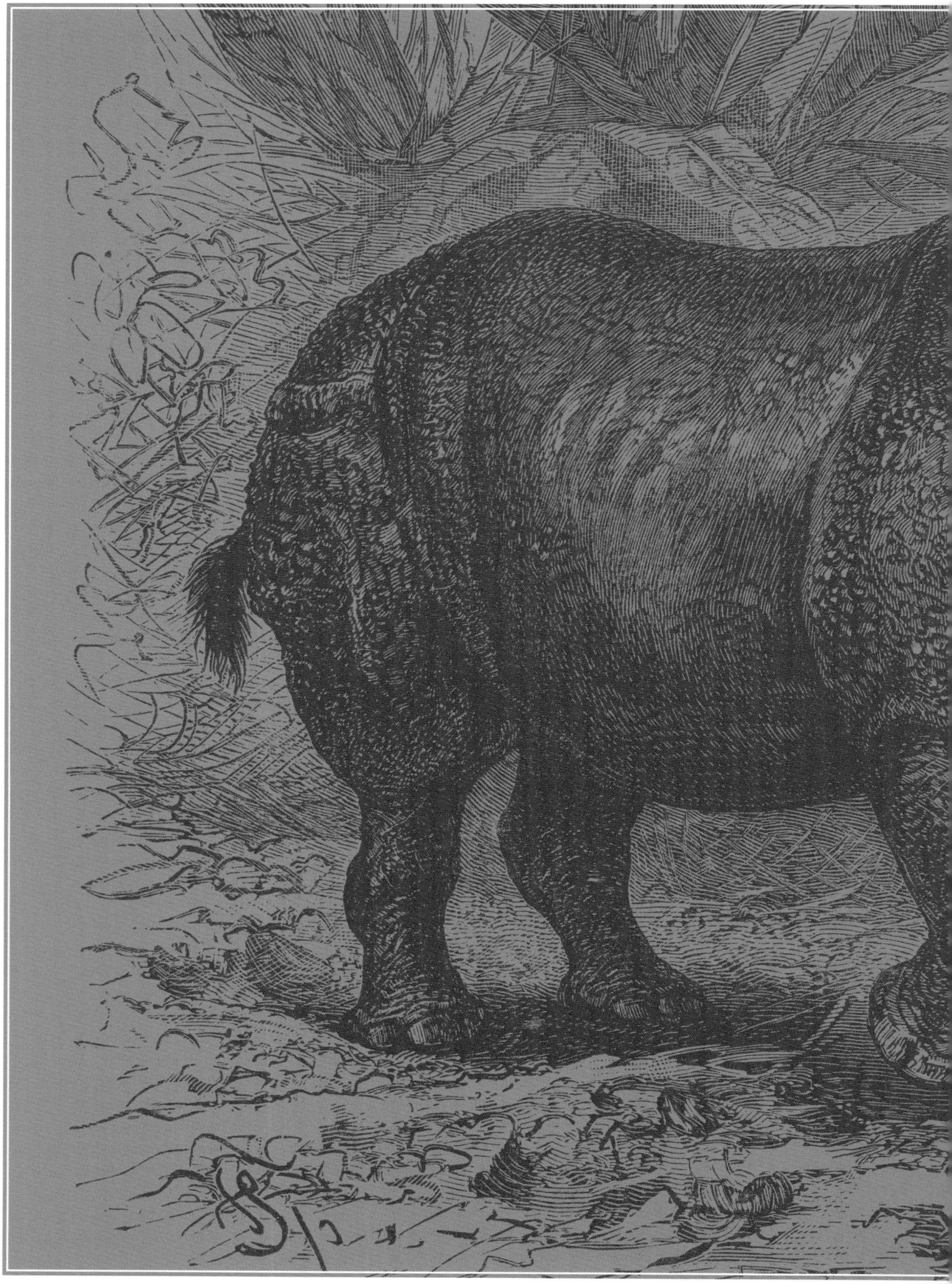

CHAPITRE 1

ANIMAL EN IMAGES

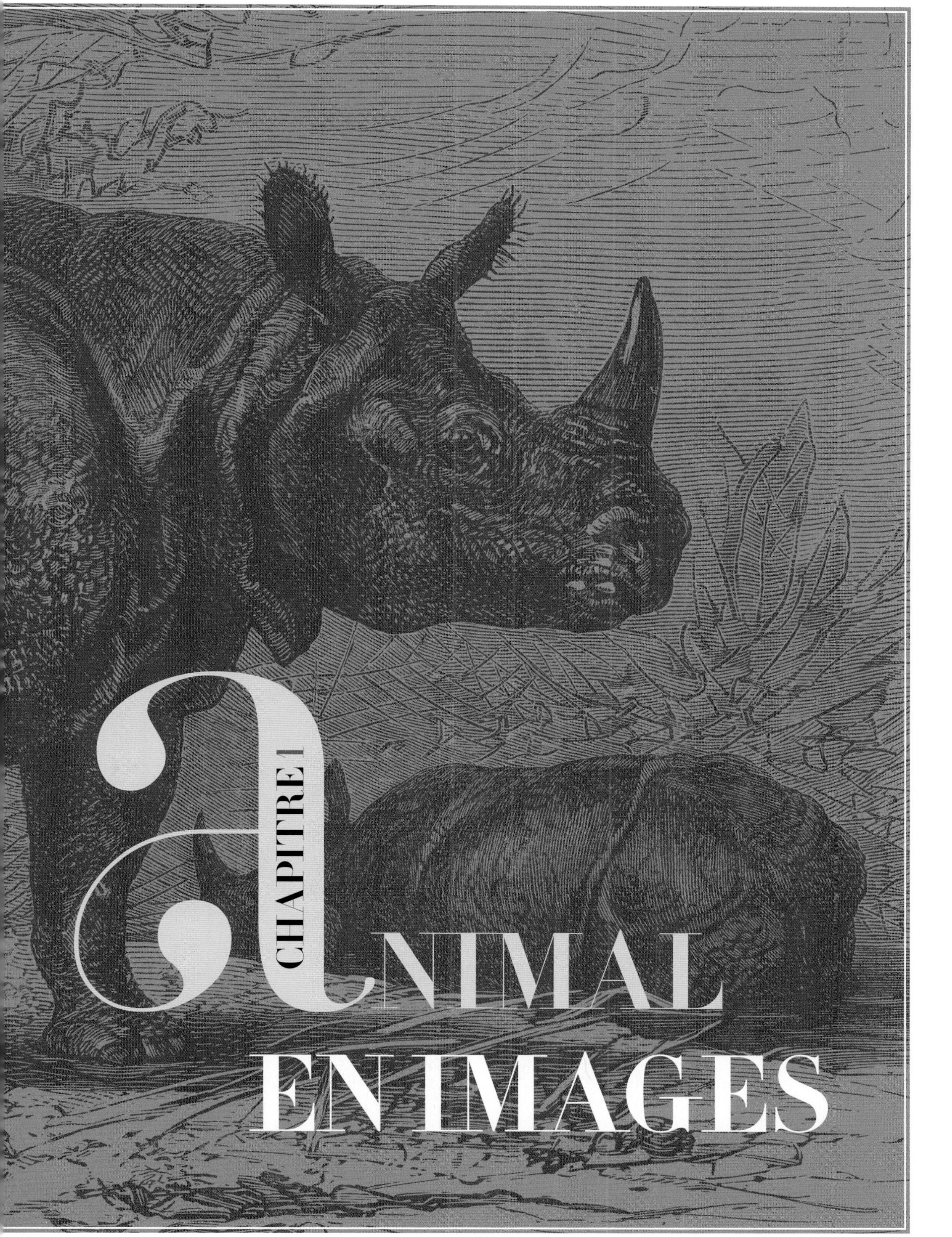

Dürer, Albrecht (1471-1528), *Le Rhinocéros*, 1515, gravure sur bois, 21,4 × 29,8 cm, British Museum, 1964.8.697, Royaume-Uni, Londres, © BnF.

RHINOCÉROS

n. masc. 1. Mammifère ongulé périssodactyle herbivore de la famille des rhinocérotidés, blanc ou noir, caractérisé par sa grande taille, son aspect massif, sa peau rugueuse, sa force considérable et surtout le port d'une (*rhinocéros d'Asie*) ou deux (*rhinocéros d'Afrique*) cornes nasales. Longtemps assimilé à la licorne, animal fabuleux symbole de puissance et de pureté, il fut chassé pour son cuir et pour ses cornes, auxquelles on prête des vertus curatives et stimulantes.

2. Par analogie, coléoptère doté d'une corne.

Rhinoceros unicornus[1]

En ces temps de transition écologique, l'attention portée à l'animal se fait différente. Au-delà de l'évolution de son statut, voire de sa personnalité – questions importantes pour les juristes[2] –, c'est la manière dont nous les observons qui paraît se renouveler, *par-delà nature et culture*[3]. Après avoir suscité la curiosité et fait l'objet d'un intérêt d'abord caractérisé par son exploitation[4], l'animal est désormais également protégé pour lui-même[5] et

1. Cette contribution constitue une version remaniée du propos introductif prononcé lors du colloque « La tyrannie de la souveraineté » organisé par l'auteure à l'Université de Picardie le 24 avril 2015 : « Portrait de la souveraineté en *Rhinocéros*. Considérations sur le droit comme système de représentation du monde ».

2. Not. T. Goujon-Bethan et H. Kassoul, *Pour un aggiornamento de la responsabilité civile : vers la reconnaissance d'un préjudice animal pur : RSDA* 2022, 2, p. 527-582 ou C. Regad et C. Riot, *La personnalité juridique de l'animal. Les animaux liés à un fonds (les animaux de rente, de divertissement, d'expérimentation)*, Paris LexisNexis, 2020.

3. P. Descola, *Par-delà nature et culture*, Paris, Gallimard, NRF, 2005.

4. Élément de prestige et de richesse ou vecteur de connaissance scientifique, il servit le profit individuel ou collectif d'hommes aux intentions plus ou moins désintéressées : accumulation de capital économique et symbolique ou développement de la zoologie et de l'éthologie.

5. O. Dubos et J.-P. Marguénaud, *La protection internationale et européenne des animaux : Pouvoirs* 2009/4, n° 131, p. 113-126.

plus uniquement dans l'intérêt de l'espèce humaine[6]. Après les romans animaliers[7], ce sont les essais de philosophie[8] qui se penchent aujourd'hui sur la cohabitation entre hommes et animaux et les occasions sont nombreuses de saisir le miroir qui nous est ainsi tendu pour envisager l'évolution de notre rapport à l'animal comme un révélateur des évolutions de notre société. À travers les fluctuations de nos représentations des animaux et ce que nous avons cru en connaître, c'est le caractère toujours seulement parcellaire de nos connaissances qui saute aux yeux, en forme d'avertissement épistémologique : « on ne peut se prévaloir d'un esprit scientifique tant qu'on n'est pas assuré, à tous les moments de la vie pensive, de reconstruire tout son savoir »[9].

Or, s'il est un animal qui justifie de garder en tête un tel avertissement, c'est sans doute le *Rhinocéros* tel que représenté par Dürer en 1515, tenant de la chimère et pourtant bien réel. Comme les Européens de son temps – et la majeure partie de l'Humanité d'alors – lorsqu'il réalisa cette gravure, Albrecht Dürer n'avait bien sûr jamais vu de rhinocéros. Il aurait entendu célébrer ainsi l'arrivée d'un animal unicorne le 20 mai 1515 à Lisbonne, où celui-ci avait été envoyé comme cadeau diplomatique au roi Manuel Ier par le sultan du royaume indien du Gujarat[10]. La nouvelle se répandant à travers l'Europe, Dürer en eut vraisemblablement connaissance par des croquis dont le vecteur de diffusion demeure relativement incertain. Le récit le plus vraisemblable évoque un « illustre imprimeur, auteur, traducteur, dessinateur et grand admirateur des découvertes portugaises »[11] installé à Lisbonne, Valentin Ferdinand, qui aurait fait parvenir une lettre décrivant l'animal à la guilde des marchands de Nuremberg en se basant notamment sur des écrits antiques, tels que ceux de Pline l'Ancien[12].

---

6. V. par ex. la Déclaration universelle des droits de l'animal, proclamée le 5 octobre 1978 et actualisée en 2018 par la Fondation Droit Animal Éthique et Sciences, et l'ensemble des conventions internationales et européennes plus ou moins spécialisées adoptées depuis la Convention de Rio sur la diversité biologique, entrée en vigueur le 29 décembre 1993. Sur le plan des politiques publiques, après une première *Stratégie nationale* adoptée en 2000, la biodiversité fait partie – aux côtés de la santé, du climat, des ressources et de l'adaptation – des cinq enjeux environnementaux du *Plan d'action pour réussir la transition écologique* présenté par le Président de la République le 25 septembre 2023.

7. Not. B. Werber, *Les Fourmis*, Paris, Albin Michel, 1991.

8. Not. B. Morizot, *Les diplomates. Cohabiter avec les loups sur une autre carte du vivant*, Marseille, Wildproject, 2016 et *Manières d'être vivant. Enquêtes sur la vie à travers nous*, Arles, Actes Sud, 2020.

9. G. Bachelard, *La formation de l'esprit scientifique*, Paris, Vrin, 5e éd., 1967 [1934], p. 10.

10. « Albrecht Dürer's *Rhinoceros*, a drawing and woodcut » [www.britishmuseum.org].

11. A. Fontoura da Costa, *Les déambulations du rhinocéros de Modofar, roi de Cambaye, de 1514 à 1516*, Lisbonne, République portugaise. Ministère des Colonies, 1937, p. 6.

12. « En préparant la Biographie de Valentin Ferdinand (de Moravie) j'ai trouvé dans Ravenstein la note suivante : "A letter, describing a rhinoceros which Garcia de Noronha had brought from India in 1513, was written by Ferdinand to his 'friends' at Nuremberg and is published by Count Angelo de Gubernatis (*Storia dei Viaggiatori Italiani*, Livorno, 1875, p. 389). An engraving of this rhinoceros by Albert Dürer is to be found at the British Museum" » (*ibid*., p. 5, renvoyant à E.G. Ravenstein, *Martin Behaim. His life and his globe*, Londres, 1908, note 4, p. 2).

Findorff, Dietrich (1722-1772), Oudry, Jean-Baptiste (1686-1755), *Le Rhinocéros de Leiden*, 1749, huile sur toile, 310 × 456 cm, Allemagne, Shwerin, Staatliches Museum, Kunstsammlungen, Schlösser und Gärten, G1928 © BPK, Berlin, Dist. GrandPalaisRmn / image BPK.

Dürer réalisa donc la gravure sans jamais avoir vu lui-même l'animal, lequel, envoyé en cadeau au Pape Léon X à Gênes, mourut peu après dans un naufrage. Pourtant, la gravure fit telle impression que, pendant des siècles, elle continua à demeurer l'image parfaite du rhinocéros, illustrant nombre d'ouvrages – y compris zoologiques – bien après que les Européens ont finalement eu l'opportunité de voir des rhinocéros et de constater ainsi à quel point la représentation qu'en avait livrée Dürer était personnelle et fantasmée. D'ailleurs, nombreuses sont encore les occasions d'entendre ceux qui découvrent ses conditions de réalisation se déclarer stupéfaits que Dürer soit parvenu à en donner une image aussi « précise » et « parfaite »[13]. Pourtant, cuirassé comme par une armure, les pattes écaillées, le corps recouvert de pustules, des oreilles de cheval, une tête que l'on croirait taillée dans la pierre et une corne de licorne au milieu du dos, il est objectivement difficile de considérer que l'on a affaire à une représentation d'une précision spectaculaire ! Et que dire des collerettes dont l'animal se trouve affublé, qui inspirèrent à Dalí son *Rinoceronte vestido con puntillas* (*Rhinocéros habillé de dentelle*) ?

---

13. L'auteure de ces lignes en fit l'expérience lorsqu'elle choisit cette gravure pour illustrer *La tyrannie de la souveraineté*.

Qu'y a-t-il en cela de « parfait », si ce n'est l'idée que notre esprit en recompose ? Le rhinocéros est un animal massif, étrange et un peu inquiétant. Albrecht Dürer était un immense artiste. Son rhinocéros est à la fois massif, étrange et un peu inquiétant. Nous y voyons donc facilement la représentation « parfaite » d'un rhinocéros. Le ressort interprétatif fonctionne toujours : cette gravure est tellement belle, tellement remarquable techniquement, et par la suite tellement connue, qu'elle a marqué considérablement les esprits, au point de finir par incarner *l'être* du rhinocéros mieux qu'un rhinocéros. Or, cette apparente perfection porte une importante leçon pour le juriste : associée à la qualité de celui qui la produit, la qualité d'une représentation joue un rôle fondamental dans sa capacité à susciter l'adhésion, *i.e.* son efficacité sociale. Cette adhésion peut même s'avérer telle que l'évolution des savoirs n'entraîne aucune remise en cause fondamentale de cette représentation – pourtant manifestement erronée ou dépassée.

Le droit étant lui-même un système de représentation du monde, il peut donc s'avérer instructif de tenter de l'observer au prisme du *Rhinocéros* de Dürer. Toutefois, étant impensable de l'observer tout entier dans une telle perspective, l'on se propose de limiter ici l'expérience à la souveraineté : polymorphe, se diffractant à la fois en droit interne et en droit international, comment persiste-t-elle avec une efficacité constante dans le droit ? Pourrait-on envisager de penser le droit indépendamment du cadre qu'elle dessine depuis sa théorisation par Jean Bodin ? Par une sorte de mise en abyme, observant le droit à travers la souveraineté, elle-même observée à travers le *Rhinocéros* de Dürer, peut-être pourra-t-on dégager quelques pistes de réflexion quant à la possibilité même de penser de nouveaux modes de régulation juridicisée...

La tyrannie de la souveraineté

La souveraineté a été placée au cœur de la réflexion juridique par Jean Bodin, affirmant qu'elle est « la puissance absolue et perpétuelle d'une République, que les Latins appellent *majestatem* [et qu'i]l est icy besoin de former la définition de souveraineté, parce qu'il n'y a ny jurisconsulte, ny philosophe politique, qui l'ayt définie [et] que c'est le point principal, & le plus nécessaire d'estre entendu au traité de la République ». Ayant considéré « que République est un droict gouvernement de plusieurs familles, & de ce qui leur est commun, avec puissance souveraine », il estima qu'il était « besoin d'esclaircir que signifie puissance souveraine »[14]. Ce faisant, n'a-t-il pas, d'une certaine manière, joué ici le même rôle

14. J. Bodin, *Les Six Livres de la République*, chap. IX « De la souveraineté », Paris, Jacques du Puys, 1576, p. 125. Précisons qu'il ne s'agit nullement de soutenir qu'il s'agissait là de la première mention de

que Dürer en nous *donnant à voir* la souveraineté, influençant ainsi durablement sa représentation juridique ?

En effet, qui voudra se pencher sur les théories et les usages juridiques de la souveraineté constatera que plusieurs conceptions majeures s'affrontent, le concept faisant l'objet d'une construction doctrinale progressive. À la suite de Bodin – qui y voit « la puissance absolue et perpétuelle d'une République »[15] – G. Jellinek l'envisage comme la faculté de disposer de la « compétence de sa compétence », c'est-à-dire « la capacité de se déterminer seul soi-même au point de vue juridique »[16] et R. Carré de Malberg comme « le caractère suprême d'un pouvoir », qu'il décline en trois acceptions : « Dans son sens originaire, il désigne le caractère suprême d'une puissance pleinement indépendante, et en particulier de la puissance étatique. Dans une seconde (…) l'ensemble des pouvoirs compris dans la puissance d'État, [dont] il est par suite synonyme (…). Enfin il sert à caractériser la position qu'occupe dans l'État le titulaire suprême de la puissance étatique, et ici la souveraineté est identifiée avec la puissance de l'organe »[17]. Sur la base de la distinction entre ses faces « interne et externe », elle connaît également des développements en droit international, dans le cadre duquel elle « signifie l'indépendance (…) dans les relations entre États »[18] et s'envisage moins comme « une puissance » s'exerçant sur des sujets que comme « une liberté » résultant du fait de « n'être pas soi-même sujet »[19].

Sans tenter de survoler ces conceptions d'autant plus complexes qu'elles se répondent l'une l'autre[20], il importe de distinguer *concept* et *notion*[21] tant le contraste apparaît

---

la souveraineté en droit. Comme l'a noté O. Beaud, elle a « été d'abord *judiciaire* – désignant les cours souveraines – avant de devenir législative, désignant l'autorité politique compétente pour édicter la règle de droit » (*Peut-il y avoir encore un pouvoir souverain ?, in* P. Delvolvé [éd.], *Le pouvoir*, Paris, PUF, 2022, p. 117-145, spéc. 119).

15. J. Bodin, *Les Six Livres de la Républiques*, *op. cit.*, p. 125.

16. *L'État moderne et son droit*, I, Paris, éd. Panthéon-Assas, 2004 [1904], p. 155.

17. *Contribution à la théorie générale de l'État*, t. I, Paris, éd. CNRS, 1962 [1920], p. 70.

18. M. Huber, Sentence arbitrale du 4 avril 1928, *Affaire de l'Île de Palmas*. Cour permanente d'arbitrage, *États-Unis c. Pays-Bas*, trad. fr. Ch. Rousseau pour la *RGDIP* 1935, p. 156 [https://haguejusticeportal.net].

19. J. Combacau, *Pas une puissance, une liberté : la souveraineté internationale de l'État : Pouvoirs* 1993, 67, p. 47-58.

20. S. Floss, *Les critiques de la notion de souveraineté en Droit et Sciences politiques : l'évolution des concepts source de confusion*, thèse, Université de Rennes, 2015.

21. Marqué par la philosophie kantienne, le concept (de *conceptus* – action de contenir) évoque une idée scientifiquement ordonnée. Définie comme « manière de concevoir [ou] point de vue » et s'entendant en philosophie et linguistique d'une « idée générale et abstraite en tant qu'elle implique les caractères essentiels de l'objet », la notion (de *noscere* – apprendre à connaître) autorise davantage de souplesse en admettant la coexistence de plusieurs points de vue (*Dictionnaire historique de la langue française*, A. Rey, *La Terminologie : noms et notions*, Paris, PUF, 1979, p. 29-34 et Centre National de Ressources Textuelles et Lexicales, en ligne).

saisissant entre un usage médiatique de la notion qui l'incorpore à l'arsenal le plus *ordinaire*[22] du prêt-à-penser juridico-politique et la rigueur du raisonnement mobilisé par les juristes dans la construction et le maniement du concept. Une telle dichotomie entre usages savant et profane montre combien la souveraineté jouit dans la sphère juridique d'une centralité qui impose une précision langagière sans laquelle l'analyse s'avère impossible[23].

En effet, la notion se diffuse quotidiennement hors du champ scientifique et le concept se déploie bien sûr également dans les champs philosophique et politique[24]. Mais, en droit, la souveraineté constitue un cadre de pensée à la mesure duquel sont envisagées les questions fondamentales[25] de l'État moderne, dans notre conception duquel le concept juridique de souveraineté se trouve étroitement enchâssé, essentiel tant sur le plan interne (où il constitue l'un des fondements du droit constitutionnel) que sur le plan externe (où il constitue l'un des fondements du droit international et européen).

Les raffinements théoriques et les typologies proposées servent donc moins à décrire le droit qu'à le *construire*, car c'est au juriste qu'il « incombe de mettre l'ordre intelligible de la connaissance (…) dans cette masse de matériaux, de constituer un système [en créant] lui-même des concepts à contenu juridique qui lui servent à la connaissance et à l'analyse systématique du droit »[26]. Observant la souveraineté à la façon du *Rhinocéros* de Dürer, à la fois dans ses incertitudes et son omniprésence, nous pouvons ainsi saisir, derrière le caractère protéiforme de la notion, la manière dont elle se dissimule, invisible, dans les structures mêmes de notre pensée : en même temps que la tyrannie du concept, c'est le droit qui se trouve ici dévoilé en tant que système de représentation du monde.

---

22. Not. J. Bouveresse, *Langage ordinaire et philosophie*, in *Langages* 1971, n° 21, p. 35-70 et les travaux du sociologue et linguiste Erving Goffman.

23. Le professeur Combacau fulmine ainsi : « Quand, dans un ouvrage destiné à fournir de fermes appuis conceptuels (…), vous lisez dès l'abord de la rubrique "Souveraineté" qu'elle est "un principe abstrait désignant l'instance détentrice de l'autorité légitime", énoncé certainement exact mais certainement partiel, vous êtes tenté de vous demander s'il était bien utile que (…) Carré de Malberg se donnât la peine de dégager la multiplicité des sens revêtus par le mot de souveraineté dans la pratique constitutionnelle et dans l'usage savant » (*art. cit.*, p. 47-48, à propos de P. Bouretz, *Souveraineté*, *in* O. Duhamel et Y. Mény [dir.], *Dictionnaire constitutionnel*, Paris, PUF, 1992, p. 989).

24. Not. T. Hobbes, *Léviathan*, Londres, A. Crooke, 1651 et J.-J. Rousseau, *Du contrat social, ou principes du droit politique*, Amsterdam, Marc-Michel Rey, 1762.

25. Par ex. J. Lepoutre, *Nationalité et souveraineté*, thèse, Université de Lille, 2018 ou G. Arenas, *Le principe de souveraineté : enquête sur la fonction d'un principe juridique*, thèse, Université Paris 1, 2023.

26. Ch. Eisenmann, *Quelques problèmes de méthodologie des définitions et des classifications en science juridique : Arch. phil. dr.* 1966, t. XI, p. 28-29.

Le droit comme système de représentation du monde : (re)construire le monde social pour l'ordonner

Saisir ce qui se joue implique de ne pas envisager seulement le *droit*, en tant qu'ensemble normatif, mais également le rôle de la doctrine dans son évolution[27]. Quelle est la place du juriste dans la construction des concepts à partir desquels le droit s'élabore ? La question se pose dès lors que la souveraineté ne constitue pas un donné qu'il s'agirait de décrire mais un concept censé rendre compte d'un fait social en vue de faciliter l'ordonnancement du monde par le droit. Derrière la question de l'antériorité en doctrine, se profile ainsi celle de la capacité de chaque auteur à adopter une « manière de parler [et d']en passer par un mode de présentation spécifique, qui masque le fait que l'invention est une invention et qui la présente sous une autre forme »[28], propre à lui permettre de se faire comprendre de ses pairs par sa démonstration.

Écrire sur le droit impose donc avec évidence la maîtrise du vocabulaire partagé par la communauté des juristes[29]. Comme le soulignait François Gény, on peut ainsi « découvrir, dans les variations de la langue juridique, les traits les plus intimes du développement même du droit »[30], au point que celui-ci puisse avoir parfois « tendance à se réduire en formules »[31]. Et ce langage partagé contribue à constituer cette communauté puisque « les interprètes autorisés (...) unis par la même formation, (...) parlent le même langage, partagent les mêmes valeurs et leurs intérêts sont fondamentalement identiques »[32].

L'évolution des normes juridiques passe ainsi par le langage. Car, dans un « univers juridique [fait] de textes, d'énoncés et de mots »[33], la légitimité rationnelle-légale décrite par Max Weber[34], sur laquelle repose la performativité du discours juridique,

---

27. Nous laissons ici de côté la question de la science du droit, dont l'objet est « la norme conçue non comme un devoir-être, mais comme un fait, un énoncé » (M. Troper, *Réplique à Otto Pfersmann*, in *Analisi e diritto* 2002-2003, p. 297-314).

28. D. Baranger, *Notes sur l'apparition de la souveraineté (et des droits de l'homme)*, in *Annuaire de l'Institut Michel Villey*, vol. 4, 2012, p. 259-308, spéc. 262.

29. P. Martens, *Thémis et ses plumes. Réflexions sur l'écriture juridique*, in *Nouveaux itinéraires en droit. Hommage à François Rigaux*, Bruxelles, Bruylant, 1996, p. 345-372.

30. F. Geny, *Science et technique en droit privé positif*, Paris, Sirey, 1921, t. 3, p. 453.

31. J.-L. Sourioux et P. Lerat évoquent un « effet Thémis » (*Le langage du droit*, Paris, PUF, 1975, p. 67-69).

32. J. Chevallier, *Les interprètes du droit*, *in* P. Amselek (dir.), *Interprétation et droit*, Bruxelles, Bruylant, 1995, p. 115-130, spéc. 120.

33. F. Audren, *Introduction. Pistes pour une histoire intellectuelle des juristes socialistes sous la III*[e] *République*, in *Société d'études jaurésiennes. Jean Jaurès cahiers trimestriels*, avr.-juin 2000, n° 156, p. 5-12.

34. M. Weber, *Le Savant et le Politique*, Paris, Plon, 1963 [1919], p. 126-127.

découle avant tout de la capacité de la norme juridique à représenter le monde qu'elle a vocation à ordonner : *le droit tire sa force de ce que tous s'accordent à le respecter.* C'est en ce sens que « [l]e discours juridique est une parole créatrice, qui fait exister ce qu'elle énonce (...), à l'opposé de tous les énoncés dérivés, constatifs, simples enregistrements d'un donné préexistant »[35].

En tant que processus de régulation sociale, le droit transforme la réalité en réalité juridique[36] grâce à ses concepts et à sa capacité à qualifier des faits. Ainsi, en dépit des métamorphoses constantes du concept[37], les multiples définitions juridiques de la souveraineté sont autant de manières de la faire exister. Puisqu'elles « ne disent pas ce qu'est la souveraineté mais ce que l'usage désigne de ce nom », elles ne sont donc en réalité « vraies ou fausses que par rapport à un fait social »[38], dans la mesure où elles rendent compte plus ou moins fidèlement d'une réalité qu'elles servent à ordonner. Il n'est donc pas ici question d'herméneutique, ni des spécificités de l'interprétation de la norme juridique (c'est-à-dire le fait de « traduire les énoncés du langage des sources du droit dans des énoncés relevant du langage des juristes ou des juges »[39]) mais bien de la manière dont sa conceptualisation participe à sa construction.

Ainsi, parler de *tyrannie de la souveraineté*, c'est constater que, par son existence même, le concept juridique de souveraineté nous oblige à penser à travers lui. Notamment, pour en faciliter la compréhension autant que l'usage, nous raisonnons fréquemment en termes d'alternatives exclusives nous contraignant encore davantage : souveraineté interne/externe, populaire/nationale, d'un seul/de tous. Ne peut-on envisager de s'extraire de ces alternatives ? À l'heure où la poursuite du projet européen semble exiger de nouvelles voies ouvertes par de nouveaux concepts[40] et où les transitions écologique et numérique soulèvent de multiples questions liées à l'a-territorialité, au pouvoir et à ses modes d'exercice, doit-on continuer à ne penser l'évolution des relations de l'État avec ses pairs, ses démembrements et ses citoyens que *sur l'unique mode de la souveraineté* ?

---

35. P. Bourdieu, *Ce que parler veut dire. L'économie des échanges linguistiques*, Paris, Fayard, 1982, p. 21. Considérer les énoncés juridiques comme des « actes de parole [émis par] des autorités juridiques » permet ainsi de lutter contre « une espèce de phénomène collectif d'illusion d'optique (...) une tendance (...) à croire que ce qui fait qu'un énoncé soit un énoncé de règle (...) fait partie de l'énoncé lui-même » (P. Amselek, *Philosophie du droit et théorie des actes de langage*, *in* P. Amselek [éd.], *Théorie des actes de langage, éthique et droit*, Paris, PUF, 1986, p. 129 et 113).

36. A. Ross, *Tû-Tû*, trad. E. Millard et E. Matzner, *Enquête*, 7/1999, *Les objets du droit*, p. 8.

37. P. Mortier, *Les métamorphoses de la souveraineté*, thèse, Université d'Angers, 2011.

38. J. Combacau, *art. cit.*, p. 48.

39. R. Guastini, *Interprétation et description de normes*, in *Interprétation et droit*, *op. cit.*, p. 92.

40. O. Beaud, *Théorie de la fédération*, Paris, PUF, 2007 et *art. cit.*

Il y a là un enjeu fondamental dans la mesure où faire un pas de côté pourrait permettre d'inventer de nouveaux modes de régulation juridicisée[41]. Car renoncer à la centralité d'un concept pour constater que d'autres sont peut-être également susceptibles de décrire une fraction de la réalité contemporaine dont il peine désormais à rendre compte seul[42], ce n'est pas renoncer à la normativité juridique comme mode de régulation sociale privilégié. Au contraire, c'est chercher à préserver la légitimité du droit en tant que processus de régulation sociale en garantissant l'efficacité qui fait justement sa force[43], sa capacité à ordonner le monde demeurant fondatrice de l'ordre social[44]. Ainsi, tout comme dans la représentation du *Rhinocéros* par Dürer c'est la gravure qui compte, dans la représentation juridique du pouvoir, grâce au concept de souveraineté, c'est le droit qui compte.

Céline HUSSON-ROCHCONGAR
Maître de conférences HDR en droit public
Directrice de la recherche,
Institut national du service public

41. Sur la dimension créatrice en droit et la nécessité d'« inventer en permanence des passerelles et des chemins nouveaux », J.-M. Sauvé, *in* M. Doat et G. Darcy (dir.), *L'imaginaire en droit*, colloque au Sénat, 26 janv. 2008.

42. Notons qu'il ne s'agit pas de *dégrader* le concept de souveraineté, le risque étant alors « que l'ignorance, l'oubli ou le mépris d'un de ses sens (...) brouillent l'intelligence du mythe politique, interne et international, auquel renvoie l'usage de ce mot fabuleux » (J. Combacau, *art. cit.*, p. 48).

43. P. Bourdieu, *La force du droit. Éléments pour une sociologie du champ juridique*, in *Actes de la recherche en sciences sociales*, vol. 64, sept. 1986, p. 3-19.

44. Le droit, « coïncid[ant comme la religion et l'idéologie] avec l'existence d'une institution (...) cherchant à intégrer les individus, à uniformiser leurs pensées et leurs actes », exerce en effet « une régulation sociale forte » (S. Moscovici, *La nouvelle pensée magique*, in *Bulletin de psychologie* 1992, t. 45, n° 405, p. 301-324, spéc. 304).

Fig. 1 Thorvaldsen, Bertel (1770-1844), Ahorn, Lukas (1789-1856), *Lion de Lucerne*, 1821, sculpture, grès, Suisse, Lac des IV Cantons © Photographie de l'auteur, coll. privée. Tous droits réservés.

Des monuments funéraires consacrés aux animaux :

corps et esprit des emblèmes-tombeaux

Valérie HAYAERT
Agrégée de lettres modernes, Université de Warwick, Centre d'études de la Renaissance

Il faut visiter le monument au lion de Lucerne un matin d'été (Fig. 1), cheminer vers cette grotte tapie dans la verdure, prendre la mesure de la paroi rocheuse dans laquelle se niche la sculpture monumentale du lion mourant, retenir son souffle devant la brutalité pathétique de ce spectacle, pour comprendre qu'il n'y a pas lieu d'opposer le sensible à la pensée symbolique qui agit sur nous. Rendre visite au tombeau d'un lion mourant, agonisant pour toujours dans le carcan de pierre d'où il surgit à demi-mort, c'est d'abord retrouver un moment de mutisme, un rituel funéraire qui prime envers et contre tout, avant que ne se déploient le discours des clichés historiques, le flot des interprétations et les tropes figuratifs. La colossale statue de ce lion couché, aussitôt rapportée à la nécessité réductrice d'une interprétation historique (le lion comme symbole des gardes suisses qui payèrent de leur mort héroïque la défense des derniers rois français face à la barbarie révolutionnaire), ne dit rien sur le choc reçu à la vue de ce lion poignardé, contemplant impuissant le tableau imaginaire du massacre des gardes suisses, pattes raidies et gueule entr'ouverte.

Plutôt donc que de s'en tenir à un parcours exégétique serein, il semble plus prometteur de raviver le choc de l'oxymore, ici la force empêchée, la *gravitas* du spectacle de la mise à mort d'une puissance surdimensionnée. La symbolique du lion héraldique vaincu, succombant avec fierté, renvoie par association au motif d'un des emblèmes d'Alciat *Etiam ferocissimos domari* (même les plus féroces sont matés), qui exploite l'image audacieuse de Marc-Antoine, ordonnateur du meurtre de Cicéron, qui fut, dit-on, le premier à mettre sous le joug des lions en les attelant à un char dans Rome[1]. Dans les deux cas, et sans qu'aucune ligne téléologique ne puisse être établie entre les deux scènes, le lion, symbole de fierté et de vertu belliqueuse, d'éloquence acerbe et de grand courage militaire, est dompté par la force, maté, mis sous le joug. Pline interprète aussitôt l'événement, décrivant « l'attelage prodigieux, sorte de signe des temps, qui témoignait que les esprits généreux subissaient le joug ». L'emblème n'est donc pas à comprendre comme une parabole moralisante mais comme un « prodige signifiant », autrement dit, un *signe symbolique en acte*, qui célèbre les actions courageuses passées et à venir.

La contribution qui suit vise à sortir la discipline iconologique et emblématique d'une des impasses récurrentes à laquelle elle prête trop facilement foi. Rendre à l'animal son tombeau emblématique, c'est revisiter autrement ce que le pouvoir d'un emblème suscite. C'est renverser la question habituelle qui consiste à ranger une topique, support d'un discours anthropomorphique moralisant, dans l'armoire des bestiaires médiévaux ou Renaissance. Retrouver l'élan poétique du geste d'extraction (dans le cas du monument de Lucerne, l'extraction d'une sculpture en ronde bosse arrachée à la pierre d'une falaise), c'est rendre compte différemment de deux éléments, indissociablement liés : d'abord la suspension physique et ritualisée du geste d'ostension de l'animal mort, puis de l'intégration de la scène à une dogmatique (l'animal est divinisé), par des commentaires herméneutiques portant en particulier sur le sens de la présence de l'animal et son atroce fixité au sein de la cité. L'oxymore est maintenu, car la soumission de l'animal féroce à la mort constitue le nerf même de l'emblème. Cette approche revient à s'affranchir à la fois du positivisme historiciste et des lectures téléologiques de tel ou tel motif emblématique. Que signifie l'érection d'un tombeau à un animal ? Comment comprendre ce que l'emblème révèle à nos regards ? À la croisée de divers chemins interprétatifs, c'est par l'image que le tombeau dédié à l'animal invente (au sens latin d'*inventio*) les fils rouges d'une riche matière poétique enfouie dans nos mémoires. La forme même de l'emblème, qui suppose une dualité entre le corps de la gravure et l'esprit du poème, fait également voir le corps défunt, la carcasse douloureuse d'un animal, qui porte les marques tétaniques ou extatiques d'une souffrance. L'érection d'un tombeau de pierre, pour abriter dans une paroi le graphe du rugissement d'un lion agonisant renvoie la forme de l'emblème à l'indépassable matérialité du visible.

---

1. Pline, *Histoire naturelle*, 8, XXI, 55 : « Iugo subdidit eos primusque Romae ad currum iunxit M. Antonius, et quidem civili bello, (...) non sine ostento quodam temporum, generosos spiritus jugum subire illo prodigio significante ».

Forger un emblème (Alciat emploie le verbe *cudere*) à la gloire d'un animal mort, c'est proposer un geste de mémoire, un acte symbolique au sein duquel le pathos de la douleur inscrit, encadre et répète des figures ancestrales du *pathosformel* du deuil. Ce qui frappe dans les recueils d'emblèmes, où les gravures restituent des couples d'oxymores, des cadavres gisants, et des *memento mori*, c'est la manière dont le geste emblématique tente de leur conférer un sens transcendant, que celui-ci trouve sa logique dans le dolorisme chrétien ou dans les représentations plastiques du corps souffrant, mortifié ou du figement angoissé. L'emblème vit aussi d'un rapport au langage assez particulier : comme il est à la fois peinture et poésie, que ni la gravure, ni l'épigramme ne sont réductibles l'une à l'autre, le lieu où resplendit le corps de l'emblème ne peut jamais qu'être *desécrit*, car il n'obéit pas aux règles du lieu « que définissent les successions de la syntaxe »[2].

I. – Imago et « imagerie » : le corps retrouvé de l'animal

L'histoire symbolique de l'emblématique animale prend traditionnellement appui sur l'étude historique et culturelle de l'iconographie animale, entendue comme « imagerie ». Articulée à la richesse des bestiaires antiques et médiévaux, l'iconographe déplie l'appareil encyclopédique de ces sommes, telles que le *Physiologus*, un traité alexandrin du IVe siècle après J.-C. où chaque espèce donne lieu à une moralisation. Un des exemples les plus aboutis est le *Symbolorum & emblematum ex animalibus quadrupedibus desumtorum centuria altera (1534-98)* en quatre volumes de Joachim Camerarius (1500-74) – qui contient quatre cents emblèmes de plantes, d'insectes, d'oiseaux et d'animaux – et les volumes de *De quadrupedibus digitatis viviparis* (1637) d'Ulisse Aldrovandi. Ces deux derniers recueils d'emblèmes inventorient toutes les sources savantes disponibles au déploiement de l'exégèse biblique, mythologique, morale ou figurée des animaux[3]. Les problèmes interprétatifs soulevés par les iconographes ou les iconologues se saisissent de ces diverses pistes herméneutiques, à partir d'une définition à mon sens réductrice de ce qui dans l'emblème au sens d'*emblema*, de pièce rapportée ou d'ornement détachable, fait image. L'animal sert de véhicule à la moralisation des apologues ésopiques, l'analogie entre le règne animal et la codification héraldique permet souvent de dire à demi-mot une critique sociale ou politique. Il est commun de

2. M. Foucault, *Les mots et les choses*, Paris, Gallimard, 1966, p. 25 : « On a beau faire voir par des images, des comparaisons, des métaphores, ce qu'on est en train de dire, le lieu où elles resplendissent n'est pas celui que déploient les yeux, mais celui que définissent les successions de la syntaxe ».

3. La bibliographie est immense, citons ici un des articles pionniers de cette méthode : Waldémar Deonna, « Trois tapisseries de Bruxelles », *Genava : Revue d'histoire de l'art et d'archéologie*, 3 (1925).

s'en prendre ironiquement au faste de la légende héraldique de l'animal totem attaché à une lignée et de puiser dans la matière riche du bestiaire des éléments pour conjuguer quelques-uns des maléfices que le corps de l'animal héraldisé peut rencontrer. L'animal outragé, crucifié, émacié, décharné ou mortifié est trop vite réduit à n'être que l'objet d'études purement iconographiques et iconologiques. En 1939, Rudolf Wittkower propose une nouvelle approche, qui consiste à s'inspirer des outils de recherche des ethnologues pour saisir la signification d'un symbole particulier dans un contexte donné en interrogeant la migration des récits, fables et allégories entre Est et Ouest. À sa suite, l'école de l'institut Warburg, autour des recherches menées par Erwin Panofsky, donne une impulsion décisive à la redécouverte des sources classiques et antiques de l'iconologie de la symbolique animale. On pense surtout à sa célèbre étude sur l'allégorie tricéphale de la Prudence par Titien, associée au Dieu Alexandrin Sérapis, dont la mémoire avait été transmise par Macrobe (ve siècle après J.-C.).

Pourtant, si cette histoire de l'art est certes « avertie »[4], elle manque peut-être l'essentiel. D'un côté, elle s'occupe de formes et d'évolutions, à la suite de l'historien de l'art suisse Heinrich Wölfflin, de l'autre, suivant les principes de l'iconologie de Panofsky, elle étudie des contenus, c'est-à-dire des thèmes et des concepts spécifiques incarnés en images, histoires et allégories. Au-delà de l'imagerie animale véhiculée par le *corpus* des recueils d'emblèmes, il faut aborder ce que le genre juridique des *imagines* fait aux tombeaux des morts, autrement dit une autre définition de l'image. L'emblème dédié au tombeau de l'*imago* d'un animal ne peut être réduit à l'examen serein et érudit de la science iconologique. En neutralisant la force (*virtus*) de l'emblème pour n'en faire qu'une topique littéraire ou iconographique, on s'interdit de penser le surgissement de l'emblème dans la cité. L'emblème s'articule aussi au rituel funéraire, à la volonté du Prince d'inscrire un monument dans l'enceinte de son palais et au désir humaniste de forger une formule invitant à la soumission et à la déploration. En dernière analyse, il faudra revenir à l'audace, à la fois picturale et spirituelle, de ces monuments, qui inscrivent le corps glorieux de l'animal au cœur même des valeurs partagées dans la cité pour asseoir et légitimer un idéal de fidélité/soumission au Prince.

---

4. G. Didi-Huberman, *Phalènes. Essai sur l'apparition*, Paris, Les éditions de Minuit, 2013, 2, p. 123-124.

II. – À quoi servent les représentations d'animaux dans les livres d'emblèmes ?

Dans son ouvrage *Biographies animales*[5], Éric Baratay rappelle que dès l'Antiquité, les naturalistes se sont détournés des individus pour se pencher au contraire sur des anecdotes, de petites histoires présentant les comportements ponctuels d'un être ou d'une espèce, afin de comparer les vertus humaines aux animaux qui servaient simplement à décliner des exemples de conduite. Le *corpus* des livres d'emblèmes, aujourd'hui largement diffusé par des éditions en ligne, a très tôt donné lieu à des études thématiques sur le bestiaire symbolique qui s'y trouve largement représenté. Les animaux y recouvrent diverses fonctions : ils peuvent décorer les enseignes, les revers de monnaies grecques et romaines, ils appartiennent aussi à l'univers des fables ou aux moralisations du texte d'Ovide. Quand ils se font symboles christologiques, ils ressortissent à l'allégorèse chrétienne qui se nourrit des bestiaires, volucraires et lapidaires sauvés par la littérature encyclopédique.

Mais le tournant humaniste qui informe la nouvelle culture emblématique du « Premier XVIe siècle » repose aussi sur la culture aristocratique d'une nouvelle élite lettrée, à la recherche de la sublimation héroïque d'animaux hybrides, propres à manifester l'efficace de l'emblématique personnelle des grands. Lorsqu'il invente (au sens archéologique du mot) l'emblème, Alciat souligne combien une grande part de son inspiration vient des choses de la Nature :

> *« En ces fêtes de fin d'année, pour être agréable à Ambrogio Visconti, j'ai composé un petit livre d'épigrammes que j'ai intitulé Emblèmes. En effet, dans chacune de ces épigrammes je décris un objet, pris à l'Histoire ou aux choses de la Nature, susceptible d'offrir un sens exquis, et d'où les peintres, sculpteurs, orfèvres puissent tirer ce que nous appelons des écussons et fixons sur nos couvre-chefs, ou utilisons comme insignes, comme l'ancre d'Alde, la colombe de Froben et l'éléphant de Calvus, lequel est toujours en gésine, mais n'accouche jamais »*[6].

Si l'éléphant de la devise typographique de Calvus défie les frontières du réel, attirant l'attention du lecteur sur un phénomène étrange à travers la créature extravagante d'une nature qui dérape, la galerie des animaux retenus par les emblématistes possède elle aussi quelques caractéristiques récurrentes, qu'il faut tenter de décrire. La faune emblématique repose sur diverses fonctions, dont trois nous occuperont ici : l'animal

---

5. É. Baratay, *Biographies animales*, Paris, Seuil, coll. « L'univers historique », 2017, p. 13 et s. L'auteur renvoie notamment à M. Jourde, *Circulation et fonction des anecdotes animalières dans les livres du XVIe siècle*, *in* F. Aït-Touati et *al.* (dir.), *Histoires et savoirs*, Bern, Lang, 2012, p. 37-57.

6. Lettre d'André Alciat à l'imprimeur romain Francesco Calvus, datée du 9 janvier 1523, trad. P. Laurens, dans son édition du fac-similé de l'édition lyonnaise Macé-Bonhomme de 1551 des *Emblèmes* d'Alciat, Paris, Klincksieck, 1997, p. 17.

comme miroir du rayonnement divin[7], l'animal comme trophée militaire propre à épouvanter l'ennemi sur le champ de bataille, et enfin l'animal porté en triomphe lors d'une procession.

Directement héritées des bestiaires médiévaux, les fables moralisatrices abondent dans les recueils d'emblèmes. La cigogne est célébrée pour sa fidélité conjugale supposée et pour son amour filial, car les enfants soignent leurs parents devenus vieux, s'arrachant leurs plumes pour couvrir leurs pères et mères vieillissants. Alciat reprend ce trope de l'amour filial dans l'emblème *Gratiam referendam*. Dans l'édition des *emblemata* commentée par le juriste Claude Mignault[8], le long commentaire en prose qui suit l'emblème proprement dit lie explicitement le motif de la cigogne à l'interprétation juridique du devoir de *pietas* des enfants envers leurs parents, en citant un rescrit d'Antonius Pius en lettres capitales : C. 5.25.1 *Parentum necessitatibus liberos succurrere justum est* (Il est juste que les enfants pourvoient aux besoins de leurs parents). Le commentaire précise qu'Ulpien dans le Digeste fait référence à la peine qui incombe à ceux qui négligent ce devoir[9].

Une des questions à élucider consiste à mesurer l'évolution de la figuration des animaux dans la production éditoriale très abondante des livres d'emblèmes. Entre la figure naturaliste d'un animal dompté ou chevauché et la mise en abyme d'un étendard, d'un blason ou d'une devise comportant la figure stylisée d'un animal, le rapport de l'image à son signifié symbolique n'est pas le même et ne signifie pas sur le même plan. L'emblème *Signa fortium* décrit un aigle dressé (le latin dit *insidens*) sur la tombe du héros Aristomène. Dans l'édition Steyner (1531), le bois gravé représente une stèle ornée dans sa partie supérieure d'un bas-relief figurant un aigle, avec en dessous les lettres capitales D. M. désignant la dédicace usuelle aux Dieux Mânes (*Dis Manibus*), qui accompagnent dans un tombeau l'inscription du nom du défunt. À partir de toutes les éditions De Tournes (les graveurs sont Bernard Salomon et Pierre Eskrich), l'aigle est désormais figuré dressé et en trois dimensions, à la manière d'une sculpture en ronde bosse, posée sur la dalle funéraire. Or, outre la référence transparente à l'emblème impérial de l'aigle dressé de Charles Quint (qui est soulignée par de nombreux commentateurs

7. B. Aneau, *Décades de la description, forme et vertu naturelle des animaulx, tant raisonnables que brutz*, Lyon, 1549, *Le Blason des Oyseaux*, Lyon, 1550 et G. Guéroult, *Le Premier livre des Emblèmes*, Lyon, Balthazar Arnoullet, 1550. – A. Saunders, *The evolution of a sixteenth-century emblem book : the Decades de la description des animaux*, and *second livre de la description des animaux, contenant le blason des oyseaux : Bibliothèque d'Humanisme et Renaissance*, n° 38, Genève, Droz, 1976.

8. *Andreae Alciati, I.U.C. Emblemata elucidate doctissimis Claudij Minois Commentarijs*, Lyon, héritiers de Guillaume Rouillé, 1614 (exemplaire de l'auteur), p. 142-144.

9. Dig. 37.15.1.2, 37. 15.2, 48.2.11.1, 48.9.1, 48.9.9.1. – M. Thoma, *Obsequium et reverentia. Moral and legal obligations of children to care for their parents in Roman Egypt : The Case of Wills, Letters and Contracts*, 2018, *Chronique d'Égypte*, XCIII, fasc. 185 : 149-162.

d'Alciat), l'aigle dressé a une autre signification : la station verticale est une preuve de noblesse.

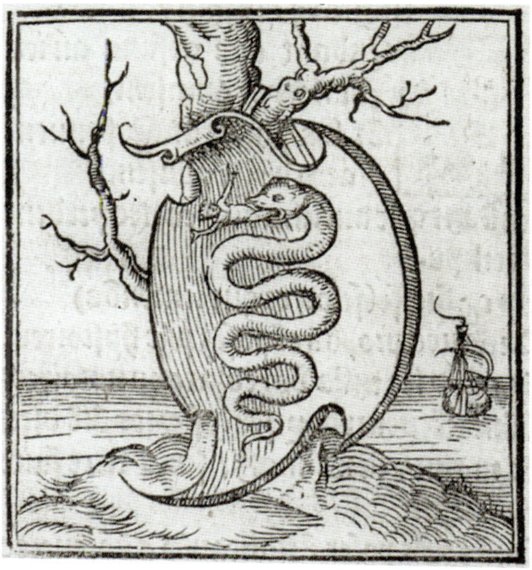

Fig. 2 Alciat, André (1492-1550), *Insignia Ducatus Mediolanensis*, Emblemata, 1531, fol. A2r.

Venons-en à l'utilisation de la figure héraldique comme trophée. La première édition de l'*Emblematum liber* d'André Alciat s'ouvre sur les armoiries de Milan, *Insignia Ducatus Mediolanensis*, Emblemata, 1531, fol. A2r. (Fig. 2). L'animal blasonné fait d'emblée référence à son remploi d'une monnaie ancienne, assorti d'une dédicace, « à l'illustre Maximilien, Duc de Milan ». Or le livre avait paru le 28 février 1531, alors que son dédicataire, Maximilien Sforza, s'était éteint le 4 juin 1530. Qui plus est, après avoir été fait prisonnier par les Français, il avait déjà été dépossédé de son duché en 1515. L'emblème d'ouverture, dédié au duc déchu de ses terres, est donc avant tout une forme de geste politique, à inscrire dans l'horizon d'une collection à reconstituer, par-delà les vicissitudes de la guerre qui accompagnèrent la capture de ses trophées et enseignes militaires. Trop souvent réduit à un jeu d'emprunts savants qui puisent à la grammaire symbolique et hiéroglyphique que les humanistes revisitaient alors avec ferveur, on oublie que l'emblème inscrit dans son champ une image agissante. Si l'emblème est aussi un genre juridique à part entière, il est bon de rappeler que l'image est aussi ce qui nous fait imaginer ; ici, il s'agit de créer des armoiries imaginaires servant à revendiquer symboliquement un animal totem, vecteur de prétentions à la conquête d'une terre ou d'une cité. C'est en juriste humaniste qu'Alciat s'intéresse aux problèmes liés à la propriété d'un insigne : ainsi décrit-il avec force détails l'usage qu'on fait à Rome des enseignes militaires, des insignes impériaux ainsi que l'insertion de certains animaux dans les armes gentilices d'une famille aristocratique, d'une ville, d'un État ou même d'un Empire. Dans son traité sur les duels (*De singulari certamine*), Alciat évoque le combat d'Othon Visconti avec un Sarrasin qu'il dépouilla du trophée décorant son casque, pour l'ajouter aux armes de sa famille : il s'agissait d'une vipère vomissant un nouveau-né encore sanglant. Alciat qualifie cet emprunt d'*emblème* (au sens d'ornement détachable), et il le rattache aussitôt à Alexandre, puisqu'on peut voir sur les monnaies de celui-ci la même figure, grâce à laquelle ce prince voulait signifier de manière allusive qu'il était le fils de Jupiter[10]. L'animal *cité* par l'emblème est donc d'abord un *augment symbolique* qui sert de support à un trophée de guerre. Forger un emblème, c'est vouloir signifier par un acte symbolique une légitimation par l'image. La citation iconique suffit à faire voir cette prétention. D'où l'insistance d'Alciat à faire comprendre que la fonction de l'emblème est d'être greffé sur un support, c'est l'*imago* (au sens juridique du terme) de l'emblème qui rappelle que l'ornement est loin d'être accessoire. L'*imago* portée sur une armoirie *fait droit*, mais pas à travers le juridisme sans vie des textes qui l'attestent. L'*imago* porte en elle la mémoire longue des rituels du portrait du défunt. S'il y a un lien profond entre emblématique et droit, c'est sans doute à travers la notion warburgienne de *Nachleben* ou survivance. Contrairement à la simple transmission ou bien à la migration d'un contenu symbolique, ce qui caractérise l'image survivante, c'est sa capacité à ressurgir lors des moments de crise, à faire signe en tant que fantôme d'une image qui hante le temps long. Avant que l'exégèse chrétienne ne range chaque espèce dans un bestiaire symbolique classé par vertus, il faut donc souligner que le curieux bestiaire que commente Alciat dans sa production juridique appartient à une nomenclature différente, qui s'appuie à la fois sur les exploits militaires de la geste héroïque du prince et sur les vertus politiques associées à la bonne gouvernance.

Entre érudition savante et montages audacieux, les ressources foisonnantes de la littérature emblématique ne forment pas un ensemble stable et clos. Quand le savoir zoologique est déplié, il est souvent tributaire de réemplois multiples et du jeu de l'intercitation. La littérature emblématique, qui cherche sans arrêt à mêler la surprise, la variété des sujets au plaisir du pittoresque marqué par le sceau du bizarre, constitue un réservoir d'anecdotes pittoresques sur les mœurs curieuses ou supposées curieuses de différentes espèces. Il est assez aisé de restituer le réseau des motifs animaliers repris des sommes médiévales, souvent copiés directement des enluminures illustrant les bestiaires, comme le chien qui revient à son vomi (*Proverbes* 26 :11), la grue tenant une pierre (Plutarque et Elien), le castor se coupant les testicules (Elien), le pélican ressuscitant ses poussins (Isidore). Une des sources privilégiées dans ce domaine est l'*Historia animalium* (1551-1558) du médecin et naturaliste suisse Conrad Gesner. Celui-ci combine la science zoologique avec des fables, mythes et emblèmes pour comprendre le réseau de contaminations anthropomorphes qui relient les hommes aux animaux. On passe alors à une vision densément stratifiée du monde naturel, au sein duquel les traités savants disséminent les connaissances, grâce à la forme iconotextuelle, qui inscrit l'animal vertueux ou vicieux dans une exégèse à plusieurs niveaux, adaptable au réemploi dans les discours d'apparat comme dans les sermons

10. Nous empruntons cet exemple à P. Laurens, *op. cit.*, citant et traduisant le *De singulari certamine*, Venise, Jacob Giunta, 1544, cap. 43, p. 74.

ou les chries. Les fables et le folklore, les adages et les emblèmes sont articulés de manière neuve dans les cinq volumes de l'ouvrage de Gesner, et chaque article combine ce matériel symbolique avec des informations pratiques sur les habitudes, les relations et le régime alimentaire des animaux.

L'essor de la littérature emblématique, à partir de l'*editio princeps* des *emblemata* d'Alciat (1531) puise assez largement dans les traités d'histoire naturelle (Longolius, Turner, Wotton, Belon, Rondelet, Gesner puis Aldovrandi), publiés à partir des années 1530. Au-delà de la traque inlassable des emprunts, des modèles qui font varier les procédés de citations iconiques ou textuels, il convient de raviver la force cinétique de l'emblème, sa propension à imaginer d'infinies variations sur le même thème, pour donner à voir des monuments gravés des vertus animales.

III. – Monument sépulcral canin et équin

Afin de comprendre autrement ce que l'emblème fait à l'image, il faut désormais aborder comment l'emblème, par le truchement de l'alliance entre son corps et son âme, peut dire autrement la place de l'animal dans la cité. Le livre d'emblèmes, entendu cette fois comme musée imaginaire, renferme aussi des tombeaux, des pièces destinées à honorer la mémoire des morts. On évoquera deux espèces domestiquées, le cheval et le chien. Si le propos privilégie ici deux espèces proches de l'homme au quotidien, plutôt que de se pencher sur les créatures fabuleuses, les monstres ou bien le bestiaire héraldique qui peuple l'imaginaire héraldique ou emblématique, c'est surtout pour faire voir comment l'animal est « bon à penser symboliquement »[11]. Si l'anthropomorphisation de l'animal par les fables ou les emblèmes ne semble, à première vue, que mettre les animaux en tant qu'individus au second plan, en les vidant de leur corps, il est possible de nuancer cette impression première, en retournant à la fabrique de l'emblème comme topique d'invention. L'exemple du couple Alexandre/Bucéphale montre que la culture emblématique s'enracine dans un temps très long, qui conjugue harmonieusement la fable antique aux apports du roman médiéval pour insister sur la scène centrale du domptage du cheval. Alexandre a risqué sa vie en montant ce cheval réputé pour sa férocité, et cette scène de domptage devient le signe de son élection à une destinée politique sans pareille. Le narrateur de l'*Historia de Preliis*[12] a d'ailleurs comparé la soumission

11. D. Sperber, *Pourquoi l'animal est bon à penser symboliquement : L'Homme* 1983, p. 117-135.

12. Le manuscrit, daté du XIVe siècle, est étudié en détail par M. Pérez-Simon, *Les sources iconographiques et textuelles de la rencontre entre Bucéphale et Alexandre*. – F. Barbe, L. Stagno et E. Villari, *L'Histoire d'Alexandre le Grand dans les tapisseries au XVe siècle, Fortune iconographique dans les tapisseries des manuscrits conservés. La tenture d'Alexandre dans la collection Doria Pamphilj à Gênes, Studies in Western Tapestry* (5), Turnhout, Brepols, p. 111-121.

du cheval à celle d'un chien. Entre le cheval à dompter et le chien à apprivoiser, c'est l'emblématique de la soumission au Prince qu'il faut lire en creux. À travers l'exemple des monuments sépulcraux canins et équins, la mise en scène emblématique de certains individus animaux propose, même sous un tour allusif et/ou analogique, une culture anthropologique profonde, associant le rite funéraire à la réflexion sur le corps métamorphique.

Plutôt que d'étudier l'animal comme *objet* de la littérature emblématique, les emblèmes qui suivent ravivent la fonction anthropologique du tombeau, pour proposer un modèle de dignité allégorique qui dérive du comportement animal. En partant non pas du motif mais des monuments et tombeaux qui furent consacrés aux animaux (chiens, chevaux) à la Renaissance, rappelons d'abord la place de cette tradition cultivée par l'aristocratie à la Renaissance. Autrefois attribut secondaire d'un gisant dans la sculpture monumentale funéraire, le corps mort de l'animal devient le point focal de l'invention et porte ainsi un nouveau message. Ici se joue une conception plus vaste de la vie animale, entendue comme un enchaînement de mutations. Commençons par un exemple particulièrement bien documenté : celui du monument sépulcral canin, conçu par Giulio Romano à la demande de Federico II Gonzaga en 1525-1526, dont l'épitaphe a été relevée dans l'inscription du Palazzo Ducale par Ulisse Aldrovandi (1522-1605) dans son ouvrage posthume *De quadrupedibus digitatis viviparis libri tres* (1637)[13]. Aldrovandi recopie fidèlement les inscriptions tumultuaires antiques et modernes, dont l'épitaphe qu'il a relevée lui-même et qu'il cite intégralement : « À Mantoue, dans le palais qui appartenait autrefois au plus excellent Ferdinand Gonzague, l'épitaphe d'un chien peut être contemplée ». Le tombeau dédié à la chienne Viola rappelle son caractère enjoué et sa fidélité, ainsi que sa mort, survenue alors qu'elle était enceinte.

Le 15 octobre 1526, Federigo II Gonzaga écrivit à Giulio Romano pour qu'il conçoive un monument sépulcral canin en l'honneur d'une chienne morte en gésine et dans sa lettre, il enjoint Giulio Romano d'exécuter deux dessins pour le tombeau. Comme l'a montré Rodolfo Signorini[14], cette tradition est bien attestée à la cour ducale et plusieurs tombeaux et épitaphes sont connus. L'auteur décrit en particulier l'amour

---

13. U. Aldovrandi, *De quadrupedibus digitatis viviparis libri tres et de quadrupedibus digitation oviparis libri duo*, Bologne, Nicolaus Tebaldinus, 1637, p. 520-525 et pour l'épitaphe commentée, p. 524. Aldovrandi répertorie, comme à son habitude, les significations symboliques de chaque espèce animale en les classant par *proverbia, problemata, fabulosa, apologi, miracula, mystica et allegorica, moralia, numismata, hieroglyphica, emblemata, phrenoschemata, insignia gentilitia et Symbola*.

14. R. Signorini, *A Dog Named Rubino: Journal of the Warburg and Courtauld Institutes* 1978, vol. 41, p. 317-320. A. Fémelat, «Rubino, El Serpentino, Viola, and the Others : Renaissance Portraits of Dogs and Horses at the Court of the Gonzagas». *Animals and Courts : Europe, c. 1200–1800*, edited by Mark Hengerer and Nadir Weber, Berlin, Boston: De Gruyter Oldenbourg, 2020, pp. 195-218. https://doi.org/10.1515/9783110544794-011.

de Ludovico de Gonzague pour le chien Rubino (*Rubinus catulus*) et l'épitaphe en forme de prosopopée qui fait parler le chien.
Parallèlement au didactisme moral des fables animalières illustrées, ce monument au fidèle petit chien, dont la mort prématurée fut pleurée par le duc, présente un caractère paradigmatique.

À la Renaissance, la poésie épigrammatique italienne et française fait revivre une tradition antique héritée de Catulle, sur le modèle de la déploration du moineau de Lesbie, une métaphore animale érotique qui décrit les jeux de Lesbie, l'amie du poète, avec un moineau de compagnie. Le moineau catullien, particulièrement sensuel, cache des allusions gaillardes et obscènes[15]. Joachim du Bellay reprend l'ambivalence du topos en dédiant un de ses tombeaux à un petit chien :

> « *Tumulus 9. Un chien*
>
> *Mon aboiement accueillit les voleurs, mon silence les amants ; ainsi j'ai plu à mon maître ; ainsi j'ai plu à ma maîtresse* »[16].

Dans son *Recueil des Dames*[17], « Sur ce qu'il ne faut jamais mal parler des Dames », Brantôme donne sa propre traduction de l'épigramme latine de Du Bellay en ajoutant qu'une des raisons de notre amour pour les animaux est qu'ils sont mutiques, sachant garder un secret.

Les monuments dédiés à la vertu des animaux dans la littérature emblématique renouent avec l'épaisseur du rite : écrire un emblème à la mémoire d'un animal mort, c'est célébrer la mémoire d'un être chéri comme un ami, c'est lui faire l'hommage d'un tombeau, qui est à la fois un poème, un tombeau et un monument dans la cité ; ce que fait précisément l'emblème (par différence avec la tradition des emblèmes nus, c'est-à-dire des emblèmes sans images qui s'en tiennent à reprendre ou traduire une épigramme), c'est de renouer avec un montage, un dispositif qui relie l'âme (le poème) au corps (la gravure). Le corps de l'animal s'en est allé, mais la sculpture emblématique qui l'honore perdure.

---

15. S. Laigneau-Fontaine, *Le moineau de Lesbie, étude d'un topos ambivalent*, in *Le retour du comparant*, Paris, Classiques Garnier, 2019, p. 117-131.

16. J. du Bellay, *Œuvres poétiques, VII, œuvres latines : poemata*, Paris, éd. G. Demerson, Nizet, 1984, tumulus 9, p. 178. Je remercie M. Magnien de m'avoir aiguillée vers ces références concernant les *poemata* de Du Bellay, le commentaire de Brantôme ainsi que ses variations humanistes ultérieures. V. l'épitaphe d'un petit chien, pièce 27 de Joachim du Bellay, *Divers jeux rustiques et autres œuvres poétiques*, dans l'édition des *Œuvres complètes* de Du Bellay par M. Magnien, O. Millet et L. Pétris, t. IV-I 1557-1558, Paris, Classiques Garnier, 2020, p. 130-135, ainsi que la note correspondante, p. 454-455, sur la tradition antique de l'épitaphe animale (Catulle 2, 3 et Martial, *Épigrammes*, xi, 69), reprise par les poètes burlesques italiens, Ortensio Lando et Anton Francesco Grazzini.

17. Brantôme, *Recueil des Dames, poésies et tombeaux*, Paris, éd. E. Vaucheret, Bibl. de la Pléiade, 1991, II, VI, p. 660-661.

Avant de clore cette enquête, un dernier détour par les emblèmes célébrant les monuments sépulcraux équins (Barthélemy Aneau, Pierre Coustau et Juan de Borja) permet d'approfondir le rapport de l'emblématique animale à la mort glorieuse. Le motif du tombeau qu'Alexandre le Grand érigea à Bucéphale, le cheval que lui seul est parvenu à dresser provient surtout de Pline[18] tandis que Plutarque, dans les *Vies parallèles*[19], évoque la façon dont Alexandre dompta ce cheval farouche, un cheval si sauvage que son père, Philippe de Macédoine, doutait qu'il ne puisse jamais être dompté. Une fois l'exploit acquis, Philippe l'interprète de manière prophétique, lui disant : « Mon fils, cherche ailleurs un royaume qui soit digne de toi ; la Macédoine ne peut te suffire ». La construction antique de l'épisode du dressage de Bucéphale visait à souligner l'ambition démesurée d'Alexandre, qui apparaît dès l'enfance comme le futur dirigeant de toute l'Asie. Ici, l'emblème d'Aneau[20] (Fig. 3) ne vise pas Alexandre ou son hybris, mais plus curieusement, la gravure présente un tombeau rendu à un cheval.

142 *IMAGINATION*
LES VIEVX SOIENT SVPPORTEZ
PAR LES IEVNES.

LE BON cheual,qui á paſsé les picques,
Qui á vincu les Tournois Olympicques.
Quand il eſt vieil,& foible deuenu:
Ce non obſtant il eſt entretenu
Par ſon Seigneur,qui pour paſse ſeruice
Luy faict de vie,& ſeiour benefice.
Tant qu'il repoſe apres ſes longz trauaux:
Porté en char par les ieunes cheuaulx.
Lequel honneur, digne de tel cheual,
Feit Alexandre à ſon bon Bucephal.
DE combien plus Raiſon iuſte admonneſte,
Que bõs vieillardz(qui ont leur eage honeſte
Menée à fin,& mains labeurs portez)
Soient en repos des ieunes confortez.

Fig 3 Aneau, Barthélemy (1505-1561), *Picta Poesis* « Senes a juvenibus tollendi » sur Alexandre et Bucéphale (Bucéphale est porté en triomphe sur un char) © With permission of University of Glasgow Archives & Special Collections.

18. Pline, *Histoire naturelle*, 8 154 (Ier siècle apr. J.-C.) « Alexandre eut aussi un cheval extraordinaire ; on l'appelait Bucéphale, soit à cause de son aspect farouche, soit à cause d'une tête de taureau dont il avait l'empreinte sur l'épaule. (...) On cite un de ses exploits dans les combats : blessé à la prise de Thèbes, il ne permit pas qu'Alexandre montât un autre cheval ; et beaucoup de traits semblables, pour lesquels le roi lui fit des funérailles après sa mort, et bâtit autour de son tombeau une ville à laquelle il donna le nom de ce cheval ».

19. Plutarque, *Vies parallèles*, Paris, trad. A. Pierron, Charpentier, 1853, Alexandre (VIII).

20. B. Aneau, *Senes a Juvenibus tollendi*, *Picta Poesis. Ut pictura poesis erit*, Lyon, Macé Bonhomme, 1552, p. 106. La traduction française de l'emblème indique le motto suivant : *Les vieux soient supportez par les jeunes : Imagination poétique*, p. 142.

Bucéphale sert de point de départ au déploiement du motif de la *pietas* animale, comme *exemplum* de justice rendue (l'emblème fait partie de la section *Justitia* du recueil). Après avoir participé aux plus grandes batailles, il meurt de blessures et de vieillesse. Seul le graveur de l'emblème XCI du recueil de Guillaume de la Perrière, *Le Théâtre des Bons engins*, Lyon, Tournes, 1545, rappelle discrètement l'étymologie de son nom (*boûs* : le bœuf et *kephalê* : la tête, Bucéphale signifiant « tête de bœuf ») en lui mettant sur la tête une protubérance en forme de corne. La représentation d'un Bucéphale cornu rappelle d'un détail figuratif toute la tradition iconographique du cheval comme bien de prestige et compagnon d'armes, réservé à l'élite aristocratique. L'attachement d'Alexandre pour son double équin sert plusieurs récits[21]. Comme symbole véhiculant un idéal de vertu militaire, le détail de la corne jaillissant sur son front, présent dans les manuscrits médiévaux du *Roman d'Alexandre* (c. 1470-1475, 13.30), perdure jusqu'au XVIe siècle. Mais ce détail fabuleux qui apparente Bucéphale à un animal légendaire disparaît dans les versions de Barthélemy Aneau et Juan de Borja, qui soulignent quant à eux l'affliction d'Alexandre à la mort du cheval royal. Endeuillé comme s'il avait perdu un ami, Alexandre l'honora de funérailles extraordinaires et fonda même à l'emplacement de son tombeau une nouvelle cité qui allait porter son nom : Bucéphalie, une ville sur les rives du Jhelum, au Pendjab pakistanais.

Fig. 4 Coustau, Pierre (XVIe siècle), *Honor debitus*. Pierre Coustau, *Pegma cum narrationibus philosophicis, Honneur deu. Le train de ce tems.* © With permission of University of Glasgow Archives & Special Collections.

Aneau insiste sur l'honneur qui doit être rendu aux anciens et Bucéphale est ainsi porté sur un char à quatre roues par de jeunes chevaux, car ainsi l'a voulu Alexandre pour honorer son fidèle compagnon. L'enseignement des quatre derniers vers de l'épigramme attribue à la juste raison, le pouvoir « d'admonester que les bons vieillards, qui se sont leur

21. Arrien, *L'Anabase d'Alexandre*, V, 19, 5.

vie durant acquittés de leurs charges, soient, lorsque leur âge mûr venu, soutenus par les jeunes ».

Dans son emblème *Honor debitus*[22] (Honneur là où il est dû) (Fig. 4), Pierre Coustau rend honneur au monument funéraire d'une jument. La xylographie *re-présente* l'animal en position de chien couché, les pattes de l'avant et de l'arrière-train le long du corps gisant, sur une table d'attente, sur fond d'un édifice circulaire qui évoque une ville antique. Les oreilles dressées indiquent qu'il ne s'agit pas de la dépouille d'un cheval mort mais du corps sculpté d'une jument forte, docile et endurante, fatiguée et triste, les yeux marqués par l'épuisement. L'honneur rendu est le signe politique d'un autre hommage, qui lui reste caché. À la lecture de l'épigramme latine et de la narration philosophique qui l'accompagne, ainsi que de la version française de l'ensemble par Lanteaume de Romieu, l'énigme s'éclaire peu à peu.

Voici une traduction de l'épigramme et des premières lignes de la narration philosophique qui suit :

> Sur la coutume ancienne d'honorer par tombeaux les animaux
>
> *« La grande jument, qui a si souvent remporté la couronne de lierre, a pu triompher dans l'enceinte d'Olympie. À son trépas, on lui érige une statue et un monument funéraire à son effigie et on rend à ses Manes les honneurs qui leur sont dus. De même, ceux qui construisent des temples pour honorer Diane, ce sont ceux qu'elle a nommés pour donner des lois aux quatre coins du monde. »*

Narration philosophique :

> *« La coutume de reconnaître les bienfaits était si religieusement gardée par nos anciens, de sorte que non seulement ils consacraient des trophées à la mémoire des hommes qui s'étaient rendus dignes de l'honneur rendu à la république ou bien avaient fait preuve d'un grand courage, mais aussi, aux bêtes brutes, à qui ils érigeaient de semblables monuments, pour honorer leur courage et leur aptitude à favoriser de grands succès. Ainsi, c'est à bon droit à mon avis, qu'Alexandre le Grand, qui a surmonté tant de dangers grâce à son cheval Bucéphale, a désigné ceux qui auraient l'honneur de mener son convoi et de l'enterrer. À la suite de quoi, après qu'il eut conquis Thèbes, il nomma une ville à son nom ».*

L'emblème nous piège. Alors que le début de la narration évoque Bucéphale, ce cheval divinisé par Alexandre, l'épigramme laisse planer le mystère sur l'identité voilée de cette « jument forte » (*fortis equa*). Coustau fait ici référence aux juments de Cimon,

---

22. P. Coustau, *Pegma cum narrationibus philosophicis*, Honneur deu. *Le train de ce tems* (www.emblems.arts.gla.ac.uk/french/emblem.php?id=FCPa021).

qui, selon le témoignage d'Hérodote[23], reçurent l'honneur d'un tombeau monumental, suite à leurs trois victoires successives à l'épreuve de course de chars des jeux olympiques que remporta leur maître. Hérodote situe la tombe de Cimon dans la nécropole de Koilè et insiste sur la géographie symbolique que la tombe institue avec la mémoire civique de ses juments qui l'avaient par trois fois rendu victorieux à Olympie. Depuis le développement de l'histoire des animaux sous l'angle anthropozoologique[24], la manière dont les Grecs font des chevaux les acteurs essentiels de la victoire hippique a mis en valeur une donnée fondamentale de la culture équestre grecque : la subjectivité animale, permettant à l'historien de partir de l'animal pour analyser le phénomène qui l'intéresse. Ici, l'emblème pose le problème du devenir des chevaux de concours, une fois leur acmé révolue. Christophe Chandezon[25] a résumé les trois issues possibles : alors que certains chevaux victorieux étaient gardés comme reproducteurs, d'autres connaissaient un sort moins enviable, tel qu'actionner une meule ; les plus chanceux avaient l'honneur d'une tombe.

L'emblème ravive l'hippomanie antique. Mais comment expliquer alors que l'épigramme ne fasse état ici que d'une seule jument ? Le second titre de l'emblème, *In disciplinam temporum* (sur la coutume de l'époque), nous met sur la voie. L'épigramme commente bien un événement contemporain. La Diane mentionnée dans l'épigramme est sans doute une référence à peine voilée à la grande jument[26] que Rabelais a rendue proverbiale dans le *Gargantua*, et qui n'est autre que Diane de Poitiers : à l'âge de vingt-trois ans, celle-ci était connue à la cour sous le titre de *grande sénéchale*. Diane de Poitiers, qui fut sincèrement affectée par la mort de son premier époux Louis de Brézé, décida de lui organiser de grandioses funérailles qui eurent lieu le 18 août 1531. Le rituel fut quasi royal. Veuve de Louis de Brézé, Diane de Poitiers devint par la suite la maîtresse du roi Henri II et fut honorée du plus grand nombre de titres de la Cour. Férue en procédure et entourée d'hommes de loi, elle obtint de se faire verser les gages que son mari recevait au titre de gouverneur de Normandie et pris le titre de « sénéchale de Normandie ». Le tour allusif de l'épigramme s'éclaire, et il est désormais manifeste que derrière ce poème-tombeau, le détour par les juments

23. Hérodote, VI, 103, mentionne déjà le fait et cite des parallèles. L'information est reprise par Plutarque, dans la *Vie de Caton*, sur la base de ce qu'il avait lu chez Hérodote.

24. É. Baratay, *Le Point de vue animal*, Paris, Seuil, 2012.

25. C. Chandezon, *Le cheval de course : invention zootechnique ou création culturelle ?*, in *Les hippodromes et les concours hippiques dans la Grèce antique, J.-C. Moretti et P. Valavanis (éd.), Bulletin de correspondance hellénique*, École française d'Athènes, 2019, et notamment la fable et l'épigramme grecque du cheval ruminant le souvenir de ses victoires pythiques et olympiques tout en actionnant une lourde meule (Anthologie IX 20, 21, 30).

26. B. Duprat, *L'intermédiaire des chercheurs et curieux*, vol. 5, Librairie de l'Institut, 1869, p. 547, qui cite l'édition *variorum* des *Œuvres* de François Rabelais publiée par Esmangart et E. Johanneau, Paris, Dalibon, 1823 et s., 9 vol. in 8°, au chapitre XVI du *Gargantua*, t. 1er, p. 376 et s. où une inscription en quatre vers français indique que Diane de Poitiers avait une maison sur les bords de la Bièvre et que le roi François Ier, en 1527, allait souvent la voir.

de Cimon nous mène ensuite, par analogie, à la « jument forte » contemporaine de l'écriture de cette pièce. Un témoignage ultérieur, celui du poète Claude d'Esternod (1592-1640), développe le thème des monuments funéraires dédiés aux animaux[27] :

> *« O fidélité, digne d'un Obelisque, et toy cheval, qui pouvoit dire comme un autre, je porte Caesar & sa fortune, que tu meritois bien l'honneur que l'on t'a faict en tes funérailles, tu meritois un mausolée d'Artemise, vray est que l'on t'a faict embaumé, pour montrer à jamais l'emblème de fidélité, ainsi Alexandre fit bastir une ville en devotion de son Bucéphale, ainsi Symon l'Athenien fit dresser une pyramide auprès de la sienne, aux Juments qui l'avoient porté vainqueur aux jeux Olympiques, (...) & comme le chien de Gorgone (...) lequel fut inhumé en Espagne par Hercule, mais un autre, un autre genet d'Espagne, en faveur des baisers de la France & d'Espagne, pour faire encor une fois tenir aux ennemis de l'Eglise le loup par les oreilles & sauterons nous pas en selle mon Albert »*[28].

La tradition des funérailles solennelles dédiées à l'animal dompté ou bien à l'animal de compagnie évoque un topos ambivalent, qui restitue (entre autres) la dialectique entre autorité du prince et idéal de soumission de ses sujets. Mais quand le topos devient emblème, il se connote d'une essence volontariste. L'emblème, par sa *virtus*, nous met en selle.

Ce fil rouge nous permet de lire autrement l'emblème-tombeau dédié au corps mort de Bucéphale, qui devient chez Juan de Borja un *exemplum* civique[29] (Fig. 5). L'élan de ce monument sépulcral canin ravive le sens de la devise princière *Domino servire grato* (Servir volontiers le maître). La devise (*impresa* en italien) contient non pas un motif mais le dessein volontariste d'un ethos qui

Fig 5. Borja, Juan de (1533-1606), *Empresas morales* « Domino servire grato ». © creative commons.

27. Pline, *Histoire naturelle*, VIII 155 : les monuments funéraires dédiés aux chevaux sont de la forme des pyramides.

28. C. d'Esternod, *Le Franc Bourguignon : Pour l'entretien des Alliances de France et d'Espagne*, Paris, Gillebert le Veau, 1615, p. 86-87.

29. J. de Borja, *Empresas morales*, Prague, (éd. princeps 1581), 1584, Bruxelles, chez Francisco Foppens, 1re partie, p. 50-51.

mène à la victoire. On a là, à partir du trope de l'importance du service rendu d'un animal à son Prince, qui reconnaissant, à son tour, fait de Bucéphale le nom d'une ville, un idéal de contamination civique propre à fonder une cité peuplée de sujets dont l'obéissance est payée en retour par la gratitude. Alors que les chiens de compagnie des Gonzague, canidés choyés, pleurés et statufiés par la culture aristocratique avaient trouvé leur place (en peinture et en monument funéraire) au cœur du palais ducal comme modèle de la cité idéale, l'emblématique politique de Bucéphale ou des juments de Cimon diffuse plus largement de nouvelles représentations du chien ou du cheval, à la fois ami et compagnon d'une gloire passée et à venir. Compagnon fidèle, aïeul vénéré ou femelle morte en gésine, ces animaux partagent une éthique de la survivance et de la souffrance récompensée. Cette insistance sur l'érection de tombeaux à des chiennes mortes en couche ou une jument épuisée par une vie de travail et de labeur fait alors un heureux pendant à l'éléphant de Calvus, qui malgré sa longue gestation, n'accouche de rien.

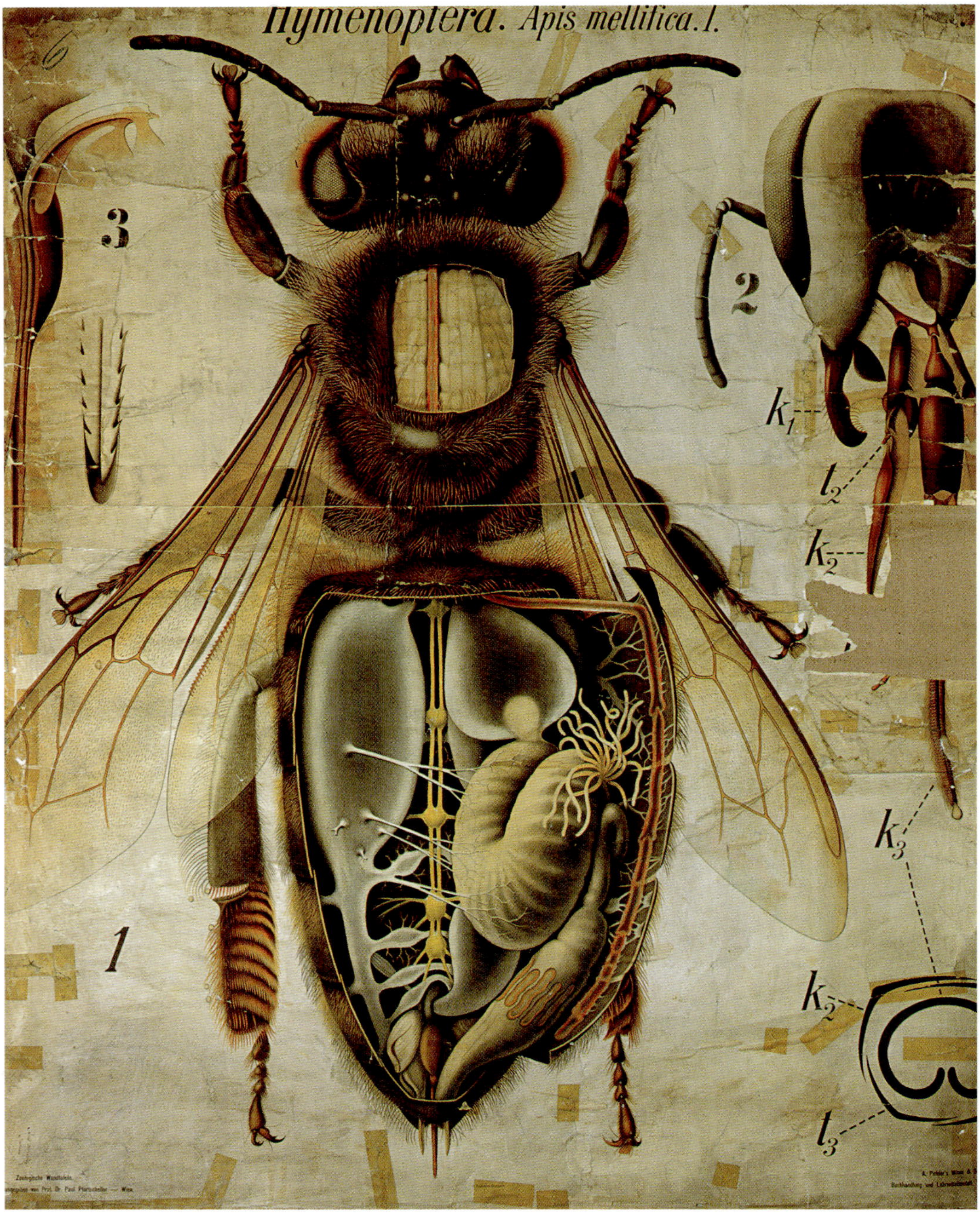

Pfurtscheller, Paul (1855-1927), *Anatomie de l'abeille domestique*, lithographie en couleur, tableau mural zoologique de Pfurtscheller, lithographie couleur, n° 13, 133 × 110 cm, début du XXe siècle, Allemagne, Berlin, Humboldt-Universitaet zu Berlin

L'abeille et la ruche, symboles politiques napoléoniens (1804-1815)

Xavier MARTIN
Professeur émérite d'histoire du droit, Université Angers,
Centre Jean Bodin (EA 4337)

L'empire est proclamé le 18 mai 1804. Le 12 juin, au Conseil d'État, séance relative à la symbolique iconographique du nouveau régime[1]. Y sont élus deux dissemblables volatiles : l'aigle essentiellement, mais aussi l'abeille[2], à l'initiative de Cambacérès[3]. Heureux choix, sans doute : assidue des fleurs et infatigable élaboratrice de nobles produits, c'est spontanément qu'elle est attrayante[4], plus en tout cas que l'araignée ou le mille-pattes. Et elle propose une symbolique diversifiée, assez bien accordée, sous un double rapport, aux besoins politiques du moment. D'une part, elle connote l'idée d'un certain *modèle* sociopolitique caractérisé. Elle propose, d'autre part, des vertus accessoires de *légitimation* qui à cet instant ne sont pas un luxe.

1. Ces pages remanient notre étude *L'abeille impériale napoléonienne (1804-1815)*, communication au colloque dir. par F. Hourmant et S. Lambert-Wiber, *L'Animal et le Pouvoir. Symboles et Enjeux*, Faculté de Droit, Centre Jean Bodin, Angers, 4 déc. 2014, *Actes*, PUR, 2016, p. 85-98. Nous remercions ces deux collègues d'avoir consenti au principe de cette nouvelle mouture.

2. *Connaissance des Arts* 2009 (s.d.), hors-série, n° 433, p. 12.

3. L. Chatel de Brancion, *Cambacérès. Maître d'œuvre de Napoléon*, Paris, Perrin, 2001, p. 403. – A. Marquiset, *Napoléon sténographié au Conseil d'État*, Paris, éd. H. Champion, 1913, p. 29-31, cité d'après la retranscription de H. Pinoteau, *Le Chaos français et ses signes. Étude sur la symbolique de l'État français depuis la Révolution de 1789*, La Roche-Rigault, s.l., PSR, 1998, p. 172-173. – Sauf mention différente (m.s.o. mot[s] souligné[s] dans l'original), c'est de notre fait que vient l'*italique* en nos citations.

4. J. Chevalier et A. Gheerbrant, *Dictionnaire des Symboles*, rééd. Paris, Robert Laffont, 1982, réimpr. 1989, V° *Abeille*, p. 1, col. 1, et p. 2, col. 2, et V° *Ruche*, p. 834, col. 2. – F. Tiphagne, *L'Abeille et son Miel, « fille du ciel et manne céleste »*, Paris, Honoré Champion, 2014, *passim*.

I. – La connotation d'un certain modèle sociopolitique

La riche symbolique à l'instant notée est en phase exacte avec les approches et utilités politiques du temps. Les utilités ? Une, avant tout : suggérer l'annonce d'un ordre durable après la secousse révolutionnaire. La ruche ? Modèle idéal d'une société *très régulée*, d'indéfinie perpétuation, où chacun vaque à son devoir, sans état d'âme. Une société *industrieuse*, de flatteuse perspective dans une conjoncture utilitariste et productiviste ; Mme de Staël, sur ce chapitre, inversera la résonance métaphorique : « Il semble qu'en France on n'a que l'esprit *animalesque*, (…) celui qui sert à gagner de l'argent, comme les abeilles font de la cire »[5]. Une société *nataliste :* excellent message aux yeux d'un système qu'obsède et tenaille, depuis la trouvaille de la conscription, un besoin croissant de chair à canon. Et, justement, la ruche : une société, aussi, qui précieusement joint « l'aiguillon » au « miel »[6] ; chaque travailleuse, dotée d'une arme, est prête à mourir sans y réfléchir en l'utilisant.

Allons plus au fond. En réalité, ce qui est en cause est plus qu'une affaire de simple régime. Le crédit officiel de l'abeille, sous l'empire, surprend d'autant moins qu'assez largement il confraternise avec la vision des Lumières sur l'homme, d'inclination positivement réductionniste[7] : résorption de toute vie intérieure dans la pure sensation, elle-même claquemurée dans l'organique pur, donc corrélatif estompage de frontière entre homme et animal, et réduction donc de l'intelligence à du pur instinct, tout juste plus sophistiqué chez « l'animal qu'on appelle homme » (syntagme usuel) ; négation claire du *libre arbitre* en celui-ci, tendance marquée à réduire l'homme individuel à une machine mue par l'intérêt égoïste, donc, au bout du compte, inclination nette à envisager le social lui-même comme du mécanique. Écoutons Sieyès, *Qu'est-ce que le Tiers État ?* (janv. 1789) : « Jamais on ne comprendra le *mécanisme social* si l'on ne prend pas le parti d'analyser une société comme une *machine ordinaire* »[8].

En arrière-fond de tout cela, le modèle donc d'une société tout à la fois mécaniciste et utopique qui sans à-coups « tournerait » seule, et dont l'homme d'État, plus que gouvernant, serait spectateur. Ne peut-on y voir la version extrême de l'idéal

---

5. Mme de Staël à P. de Souza, 26 sept. 1806 : dans sa *Correspondance*, 9 vol., 1962-2017, divers éditeurs, t. 6 (publ. B. W. Jasinski, s.l., Klincksieck, 1993), p. 141, m.s.o.

6. De Lacuée, au Conseil d'État : H. Pinoteau, *Le Chaos français et ses signes…, op. cit.*, p. 172.

7. Nous en avons souvent écrit, de *Nature humaine et Révolution française…*, Poitiers, DMM, 3e éd., 2015, à *Naissance du sous-homme au cœur des Lumières (les races, les femmes, le peuple)*, Poitiers, DMM, 2e éd., 2023, en passant par *Régénérer l'espèce humaine. Utopie médicale et Lumières*, Bouère, DMM, 2008, par ex. p. 75 et s.

8. Sieyès, *Qu'est-ce que le Tiers État ?* (écr. nov. 1788, publ. janv. 1789), Genève, Droz, 1970, p. 178.

minimaliste de l'État tel qu'envisagé par les libéraux, tablant sur une machinale autorégulation des relations interindividuelles fondées sur le seul calcul d'intérêt ? Un tel idéal se trouve chez Rousseau, dont accessoirement il flatte l'indolence. Si l'« homme d'État », a-t-il écrit, téléguidait à bon escient les volontés, « il n'aurait lui-même plus rien à faire, et *le chef-d'œuvre* de ses travaux serait de pouvoir rester oisif »[9]. Le cas limite de cette logique ? Celui d'un monarque réel, l'éclairé Stanislas de Lorraine, qui s'était fait confectionner une mini-société d'automates, et longuement contemplait leurs besognes, attendri[10]. Dans un esprit étonnamment apparenté, un Robespierre couvera l'idée tout utopique d'un citoyen qui, équipé du logiciel approprié, ferait le bien machinalement, sans réfléchir : « Le *chef-d'œuvre* [encore] de la société serait de créer en lui (...) un instinct rapide qui, sans le secours tardif du raisonnement, le portât à faire le bien et à éviter le mal »[11].

Une machine sociale dont les citoyens ne raisonneraient pas, qui « tournerait » seule ? Ce type d'atmosphère prédispose la ruche à être promue idéal social. Et pas simplement par pure métaphore. En tout premier lieu, l'anthropologie animalisante que nous évoquions rétrécit l'écart entre hommes et insectes ; telle protestation de l'écrivain et futur conventionnel Mercier viendra confirmer la corrélation : « Sommes-nous donc des castors ou des ruches d'abeilles, pour qu'on nous ait réduits au seul instinct ? »[12]. C'est plus qu'un hasard si à l'aube du siècle, en 1705, le premier écho de cette réduction politique de l'homme, signé de Mandeville, est intitulé *La Ruche bourdonnante*, qu'amplifiera onze ans plus tard sa retentissante *Fable des Abeilles*, que Mme du Châtelet traduira. Et en second lieu, les ouvrages apicoles du temps, assez volontiers apologétiques de l'ordonnancement social de la ruche, inclinent *ipso facto* à l'anthropomorphisme, invitant les hommes à s'en inspirer[13]. Les deux tendances font donc mouvement l'une vers l'autre.

Moyennant quoi, c'est naturellement que la ruche prend pied dans la réflexion sociopolitique, – honneur qu'elle partage avec la fourmilière et avec la cité des castors. D'Holbach interroge : « Est-il, parmi les hommes (...), des sociétés aussi bien

9. J.-J. Rousseau, *Discours sur l'Économie politique* (1755), dans ses *Œuvres complètes*, Paris, Gallimard, coll. « Pléiade », t. 3, 1964, [p. 239-278], p. 250.

10. A. Muratori-Philip, *Le Roi Stanislas*, Paris, Fayard, 2000, p. 195.

11. Robespierre à la Convention, 18 floréal an II, 7 mai 1794 : *Arch. parl.*, 1re série, t. 90, p. 136, col. 1.

12. L.-S. Mercier, *Fragmens de Politique et d'Histoire*, 3 vol., Paris, Buisson et Lyon, Bruyset, 1792, t. 3, p. 32.

13. Par. ex. [J.-B. Simon], *Le Gouvernement admirable ou la République des Abeilles. Avec les moyens d'en tirer une grande utilité*, Paris, Lambert et Durand, 1740. Parmi les vertus « qu'elles professent gratis publiquement » : « des leçons de prudence, d'industrie, de l'amour de son semblable et du bien public, du travail, de l'économie, de la tempérance, de la propreté » ; à quoi s'ajoutent la paix entre « concitoyennes », la prévoyance, et au besoin l'abnégation jusqu'à la mort... (cité de seconde main, d'après un catalogue de livres anciens).

constituées que celle des fourmis, des abeilles ou des castors ? »[14]. Raynal est intarissable sur l'exemplarité civique de ces derniers, experts du *vivre ensemble* et plus hommes que nature : n'ont-ils pas pour eux « les dons secourables de la société, sans éprouver comme nous les vices et les malheurs »[15] ?

Diderot, quant à lui, qui chez Catherine II admire tant de traits qui seront typiques du Premier Empire, suggère à la tsarine de constituer en « ruches » les villes de son pays[16]. De façon notable, elle n'avait pas attendu ce conseil pour écrire à Voltaire : « Ma devise est une abeille (…) et l'inscription en est, *l'Utile* »[17]. Rien là que de recyclable pour Napoléon. Il a élu l'abeille en juin 1804. Un mois plus tard, le *Moniteur*, journal aux ordres, rappelle que des abeilles, Virgile avait vanté non seulement les besognes, mais aussi « le système de leur police industrieuse »[18]. Le modèle de la ruche ? Un littérateur l'écrit sans ambages en 1811 : « Le génie de Montesquieu n'a pas été plus loin. Tous les rêves de nos philosophes (…), leurs plans imaginaires, se réalisent ici »[19].

Aux années antérieures, sous la Révolution, le thème en a pointé à diverses reprises : instante leçon à l'intention de gouvernés… peu gouvernables, et référence de prix dans un système mental où *sacrifier l'individuel au collectif* est impérieux[20]. Un jacobin, en 1791, fait valoir que les paysans, aux premières loges dans la nature, « voient les fourmis, les abeilles, retracer à leurs yeux *l'idée des avantages du contrat social* » (rien de moins) « et donner à l'homme des leçons (…) d'esprit de société (…) ; ils voient les animaux, jusqu'aux insectes, munis d'armes défensives, démontrer aux tyrans à deux pieds la légitimité de la résistance à l'oppression »[21] : comment ne pas songer ici à Danton faisant décréter à l'unanimité « que tout homme du peuple aura *une pique* aux frais de la nation »[22] ? Au surplus, les ornières détrempées où patauge et patine

---

14. D'Holbach, *Le Bon Sens, ou Idées naturelles opposées aux Idées surnaturelles* (1772), Paris, Éditions rationalistes, 1971, p. 91-92.

15. G.-T. Raynal, *Histoire philosophique et politique des établissements et du commerce des Européens dans les deux Indes*, 10 vol., Genève, impr. Jean-Léonard Pellet, 1780-1781, t. 8, p. 93-109 (p. 93 pour la citation).

16. Diderot, *Mémoires pour Catherine II* (écr. 1773-1774), publ. P. Vernière, Paris, Garnier, 1966, p. 197-198.

17. Catherine II à Voltaire, [22 août] 2 septembre 1765 : *in* Voltaire, *Correspondence and related Documents*, publ. T. Besterman, 51 vol., Genève-Toronto, puis Banbury, puis Oxford, 1968-1977, t. 29, Banbury, 1973, p. 282. Peu après, elle parle de sa « grande ruche » (p. 442).

18. Opportune recension attardée, par Peuchet, du livre de J.-J. Ducarne-Blangy, *Traité de l'Éducation économique des Abeilles*, nouv. éd., Paris, Guillemard, an X-1802 : *Moniteur* 24 messidor an XII, 13 juill. 1804, n° 294, p. 1326, col. 2.

19. L. Aimé-Martin, *Lettres à Sophie sur la Physique, la Chimie et l'Histoire naturelle…* (1811), nouv. éd., 4 vol., Paris, Charles Gosselin, 1822, p. 58.

20. Sur cet aspect peu soupçonné, V. notre *Naissance du sous-homme…*, *op. cit.*, p. 372-374.

21. E. Chevalier aux jacobins, 13 avr. 1791 : F.-A. Aulard, éd., *La Société des Jacobins. Recueil de Documents pour servir à l'Histoire des Jacobins de Paris*, 6 vol., Paris, Maison Quantin, 1889-1897, t. 2 (1891), p. 324.

22. Danton à la Convention, 27 mars 1793 : *Arch. parl.*, 1re série, t. 60, p. 603, col. 2 (et p. 605, col. 1).

Abeille de bronze doré ayant servi à la décoration de Notre-Dame lors du sacre de Napoléon Ier, 1804, France, Paris, Musée de l'Armée © RMN-Grand Palais / Pascal Segrette.

la France régénérée ne peuvent qu'inciter à lorgner davantage du côté des insectes sociaux. Le 4 juillet 1792, au « Lycée », Cubières donne lecture de son poème *Les Abeilles, ou l'heureux Gouvernement*[23]. Le 27 octobre, la Convention décide que, sur les assignats de 25 sols, le chef de Louis XVI laissera place à « une ruche et un soleil levant »[24].

Assez naturellement, l'inclination civique à vanter les insectes sociaux ne saurait s'estomper parmi les désarrois de l'après-Thermidor. Aux jours qui suivent la discutable euthanasie de Robespierre, naît un journal, *L'Abeille française*[25], dont la parution sera sporadique durant cinq années[26]. On note aussi un agacement de Mme de Charrière contre la manie de « ravaler les projets et les agitations des hommes en comparant la société à une fourmilière »[27]. La tendance persiste au temps consulaire : le *Moniteur*, en 1802, ne se plaît-il pas à donner écho à l'« amour public » dont fait vitrine la fourmilière, à l'abnégation de ses citoyennes[28] ? Entre-temps, surtout, un fait suggestif : le 21 octobre 1795, miroite le projet d'illustrer le sceau de la République d'« une ruche entourée d'abeilles », et de porter ledit emblème au

23. R. Limouzin-Lamothe, notice « Cubières (Michel de) », *in* Roman d'Amat (dir.), *Dictionnaire de Biographie française*, t. 9, Paris, Letouzey et Ané, 1961, col. 1339.

24. *Arch. parl.*, 1re série, t. 53, p. 7, col. 1.

25. Hommage du premier numéro au Comité d'Instruction publique le 2 thermidor an II, 17 août 1794 : *Procès-Verbaux du Comité d'Instruction publique de la Convention nationale*, publ. J. Guillaume, rééd. augm. par J. Ayoub et M. Grenon, 9 t. en 16 vol., Paris-Montréal, L'Harmattan, 1997, t. 6, p. 609.

26. M. Prévost, notice « Cordier (Edmond) », *in* Roman d'Amat (dir.), *Dictionnaire de Biographie française*, t. 9, *op. cit.*, col. 627.

27. I. de Charrière à Benjamin Constant, 27 nov. 1794, dans ses *Œuvres complètes*, 10 vol., Edité par G. A. Van Oorschot. Amsterdam ; Slatkine. Genève, Amsterdam-Genève, 1979-1984, t. 4, p. 648-649.

28. *Moniteur* 15 messidor an X, 4 juill. 1802, n° 285, p. 1171, recension du livre de P.-A. Latreille, *Histoire naturelle des fourmis et recueil de mémoires... sur les abeilles, les araignées, les faucheurs et autres insectes*, Paris, an X.

« frontispice de tous monuments nationaux »[29] : une initiative pour nous éloquente, mais mort-née au motif que... la ruche connote, évidemment, la *monarchie*, – un handicap à cet instant rédhibitoire, ça va de soi[30] ; et, tout au contraire, pourra-t-on prévoir, un atout majeur en 1804 quant à la promotion symbolique de l'abeille.

Ceci dit, si la touche monarchique de la ruche ne peut que sourire à l'empire naissant, un lourd détail, que l'on devine, et qui n'aurait su gêner la tsarine, est propre à ternir la satisfaction napoléonienne : les abeilles ont une *reine*, ce qui, dans l'ambiance marquée de misogynie sociojuridique du Premier Empire, leur interdit une symbolique de premier rang. De même que la reine est « la mère commune » de la ruche[31], l'empereur est-il vrai n'est pas sans se vouloir « le père commun » de ses sujets[32], mais l'analogie, loin de la combler, creuse la béance entre les genres, et dans l'œuf étouffe toute velléité d'assimilation. Et puisqu'au surplus, comme l'avait objecté un conseiller d'État, les abeilles évoquent davantage « l'emblème du travail » que de « la puissance »[33], mieux vaut prospecter côté masculin. En 1802, lors d'une parade au Carrousel, un visiteur allemand dit d'un décor de « coqs dorés », qu'ils lui « ont tout l'air de devoir se métamorphoser en aigles »[34]. Sûr pressentiment. Dix-huit mois plus tard, pour la symbolique impériale, de fait a-t-on d'emblée songé au coq – l'empereur a fait la moue : « un animal trop faible »[35] – et même à l'éléphant, en tant que « le plus fort de tous les animaux »[36]. L'image du lion eût fort tenté Napoléon, qui l'eût bien vu « étendu sur la carte de France, la patte prête à dépasser le Rhin : malheur à qui me cherche », et au seing duquel fut proposé, le 10 juillet, un décret instituant pour symbole du régime « un lion au repos, d'or, sur champ d'azur ». Mais Bonaparte, *in extremis*, a biffé « lion », pour inscrire « aigle »[37].

---

29. Comité d'Instruction publique, séance du 29 vendémiaire an IV, 21 oct. 1795, *Procès-Verbaux du Comité d'Instruction publique..., op. cit.*, t. 8, p. 640.

30. Conv. 3 brumaire an IV, 25 oct. 1795 (le jour de clôture de cette assemblée) : *Moniteur* 11 brumaire, 2 nov., n° 41, p. 161, col. 3.

31. J.-J. Ducarne-Blangy, *Traité..., op. cit.*, note 18, p. 39 (et p. 31).

32. *Cf.* notre *Mythologie du Code Napoléon. Aux soubassements de la France moderne*, Poitiers, DMM, 2e éd., 2022, p. 284-285.

33. Ségur, au Conseil d'État, 12 juin 1804 : H. Pinoteau, *Le Chaos français et ses signes..., op. cit.*, p. 172.

34. J. F. Reichardt, *Un Hiver à Paris sous le Consulat (1802-1803)*, publ. T. Lentz, Paris, Tallandier, 2003, p. 152, 5 déc. 1802.

35. Référence de l'avant-dernière note. Sur le coq, voir dans cet ouvrage au bestiaire, R. Capet, *Coq*, gallus gallus, p. 87-93.

36. M. Pastoureau, notice « Héraldique », *in* J. Tulard, *Dictionnaire Napoléon*, Paris, Fayard, 1987, p. 870, col. 2.

37. D'après H. Pinoteau, *Le Chaos français et ses signes..., op. cit.*, respectivement p. 173 et 175.

Le choix n'étonne guère. De l'aigle, en effet, la touche symbolique de haut vol, de crainte inspirée, de prééminence, a tout pour séduire. L'aigle incarne au mieux l'esprit du régime, le style de son chef, dont cet œil perçant auquel rien n'échappe. Regnaud de Saint-Jean-d'Angély en donnera l'assurance : « L'aigle français, imprimé sur nos lois, porté devant nos légions, garantira toujours à nos lois l'obéissance, à nos légions, la victoire »[38]. Mais ledit oiseau n'est-il pas déjà monopolisé par la symbolique des grandes monarchies, Prusse, Autriche, Russie ? Cette amorce d'objection tourne en *argument pour*, car le vœu instant de Napoléon est précisément de fondre au plus vite sa propre entreprise dans le consortium des vieilles dynasties. A pesé aussi, en faveur de l'aigle, le précédent – tel tout au moins qu'imaginé – de Charlemagne, qui nous attend plus loin.

Observation confirmative *a contrario* de cette importance caractérisée dudit volatile : l'empereur détrôné, réduit à l'île d'Elbe, sera privé d'aigle : il n'y déploiera qu'un drapeau blanc « coupé en diagonale par une bande orange portant trois abeilles »[39]. Corrélativement, l'orgueilleux oiseau réapparaîtra… pour le *Vol de l'Aigle* : imagine-t-on l'abeille, en mars 1815, « vol[ant] de clocher en clocher jusqu'aux tours de Notre-Dame » ? Moindre eût été l'effet d'annonce.

Décret, donc, du 26 janvier 1805 (6 pluviôse, an XIII) : « Le sceau de l'État portera pour type, d'un côté l'effigie de l'Empereur assis sur son trône, (…) la couronne sur la tête, tenant le sceptre et la main de justice ; de l'autre côté, l'aigle impérial couronné, reposant sur la foudre (…) ». Détail piquant : s'agissant d'héraldique, le texte voté par le Corps législatif eût dû parler en bonne rigueur, comme le fera consciencieusement le texte donné par les *Archives parlementaires* longtemps après, d'*une* « aigle impériale couronnée »[40]. Et il est de fait que l'empereur lui-même, lorsqu'il biffa « un lion », avait écrit « une aigle », mais plus précisément « une aigle *déployé* [*sic !*] »[41] On voit le problème. Déférer strictement à l'usage héraldique en matière de graphie chaponnerait dans l'œuf le symbole aviaire du tout jeune empire ! Le texte de 1805, à l'instar de Napoléon, ne veut connaître que le masculin[42], ce qui se comprend

38. Regnaud de Saint-Jean-d'Angély au Corps législatif, exposé des motifs du projet de loi sur la forme du sceau de l'État, 26 nivôse an XIII, 16 janv. 1805 : *Moniteur* 28 nivôse, n° 118, p. 431, col. 3.

39. F. Beaucour, notice « Elbe », *in* J. Tulard, *Dictionnaire Napoléon*, *op. cit.*, [p. 649-652], p. 650, col. 2.

40. Corps législatif, 26 nivôse an XIII, 16 janv. 1805, projet : *Arch. parl.*, 2e série, t. 8 (Paris, 1866), p. 439, col. 2. Adoption dix jours plus tard : p. 463-464. Sur le lion, voir dans cet ouvrage L. Bal dit Sollier, *Lion*, Panthera leo, p. 292-299.

41. Document original : Arch. nat. AF IV (carton) 132, (dossier) 765, n° 23 : reproduit par (et consulté dans) H. Pinoteau, *Le Chaos français, et ses signes. Étude sur la symbolique de l'État français…*, *op. cit.*, p. 174.

42. Décret du Corps législatif du 6 pluviôse an XIII, promulgué le 16 (5 févr. 1805) : *Bulletin des Lois*, IVe série, n° 30, p. 250.

d'autant mieux que le mot « aigle » au féminin peut désigner tout aussi bien, hors héraldique, l'aigle femelle.

Récapitulons : l'aigle a primauté, et « l'empereur restera toujours plus attaché à l'aigle qu'aux abeilles », mais celles-ci sont là, « sorte de figure héraldique secondaire »[43]. Un double choix donc, et qui au surplus veut répondre aussi à l'urgence cruciale, pour le régime neuf, de tous apports possibles en légitimité.

II. – Un rôle, accessoirement, de légitimation

Malgré la vigueur de l'empire naissant, fonder un système et monocratique et héréditaire, en 1804, est un défi exorbitant. Relativement à quoi, l'élection des symboles a une finalité accessoire de béquille conceptuelle, à l'appui d'une légitimité qui d'emblée manque d'assise sous un double rapport : côté Révolution, et côté concurrence capétienne.

Côté Révolution. Non seulement l'empereur, de façon notoire, prétend assumer divers chromosomes révolutionnaires de son aventure (« Moi, je suis un peu conventionnel, parce que c'est là qu'a commencé ma carrière »[44]), mais il sait trop devoir donner de certains gages, ne fussent-ils que formels, et n'eussent-ils pour vertu que d'aider les ralliés à sauver la face. D'où l'importance de faire accroire qu'après les versions conventionnelle, directoriale et consulaire de la *République*, c'est continûment sous forme impériale qu'elle se perpétue. La naissance de l'empire, entend-on, se veut « moins un changement de l'état de la République qu'un moyen de perfection et de stabilité ». Il y faudra quelques audaces ! On connaît l'ouverture de la charte impériale de l'an XII : « Le Gouvernement de la République est confié à un Empereur ». Ou encore, la formule officielle – un chef-d'œuvre en son genre : « Napoléon, par la grâce de Dieu et les Constitutions de la République, Empereur des Français »[45].

Or la ruche, en l'affaire, n'a-t-elle pas sa portion, congrue sans doute, d'utilité, en ceci que, dans la culture du temps des Lumières, les sociétés d'insectes, même « monarchiques », avaient réputation d'être « républicaines » ? L'*Encyclopédie*, au mot « instinct », énumère la « république des abeilles », la « république des guêpes », celle

43. M. Pastoureau, notice citée, p. 870, col. 2.

44. En Conseil d'État, le 30 messidor an XIII (19 juill. 1805) : N. Bonaparte [J. Massin, éd.], *Napoléon Bonaparte. L'Homme et l'Œuvre* (ample recueil de documents), 12 vol., Paris, Le Club français du Livre, 1969-1971, t. 7, p. 299.

45. François de Neufchâteau, vice-président du Sénat, 15 floréal an XII, 5 mai 1804 : *Arch. parl.*, 2e série, t. 8, p. 340, col. 1.

des fourmis, à quoi s'ajoute celle des castors, insectes sociaux *honoris causa*, peut-on presque dire, à propos desquels un abbé Raynal entasse les tournures : « ces républicains », « la république », « ces citoyens », « ce peuple républicain », « dans toutes les cabanes de la république »[46]. Selon Mirabaud, abeilles et fourmis « composent des républiques et ont leurs loix »[47]. Du prince de Ligne, invitant Rousseau en un lieu visité des abeilles : « Leur république vous traitera mieux que celle de Genève »[48]. « [L]es vieilles murailles sont tapissées de républiques », disait Voltaire[49]. Parus en 1804 même, les *Mémoires* de Marmontel, parlant abeilles, vantent « l'industrie et la police de ces républiques laborieuses »[50]. La ruche ? Une république qui a un chef, avait argué Cambacérès en proposant l'abeille, donc excellent « emblème », avait-il précisé, « de la situation actuelle de la France »[51]... Guère plus ici, bien sûr, que du bricolage idéologique.

Et ça va continuer... Car, autre paradoxe, la référence à l'aigle, en dépit d'assonances hyper-monocratiques, peut être envisagée comme se prêtant aussi – de façon laborieuse ! – à dédouaner l'empereur côté Révolution, de par le détour ou la médiation de la si ancrée « romanomanie » révolutionnaire. C'est dès Brumaire que Bonaparte met à profit ladite manie, sans lésiner : non seulement, comme à Rome, il donne des « consuls » à la République, mais aussi comme à Rome il y joint un « sénat », des « tribuns », des « préfets », – des « questeurs »... Son glissement vers l'« empire » ne déroge pas non plus au registre romain ; et de la sorte il « prend au mot », si l'on peut dire, la romanomanie des révolutionnaires.

Sans doute la « ficelle » napoléonienne est-elle un peu grosse, mais le contexte, hors du commun, n'appelle-t-il pas à essayer tous les « ficelages » ? La République romaine, tout admirable qu'elle était aux yeux d'alors, n'avait-elle pas donné l'exemple, en débouchant sur un empire ? Lequel d'ailleurs, initialement, avait cahin-caha prétendu ménager des apparences républicaines. Et pourquoi ne pas jouer sur des mots qui s'y prêtent ? Ainsi, la puissance expansive *impériale* des Romains au sens *territorial* n'avait-elle pas été celle de la République ? Et au demeurant la *res-publica* n'est-elle pas bien plus qu'un simple régime ? Et le joyau de transcendance

46. Raynal, *Histoire (...) dans les deux Indes*, *op. cit.*, t. 8, p. 95-106, *passim*.

47. J.-B. Mirabaud, *Sentimens des Philosophes sur la Nature de l'Âme*, *in* J. A. Naigeon, éd., *Recueil philosophique, ou Mélange de pièces (...) par différents auteurs*, 2 vol., Londres, 1770, reprint en 1 vol., Genève, 1971, t. 2, [p. 1-33], p. 14.

48. C.-J. de Ligne à Rousseau, fin juin-début juillet 1774 : *in* Rousseau, *Correspondance...*, *op. cit.*, t. 38, Oxford, 1981, p. 47.

49. Voltaire, *Des Singularités de la Nature* (1768), dans ses *Œuvres complètes*, Lefèvre et Deterville, t. 19, Paris, 1818, [p. 339-421], p. 343.

50. Marmontel, *Mémoires* (écr. sous la Révolution ; publ. 1804), Paris, Didot, 1846, p. 34.

51. Conseil d'État, 12 juin 1804 : H. Pinoteau, *Le Chaos français et ses signes...*, *op. cit.*, p. 172.

qui la signale conceptuellement saurait-il être mieux serti que dans les fastes d'un régime pétri de gloire ?

Qui plus est, l'aigle, à Rome, n'avait-il pas été l'étendard des légions, de la république d'abord, puis de l'empire ? En 1804 donc, « l'aigle éployée serrant un foudre » peut s'essayer au tour de force de connoter d'un même élan, – si l'on veut bien s'y laisser prendre –, et l'ample prestige des empereurs romains, et tant bien que mal, dans l'esprit du temps, ce trait appuyé qu'est la révérence révolutionnaire envers la Rome républicaine[52]. Or de surcroît, ledit symbole évoque aussi un Charlemagne, qui déjà s'inscrivait dans la lignée romaine, et dont la silhouette, indirectement, mène au second point de l'utilité légitimatrice.

Côté dynastie capétienne. En 1804, entre les Bourbons et Napoléon, la dissymétrie est exorbitante. L'empereur a tout pour lui. Ou presque tout. Mais ce petit *presque* est de conséquence : huit siècles de retard en légitimité. Menace toute virtuelle ? Mais menace quand même : c'est un handicap qu'assez soudainement certaines circonstances pourraient activer, et que l'empereur donc ne sous-estime pas. Les Bourbons ? « Le seul nom de ces princes, rapportera Bourrienne, lui causait des terreurs secrètes, et il me parlait souvent de la nécessité d'élever un mur d'airain entre la France et eux »[53]. À défaut d'un tel mur ? Un beau tour de passe-passe : le mythe de la « quatrième dynastie », un thème qui prospère dans la rhétorique de ces années-là. L'enjeu n'est pas mince. Si le mythe opère, d'une part l'exorbitance de la métamorphose du consul en empereur est relativisée : il n'y a pas de régime nouveau mais simplement, à l'intérieur chronologique d'une monarchie de treize cents ans, et pour la troisième fois dans la suite des siècles, substitution de dynastie, très simple remplacement d'une « maison » par une autre[54]. Et d'autre part, le handicap des huit cents ans est comme par magie, car *ipso facto*, volatilisé, et même *inversé*. Les Capétiens ont commencé un jour, il n'est que naturel que leur tige épuisée laisse place à une jeune sève, comme l'ont fait avant eux celle des Mérovingiens, puis des Carolingiens. (Entre parenthèses : l'égyptomanie de ces années-là, en banalisant dans les esprits le fait historique d'innombrables dynasties, n'a-t-il pas stimulé l'audace du procédé ?) Admirable toupet, de benoîtement réduire la grande Révolution à un prosaïque chambard de palais, à une modeste parenthèse de quelque dix à quinze années sur treize cents, en noyant la genèse impériale de l'an XII dans la perpétuation, un instant

52. V. notre *Du Temps des Lumières à Napoléon. Recueil d'entretiens « révolutionnaires »*, Poitiers, DMM, 2021, p. 52-56.

53. Bourrienne, *Mémoires* (1829), extraits *in Napoléon Bonaparte. L'Homme et l'Œuvre*, *op. cit.*, t. 8 [p. 271-436], p. 433.

54. Treilhard, au tribunat ; 29 floréal an XII, 19 mai 1804 : *Arch. parl.*, *loc. cit.*, p. 343, col. 1, deux passages.

Abeilles ou mouches en or et grenats cloisonnés, avant 481, Tombe de Childéric, France, Paris, Bibliothèque nationale de France, Médailles et Antiques © BnF, Dist. GrandPalaisRmn / image BnF.

chahutée, de cet ordonnancement issu du fond des âges : la monarchie fondée sur le prestige des armes.

Dans ce coup de poker idéologique, l'abeille a son rôle, secondaire, mais double. En premier lieu, on la tenait pour un symbole mérovingien : des bijoux en forme de cigale, trouvés dans la tombe du père de Clovis, avaient passé pour des abeilles[55]. De là à croire et « décréter » que ces dernières avaient orné des « armoiries » mérovingiennes, il était un pas : on l'avait franchi[56]. Relativement à Hugues Capet (donc Louis XVIII), l'abeille, autrement dit, à voir les choses ainsi, offrait l'avance instantanée – gain prodigieux – d'un demi-millénaire et de deux dynasties. Ceci étant, plus prestigieuse était bien sûr, pour Bonaparte, la référence carolingienne. Relativement à elle, l'effronterie thématique des quatre dynasties permettait à l'empereur de se positionner moins comme successeur du monarque mythique à la barbe fleurie, qu'en tant que son *égal*, survenu simplement après lui. Au surplus, la deuxième dynastie ayant forme impériale, pourquoi pas la nouvelle ?

55. *Connaissance des Arts*, *loc. cit.*

56. Circonstance alléguée le 25 octobre 1795 lors du refus de la ruche comme symbole de la République : V. référence *supra*, note 30.

S'agissant de l'abeille, il est notable, en second lieu, que contre les Bourbons, son choix fait utilement concurrence *esthétique* à l'antique et racée fleur de lis. Spontanément dotée de la note positive déjà dite, l'abeille offre en effet, avec la fleur en cause (telle tout au moins que stylisée par l'héraldique) une sorte d'analogie ornementale[57], en ce que l'une et l'autre, agréables à l'œil, se prêtent de bonne grâce à la moucheture décorative. (On dira « abeillé » pour *semé d'abeilles*.) Dessinées par le peintre Isabey, au demeurant, « les abeilles impériales finissent d'ailleurs par ressembler » aux fleurs de lis[58].

Dès le jour du sacre, 2 décembre 1804, des abeilles parsèment le coussin de velours destiné aux genoux de l'impératrice[59] ; d'autres, de bronze doré, décorent l'édifice[60]. L'empereur en généralisera l'usage : « Il sèmera (…) l'abeille sur son manteau et son pavillon de commandement, sur la bordure des drapeaux de l'armée, le chef [*terme de blason*] des grands dignitaires, les tapisseries et autres ornements des palais impériaux, et offrira à son archichancelier [*Cambacérès*] une bague-sceau gravée à cette effigie »[61]. Ajoutons que si aigles et abeilles sont « réservées aux emblèmes de l'empereur et des princes grands dignitaires », occasionnellement un particulier pourra obtenir « la faveur spéciale d'ajouter une ou plusieurs abeilles dans un coin de son écu »[62].

Bref, l'abeille, sous ce rapport, aura tenu son rang. De même qu'on pouvait dire seulement « les lis » pour la monarchie, on a dit, pour l'empire, « les abeilles »[63]. Aux premiers lacets du XIXe siècle, le journal de la communauté bonapartiste des États-Unis est intitulé *L'Abeille d'Amérique*, et Napoléon III, comme on sait, reprendra le symbole de l'abeille. Entre-temps, Béranger, chansonnier de la « légende napoléonienne », a même évoqué, rétrospectivement, le temps où « les lis » allaient devenir « butin des abeilles »[64]. La métaphore est recevable. Elle déploiera même tout un jaillissement d'expressivité, pour peu qu'on veuille songer au hardi *butinage*, par le grand magicien bourdonnant, des façons, des usages, des titres et tournures de la vieille monarchie.

---

57. L'idée, d'ailleurs, avait couru que les fleurs de lis elles-mêmes auraient pu n'être, à l'origine, « que des abeilles mal dessinées » : Comte de Plancy, *Souvenirs (1798-1816)*, Paris, 1904, p. 27.

58. T. Lentz, *Napoléon. Dictionnaire historique*, Paris, Perrin, 2020, p. 901, notice « Symbolique impériale », où gisent aussi quelques détails complémentaires intéressants.

59. F. Tiphagne, *L'Abeille et son Miel, « fille du ciel et manne céleste »*, Paris, Honoré Champion, 2014, p. 68.

60. *Connaissance des Arts…*, *op. cit.* (2009), p. 13, photographie d'un spécimen.

61. L. Chatel de Brancion, *Cambacérès…*, *op. cit.*, p. 403. – Pour son remariage, l'empereur porte un manteau de satin blanc « couvert d'abeilles d'or ».

62. M. Pastoureau, notice « Héraldique », *loc. cit.*, p. 871, col. 2.

63. Littré, V° *Abeille*.

64. Béranger, *Les deux cousins. Lettre d'un petit roi* [l'Aiglon] *à un petit duc* [le duc de Bordeaux] (1821), dans ses *Œuvres complètes*, 4 vol., Paris, Perrotin, 1834, t. 2, p. 291.

Un pillage intensif… Il ne suffira pas. « Je veux être le chef de la plus ancienne des dynasties d'Europe », aurait confié Napoléon[65]. C'était beaucoup ambitionner. Comme va l'écrire Chateaubriand, la « vieille monarchie de quatorze siècles » a eu raison du « vaste empire de quatorze ans »[66]. « Pour moi, dira Joseph de Maistre, je n'ai jamais cru un instant à la durée (…) de sa famille qu'il appelait *dynastie* »[67]. « J'étais », conviendra l'empereur devant l'évidence de son insuccès, « sans l'autorité héréditaire de l'antique tradition, privé du prestige de *ce qu'ils appellent la légitimité* »[68]. Conseiller secret de Napoléon, l'avisé Fiévée l'en avait prévenu : « On ne fait point du vieux à volonté »[69]. L'« ancienneté », « le temps », admettra le grand délocalisé dans l'hémisphère sud, « étaient les seules choses que je ne pusse pas créer ». J'eusse tenu bon dans les pires conditions, dira-t-il également, « si seulement j'eusse été mon petit-fils »[70]. De fait, entre-temps, le souffle puissant des réalités a comme brindilles éparpillé toute cette brocante de faux ancien et de symboles ingénieusement mais dans la hâte récupérés, rafistolés : ils proposaient – au bout du compte – un bouquet d'artifice plein d'intérêt sans doute pour la curiosité, mais en soi concrètement, malgré tout, de modeste portée.

65. Bourrienne, *Mémoires* (1829), extraits, *loc. cit.* [V. *supra*, note 53], p. 303.

66. Chateaubriand, *Du système politique suivi par le ministère*, (1816), dans ses *Œuvres complètes*, 28 vol., Paris, Ladvocat, 1826-1831, t. 25, « Mélanges politiques », 1827, [p. 269-318], p. 318.

67. J. de Maistre à sa sœur, Saint-Pétersbourg, 25 avr. (7 mai) 1814 : *in Lettres choisies de Joseph de Maistre*, 3e éd., Lyon, Emmanuel Vitte, 1901, p. 300 (m.s.o.). Tel de ses propos antérieurs le confirme (fin 1809, p. 230).

68. Las Cases, *Mémorial*… (1823), *op. cit.*, p. 554, col. 2 (7 nov. 1816).

69. Note d'octobre 1802 : J. Fiévée, *Correspondance et relations avec Bonaparte, 1802-1813*…, 3 vol., Paris, 1836, t. 1, p. 19.

70. Las Cases, *Mémorial*… (1823), *op. cit.*, respectivement p. 368, col. 1 (18 juill. 1816) et p. 196, col. 1-2 (27 mars 1816).

Rabier, Benjamin (1864-1939), *La Vache qui rit*, 1927, affiche publicitaire, France, Paris, Bibliothèque nationale de France © BnF, Dist. GrandPalaisRmn / image BnF.

La ménagerie publicitaire ou la cacophonie du droit dur et du droit souple

Anaïs SZKOPINSKI
Maître de conférences en droit privé,
Université de Paris-Saclay (UVSQ, Versailles)
Laboratoire DANTE (EA 4498)

Apprenez que tout flatteur
Vit aux dépens de celui qui l'écoute[1]
Jean de LA FONTAINE

Une vache qui rit, un cheval cabré, des lions qui rugissent, des chats, un puma, un jaguar, des lapins, des chiens, un manchot, un renard, des oiseaux bleus, des singes, un hippopotame, un éléphant bleu, un écureuil, un crocodile, un coq, des abeilles, un canard, un dauphin blanc, un mammouth…, la liste pourrait être encore longue tant est peuplée la ménagerie publicitaire.

De chair et d'os ou virtuels, les animaux sont utilisés par les entreprises pour promouvoir leurs produits et services. Certains, comme la vache Milka, sont représentés graphiquement et enregistrés en tant que marques figuratives. D'autres n'apparaissent dans les supports publicitaires que dans l'intérêt de la narration. Il en est ainsi des ours blancs de la campagne publicitaire créée par Ken Stewart en 1993 pour Coca Cola

1. Jean de La Fontaine, *Le Corbeau et le Renard*, in *Fables*, Livre I, 2, 1668.

et du poisson rouge Maurice qui mange tous les Chocosuisse de Nestlé. À défaut de constituer une marque, l'animal devient une mascotte, un ambassadeur qui s'ignore. L'animal est, parfois, dépourvu de lien avec l'objet de la publicité, comme le chien des Chocapic de Nestlé. Fréquemment, il symbolise le produit ou le service par association d'idées fondée sur des stéréotypes. L'écureuil représente la Caisse d'Épargne et nombre de chevaux illustrent des marques de voiture de sport. Souvent, l'animal donne son nom à la marque. Cette double imprégnation verbale et figurative se retrouve dans les marques Mammouth, Hippopotamus, Taureau ailé, Camel, Firefox et Mustang.

À l'instar d'une métaphore, l'animal permet à l'annonceur de vanter implicitement les qualités du produit ou du service et, éventuellement, de tromper le consommateur. Les animaux anthropomorphes leur permettent aussi de contourner les règles de représentation des êtres humains. Si l'imagination des agences de publicité paraît débordante, le droit instaure-t-il des limites à ces stratégies marketing ?

La liberté d'expression irrigue la publicité et ses infractions en constituent des limites. La loi relative à la liberté de communication[2] et ses décrets d'application ainsi que les dispositions du Code de la consommation, du Code de commerce et du Code pénal protègent le public et les concurrents. À ces normes, s'ajoute le droit souple élaboré par l'Autorité de régulation professionnelle de la publicité (ci-après « ARPP »). Cette association émet des règles de déontologie fondées, notamment, sur le Code de la Chambre de commerce internationale « Publicité et marketing » (ci-après « Code ICC »). Adhérents ou non, tous les professionnels sont soumis à cette autorégulation puisque l'ARPP contrôle préalablement toute publicité diffusée à la télévision ou par les services de médias audiovisuels à la demande[3]. En théorie non contraignant, un avis négatif restreint considérablement, en pratique, les possibilités de diffusion au regard du nombre de diffuseurs adhérents. L'action de l'ARPP est complétée par celle du Jury de déontologie publicitaire (ci-après « JDP »), une instance de contrôle dont les membres sont nommés par l'ARPP. Le JDP peut être saisi directement par toute personne ou par l'ARPP elle-même, en cas de manquement aux règles de droit souple[4] constaté à la diffusion d'une publicité. L'avis est publié sur le site internet du JDP et peut être communiqué par voie de presse ou sur les réseaux sociaux. Le JDP qualifie cette pratique de *name and shame*, similaire à la sanction de publication des décisions de justice[5]. Lorsque la plainte est considérée comme fondée, il

---

2. L. n° 86-1067, 30 sept. 1986, relative à la liberté de communication.

3. L'Autorité de régulation de la communication audiovisuelle et numérique, et avant sa création le Conseil supérieur de l'audiovisuel, effectue un contrôle *a posteriori*.

4. L'ARPP et le JDP se prononcent uniquement sur le fondement des règles déontologiques, ils ne font pas application du droit dur. Un avis négatif ne signifie donc pas que la publicité est illicite et, inversement : Cass. 1re civ., 16 déc. 2020, n° 19-19.387, *CNAFC*.

5. Sur les conséquences de ce *name and shame* : F. Gras, *Contre-attaque d'un annonceur envers l'Autorité de régulation de la publicité ou Le déontologue diffamateur : Légipresse* 2014, p. 491.

est demandé au directeur général de l'ARPP de veiller à ce que la publicité ne soit plus diffusée. L'avis du JDP est donc, en pratique, contraignant[6].

Entre droit dur et droit souple, les contraintes pesant sur la publicité paraissent fortes. Cependant, elles se révèlent inégales, et ce d'autant plus que la métaphore animalière dans les publicités rend plus complexe leur mise en œuvre. Utilisé à mauvais escient pour vanter les qualités d'un produit ou d'un service, notamment dans le domaine du développement durable, l'animal peut être chassé par le droit. Toutefois, l'incohérence des avis du JDP contraste avec la jurisprudence judiciaire (I). Ces dissonances s'observent aussi lorsque l'animal est substitué aux êtres humains pour contourner les règles relatives à la décence et à la dignité (II).

I. – L'animal ambassadeur du développement durable, chassé par le droit

L'animal illustre le caractère naturel d'un produit ou d'un service ou son respect du développement durable. Depuis la loi dite « Climat et Résilience »[7], le Code de la consommation dispose, à l'article L. 121-2, 2°, *b)*, que constitue une pratique commerciale trompeuse celle qui repose sur des allégations, indications ou présentations fausses ou de nature à induire en erreur, portant sur les propriétés du produit ou du service et sur les résultats attendus de leur utilisation, notamment son impact environnemental. L'article L. 121-2, 2°, *e)* ajoute les allégations, indications ou présentations fausses ou de nature à induire en erreur sur la portée des engagements de l'annonceur en matière environnementale. Une sanction spécifique est prévue pour ces allégations environnementales trompeuses. L'article L. 132-2 porte le montant de l'amende à 80 % des dépenses engagées pour la réalisation de la publicité, contre 50 % pour les autres allégations trompeuses.

Des normes de droit souple complètent ces dispositions dont la Recommandation de l'ARPP relative au développement durable[8]. Les entreprises ne doivent pas induire le public en erreur sur la réalité de leurs actions ou sur les qualités de leurs produits

6. Les critiques sur le statut et les pouvoirs de l'ARPP et du JDP sont nombreuses : C. Coupet, *Les normes d'origine privée : RTD com.* 2015, p. 437. – J. Moret-Bailly, *Remarques sur le jury de déontologie publicitaire : autorégulation et interprétation : Légipresse* 2015, p. 87. – E. Andrieu, *La liberté de création et l'intérêt général : le cas des créations publicitaires : Légicom* 2017, p. 93. – L. Arcelin-Lécuyer, *L'opportunité de transformer l'Autorité de régulation professionnelle de la publicité (ARPP) en autorité administrative indépendante (AAI) : D.* 2012, p. 1028.

7. L. n° 2021-1104, 22 août 2021, portant lutte contre le dérèglement climatique et renforcement de la résilience face à ses effets.

8. ARPP, Recommandation « Développement durable », 1er août 2020.

Cappiello, Leonetto (1875-1942), *Xerez - Quina- Ruiz*, 1905, projet d'affiche, France, Paris, Musée d'Orsay © GrandPalaisRmn (musée d'Orsay) / Hervé Lewandowski.

ou services en lien avec le développement durable. Pour pouvoir être revendiquées, les actions favorables au développement durable doivent être « significatives » et « vérifiables ». Les éléments visuels et sonores « ne doivent pas pouvoir être perçus comme une garantie d'innocuité » si elle ne peut être justifiée. L'emploi d'éléments naturels ou évoquant la nature ne doit pas induire en erreur sur les propriétés environnementales du produit ou du service. Cette recommandation est fondée sur le Code ICC qui consacre un chapitre aux allégations environnementales. Il définit celles-ci comme « toute allégation dans laquelle il est fait référence, de façon explicite ou implicite, à des aspects environnementaux ou écologiques relatifs à la production, à l'emballage, à la distribution, à l'utilisation/consommation ou à l'élimination des produits ».

Le *greenwashing* par la présence d'animaux dans la publicité est donc surveillé. Cependant, l'articulation entre droit dur et droit souple n'est pas aisée.

La jurisprudence judiciaire semble claire. Plusieurs décisions sanctionnent l'utilisation de l'image d'animaux en contradiction avec les qualités du produit[9].

En 2008, la cour d'appel de Lyon a eu à se prononcer sur la communication commerciale du Roundup produit par Monsanto[10]. Qualifiés de produit biodégradable, ses cartons d'emballage comportaient un logo en forme d'oiseau jouxtant les mentions « respect de l'environnement » et « efficacité et sécurité pour l'environnement ».

---

9. Not. T. corr. Lille, 26 nov. 1999 : *BID* 9/2001, 22 (photographie de porcs dans un pré, portant la mention « une alimentation comme autrefois » alors que la viande était issue d'animaux élevés en intérieur et nourris avec des aliments industriels). – Cass. crim., 19 oct. 2004, n° 04-82.218 (œufs dont l'emballage est illustré par des images de poules picorant en plein champ et comportant l'affirmation « œufs de poules élevées en plein air » alors qu'ils étaient issus d'une production industrielle).

10. CA Lyon, 7e ch., 29 oct. 2008, n° 1012/07, *Ministère public c/ Mordo Jean et a.*

Les juges affirment que l'association de l'oiseau et du slogan « évoque obligatoirement l'idée d'un produit préservant la nature »[11]. La toxicité du produit ayant été démontrée, les prévenus sont condamnés sur le fondement de l'infraction de publicité trompeuse.

L'image d'un animal appuyant la démarche écologique d'une entreprise peut, *a contrario*, être reconnue comme pertinente. La cour d'appel de Paris a eu à connaître d'une publicité montrant un enfant mangeant une tartine de Nocciolata, assis à côté d'un orang-outan en peluche et diffusant le message « sans huile de palme »[12]. La société Ferrero, productrice du Nutella, s'est émue de la présence du grand singe, arguant d'un dénigrement des pâtes à tartiner comportant de l'huile de palme. Si les juges reconnaissent que l'association de l'orang-outan à la mention « sans huile de palme » transmet un message écologique, cette publicité ne constitue pas un dénigrement du Nutella, la polémique sur la présence de l'huile de palme dans ce produit n'étant pas issue de la publicité en cause.

Ces décisions contrastent avec les avis sans queue ni tête du JDP. Cette incohérence est d'autant plus problématique qu'il tend à absorber le contentieux et que les recours à l'encontre de ses avis se font rares.

Le JDP s'est montré favorable à la campagne publicitaire d'EDF, affichant les slogans « Non, l'électricité n'est pas toujours plus verte ailleurs » et « EDF, leader européen des énergies renouvelables » sur un paysage de campagne où paissent des vaches[13]. Aux règles déontologiques précédemment citées, le JDP ajoute que « les éléments visuels et sonores doivent être utilisés de manière proportionnée à l'argument écologique et aux éléments justificatifs qui l'appuient »[14]. Le JDP affirme que le visuel champêtre illustre le slogan et fait référence à la production d'énergies renouvelables par EDF, sans pour autant minimiser l'impact des éoliennes sur les paysages ruraux – et sur la faune aurait-il pu ajouter. L'essentiel de la production d'électricité renouvelable par EDF provenant de l'hydroélectricité, ces éléments naturels n'induisent pas le public en erreur sur les actions de l'annonceur. Deux critiques peuvent être formulées. D'une part, l'image présente un paysage vierge de tout dispositif de production d'énergie renouvelable, tel que des éoliennes ou des panneaux photovoltaïques. Dès lors, elle donne l'illusion que la production de ces énergies laisse les paysages intacts. D'autre part, EDF exploitant principalement l'hydroélectricité, ce paysage de campagne est trompeur, et ce d'autant plus qu'il n'est pas démontré que le public a connaissance de ce choix. L'illustration d'un barrage aurait été plus conforme à la réalité.

---

11. *Op. cit.*, spéc. pt 121.

12. CA Paris, pôle 5, ch. 2, 8 déc. 2023, n° 22/04756.

13. JDP, avis, 8 oct. 2021, n° 771/21, *EDF*.

14. ARPP, Recommandation « Développement durable », art. 8.1.

Cet avis entre en dissonance avec celui rendu à l'égard de la publicité pour l'offre Crispy Box de la société KFC[15]. Le film publicitaire montre, sur fond de ciel bleu, un poulet sautant sur le ventre d'une vache allongée sur le dos, au milieu d'un troupeau paissant dans une prairie. Sont alors prononcées ces paroles : « Plus incroyable qu'un poulet qui vole, la Crispy Box – 5 produits pour 6 euros ». Si le JDP reconnaît que l'attractivité du prix est valorisée par une « mise en scène décalée, irréaliste et humoristique », il considère que montrer le poulet heureux, s'envolant dans le ciel, induit les idées de liberté et d'épanouissement et laisse penser que les poulets sont élevés en plein air, en compagnie de paisibles vaches. Pourtant, si l'entreprise fait des efforts pour améliorer les conditions d'élevage, elle n'a pris aucun engagement pour avoir recours à des poulets élevés en plein air. En outre, le JDP remarque l'absence de justification de la représentation de vaches puisque la Crispy Box ne contient pas de viande de bœuf. Cette publicité méconnaît donc les principes de loyauté et de véracité[16]. En raison du décalage entre la représentation de ce poulet et la réalité, elle est de nature à induire en erreur sur les conditions d'élevage des poulets utilisés.

Alors que l'entreprise EDF peut illustrer son engagement écologique par la photographie d'une prairie où paissent des vaches, sans aucun signe d'exploitation, l'entreprise KFC ne peut diffuser un film d'animation humoristique ne laissant aucun doute sur son caractère irréaliste. Il semble pourtant que le public soit davantage informé des conditions d'élevage des poulets utilisés par cette entreprise de restauration rapide que des stratégies d'EDF dans le domaine des énergies renouvelables.

Cette incohérence se renforce à l'étude d'autres avis.

En matière d'animaux heureux, une décision inverse a été prise au sujet du canard à foie gras du Sud-Ouest[17]. La publicité des producteurs du Gers montrait des canards photographiés sur un fond champêtre, accompagnés de cette phrase « Proverbe gersois – Canard heureux, canard savoureux ». Pour rejeter la plainte, le JDP se fonde sur le Code rural et de la pêche maritime énonçant que le foie gras fait partie du patrimoine culturel et gastronomique protégé en France[18], sur l'incertitude scientifique relative à l'incidence du gavage sur la souffrance animale et l'absence d'interdiction légale de cette technique tant au niveau national qu'au niveau européen. Affirmer que les canards sont heureux se rapporte davantage, selon lui, aux conditions d'élevage des animaux résultant du cahier des charges de

15. JDP, avis, 13 mars 2023, n° 898/23, *KFC*.

16. Code ICC « Publicité et Marketing », 2018, art. 4, 5 et D1.

17. JDP, avis, 21 nov. 2012, n° 221/12, *Foie Gras*.

18. C. rur., art. L. 654-27-1.

l'indication géographique protégée qu'à la technique de gavage, d'ailleurs connue du public. Ce dernier n'est donc pas induit en erreur. Dès lors, le canard gavé peut être expressément déclaré heureux tandis que le poulet, élevé en batterie, ne peut joyeusement faire du trampoline sur le ventre d'une vache. Le poulet serait-il le dindon de la farce ?

L'avis concernant la publicité d'EDF peut être comparé à celui rendu à l'encontre de la société STAF, faisant apparaître sur ses camions une affiche mentionnant « Je roule au gaz naturel » et « La livraison éco-responsable = environnement préservé » sur un fond de feuillage dense comportant la représentation de la planète Terre et d'un colibri[19]. Le JDP considère que « faire rouler ses camions au gaz naturel ne suffit pas à préserver l'environnement : cet emploi peut seulement, dans le meilleur des cas, contribuer à diminuer sa dégradation (…) ». Si cette mention et l'illustration apparaissent disproportionnées par rapport à l'incidence environnementale de l'utilisation du gaz naturel, le paysage bucolique choisi par EDF pour illustrer son utilisation d'énergies renouvelables ne l'est-il pas aussi ?

L'appréciation, par le JDP, de la disproportion de la présence d'un animal par rapport aux engagements de l'entreprise ou aux conséquences du produit ou du service sur l'environnement est à géométrie variable. L'hétérogénéité de ses avis brouille les contours de la liberté d'expression des annonceurs. Cette dissonance entre l'application du droit dur par les juridictions et du droit souple par le JDP s'observe, aussi, à l'égard des règles de décence et de dignité de la personne humaine que les annonceurs tentent de contourner au moyen d'animaux anthropomorphes.

II. – L'animal anthropomorphe, stratégie marketing de contournement du droit

Plusieurs dispositions régissent l'exposition et la représentation du corps humain dans l'espace public. L'article 222-32 du Code pénal sanctionne l'exhibition sexuelle. En l'absence de définition légale, l'alinéa 2 précise que ce délit est constitué « même en l'absence d'exposition d'une partie dénudée du corps (…) si est imposée à la vue d'autrui, dans un lieu accessible aux regards du public, la commission explicite d'acte sexuel, réel ou simulé »[20]. La décence n'est pas non plus étrangère au Code pénal. L'article R. 624-2, alinéa 1er sanctionne le fait de diffuser sur la voie publique ou

19. JDP, avis, 4 mars 2024, n° 987/24, *STAF*.

20. Malgré l'absence de définition de la notion d'exhibition sexuelle, la Cour de cassation a refusé de transmettre la question prioritaire de constitutionnalité : Cass. crim., 16 févr. 2022, n° 21-82.392, [QPC] : *D.* 2022, p. 2118, obs. F. Roujou de Boubée / X. Pin.

dans des lieux publics des messages contraires à la décence[21]. Spécifique à la publicité, l'article 3 du décret de 1992 énonce que celle-ci « doit être conforme aux exigences de véracité, de décence et de respect de la dignité de la personne humaine »[22].

Si les décisions se font trop rares pour saisir la conception judiciaire contemporaine de la décence, la déontologie de l'ARPP et les avis du JDP apportent un éclairage[23]. Le Code ICC énonce en son article 3, spécifique à la décence, que « la communication commerciale doit proscrire toute déclaration ou tout traitement audio ou visuel contraire aux convenances selon les normes actuellement admises dans le pays et la culture concernés ». La Recommandation de l'ARPP « Image et respect de la personne »[24] permet de connaître ce que les professionnels du secteur considèrent comme étant les convenances actuelles dans notre société. Son article 1.1 déclare que la publicité « ne doit pas être susceptible de heurter la sensibilité, choquer ou même provoquer le public en propageant une image de la personne humaine portant atteinte à sa dignité et à la décence ». La représentation de la nudité ne doit pas être considérée comme avilissante et aliénante et ne doit pas réduire la personne à un objet[25], en particulier les femmes[26]. L'ARPP exclut « toute représentation dégradante ou humiliante de la personne humaine, explicite ou implicite, (...), notamment au travers (...) d'attitudes, de postures, de gestes, (...) attentatoires à la dignité humaine »[27]. La Recommandation lutte aussi contre les stéréotypes, notamment le fait de présenter une personne comme étant socialement inférieure en raison de son sexe, de son origine, de son appartenance à un groupe social, de son orientation ou identité sexuelle ou tout autre critère de discrimination[28].

Ces dispositions de droit dur et de droit souple sont spécifiques à la représentation de la personne humaine. Les images d'animaux anthropomorphes dans la publicité invitent à s'interroger sur leur champ d'application. En effet, l'anthropomorphisme

---

21. Cass. crim., 8 janv. 1959 : *Bull. crim.* n° 33 ; *D.* 1959, 140 (la contravention, distincte du délit d'outrage aux bonnes mœurs, n'exige nullement que les images soient de nature à provoquer des émotions malsaines, il suffit qu'elles soient indécentes).

22. D. n° 92-280, 27 mars 1992, pris pour l'application des articles 27 et 33 de la loi n° 86-1067 du 30 septembre 1986 et fixant les principes généraux définissant les obligations des éditeurs de services en matière de publicité, de parrainage et de télé-achat.

23. Les décisions portent, principalement, sur la nudité de femmes ou d'hommes dépourvue de lien avec le produit ou le service ou en lien avec celui-ci, mais comportant une instrumentalisation du corps, réduisant l'individu à la fonction d'objet sexuel. Récemment : JDP, avis, 25 avr. 2024, n° 999/24, *Au bonheur des dames*. – JDP, avis, 31 mai 2024, n° 1004/24, *Colorado*.

24. ARPP, Recommandation « Image et respect de la personne », première version en mars 1975.

25. Art. 1.2, *op. cit.*

26. Art. 2.1, *op. cit.*

27. Art. 1.3, *op. cit.*

28. Art. 2, *op. cit.*

apparaît comme une stratégie marketing de contournement de ces règles. Si Durex met en scène des lapins roses en peluche pour simuler un acte sexuel, en lien direct avec le produit, il n'en est rien de celui simulé par Ernie, le hérisson amoureux du gratte-éponge Spontex, ni du cheval allongé sur le flanc, jambes écartées, une feuille de chêne cachant son appareil génital pour promouvoir le chocolat Poulain. Depuis sa campagne publicitaire, débutée en 2007, Orangina est passé maître dans la mise en scène très suggestive d'animaux humanisés. Si les films publicitaires ont échappé au contrôle du JDP, trois affiches ont fait l'objet de plaintes déclarées partiellement fondées[29]. Les affiches représentaient chacune un ours, une girafe et une biche, légèrement vêtus, donnant à boire à un humain. Le JDP remarque qu'elles ne représentent pas d'acte sexuel, seulement des scènes irréelles et humoristiques. Toutefois, celle représentant un homme âgé tenant sur ses genoux une biche et plongeant son regard dans son décolleté dénudé, est considérée comme étant un « mode de représentation égrillard ». Se fondant sur les articles 1.1 et 1.3 de la Recommandation « Image et respect de la personne », le JDP affirme que cette publicité est de nature à choquer par l'image qu'elle donne tant des personnes âgées que des femmes. Il ajoute que « le détournement utilisé par la représentation d'un animal en lieu et place d'une femme [n']atténue [pas] cette dérive ». Cette décision a le mérite d'exclure le contournement des dispositions relatives à la décence et à la dignité par la représentation d'animaux anthropomorphes. Cependant, sa motivation est ténue. Bien que la notion d'atteinte à la dignité humaine apparaisse dans les articles cités, elle n'est pas reprise lors de l'analyse. L'avis est seulement fondé sur la nature choquante de la représentation.

Rabier, Benjamin (1864-1939), *Camembert de Souvigny*, affiche publicitaire, Bibliothèque de France © BnF.

D'une part, dans son célèbre arrêt *Handyside* c/ *Royaume-Uni*[30], la Cour européenne des droits de l'homme a affirmé que la liberté d'expression vaut aussi pour les informations ou idées qui « heurtent, choquent ou inquiètent l'État ou une fraction

29. JDP, avis, 29 sept. 2011, n° 137/11.
30. CEDH, plén., 7 déc. 1976, n° 5493/72, *Handyside* c/ *Royaume-Uni*.

Cappiello, Leonetto (1875-1942), *Bouillon Kub*, 1931, affiche publicitaire, 10,6 × 15 cm, Musée Carnavalet, Histoire de Paris, © domaine public.

quelconque de la population »[31]. Il semble alors difficile de justifier l'interdiction de diffusion d'une publicité en raison de son caractère égrillard. Certes, le JDP n'applique que des règles de déontologie, mais ni ces règles ni ses avis n'échappent à la hiérarchie des normes. Le JDP ne peut contraindre la liberté d'expression des annonceurs au-delà de ce qui est prévu par la Convention et la jurisprudence de la Cour européenne. D'autre part, l'article 10 de la Convention européenne des droits de l'homme énonce que les restrictions à la liberté d'expression sont prévues par la loi[32] et poursuivent l'un des buts légitimes limitativement cités, notamment la protection de la morale, de la réputation ou des droits d'autrui. La Cour de cassation, réunie en assemblée plénière le 17 novembre 2023, relève que le respect de la dignité humaine n'apparaît pas dans cette liste[33]. Elle décide que, bien que formant l'essence de la Convention, « le principe du respect de la dignité humaine ne constitue pas à lui seul un fondement autonome de restriction à la liberté d'expression ». Dès lors, l'article 3 du décret de 1992 et la Recommandation « Image et respect de la personne » sont inconventionnels. En outre, si le respect de la dignité humaine peut peser dans le contrôle de proportionnalité, un autre fondement doit justifier la restriction à la liberté d'expression. L'avis rendu par le JDP apparaît alors contraire tant à la Convention qu'à la jurisprudence de la Cour européenne des droits de l'homme et de la Cour de cassation.

S'il semble pertinent de ne pas laisser les annonceurs contourner les dispositions relatives à la représentation de l'être humain par l'utilisation d'animaux anthropomorphes, les limites à cette représentation, instaurées par le droit dur et le droit souple, doivent être conformes aux normes supérieures au droit interne.

Cette analyse montre que la métaphore animalière ne fait pas naître un vent de liberté sur la publicité. La déontologie instaurée par l'ARPP et appliquée par le JDP contraint les annonceurs au-delà de ce qui est prévu par le législateur et par la Convention

31. *Op. cit.*, spéc. pt 49.

32. Dans son sens autonome, conféré par la Cour européenne des droits de l'homme.

33. Cass. ass. plén., 17 nov. 2023, n° 21-20.723, P+B+R : *Bull. civ. ass. plén.*, n° 672 ; dans le même sens Cass. ass. plén., 25 oct. 2019, n° 17-86.605, P+B+R+I : *Bull. civ. ass. plén.*, n° 64 : *Légipresse* 2024, p. 48, comm. A. Tricoire ; *D.* 2023, p. 2246, obs. P.-Y. Gautier.

européenne des droits de l'homme. Si ce constat n'est pas nouveau[34], les difficultés croissent lorsque l'image des animaux est utilisée à des fins métaphoriques. Remplacer les mots par des images d'animaux rend plus délicate l'appréciation du caractère trompeur de la publicité. De même, l'animal anthropomorphe se joue des règles de représentation des êtres humains avant d'être maladroitement rattrapé par le JDP. Dans ces deux situations, la liberté d'expression est malmenée par des incohérences entre le droit dur et le droit souple. Elles invitent à s'interroger sur la pertinence des contrôles de l'ARPP et du JDP ainsi que des interdictions de diffusion qui en découlent. En effet, le Conseil constitutionnel n'avait-il pas affirmé que la liberté d'expression est d'une nature telle que le pouvoir de la restreindre par sanction ne peut être confié à une autorité administrative[35] ? *A fortiori*, il ne devrait pas être confié à une association professionnelle dont les pouvoirs dépassent le cercle de ses membres.

34. V. *supra*.

35. Cons. const., 10 juin 2009, n° 2009-580 DC, spéc. pt 16.

Le droit d'auteur au soutien de la cause animale :
l'affaire *Naruto*, un fait divers aux conséquences préoccupantes

Mélanie CLÉMENT-FONTAINE
Professeure de droit privé,
Université de Paris-Saclay (UVSQ, Versailles)
Laboratoire DANTE (EA 4498)

L'image de ce macaque femelle est au cœur d'un litige sur le droit d'auteur opposant le photographe animalier David Slater à *Wikimedia Commons*[1].

Comment le droit d'auteur peut-il servir la cause animale ?

C'est l'histoire abracadabrante d'un photographe britannique, David Slater, parti dans un parc national indonésien sur l'île de Sulawesi en 2011 pour réaliser une série de photographies de macaques. Sur ce qu'il est arrivé ensuite, plusieurs versions sont proposées. Un singe se serait emparé de l'appareil et, en le manipulant, il l'aurait enclenché. David Slater précise cependant que, ne parvenant pas à obtenir le résultat escompté, il aurait mis en place un dispositif en prenant soin de régler l'appareil et de le placer sur un trépied puis il se serait éloigné quelques minutes si bien que le macaque a appuyé sur le déclencheur. Quoi qu'il en soit, une centaine d'images étaient dans la boîte, dont un autoportrait du macaque souriant à pleines dents qui ne pouvait qu'attendrir les amoureux de la nature. Sans doute que la photographie connut un large succès, car elle venait conforter le public humain dans la croyance que personne ne pouvait résister au besoin narcissique de réaliser

1. L'affaire *Naruto* v. *Slater* : Northen District of California, 28 janv. 2016, case n° 15-cv-04324-WHO, *Naruto et al.* v. *Slater et al.*, et United States Court Of Appeals For The Ninth Circuit, 23 avr. 2018, n° 16-15469.

des *selfies*, pas même un singe. Comble de l'anthropomorphisme, ce dernier fut pour l'occasion affublé du nom de Naruto.

À ce stade du récit, l'on perçoit parfaitement la question en droit d'auteur, mais peu celle de la cause animale, le singe n'ayant subi, semble-t-il, aucun mauvais traitement direct ou indirect. En vérité l'affaire dépasse tant la question du droit d'auteur que celle de la cause animale. Elle illustre combien en droit, il est toujours risqué pour l'intérêt général d'instrumentaliser les règles à des fins particulières.

I. – La place de l'animal dans la création : phénomène de foire *versus* personnalité animale

De tout temps, « l'animal créateur » a été mis en scène, suscitant l'amusement voire l'empathie humaine sans que cela n'entraîne de conséquence particulière. L'affaire qui nous intéresse marque une rupture avec cet état de fait : une association de la cause animale (l'association PETA) s'est saisie du cas de Naruto pour faire reconnaître la personnalité animale, sous couvert de sa contribution à la réalisation des photographies.

David Slater n'a pas un instant douté qu'il détenait les droits d'auteur sur les clichés. Le photographe a ainsi proposé la série à l'Agence *Caters News Agency* sous le titre *Monkey selfies* qui a été publiée en 2004 dans un livre en ligne. Or, il découvrit que ces clichés étaient disponibles sur la banque d'images de la Fondation Wikimédia avec l'indication qu'ils étaient dans le domaine public. Il a donc demandé qu'ils en soient retirés. Plusieurs arguments plaident pour que ces photographies soient dans le domaine public : d'une part réalisées de manière aléatoire, elles ne rempliraient pas le critère d'originalité nécessaire pour que le droit d'auteur s'applique, d'autre part elles ont été réalisées par un animal à qui les droits d'auteur ne sont pas reconnus.

À ce stade de l'histoire, il n'y a rien de remarquable. En premier lieu, il existe bien d'autres exemples de créations réalisées par l'entremise d'animaux. Ainsi la toile « Et le soleil s'endormit sur l'Adriatique », peinte par un certain Joachim-Raphaël Boronali et exposée au salon des Indépendants en 1910, est le résultat du mouvement de la queue d'un âne à laquelle Roland Dorgelès et deux complices avaient attaché un pinceau. Roland Dorgelès expliqua ensuite avoir voulu « montrer aux niais, aux incapables et aux vaniteux qui encombrent une grande partie du Salon des Indépendants que l'œuvre d'un âne, brossée à grands coups de queue, n'est pas déplacée parmi leurs œuvres ». L'œuvre est demeurée célèbre[2]. Parfois,

2. Elle a été exposée au Grand Palais en 2016 dans le cadre de l'exposition *Carambolages*.

la contribution de l'animal est plus significative et en constitue *a priori* la valeur marchande : on peut lire, par exemple, sur le site du commissaire-priseur Thierry de Maigret à propos d'une réalisation du chimpanzé de Desmond Morris mise en vente entre 15 000 et 25 000 € :

> *« La gouache que nous présentons aurait été qualifiée en son temps, d'"expressionnisme abstrait". Œuvre de 1957, peinte d'une main sûre et énergique par un artiste prolifique : le chimpanzé Congo, qui réalisa, entre 2 et 4 ans, quelque 400 dessins et peintures.*
>
> *Congo manifesta très tôt un intérêt prononcé pour crayons et pinceaux, vivement encouragé par son propriétaire, l'éthologue Desmond Morris, peintre occasionnel et auteur du célèbre ouvrage* Le Singe nu *(1967).*
>
> *Fasciné par la production de son chimpanzé, il avait même organisé, à Londres, une exposition de ses œuvres. Incitant même Picasso, affirme-t-on, à acquérir l'une d'elles ».*

Enfin, sur le thème de la photographie, citons l'exemple d'un couple chanceux, qui avait mis un retardateur pour se prendre en photo au bord du lac Minnewanka, mais s'est vu voler la vedette par un écureuil de passage. Le couple obtint de la sorte une image avec au premier plan l'écureuil, au second plan leurs mines réjouies, le tout sur un fond de paysage magnifique. Le *National Geographic* s'est porté acquéreur du cliché et y applique depuis son copyright.

Ces exemples soulèvent habituellement la question de l'originalité de l'œuvre dans la mesure où elles sont davantage le fait du hasard que l'intention des personnes qui les ont divulguées. En conséquence, leur protection par le droit d'auteur est discutable[3]. Il s'agissait d'ailleurs de l'objet du différend qui opposait le photographe et la Fondation Wikimédia[4]. C'était cependant sans compter sur l'intervention de l'association de défense de la cause animale PETA et Antje Engelhardt par un dépôt de plainte en 2015 en tant que *Next friends* (c'est-à-dire représentants) de Naruto, par laquelle ils alléguèrent que les défendeurs Slater, Blurb, Inc. (l'« éditeur » d'un livre de Slater contenant les *Monkey Selfies*), et Wildlife Personalities, Ltd. (une société du Royaume-Uni qui, avec Slater, revendique la paternité des *Monkey Selfies*) avaient violé le droit d'auteur de Naruto en affichant, en faisant de la publicité et en vendant des copies des *Monkey Selfies*.

---

3. L'originalité d'une photographie est particulièrement difficile à prouver, les juges se montrant exigeants en comparaison à d'autres formes artistiques.

4. La Fondation défendait la thèse selon laquelle, l'animal ne pouvant pas être qualifié d'auteur, les clichés ne sont pas protégés par le droit d'auteur et, par conséquent, ils font partie du domaine public – Pour la défense d'une thèse contraire : A. Guadamuz, *L'affaire du selfie réalisé par un singe peut-elle être source d'enseignements sur le droit d'auteur ? : Magazine de l'OMPI* févr. 2018.

Ce faisant, les plaignants entendaient établir que l'initiative du primate prouvait qu'il était un être pensant complexe. L'argument n'est pas inédit. Desmond Morris, en son temps, avait écrit à propos de son chimpanzé que :

> *« Le singe essayait de nouvelles idées, de nouveaux motifs. L'animal, à son niveau de simplicité, menait cette guerre entre l'aventure et la sécurité, l'étrange et le familier, que mènent les artistes humains ».*

À quoi avait, en quelque sorte, répondu Salvador Dali :

> *« La main du chimpanzé est presque humaine, celle de Jackson Pollock presque animale »...*

En définitive, cette affaire passionna à juste titre. Elle soulève la question de ces catégories hybrides[5] qui ne sont pas des personnes sans être, non plus, des choses ordinaires et qui dérangent l'ordre établi à partir de la *summa divisio* entre ces deux notions fondamentales du droit. L'animal, on le sait, a bénéficié d'une succession de dispositions protectrices jusqu'à accéder à la qualification « d'être sensible »[6]. Pour autant, ce statut ne permet pas de conférer aux animaux des droits ni de leur imposer des obligations de sorte qu'ils demeurent confinés dans la catégorie des choses, certes particulières, mais choses néanmoins. Or, cette lecture vaut pour le droit civiliste, mais pas nécessairement en droit anglo-saxon des États-Unis d'Amérique.

II. – Une victoire nuancée de la cause animale sur le fondement du droit d'auteur

La plainte, déposée par l'association PETA au nom de Naruto auprès de la juridiction américaine pour violation des droits d'auteur du singe,[7] s'articule autour de quatre axes principaux. Tout d'abord, le point de départ de la démonstration repose sur l'argument selon lequel Naruto a agi de son propre chef pour réaliser

---

5. M. Lacroix et G. Gidrol-Mistral, *L'animal : un nouveau centaure dans les curies de la responsabilité civile ? : Revue du notariat* 2018, vol. 120, n° 2, p. 371-390 (https://doi.org/10.7202/1058358ar), qui parlent de créature mi-humaine mi-animale, un centaure des temps modernes.

6. En France, les animaux sont reconnus comme des « êtres vivants doués de sensibilité » par la loi n° 2015-177 du 16 février 2015 qui consacre un nouvel article 515-14 dans le Code civil. En ce sens, V. égal. au Québec, la loi visant l'amélioration de la situation juridique de l'animal, L.Q. 2015, c. 35. (Code civil du Québec, art. 898.1).

7. Le Tribunal de district nord de Californie. Nous n'aborderons pas ici la question de la compétence des juridictions américaines en dépit de la nationalité britannique de la défense.

les clichés. Il s'agit par conséquent de justifier, au-delà de la sensibilité animale, la « personnalité animale ». Le support du *selfie*, dont on a souligné combien il appuyait sur les ressorts psychologiques des humains, était le véhicule idoine pour soutenir la démonstration. La demande relate plusieurs faits à l'appui de sa thèse : Naruto « est "très intelligent" et possède "des mains saisissantes et des pouces opposables avec la capacité de bouger ses doigts de manière indépendante". "Parce que la réserve où il vit est immédiatement adjacente à un village humain, Naruto a rencontré des touristes et des photographes tout au long de sa vie". Il était "habitué à voir des caméras, à observer les caméras manipulées par des humains, à entendre les mécanismes des caméras actionnés et à expérimenter l'utilisation de caméras par des humains sans danger ni préjudice pour lui et sa communauté". "D'après les informations dont nous disposons, Naruto est l'auteur des *selfies* du singe depuis 2011 ou aux alentours de cette date par "une action indépendante et autonome" en examinant et en manipulant la caméra sans surveillance de Slater et en "appuyant volontairement" plusieurs fois sur le déclencheur, "comprenant la relation de cause à effet entre le fait d'appuyer sur le déclencheur, le bruit de l'obturateur et le changement de son reflet dans l'objectif de l'appareil photo" »[8]. Ensuite, il est souligné que la loi sur le droit d'auteur ne pose aucune définition qui exclut l'animal de la catégorie d'auteur et partant de la possibilité pour l'animal d'être titulaire de droits d'auteur[9]. Selon cette thèse, le législateur aurait laissé délibérément la notion « d'œuvre » non définie pour offrir une certaine flexibilité d'interprétation. De plus, l'association va jusqu'à justifier la nécessité de reconnaître des droits d'auteur aux animaux par « l'énorme intérêt [du public] pour l'art animalier ». Enfin, l'association agit en tant que *Next friends*, ce qui suppose que Naruto a la qualité pour agir afin de faire valoir « ses » droits.

De la somme de ces quatre paramètres, il découle que le droit d'auteur est utilisé comme fondement juridique à la cause animale. Du moins, telle était la stratégie de

8. Texte original : *He is « highly intelligent » and possesses « grasping hands and opposable thumbs with the ability to move his fingers independently. » Id. 25, 27. Because the reservation where he lives is immediately adjacent to a human village, Naruto has encountered tourists and photographers throughout his life. Id. 28, 29. He was « accustomed to seeing cameras, observing cameras being handled by humans, hearing camera mechanisms being operated, and experienced cameras being used by humans without danger or harm to him and his community. » Id. at 30. « On information and belief, Naruto authored the Monkey Selfies sometime in or around 2011 » by « independent, autonomous action » in examining and manipulating Slater's unattended camera and « purposely pushing » the shutter release multiple times, « understanding the cause-and-effect relationship between pressing the shutter release, the noise of the shutter, and the change to his reflection in the camera lens. » Id.*

9. Texte original : *Next Friends respond that the Act has « no definitional limitation. » Opp. at 8 [Dkt. No. 31]. They contend that standing under the Copyright Act is available to anyone, including an animal, who creates an « original work of authorship. » Id. at 5. They argue that they have sufficiently alleged that Naruto is the author of the Monkey Selfies and are not required to allege « anything else » to demonstrate his standing. Id. at 7.*

l'association PETA qui a, en partie, été fructueuse. Contrairement à la Cour d'appel (dont nous examinerons la décision dans un second temps), le juge William Orrick du tribunal de San Francisco n'a pas jugé utile de se prononcer sur la qualité à agir du singe au titre de l'article III de la Constitution, faisant le choix de se concentrer sur sa qualité à agir au titre de la loi sur le droit d'auteur pour déterminer si la demande était recevable[10]. Ce faisant, il suit le raisonnement, dit-il, du précédent *Cetacean*[11]. Dans cette affaire, un avocat autoproclamé de toutes les baleines, marsouins et dauphins du monde a intenté une action au nom des cétacés pour violation de la loi sur les espèces en voie de disparition, la loi sur la protection des mammifères marins et la loi sur la politique nationale de l'environnement. La démarche du tribunal a été de vérifier si ces lois conféraient aux animaux des droits de sorte qu'ils puissent engager des poursuites. Sans disposition expresse en ce sens, il y avait lieu de rejeter la demande.

S'agissant du droit d'auteur, le juge William Orrick relève que nulle part dans la loi relative au droit d'auteur il n'est fait mention des animaux. De plus, il note que la Cour suprême et la neuvième Cour d'appel fédérale, dans leur analyse de la paternité, font référence aux « personnes » ou aux « êtres humains »[12] et qu'il n'existe pas, à sa connaissance, de précédent qui élargit la définition des auteurs pour inclure les animaux. En outre, le juge rappelle que le *Copyright Office* considère que les œuvres créées par des animaux ne bénéficient pas de la protection du droit d'auteur[13] et il n'enregistre pas les œuvres produites par « la nature, des animaux ou des plantes ». Dans la mesure où le juge peut recourir à l'opinion d'expert du *Copyright Office* pour obtenir des conseils, et à la lumière de la loi sur le droit d'auteur, des interprétations judiciaires antérieures et de l'exigence de paternité de la loi, le juge William Orrick en déduit que Naruto n'est pas un « auteur » au sens de la loi sur le droit d'auteur.

Bien que le juge de Californie ait rejeté sans ambiguïté et sans surprise la possibilité qu'un primate puisse être titulaire de droit d'auteur, la plainte de l'association PETA n'a pas été sans résultat. Il semble que le photographe animalier s'est

10. V. l'ordonnance : *I need not discuss Article III standing further, because regardless of whether Naruto fulfills the requirements of Article III, he must demonstrate standing under the Copyright Act for his claim to survive under Rule 12(b)(6).*

11. Cetacean Cmty, 386 F.3d 1169 (9th Cir. 2004).

12. *Aalmuhammed* v. *Lee*, 202 F.3d 1227, 1234 (9th Cir. 2000) ; *Urantia Foundation* v. *Maaherra*, 114 F.3d 955, 958 (9th Cir. 1997) ; *Cmty. for Creative Non-Violence* v. *Reid*, 490 U.S. 730, 737 (1989).

13. La référence citée est le *Compendium of U.S. Copyright Office Practices issued in December 2014 (the « Compendium »)*, art. 306 intitulé *The Human Authorship Requirement* : it « will register an original work of authorship, provided that the work was created by a human being » ; et art. 313.2 : « [t]o qualify as a work of "authorship" a work must be created by a human being. Works that do not satisfy this requirement are not copyrightable ».

trouvé embarrassé par l'affaire qui pouvait laisser penser qu'il n'était pas du bon côté de la cause animale en profitant d'un singe à des fins mercantiles. Aussi, à l'issue de l'affaire, il a conclu un accord avec l'association par lequel il s'engage à verser 25 % des futurs revenus à des organismes pour la protection de l'habitat des macaques à crête d'Indonésie[14]. En conséquence, il n'est pas exagéré de dire que le droit d'auteur a indirectement aidé à obtenir un financement au profit du bien-être des animaux. Néanmoins, l'association n'a pas, *a priori*, trouvé cela satisfaisant (les retombées financières de l'exploitation des clichés ont dû être relativement dérisoires). Elle a donc fait appel en annulation de la décision au nom de Naruto en tant que son *Next friend.*

III. – Pas de droit d'auteur, mais un précédent sur la qualité à agir des animaux

La finalité de l'association PETA était, rappelons-le, la cause animale. À travers le droit d'auteur, l'article III de la Constitution et un précédent (aff. *Cetacean*[15]), l'association visait à sortir l'animal de la catégorie de chose pour qu'il accède à des droits subjectifs dans le sillage de ceux qui militent pour la reconnaissance de la personnalité juridique des animaux[16].

Autant le juge William Orri du Tribunal de San Francisco ne s'est pas attardé sur le point de savoir si le singe pouvait agir en justice sur le fondement de l'article III de la Constitution dans la mesure où il estimait que Naruto ne pouvait pas être qualifié d'« auteur » au sens de la loi sur le droit d'auteur, autant la Cour d'appel a dû davantage détailler ce dernier point de droit.

---

14. Z. Tolive, *Settlement Reached : « Monkey Selfie » Case Broke New Ground for Animal Rights*, 11 sept. 2017 (en ligne : www.peta.org/blog/settlement-reached-monkey-selfie-case-broke-new-ground-animal-rights).

15. Cetacean Cmty, 386 F.3d 1169 (9th Cir. 2004).

16. Sur la notion d'indifférenciation entre êtres vivants voir la version de 1989 de la Déclaration universelle des droits de l'animal, proclamée le 15 octobre 1978 à la Maison de l'UNESCO à Paris ; pour une analyse : R. Babadji, *L'animal et le droit : à propos de la Déclaration universelle des droits de l'animal : Rev. jur. env.* 1999/1, p. 9-22. – J.-P. Marguénaud, *La personnalité juridique des animaux : D.* 1998, p. 205 ; Sur la notion de personnalité animale voir : C. Regad, C. Riot et S. Schmitt, *La personnalité juridique de l'animal – L'animal de compagnie*, LexisNexis 2018 ; C. Regad et C. Riot (dir.), *La personnalité juridique de l'animal – les animaux liés à un fonds (les animaux de rente, de divertissement, d'expérimentation)*, LexisNexis 2020. La Fondation 30 Millions d'Amis milite pour la reconnaissance d'une « personnalité animale » dans le Code civil.

Les juges en appel répondent en ces termes[17] :

> « *We must determine whether a monkey may sue humans, corporations, and companies for damages and injunctive relief arising from claims of copyright infringement. Our court's precedent requires us to conclude that the monkey's claim has standing under Article III of the United States Constitution. Nonetheless, we conclude that this monkey – and all animals, since they are not human – lacks statutory standing under the Copyright Act. 1 We therefore affirm the judgment of the district court* »[18].

Pour comprendre cette décision qui reconnaît un droit à agir aux animaux sur le fondement de l'article III de la Constitution des États-Unis d'Amérique, il faut revenir sur les raisonnements de l'opinion majoritaire des juges et l'opinion divergente du juge Smith de la Cour d'appel exposés dans l'arrêt. Le nœud de l'affaire tient au précédent que constitue l'arrêt *Cetacean*[19]. Par l'intermédiaire de leur avocat (autoproclamé), les cétacés affirmaient que le sonar actif à basse fréquence (SURTASS LFAS) de la Marine leur nuit en causant des lésions tissulaires et d'autres blessures graves, et en perturbant des comportements biologiquement importants, notamment l'alimentation et l'accouplement, qu'en conséquence la Marine a violé ou violera trois lois environnementales[20]. Ils demandaient que le Président Bush et le secrétaire à la Défense Rumsfeld entreprennent une révision réglementaire de l'utilisation du SURTASS LFAS et d'ici là, ils réclamaient une injonction interdisant l'utilisation du SURTASS LFAS. Ces demandes ayant été rejetées par le tribunal du district pour défaut de qualité pour agir en vertu des lois environnementales invoquées, ils ont fait appel de la décision. Les juges de la Cour d'appel soulignent que dans une affaire précédente[21], l'un des plaignants cités était un oiseau hawaïen nommé Palila. Fallait-il en déduire que l'animal s'était vu reconnaître un intérêt pour agir personnel ? Les juges ont tranché par la négative dans la mesure où ils ont compétence si au moins un demandeur nommé a qualité pour intenter une action (comme en l'espèce), même si un autre demandeur nommé dans la poursuite ne l'a pas. Ils n'avaient donc pas été

17. United States Court Of Appeals For The Ninth Circuit, 23 avr. 2018.

18. Traduction : Nous devons déterminer si un singe peut poursuivre des humains, des sociétés et des entreprises pour obtenir des dommages-intérêts et une injonction à la suite d'une plainte pour violation du droit d'auteur. Les précédents de notre Cour nous obligent à conclure que le singe a qualité pour agir en vertu de l'article III de la Constitution des États-Unis. Néanmoins, nous concluons que ce singe – et tous les animaux, puisqu'ils ne sont pas humains – n'a pas qualité pour agir en vertu de la loi sur le droit d'auteur. Nous confirmons donc le jugement du tribunal de district.

19. *Op. cit.*

20. La loi sur les espèces en voie de disparition (ESA), 16 USC §§ 1531, 1544 ; la loi sur la protection des mammifères marins (MMPA), 16 USC §§ 1371, 1421 h, et le *National Environmental Policy Act* (NEPA), 16 USC §§ 4321-4347.

21. *Palila c/ Hawaii Department of Land and Natural Resources*, 852 F.2[d] 1106, 1107 (9 [th] Cir. 1988) (*Palila IV*).

obligés d'examiner si l'oiseau Palila avait ou non la qualité pour agir. Dans ce contexte, leurs déclarations dans *Palila IV* n'étaient certainement pas destinées à constituer des déclarations de droit contraignantes pour les futurs panels, selon lesquelles les animaux ont qualité pour intenter une action en leur propre nom. Néanmoins, les juges relèvent que rien dans le texte de l'article III de la Constitution ne limite explicitement aux humains la possibilité de porter plainte devant un tribunal fédéral. Citant plusieurs exemples suivant lesquels des personnes artificielles (fiducie, sociétés de personnes, navire...) se voient reconnaître la possibilité d'intenter des poursuites, les juges ne voient aucune raison pour laquelle l'article III empêche le Congrès d'autoriser une poursuite au nom d'un animal. En conclusion, les juges retiennent que si l'article III n'empêche pas le Congrès d'accorder la qualité pour agir à un animal en autorisant par voie législative une action en son nom, la question est de savoir si le Congrès a adopté une loi qui le fait réellement.

Le précédent *Cetacean* est embarrassant pour les juges de la Cour d'appel qui doivent se prononcer sur les prétentions de Naruto représenté par l'association PETA. À titre liminaire, les juges s'interrogent sur la possibilité de l'association PETA de représenter Naruto en vertu du statut de *Next friend*. Ce point n'avait pas été examiné lors du premier jugement. On peut soupçonner les juges de s'attarder sur cette question de droit pour tourner en dérision l'association et plus sérieusement souligner que cette dernière tente, par des moyens juridiques détournés, d'arriver à ses fins militantes pour la cause animale. Les juges rappellent, en premier lieu, que deux conditions sont nécessaires pour revendiquer le statut de *Next friend*. Il faut démontrer que le requérant est incapable de plaider sa propre cause en raison d'une incapacité mentale, d'un manque d'accès au tribunal ou d'un autre handicap similaire ; et il faut démontrer que l'on a une relation significative avec le requérant et que l'on se consacre réellement à ses meilleurs intérêts.

Dans un deuxième temps, les juges apprécient si ces conditions sont réunies et, ce faisant, infligent une leçon cuisante à l'association PETA qui, disent-ils, utilise Naruto comme un pion involontaire pour atteindre ses objectifs idéologiques. En effet, l'examen de la seconde condition permet aux juges de souligner le fait que non seulement l'association PETA n'a pas de relation avec Naruto qui soit plus significative que sa relation avec tout autre animal, mais plus grave, elle semble ne pas avoir été à la hauteur du titre d'« ami » : elle a poursuivi ses propres intérêts au détriment de ceux de Naruto en préférant abandonner les revendications de fond de Naruto pour tenter d'empêcher la publication d'une décision défavorable à ses intérêts institutionnels. L'association avait, en effet, tenté de faire rejeter l'appel en arguant que les réclamations avaient été réglées. Or, pour la Cour, cette volte-face était guidée non pas par les intérêts du singe qui ne profitait pas directement de l'accord conclu entre l'association et M. Slater (versement du quart des revenus de droit d'auteur), mais par les intérêts de l'association qui redoutait que la décision conduise à un précédent défavorable à ses objectifs. Enfin, les juges n'hésitent pas à ridiculiser l'association PETA en imaginant qu'à suivre son raisonnement, on peut se demander si Naruto pourrait intenter une action pour rupture de relation confidentielle contre son (ancien) proche ami, PETA, qui a fait primer ses propres intérêts avant les siens.

Forts de ces démonstrations presque par l'absurde, les juges concluent dans un troisième temps que le critère de « relation significative » permet de protéger la partie concernée contre les abus de la règle de la qualité pour agir des tiers qui consisteraient en s'en servir au profit d'ambitions dépassant le cas d'espèce. Il s'agit d'éviter notamment que des acteurs institutionnels revendiquent une forme de relation avec un animal ou un objet en vue d'obtenir la qualité pour agir et l'utiliser afin de faire avancer leurs propres objectifs institutionnels sans aucun moyen de limiter ces actions. C'est aussi la raison pour laquelle les juges considèrent qu'il est important de suivre l'exemple de la Cour suprême qui estime que « le champ d'application d'une doctrine fédérale sur la qualité de "Next friend" n'est pas plus que ce qui est autorisé par la loi sur l'*habeas corpus* ». Or, il n'existe pas de dispositions expresses de ce type pour les actions en justice intentées au nom d'animaux par un *Next friend*, si bien que, sans contredire l'arrêt *Cetacean*, de telles actions peuvent être considérées comme impossibles.

La question de l'intérêt pour agir n'est toutefois pas épuisée à ce stade. Selon l'opinion majoritaire des juges[22], ils sont néanmoins tenus de procéder à l'analyse de la qualité pour agir en vertu de l'article III de la Constitution des États-Unis. La raison tient à la règle selon laquelle l'absence d'un *Next friend* ne détruit pas la qualité pour agir d'une partie incompétente ; par conséquent, en l'absence de *Next friend*, la Cour doit examiner si les parties incompétentes sont suffisamment protégées. Elle peut, par exemple, lui désigner un avocat. Il découle de ce qui précède que la Cour retient que Naruto a un préjudice au titre de l'article III qui est « adéquatement protégé », elle peut donc procéder à la détermination du bien-fondé de la demande de Naruto au titre de la loi sur le droit d'auteur[23].

Les conséquences associées à la position de l'avis majoritaire de la Cour nous paraissent inquiétantes pour l'avenir. Certes, en l'espèce, la loi relative au droit d'auteur ne reconnaît pas la qualité d'auteur aux animaux et, sur ce point, la Cour d'appel est d'accord avec le tribunal de San Francisco, mais ce précédent élargit un peu plus la brèche ouverte par l'arrêt *Cetacean*. L'on peut alors légitimement se demander s'il ne risque pas de mener vers une reconnaissance progressive d'un accès aux tribunaux par les entités non humaines telles que l'animal et plus tard les systèmes d'intelligence artificielle.

22. Nous examinerons plus tard en détail l'avis dissident du juge Smith.

23. Opinion majoritaire aux p. 9 à 15.

IV. – Les risques engendrés par l'affaire

La décision de la Cour d'appel dans l'affaire *Naruto* est préoccupante dans la mesure où l'action en justice d'un animal ou toute autre forme non humaine – nous pensons notamment aux systèmes d'intelligence artificielle – est ouverte. Certes, dans cette affaire, comme dans l'affaire *Cetacean*, les lois de fond (la loi sur le droit d'auteur et les lois environnementales) ne prévoient pas expressément de droit au profit des animaux ou d'objets, mais le fait qu'il n'y ait pas pour principe que seules des personnes humaines ou des formes juridiques constituées au profit de personnes humaines (association, fiducie…) peuvent se prévaloir d'un préjudice au titre de l'article III et qui est « adéquatement protégé », nous semble être une pente dangereuse. Est-il raisonnable de faire dépendre de lois particulières le droit d'agir en justice ? Les conclusions de la Cour n'ont d'ailleurs pas fait l'unanimité au sein de la formation. Défendant une opinion dissidente, le juge Smith affirme que les animaux ne devraient pas être autorisés à intenter des poursuites devant les tribunaux humains. Selon lui, l'opinion majoritaire a soutenu une décision contraire à l'ordre public. Sans entrer dans les détails techniques de son argumentaire, nous citerons quelques-unes des questions que soulève la perspective d'autoriser les animaux à intenter une action en justice exposées par le juge. Par exemple, si les animaux ont des droits, ont-ils également des devoirs correspondants ? Comment empêcher les gens (ou les organisations, comme PETA) d'utiliser les animaux pour faire avancer leurs projets humains ?

L'analyse dissidente du juge Smith menée à propos de l'animal fait écho aux débats actuels qui agitent la doctrine, le législateur et l'opinion publique à propos des systèmes d'intelligence artificielle. Les questions que pose le juge Smith peuvent se décliner à propos de tout autre objet comme les systèmes d'intelligence artificielle. Faut-il rappeler que si déjà des mouvements militent en faveur de la reconnaissance d'une personnalité animale[24], le Parlement européen, en 2017, évoque dans une recommandation la possibilité d'admettre, à propos des « robots », une « personne juridique numérique »[25] ? On le voit, ces éventualités occupent ouvertement l'imaginaire. Concevoir la personnalité animale comme la personnalité numérique constitue une étape non négligeable des possibles dont les conséquences méritent d'être soigneusement discutées. C'est la raison pour laquelle je souscris aux objections du juge Smith contre l'opinion majoritaire qui a conduit à la décision *Naruto*. Certes la décision Naruto, en application de la *Common law*, ne repose pas sur la notion de personnalité juridique et encore moins su sa reconnaissance, mais le résultat est le même.

24. V. *infra*.

25. Parlement européen, Résolution du 16 février 2017 contenant des recommandations à la Commission concernant des règles de droit civil sur la robotique (2015/2013(INL)).

La décision de la Cour d'appel est dangereuse en ce qu'elle contribue à banaliser les débats juridiques sur la reconnaissance de droits au profit de l'animal et des systèmes d'intelligence artificielle. Nous en voulons pour preuve la généralisation au sein des travaux doctrinaux de démonstrations prenant appui sur l'arrêt *Naruto* pour justifier le refus d'attribuer des droits d'auteur aux systèmes d'intelligence artificielle sans qu'aucun ou aucune ne remette en question l'opportunité de s'engager sur ce terrain. Pour le dire autrement, nous ne devrions pas avoir besoin de détailler les lois particulières pour déclarer irrecevable une revendication de droit au profit de tel objet. Il est essentiel que la digue soit placée plus tôt en affirmant qu'il n'est pas possible de représenter un animal ou une intelligence artificielle devant les tribunaux.

L'enjeu de cette question ne relève pas de la technique juridique, mais d'une réflexion plus large de politique générale comme nous y invitent les propos du juge Smith, qui, par ailleurs défie quiconque de pouvoir déterminer quelle est la véritable volonté d'un animal :

> *« We have no idea whether animals or objects wish to own copyrights or open bank accounts to hold their royalties from sales of pictures. To some extent, as humans, we have a general understanding of the similar interests of other humans. In the habeas corpus context, we presume other humans desire liberty. Similarly, in actions on behalf of infants, for example, we presume the infant would want to retain ownership of the property she inherited. But the interests of animals? We are really asking what another species desires »*[26].
>
> *(...)*
>
> *« We have millennia of experience understanding the interests and desire of humankind. This is not necessarily true for animals. Because the "real party in interest" can actually never credibly articulate its interests or goals, next-friend standing for animals is left at the mercy of the institutional actor to advance its own interests, which it imputes to the animal or object with no accountability »*[27].

26. Traduction : Nous ne savons pas si les animaux ou les objets souhaitent posséder des droits d'auteur ou ouvrir des comptes bancaires, de détenir leurs redevances sur la vente de photos. Dans une certaine mesure, en tant qu'humains, nous avons un sentiment général compréhension des intérêts similaires des autres humains. Dans le contexte de l'*habeas corpus*, nous présumons que les autres humains désirent la liberté. De même, dans les actions en faveur des nourrissons, par exemple, nous présumons que l'enfant voudrait conserver la propriété des biens dont il a hérité. Mais les intérêts des animaux ? Nous nous demandons vraiment ce que désire une autre espèce.

27. Traduction : Nous avons des millénaires d'expérience dans la compréhension des intérêts et des désirs de l'humanité. Ce n'est pas nécessairement vrai pour les animaux. Parce que la « véritable partie intéressée » peut en réalité n'exprime jamais de manière crédible ses intérêts ou ses objectifs, le prochain ami qui représente les animaux est laissé à la place la merci de l'acteur institutionnel pour faire avancer ses propres intérêts, qu'il impute au animal ou objet sans responsabilité.

À plus forte raison, il paraît exclu de vouloir déterminer la volonté d'un système intelligent qui est étranger à toute sensibilité sauf à verser dans un anthropomorphisme irrationnel.

En conclusion, le beau sourire de Naruto ne doit pas nous faire perdre de vue qu'aussi légitime que soit la défense de la cause animale, des actions en justice, telle celle de l'association PETA, peuvent menacer la vie de la Cité. La Cour d'appel qui avait à se prononcer sur le cas du singe Naruto aurait pu éviter les conséquences associées au précédent *Cetacean* qu'elle jugeait, par ailleurs, ouvertement contestable. Il lui aurait suffi de déduire l'absence d'intérêt pour agir des animaux[28] de l'impossibilité de reconnaître le droit des *Next friends* d'intenter une action au nom des animaux[29] Ce point de droit n'avait donné lieu à aucune décision antérieure, la Cour n'était donc pas liée par un précédent. Au contraire, en reconnaissant que le préjudice personnel d'un animal pouvait être « adéquatement protégé » au titre de l'article III de la Constitution des États-Unis d'Amérique, elle a aggravé les effets de l'arrêt *Cetacean*. Certes les juges n'ont pas à faire œuvre législative, mais face à de tels enjeux, nous aurions préféré qu'ils manifestent davantage de clairvoyance sur les conséquences d'un tel précédent au-delà de la cause animale. Ils auraient ainsi évité que la discussion juridique ne soit menée au cas par cas sur le fondement de lois particulières, ouvrant ainsi le risque d'un dérapage[30]. Les lois particulières sont des digues trop minces soumises aux aléas des fluctuations politiciennes. À présent, il appartient au législateur d'intervenir pour revenir sur ces précédents[31] et clore le débat.

28. Opinion dissidente.

29. V. p. 9.

30. À propos de décisions anglaises plus aciennes voir l'analyse plus acceuillante de X. Perrot, « L'agentivité juridique des choses-personnes. La summa divisio transgressée ? » in *Droit des être humains et droits des autres entités : une nouvelle frontière ?*, J.-P. Marguénaud et Claire Vial (dir.), Mare & Martin 2022, p. 175 spéc. pp. 191 à 194.

31. La Cour suprême et la Cour en banc en ont également la compétence.

Rabier, Benjamin (1864-1939), illustration pour Chantecler (éd. Jules Tallandier), 1919, coll. privée © Regardez et apprenez / Bridgeman Images.

COQ

n. masc. 1. Oiseau de basse-cour, de la famille des gallinacés, mâle de la poule, se distinguant d'elle par une taille plus élevée, une queue garnie de grandes plumes brillantes relevées en faucille et une crête d'un rouge vif.

Au chant du coq : à l'aube. Se lever avec les coqs.

Coq-à-l'âne : Tenir des propos sans suite, comme si ayant commencé à parler d'un coq, on passait sans transition à la description d'un âne : (…) série de sottises rassemblées sans liaison : il est à ces traits d'esprit ce que la phrase est au mot. On disait originairement *sauter du coq à l'âne*, par allusion à certain avocat qui, ayant à parler d'un coq et d'un âne, parlait de l'*âne* à propos du *coq*, et du *coq* à propos de l'*âne* ; …

Coq de clocher. Coq stylisé placé sur le clocher des églises, faisant office de girouette (…)

Trésor de la langue française, V° *Coq*.

Gallus *gallus*

La paternité de l'association entre les termes *Gallus* le Gaulois et *gallus* le coq revient aux auteurs latins[1], en particulier à Jules César, Sénèque[2], puis Suétone[3]. Le jeu de mots est ensuite oublié entre la chute de l'Empire romain d'Occident et le XIIe siècle, date à laquelle il sert à dévaloriser le souverain français. La reprise de l'association par certains rois capétiens va permettre de léguer la symbolique du coq à la République. Longtemps, la figure du coq national appartient à l'élite, le terme *jal* étant, jusqu'au

1. C. Beaune, *Pour une préhistoire du coq gaulois : Médiévales* 1986, n° 10, p. 74.

2. V. aussi Sénèque, *Apocoloquintose du Divin Claude*, 7.3 fait du coq un roi sur son fumier.

3. Suétone, *Vie des douze Césars*, Paris, éd. Ailloud, 1932, p. 192, « *jam gallos eum cantando excitasse* » [il excite les Gaulois par son chant]. V. aussi Pline, *Histoire naturelle*, éd. Les Belles Lettres, coll. CUF, VIII, X, p. 46-50 et XXIX, p. 100.

XVIIIe siècle, préféré pour désigner le coq[4]. Le *coq gaulois* résulte du détachement entre l'animal physique et la figure symbolique qu'il incarne. Bien qu'il soit internationalement considéré comme emblème, notamment grâce au sport, peu de consécrations légales lui sont reconnues. Depuis 1996, c'est pourtant lui qui figure sur les seize éditions du commentaire de la *Constitution* de Guy Carcassonne, que tous les étudiants en droit de première année ont eues entre les mains.

Dans le langage actuel, le terme « coq » désigne le mâle de plusieurs espèces de gallinacés, tels que le faisan, le dindon ou le grand Tétras. Cette étude se bornera toutefois à étudier symboliquement et physiquement le coq domestique, celui de la basse-cour. En tant qu'allégorie de la France, l'héritage conceptuel de la figure du coq est bien connu grâce aux travaux en histoire culturelle et en sciences sociales. Du point de vue du droit privé, l'histoire du coq reste quant à elle à faire. D'autres images du coq ne seront ici pas interrogées, notamment dans le domaine sportif et dans le marketing agroalimentaire.

Héritages conceptuels

Depuis l'Antiquité, le coq connaît de multiples associations symboliques. Les héritages conceptuels sont axés autour des figures *bon coq / mauvais coq*. Ces fonctions symboliques peuvent être présentées depuis ce que le coq a de plus vil, dans une ponte contre-nature, jusqu'à ce qu'il a de plus glorieux, sa consécration comme symbole républicain.

L'œuf de coq et le basilic[5]. Une bête monstrueuse a longtemps hanté les esprits, il s'agit du basilic. Il est issu de l'œuf d'un vieux gallinacé ou d'un agrégat de serpent, couvé par un crapaud[6], voire par le coq lui-même. Monstre hybride, doté d'un corps de serpent et d'une tête de coq, le basilic est notamment capable de tuer d'un simple regard. Si la croyance dans la transformation d'une agrégation de serpent en un œuf est d'origine incertaine, des auteurs romains tels que Lucain, Pline ou Élien s'interrogent sur les traits du basilic ou sur les moyens de lutter contre lui. La croyance en son existence perdure longtemps, donnant lieu à une affaire retentissante. Ainsi, des chroniques de la ville de Bâle rapportent qu'en 1474 un coq aurait été condamné pour avoir pondu un œuf. Ce procès légendaire serait à lier au choix de la ville, à la même

4. M. Pastoureau, *Le coq médiéval : Rev. d'ethnoarchéologie* 2017, n° 12.

5. B. Coussée, *Le coq, Folklore et mythologie d'un oiseau*, Lille, Impr. Portaprint, 1992. – G. Duchet-Suchaux et M. Pastoureau, *Le bestiaire médiéval*, Paris, Le Léopard d'Or, 2002, p. 34, 56-57. – Érasme, *Adages*, Paris, Les Belles Lettres, 1500 [2019], V. vol. – L. Tolmer, *Folklore et biologie : œufs de coq et basilic*, Caen, Jouan et Bigot, 1928.

6. V. au Bestiaire, la contribution d'E. Créteau-Albert, *Crapaud*, Bufo bufo, p. 500-506.

époque, d'intégrer des basilics dans la représentation de ses armoiries. Les légendes sur le basilic ont perduré au XIXe siècle malgré la démonstration, en 1710, de l'impossibilité pour un coq de pondre un œuf.

Le coq dans la culture médiévale et Renaissante[7]**.** Au Moyen Âge, le coq est présenté, en particulier dans le *Roman de Renart*, où Chanteclerc[8] paraît comme un animal lubrique et colérique, doté d'un orgueil aristocratique de petit seigneur régnant sur un domaine de fumier et de poussière avec ses poules pour sujettes, mais peut s'avérer un guerrier vaillant[9]. Cette représentation est la cause de la réticence des souverains à s'associer à la figure du coq. *A contrario*, la représentation du coq dans la culture catholique va faciliter l'adoption du coq comme emblème positif. Reprenant de l'Antiquité son rôle de vigie, le coq chrétien annonce la trahison de saint Pierre[10]. En outre, Gaston Duchet-Suchaux et Michel Pastoureau soulignent que le personnel ecclésiastique se voit attribuer les mêmes vertus[11], le clergé régulier rythmant les jours et le clergé séculier prenant soin des fidèles comme le coq de ses poules. Ces fonctions symboliques du coq se font métalliques avec l'ordre de Léon IV au IXe siècle de placer un coq en bronze sur le clocher de la basilique Saint-Pierre, pratique se répandant au XIe siècle.

Symbole subi et revendiqué[12]**.** L'absence d'association d'allégorie animale à la dynastie capétienne est saisie par les ennemis de la France dès le XIIe-XIIIe siècle à leur profit. Au XIVe siècle, Christine de Pisan amorce la revendication du symbole en puisant dans la représentation religieuse pour comparer Charles V à un coq veillant sur ses sujets. Lors des guerres d'Italie, le coq est ainsi utilisé à la fois pour glorifier le roi français et pour le discréditer en fonction de la partie évoquant son

---

7. B. Coussée, *Le coq…, op. cit.* – G. Duchet-Suchaux et M. Pastoureau, *Le bestiaire médiéval…, op. cit.* – Érasme, *Adages…, op. cit.* – G.-G. Mouchel, *Le coq en France : Histoires et symboles*, in *Mémoires de l'Académie nationale des sciences, arts et belles-lettres de Caen*, t. II, 2016, p. 151-157. – M. Pastoureau, *Le coq gaulois*, in *Les lieux de mémoire*, P. Nora (dir.), t. III, Paris, 1997, p. 4297-4318. – M. Pastoureau, *Le coq médiéval : Rev. d'ethnoarchéologie* 2017, n° 12. – B. Richard, *Le coq gaulois, emblème national ?*, in *Les emblèmes de la République*, Paris, CNRS éd., p. 303-320.

8. A. Strubel, *Notice. Branche VIIa, Chantecler, Mésange et Tibert*, in *Le Roman de Renart*, A. Strubel (dir.), Lonrai, Bibl. de la Pléiade, p. 1087-1103. V. au Bestiaire, les contributions de T. Barbieux, *Hermine*, Mustela erminea, p. 96-103 ; L. Bal dit Sollier, *Lion*, Panthera leo, p. 292-299 et C. Bouglé-Le Roux, *Renard*, Vulpes vulpes, p. 350-357.

9. *Le Roman de Renart*, Br. XVI, *Renart empereur*, *op. cit.*, aux v. 2132-2186 qui rapporte le récit du combat acharné que livre Chantecler à la tête de ses troupes, jusqu'à la mort.

10. Matthieu 26, 34 et 26, 74-75 ; Marc 14, 30 et 14, 68-72 ; Luc 22, 34 et 22, 60-61 ; Jean 13, 38.

11. G. Duchet-Suchaux et M. Pastoureau, *Coq*, in *Le bestiaire médiéval…, op. cit.*

12. L. Binet et C. Glazas, *Terre : Le coq, figure héraldique et symbolique : Rev. historique des Armées* 2002, n° 228 p. 132-133 ; *ibid.* 2003, n° 230, p. 122-123. – G. Duchet-Suchaux et M. Pastoureau, *Le bestiaire médiéval…, op. cit.* – M. Pastoureau, *Le coq gaulois*, *op. cit.* – M. Pastoureau, *Le coq médiéval*, *op. cit.* – B. Richard, *Le coq gaulois, emblème national ?*, *op. cit.* – S. Robieux, *Quelques représentations du coq en numismatique*, in *Le bestiaire des monnaies, des sceaux et des médailles*, Imprimerie Nationale, juin 1974, p. 299-304.

image. Plus tard, sous l'Ancien Régime, la confusion avec des objets votifs gaulois ou romains aboutit à l'affirmation d'un emblème historique, par exemple visible en numismatique avec la frappe de médailles associant le fils d'Henri IV ou, plus tard, Louis XIV, au coq.

Républicanisation du symbole[13]**.** En 1789, le coq révolutionnaire laïcise celui de l'Ancien Régime en incarnant une vigilance toute républicaine. Il figure alors sur les monnaies et documents officiels, où il veille sur la nation sous le règne de la loi. Dans son association à la République, il se retrouve également sur les assignats avec une pique et la devise « la Liberté ou la Mort ». Possibilité brièvement évoquée, le coq n'est pas retenu comme emblème de l'Empire, écarté comme simple volaille au profit de l'aigle impérial[14]. Si la Restauration bourbonienne le délaisse, la monarchie de Juillet ne parviendra pas à le maintenir à mesure que la distance se creusera avec les principes républicains. À ce moment, la caricature politique dissocie le symbole de l'État et lui offre un attachement plus populaire. En 1848, le coq est rapidement inscrit sur les Grands Sceaux de la République et revendiqué comme symbole du nouveau régime républicain au même titre que les trois couleurs. Depuis, le coq est indissociable de l'idée républicaine, aussi le Second Empire comme le régime de Vichy l'éviteront. L'usage de l'emblème est à son apogée avec le premier conflit mondial, on le retrouve ensuite sur de nombreux monuments aux morts. Malgré la riche histoire de l'association entre le coq et la nation française, il reste un symbole sans consécration constitutionnelle officielle.

Renouvellements conceptuels

Deux traits du coq remarqués depuis l'Antiquité font l'objet de fortes controverses tournant autour du *bon coq* guerrier et du *mauvais coq* belliqueux. Les conflits de proximité autour du chant du coq opposent les tenants du *bon coq* rural à ceux du *mauvais coq* tapageur.

Le coq dans l'arène[15]**.** De nombreux usages récréatifs du coq ont impliqué, dans le folklore national, de meurtrir le coq dans sa chair et de le mettre à mort. Si la

---

13. *Idem.*

14. Pour l'abeille, V. dans cet ouvrage la contribution de X. Martin, *L'abeille et la ruche, symboles politiques napoléoniens, 1804-1815*, p. 46-59.

15. O. Le Bot, *Introduction au droit de l'animal*, Independently published, 2e éd., 2023, n°s 431-438. – J. Boulenger et E. Henriot, *Combats de coqs*, in *Animaux de sports*, Pierre Laffitte et Cie, 1913, p. 317-329. – X. Perrot, *L'athlète des gallodromes. Le coq de combat animal domestique et de compétition : RSDA* 2/2012, p. 319-333. – E. Germain Sée et L. Millevoye, *Congrès national de protection des animaux*, Saint-Amand, Impr. De Clerc-Daniel, 1913, p. 240. – J. Leborne, *La protection pénale de l'animal*, thèse de sciences juridiques, Toulon, 2022, p. 157-158. – C. Vial, *Coq de combat ou dindon de la farce ? : RSDA* 1/2013, p. 111-123.

Legrand, Raymond, *Combats de coqs*, 1949, gouache pour vase, France, Sèvres, Manufacture et musée nationaux © Sèvres, Manufacture et musée nationaux, Dist. GrandPalaisRmn / Manzara.

plupart de ces pratiques ont disparu, la survivance contemporaine la plus connue reste le combat de coqs, héritier de l'Antiquité gréco-romaine, dénoncé par l'Église dès le XIIIe siècle. Depuis le XIXe siècle, sa popularité est inégale, à la fois sur le plan social, attirant surtout les ouvriers, et sur le plan territorial. En effet, une tentative d'importation dans la capitale en 1828-1829 se solde par un échec, les combats restent donc surtout localisés dans les Hauts-de-France et outre-mer. Malgré le vote de la loi Grammont du 2 juillet 1850[16], les combats de coqs perdurent en région, bénéficiant d'une sorte de « présomption de sportivité »[17] disqualifiant le caractère *domestique* du coq, condition nécessaire à l'application de la loi. Si les coqueleux essentialisent le coq en insistant sur ses instincts belliqueux d'animal sauvage, l'usage de l'éperon choque particulièrement, l'équipement pouvant atteindre cinq à six centimètres au début du XXe siècle.

Les combats saisis par le droit[18]. Par analogie avec l'autorisation de la corrida[19] en 1951 sous réserve de tradition locale ininterrompue, date à laquelle la légalisation du combat de coqs est inenvisageable, les coqueleux font admettre légalement leur pratique en 1964. Toutefois, la création de nouveaux gallodromes est prohibée, accentuant ainsi l'aspect local de l'autorisation, accordée en vue d'accompagner légalement la disparition naturelle de la pratique, perspective réitérée par le Conseil constitutionnel en 2015[20]. L'interprétation jurisprudentielle du texte entend autoriser

---

16. L. 2 juill. 1850, art. unique : « Seront punis d'une amende de 5 à 15 francs, et pourront l'être d'un à cinq jours de prison, ceux qui auront exercé publiquement et abusivement de mauvais traitements envers les animaux domestiques. La peine de la prison sera toujours appliquée en cas de récidive. L'article 483 du Code pénal sera toujours applicable », *cf.* dans cet ouvrage, la contribution de C. Bouglé-Le Roux, *Cochons en cassation* (...), p. 448-463.

17. X. Perrot, *L'athlète des gallodromes...*, *op. cit*.

18. V. *supra*, note 12.

19. Sur cet aspect, V. dans cet ouvrage la contribution de T. Vignal, *La corrida, une curiosité juridique*, p. 536-547.

20. Cons. const., 31 juill. 2015, n° 2015-477 QPC.

Rabier, Benjamin (1864-1939), *Couverture pour Marius*, Coq du clocher (éd. Garnier frères, 1935), France, La Roche-sur-Yon, Médiathèques de La Roche-sur-Yon © coll. de La Roche-sur-Yon, BnF.

la pratique dans le cadre des usages anciens répétés sur plusieurs décennies, admettant de brèves interruptions liées à des facteurs extérieurs. À la différence des jeux taurins, évoquant la « tradition locale », le texte mentionne la « localité » pour les gallodromes, semblant cibler une assise géographique plus restreinte pour le premier que pour le second.

Le chant du coq[21]**.** L'agacement relatif au chant du coq pourrait avoir des antécédents dans l'Antiquité. Un village macédonien aurait fait garrotter les oiseaux pour les faire taire. Si, au début du siècle dernier, des conflits de voisinage pouvaient surgir en raison de basses-cours urbaines[22], le chant du coq est resté une fierté rurale sujette à concours. Les litiges qui défraient la chronique depuis les années 1970 ont pour théâtre un monde rural où principalement des vacanciers ou des néoruraux revendiquent une sorte de *droit au silence*. Bien que la plupart des litiges cessent au stade de la conciliation, des tensions importantes peuvent s'instaurer : d'un côté, certains maires font placer des panneaux informant les touristes, rétifs aux sons et odeurs ruraux de ne pas s'arrêter, des associations de défense de ce patrimoine sensible sont constituées ; de l'autre côté, des actions en justice sont intentées et il peut arriver que des voisins excédés en viennent à mettre à mort un coq trop bruyant.

---

21. E. Botrel, *Loi du 29 janvier visant à définir et protéger le patrimoine sensoriel des campagnes françaises, beaucoup de bruit pour pas grand-chose ? : AJDI* 2021, p. 354. – Érasme, *Adages*, Paris, Les Belles Lettres, 1500 [2019], V. vol. – C. Lafon, *Maurice à Oléron, Coquelicot en Dordogne… quand les coqs sèment la zizanie dans le voisinage : Sud-Ouest web*, 22 mars 2023.

– Loi n° 2021-85 du 29 janvier 2021. Dossier législatif : 1. Prop. de loi AN n° 2211, 11 sept. 2019 ; 2. CE, avis, 16 janv. 2020 ; 3. P. Morel-A-L'Huissier, Rapp. n° 2618, 22 janv. 2020 ; 4. *JOAN* CR, 28 janv. 2020, p. 448-449 ; 5. *JOAN* CR, 30 janv. 2020, p. 559 ; 6. P.-E. Levi, Rapp. Sénat n° 269, 13 janv. 2021 ; 7. Compte rendu analytique officiel, Sénat, 21 janv. 2021, p. 21-23.

– Autres documents parlementaires. 1. Prop. de loi AN n° 5016, 8 févr. 2022 ; 2. Prop. de loi AN n° 1602, 20 juill. 2023 ; 3. N. Le Peh, Rapp. AN n° 1912, 22 nov. 2023 ; 4. Compte rendu intégral, *JOAN* CR 4 déc. 2023, p. 10884-10893.

22. *La France de Bordeaux et du Sud-Ouest*, 5 mars 1937, p. 9 ; *Le Nord maritime*, 29 juill. 1928, p. 4.

L'avènement du patrimoine sensoriel[23]. Se pourvoyant en justice, les demandeurs se fondent sur les troubles du voisinage, notion jurisprudentielle née au XIXe siècle qui s'est autonomisée et détachée de la faute dans la seconde moitié du XXe siècle. Afin d'assister les maires et conseils municipaux confrontés à ces conflits, une loi de protection du patrimoine sensoriel a été adoptée le 29 janvier 2021, visant en partie l'emblématique chant du coq[24]. Les « sons et les odeurs » ont ainsi intégré le patrimoine commun de la nation dans les principes généraux du droit de l'environnement (C. envir., art. L. 110-1). L'article 2 de la loi prévoit en outre l'inscription du patrimoine sensoriel rural par les services régionaux dans l'inventaire général du patrimoine culturel. Cette loi ne semble pas avoir donné satisfaction, aussi deux nouvelles propositions de loi tentent-elles de faire inscrire dans le Code civil l'exception d'antériorité dans le cadre des troubles du voisinage.

Ce début de reconnaissance de la spécificité du coq dans le patrimoine national permet de rehausser son statut, sans pour autant qu'il soit question d'intégrer le chanteur dans la Constitution, où il aurait toute sa place.

Raphaël CAPET
Doctorant en histoire du droit,
Université Toulouse Capitole
Centre Toulousain d'Histoire du Droit
et des Idées Politiques (EA 789)

23. V. *supra*, note 18.

24. V. dans cet ouvrage la contribution de N. Reboul-Maupin, *À la mémoire du coq Maurice... Quand le législateur favorise le cri des animaux dans un environnement rural*, p. 380-389.

CHAPITRE 2

ANIMAL RÉIFIÉ

Vinci, Leonard de (1452-1519), *La Dame à l'hermine*, 1488, huile sur panneau, 54 × 39 cm, Pologne, Cracovie, Musée Czartoryski © Bridgeman Images.

HERMINE

n. fém. 1. Mammifère carnivore voisin de la belette, à fourrure renommée.

2. Fourrure.

3. Bande de cette fourrure fixée au costume de cérémonie de certains magistrats.

Mustela erminea

Dans les garennes comme dans les salles d'audience, l'hermine se laisse difficilement apprivoiser. Elle n'échappe pas pour autant à l'appréhension des juristes. La *mustela erminea* est protégée par le droit positif français. Sa détention, son transport, sa naturalisation et son utilisation commerciale sont prohibés (A. 29 avr. 2008, art. 2). Quant à la Convention de Berne (1979), elle range ce rongeur parmi les espèces de faune protégée. Les liens unissant l'hermine et le droit remontent cependant à un passé plus haut.

Rejetons au préalable toute explication fabuleuse. Des récits fantaisistes prétendent expliquer le choix de cet animal emblématique en Bretagne, par une anecdote cynégétique. L'hermine pourchassée, ayant refusé de souiller son pelage en traversant un gué, aurait suscité l'admiration d'un roi mythique – Conan Mériadec – ou de la duchesse Anne. Ce n'est pourtant qu'une légende. D'ailleurs, cet animal n'a rien de spécifiquement breton. La *mustela erminea* tire son nom de l'Arménie, sa population étant réputée nombreuse dans le Caucase. Son association avec la Bretagne, quoique durable, est relativement tardive : elle provient de l'usage de l'image et de la fourrure du rongeur dans le monde des clercs et des juristes.

Car l'hermine, malaisée à capturer, n'est guère facile à catégoriser. Parle-t-on de l'animal ? De sa représentation (hermine passante) ? Des mouchetures ? L'hermine est à la fois un animal proprement dit, un meuble héraldique mais aussi une fourrure ornant le costume judiciaire ; ce rongeur est donc réifié.

Au commencement était la robe. L'hermine, cousine de la belette, arbore en hiver un pelage blanc et une queue noire. Dès le Moyen Âge, sa fourrure est recherchée. Elle se trouve presque au sommet de la hiérarchie du luxe, après les perles, les gemmes, l'or, l'ivoire et la soie[1]. Les pelletiers disposent sur le pelage de petites touffes de la queue : les mouchetures, caractéristiques des manteaux destinés aux princes et aux clercs[2].

Patrimoine vestimentaire : le costume juridique

Au prétoire

Le bestiaire médiéval connaît bien l'hermine : le *Roman de Renart* en compte une parmi ses protagonistes. Nommée Blanche, elle est un personnage secondaire du *Roman*, jouant au morpion sur une pierre tombale[3]. Mais l'hermine médiévale est surtout une fourrure. Attribut de la souveraineté, elle habille les princes – lors du sacre[4] – et les juges. « L'habit donné par les Roys aux chefs et Présidens des Parlemens, estoit le vray habit, dont estoient vestues leurs Majestées ; cest habit leur ayant esté donné, affin qu'estant habilés comme le Roy, on creut que les Arrests qu'ils donnoient, estoient Arrests du Roy ; et eussent pareille authorité que ceux qui estoient propnoncez par le Roy », affirme La Roche-Flavin dans ses *Treize livres des Parlements de France* (1617)[5].

La fourrure d'hermine compte parmi ces attributs donnant à voir la justice déléguée. Ces « robbe d'escarlate et chapperons fourrés » sont le miroir symbolique du Sénat romain, inspiration des cours souveraines[6]. C'est pourquoi la monarchie s'en préoccupe (Règlement royal de janvier 1585)[7]. À travers la pourpre et l'hermine, les magistrats doivent paraître « dans le public avec des habits qui conviennent à leur dignité et qui les distinguent du commun », comme le rappelle Louis XIV en 1661[8]. La fourrure

1. M. Pastoureau, *Bestiaires du Moyen Âge*, Paris, Seuil, Points, 2011, rééd. 2020, p. 239.

2. *Ibid.*, p. 164.

3. *Le Roman de Renart*, éd. publiée sous la direction d'A. Strubel, avec la collaboration de R. Bellon, D. Boutet et S. Lefèvre, Paris, Gallimard, NRF, br. XXVI, « L'andouille jouée au morpion », v. 28 et 49.

4. M. Sikounas, *De la gloire à l'émotion, Louis XIV en costume de sacre par Hyacinthe Rigaud : Sociétés et Représentations* 2008/2, n° 26, p. 59.

5. B. de La Roche-Flavin, *Treize livres des Parlemens de France*, 1617, Livre X, chap. XXV.

6. S. Daubresse, *Le Parlement de Paris ou la voix de la raison (1559-1589)*, Genève, Droz, 2005, p. 47.

7. J. Boedels, *La justice. Les habits du pouvoir*, Paris, Antébi, 1992, p. 58.

8. Mercuriale de novembre 1661, citée par C. Le Mao, *Parlement et Parlementaires. Bordeaux au Grand Siècle*, Paris, Champ Vallon, 2007, p. 267.

certes est plus abondante sur le costume des premiers présidents que sur celui des conseillers ; mais l'épitoge herminée demeure un trait commun[9].

Nos actuels costumes d'audience sont pour bonne part hérités de l'Ancienne France. Par-delà la Révolution (suppression du costume judiciaire, D. 2 et 11 sept. 1790), Bonaparte les instaure et les consacre, imposant leur port aux magistrats (A. 23 déc. 1802 ; D. 30 mars 1808). Le temps de « la Pourpre retrouvée » est aussi celui de l'hermine restaurée[10]. Aujourd'hui encore, les présidents de chambre de l'ordre judiciaire et les procureurs portent un manteau *royal*, rouge, bordé d'hermine en fourrure blanche de lapin (tachetée de noir) d'un côté et de fourrure de petit-gris de l'autre. *Idem* pour le premier président de la Cour de cassation, au costume duquel s'ajoute une imposante cape en fourrure immaculée. Quant à la Cour des comptes, son premier président et ses présidents de chambre revêtent une robe de velours noir, elle aussi herminée.

Par son prestige et sa solennité, la fourrure incarne toujours la souveraineté. Après avoir été celle du roi ou de l'empereur, c'est désormais celle du peuple. L'hermine ornait également jadis la robe de certains anciens magistrats municipaux, tel le « costume comtal » des capitouls à Toulouse[11]. Sans oublier les avocats. En théorie, note Dupin l'Aîné dans *La Profession d'avocat* (1832), le chaperon (épitoge) fourré ne devrait être porté qu'aux cérémonies publiques et grandes audiences, et non aux petites[12]. Dans les faits, le simple rang d'hermine garnit l'épitoge des avocats, sauf à Paris (épitoge veuve). Le mystère demeure d'ailleurs quant à cette exception parisienne, bien que certains persistent à y voir l'expression d'un deuil affiché par le Barreau depuis la mort de Malesherbes.

À la Faculté

Dans l'Ancienne France, le costume des professeurs de droit varie d'une université à l'autre. Parfois, le vair (écureuil petit-gris) est employé, fourrure moins éclatante que celle de l'hermine. Le type parisien, commun aux universités de Paris, du Centre et de l'Ouest (mais aussi de Reims ou Dijon), consiste pour les docteurs régents en un costume inspiré de celui des magistrats : grande robe rouge, simarre et soutane

9. J. Boedels, *La justice…*, *op. cit.*, p. 62.

10. *Ibid.*, p. 137.

11. G. de Lavedan, *En rouge et noir : les capitouls, un corps en scène nullement uniforme*, in *Parlement[s], Rev. d'histoire politique* 2021/3, n° 34, p. 129. V. égal. G. Sicard, *L'administration municipale de Toulouse à la fin du XVIII*e *siècle*, in *Mél. G. Sicard*, Toulouse, PU Toulouse Capitole, 2000, p. 143.

12. A. Dupin, *Profession d'avocat. Recueil de pièces concernant l'exercice de cette profession*, Paris, Alex-Gobelet et Warée, 1832, t. I, p. 64.

noires et, à l'épaule gauche, chaperon d'écarlate bordé d'hermine. Les docteurs agrégés (créés en 1680) arborent eux aussi sa fourrure[13].

Après la *tabula rasa* révolutionnaire, le Consulat et l'Empire restaurent la pompe universitaire. Le costume des facultés de droit est désormais codifié. Le rouge, « assigné au costume des cours de justice », devient la couleur emblématique, en lieu et place du cramoisi (D. 21 sept. 1804)[14]. L'ancien costume parisien est repris. La seule innovation remarquable concerne l'hermine ornant la chausse (naguère appelée chaperon, c'est notre épitoge actuelle). Désormais, le nombre de rangs sert à marquer les grades : la triple rangée distingue les docteurs. Ce costume est consacré par le décret organique sur l'Université impériale (17 mars 1808)[15]. S'il inspire le respect, on le retrouve croqué, au début du XXe siècle, sous le pinceau du caricaturiste Adrien Barrère.

De nos jours, si la robe est toujours employée à l'occasion des soutenances et des rentrées solennelles, la fourrure de l'épitoge est de lapin ou synthétique. Le pelage naturel du rongeur a déserté les amphithéâtres autant que les salles d'audience.

Patrimoine culturel : un emblème politique local

Le duché

La fourrure des clercs, semée de mouchetures, habille les représentations du patron des juristes, le Trégorois saint Yves. Ce dernier est généralement accompagné des emblèmes provinciaux : hermines « bretonnes »[16].

Dans la péninsule armoricaine, tout commence sous les ducs capétiens de la maison de Dreux. Pierre Ier « Mauclerc », duc à compter de 1213, décide de briser ses armes (damier d'azur et d'or, qui est de Dreux) par l'ajout d'un franc-quartier d'hermine (d'argent au

13. B. Neveu, V° *Costume des juristes*, *in* D. Alland et S. Rials (dir.), *Dictionnaire de la culture juridique*, Paris, PUF, Lamy, 2003, p. 310.

14. Y. Mausen, « *Le rouge assigné au costume des cours de justice* ». *Réglementation du costume des professeurs des facultés de droit et restauration universitaire*, *in* M. Mathieu (dir.), *De l'école de droit à la faculté de droit de Grenoble (1806-2006). Héritage historique et enjeux contemporains*, Grenoble, PU Grenoble, « La pierre et l'écrit », 2013, p. 85-94.

15. B. Neveu, V° *Costume des juristes*, *loc. cit.*, p. 311. V. aussi M. Touzeil-Divina, *in* P. Nélidoff (dir.), *Les Facultés de droit de province au XIXe siècle*, Toulouse, PU Toulouse Capitole, 2011, t. II : *Bilan et perspectives de la recherche*, p. 252.

16. Y.-P. Castel, *Saint Yves et ses statues*, *in* J.-C. Cassard (dir.), *Saint Yves et les Bretons. Culte, images, mémoire (1303-2003)*, Rennes, PUR, 2004, p. 199-213.

Le Fèvre de Saint-Remy, Jean (1395-1468), *Le duc de Bretagne*, Grand Armorial équestre de la Toison d'Or, vers 1430-1461, enluminure sur papier, France, Paris, Bibliothèque nationale de France, département de l'Arsenal © BnF.

semis d'hermines de sable)[17]. Ce franc-quartier rappelle le passé clérical du duc ; l'hermine évoquant la vertu de pureté, les mouchetures peuplent l'héraldique et la sigillographie ecclésiastiques[18]. On peut contempler cette brisure sur les vitraux de la cathédrale de Chartres représentant le duc Pierre et son épouse Alix (rose sud, baie 122). Un siècle plus tard, Jean III n'emploie que les mouchetures noires, sans les couleurs de Dreux. L'accessoire est devenu principal[19]. De là, l'association durable entre l'hermine et la Bretagne.

Celle-ci n'est d'ailleurs pas le seul territoire à arborer les mouchetures : en raison du mariage du duc Arthur II avec Marie de Limoges (†1290), le Limousin blasonne « d'hermines à la bordure de gueules », le bord rouge servant de brisure[20].

Ce qui caractérise toutefois la Bretagne, c'est l'association pérenne du duché avec la représentation animale du rongeur. Ainsi dans un chant traditionnel de la Guerre de Succession (1341-1364). Dans cette ballade, une hermine (Catherine) assiste au combat singulier du taureau (*John Bull :* le parti anglais de Jean de Montfort) et du loup (en breton, *Bleiz* : Charles de Blois)[21]. Le rongeur fait son terrier dans l'iconographie ducale (Ordre de l'Hermine, fondé en 1381 par Jean IV). L'Ordre ne survit toutefois pas à l'union de la Bretagne à la France, définitivement consommée en 1532.

17. M. Pastoureau, *L'hermine : de l'héraldique ducale à la symbolique de l'État*, in *1491, la Bretagne terre d'Europe. Actes du Colloque international de Brest, 2-4 octobre 1991*, Brest, Centre de recherche bretonne et celtique, 1992, p. 255-256. V. aussi Y. Coativy, V° *Hermine*, *in* J.-C. Cassard, A. Croix, J.-R. Le Quéau et J.-Y. Veillard (dir.), *Dictionnaire d'histoire de Bretagne*, Morlaix, Skol Vreizh, 2008, p. 366.

18. A. Coulon, *Éléments de sigillographie ecclésiastique française : Rev. d'histoire de l'Église de France* 1932, t. 18, n° 78, p. 50.

19. M. Pastoureau, *L'hermine...*, *loc. cit.*, p. 257-261.

20. L. Hablot, *Briser les hermines : Annales de Bretagne et des Pays de l'Ouest* 2019, 126-2, p. 171-186.

21. T. Hersart de La Villemarqué, *Barzaz Breiz*, Paris, Franck, 1846, t. I, p. 335-339.

Sceau et contre-sceau des États de Bretagne (non datés), France, Paris, Bibliothèque nationale de France © BnF.

La province

Quelques jours après l'édit d'union signé à Nantes par François Ier, c'est le 14 août 1532 que son aîné, le dauphin François, est couronné duc à Rennes. C'est l'occasion pour le jeune duc de faire son entrée rituelle, le long d'un parcours ponctué de représentations (lys, mouchetures)[22]. À travers les choix héraldiques, l'union juridique est exaltée. Déjà au château de Blois, l'hermine passante de la duchesse Anne voisinait avec le porc-épic de Louis XII ; désormais celle de Claude de Bretagne fraie avec la salamandre. Par les noces du bestiaire, c'est toujours le mariage mystique franco-breton qui est peint. Même constat en vexillologie : c'est un pavillon de lys et d'hermines qu'arbore au Canada la *Grande Hermine* du Malouin Jacques Cartier (1535)[23]. Rencontre symbolique entre le rongeur européen et son lointain cousin d'Amérique : le castor !

22. P. Hamon, *Rennes, 1532 : le dernier couronnement ducal*, in *Yves Mahyeuc, 1462-1541. Rennes en Renaissance*, Rennes, PUR, 2010, p. 325-342.

23. J.-C. Cassard, *Frontière de mer et marine ducale : l'exemple breton, fin du xve et début du xvie siècle*, in *Défense des côtes et cartographie historique. Actes du 124e Congrès national des sociétés historiques et scientifiques, « Milieu littoral et estuaires »*, Nantes, 1999, Paris, éd. du CTHS, 2002, p. 46.

Revenons à nos mouchetures. Elles s'ajoutent volontiers à l'hermine passante, en sigillographie (sceaux des États)[24] et en numismatique[25]. États, parlement : la moucheture est omniprésente dans le monde juridique breton et l'hermine passante la suit souvent de près. Les armoiries de la province sont ainsi convoquées à chaque menace planant sur ses institutions et son droit. Lorsqu'au printemps 1788, la noblesse bretonne fronde contre la réforme Lamoignon, l'emblème est en première ligne. Chateaubriand raconte : « Nous portions des habits avec de grands boutons de nacre semés d'hermine, autour desquels boutons était écrite en latin cette devise : "Plutôt mourir que de se déshonorer". Nous triomphions de la cour dont tout le monde triomphait, et nous tombions avec elle dans le même abîme »[26]. La suppression des provinces (4 août 1789) n'efface pas l'hermine des mémoires. Au XXe siècle, sur divers supports, elle réapparaît comme expression officielle d'appartenance régionale (collectivités territoriales ; Gendarmerie ; bagad de Lann-Bihoué, *etc.*). Reste bien sûr la cour d'appel de Rennes, avec ses plafonds à caissons et son faîte ouvragé. Lys et hermines y trônent toujours, au sommet du Palais où se pressent justiciables et gens de justice[27].

Fourrure à l'épitoge et mouchetures au plafond : y a-t-il plus herminé qu'un juriste breton ?

Thibault BARBIEUX
Maître de conférences en histoire du droit,
Université de Paris-Saclay (UVSQ, Versailles)
Laboratoire DANTE (EA 4498)

24. Le sceau et le contre-sceau des États sont ornés d'une hermine passante sur un champ serré de mouchetures d'hermine (BNF, département des Monnaies, Médailles et Antiques, INV 55-354).

25. Les jetons frappés par les États présentent au Grand Siècle le profil du roi sur une face et, sur l'autre, une hermine passante sur un semis de mouchetures. Au XVIIIe siècle, l'hermine passante est remplacée par les armes écartelées de France et de Bretagne.

26. F.-R. de Chateaubriand, *Mémoires d'outre-tombe* [1849], Paris, Le Livre de Poche, « La Pochothèque », vol. I, V, IV, p. 276.

27. M.-Y. Crépin, *Le parlement de Bretagne aux XVIe-XVIIIe siècles : gardien des libertés bretonnes ou institution française d'incorporation ?*, *in* J. Hoareau-Dodinau et T. Hamon (éd.), *Marie-Yvonne Crépin. Études bretonnes d'histoire du droit pénal et des institutions judiciaires*, Limoges, PU Limoges, 2022, p. 497.

Chardin, Jean-Baptiste-Siméon (1699-1779), *Le Singe peintre*, 1739/1740, huile sur toile, 25 × 18,5 cm, France, Paris, Musée du Louvre, MI 1033 © GrandPalaisRmn.

L'animal-machine n'existe pas

Ninon MAILLARD
Maître de conférences en histoire du droit, Université de Paris-Nanterre,
Centre d'Histoire et d'Anthropologie du Droit (EA 4417)
Co-rédactrice en chef de la *Revue Semestrielle de Droit Animalier*,
auteur, avec Xavier Perrot de Ad bestias... *Regards sur le droit animalier* (Neta Vania/PULIM, 2023)

Véritable « chimère conceptuelle »[1], l'animal-machine n'*existe* pas.

D'abord parce qu'il s'agit d'une théorie, qui aboutit elle-même à une fiction juridique, la réification des animaux[2]. Ensuite parce qu'il s'agit de réduire l'animal à un « simple vivant »[3], dénué d'une véritable existence, soumis à des lois organiques mécaniques jusqu'à l'arrêt de ses fonctions vitales. Toute cette histoire naît dans la tête des philosophes modernes et son expression la plus cruelle se développera dans l'élevage industriel à partir du XIXe siècle.

C'est bien entendu à René Descartes que l'on pense en premier lorsqu'il est question de cette « fable des machines »[4], mais ce sont les disciples du cartésianisme qui ont donné aux idées du mathématicien philosophe une portée, un sens et une radicalité qu'elles n'avaient pas au départ. Enquêtant sur l'âme des bêtes, Descartes sépara radicalement le corps et l'esprit pour mieux confiner les animaux dans le premier et élever les hommes grâce au second. Usant dans ses thèses d'une analogie rapprochant les animaux des horloges ou des automates afin de démontrer l'illusion de la « perfection des actions animales »[5], Descartes ouvrit une voie dans laquelle allaient s'engouffrer les partisans d'une approche mécaniste de la vie animale, artisans de

1. J.-L. Guichet, V° *Animaux-machines*, *in* P. Serna, V. Le Ru, M. Mellah et B. Piazzesi, *Dictionnaire historique et critique des animaux*, Ceyzérieu, Champ Vallon, 2024, p. 63.

2. F. Burgat, *Les dommages de la fiction juridique. Les animaux dans le droit positif*, *in* S. Manonellas et J.-B. Nanta (dir.), *La politique, le droit*, Neuilly, Atlande, coll. « Les clefs concours Philosophie », 2021, p. 351-368.

3. F. Burgat, *Une autre existence. La condition animale*, Paris, Albin Michel, coll. « Bibl. Idées », 2012, 1. L'animal, « simple vivant », p. 29-72.

4. E. de Fontenay, *Le silence des bêtes. La philosophie à l'épreuve de l'animalité*, Fayard, 1998, p. 375 et s.

5. Th. Gontier, *Descartes et les animaux-machines : une réhabilitation*, *in* J.-L. Guichet (dir.), *De l'animal-machine à l'âme des machines. Querelles biomécaniques de l'âme (XVIIe-XXIe siècle)*, Paris, Éditions de la Sorbonne, coll. « Philosophie », 30, 2010, n° 16.

l'animal-machine. Malebranche affirme ainsi que les « animaux mangent sans plaisir, (...) crient sans douleur, (...) croissent sans le savoir, (...) ne désirent rien, (...) ne craignent rien, (...) ne connaissent rien »[6]. Il énonce un redoutable syllogisme : les animaux n'ont pas d'âme, les animaux ne peuvent donc pas pécher et, en conséquence, les animaux ne peuvent pas souffrir car Dieu ne châtie pas les innocents.

I. – L'extrapolation d'une piste philosophique jusqu'à la mise en œuvre zootechnique

Ces idées vont rencontrer un grand succès dans la seconde moitié du XVIIe siècle, bien après la mort de Descartes... Elles se déploient sur un confortable socle, bâti depuis des siècles par les théologiens : une création hiérarchisée au sommet de laquelle trône l'homme nourri et servi par les autres créatures de la terre, de l'air et de la mer[7]. *Tu ne tueras point* ne s'applique pas aux animaux. Le cartésianisme trouvera par ailleurs « un écho favorable » dans les milieux cléricaux[8] étant donné que la théorie de l'animal-machine permet d'attacher fermement l'évolution scientifique et la religion en conciliant « vérités révélées et scientifiques »[9]. Le ralliement à l'animal-machine n'est toutefois pas général. On trouve ainsi à Versailles, dans l'entourage même du roi, un véritable « bastion de l'anti-machinisme animal » qui culminera au XVIIIe siècle avec Charles-Georges Leroy[10], précurseur de l'éthologie[11].

Au-delà de l'absurdité de la fiction elle-même et du « ridicule » du rapprochement des bêtes et des horloges[12], la réification des animaux neutralise le droit. Des bêtes, non pas muettes mais dans l'impossibilité de verbaliser leurs souffrances, se trouvent à la merci des hommes, témoins des manifestations visibles de douleur mais dans le déni des souffrances animales : aucune norme ne vient limiter les actions des paysans, des chasseurs, des soigneurs ou des maîtres... La théorie des animaux-machines a contribué à tuer dans l'œuf toute velléité d'arsenal juridique : si les animaux sont des organismes mécaniques qui réagissent à la douleur mais ne souffrent pas, que viendrait faire le

6. *De la recherche de la vérité*, Paris, Vrin, 1945, t. 2, p. 255, cité par E. de Fontenay, *op. cit.*, p. 404 : de manière très explicite, le chapitre consacré à Malebranche s'intitule « Le coup de grâce ».

7. É. Baratay, *L'église et l'animal (France, XVIIe-XXe siècle)*, Paris, Le Cerf, 1996, chap. III : « Une créature faire pour l'homme », p. 44-45.

8. *Ibid.*, p. 86.

9. *Ibid.*, p. 88.

10. A. Maral, notice sur *Charles-Georges Leroy (1723-1789)*, *in* A. Maral et N. Milovanovic (dir.), *Les animaux du roi*, Lienart, Château de Versailles, 2021, p. 436, cat. 286.

11. N. Milovanovic, *Versailles contre les animaux-machines*, in A. Maral et N. Milovanovic (dir.), *op. cit.*, p. 33-39.

12. Lettre de la princesse Palatine à sa tante, 30 oct. 1696.

juriste dans la relation homme/animal ? La douleur des bêtes n'a en outre jamais été inscrite au cœur de la science vétérinaire ou de l'économie rurale modernes, et leur souffrance, impliquant une considération psychique, sera niée par le « réductionnisme intéressé » des sciences animales enseignées plus tard dans les universités ou les écoles, centrées sur la physiologie des animaux[13]. On comprend comment l'élevage intensif et industriel a pu se développer, exploitant puis produisant des corps animaux.

Alors que la césure entre les bêtes et les hommes, nourrie par la philosophie de l'animal-machine, s'inscrit durablement dans les idées et que de nombreux animaux se trouvent « toujours déjà piégés dans la catégorie alimentaire »[14], le principe même d'une protection des animaux assurée par le droit peine à émerger, moquée sur le fond car elle ferait une place à la sensibilité – et des hommes, et des animaux d'ailleurs – mais surtout dangereuse dans ses conséquences si on venait à imaginer étendre cette protection jusqu'à en faire bénéficier les animaux d'élevage ou les souris de laboratoire. La pénalisation des actes infligeant de la souffrance s'impose donc tardivement avec la loi Grammont de 1850, principalement pour préserver la sensibilité publique. Ce n'est qu'en 1959 que le décret Michelet protégera pour lui-même l'animal de tout mauvais traitement... infligé « sans nécessité »[15]. La protection juridique s'arrête alors aux portes des structures d'élevage, des abattoirs ou des laboratoires et l'instrument juridique de cette absolution se loge dans « la nécessité » : « force des circonstances, situation critique qui, abolissant le choix des moyens, dicte et justifie une solution même exorbitante comme étant, raisonnablement, dans le cas, la seule de nature à sauvegarder un intérêt légitime »[16].

Le *Dictionnaire de médecine, de chirurgie et d'hygiène vétérinaires* publié vers 1840 par Hurtrel d'Arboval, pur fleuron de l'École vétérinaire d'Alfort, illustre ce qu'implique l'élevage pour un animal qui n'existe jamais plus pour lui-même, mais dont l'homme alimente les fonctions vitales afin d'en tirer de la chair : « L'alimentation ne vise pas, comme dans l'espèce humaine, à l'entretien de l'existence individuelle : son but est de faire tourner cette existence à notre profit, d'en obtenir le plus qu'il se peut de choses utiles ou agréables (...) En un mot, nous voulons que les animaux se nourrissent, non pour vivre, pour se bien porter, pour prolonger leur existence, mais pour nous fournir, et en plus grande quantité possible, des moteurs, de la chair, de la graisse, du lait, du fumier, *etc.* La durée de leur vie et leur santé ne sont qu'un objet secondaire ; car on ne s'y attache qu'autant qu'il y a profit à y veiller, et on les sacrifie dès que l'intérêt le commande »[17]. Un siècle

13. F. Burgat, *L'inconscient des animaux*, Paris, Seuil, 2023, coll. « L'ordre philosophique », p. 83.

14. F. Burgat, *L'humanité carnivore*, Paris, Seuil, 2017, p. 13.

15. N. Maillard, *Les grandes dates du droit animalier, in* P. Serna *et al.*, *op. cit.*, p. 300.

16. G. Cornu, *Vocabulaire juridique*, Paris, PUF, coll. « Quadrige », 815 [e] éd., 2024, V° *Nécessité*, p. 609.

17. *Dictionnaire de médecine, de chirurgie et d'hygiène vétérinaires*, Paris, librairie Chez J.-B. Baillière, 1838 [2nde éd.], t. I, V° *Aliment*, p. 32-33.

plus tard, dans un fascicule des éditions Rustica des années 1940, *Pour élever des porcs*, on parle de « "fabriquer" de la viande ». Si les guillemets laissent entrevoir la possibilité que l'auteur fasse la part des choses entre l'expression qu'il emploie et la réalité, à savoir l'engraissement d'un être vivant aux fins de son abattage pour le manger, force est de constater qu'il n'en est rien car le cochon est désigné plus loin comme « une merveilleuse machine apte à transformer, en viande et en lard d'excellente qualité, des matières premières de peu de valeur »[18].

II. – L'impasse du nivellement et d'une standardisation de toutes les bêtes

Indépendamment de l'élevage, la relation homme/chien, aussi intense que banale, offre aux hommes la possibilité d'un tel partage émotionnel que cet exemple se retrouve de tout temps dans les écrits dénonçant les absurdités développées à partir de l'animal-machine, contribuant à caricaturer la théorie de Descartes, auquel on rattache dorénavant toutes les exagérations cartésiennes. « Représentez-vous un homme qui aimerait sa montre comme on aime un chien, et qui la caresserait parce qu'il s'en croirait aimé au point que quand elle marque midi et une heure, il se persuaderait que c'est par un sentiment d'amitié pour lui, et avec connaissance de cause qu'elle fait ces mouvements. Voilà précisément, si l'opinion de Descartes était vraie, quelle serait la folie de tous ceux qui croient que leurs chiens leur sont attachés et les aiment avec connaissance et ce qu'on appelle sentiment. »[19] La critique de Voltaire est plus connue : « Est-ce parce que je te parle que tu juges que j'ai du sentiment, de la mémoire, des idées ? Eh bien ! je ne te parle pas ; tu me vois entrer chez moi l'air affligé, chercher un papier avec inquiétude, ouvrir le bureau où je me souviens de l'avoir enfermé, le trouver, le lire avec joie. Tu juges que j'ai éprouvé le sentiment de l'affliction et celui du plaisir, que j'ai de la mémoire et de la connaissance. Porte donc le même jugement sur ce chien qui a perdu son maître, qui l'a cherché dans tous les chemins avec des cris douloureux, qui entre dans la maison, agité, inquiet, qui descend, qui monte, qui va de chambre en chambre, qui trouve enfin dans son cabinet le maître qu'il aime, et qui lui témoigne sa joie par la douceur de ses cris, par ses sauts, par ses caresses. Des barbares saisissent ce chien, qui l'emporte si prodigieusement sur l'homme en amitié ; ils le clouent sur une table, et ils le dissèquent vivant pour te montrer les veines mésaraïques. Tu découvres dans lui tous les mêmes organes de sentiment qui sont dans toi. Réponds-moi, machiniste, la nature a-t-elle arrangé tous

---

18. H. Blin, *Pour élever des porcs*, Paris, Éditions de Montsouris, coll. « Rustica », n.d., p. 7 ; V. N. Maillard, *La domestication et l'état domestique : le légitime pouvoir de dénaturer les animaux utiles (XVIIIe-XXe siècle) : RSDA* 2020/1, p. 311-332.

19. G.-H. Bougeant, *Amusement philosophique sur le langage des bêtes*, Paris, Chez Gissey, Bordelet, 1739, p. 7.

les ressorts du sentiment dans cet animal, afin qu'il ne sente pas ? a-t-il des nerfs pour être impassible ? Ne suppose point cette impertinente contradiction dans la nature »[20]. Au milieu du XXe siècle, dans un ouvrage destiné aux dresseurs de chiens, on jugera encore utile de préciser aux lecteurs : « Notez aussi qu'un chien n'est pas une machine et qu'il consomme une énergie énorme pendant son travail »[21], le vocabulaire employé dans la seconde partie de la phrase venant sensiblement infirmer l'affirmation première !

La zootechnie s'est tout entière construite avec cette idée d'un animal-machine, devenu un animal-produit au fur et à mesure de l'industrialisation de l'élevage. Dédiée à la croissance, l'amélioration et la rationalisation des exploitations, cette science des technologies d'élevage poursuit un but utile : l'augmentation de la rente produite par les animaux. Pourtant, les progrès de l'éthologie ont déconstruit la théorie de l'animal-machine et rendu caduc le principe d'une animalité conçue comme absence, l'erreur consistant à considérer d'emblée les animaux comme des êtres auxquels il manquerait une qualité : la raison, la conscience, le langage, l'esprit, la culture, la morale[22]… Le livre *Révolutions animales*, sous-titré « Comment les animaux sont devenus intelligents », a récemment offert, à un large public, un accès aux évolutions des savoirs en cognition animale et au « génie des animaux »[23]. S'il y a un propre de l'homme, ce n'est pas exceptionnel : il y a autant de *propres* qu'il y a d'espèces, chacune ayant développé et perfectionné des capacités et des savoir-faire en fonction de son milieu, ses besoins et son ingéniosité ! On ne peut pas espérer d'une huître ou d'une guenon les mêmes initiatives ou les mêmes interactions avec le monde. Le « nivellement »[24] de toutes les bêtes, induit par le terme même d'animal, est une abstraction qui contribue à nier non seulement l'individualité des animaux mais aussi leur corps : *l'animal* plutôt que les animaux, c'est une manière de désincarner les bêtes[25] pour les fondre dans un ensemble homogène. Jean-Christophe Bailly évoque « la liste nécessairement éperdue des noms et des formes du monde animal ou plutôt des mondes animaux, soit le mode même de la présentation du pluriel, soit l'effectivité du multiple, par-delà l'arche ou le dictionnaire, soit cette insaisissable diversité où les types eux-mêmes sont des opérateurs de flexions, soit ce plan d'existence unique

20. V° *Bêtes*, in *Dictionnaire philosophique, portatif*, (Genève, d'après Bengesco), 1764, p. 48-49.

21. R. Nilo, *Le dressage du chien. Pour la garde et la défense*, Paris, Éditions de Montsouris, coll. « Rustica », 1945, p. 8.

22. Y. Christen, *L'animal est-il une personne ?*, Paris, Flammarion, coll. « Champs-sciences », 2009, p. 47 et s.

23. Ouvrage édité sous la direction de K. L. Matignon, par Arte éditions, coll. « Les Liens qui Libèrent », 2016.

24. J.-L. Guichet, *Problématiques animales. Théorie de la connaissance, anthropologie, éthique et droit*, CNED/PUF, p. 13 cité par F. Burgat, *La cohérence substantielle du droit animalier est-elle en péril : Arch. phil. dr.* 2012/55, p. 249.

25. M.-C. Marsolier, *Le mépris des « bêtes ». Un lexique de la ségrégation animale*, Paris, PUF, 2020, p. 30 et s.

mais où chaque forme s'est levée comme une construction d'enclenchements, venue se poser pour agir et réagir au sein d'une aire sans fin redéfinie.

Voler,
nager,
marcher,
sauter ou sautiller,
courir,
fouailler,
ruminer,
boire,
ramper,
crier,
feuler,
les verbes qui sont en propre ceux du règne animal désignent les mouvements ou des actions : à travers eux on peut déjà voir les formes, un phrasé infini de formes, naître et se déployer »[26].

De même que l'animal-machine n'est qu'une théorie, la confusion de tous les vivants non humains dans une catégorie commune et générale n'est qu'un mot : « animot » que Jacques Derrida[27] invente pour souligner la dénégation de la « multiplicité vivante de mortels » opérée par l'animal au singulier. Pour autant, cette théorie et cette abstraction ont rendu pensable et contribué à légitimer la « machinisation extrême de l'animal » et un « animal fabriqué ou refabriqué » par la zootechnie, la génomique, la cybernétique ou les sciences neuronales dans une véritable ingénierie du vivant[28]. La réalité n'est pas très éloignée du « laboratoire nutritif » imaginé par Auguste Comte[29] ! Dans les années 1960, on peut lire sous la plume du généticien de l'INRA Jacques Poly qui deviendra le promoteur de la zootechnie française : « Aussi peut-on considérer les animaux comme de véritables machines biologiques où s'élaborent de nombreuses richesses d'une valeur inestimable pour l'espèce humaine »[30].

Ce n'est donc pas un hasard si l'ouvrage très médiatique de Ruth Harrison, publié à la même époque, après deux ans d'enquête dans les fermes-usines d'Angleterre,

---

26. *La forme animale*, in *Le parti-pris des animaux*, Paris, Christian Bourgois éd., p. 39-40.

27. *L'animal que donc je suis*, Paris, Galilée, 2006, p. 43 et s.

28. J.-L. Guichet, V° *Animaux-machines*, *op. cit.*, p. 65.

29. N. Maillard et X. Perrot, *La construction de l'animal techno-économique. Genèse et faillite programmée du système d'élevage industriel : RSDA* 2014/2, p. 305.

30. *Les animaux, instruments de production*, dans *Encyclopédie française*, 1962, t. XIII : « Industrie-Agriculture », cité P. Cornu et E. Valceschini, art. cit., p. 12.

est titré *Animal machines*[31]. Le discours mécaniste et désincarné, scientifique et économique, de la filière de l'élevage et plus largement de la filière agroalimentaire, se heurte à l'émergence d'un mouvement de protection animale et à des opinions publiques de plus en plus sensibilisées à la souffrance animale. Peter Singer a relancé le débat contemporain du statut moral des animaux avec *Animal libération* en 1975[32] et, moins de dix ans plus tard, l'animal « sujet-d'une-vie » de Tom Regan est l'antithèse par excellence de l'animal-machine. Le philosophe américain introduit d'ailleurs sa démonstration par *Descartes's denial*[33]. En France, la cause animale se traduit aussi par des évolutions juridiques même si le droit protecteur des animaux reste la portion congrue du droit animalier[34], ce qu'une lecture de la table des matières du récent *Code de l'animal*, « photographie de nos rapports avec le monde animal »[35], suffit à saisir. Sur le plan des principes, le droit français avance doucement.

Le respect du bien-être animal[36] prend bien la forme d'un impératif juridique mais la force sémantique de la terminologie employée – « respect » et « bien-être » – relève davantage d'un affichage que d'une révolution des comportements car la mise en œuvre de la notion juridique tourne court : elle impose certes aux élevages intensifs et aux abattoirs d'adapter leurs structures et leurs protocoles mais la finalité même de l'exploitation des animaux, à savoir leur mort pour leur chair ou leur fourrure, n'est ni questionnée, ni remise en cause[37]. Pourtant, la sensibilité et l'intériorité des animaux sont désormais reconnues par les juristes. Si les animaux étaient « meubles par nature » dans le Code civil de 1804, ils sont dorénavant définis comme « des êtres vivants doués de sensibilité » par le droit civil contemporain, comme en droit rural (depuis 1976) et en droit pénal (depuis 1995) : les textes normatifs eux-mêmes ont donc depuis longtemps tourné le dos à la fiction d'un animal-machine et intègrent de plus en plus explicitement l'idée d'une existence animale complexe à laquelle il ne manque donc plus rien… pour être véritablement et efficacement protégée[38].

---

31. P. Cornu et E. Valceschini, *L'animal-machine au tribunal de l'histoire* : *Sesame* 6 nov. 2019, Sciences et société. Alimentation, mondes agricoles et environnement, p. 10.

32. *La libération animale*, [trad. L. Rousselle], Paris, Petite bibliothèque Payot, coll. « Essais », 2012.

33. *The case for animal rights*, Berkekey-Los Angeles, University of California press, 1983, p. 3-5.

34. F. Burgat, J. Leroy et J.-P. Marguénaud, *Le droit animalier*, Paris, PUF, 2016. La table des matières de l'ouvrage distingue « le droit contre les animaux » et « le droit pour les animaux ».

35. F. Burgat, préface, p. V, *in* J.-P. Marguénaud et J. Leroy (dir.), *Code de l'animal*, Paris, LexisNexis, 2024.

36. R. Dantzer et F. Burgat, *Les animaux d'élevage ont-ils droit au bien-être ?*, INRA, Quae éd., 2001.

37. Le bien-être est une notion controversée et fait l'objet d'une notice à ce titre *in* L. Gruen (éd.), *Critical terms for animal studies*, V° *Welfare* (C. Palmer et P. Sandoe), Chicago-Londres, The university of Chicago press, 2018, p. 424-438.

38. F. Burgat, *La cohérence substantielle du droit animalier est-elle en péril ? Pistes de recherche sur l'épistémologie sous-jacente du droit animalier : Arch. phil. dr.* 2012, t. 55 ; « Le droit et les sciences de l'esprit », p. 247-262.

Brascassat, Jacques-Raymond (1804-1867),
Le passage de la girafe à Arnay-le-Duc (détail), 1827, huile sur toile, 45 × 55, Inv. 887.2.1,
France, Beaune, Musée des Beaux-Arts, © Musée des Beaux-Arts de Beaune.

L'animal, entre la diplomatie et la guerre

Brigitte LEBLANC
Vétérinaire
Membre de l'Association de Protection des Animaux par le Droit (APRAD)

et

Maxime LOUIS
Juriste
Vice-président de l'Association de Protection des Animaux par le Droit (APRAD)

Le phénomène guerrier dans l'histoire de l'humanité remonte à la préhistoire. Conflits entre États, guerres de religion, guerres civiles, révolutions, tous ont en commun l'utilisation d'armes créées par l'humain. Mais de tout temps également, l'homme a entraîné les animaux dans ses conflits, utilisant leurs qualités dans son propre intérêt en tant qu'armes à son service. Dernier rempart avant la guerre, l'animal peut être utilisé au titre de « cadeau diplomatique ». En effet, le recours à la diplomatie pour résoudre ou éviter un conflit sans violence est un art qui se joue entre les nations depuis l'Antiquité, et ce déjà au IIe siècle avant Jésus-Christ en Mésopotamie, entre les cités-États de la Grèce Antique. D'ailleurs, force est de constater que cette diplomatie animalière est encore vivante de nos jours.

Une fois la guerre déclarée, l'animal est utilisé sans ménagement. On se souvient des oies du Capitole qui alertèrent les défenseurs romains de l'attaque nocturne des hommes de Brennus[1], le Gaulois ayant pillé Rome vers 387 avant Jésus-Christ, de Bucéphale, cheval légendaire d'Alexandre le Grand, ou encore des éléphants du général carthaginois Hannibal Barca qui franchirent les Alpes. Pour évoquer des périodes plus récentes, la charge des cavaliers de Murat à la bataille d'Eylau en 1807 ou les millions de chevaux

1. Tite-Live, *Histoire romaine*, V.

mobilisés pendant la Grande Guerre[2] portés admirablement à l'écran par le film *Cheval de guerre* (2011)[3] et les exploits individuels des chiens des militaires témoignent de la vision utilitariste de l'animal par l'homme en situation de conflits. Non seulement l'animal est souvent une victime collatérale des conflits, mais dans certains cas, il est aussi contraint d'y participer : car ce dernier mobilise nombre d'espèces, aquatiques, volantes ou terrestres, pour s'assurer la victoire, au détriment de nombreuses vies animales et alors qu'une réelle collaboration pacifique est possible entre l'humain et l'animal dans l'après-guerre. Instrument à la disposition de l'homme, l'animal permet d'éviter la guerre tout comme il peut être une arme dans les conflits.

I. – L'animal et la diplomatie : l'art d'éviter la guerre

Depuis l'Antiquité, des êtres vivants sont donnés en cadeau entre pays, pour s'assurer des alliances, éviter des conflits, flatter l'ego des puissants. Les animaux choisis à cet effet ont toujours au moins une de ces caractéristiques : ils sont sauvages, exotiques, rares (girafes, éléphants...) ou domestiques, mais toujours de grand prix (chiens, chevaux...) ou encore porteurs d'une haute valeur symbolique (aigle, lion...). En sont des illustrations fameuses Charlemagne et son éléphant albinos offert par le calife de Bagdad, et la girafe Zarafa, offerte en 1827 par le vice-roi d'Égypte au roi Charles X[4], qui traversa la France, provoquant un enthousiasme sans pareil. Toutefois, et indépendamment de l'animal ou de l'époque, les « dons vivants » ne bénéficiaient pas de conditions de vie idéales. Leur capture, leur transport ainsi que leur vie dans les ménageries différentes de celles de leur pays originaire étaient significatifs d'un irrespect à leur égard, générateur de stress, de blessures, d'alimentation inadaptée et de mortalité[5]. Seuls les animaux domestiques, chevaux ou chiens avaient plus de chance dans ce contexte[6].

Cette utilisation sans frein et sans contrôle des animaux exotiques à titre de cadeau a pris fin depuis la signature de la Convention de Washington en 1973 (appelée

---

2. C. Milhaud, *1914-1918, L'autre hécatombe : Enquête sur la perte de 1 140 000 chevaux et mulets*, Paris, Belin, 2017.

3. Film réalisé par Steven Spielberg à partir du roman de Michael Morpurgo, *War Horse*, Kaye & Ward, 1982.

4. Zarafa, animal naturalisé le 12 janvier 1845, H : 440 ; L : 90 ; P : 266 kg, spécimen naturalisé monté sur socle, Museum d'Histoire naturelle, La Rochelle, M. 284. V. au Bestiaire, la contribution de C. Glineur, *Girafe*, giraffa camelopardalis, p. 282-288. Égal., O. Chaumelle et D. Zénine, *Une girafe à Paris : le voyage de Zarafa*, 54 min, Radiofrance, podcast.

5. É. Baratay, *Le Rhinocéros Clara*, in *Les animaux du Roi*, Catalogue d'exposition, dir. A. Maral et N. Milovanovic, Paris, Lienart, 2021, p. 66-69.

6. H. Leira et I. B. Neumann, *Beastly Diplomacy* : *The Hague Journal of Diplomacy* mars 2017, vol. 12, n° 4, p. 337-359.

communément « CITES »)[7] qui a permis d'encadrer la capture et le transport des animaux sauvages, parfois protégés ou en voie d'extinction, à l'origine de nombreux trafics[8].

La France n'a que peu pratiqué la diplomatie animalière, préférant se concentrer sur l'industrie du luxe et du classicisme. Cependant, le Président Emmanuel Macron a dérogé à cette règle en offrant deux chevaux de la Garde républicaine : le premier au Président chinois Xi Jinping en 2018, le second à la reine d'Angleterre Élisabeth II à l'occasion de son jubilé en 2022. Quoique peu de doutes puissent être émis quant au fait que ces chevaux soient bien traités, reste le problème éthique du don d'un animal, acte qui réifie ce dernier, alors que sa sensibilité est à présent reconnue dans nos sociétés.

Au XXe siècle, l'évolution de la considération des animaux dans nos sociétés a conduit à un véritable changement de paradigme de la place des animaux dans la diplomatie. On quitte l'exotisme et la rareté, on s'oriente vers le « mignon », la tendresse, la protection : c'est l'illustration de la *soft diplomacy*. D'une certaine manière, c'est aussi à cette même image que renvoie la majorité des chiens présidentiels français de race labrador (certains offerts par des sociétés étrangères), dont l'image dans le grand public est celle d'animaux calmes, posés, amicaux. En août 2017 est ainsi arrivé au Palais de l'Élysée *Nemo*, croisé labrador-griffon, choisi cette fois par le nouveau couple présidentiel et issu de refuge, alliant l'image de « mignonnitude » à celle de la protection des animaux. Ce passage à la *soft diplomacy*, appelée également « diplomatie du panda », se manifeste également dans le choix de confier des animaux à des pays étrangers mais porteurs d'images de tendresse, de douceur (le panda, le koala) ou de demande de protection (le pangolin, en voie d'extinction et victime de braconnage à grande échelle, avec Taïwan). Cette forme nouvelle de diplomatie et de *soft power* est très utilisée par la Chine pour rassurer ses interlocuteurs. Toutefois, il ne s'agit pas d'un cadeau mais d'un « prêt » d'animaux pour une durée déterminée, tels les pandas du zoo de Beauval en janvier 2012. De la même façon, le koala fut l'image du G20 en 2014.

Plus encadrée par les lois internationales et nationales de protection des animaux, tant sauvages que domestiques, cette utilisation des animaux demeure une réification pour des stratégies purement humaines, réification sur laquelle il convient de s'interroger. La diplomatie sert des objectifs politiques variés, dont l'évitement de la guerre et des conflits. Si elle échoue, les animaux se retrouvent à nouveau aux côtés de l'homme dans la guerre qui est, pour le théoricien militaire prussien Clausewitz, la continuation de la politique par d'autres moyens[9].

---

7. En anglais, la *Convention on International Trade of Endangered Species*.
8. V. dans cet ouvrage, la contribution de B. Lopez, *Douane et importation d'animaux exotiques*, p. 272-281.
9. C. von Clausewitz, *Vom Kriege*, Berlin, F. Dümmler, 1832.

II. – L'animal en guerre : une arme malgré lui

Il n'y a que peu d'espèces pouvant espérer ne pas être utilisées pour la guerre. L'homme sait reconnaître pour son intérêt propre les qualités physiques de l'animal afin de les exploiter au mieux dans les conflits guerriers. Ainsi, avant même que l'homme n'apprenne à voler, il utilisera les oiseaux, il reconnaîtra aux espèces aquatiques leur supériorité dans leur milieu de vie et, sur terre, il se servira même et surtout ses plus proches et dociles compagnons, le chien et le cheval.

Tout d'abord, le monde ailé a offert à l'homme une première approche de la guerre aérienne, avec les rapaces et les pigeons. S'agissant des rapaces, la fauconnerie est une pratique très ancienne puisque présente en Asie plus de 2 000 ans avant Jésus-Christ, que le *De arte venandi cum avibus* de l'empereur Frédéric II de Hohenstaufen (1194-1250), élaboré vers 1245[10], viendra codifier. Pour autant, il faut noter que les rapaces n'ont été que très peu utilisés en temps de guerre, exception faite de la Première Guerre mondiale pendant laquelle des faucons étaient dressés à tuer les pigeons voyageurs, porteurs des messages ennemis. Et pourtant, l'armée possède bel et bien des fauconneries. En effet, les rapaces de l'armée de l'Air sont localisés sur les bases militaires aériennes, leur travail étant d'effaroucher les oiseaux sauvages, notamment au moment des migrations, afin d'éviter les *crashs* aériens surtout lors des phases d'atterrissage et de décollage. Cette méthode, bien plus efficace que les moyens pyrotechniques employés dans les aéroports civils, nécessite que les pistes soient dégagées pour l'intervention des rapaces, ce qui est impossible au vu des rotations incessantes des avions civils. L'efficacité des rapaces contre les oiseaux a conduit les armées de plusieurs pays à les utiliser également contre les drones. De fait, des aigles ont déjà attaqué des drones s'approchant par exemple trop près de leur nid. Des aigles ont donc été entraînés à cette attaque, mais il semble que l'idée soit désormais abandonnée dans bon nombre de pays (Suisse, Pays-Bas...) au motif que les hélices des drones sont dangereuses pour ces oiseaux. De plus, en cas d'échec, la frustration des rapaces pourrait les conduire à attaquer des hommes, comme ce fut le cas par accident en 2018 sur une fillette. En revanche, depuis le déclenchement du conflit en Ukraine en 2022, une société de drones a transformé ses engins en leur donnant l'apparence et les dimensions d'un rapace afin que le drone réalise ses missions avec une meilleure furtivité.

S'agissant des pigeons, il y a ceux dits « voyageurs » qui ont « servi » l'armée depuis l'Antiquité, mais l'histoire contemporaine est également riche de leurs exploits : lors de la guerre franco-prussienne de 1870, les pigeons voyageurs ont été le seul moyen

---

10. Un manuscrit sur vélin conservé à la Bnf (Département des Manuscrits. Français 12400), numérisé grâce au mécénat du musée de la Chasse et de la Nature (https://gallica.bnf.fr/ark:/12148/btv1b525068331), en propose une traduction illustrée d'enluminures.

de communication de la ville de Paris assiégée avec l'extérieur. C'est à la suite de ce conflit que les colombiers militaires furent créés. L'efficacité et la fiabilité des pigeons voyageurs ont ainsi été reconnues lors de la Première Guerre mondiale, pour la transmission de messages, mais également pour des missions d'espionnage, en les équipant d'appareils photographiques légers et automatiques fixés à leur poitrine. Plus de 30 000 pigeons ont servi l'armée française. Deux pigeons ont été d'ailleurs honorés à la suite de ce conflit : d'une part, « Cher Ami », décoré de la croix de guerre américaine pour avoir sauvé un bataillon d'infanterie américaine lors de la bataille de l'Argonne en 1918, et, d'autre part, « Vaillant », qui a reçu la bague d'honneur et une citation à l'Ordre de la Nation après s'être illustré lors de la bataille de Verdun. Lors de la Seconde Guerre mondiale, l'avancée éclair des troupes allemandes désorganise l'emploi des pigeons par l'armée, lesquels seront utilisés par la Résistance : près de 16 500 pigeons anglais furent ainsi parachutés en France pour permettre aux résistants français de renseigner Londres. Remplacés de nos jours par les moyens de communication moderne, il n'en reste pas moins que les pigeons existent encore dans l'armée : un dernier colombier « de tradition » appartient au huitième régiment de transmission et continue à entraîner ses pigeons, maintenant ce savoir-faire unique. En cas de guerre électromagnétique, ses 187 oiseaux représenteraient du reste un atout non négligeable. La France n'est pas le seul pays à se prémunir contre ce genre de danger : en 2011, plus de 10 000 pigeons étaient ainsi entraînés par l'armée chinoise.

Le milieu marin n'est nullement épargné par les convoitises humaines. Le dieu grec Poséidon aurait confié aux dauphins la mission d'aider les êtres humains eu égard à l'intelligence, l'agilité et la rapidité de ces animaux pour mener la guerre. La guerre entre la Russie et l'Ukraine a fait ressurgir du passé ce souvenir de l'enrôlement des dauphins, la Russie se servant des « dauphins de défense » contre l'Ukraine, devant le port de Sébastopol, dans des opérations de reconnaissance. Ces dauphins sont chargés de repérer les plongeurs ennemis et les mines, les signalant par l'éjection d'une balise. Cependant, les programmes les plus connus ont été mis en place en pleine guerre froide, aux USA et en URSS, dans les années 1960. L'US Navy a entraîné des dauphins et des bélugas pour le repérage de mines et également d'ennemis, mais non pour les combats à proprement parler. L'URSS a fait de même, et les aurait également entraînés à poser des mines sur les navires ennemis comme à attaquer les plongeurs. Les dauphins ont par la suite été utilisés par les USA pendant la guerre du Vietnam ou lors du conflit Iran/Irak dans les années 1980. En 2017, le Gouvernement américain aurait décidé d'y renoncer mais cette résolution n'a, semble-t-il pour le moment, pas été suivie d'effet.

Enfin, si ciel et mer n'ont pas échappé à l'emprise de l'homme, ce sont les animaux terrestres qui ont été le plus sollicités. Parmi ceux-ci, il y a le rat, « le second ennemi » dans la guerre, car il s'attaque aux cadavres en décomposition. Même si cette évocation semble difficile, n'oublions pas que le rat est un omnivore opportuniste, et qu'en cas de famine, les hommes également mangent ce qu'ils trouvent pour survivre ; ils ont ainsi consommé le rat pendant le siège de Paris en 1870. Le rat n'a pas « seulement » été mangé en temps de guerre, il a été également utilisé à des tâches variées, et ce, depuis l'Antiquité. À titre d'exemple, les textes anciens racontent que Séthos, roi d'Égypte au VIIe siècle avant Jésus-Christ, a fait lâcher 10 000 rats et 1 000 souris pour faire fuir les Perses qui assiégeaient la ville, rongeant tout sur leur passage, harnachements, courroies des boucliers, cordes des arcs selon Hérodote (480-425 avant Jésus-Christ). De façon plus contemporaine, les rats auraient été utilisés comme porteurs de mine ou d'explosifs. Ainsi, l'intelligence et l'agilité de ces animaux auraient été mises à contribution dans des missions d'espionnage par Israël dans les années 1970, missions facilitées par leur présence naturelle dans les zones urbaines et leur discrétion.

Plus proche de notre sphère affective, les hommes ont aussi eu largement recours aux chiens et aux chevaux. Dans son ouvrage *Histoire naturelle*, le naturaliste français du XVIIIe siècle, Georges Louis Leclerc de Buffon, évoquait le cheval en ces termes : « la plus noble conquête que l'homme ait jamais faite est celle de ce fier et fougueux animal, qui partage avec lui les fatigues de la guerre et la gloire des combats ». L'homme a pu en effet étendre ses royaumes surtout grâce au cheval domestiqué aux alentours de 8 000 ans avant Jésus Christ. Pour autant, l'usage des chevaux dans l'armée actuelle est quasi inexistant, contrairement aux âges précédents où la cavalerie était le fer de lance des expansions territoriales où le preux chevalier sans peur et sans reproche à l'image de Bayard était un modèle de vie à suivre. Faisant écho à cette époque, le régiment de cavalerie de la Garde républicaine comprenant environ cinq cents chevaux est la dernière unité montée de l'armée française. Ce régiment, qui trouve son origine dans le guet royal créé par Saint Louis au Moyen Âge, est aujourd'hui cantonné à des missions d'ordre public. En revanche, depuis 2020 et après une disparition de près de cinquante ans, les mules sont de retour au sein des effectifs militaires. Actuellement, le septième bataillon de chasseurs alpins expérimente l'usage des mules pour le transport de matériels sur des chemins d'accès difficile pour les véhicules à l'abri de toute cyberattaque. De son côté, le chien (*Canis lupus familiaris*)[11] reste toujours présent dans les effectifs de nos armées. En effet, celui que nous qualifions de meilleur ami de l'homme a été domestiqué il y a probablement plus de 12 000 ans. De nos jours, la cynotechnie militaire s'effectue au sein du 132e régiment d'infanterie ; ces chiens agissent essentiellement sur des missions de détection, de neutralisation de l'adversaire, de recherche d'explosif ou de munitions. Le régiment achète près de trois cent cinquante chiens tous les ans pour l'ensemble des armées et gère l'ensemble des chiens de l'armée de Terre. Les chiens sont estimés à plusieurs milliers tous corps

---

11. V. au Bestiaire, la contribution de V. Vanneau, *Chien*, canis canis, p. 440-447.

Le chien militaire Ritz, photographie
© Tous droits réservés.

confondus. Chacun dispose d'un carnet militaire, d'un carnet de mission et d'un carnet vétérinaire. Il est soumis en moyenne à une visite vétérinaire tous les six mois. Les installations canines du ministère de la Défense doivent suivre l'instruction n°21838 du 5 mai 1995 qui propose des recommandations techniques telles que le logement du chien militaire, lequel ne peut loger chez son maître, logement qui doit lui assurer « un lieu de repos et de protection où il puisse manger, boire et dormir tout en conservant son équilibre physiologique et comportemental ». Malgré une présence importante au sein de l'armée française, le chien fait l'objet d'un seul article du Code de la défense, et plus spécifiquement au sein du chapitre III traitant « des zones de défense hautement sensibles ». Il y est indiqué que : « Dans le cas d'intrusion ou d'une tentative d'intrusion d'un ou plusieurs individus au sein d'une zone de défense hautement sensible – hormis les cas de légitime défense, le militaire chargé de la protection » intervenant avec un chien peut, pour faire cesser cette action, procéder au lâchage de ce dernier[12].

Au demeurant, il est important de souligner que les chiens peuvent être décorés, comme les militaires[13], de leur vivant ou après leur mort, avec leur nom, leur matricule et l'unité à laquelle ils appartiennent[14]. Le chien effectue en théorie un service de sept à huit ans. Il est ensuite réformé et peut, soit être adopté s'il ne présente pas de dangerosité particulière, soit être euthanasié s'il est trop dangereux. Reste que nombreux sont les chiens à mourir au cours de leur service ou à finir euthanasiés en fin de service, ainsi

12. C. défense, art. R. 2363-5, al. 2 : « Lorsque le militaire intervient avec un chien, la dernière sommation est remplacée par la suivante : "Dernière sommation : halte, attention au chien" ».

13. Médaille de la Défense nationale échelon bronze pour trois chiens de la Cavalerie 3e Division blincée de la Légion étrangère ayant respectivement pour deux passé cinq ans et pour le troisième sept ans en service. Leuk la Chance, premier chien de l'armée française du commando Kieffer décoré à titre posthume de la médaille Dickin au Royaume-Uni, tué au Mali en mai 2019.

14. Attestation de port, Médaille commémorative française, Grade : Chien Ritz ID : YVS411, unité : 132e bataillon cynophile de l'armée de Terre a droit au port de la médaille commémorative française institué par décret n° 95-1098 du 9 octobre 1995 avec agrafe : Ex-Yougoslavie. V. la photo du chien Ritz : né en 1998, réformé en 2006, mort en 2010 après huit missions, à savoir une en France outre-mer, deux au Kosovo et cinq en Allemagne.

qu'il résulte d'une étude présentée en 2016 qui indique qu'« au moment de la signature de l'acte de réforme, la destination du chien est distinguée suivant 2 catégories : soit le chien est cédé à son dernier maître, soit il est euthanasié. Ainsi, sur les 544 chiens de la cohorte, 58,8 % (n = 320) étaient cédés au dernier maître contre 41,2 % (n = 224) des chiens qui étaient euthanasiés (ou retrouvés décédés) »[15]. Aucune retraite n'est prévue dans la réglementation française pour le chien militaire, ni d'ailleurs pour aucun chien ayant travaillé au service de l'État. En Autriche, cela est tout autre, car l'État contribue financièrement à la retraite du chien soldat. En Allemagne, une fois réformé, le chien est pris en charge dans le cadre du *Gnadenbrot* (littéralement, le pain de la grâce) ; il demeure le restant de sa vie dans le chenil de l'armée. Il peut également bénéficier d'un contrat de soins (*Pflegevertrag*) conclu en général avec son ancien maître-chien ; dans ce cas, le chien est toujours la propriété de l'armée allemande, mais il ne travaille plus et demeure chez son maître.

Le chien évoluant au sein d'une armée est défini comme un « chien au travail » qui ne cesse d'être formé et entraîné tout au long de son service. Son corps et son comportement sont forgés pour les missions qu'il doit remplir avec son maître dans un environnement difficile, loin de l'idéal du bien-être animal. Les conditions de vie sont également dures (isolation au sein du chenil, installation non adaptée…) et inadaptées à ses besoins physiologiques (pauses réduites, port de la muselière, entraînement intensif…) et psychologiques (stress permanent lié au milieu de la guerre, développement d'une agressivité de combat et de séquelles post-traumatiques…). Partant, le régime juridique n'est pas satisfaisant en l'état, car le compagnon canin est assez digne pour être décoré mais pas assez pour bénéficier d'une retraite prise en charge par l'État. En effet, pour beaucoup de chiens, même après une vie de labeur, d'obéissance aveugle et de fidélité, il n'y aura pas de réel repos. Le statut des chiens doit donc évoluer et leur bien-être au travail doit être sérieusement reconsidéré à l'heure où les nouvelles technologies, en particulier les drones, peuvent effectuer certaines de leurs tâches.

III. – L'animal après la guerre : vers une reconstruction

Une fois le conflit terminé, certains animaux sont encore utilisés dans des tâches de « reconstruction », matérielle ou humaine. De façon inattendue, on y retrouve les rats et, de manière plus convenue, les chiens. De fléau à sauveur, c'est l'impressionnante histoire de Magawa et des autres HeroRATs, ces rats géants de Gambie originaires de Tanzanie. Ils pèsent jusqu'à 1,5 kilogramme pour les mâles, et sont dotés d'un odorat extrêmement développé et d'une intelligence peu commune. Cela leur permet

15. C. Pignier, *Étude des causes de réformes chez les chiens de service : échantillonnage sur 544 chiens de l'armée de terre de France métropolitaine*, thèse de médecine, Université de Créteil, 21 juill. 2016, p. 81.

Le rat Magawa, photographie

d'être entraînés à détecter les explosifs à une concentration infime, sans risquer de faire exploser les mines grâce à leur poids léger, et de détecter en une demi-heure toutes les mines sur une surface équivalente à celle d'un terrain de tennis, là où il faudrait environ quatre jours à un humain. C'est APOPO (*Anti-Persoonsmijnen Ontmijnende Product Ontwikkeling*), une organisation non gouvernementale belge, qui a eu cette brillante idée. Depuis 1998, les HeroRATs aident au déminage au Mozambique, en Angola, au Cambodge, en Thaïlande et en Colombie. Plus sûrs, plus efficaces que l'homme, leurs qualités sont également utilisées dans la détection de la tuberculose et depuis peu contre le braconnage qui touche le pangolin. En 2020, Magawa s'est vu décerner la médaille d'or de la prestigieuse association de protection animale britannique PDSA (*People Dispensary for Sick Animals*), pour sa bravoure.

S'agissant du chien, qu'il soit ancien chien militaire ou pas, il peut aussi être utilisé dans le suivi de militaires souffrant de stress post-traumatique. Selon une étude récente de l'Université d'Arizona publiée dans *JAMA Network Open*[16], les chiens d'assistance sont des alliés de taille pour aider les vétérans à surmonter leur anxiété et leurs difficultés. Si les vétérans peuvent être accompagnés d'un chien d'assistance issu de refuge et bénéficier d'une mobilité facilitée aux États-Unis, la législation française n'offre pas cette possibilité pour l'instant.

En définitive, il y a un réel espoir de collaboration pour reconstruire après la guerre la vie des hommes et des bêtes. Cependant, nos amies les bêtes devraient être tenues idéalement le plus loin possible de la folie guerrière des hommes. Souvent en première ligne pendant les combats ou encore victimes collatérales – comme les civils – des bombardements, des destructions ou de la faim, les animaux sont toujours et encore aux côtés des hommes, même après les combats, pour les aider à se reconstruire. Ils méritent dès lors toute notre reconnaissance.

16. Étude du 4 juin 2024 menée par S. C. Leighton, K. E. Rodriguez, C. L. Jensen et *al.*, https://jamanetwork.com.

Schiaparelli, Elsa (1890-1973), *Défilé - Fashion Week de Paris - Haute Couture Printemps Été 2023*, photographie © Estrop / Contributeur Getty Images Plus.

Animal et mode

Marie MALAURIE-VIGNAL
Professeur agrégé des Facultés de droit
Université de Paris-Saclay (UVSQ, Versailles)
Laboratoire Institut Droit Éthique Patrimoine (EA 409)

Introduction : un sujet à la mode. En janvier 2023, au défilé Schiaparelli, un mannequin portait une tête de lion artificielle créée avec de la soie et de la laine – ce qui a suscité l'ire de l'association *People for the Ethical Treatment of Animals* (PETA) au motif que ces robes « glorifient la chasse aux trophées ». Le 1er mars 2024, à l'occasion du défilé de Victoria Beckham lors de la semaine de la mode à Paris, des militants de cette même association ont arboré des pancartes portant le message « Les animaux ne sont pas des tissus »[1]. Les considérations de bien-être animal et environnementales sont devenues essentielles.

Inventaire à la Prévert. La liste des matières d'origine animale dans les vêtements et accessoires est longue : alpaga (poil de lama), angora (poils de lapin), cachemire (poil de chèvre), corne (pour les accessoires, boutons, bijoux), cuir, daim (couche interne de la peau), duvet, feutre (poil de différents animaux), fourrure (peau revêtue de poils), laine (par exemple de mouton), maroquin (peau de chèvre ou de mouton), mérinos (poil du mouton de race Mérinos), mohair (laine fabriquée à partir des poils de la chèvre angora), nacre (issue de coquillages), os (pour accessoires et bijoux), pashmina, peau de chamois, plume[2], soie, velours (étoffe à poil ras faite de soie ou de poils de chèvre ou de laine).

Production des matières premières dans l'industrie de la mode. La production de matières premières peut être issue de matières synthétiques – comme l'est le polyester issu du pétrole –, de matières végétales – le coton représentant un quart de la production mondiale des fibres produites – ou de matières animales – la laine, la fourrure, le cuir et la soie constituant l'essentiel de cette production.

Le sujet des relations entre l'animal et l'industrie de la mode sera étudié sous l'angle juridique (I) et sous l'angle pratique (II).

1. On soulignera que ces militants portaient des jeans qui sont un des vêtements consommant le plus d'eau (pour procéder aux opérations de délavage) – ce qui n'est guère compatible avec les exigences du développement durable…

2. Les « fausses plumes » n'existent pas. La mention « plume synthétique » signifie qu'il s'agit d'une vraie plume colorée artificiellement.

I. – Analyses juridiques des relations entre animal et industrie de la mode

A. – Réglementation générale

L'animal, un être sensible. L'article L. 214-1 du Code rural et de la pêche maritime issu de la loi du 10 juillet 1976 relative à la protection de la nature dispose que « l'animal étant un être sensible doit être placé par son propriétaire dans des conditions compatibles avec les impératifs biologiques de son espèce ». Ce texte retenant la notion de propriétaire ne vise donc que les animaux domestiques, en captivité ou apprivoisés. Afin de protéger la sensibilité des animaux, de nombreux textes issus de la réglementation européenne ont précisé les conditions d'abattage, de transport ou encore d'élevage des animaux. Ainsi par exemple, il n'est plus possible depuis 1994 d'élever les veaux de boucherie muselés et dans la pénombre[3].

Le Code civil, depuis la loi du 16 février 2015, reconnaît également les animaux comme des êtres sensibles en son article 515-14, mais précise que « sous réserve des lois qui les protègent, les animaux sont soumis au régime des biens ». La *summa divisio* entre la personne et la chose n'a pas été remise en cause par la loi du 16 février 2015.

Il est discuté de savoir si le Code civil qualifie tout animal, même sauvage, d'être sensible. Un auteur (isolé) le soutient[4] tandis que d'autres auteurs contestent cette analyse[5] en s'appuyant notamment sur les travaux parlementaires. Il nous semble que la seconde thèse doit être retenue – pour preuve, lors des débats parlementaires qui ont précédé l'adoption de la loi du 8 août 2016 pour la reconquête de la biodiversité, de la nature et des paysages, une députée a demandé – en vain – que l'animal sauvage soit considéré comme sensible. On soulignera qu'à la différence de certains droits étrangers[6], le droit européen n'admet un droit au bien-être des animaux qu'à l'égard des animaux domestiques (Convention européenne pour la protection des animaux de compagnie, 13 nov. 1987), tandis qu'une Communication de 2012 vise à améliorer les conditions de bien-être des animaux des fermes, des zoos et de ceux utilisés à des fins expérimentales (rapport de synthèse[7]). Certes, l'article 13 du Traité de fonctionnement de l'UE (TFUE) envisage le bien-être des animaux

---

3. La pratique visait à obtenir une viande plus blanche.

4. J.-P. Marguénaud : *JCl. Civil Code*, Art. 515-14, fasc. unique, § 12.

5. C. Hernandez-Zakine, *La faune sauvage : l'animal sauvage, a-t-il besoin d'un statut juridique spécifique pour être protégé ? : RD rur.* 2021, dossier 5, n° 12. – Ph. Billet, *Reliance contre maltraitance : vers des relations homme-animal plus apaisées ! : Énergie-Env.-Infrastr.* 2022, alerte 1.

6. Par ex. : l'Inde a inséré dans sa Constitution un « devoir de compassion » à l'égard des créatures vivantes.

7.https://eur-lex.europa.eu/FR/legal-content/summary/eu-strategy-for-the-protection-and-welfare-of-animals-2012-15.html et leur sensibilité mais (seulement) à travers les activités économiques notamment celles de l'agriculture, la pêche, les transports et du marché intérieur et les activités de recherche. Ainsi, l'Union européenne n'a-t-elle pas compétence pour restreindre la détention des animaux sauvages, même au nom de leur bien-être[8].

Le débat est important, car si était reconnue une sensibilité à l'animal sauvage, il serait possible de qualifier d'actes de cruauté certaines formes de chasse et de pêche[9], voire d'interdire toute chasse fût-elle réglementée. On constate donc un véritable fossé entre ceux qui évoquent la sensibilité de chaque animal et son insupportable souffrance lors de sa mise à mort et ceux qui défendent la chasse en insistant sur le rôle essentiel dans l'écosystème et la gestion des espèces dans leur ensemble.

En l'état du droit positif, on peut affirmer que le droit français n'a pas élaboré un statut juridique spécifique de l'animal, organisé autour de sa sensibilité et donc centré sur ses propres intérêts. La difficulté d'une telle reconnaissance serait grande car la majorité des animaux au sens biologique du terme sont considérés comme insensibles (insectes, polypes, méduses, *etc.*)[10]. Le droit français prévoit une série de règles destinées à protéger l'animal – règles distinctes selon qu'est en cause un animal domestique ou un animal sauvage[11]. En outre, les règles françaises sont éparpillées entre le Code pénal, le Code rural et de la pêche maritime (qualifié de « Code rural ») et le Code de l'environnement auxquels s'ajoutent les conventions internationales et les règles européennes.

Une protection de l'animal domestique[12]. L'animal domestique est protégé contre les mauvais traitements depuis la loi Grammont de 1850. Sont aussi sanctionnés les sévices graves et actes de cruauté et la mise à mort sans nécessité.

Le Code rural prévoit également une protection de l'animal domestique (C. rur., art. 214-3). Des décrets en Conseil d'État déterminent les mesures propres à assurer la protection de ces animaux contre les mauvais traitements ou les utilisations abusives et à leur éviter des souffrances lors des manipulations inhérentes aux diverses techniques d'élevage, de parcage, de transport et d'abattage des animaux (C. rur., art. R. 214-17

8. Trib. UE 5 avr. 2017, *HB e.a c. Commission*, pt 38 ; E. Buland, *La protection du bien-être animal au prisme de l'interdiction de détention des animaux sauvages* « de compagnie » : Could the EU Walk on the Wild Side? : *RTD eur.* 2024. 67

9. Par ex. : chasse à la glu, chasse à courre, déterrage de blaireau, *etc.*

10. Contrairement aux mammifères et aux reptiles, la plupart des insectes ne modifient pas leurs comportements après avoir été blessés.

11. F. Wolff, *Des conséquences juridiques et morales de l'inexistence de l'animal : Pouvoirs* nov. 2009, n° 131, p. 135-147 (https://revue-pouvoirs.fr/des-consequences-juridiques-et).

12. Une liste de ces animaux domestiques a été dressée par l'arrêté du 11 août 2006. Par ex. : chien, chat, poule, vache ou cochon, furet, porc, alpaga, yack, certains oiseaux, des amphibiens, des poissons (carpe koï, poissons rouges et japonais, *etc.*), des insectes (comme le ver à soie ou l'abeille).

à R. 214-86). Au fur et à mesure, cette protection a été renforcée dans le Code rural, notamment par la loi Dombreval du 30 novembre 2021 visant à lutter contre la maltraitance animale et conforter le lien entre les animaux et les hommes – même si, à notre sens, la réglementation en matière d'élevage industriel reste encore insuffisante[13].

Protection de l'animal sauvage[14]. Il est possible de posséder un animal sauvage, mais sa capture, sa détention et son élevage sont alors très réglementés[15]. Il est cependant des espèces qui ne peuvent faire l'objet d'aucune commercialisation. Il est en effet « interdit d'introduire en France, de détenir, de transporter, d'échanger, de vendre ou d'acheter certaines espèces »[16] dont la liste est fixée par l'annexe 2 de l'arrêté du 8 octobre 2018 fixant les règles générales de détention d'animaux d'espèces non domestiques.

L'animal sauvage n'est pas hors du droit. Certes, les dispositions du Code pénal et du Code rural relatives aux mauvais traitements, aux sévices graves et actes de cruauté ne protègent que les animaux domestiques, apprivoisés ou tenus en captivité. Cependant, la chasse est réglementée et les animaux sauvages sont protégés contre les souffrances et cruautés infligées à l'occasion d'actes de prédation.

Par ailleurs, la protection se fait par le biais de la notion d'espèce protégée. La protection des espèces est garantie au niveau international par des conventions internationales telles que la Convention de Washington sur le commerce international des espèces de faune et de flore sauvages menacées d'extinction (CITES) du 3 mars 1973[17]. S'ajoute une série de règlements européens sectoriels. Au niveau interne, les articles L. 411-1 et suivants du Code de l'environnement assurent également la préservation du patrimoine biologique. Ainsi, lorsque la nécessité de préservation d'espèces animales sauvages le justifie, il est notamment interdit de détruire leurs habitats, de les capturer ou leur infliger des mauvais traitements. En revanche, de

---

13. Par ex. : la loi EGALIM du 30 octobre 2018 ne prévoit qu'une interdiction de l'élevage industriel de poules limitée aux seuls nouveaux établissements et il a fallu attendre le décret n° 2022-137 du 5 février 2022 pour interdire la destruction des poussins mâles « inutiles ».

14. Un animal sauvage est tout animal ne figurant pas dans la liste fixée par l'arrêté du 11 août 2006.

15. Il faut alors respecter les équilibres écologiques et préserver la biodiversité, s'assurer du bien-être de ces animaux et promouvoir la qualité des établissements et la technicité des éleveurs. Sont exigés une identification de l'animal, l'installation d'équipements adaptés aux besoins physiologiques et comportementaux des animaux, un certificat de capacité, une demande d'autorisation préalable, *etc.*

16. Par ex. : écureuil de Corée, écureuil gris, ragondin, rat musqué, mangouste de Java, vison d'Amérique, raton laveur, cerf axis, corbeau familier, serpent roi de Californie, tortue de Floride, grenouille-taureau, poisson-chat, écrevisse américaine, frelon oriental, *etc.*

17. Cette convention a pour objectif de garantir que le commerce international des animaux (et des plantes) inscrits dans ses annexes, vivants ou morts, ainsi que de leurs parties et de leurs produits dérivés ne nuise pas à la conservation de la biodiversité et repose sur une utilisation durable des espèces sauvages. Elle a été intégrée dans notre droit par la loi n° 77-1423 du 27 décembre 1977.

tout temps il a été admis que certains animaux peuvent constituer un danger pour les activités humaines ou les équilibres biologiques[18] et peuvent donc être légalement détruits. Cette destruction fait l'objet d'une réglementation stricte[19].

B. – Réglementation en lien avec l'industrie de la mode

La fourrure. Réglementation. L'élevage des animaux destinés à la production de fourrure est une activité qui connaît un déclin depuis une dizaine d'années en France. La loi du 30 novembre 2021 précitée interdit désormais les élevages d'animaux sauvages pour la fourrure (visons et autres espèces non domestiques exclusivement élevés pour la production de fourrure [C. rur., art. L. 214-9-1]). Pour autant, cette interdiction ne vise pas les élevages d'animaux non sauvages élevés pour leur fourrure, tels les lapins Orylag ou les lapins élevés pour l'angora. Ces élevages portent sur des animaux domestiques considérés comme des êtres sensibles et dont le bien-être doit être protégé. Les directions départementales en charge de la protection des populations (DDecPP) veillent au respect des règles en matière de protection animale.

En outre, les règles relatives à l'étiquetage rendent obligatoire l'information du consommateur s'agissant de l'origine et de la nature du produit[20]. Par exemple, le décret n° 91-1163 du 12 novembre 1991 réserve le terme de « fourrure » aux matières provenant de la dépouille d'un animal et prévoit l'obligation de mentionner l'espèce animale d'origine de la fourrure et, en cas de multiplicité, les noms de chacune des espèces citées par ordre décroissant de la proportion en surface de fourrure, l'étiquetage ou le marquage de ces articles ne devant, en toute hypothèse, pas être trompeur pour le consommateur. Une série de règlements européens interdit l'importation de fourrures de certaines espèces originaires de pays ne respectant pas les normes internationales en matière de piégeage sans cruauté (pièges à mâchoires)[21].

Le cuir. Présentation. Le cuir est fabriqué à base de peau animale. Le plus courant est le cuir de vache mais on trouve aussi du cuir de veau, agneau, chèvre, de chamois, de cheval, de cerf… ainsi que des cuirs dits « exotiques » comme de crocodile, de

18. C. envir., art. L. 427-1 à L. 427-11 et R. 427-1 à R. 427-28.

19. M. Redon : *Rép. civ.* Dalloz, V° *Animal*, n° 35.

20. Règl. (CE) n° 1007/2011, 27 déc. 2011, relatif aux dénominations des fibres textiles et à l'étiquetage et au marquage correspondants des produits textiles au regard de leur composition en fibres.

21. www.douane.gouv.fr/demarche/la-reglementation-ue-applicable-aux-peaux-et-fourrures.

serpent… Le nubuck[22] est également une finition du cuir. Par ailleurs, le cuir animal ne doit pas être confondu avec le cuir artificiel – le skaï – fabriqué à partir de plastique (et donc de pétrole).

Réglementation[23]. Le décret n° 2010-29 du 8 janvier 2010 précise que « L'utilisation du mot "cuir" (…) est interdite dans la désignation de toute autre matière que celle obtenue de la peau animale au moyen d'un tannage ou d'une imprégnation conservant la forme naturelle des fibres de la peau ». Ainsi, tout produit fabriqué à partir de fibres de fruits ou de légumes et qui ressemble au cuir ne peut être désigné comme étant du cuir. Le « cuir d'ananas » ou « cuir à base de champignons », de marc de raisin, de pommes, d'eucalyptus ou de liège est une appellation trompeuse, comme l'est toute appellation « cuir végétal » ou « cuir vegan ».

Les cuirs « exotiques ». Les cuirs exotiques fabriqués à partir de crocodile ou de serpent sont assujettis à la Convention de Washington (CITES) du 3 mars 1973. Deux règlements européens ont repris les solutions de la CITES (Règl. [CE] n° 338/97, 9 déc. 1996, relatif à la protection des espèces de faune et de flore sauvages, dit « règlement de base » et Règl. [CE] n° 865/2006, 4 mai 2006, dit « règlement de mise en œuvre »). Ces textes posent des réglementations strictes sur la chasse portant sur ces espèces protégées, l'interdisant dans la plupart des cas, et sur la pratique de l'élevage et des prélèvements d'œufs dans la nature à des fins d'élevage. Ainsi, pour les espèces comme le python, le lézard, ou le crocodile, le prélèvement d'animaux dans la nature est toujours autorisé mais strictement encadré par la CITES, qui définit des quotas annuels en fonction des espèces. La CITES a aussi introduit la traçabilité unitaire des peaux.

Réglementation de l'industrie de la tannerie et de la mégisserie[24]. Ces entreprises sont soumises à la législation française et européenne sur les installations classées pour la protection de l'environnement (ICPE). Leurs fabrications doivent respecter les exigences posées par le règlement européen REACH (Règl. n° 1907/2006, 18 déc. 2006) et sont soumises au contrôle de l'Agence européenne des produits chimiques (AEPC). Ainsi, depuis le 31 mai 2018 il n'est plus possible de fabriquer ou importer des substances à plus d'une tonne par an, si elles n'ont pas été enregistrées. Les industriels sont responsables de la gestion des risques posés par les substances chimiques et de la fourniture d'informations de sécurité pour leurs utilisateurs. Chaque

---

22. La particularité du nubuck vient du fait qu'il a subi un traitement particulier. Sa surface a été meulée ou grattée au papier de verre très fin. C'est pourquoi il revêt une apparence veloutée et présente une douceur au toucher.

23. https://conseilnationalducuir.org/reglementation.

24. Le mégissier prépare les petites peaux (agneaux, moutons, chèvre). Il tire son nom du mégis, bain à base d'eau, de cendre et d'alun dans lequel étaient trempées les peaux.

substance utilisée sera enregistrée afin de sécuriser les risques d'utilisation et protéger autant les professionnels que le client final et l'environnement. Parallèlement, l'Union européenne peut prendre des mesures supplémentaires pour les substances extrêmement préoccupantes lorsque le besoin de renforcer l'action au niveau européen apparaît nécessaire.

II. – Analyses pratiques des relations entre animal et industrie de la mode

A. – État des lieux

Les fibres textiles animales sont nombreuses[25]. On en présentera un certain nombre.

Cuir. La majorité des cuirs proviennent de peaux récupérées dans des abattoirs où les animaux sont tués à des fins alimentaires. Les peaux vont passer par une série de procédés dont le tannage[26]. Le tannage[27] peut être minéral (à partir du chrome 3[28]) ou végétal (à partir de pigments végétaux tirés généralement d'écorces, parfois de bois, racine, feuilles ou fruits) ou mixte. Les pays plus grands producteurs de cuir sont la Chine et le Vietnam.

Les élevages d'animaux (et en particulier ceux des vaches) émettent des gaz à effets de serre. Si sont en jeu des animaux sauvages ou des espèces protégées, on peut craindre les pratiques de braconnage. Pour autant, le droit français protège le bien-être de tout animal capturé et le règlement REACH précité réglemente l'usage de substances chimiques polluantes et notamment le chrome 3 lors de la transformation de la peau. Cependant le problème est qu'une grande quantité des cuirs ne sont pas tannés en Europe et donc ne respectent pas les normes européennes.

Soie. La soie de culture est majoritairement produite par les « vers à soie » qui sont en réalité les chenilles d'un type spécifique de papillons, le « Bombyx du mûrier ». Son nom lui vient de son alimentation, constituée principalement de

25. *Laine, cuir, soie & co : tout savoir sur les fibres textiles animales* (www.ecoconso.be/fr/content/ aine-cuir-soie-co-tout-savoir-sur-les-fibres-textiles-animales).

26. N. Kaplan, *Artisanat du cuir véritable : tannage végétal* vs *minéral*, 4 mars 2024 (https://nicolaskaplan.fr/blog/cuir-veritable-tannage-vegetal-vs-mineral).

27. Au Maroc, c'est surtout du cuir de chèvre qui est utilisé et tanné naturellement avec de la fiente de pigeon et de l'urine, pour leur acidité. La technique de tannage fait que le cuir marocain restera assez sec toute sa vie avec des risques de craquelure.

28. Le chrome 3 utilisé pour la pénétration des pigments est présent dans l'alimentation et nécessaire pour l'organisme. Cependant, il doit être absorbé en quantité limitée et réglementée.

feuilles de mûrier. On fait bouillir les cocons avec de la vapeur ou de l'eau chaude pour ramollir le cocon, on les remue pour dégager les fils (processus de dévidage) puis on file ensuite les fils de soie et on les tord (processus de « moulinage » suivi de l'étape du tissage). La Chine est le premier pays producteur suivi par l'Inde et le Japon.

L'association PET, soucieuse du bien-être des vers à soie, recommande d'utiliser des techniques non violentes (la technique de *Peace silk* ou *Ahimsa silk*) ou de fabriquer la soie à partir d'araignée ou d'acariens. *Quid* alors de la sensibilité de ces insectes ? Sont aussi proposés des tissus fabriqués avec des fibres de chanvre (qui donnent une brillance) ou à partir de cellulose (Lyocell ou Tencel), c'est-à-dire à partir de pulpe de bois, le plus souvent issue des arbres d'eucalyptus. Pour autant, cette dernière technique conduit à la déforestation…

Laine. La laine est une fibre animale (poils) produite notamment par des moutons[29], des chèvres « Angora » ou du Cachemire, des lapins Angora ou des alpagas et vigognes. Après la tonte, on passe au nettoyage de la laine puis à l'étape du cardage (démêlage des fibres), du peignage et/ou du filage, puis du tissage. On utilise également de la laine pour produire du « feutre » (très utilisé pour fabriquer des chapeaux). Dans ce cas, la laine est non tissée et provient souvent de lapins. L'Australie est le plus grand producteur de laine avec la Chine et la Nouvelle-Zélande.

Quant au bien-être animal, on observera que les animaux vivent dans des pâturages qui contribuent à la biodiversité et qu'il n'est pas nécessaire de les tuer pour prendre la laine (opération sans laquelle leur toison rendrait impossible tout déplacement). Cependant, certains pays, comme l'Australie ou la Nouvelle-Zélande, pratiquent le *mulesing* sur les moutons dont la fourrure très dense est propice à la ponte de parasites : on retire alors la peau située autour de la queue des moutons, souvent sans anesthésie, pour éviter la prolifération des parasites. En Europe, une telle pratique est interdite.

Duvet et plumes. Le duvet est constitué des petites plumes de canard ou d'oie. On prélève les plumes des canards sur l'animal lorsqu'il est décédé ou on les récolte lors de la mue naturelle. Les oies quant à elles sont parfois plumées vivantes. Après avoir récolté les plumes (plumage, arrachage ou collecte), on les lave et on les brosse. Les plus grands producteurs de duvet sont la Chine ainsi que des pays d'Europe de l'Est (Pologne, Ukraine…).

Le duvet est surtout récolté après que l'oiseau a été tué. Pour autant, les conditions d'élevage et de décès doivent respecter le bien-être animal. Le duvet peut même ne pas

29. La race de mouton la plus réputée pour sa laine est le mouton « Mérinos », élevé en Australie.

être associé à la mort de l'animal. Ainsi, par exemple, en Islande, le duvet « Eider » est récolté sur les nids des canards après la naissance des petits. La femelle se les arrache pendant la ponte afin de s'assurer que ses œufs restent au chaud. De même, beaucoup de plumes proviennent des mues des oiseaux qui perdent certaines de leurs plumes l'été. C'est le cas du paon par exemple qui perd toutes ses plumes de queue, de certaines des plumes de l'oie, ou de la calopsitte qui est un petit perroquet jaune-vert très joli. Pour les petites plumes en revanche, celles du poitrail par exemple, les oiseaux ne les perdent pas naturellement. C'est donc au moment de l'abattage de l'animal qu'on récupère les plumes[30].

Fourrure. La fourrure est la peau des animaux garnie de ses poils ou, plus rarement, fabriquée à partir de duvet ou de plumes. Les fourrures d'animaux les plus vendus sont les visons. On trouve aussi des fourrures de lapin, phoque, renard, chinchilla, raton laveur… Des élevages, aussi appelés « fermes à fourrure » sont apparus. Ils représentent 80 % du marché de la fourrure. Une fois que l'animal est mort, on procède au dépeçage pour séparer la peau des organes de l'animal. La fourrure est ensuite nettoyée et, tout comme le cuir, va être tannée afin de la rendre « imputrescible » (c'est-à-dire qu'elle ne pourrira pas). L'usage de la fourrure dans l'industrie de la mode est très réglementé.

B. – Les réponses des maisons de mode

Transparence. Le consommateur doit être informé des sources de l'approvisionnement et de la composition de l'article de mode[31]. Un certain nombre de textes européens imposent des exigences précises en matière d'étiquetage[32].

Éthique. Un certain nombre de labels garantissent le bien-être animal. Il en est ainsi, par exemple, des labels délivrés par l'association PETA ou la Vegan Society[33], du label *Responsible Wool Standard* ou *ZQ Merino*, accordé par un organisme certificateur indépendant comme Ecocert[34], ou encore du label *Responsible Down Standard* (RDS) accordé par l'Association Textile Exchange[35], *etc.* Le risque

30. V. A. Fennetaux, *Chapellerie et plumes : Des plumes plein la tête, Entretien avec Stefanie Wesle modiste et artiste plumassière*, France, Atelier Autruche : *Apparences* 11, 2022 (https://doi.org/10.4000/apparences.4066).

31. *Vêtements : les 6 indications à bien repérer sur les étiquettes* (www.economie.gouv.fr/particuliers/etiquette-vetement#).

32. Par ex. : Règl. (CE) n° 1007/2011, 27 sept. 2011 ; Dir. 94/11/CE, 23 mars 1994.

33. Ce label n'est accordé qu'aux produits ne contenant pas de matériaux d'origine animale et n'ayant pas été testés sur des animaux.

34. Ce label n'est accordé qu'aux vêtements en provenance d'élevages sans *mulesing*.

35. Ce label permet de garantir une certaine protection lors de l'élevage et de la production de duvet par les oies et canards.

de cette profusion de labels est une confusion dans l'esprit du public. En outre, certaines appellations sont ambiguës. Il en est ainsi, par exemple, de l'appellation « cuir végétal » accordée au cuir tanné végétalement, donc sans produit chimique – le consommateur peut faire croire que ce cuir est fabriqué sans animal, alors que pour avoir l'appellation cuir, il est nécessairement composé à partir de peau animale.

Les fabrications alternatives, une bonne réponse ? La mode vegan. La réponse serait donc dans une mode n'utilisant aucun animal dans sa composition. La fausse fourrure s'impose désormais et le cuir est abandonné et remplacé par des peaux synthétiques, fabriquées par exemple à partir de végétaux de lapin, phoque, renard, chinchilla, raton laveur ; la soie fabriquée à partir de vers à soie est remplacée par la viscose réalisée à partir de cellulose végétale. De nouvelles matières comme la fibre d'orange sont aussi des innovations textiles permettant d'éviter le recours à l'utilisation d'animaux.

Ces alternatives évitent le recours à des fibres animales. Pour autant, en terme environnemental, il n'est pas certain qu'elles constituent toujours un réel progrès. Par exemple, la viscose est fabriquée à partir de bois. Même le cuir fabriqué à partir de racines de champignons, le mycélium (le cuir est connu sous divers noms tels que Muskin ou Mylo) – adoubé par des créateurs engagés comme Stella McCartney –, nécessite une étape de tannage très longue (jusqu'à une année) et il est donc très gourmand en eau. Certaines fibres complètement naturelles, tel le coton bio, demandent beaucoup d'eau. Quant à la laine de chanvre et la fibre d'orange, leur culture est beaucoup plus respectueuse de l'environnement mais peu susceptible d'être fabriquée en large quantité pour l'industrie du prêt-à-porter.

Conclusion. Le sujet des relations entre mode et animal est sensible. Et pourtant, malgré les campagnes des associations animalières critiquant toute référence et utilisation d'animal dans l'industrie de la mode, on constate un engouement sur les réseaux sociaux de publications présentant des mannequins avec des animaux domestiques[36] – peut-être pour redonner de la vie à nos sociétés trop artificielles. À notre sens, la réponse, comme toujours, doit être équilibrée : pas d'interdiction absolue mais un contrôle vigilant des conditions d'élevage et l'interdiction de toute pratique d'une cruauté inutile.

---

36. Étude Sortlist de 2023. Les publications sur les réseaux avec des chats et des chiens suscitent une augmentation de 337,4 % des *likes* et de 226,9 % des commentaires (www.madmoizelle.com/jacquemus-coperni-burberry-pourquoi-les-animaux-mignons-regnent-sur-les-campagnes-mode-de-noel-1605579). On peut considérer que cette tendance à représenter un animal en le faisant parfois singer l'homme (ou la femme) est une dérive peu respectueuse des animaux.

Il faut, par ailleurs, insister sur la dimension anthropologique et sociologique du sujet. Il est des populations autochtones qui vivent de la pêche et de la chasse. La mode vegan allant jusqu'à l'interdiction de l'usage de la laine va à l'encontre du souci de protéger ces communautés et leurs savoir-faire ancestraux.

Enfin, on soulignera que des travaux ont montré que l'animalité du vêtement ne se pose pas dans les mêmes termes pour les hommes et les femmes. « C'est le matériau animal qui participe activement de constructions sociales conférant aux femmes leur pouvoir. C'est le cas dans la culture *marka dafing* par exemple où c'est en étant les ouvrières particulières de la soie sauvage que les femmes acquièrent pouvoir et prestige social, voire jouissent d'une aura spirituelle ou sacrée »[37].

Et même dans nos sociétés occidentales post-modernes, il n'est pas neutre qu'une femme arbore, dans un défilé, avec fierté, une tête de lion (artificielle). Un tel choix manifeste une prise du pouvoir sur les hommes puisque le lion est symboliquement l'attribut de la force et du pouvoir – le roi lion. À ce titre, ce choix vestimentaire est un signe visible de l'évolution des mentalités qui doit être saluée !

Paris, 7 mai 2024

37. A. Fennetaux et G. Mentges, *Introduction : parure, culture et nature – vers une écologie matérielle du vêtement* (https://doi.org/10.4000/apparences.3494) : Inuits, Indiens d´Amérique du Nord, communautés adivasi d'Inde, Indiens Achuar d'Amazonie, Māori de Nouvelle-Zélande / Aoteora ou Peul et Marka Dafing d'Afrique de l'Ouest, tous apportent leur propre réponse à cette question, une réponse souvent bien loin de la séparation entre nature et culture qui structure la pensée occidentale.

Entretien avec Caroline DU SAINT

Journaliste et réalisatrice du documentaire
« L'usine des animaux »
(2022, diffusion Arte)

par

Nadège REBOUL-MAUPIN

et

Claire BOUGLÉ-LE ROUX

Caroline du Saint est réalisatrice et rédactrice en chef chez Nova Production, une agence de documentaires liée à la radio Nova. Elle a réalisé « L'usine des animaux », une investigation mondiale sur l'élevage industriel, diffusée sur Arte Thema le 14 mars 2023. En 2022, elle coréalise « Le grand remplacement, histoire d'une idée mortifère » sur LCP, avec Thomas Zribi. Elle signe également en 2020, l'un des documentaires, sur la mafia sicilienne, de la série « World's Most Wanted » (Netflix). Auparavant, elle était grand reporter et rédactrice en chef à l'agence CAPA. Elle a réalisé plusieurs documentaires d'investigation pour Canal+, parmi lesquels « Espagne, le scandale des bébés volés » et « Hugo Chavez, le grand mensonge ».

Claire Bouglé-Le Roux : Vous avez réalisé en 2022 « L'usine des animaux », un documentaire très éclairant sur la condition animale au cœur de nos sociétés contemporaines et particulièrement sur l'élevage industriel. Vous montrez comment ces animaux, qu'on tue de manière massive, sont victimes d'une marchandisation. Aviez-vous déjà réalisé d'autres reportages sur ce thème et comment en êtes-vous arrivée à vous intéresser à ce sujet au point d'en faire un documentaire d'une durée d'1 heure 30, décryptant une mécanique implacable dans la logique de la création des abattoirs de Chicago à la fin du XIXe siècle ?

Claire du Saint : Journaliste depuis plus de vingt ans, je travaillais essentiellement sur des questions de société mais la question animale ne m'était jamais vraiment arrivée à l'esprit, jusqu'à ce que surgissent deux déclencheurs. Il y eut d'abord un fait anecdotique : la « une » du *Monde* sur « un milliard d'animaux abattus chaque année en France ». Le chiffre me semblait tellement aberrant que j'ai cru à une coquille mais, en lisant attentivement l'article, j'ai eu cette prise de conscience : on tue vraiment des millions d'animaux par jour en France, et ce chiffre d'un milliard par an est resté dans ma tête. La deuxième cause, à long terme celle-ci, c'est la prise de conscience de la crise climatique et de l'extinction de la biodiversité.

J'ai réalisé qu'il y a quelque chose à la confluence de toutes ces catastrophes : la disparition du vivant, l'idée que tout le vivant serait une ressource à notre disposition. C'est ainsi que je suis arrivée à la question animale, telle qu'elle se présente dans son acception la moins symbolique mais au contraire la plus quotidienne, à savoir celle de l'élevage industriel.

Généralement, lorsqu'il est question de droits des animaux, on se concentre sur des éléments symboliques (la corrida, la chasse), mais ce sont des phénomènes qui concernent des poignées d'animaux. La corrida, c'est au maximum cinq cents taureaux tués par an en France. Tandis que l'élevage industriel, qui se trouve à la confluence de toutes les crises écologiques, est ancré dans notre banalité quotidienne, dans notre consommation quotidienne, et surtout dans notre système économique. Inséré dans une logique de pur profit, l'animal y est considéré comme un simple matériau et l'on oublie qu'il est d'abord un être sensible.

C.B.-L.R. : Quant au documentaire, comment avez-vous choisi les interlocuteurs, notamment ce couple d'agriculteurs souhaitant sortir du modèle industriel ? Et comment avez-vous réussi à pénétrer dans des grands groupes pour capter ces témoignages en interne ?

C.D.S. : Au préalable, il a fallu lire beaucoup afin d'avoir un panorama large sur cette question puis intégrer divers points de vue. L'idée étant de réaliser un sujet historique et mondial, et non uniquement franco-français. C'est pour cela que nous avons notamment sollicité des experts comme le sociologue allemand Marcel Sebastian. Je n'ai pas voulu me contenter d'une voix (par exemple, les antispécistes), car il existe aussi une critique de l'élevage industriel qui n'est pas antispéciste et se fonde sur d'autres thématiques. J'ai donc voulu élargir au maximum le panel de personnes interrogées.

Quant aux personnages incarnant le récit, j'ai voulu choisir des personnes ordinaires et des éleveurs qui ont pratiqué l'élevage industriel. J'ai vraiment voulu donner la parole aux éleveurs, ceux qui ont pratiqué l'élevage intensif et ceux qui en sont sortis. Et j'ai ainsi rencontré Olivier et Stéphanie, qui sont à la fois des « repentis » ne voulant plus pratiquer l'élevage industriel et qui acceptent de *raconter* l'élevage industriel ; ce qui est extrêmement rare, car c'est un sujet tabou : soit qu'on le pratique et qu'on en ait honte, soit qu'on ne le pratique plus mais qu'on ne veuille pas se faire juger. Olivier et Stéphanie se sont ainsi imposés, car ils pouvaient témoigner de la réalité de cet élevage industriel et de la possibilité d'en sortir (pourquoi et comment). Leur portrait a pu permettre de constituer le fil rouge du documentaire.

C.B.-L.R. : En visionnant les images de votre reportage, j'ai été personnellement saisie par cet univers dans lequel se déploie une organisation froide et mécanique dans laquelle chacun tient un rôle segmenté. Que vous suggère ce constat ?

C.D.S. : La comparaison qui me semble la plus pertinente, c'est bien celle de l'industrialisation : l'industrialisation de tout, l'industrialisation du vivant, l'industrialisation de la guerre, l'industrialisation de tous nos modes de consommation, la *fast-fashion*, nos usines à vêtements, *etc.* En réalité, rien de nos vies n'échappe à ces usines gigantesques, massives, multipliées, avec des postes ressemblant à d'autres postes, des univers de béton et d'acier.

Nadège Reboul-Maupin : En réalisant votre montage, avez-vous choisi de ne pas montrer certaines images ?

C.D.S. : Dès le début, nous avons fait le choix de ne pas montrer d'images violentes car, autrement, personne n'aurait visionné le documentaire, et cela aurait invisibilisé la réalité. L'objectif étant de faire regarder le documentaire, afin d'expliquer et de faire comprendre un phénomène, en utilisant la raison et non l'émotion.

Ce n'est qu'à la toute fin, après 90 minutes de visionnage que le public, qui a eu le temps de se préparer tout au long du documentaire, est confronté à des scènes plus difficiles.

C.B.-L.R. : Que pensez-vous de l'impact de l'image sur la prise de conscience du public ?

C.D.S. : Sans image, on invisibilise la réalité. Non seulement on ne rencontre parfois plus les animaux que sous forme de barquettes en supermarché, mais en plus, on a enfermé les animaux : ainsi, on ne les voyait plus. Il est donc évident que le mode d'action de certaines associations comme L214, consistant à diffuser ces images auprès du public, a constitué un véritable tournant.

N.R.-M. : Néanmoins, certains éleveurs ont pu s'insurger, estimant que des reportages comme ceux de L214 jetaient l'opprobre sur leur profession, quand bien même certains d'entre eux seraient enclins à pratiquer un élevage vertueux.

C.D.S. : Le problème demeure qu'en France, l'immense majorité des élevages sont industriels. On continue à croire, en France, que nous avons un élevage paysan, traditionnel, éthique, en plein air. L'INAPORC, l'interprofessionnelle de l'élevage porcin, reconnaît d'ailleurs elle-même que 96 % de la filière est industrielle, c'est-à-dire en bâtiments fermés, *etc.*

N.R.-M. : On a pourtant souvent l'impression qu'il s'agit d'une réalité lointaine, à l'étranger, plutôt que d'une réalité française.

C.D.S. : C'est pourquoi, au-delà du succès du film – primé dans des festivals –, j'ai ressenti une forme d'échec puisque beaucoup me disaient : « C'est terrible ce qu'il se passe aux États-Unis, au Vietnam, au Brésil, heureusement que chez nous, ça va ! ». Sauf que le boucher du coin est livré par camion et reçoit bien souvent une viande venant d'une usine. C'est le bémol du documentaire : je n'ai pas pu tourner dans des élevages industriels en France (car ils sont conscients du problème), mais j'ai pu le faire dans le monde entier (car dans de nombreux pays, le caractère industriel de l'élevage est un marqueur de modernité et de progrès). Mais en réalité, rien ne ressemble plus à un élevage industriel de poules au Vietnam qu'à un élevage en France (80 % de nos élevages de volailles sont industriels). Nous avons les mêmes usines. Et il est très difficile, en France, de sortir de l'élevage industriel, car les éleveurs sont pieds et poings liés et cela prend des années pour s'en extraire. Prenons l'exemple de l'élevage laitier : nous avons l'image de nos belles vaches maraîchines, avec leurs cornes effilées, mais 80 % du lait de nos vaches provient de Holstein modifiées génétiquement, avec d'énormes pis, écornées dès le premier jour…

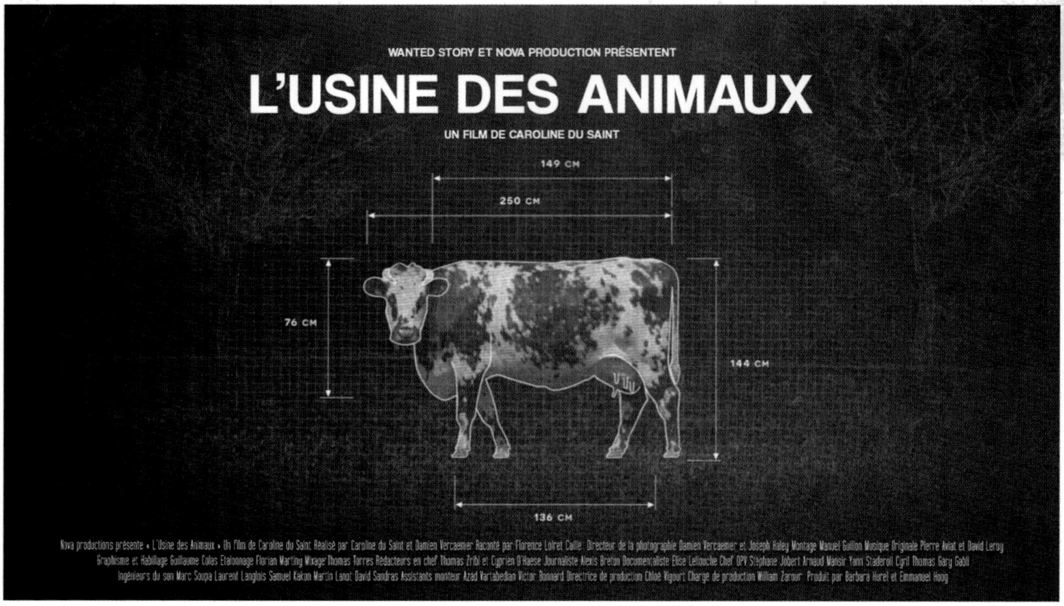

C.B.-L.R. : La réflexion suscitée par votre documentaire peut-elle être étendue à d'autres univers ? Je pense à la pêche mais aussi à l'économie qui tourne autour des animaux domestiques ?

C.D.S. : Effectivement, les gens ignorent souvent que leurs petits chiens, aussi mignons soient-ils, sont le fruit de modifications génétiques. Quant à la pêche, c'est une question vitale et massive (que l'on chiffre en tonnes). Mais il fallait choisir un angle précis pour le documentaire. La question des droits, justement, est très intéressante : à ce sujet, Romain Espinosa parle de la « fable des trois lapins » : il y a le lapin à qui on donne un prénom et, si vous lui faites du mal, vous pouvez être jugé ; il y a le lapin que l'on trouve dans nos forêts, qui peut être plus ou moins protégé selon son espèce, et qui peut avoir des droits ; et enfin, le lapin industriel, à qui on peut faire subir pratiquement ce que l'on veut. Alors qu'il s'agit de la même espèce !

Cet enjeu juridique m'a beaucoup intéressée : une espèce, trois droits différents. Pourquoi ? Parce qu'il y a trois usages humains différents. Et on peut s'interroger sur la différence entre notre indifférence à l'égard des usines d'animaux et, d'autre part, les « unes » de journaux titrant sur des rappeurs partant en prison pour avoir tué leur chat. Il y a aujourd'hui des avocats en droit animalier, des magistrats spécialisés, mais en définitive ce qui compte n'est pas tant l'animal en tant que tel mais le rapport à l'homme. Ainsi, l'animal domestique, parce qu'il apporte de l'affection, est respecté ; tandis que le lapin industriel, lui, est peut-être l'animal le plus maltraité qui soit.

N.R.-M. : En définitive, votre documentaire n'est-il pas une sorte d'hymne contre le progrès ?

C.D.S. : Pas tant contre le progrès que contre le productivisme. Je ne vois pas l'intérêt de tout faire en quantité industrielle : c'est aussi vrai en matière de tourisme, entre autres. Il faut arrêter de tout vouloir, en quantité massive, tout de suite, tout le temps, et notamment en ce qui concerne notre consommation de viande. Produire plus, toujours plus ; consommer plus, toujours plus, c'est le vrai problème. Nous sommes passés d'un extrême (la guerre, avec des carences en viande et des problèmes de croissance pour les enfants) à l'autre (une consommation de viande excessive aujourd'hui, entraînant de nombreux problèmes de santé).

C.B.-L.R. : Avez-vous l'impression que le documentaire a rempli son objectif, ou avez-vous au contraire aujourd'hui un sentiment d'impuissance sur ces questions ?

C.D.S. : Tout dépend si l'on regarde cela de près ou avec davantage de recul. De prime abord, j'ai effectivement eu des centaines de retours de la part de personnes qui ont découvert cet enjeu. Le documentaire a été bien diffusé, a tourné dans des festivals, dans des écoles : aussi, j'ai eu l'impression qu'existait là une prise de conscience. De ce point de vue, cette expérience a été très riche.

En revanche, si l'on prend du recul, on remarque que les forces politiques dominantes nient l'existence même de l'élevage industriel en France. Par ailleurs, au niveau mondial, l'augmentation de la consommation de viande est tout à fait exponentielle. En « dézoomant », les courbes sont donc très mauvaises. C'est assez paradoxal de constater qu'en France il existe une timide prise de conscience, tandis qu'à l'échelle mondiale c'est l'inverse.

C.B.-L.R. : Du côté des associations animales, votre reportage a-t-il été bien reçu ? Ou lui a-t-on reproché de ne pas être assez cru ?

C.D.S. : Nous avons eu des retours, justement parce que nous avons sollicité différents points de vue dans le documentaire. La tendance antispéciste (chez L214 notamment) a pu considérer que le portrait des éleveurs Olivier et Stéphanie édulcorait la réalité française. D'autres – les tenants d'un élevage paysan – ont pu estimer à l'inverse que j'avais donné trop de place à L214. En réalité, j'ai donné la voix à l'ensemble du panel.

N.R.-M. : Envisagez-vous, à travers ce reportage, d'apporter des solutions ?

C.D.S. : Les solutions seront politiques. Il faut d'abord accepter les faits puis en débattre, modifier nos choix de société (peut-être abolir l'élevage industriel, ou en tout cas réduire notre consommation de viande), mais en tout cas accepter, en premier lieu, d'en débattre.

Quant à l'industrialisation, il faut permettre aux éleveurs, aux paysans français de reprendre leur indépendance et de pouvoir s'occuper de leurs animaux du début à la fin, de manière autonome. De plus en plus de paysans essaient ainsi de recouvrer leur droit d'abattre leurs animaux à la ferme, et non plus dans des abattoirs industriels. Ce sont des éléments de discussion pour construire d'autres discours politiques sur cette thématique.

N.R.-M. : Pensez-vous que la définition de l'animal comme être doué de sensibilité ait changé la donne ?

C.D.S. : Ce qui est certain, c'est que nous sommes aujourd'hui 80 % d'urbains. Par conséquent, nous n'avons plus de contact avec les animaux (en dehors des animaux domestiques), nous n'avons plus de contact avec la paysannerie et nous sommes donc tout à fait ignorants de la réalité de l'élevage.

S'agissant de l'animal défini comme un être doué de sensibilité, oui, cela a peut-être eu un impact : c'est d'abord pour cela que l'association L214 s'appelle ainsi [en référence à l'article L214-1 du Code rural et de la pêche maritime[1]]. Mais cela n'a fondamentalement rien changé, car si on considérait vraiment l'animal comme un être doué de sensibilité, on ne lui ferait pas subir tout cela.

N.R.-M. : Au-delà du couple d'éleveurs auquel vous donnez la parole dans le documentaire, avez-vous connaissance d'autres éleveurs ayant réussi, comme eux, à sortir de l'élevage industriel ?

C.D.S. : Presque pas, en réalité, car c'est très difficile d'en sortir. Car en élevage industriel, il faut construire des bâtiments, il faut s'endetter lourdement pour cela, mais aussi pour la nourriture, pour les frais de vétérinaire car les animaux sont malades, *etc.* Dans le même temps, sur les cours mondiaux, les prix dégringolent, et tout ce que l'on vous propose, c'est de vous agrandir (donc, de continuer à vous endetter). La logique industrielle est une fuite en avant qui n'en finit pas. Comment peut-on en sortir ? Olivier et Stéphanie, eux, ont encore leur bâtiment industriel dans leur ferme, et pour s'en sortir, ils ont dû prendre des avocats. Mais depuis, après tous ces efforts, ils vivent plutôt mieux que les autres agriculteurs :

---

1. C. rural, art. L. 214-1 : « Tout animal étant un être sensible doit être placé par son propriétaire dans des conditions compatibles avec les impératifs biologiques de son espèce ».

parce que leurs bêtes ne sont pas malades, parce qu'ils ont un tout petit cheptel, parce que les bêtes sont nourries à la ferme et qu'il n'est donc pas besoin de s'endetter pour acheter de la nourriture. En termes de temps et d'argent, de tels éleveurs ayant réussi à s'extraire de l'industriel s'en sortent beaucoup mieux.

Pour y parvenir, le chemin est difficile et cela tient à des choix politiques. Il n'y a pas d'autre moyen que la volonté politique, et notre devoir en tant que journalistes est de faire en sorte que l'on puisse au moins parler des faits et, sur la base de ces faits, mener une discussion pouvant peut-être conduire à des choix politiques.

Chapu, Henri (1833-1891), *Allégorie de l'éloquence s'appuyant sur une tortue*,
Monument à Berryer, Salle des Pas-Perdus, Palais de justice, Paris, Ile de la Cité

TORTUE

n. fém., animal amphibie à quatre pieds, qui marche fort lentement, et dont le corps est couvert d'un têt, d'une écaille (famille de la classe des reptiles).

É. Littré, *Dictionnaire de la langue française*, V° *Tortue.*

Testudo testudo

Le *quidam* qui pénètre dans le palais de justice de Paris, érigé sur l'île de la Cité, ne saurait demeurer insensible face aux deux immenses nefs et à la profusion d'arcades composant la salle des Pas Perdus. Ce lieu, chargé du poids de l'histoire, a vu se préparer maints procès célèbres[1] et entrer dans l'arène des avocats qui le furent tout autant. Deux groupes statuaires en marbre rappellent aux visiteurs ce vénérable héritage : la statue de Lamoignon de Malesherbes par Jacques-Edme Dumont[2] et celle de Pierre-Antoine Berryer, œuvre d'Henri Chapu[3].

Ce second ensemble statuaire prend place dans l'aile nord du Palais. Placée à une extrémité de la galerie Marchande, elle fait face à l'entrée ouest de la Sainte-Chapelle. L'orateur, au centre, balaie la salle du regard, une main sur le cœur, comme s'il avait été saisi en pleine plaidoirie. Il domine la salle grâce à un piédestal, sur lequel est sobrement gravé son nom. Cette structure est complétée par deux femmes assises

1. Le visiteur aujourd'hui sera surpris d'y trouver une salle d'audience censée être provisoire et servant spécialement aux procès comprenant un grand nombre de parties civiles, tels les procès terroristes.

2. Dumont réalisa la statue de Malesherbes et laissa le bas-relief à Jean-Pierre Cortot.

3. Il lui faudra près d'une décennie pour terminer cet hommage à l'avocat qui était également son ami. L'inauguration eut lieu le 20 janvier 1879. V. D. Ghesquière, *Henri Chapu (1833-1891) : Sculpteur d'une œuvre, sculpteur d'un œuvre ?*, thèse de doctorat en histoire de l'art, Université Paris X Nanterre, 2019. Que Mme Ghesquière, qui est également la directrice du musée Henri Chapu, soit ici chaleureusement remerciée pour sa précieuse assistance concernant la personne et l'œuvre d'Henri Chapu, ainsi que pour la facilité avec laquelle elle a bien voulu nous donner accès aux collections du musée.

en contrebas[4]. À la gauche de l'avocat, une première allégorie, le visage fermé, tient un panonceau fleurdelysé. Elle passe pour symboliser la fidélité de Berryer envers la France monarchique tout au long de sa vie[5]. À sa droite, une seconde femme, le visage tourné vers Berryer une plume à la main, un parchemin sur les genoux, appuie son pied gauche sur la carapace d'une tortue terrestre. Cette seconde femme représente l'Éloquence[6], vertu indispensable à l'avocat. L'apparition a de quoi surprendre le visiteur. La tortue ne dispose pas de la noblesse symbolique évidente d'un lion, par exemple[7], pour accompagner hautement le grand orateur. Pourquoi donc Henri Chapu, à qui l'on doit cette discrète apparition, a-t-il glissé ici ce reptile ?

La tortue : symbolisme et utilisations artistiques

Il convient de préciser que faire s'appuyer un élément sculptural sur une tortue constitue un *topos* de la sculpture classique. L'exemple le plus connu est probablement *l'Aphrodite à la tortue* représentant la déesse posant son pied sur une tortue, retrouvée à Doura-Europos et exposée au Louvre[8]. Pausanias le Périégète (env. 115-180) rapportait de son voyage en Élide qu'il existait une statue d'Aphrodite, d'or et d'ivoire, utilisant cet appui chélonien[9]. La Renaissance, reprenant les codes antiques, vit tantôt Vénus s'asseoir sur le malheureux animal[10], Aphrodite, encore, appuyer son genou sur son dos[11] ou une simple paysanne debout sur sa carapace[12]. Plus récemment Ivan Theimer a intégré ces précieux reptiles dans son art, s'en servant couramment comme bases fort stables pour ses sculptures. Le symbolisme à attribuer à ces utilisations est sujet à débat[13] : la robustesse de sa carapace pouvant renvoyer à la stabilité, la force ;

---

4. Sur l'utilisation des allégories dans la sculpture à partir du milieu du XIXe siècle, V. L. Baridon, *Sculpter l'indicible : crises de l'allégorie autour de 1848* : *Romantisme*, 2011/2, n° 152, p. 87-107.

5. Cette allégorie symbolise la Fidélité comme l'attestent les documents laissés par Henri Chapu au Mée-sur-Seine. Arch. Melun, *Liste des œuvres données par le sculpteur pour le musée Henri Chapu*, Conseil municipal, Le Mée, 1887.

6. Les esquisses préparatoires furent moins nombreuses pour cette seconde allégorie. Le sculpteur imagina l'accompagner d'un angelot, mais celui-ci disparut lors de l'exécution. On ne trouve pas de trace de la tortue dans les travaux préparatoires. Arch. Melun, inv. 912.1.243.

7. Berryer pose lui-même sa main gauche sur une colonne à hauteur d'appui ornementée d'un lion.

8. F. Cumont, *L'Aphrodite à la tortue de Doura-Europos*, in *Monuments et mémoires de la Fondation Eugène Piot*, t. 27, fasc. 1, 1924, p. 31-44.

9. *Ibid.*, p. 35.

10. A. Coysevox, *Vénus accroupie*, sculpture en marbre, entre 1685 et 1686, musée du Louvre ; V. égal., du même artiste, une Vénus accroupie sur une tortue située dans le parterre du Nord du château de Versailles.

11. Anonyme, *Afrodita agachada*, sculpture en marbre, XVIIe siècle, Musée national du Prado (Espagne).

12. J. van Beverwÿck, *Femme vertueuse sur une tortue*, gravure, début du XVIIe siècle.

13. Il semblerait que les auteurs antiques recherchaient également les raisons de ces appositions, V. F. Cumont, *op. cit.*, p. 35-36.

pour Plutarque elle symbolise la maison, le foyer ou encore l'attachement silencieux de la femme à celui-ci[14] ; la longévité de l'animal pouvant renvoyer à l'éternité, *etc.* Bien que Chapu ait utilisé la sculpture pour rendre hommage à son ami, il nous semble que les raisons ayant présidé au choix de l'artiste sont à trouver dans un autre univers, plus proche de l'homme de lettres.

Dans la littérature, en effet, le symbolisme de la tortue est bien connu depuis que le plus célèbre des fabulistes, reprenant Ésope, livra à la postérité trois fables utilisant le reptile carapacé[15]. Dans la plus célèbre d'entre elles, La Fontaine ne reprit que l'une des caractéristiques observables par tout un chacun, il fit de la tortue l'allégorie de la lenteur. Celle-ci entra dans la culture populaire et y demeura par le jeu d'adage que l'on peut encore retrouver dans différents dictionnaires aux entrées « Tortue »[16] ou « Lenteur »[17]. En effet, dès le XVIIe siècle les dictionnaires se servent du reptile carapacé pour illustrer le substantif féminin « Lenteur », comme dans la première édition du dictionnaire de l'Académie française (1694) où l'on peut lire à titre d'exemple : « La lenteur de la Tortuë »[18]. L'image fut consacrée par certaines des plus belles plumes de la littérature du XIXe siècle. De Maupassant[19] à Balzac[20], en passant par Chateaubriand[21] ou Sand[22]. L'image de la tortue associée à la lenteur est devenue un lieu commun littéraire.

---

14. *Ibid.*, p. 35-36.

15. Bien que la plus connue soit *Le Lièvre et la Tortue*, on trouve également dans l'œuvre de La Fontaine : *Le Corbeau, la Gazelle, la Tortue et le Rat* et enfin *La Tortue et les Deux Canards*. J. de La Fontaine, *Fables*, illustrations par Vimar, Tours, éd. Mame, 1897. Nous connaissons trois fables d'Ésope utilisant la tortue : *Zeus et la Tortue*, *La Tortue et l'Aigle* et *La Tortue et le Lièvre* ; Ésope, *Fables*, trad. É. Chambry, Paris, Les Belles Lettres, 1927.

16. V., par ex., P. Robert, *Dictionnaire alphabétique et analogique de la langue française*, Société du nouveau Littré, t. 6, 1964 : « Marcher d'un pas de tortue, avancer comme une tortue, très lentement. (...) Se dit d'une personne très lente ». – P.-E. Littré, *Dictionnaire de la langue française*, t. 3, 1966, le Littré renvoie dans sa notice à une citation du *Livre du Trésor* de B. Latini (XIIIe siècle) : « D'un home pereceus je dirai : ce est une tortue ».

17. P. Robert, *Dictionnaire alphabétique et analogique de la langue française*, Société du nouveau Littré, t. 4, 1964 : « Lenteur de l'escargot, de la tortue ».

18. *Dictionnaire de l'Académie française*, 1re éd., 1694, « La lenteur de la Tortuë ».

19. Dans le conte de Maupassant, *Le Baptême*, on peut lire que le prêtre « marchait avec lenteur, avec une lenteur de tortue sacrée (...) ». G. de Maupassant, *Contes et nouvelles*. *Le Baptême*, t. 2, Paris, Albin Michel, 1960.

20. Dans *Les paysans*, Balzac oppose la « vivacité » du lézard à la lenteur de la tortue, lenteur avec laquelle la comtesse obéit à Olympe. H. de Balzac, *Les paysans* (La Comédie humaine. t. 9. Études de mœurs : scènes de la vie de campagne), Paris, Gallimard, Bibl. de la Pléiade, 1978.

21. Dans le court roman *Atala* (1801), Chateaubriand, qui fut le client de Berryer, fait dire à une Amérindienne : « Mon père l'aigle, vous avez l'esprit d'un renard et la prudente lenteur d'une tortue ». F.-R. de Chateaubriand, *Atala ou les amours de deux sauvages dans le désert*, Œuvres complètes de Chateaubriand, Paris, Librairie Garnier-Frères, 1975.

22. Dans l'*Histoire de ma vie*, Sand décrit ainsi la sœur avec qui elle nettoie une partie de l'église : « Elle, endurcie à la fatigue et déjà remise de son évanouissement, avec l'air d'une mourante et l'apparente lenteur d'une tortue (...) ». G. Sand, *Histoire de ma vie*, Paris, Calmann Lévy, 1879.

La tortue : allégorie de la lenteur au cœur du palais de justice

Revenons sur l'île de la Cité. Si nous acceptons l'hypothèse que cette tortue représente la lenteur, encore faut-il déterminer à quelle lenteur peut bien faire référence ce reptile posé aux pieds de Berryer ? D'après nous deux interprétations concourent ici, sans s'exclure mutuellement.

Tout d'abord, c'est l'Éloquence qui pose son pied sur la tortue – non la Fidélité –, le symbole est fort. L'éloquence n'est pas jeu de rapidité, elle doit s'appuyer – l'image est réussie – sur une diction mesurée et assurée, ce que la lenteur favorise à n'en point douter. Pierre-Antoine Berryer, plus que tout autre peut-être, le sait bien. Il pratiquait et encourageait cette mesure. Cette éloquence le rendit célèbre auprès de ses contemporains, au point qu'il lui dédia un ouvrage en 1838 : *Leçons et modèles d'éloquence judiciaire*. Sur son monument funéraire à Augerville[23], il est possible de lire cette épitaphe : « *Pectus est quod facit disertos* », pouvant se traduire par : « C'est le cœur qui rend éloquent ». Cette épitaphe est empruntée au *De institutione oratoria* de Quintilien[24]. Les générations d'avocats qui lui succédèrent le choisirent non sans raison pour prêter son nom aux joutes oratoires du barreau de Paris : les Conférences Berryer. Henri Chapu, en voulant rendre hommage à cet orateur d'exception, associe l'Éloquence à une figure animale symbolique, incarnant l'une de ses caractéristiques fondamentales. Sorte de compagnon fidèle destiné à illustrer les qualités du bon orateur. Sénèque le Jeune, à Rome au Ier siècle de notre ère, dans ses *Lettres à Lucilius*, prônait l'usage de la lenteur dans le discours lorsque, critiquant d'une part le torrent de paroles de Sérapion, il disait louangeur, de l'autre, que « l'éloquence du vieux Nestor coule avec lenteur et [est] plus douce que le miel[25] ». À l'instar de son épitaphe qui lui fait côtoyer Quintilien, son monument parisien par cette apparition chélonienne le rattache aux rhéteurs antiques.

La seconde lecture que peut figurer cette tortue est d'une nature plus caustique. Insérée en plein cœur du palais de justice de Paris, la tortue est l'élément sculptural le plus proche de la porte donnant sur la chambre dédiée aux référés. Cette inoculation constitue un magnifique pied de nez à l'institution, moquant son incapacité à la

23. E. Madranges, *Quel célèbre avocat a sur sa tombe cette épitaphe : « l'éloquence vient du cœur » ? : Journ. sp. Sociétés* 2020 (www.jss.fr/Quel_celebre_avocat_a_sur_sa_tombe_cette_epitaphe__%C2%AB_l%E2%80%99eloquence_vient_du_c%C5%93ur_%C2%BB_-2116.awp) ; du même auteur, V. *Pourquoi y a-t-il une tortue au cœur du Palais de Justice de Paris ?, in* E. Madranges, *Empreintes d'histoire, 50 chroniques historiques, judiciaires, drôles et tragiques*, Paris, LexisNexis, 2018, p. 145-146.

24. *Ibid.*

25. Sénèque, *Œuvres complètes de Sénèque le Jeune*, Paris, Hachette, 1914, tome 2, *Lucilius*, Lettre XL.

TORTUE

promptitude. La lenteur a avec la justice une relation pluriséculaire. La littérature a gracieusement tourné en ridicule les délais mirifiques de la justice[26] : un thème qui ouvre ses bras à la satire. Il suffit de rappeler ces mots de Jean de La Bruyère dans *Les Caractères ou les mœurs de ce siècle*, désormais bien connus : « Le devoir des juges est de rendre la justice ; leur métier de la différer (…) »[27]. La lenteur et la justice se trouvent réunies sans un mot, par la simple présence du testunidé dans le cénacle de Thémis. Quelle audace de Chapu de railler la lenteur de la justice au sein même du lieu dans lequel elle est rendue ! Audace et inspiration, puisque malgré l'usage abondant de la tortue dans la littérature et la sculpture, comme symbole de lenteur, on ne trouve pas d'exemple l'associant à la Justice avant l'œuvre de Chapu[28]. L'artiste ouvre une voie nouvelle pour la satire, qui sera empruntée par les caricaturistes, et ce, dès la décennie suivante, par Orens notamment lors de l'affaire *Dreyfus*[29].

Grégory REMBLIER
Doctorant en histoire du droit,
Université de Toulouse Capitole
Centre Toulousain d'Histoire du Droit
et des Idées Politiques (EA 789)

26. Impossible ici de dresser une liste exhaustive de cette littérature plus ou moins satirique, nous n'évoquerons que quelques œuvres bien connues dans lesquelles la justice est moquée pour sa lenteur : Rabelais dans *Gargantua* et *Pantagruel* ; La Fontaine avec la fable *Les Frelons et les Mouches à miel* ; Kafka dans *Le Procès* ; Dickens dans les *Grandes Espérances* ou encore Dostoïevski dans *Crime et châtiment*.

27. J. de La Bruyère, *Les Caractères*, Paris, Flammarion, 1880, p. 317.

28. À notre connaissance et en dépit de nos recherches, il nous a été impossible de trouver une œuvre précédant celle de Chapu utilisant l'image de la tortue pour symboliser la nonchalance de la justice.

29. C. Denizard dit Orens, *La Vérité est en marche… depuis trop longtemps,* le juge se transformant ici en tortue, portant Dreyfus sur sa carapace pour moquer les lenteurs de la procédure.

CHAPITRE 3

Animal source de droits et d'obligations

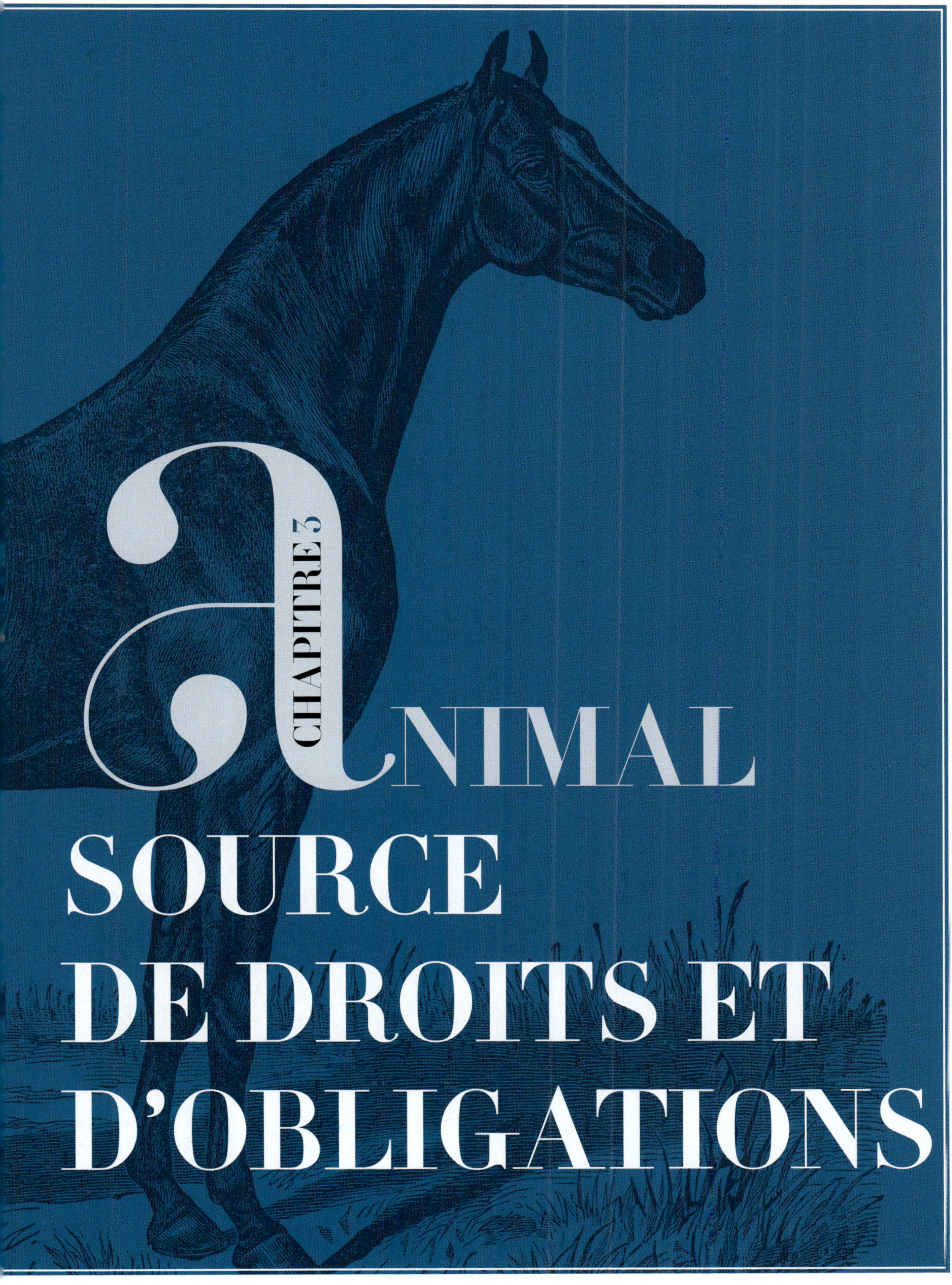

Géricault, Théodore (1791-1824), *Cheval cabré dit Tamerlan*, XIXe siècle, huile sur toile, 45 × 37 cm, France, Rouen, Musée des Beaux-Arts, Inv 923-10.1

CHEVAL

n. masc. 1. Mammifère domestique appartenant à la famille des Équidés, utilisé notamment comme animal de monture et de trait.

Trésor de la langue française, V° *Cheval*.

Equus caballus

La filière équine le sait bien : une partie importante du contentieux civil tient à l'identification du gardien de l'équidé à l'origine d'un dommage[1]. De fait, le cheval dispute au chien le titre de meilleur ami de l'homme. Il pèse cependant bien plus lourd qu'un canidé[2], ce qui occasionne inévitablement des dommages corporels importants. Ceux-ci surviennent d'autant plus que le cheval est une proie. Il peut réagir vivement à la peur, de sorte que même une personne du monde équestre aura régulièrement du mal à le maîtriser.

Lorsqu'elle n'a pas contracté avec le gardien de l'équidé[3], la victime d'un tel dommage cherchera à obtenir réparation sur le fondement de l'article 1243 du Code civil[4], texte qui est aujourd'hui compris comme reprenant les principes applicables à la responsabilité du fait des choses[5]. Elle devra alors agir contre le gardien de l'animal

1. Ch. Beucher, *L'Institut de droit équin, partenaire juridique de référence de la filière équine : RD rur.* 2024, entretien 1.

2. Le poids moyen d'un cheval de selle français est compris entre 400, voire 450 et 550 kilos.

3. Pour une résolution de la question sous l'angle des règles applicables au contrat de prêt, V. : Cass. crim, 17 sept. 2002, n° 01-83.510, publié au bulletin. Les juges ont alors fait application de l'article 1891 du Code civil, qui dispose que « lorsque la chose prêtée a des défauts tels qu'elle puisse causer du préjudice à celui qui s'en sert le prêteur est responsable, s'il connaissait les défauts et n'en a pas averti l'emprunteur ».

4. C. civ., art. 1243 : « Le propriétaire d'un animal, ou celui qui s'en sert, pendant qu'il est à son usage est responsable du dommage que l'animal a causé, soit que l'animal fût sous sa garde, soit qu'il fût égaré ou échappé ».

5. J. Flour, J.-L. Aubert, E. Savaux et L. Andreu, *Droit civil. Les obligations. Le fait juridique*, Paris, Lefebvre-Dalloz, 15e éd., n° 378, p. 576. – P. Jourdain, obs. sous Cass. 2e civ., 16 juill. 2020 : *RTD civ.* 2020, 892. – Ph. Le Tourneau (dir.), *Droit de la responsabilité et des contrats. Régimes d'indemnisation*, Paris, Dalloz, 2023-2024, n° 2222.12, p. 1026.

dont l'identification n'est pas toujours aisée. Celui qui monte un cheval en est-il le gardien ? La jurisprudence a pu répondre par la négative[6], comme par l'affirmative[7]. De même, celui qui prend soin de l'équidé en acquiert-il la garde ? Sur ce point, la jurisprudence a donné des réponses qui semblent difficilement conciliables[8]. Enfin, l'initiative prise en ce qui concerne les soins apportés à un cheval peut-elle influer sur la garde de l'animal ? Une fois encore, la jurisprudence a rendu des décisions dans des sens différents[9]. Pour formuler des solutions permettant de résoudre de telles difficultés, il faut en revenir aux fondements des règles applicables. Ainsi, une fois le sens et la portée de la présomption de garde qui pèse sur le propriétaire d'un cheval précisés, il sera possible d'envisager les cas de transfert de garde.

Sens et portée de la présomption de garde pesant sur le propriétaire

Les termes du débat relatif à l'identification du gardien d'une chose ou d'un animal sont connus : faut-il, comme la Cour de cassation a pu le faire pendant un temps, s'en tenir à une acception juridique de la garde ? Dans ce cas, seul peut être gardien celui qui dispose d'un pouvoir sur le cheval fondé sur un titre juridique. Le propriétaire de l'équidé peut en être le gardien, tout comme l'emprunteur. En revanche, le voleur ne pourrait pas l'être. Cette solution a cependant été jugée excessive. Depuis l'arrêt *Franck*, rendu par les chambres réunies le 2 décembre 1941[10], la Cour de cassation retient que le propriétaire qui a été dépossédé par un voleur est « privé de l'usage, de la direction et du contrôle » de sa chose, de sorte qu'il n'en a plus la garde. La lecture rapide d'une telle décision pourrait donner à penser que l'acception matérielle de la garde l'a emporté. Une telle affirmation doit être nuancée dès lors que, dans le même temps, la jurisprudence fait peser une présomption de garde sur les épaules du propriétaire.

6. Cass. 2e civ., 21 mai 2015, n° 14-17.582, inédit.

7. Cass. 2e civ., 3 juin 2010, n° 09-13.526, inédit.

8. Comp. : Cass. 2e civ., 9 déc. 2010, n° 09-67996, inédit (les juges du fond sont censurés pour avoir retenu la responsabilité du propriétaire de l'équidé, « sans rechercher, comme [ils] y étaient invités, si l'association [ayant loué l'herbage à partir duquel l'équidé avait pris la fuite avant de causer un accident de la circulation] ne pourvoyait pas à l'entretien de l'animal, n'assurait pas des soins quotidiens et n'assumait pas un rôle de surveillance ») et Cass. 2e civ., 15 avr. 2010, n° 09-13.370, inédit (la garde du cheval demeure au propriétaire qui a confié l'animal à un ami, blessé par l'animal tenu en longe, au motif que le rôle de la victime « était limité à l'entretien courant de l'animal au sens de la nourriture, des soins quotidiens et des promenades »). Le professeur Groutel a conclu en affirmant que « de la comparaison, il ressort que les mêmes critères peuvent conduire à des solutions opposées » (note ss Cass. 2e civ., 9 déc. 2010 : *Resp. civ. et assur.* 2011, comm. 87).

9. Excluant le transfert de garde, V. Cass. 2e civ., 18 juin 1997, n° 95-17.891, inédit. – Admettant le transfert de garde, V. Cass. 2e civ., 20 mars 1989, n° 88-11871, inédit.

10. *Bull. civ. ch. réunies*, n° 292.

Certes, il s'agit là d'une présomption simple. Toutefois, cette présomption ne peut être renversée que si le propriétaire du cheval prouve qu'il a perdu l'intégralité de ses pouvoirs sur son animal : il échappe à la responsabilité qui lui incombe s'il n'en a plus ni l'usage, ni le contrôle, ni la direction. *A contrario,* s'il a conservé un seul de ces trois pouvoirs, il demeure gardien de son cheval. Il importe alors de relever que ce faisant, le droit français fait du propriétaire du cheval le gardien de celui-ci, quand bien même il n'en serait pas le gardien au sens matériel, tel que défini par l'arrêt *Franck*[11].

Afin de mieux comprendre cette solution, il faut revenir sur le fondement de la présomption de garde que la jurisprudence fait peser sur les épaules du propriétaire. Comme pour toute présomption, la réalité statistique joue un rôle. Dans bien des hypothèses, le propriétaire dispose de l'usage, du contrôle et de la direction du cheval[12]. À cela, il faut ajouter une certaine faveur pour la victime. Faire peser une présomption de garde sur les épaules du propriétaire présente l'avantage de pouvoir désigner un responsable dans des situations complexes, où la dissociation des trois pouvoirs caractéristiques de la garde rend malaisée la seule application de la jurisprudence *Franck*[13]. Autrement dit, la présomption a vocation à fournir une solution en présence de configurations qu'il serait difficile d'apprécier s'il fallait s'en tenir à l'acception matérielle de la garde. En poursuivant l'analyse dans cette direction, il faut relever que la présomption de garde peut désigner comme gardien quelqu'un qui ne le serait pas si l'on devait exiger la preuve de la réunion des trois éléments de la garde en une même personne. Par où l'on voit que l'acception matérielle de la garde n'a pas pleinement triomphé[14]. Dans les hypothèses délicates, la garde juridique, centrée sur la propriété, l'emporte. C'est ainsi que la jurisprudence peut retenir que le propriétaire d'un équidé ayant blessé un spectateur alors qu'il participait à une manifestation taurine demeure son gardien au motif qu'étant en selle au moment des faits, il a « conservé au moins les pouvoirs d'usage et de contrôle de l'animal »[15]. Dans le même sens, des juges du fond ont été censurés pour avoir déchargé le propriétaire d'un cheval de sa responsabilité au motif qu'il l'avait confié à un tiers disposant d'un terrain, de sorte que ne résidant pas sur place, il en aurait perdu le contrôle et la direction[16]. De tels éléments n'établissaient pas le transfert de l'intégralité des pouvoirs sur l'animal, le tiers ayant seulement mis à disposition l'enclos.

---

11. Préc.

12. G. Viney, P. Jourdain et S. *Carval, Traité de droit civil. Les conditions de la responsabilité,* Paris, LGDJ, 4e éd, n° 677, p. 836, spéc. p. 837.

13. G. Viney, P. Jourdain et S. Carval, *loc. cit.*

14. Rappr. : J. Flour, J.-L. Aubert, E. Savaux et L. Andreu, *op. cit.*, nos 332 et s., p. 514 et s. – S. Hocquet-Berg, note ss Cass. 2e civ., 16 juill. 2020 : *Resp. civ. et assur.* 2020, comm. 180.

15. Cass. 2e civ., 16 juill. 2020, n° 19-14.678, publié au bulletin.

16. Cass. 2e civ., 25 nov. 1992, n° 91-15.459, inédit.

Le transfert de la garde d'un cheval

Une présomption simple, comme la présomption de garde qui pèse sur le propriétaire d'un cheval, peut être renversée. Certes, mais encore faut-il déterminer les conditions la faisant céder. Or, la jurisprudence *Franck*[17] est assez exigeante puisqu'elle n'admet le renversement de la présomption de garde qu'une fois prouvé le transfert cumulatif des trois pouvoirs de la garde, que sont l'usage, le contrôle et la direction du cheval, entre les mains d'une personne autre que son propriétaire. Ces trois éléments doivent être précisés à propos des animaux[18], particulièrement lorsque le propriétaire se dessaisit volontairement de son cheval. Qui a alors l'usage de l'équidé ? Serait-ce son propriétaire, quand bien même il laisse à un tiers le soin de le monter ? Serait-ce celui qui mène le cheval en main, pour le changer de pré ou parce que celui-ci, convalescent, doit marcher plusieurs fois par jour dans les écuries tout en étant maintenu au box ? Un professionnel, tel un vétérinaire ou un maréchal-ferrant, peut-il avoir « l'usage » d'un cheval ?

Il est difficile de présenter, de façon ordonnée, les réponses que la jurisprudence a pu apporter à ces questions car les juges n'indiquent pas toujours clairement, et surtout de façon convaincante[19], ce qu'il en est des trois pouvoirs caractéristiques de la garde dans l'espèce qui leur est soumise. La question de la garde d'un cheval confié aux soins d'un tiers est ainsi parfois résolue en considération d'autres éléments, comme l'identification de celui ayant la charge de l'entretien courant de l'animal[20], ou le caractère ponctuel de l'intervention du tiers[21], ou encore la prise d'initiative pour confier la réalisation d'exercices en selle à un tiers ou pour décider de ce qu'il convient de faire en cas de blessure[22]. S'agissant d'une chute à cheval, la question a pu être résolue à l'aide d'un critère temporel, à savoir une chute intervenue très rapidement qui n'aurait pas permis d'opérer un transfert de la garde de l'équidé, étant précisé que les juges avaient précédemment relevé que la cavalière était débutante[23]. Le caractère désintéressé d'une sortie à cheval[24], ou encore l'entraide familiale[25], ont également été relevés par les juges afin d'écarter tout transfert de garde de l'animal.

---

17. Préc.
18. V. Ribeyrol, note ss Cass. 2e civ., 17 janv. 2019 : *JCP* G 2019, act. 271.
19. C. Bloch, obs. ss Cass. 2e civ., 15 avr. 2010 : *JCP* G 2010, doctr. 1015, n° 7. – C. François, note ss Cass. 2e civ., 16 juill. 2020 : *JCP* G 2020, act. 1282.
20. Cass. 2e civ., 9 déc. 2010, préc.
21. Cass. 2e civ., 18 juin 1997, préc. – Cass. 2e civ., 9 déc. 1989, n° 88-18.493, inédit.
22. Cass. 2e civ., 15 avr. 2010, préc.
23. Cass. 2e civ., 21 mai 2015, préc.
24. Cass. 2e civ., 29 mars 1977, n° 75-14.451, publié au bulletin.
25. Cass. 2e civ., 15 févr. 2007, n° 05-21.287, inédit.

À l'inverse, un entraîneur, professionnel disposant d'une licence et intervenant à titre libéral, a été jugé gardien du cheval à l'origine de sa chute[26].

La doctrine, tentant de systématiser l'ensemble des solutions jurisprudentielles relatives au transfert de garde, relève que la remise d'une chose à un professionnel, dans le cadre de son activité, emportera régulièrement transfert de garde[27]. L'affirmation est toutefois immédiatement nuancée : si l'aide est ponctuelle et bénévole, le propriétaire tend à conserver la garde de la chose[28]. De même, si le contrat est conclu entre deux professionnels, les juges auront égard à la nature du contrat éventuellement conclu, règle au demeurant applicable à l'hypothèse où l'animal est confié hors contexte professionnel[29]. Le contrat de prêt à usage aurait plus particulièrement vocation à emporter transfert de garde, sauf à ce que le contrat ait une durée limitée et soit conclu dans un but précis, ou sauf à ce que l'emprunteur agisse dans l'intérêt du prêteur[30]. Ainsi, la doctrine comme la jurisprudence tendent à délaisser l'appréciation systématique des trois pouvoirs, dont la réunion est en principe nécessaire au transfert de garde.

Cela peut se comprendre. Ces notions ne sont pas toujours simples à appliquer en présence d'un cheval. Partant, il faut peut-être admettre qu'il est temps de dépasser la lettre de l'arrêt *Franck*[31] et de revenir sur la raison d'être de cette jurisprudence : pourquoi et dans quelles circonstances la présomption de garde, qui pèse sur les épaules du propriétaire, doit-elle céder ? Il semble que cela tienne à ce que l'engagement de sa responsabilité est alors jugé excessif au motif qu'il n'a plus la maîtrise de la chose[32]. C'est l'exemple du vol, visé dans l'arrêt *Franck*[33]. Cette justification a pu être critiquée en ce qu'elle tend à ramener la responsabilité du fait des choses dans le giron de la faute[34]. Celui qui, ayant la maîtrise de l'animal, n'a pas empêché la survenance du dommage n'a-t-il pas commis une faute ? Afin de mettre fin à ce qui peut être perçu comme une résurgence de la responsabilité subjective, il est proposé

---

26. Cass. 2e civ., 1er mars 1989, n° 88-10.493, inédit.

27. G. Viney, P. Jourdain et S. Carval, *op. cit.*, n° 689, p. 845.

28. G. Viney, P. Jourdain et S. Carval, *loc. cit.*

29. G. Viney, P. Jourdain et S. Carval, *loc. cit.*

30. G. Viney, P. Jourdain et S. Carval, *op. cit.*, n° 690, p. 848.

31. Préc.

32. Certains projets de réforme ont ainsi pu évoquer la maîtrise de la chose, en lieu et place de l'usage, du contrôle et de la direction de celle-ci (en ce sens, V. : Avant-projet Catala remis le 22 sept. 2005, art. 1354-2 ; Prop. de loi Béteille, enregistrée le 9 juillet 2010, art. 1386-6 ; Prop. Terré, art. 2C, al. 3). Mais les projets les plus récents reprennent le vocabulaire de l'arrêt *Franck* (Projet de la Chancellerie de mars 2017, art. 1243, al. 4 ; Prop. de loi enregistrée le 29 juillet 2020, art. 1242, al. 4).

33. Préc.

34. J. Flour, J.-L. Aubert, E. Savaux et L. Andreu, *loc. cit.* – G. Viney, P. Jourdain et S. Carval, *op. cit.*, n° 675-1, p. 832.

de faire de la présomption de garde, une présomption irréfragable[35]. Mais cette proposition n'a pas encore reçu de soutien dans les différents projets de réforme qui ont pu être élaborés ces dernières années[36]. En outre, certains auteurs suggèrent de maintenir un transfert de garde lorsque la chose est remise à un professionnel en vue de l'exercice de sa profession[37]. Dans ces conditions, il faut peut-être se contenter de proposer, en l'état actuel du droit français, une évolution de vocabulaire permettant au juge de mieux rendre compte de la majorité des solutions admises.

Sous cet angle, il peut être utile de se référer à la maîtrise d'un cheval, plus qu'à son usage, son contrôle et sa direction[38]. Le professionnel qui se voit confier un cheval, ponctuellement, tel un maréchal-ferrant ou un cavalier professionnel, ou plus longuement, telle une écurie se proposant de développer les capacités sportives de jeunes chevaux, a la maîtrise de l'animal, que ce soit de façon ponctuelle, pour les premiers, ou de façon plus continue, pour l'écurie. À tout le moins, un raisonnement *in abstracto* permet de considérer qu'un professionnel doit disposer de la maîtrise nécessaire en raison de ses compétences. Et peu importe que celui qui lui confie l'équidé soit alors lui-même un professionnel. Une telle analyse permet encore de comprendre pourquoi celui qui agit dans un but altruiste, pour rendre service, n'aura bien souvent pas la garde du cheval : son intervention sera limitée et ne lui permettra pas d'avoir l'entière maîtrise de l'équidé[39]. Celui qui vient ponctuellement nourrir l'animal n'en a aucunement la maîtrise.

Cela permet également de comprendre pourquoi les juges ont égard au niveau du cavalier et de la monture lorsqu'un cavalier amateur chute[40]. Un cavalier débutant n'aura pas la maîtrise d'une monture délicate. Un cavalier disposant d'un certain niveau à cheval pourra avoir la maîtrise de celui-ci pour peu que le parcours d'obstacles qui lui est proposé corresponde à son niveau, comme aux capacités physiques du cheval. Enfin, celui qui aide le propriétaire à faire monter un cheval dans un van en se plaçant derrière l'animal pour le faire avancer ne saurait en acquérir la pleine maîtrise : la présence et l'action du propriétaire, qui va par exemple être placé à la tête du cheval pour le faire monter, l'empêchent d'acquérir la pleine maîtrise de l'animal[41].

---

35. S. Hocquet-Berg, note préc.

36. V. les projets préc. *supra*, note 31.

37. G. Viney, P. Jourdain et S. Carval, *loc. cit.*

38. Rappr. : B. de Grainvilliers, note ss CA Versailles, 14 mars 2019 : *RD rur.* 2019, comm. 130. – J. Flour, J.-L. Aubert, E. Savaux et L. Andreu, *op. cit.*, n° 378, p. 576. – Ph. Le Tourneau, *op. cit.*, n° 2222.21, p. 1027.

39. A. Zelcevic-Duhamel, note ss Cass. 2e civ., 15 avr. 2010 : *JCP* G 2010, act. 725.

40. Cass. 2e civ., 21 mai 2015, préc. – Cass. 2e civ., 3 juin 2010, préc.

41. Rappr. : Cass. 1re civ., 20 janv. 1987, n° 85-15.746, publié au bulletin.

CHEVAL

Hamilton, Johann Georg (1672-1737), *Cerbero, un étalon Kladruber exécutant une capriole*, 1721, huile sur toile, 49 × 64 cm, Vienne, Imperial Carriage Museum © Bridgeman Images.

Pour terminer, il faut convenir de ce que la question est parfois obscurcie par les liens d'autorité qui peuvent exister entre celui dont la responsabilité est recherchée en qualité de gardien et un tiers. En effet, les qualités de préposé et de gardien sont en principe incompatibles[42]. Lorsqu'une chose est utilisée par un préposé, le commettant est régulièrement jugé gardien de celle-ci, parce que le préposé ne dispose pas librement de la chose[43]. Or, le lien de préposition est apprécié souplement par la jurisprudence. Les juges admettent qu'une personne ait la qualité de préposé occasionnel[44]. En outre, le lien de préposition peut être assez aisément caractérisé : il suffit qu'une personne dispose d'une certaine autorité sur une autre, voire profite de l'activité d'une autre, qui agit alors pour son compte et dans son intérêt[45]. S'agissant d'identifier le gardien d'un cheval, un certain nombre de litiges pourraient trouver une issue plus satisfaisante, en droit, si la question de l'application de la responsabilité des commettants était posée. Malheureusement, les praticiens n'y songent pas toujours[46].

Julie TRAULLÉ
Professeur de droit privé
Université de Paris-Saclay (UVSQ, Versailles)
Laboratoire DANTE (EA 4498)

42. M.-A. Péano, *L'incompatibilité entre les qualités de gardien et de préposé : D.* 1991, 51.

43. Cass. 2e civ., 20 juin 2002, n° 00-17.081, publié au bulletin.

44. C. François, note préc. – S. Hocquet-Berg, note préc.

45. C. François, note préc.

46. C. François, note préc. – S. Hocquet-Berg, note préc. – P. Jourdain, obs. préc.

Vos, Paul de (1596-1678), *Le Paradis terrestre*, vers 1650, huile sur toile, 2,65 × 3,2 m, France, Paris, Musée du Louvre, Inv 1844, © GrandPalaisRmn (musée du Louvre) / Gérard Blot.

Peut-on parler d'un statut de l'animal en droit canonique médiéval ?

Alexandre MIMOUNI
Maître de conférences en histoire du droit,
Université de Tours
Institut de Recherche Juridique Interdisciplinaire
(IRJI-François-Rabelais) (EA 7496)

Évoquer le *droit médiéval* est un raccourci qui prend le risque de faire fi, d'une part, de l'extrême complexité de l'ordre juridique pluriel typique de cette période et, d'autre part, de la durée du Moyen Âge, qui s'étend sur environ mille ans. Cette complexité constitue paradoxalement la richesse de ce que l'on nomme le *jus commune*, un droit transmis dans les universités mais dont les solutions, multiples et parfois contradictoires, forment les juristes et alimentent les cours de justice[1]. C'est toutefois durant le Moyen Âge central et le bas Moyen Âge que le droit de l'Église va produire ses concepts de la façon la plus féconde. À de nombreux égards, le droit canonique joue un rôle fondamental dans l'histoire du droit occidental au XIIe siècle, qualifié de véritable révolution[2]. En effet, consécutivement à la *réforme grégorienne* de l'Église et à la redécouverte du droit romain, le droit canonique change et, avec lui, tout l'édifice juridique occidental. Après la Réforme grégorienne, le statut du droit canonique évolue : l'Église s'est structurée de façon hiérarchique et ses juridictions se sont développées dans toute

1. Sur ce point, V. not. : P. Grossi, *L'ordine giuridico medievale*, Roma-Bari, Laterza, 2017. – E. Cortese, *Il diritto nella storia medievale*, Roma, Il Cigno Galileo Galilei, 1996-1999. – M. Bellomo, *L'Europa del diritto commune*, Leonforte, Euno Edizioni, 2016. – J. Gaudemet, *Les naissances du droit : le temps, le pouvoir et la science au service du droit*, Paris, LGDJ, 2016.

2. Sur ce point, V. not. : H. Berman, *Droit et révolution*, trad. R. Audouin, Aix-en-Provence, Librairie de l'Université d'Aix-en-Provence, 2002.

l'Europe. L'officialité, juridiction dépendant de l'évêque, est amenée à se prononcer sur une multitude de sujets dépassant largement les questions disciplinaires internes à l'Église. La redécouverte du droit romain et le développement de l'étude de ses textes aident les canonistes qui entourent le pape à produire un important *corpus* de droit pour permettre aux juges ecclésiastiques de trancher les nombreux litiges qui leur sont soumis.

Dans cette évolution, qui se traduit dans les sources, la question du statut de l'animal connaît inévitablement des changements, qui témoignent des modifications structurelles. À lire l'un des historiens spécialistes de la question, l'apparition des animaux dans les études historiques date d'environ une cinquantaine d'années[3]. Cela correspond à la loi, fondatrice, de 1976 sur la protection de la nature, qui dispose en son article L. 214 que « l'animal est un être sensible et doit être placé par son propriétaire dans des conditions compatibles avec les impératifs biologiques de son espèce ». Ainsi, au moment où, hybridant son statut d'objet, l'animal est défini par son caractère sensible – condition préfigurant, selon certains, un véritable droit de l'animal[4] –, les historiens tentent d'examiner si de semblables préoccupations existaient dans les sociétés médiévales et antiques[5].

Peut-être plus que d'autres, la question du statut de l'animal interroge le rôle du droit. Il est évident que le droit n'a pas, à toutes les époques, le même statut, le même prestige et le même rôle[6]. Lorsque l'on requiert aujourd'hui du droit qu'il se prononce sur la question de la protection de la nature ou de l'animal, qu'est-ce que cela dit de nous et de notre conception du droit ? Pour un historien du droit canonique médiéval, la question est double. Différentes perceptions de l'animal coexistent durant la période et le droit canonique reçoit ces influences parfois contradictoires. Objet de propriété et de responsabilité, l'animal est également envisagé à travers d'autres activités humaines, comme la chasse ou certaines pratiques ludiques, que le droit canonique tente d'encadrer ou d'interdire.

---

3. M. Pastoureau, *Classer les animaux. L'exemple du Moyen Âge occidental*, in *Le monde en mélanges. Textes offerts à M. Godelier*, éd. M. Jeudy-Ballini, Paris, CNRS éd., 2019, p 403 et s.

4. I. Boussard, *Agriculture, environnement et protection de la nature : la loi de 1976 : Ruralia* 1/1997, en ligne, consulté le 20 avr. 2024.

5. Pour un aperçu de l'évolution historiographique en la matière, V. P.-O. Dittmar, *Penser une anthropologie historique du vivant*, in *Pour une anthropologie historique de la nature*, éd. J. Lamy, R. Roy, Rennes, PUR, 2019, p. 57-71.

6. Sur ce point, V. J. Ellul, *Le rôle du droit comme réducteur de crise au* XIV*e siècle*, in *Droit, institutions et systèmes politiques : Mél. en hommage à M. Duverger*, éd. D. Colas, Paris, PUF, 1988, p. 63-77.

I. – Un droit canonique traversé par différentes conceptions de l'animal

La théologie chrétienne a été accusée d'avoir modifié le rapport de l'homme à la nature et à l'animal, en l'en séparant et en l'instituant maître et dominateur de la création[7]. Depuis, il a été mis en évidence les deux conceptions concurrentes circulant à l'époque médiévale : l'une sépare radicalement l'homme de l'animal, la seconde établit une communauté du vivant à partir des catégories de la pensée d'Aristote[8].

La première vision est largement dominante : elle implique de penser l'animal symboliquement, comme un repoussoir permettant de définir l'homme en désignant à l'esprit tout ce que l'animal n'est pas : un être de raison, tourné vers Dieu. De ce point de vue, le droit présente un intérêt particulier car il est décrit, par certaines sources précoces du droit canonique, comme le domaine particulier des hommes. Par exemple, l'évêque et théologien Fulgence de Ruspe († 533) affirme la différence essentielle entre homme et animaux : elle réside dans la capacité à l'intelligence rationnelle[9]. Et le théologien de citer un psaume biblique : « Ne soyez pas comme le cheval et le mulet, qui n'ont pas d'intelligence ». Le canon de Fulgence de Ruspe se retrouve ensuite dans les collections canoniques du haut Moyen Âge, notamment celles d'Yves de Chartres[10].

Il a pu être affirmé qu'au Moyen Âge, l'animal n'existait pas[11]. Dans certains dictionnaires du Moyen Âge central, le terme d'animal fait l'objet d'une définition extrêmement succincte : l'animal est ce qui a une âme (*anima*), qui est animé, et, ajoute l'auteur en citant les Évangiles, qui n'entend pas l'esprit de Dieu[12]. Indéniablement, l'animal

7. Sur les débats provoqués par cette thèse du médiéviste américain Lynn Townsend White, Jr., V. D. Bourg, *Les débats théoriques ouverts par Lynn White*, Paris, PUF, 2019, p. 51-80.

8. M. Pastoureau, *Classer les animaux*, *loc. cit.*, p. 405 et s. À certains égards, cette conception double recoupe d'une certaine manière la séparation entre naturalisme et analogisme, théorisée par P. Descola in, *Par-delà Nature et Culture*, Paris, Gallimard, coll. « Bibl. des sciences humaines », 2005.

9. Fulgentius Ruspensis, *De regula verae fidei*, 24 : « Solos (...) humanos intelligendi facultatem divinitus accepisse ; caeteros vero spiritus brutorum animalium rationem et intelligentiam non accepisse, et etiam hoc omnino habere non posse. Propter quod dicitur hominibus, "Nolite fieri sicut equus et mulus, quibus non est intellectus" (*Psal.* XXXI, 9) : et ideo animas hominum, et animas pecorum unius naturae non esse nec animas pecorum in homines, nec animas hominum in pecora posse aliquando transire » (*Patrologia Latina*, Paris, éd. J.-P. Migne, 1844, t. 65, col. 700C).

10. Ivo Carnotensis, *Decretum*, I, 24, *De differentia rationalis et irrationalis*, éd. M. Brett, B. Brasington (https://ivo-of-chartres.github.io/decretum/ivodec_1.pdf, consulté le 20 avr. 2024).

11. Du nom du séminaire donné par P.-O. Dittmar, *Il n'y a pas d'« animal » au Moyen Âge*, par ailleurs auteur de la thèse : *Naissance de la bestialité : une anthropologie du rapport homme-animal dans les années 1300*, Lille, Atelier national de reproduction des thèses, 2010.

12. Huguccio, *Derivationes* : « *Anima*, (...) hoc *animal* -lis, et hic et hec *animalis* et hoc -le, unde Apostolus "animalis homo non percipit ea que sunt spiritus Dei" ; unde hec *animalitas* -tis, proprietas qua quid dicitur animale » (éd. E. Cecchini, Firenze, éd. del Galluzzo, 2004, p. 60).

ne constitue pas un objet de particulier intérêt pour le juriste. Michel Pastoureau rappelle que les théologiens, eux, suivant la méthode scolastique, en font l'objet de questions dans les joutes universitaires : sur la résurrection des animaux, sur leur accès au paradis, sur leur capacité à travailler le dimanche[13]. En droit canonique, cette limite homme/animal est tracée et réaffirmée, notamment à l'occasion de la définition du droit naturel : puisqu'il est du domaine de la distinction du juste et de l'injuste, le droit est le domaine de l'homme. Pour autant, il existe un droit naturel, qui gouverne hommes et animaux[14].

Cela est rappelé en introduction d'un célèbre traité du droit canonique médiéval, le commentaire *Animal est substantia* au Décret de Gratien (1216) :

> *« Un animal est une substance animée et sensible. L'homme a donc une nature commune avec tout animal, à savoir la sensualité. Et donc il existe pour l'homme un certain droit lié à sa sensualité, commune avec tous les êtres animés, à savoir le droit naturel, qui est ce que la nature enseigne à tous les animaux, comme cela est mentionné au Décret [D. 1, c. 6] et aux Institutes [*Inst.*, 1, 2, 1]. Et cet ordre et ces instincts naturels forment bien un droit (*ius*), qu'on appelle pour cela droit naturel. Et en vertu de ce droit, il n'est rien de juste ou d'injuste, car ce droit n'ordonne rien mais détermine seulement l'homme par la force de la nature. Nous ne dirions pas, en effet, qu'un cheval ou un âne pèche. Par conséquent, l'homme est supérieur à tout animal par cette différence de la substance rationnelle. (…) Et puisque l'homme a une raison, la transgression de ce premier droit lui est imputée comme péché, alors que ce n'est pas le cas pour les autres animaux, qui n'ont pas de raison[15] ».*

S'appuyant sur le célèbre texte d'Ulpien (*D.*, 1, 1, 1, 3), l'auteur insiste à la fois sur la commune sensualité des êtres animés, ancrée dans un ordre non prescriptif, et sur la radicale distinction fondée sur le critère de la rationalité. Pour autant, il insiste sur la dimension sensible de l'animal, reconnaissant ici cette communauté avec l'homme évoquée plus haut. Cette sensibilité, entrée dans notre droit en 1976 et confirmée en 2015 dans le Code civil (C. civ., art. 515-14), modifie-t-elle la considération juridique des animaux ?

Elle ne va pas toutefois jusqu'à ouvrir les tribunaux aux animaux en tant que coupables. C'est dans le Décret de Gratien que se trouve un fragment d'Augustin condamnant radicalement l'hypothèse des procès pénaux faits aux animaux. De

13. M. Pastoureau, *Classer les animaux*, *loc. cit.*, p. 406.

14. Sur la question du droit naturel durant la période, V. not. R. Saccenti, *La ragione e la norma : dibattiti attorno alla legge naturale fra XIIe-XIII secolo*, Turnhout, Brepols, 2019.

15. *Summa « Animale est Substantia »*, *pr.*, éd. C. Coppens (https://repository.ubn.ru.nl/handle/2066/197926, consulté le 20 avr. 2024).

Giotto (dit), Bondone Ambrogio (vers 1267-1337), *Saint François d'Assise recevant les stigmates* (détail), tempera et fond d'or sur peuplier, vers 1297-1299, Saint François d'Assises parlant aux oiseaux, France, Paris, Musée du Louvre, 3,13 × 1,63 m, Inv 309, © GrandPalaisRmn (musée du Louvre) / Michel Urtado.

ce dossier complexe, l'historien du droit peut dédouaner les canonistes qui ont toujours refusé l'idée d'une culpabilité consciente de l'animal.

Le Lévitique condamnait à la mort un homme ayant copulé avec une chèvre et l'animal devait également être mis à mort[16]. Augustin rappelle que cela n'entraîne aucunement une culpabilité de l'animal. Les commentateurs du Décret de Gratien discutèrent cette hypothèse s'agissant du sens à donner à la mort de l'animal, mais jamais la question de la culpabilité d'un animal incapable d'entendre la notion de crime ne sera ouverte. En accord avec les objectifs du droit canonique, la mort de l'animal est justifiée par la peur du scandale ou de l'entretien de la mémoire d'un crime capable de susciter une excitation coupable[17]. Le droit canonique écarte l'animal du droit en tant que sujet mais il s'en saisit toutefois, notamment pour opérer une classification. Le droit romain effectuait déjà une telle classification dans ce que Dario Mantovani nomme une « zoologie juridique »[18]. Pour bâtir cette taxinomie, le droit romain se fondait sur des distinctions, à la fois éthologiques et conceptuelles, puisées dans d'autres domaines (philosophie, littérature, *etc.*). La *summa distinctio* en la matière séparait la nature sauvage (*fera*) de la nature domestiquée (*non fera*). Cette séparation établissait un rapport juridique fondé sur l'appropriation de l'animal : sur l'animal domestiqué, la propriété humaine pouvait être établie, là où, sur l'animal sauvage, seule une possession physique pouvait exister.

16. *Lévitique*, 20.15-16.

17. Sur ce point, qu'il me soit permis de renvoyer à mon article : A. Mimouni, *La responsabilité de l'animal, avec ou sans propriétaire, en droit canonique médiéval : Droit et nature*, éd. C. Leveleux-Teixeira, P.-A. Forcadet, Rennes, PUR, à paraître.

18. D. Mantovani, *Classer les animaux pour mieux se les approprier. Jalons pour une « zoologie juridique » romaine*, *Droit de nature, nature sans droits. Les implicites romains de la pensée moderne*, Séminaire du 12 avril 2023 (https://youtu.be/32uLy-OB1FQ?si=ghHMD_RWbC1u1Bwn, consulté le 20 avr. 2024).

Cette distinction se retrouve dès les premières mentions de l'animal par les sources canoniques. Cette séparation trouve également sa justification dans la théologie : à partir de la théorie augustinienne, la pensée chrétienne distingue l'animal, appartenant à la *civitas*, sur qui l'homme exerce un contrôle et l'animal sauvage, appartenant à la *silva*, que seul Dieu peut contrôler[19].

La distinction est fondatrice dans les représentations médiévales jusqu'au XIIIe siècle et, partant, elle est cardinale en droit canonique[20]. L'animal est appréhendé au travers d'une distinction entre les bêtes sauvages, définies par des caractéristiques physiques traduisant leur férocité (griffes, dents, cornes), et les animaux domestiques, dont la fonction est essentiellement agricole. Dans ce dernier cas, il s'agit des têtes de bétail (bovines, ovines, caprines ou porcines)[21]. Les animaux qui mettent à mal ces catégories interrogent le droit : dans quelle catégorie mettre le chien, utile à l'homme et affectueux mais qui peut mordre et tuer ? Quel régime juridique appliquer au bœuf, quand celui-ci, infidèle à sa nature première, encorne violemment un homme ou un autre animal ?

La distinction entre le domaine du sauvage et celui du domestique traduit la réalité d'une société agricole, confrontée à un monde sauvage dont il importe de se protéger. Ainsi, le droit canonique condamne celui qui fait entrer la bête dans le domaine des hommes. Si cela est utile à l'homme (pour se protéger ou protéger son bétail), cela est possible dans une certaine mesure mais l'homme est responsable des dommages occasionnés, parfois selon les conditions du Talion[22].

L'absence de distinction faite par le législateur en 1976 entre les animaux sauvages et les animaux domestiques a parfois été moquée[23]. Elle tient peut-être à une conception contemporaine dans laquelle la question même du sauvage semble caduque[24] : aujourd'hui, la question de l'anthropocène donne à cette conclusion tout son sens tragique, dans la mesure où le domaine du sauvage est réduit à la portion congrue. Sauvage ou domestique, l'animal au cours du Moyen Âge interagit avec l'homme et ces interactions sont dûment encadrées.

---

19. G. Rainis, « *Procéder comme justice et raison le desiroit et requiroit* ». *I processi contro gli animali nella Francia del tardo Medioevo : il caso del maiale tra* XIVe-XVIe *secolo*, in *I quaderni del Ramo d'Oro* 2011, n° 4, p. 100-120.

20. P.-O. Dittmar, *Penser une anthropologie historique du vivant*, *loc. cit.*, p. 63.

21. V. A. Mimouni, *La responsabilité de l'animal*, *loc. cit.*

22. *Ibid.*

23. J. Untermaier, *Une innovation durable : la protection de la faune et de la flore dans la loi du 10 juillet 1976 : Rev. jur. env.* 2016, n° 4, p. 648.

24. V. Maris, *La part sauvage du monde – Penser la nature dans l'Anthropocène*, Paris, Seuil, 2018.

II. – La traduction juridique du regard sur l'animal, objet de propriété et moyen de divertissement

Le droit romain place l'animal dans la catégorie des choses, au sein de sa grande distinction entre chose et personne. Son identité de *res animata* emporte des régimes juridiques liés à la propriété et à la responsabilité qui lui est attachée, son animation ne s'interprétant pas en matière de sensibilité mais en termes de dangerosité, pour l'homme, pour les autres animaux et pour les biens matériels. Évoqués par la loi des XII Tables (-451 av. J.-C.) comme objet d'une possible mancipation (mode de transaction archaïque et formaliste de la propriété romaine), le droit romain les rencontre encore quand il prohibe au propriétaire, par la loi *de pastu pecoris*, de faire paître son animal sur des terres qui ne lui appartiennent pas, ou bien quand il définit la responsabilité du propriétaire pour les dommages causés par un animal, la fameuse responsabilité issue de la loi Aquilia (-286 av. J.-C.).

Au cours du XIIe siècle, le droit romain est redécouvert et il exerce une influence profonde sur le droit canonique. Les deux droits sont, en effet, enseignés à l'université et leur interpénétration produit un patrimoine juridique extrêmement riche pendant plusieurs siècles. Dans ce contexte, les canonistes réinterprètent le droit romain à l'aune de leur propre tradition juridique. Un certain nombre de textes issus du *corpus* biblique prévoyaient une responsabilité du propriétaire de bœufs dans le cas où ceux-ci encornent des humains et des animaux, tropisme du droit depuis les premiers temps du droit écrit en Mésopotamie, comme les Lois d'Ešnunna (art. 53-54) ou le Code d'Hammurabi (art. 250)[25]. Le livre de l'Exode prévoyait la lapidation du bœuf coupable, en sus d'un dédommagement éventuel si le propriétaire n'avait pas pris de mesures en connaissance d'une tendance agressive chez le bœuf. Durant le haut Moyen Âge, ces fragments bibliques sont intégrés dans certaines collections canoniques, notamment la *Collectio Hibernensis* rédigée au VIIIe siècle[26].

À partir de la fin du XIIe siècle, ces sources sont remplacées par les dispositions du droit romain contenues dans la loi Aquilia : le droit s'inquiète ici avant tout du dédommagement de la ou des victimes par le propriétaire de l'animal. Les canonistes

25. *Law Collections from Mesopotamia and Asia Minor*, éd. M. Roth, Atlanta, Scholars Press, 1995, p. 67 et 128. Sur ce point, V. B. S. Jackson, *Wisdom-Laws : A Study of the Mishpatim of Exodus 21 :1-22 :16*, et en particulier le chapitre « The goring ox », p. 225-290.

26. V. A. Mimouni, *La responsabilité de l'animal*, *loc. cit.* Des compilations de textes d'origines diverses, des canons de conciles, des décrétales pontificales ou, encore, des textes issus de la tradition patristique. Sur les collections canoniques, V. not. L. Fowler-Magerl, *Clavis canonum : Selected Canon Law Collections before 1140*, Hannover, Hahnsche Buchhandlung, 2005 [*Monumenta Germaniae Historica*, Hilfsmittel, vol. 21].

abandonnent expressément les sources vétérotestamentaires au profit du système romain, conçu comme plus adapté[27]. C'est pourtant dans la discipline cléricale qu'apparaît une conception de l'animal permettant de prendre en compte sa dimension sensible, notamment en interdisant certaines pratiques, comme la chasse ou les jeux taurins, antithétiques avec la pratique de la charité ou même de la méditation religieuse. Cette évocation montre que le droit canonique envisage cette problématique de façon précoce, mais il faut également rappeler que les sources sont patristiques et non conciliaires ou pontificales. Il ne semble donc pas que les conciles se soient penchés sur la question pour légiférer. Cela reste donc une question marginale dans la mesure où dans les premiers siècles, le droit canonique s'occupe de questions qui touchent l'Église et le clergé. C'est toutefois dans certains rapports particuliers du clerc à l'animal que le droit canonique transmet une certaine conception qu'il importe de noter.

La question de l'animal est, en effet, envisagée au travers de l'interdiction faite au clerc de chasser. Plusieurs conciles, entre le VIe et VIIIe siècle, font défense aux clercs de chasser, en particulier la chasse au chien ou au faucon. C'est le cas au concile d'Agde de 506[28]. L'interdiction est répétée au concile d'Epaone en 517[29] et, plus tard, durant la période carolingienne[30]. Ces canons furent ensuite compilés dans le *Liber extra* et abondamment commentés durant les derniers siècles du Moyen Âge. La condamnation de la chasse provient d'une réflexion qui s'inquiète des conséquences sur le comportement humain : la chasse, domaine du bruit et de l'agitation, est perçue au travers de modèles bibliques de Nemrod, figure de la rébellion contre l'autorité divine, ou d'Ésaü, chasseur parce que pécheur. En opposition à la chasse, la pêche est autorisée. Les saints, comme Martin de Tours, s'y adonnent et elle est l'occasion d'une forme de méditation, là où la chasse produit fureur, bruit et délectation coupable. Pour les clercs, la chasse est prohibée, à l'exception de la pose de pièges. Chasser l'animal pour sa viande ou sa peau est autorisé aux laïcs mais elle est interdite si elle est pratiquée seulement par volupté. Pendant la chasse, concluent les canonistes médiévaux, personne ne peut penser à Dieu[31].

---

27. V. A. Mimouni, *La responsabilité de l'animal, loc. cit* ; G. Guyon, *De la chasse et des clercs au Moyen Âge*, in *Terre, forêt et droit*, dir. C. Dugas de la Boissonny, Nancy, PU Nancy, 2006, p. 255-271.

28. *Concilium Agathense*, c. 55, éd. C. Munier, *Concilia Galliae a.314-a.506*, Turnholti, Brepols, 1963 [*Corpus christianorum. Series latina*, 148], p. 226.

29. *Concilium Epaonense*, c. 4, éd. F. Maassen, *Concilia Aevi Merovingici*, Hannoverae, MGH, 1893, p. 20, l. 2-5.

30. *Concilium Germanicum*, c. II, éd. A. Werminghoff, *Concilia Aevi Karolini*, t. I, Hannoverae-Lipsiae, MGH, 1906, p. 3, l. 13-14.

31. Sur ce point, V. A. Mimouni, *Le clerc chasseur en droit canonique médiéval*, à paraître.

Ainsi, il y aurait ici une conception sous-jacente du droit canonique : la conduite qu'adopte l'homme face à l'animal indique une certaine éthique, notamment dans ses devoirs face à Dieu. Cela est perceptible dans le rapport aux jeux qui mettent en scène un animal. Certains canonistes rapprochent d'ailleurs ces jeux de la chasse, comme Bartholomée de Brescia. La glose ordinaire au Décret de Gratien distingue la chasse sauvage de la « chasse en arène », c'est-à-dire de ceux qui combattent contre des « animaux armés de dents dans une arène »[32]. Dans les deux cas, l'idée sous-jacente est l'interdiction faite au clerc du contact avec le sang. Au début de l'ère moderne, en 1567, le pape Pie V interdit les jeux taurins. Cette interdiction est motivée par l'idée que cette pratique fait courir à l'homme un danger de mort inutile et qu'elle met son âme en danger[33]. Si ce n'est donc pas l'animal qui se trouve ici au centre de la réflexion mais la dignité supérieure de la vie humaine, l'idée que tourmenter l'animal constitue une pratique condamnable se retrouve en doctrine. Ces pratiques, affirment les canonistes, sont contraires à la charité et à la piété[34]. En 1596 toutefois, devant l'inefficacité de l'interdiction, le pape Clément VIII confirme la validité des buts posés par la première interdiction mais modifie l'ordre des peines. Il précise que les clercs ne doivent pas participer à ces jeux, contraires à leur dignité. Signe de son échec, l'interdiction est encore rappelée par Claude-Henri Plantier, évêque de Nîmes, en 1863, qui affirmait significativement dans une lettre à ses paroissiens : « Quand on nous raconte le détail de ces hideux combats… nous croyons entendre un récit des temps païens… »[35].

Sous plusieurs aspects, le droit canonique tente effectivement, par ses règles, de définir un rapport entre l'homme et l'animal qui soit spécifiquement chrétien. Traversé pourtant par le droit romain et la philosophie aristotélicienne, le droit canonique médiéval ne définit pas de façon unique et définitive un statut de l'animal, sauf à se limiter à la différence qui l'oppose à l'homme et institue ce dernier comme être rationnel. Pourtant, fidèle à sa méthode doctrinale, il ouvre des *quaestiones*, qu'il nous paraît tout à fait opportun aujourd'hui de considérer, car dans son approche se traduit une considération tout à fait actuelle : le rapport qu'entretient l'homme à l'animal constitue, en miroir, un indice probant de son rapport à lui-même et à ses semblables.

32. Johannes Teutonicus, *Gl. ord. ad* D. 86, c. 8, V[is] *Qui venatoribus*, Venetia, 1595, p. 387.

33. N. Maillard, *Autour de l'interdit canonique de Pie V : fondements et interprétations doctrinales (xvie siècle)* : *RSDA* 2009, n° 2, p. 180.

34. E. Hardouin-Fugier, *Quelques étapes du droit animalier : Pie V, Schœlcher et Clemenceau* : *Pouvoirs* 2009, vol. 131, n° 4, p. 30.

35. J. Gaillard, *Les animaux, nos humbles frères*, Paris, Fayard, 1986.

Ward James (1769-1859), *Adonis, le destrier favori du roi Georges III*, huile sur toile, 60,5 × 71, © Bridgeman Images/Images Christie's.

L'animal et le droit de la responsabilité civile

Lorène BOURDIN
Avocate au Barreau de Paris
Membre de la Commission du Barreau de Paris « Droit animal »

L'appropriation d'un animal emporte plusieurs conséquences parmi lesquelles l'obligation pour son propriétaire ou gardien de réparer tout dommage causé par l'animal sur des personnes ou sur des biens (accident, morsure, dégradation de biens…).

Le champ d'application de la responsabilité civile dite « du fait des animaux » couvre les dommages occasionnés par les animaux « appropriés ». Cela concerne les animaux domestiques, qu'il s'agisse d'animaux de compagnie ou de ferme, ainsi que ceux qualifiés d'immeubles par destination[1]. Sont en revanche exclus de ce régime les animaux sans maître (*res nullius*), à savoir les animaux sauvages non apprivoisés ni tenus en captivité. La réparation des dommages causés par le gibier est ainsi soumise à un régime spécial distinct[2].

Les règles relatives à la responsabilité du fait de l'animal sont prévues à l'article 1243 du Code civil (anciennement C. civ., art. 1385). Celui-ci fait peser une présomption de responsabilité sur le propriétaire ou le gardien de l'animal qui doit assumer tous les dommages causés par ce dernier : « Le propriétaire d'un animal, ou celui qui s'en sert, pendant qu'il est à son usage, est responsable du dommage que l'animal a causé, soit que l'animal fût sous sa garde, soit qu'il fût égaré ou échappé ». Si elles se distinguent de la responsabilité du fait des choses inanimées prévue à l'article 1242 du Code civil, leur régime est similaire, au point que les derniers projets de réforme de la responsabilité civile envisagent de supprimer le texte spécifiquement consacré aux faits des animaux.

1. C. civ., art. 524.

2. C. envir., art. L. 426-1.

Le principe de présomption de responsabilité édicté à l'article 1243 du Code civil signifie que le simple fait que l'animal ait causé un dommage suffit à engager la responsabilité de son maître. Cette responsabilité dite de « plein droit » ou « sans faute » a deux conséquences principales :

– du point de vue de la victime, celle-ci bénéficie d'un renversement de la charge de la preuve. Contrairement à la responsabilité civile classique, elle n'est pas tenue de rapporter la preuve d'une faute ou négligence du gardien de l'animal pour être indemnisée (telle qu'un défaut de surveillance ou de conduite de l'animal). Elle devra uniquement démontrer que les conditions d'application de l'article 1243 du Code civil sont réunies ;

– du point de vue du propriétaire ou du gardien de l'animal, celui-ci ne pourra pas s'exonérer en rapportant la preuve qu'il n'a pas commis de faute ; il est présumé être responsable indépendamment de l'existence ou non d'une faute de sa part. S'agissant d'une présomption de responsabilité, et non d'une présomption de faute, son éventuelle relaxe sur le plan pénal (par ex. s'il est poursuivi en parallèle du chef de blessures involontaires causées par son animal) est indifférente et ne fera pas obstacle à ce que sa responsabilité soit retenue au plan civil.

L'origine de cette présomption de responsabilité est à rechercher dans la jurisprudence qui s'est façonnée durant le XIXe siècle, à la suite de l'introduction de l'ancien article 1385 dans le Code civil en 1804. À cette époque, le texte représentait un contentieux important compte tenu de la place centrale qu'occupaient les animaux dans le travail et le transport des humains. À tel point qu'il était le seul texte, à côté de celui dédié à la responsabilité du fait des bâtiments en ruine (ancien C. civ., art. 1386, nouveau C. civ., art. 1244), à régir la responsabilité générale du fait des choses.

Les décisions successives durant le XIXe siècle ont toutes été dans le sens de construire un régime probatoire favorable aux victimes afin de favoriser leur indemnisation, avec la consécration, par un arrêt de la chambre civile de la Cour de cassation du 27 octobre 1885, du principe de présomption de responsabilité du gardien de l'animal : « Attendu que la responsabilité édictée par ledit article repose sur une présomption de faute imputable au propriétaire de l'animal qui a causé le dommage ou à la personne qui en faisait un usage au moment de l'accident ; Que cette présomption ne peut céder que devant la preuve, soit d'un cas fortuit, soit d'une faute commise par la partie lésée »[3].

Le nouvel article 1243 du Code civil – qui reprend à l'identique l'ancien article 1385 – reste aujourd'hui au cœur d'un contentieux important, principalement concernant les chiens, les chevaux et les bovins.

---

3. Cass. civ., 27 oct. 1885 : *Bull. civ.*, n° 188.

Lorsque ses conditions d'application sont réunies (I), il permet à la victime d'un dommage causé par un animal approprié d'être indemnisée de l'intégralité de ses préjudices, sauf à ce que le propriétaire ou gardien de l'animal puisse se prévaloir d'une cause d'exonération (II).

I. – Conditions d'application de l'article 1243 du Code civil

Pour mettre en œuvre la responsabilité de plein droit du gardien de l'animal, la victime doit rapporter la preuve du rôle actif de l'animal dans la survenance du dommage, ainsi que de l'identité de son gardien.

L'intervention de l'animal. La responsabilité en jeu étant celle « du fait de l'animal », la victime doit démontrer l'intervention matérielle de l'animal dans la réalisation du dommage, ce qui correspond à la condition classique de la preuve d'un lien de causalité entre l'animal et le dommage subi.

Cette preuve est facilitée en cas de contact physique entre la victime et un animal mobile. Dans cette hypothèse, qui correspond à la majorité des cas, le fait actif de l'animal est présumé. La victime bénéficiera d'une présomption de lien de causalité dès lors qu'elle est entrée en contact avec l'animal, et ce, même si l'animal n'est pas forcément à l'initiative de ce contact. Il en est ainsi par exemple du cas d'un motocycliste qui s'est blessé en entrant en collision avec un troupeau de vaches alors que, selon le gardien, « le troupeau n'avait fait que subir le heurt du motocycliste, qui avait tenté de forcer le passage entre deux vaches après avoir complètement perdu le contrôle de sa vitesse »[4].

La preuve d'un contact physique avec l'animal peut parfois être difficile à rapporter. Les tribunaux procèdent alors à une analyse précise du rôle de l'animal, en prenant notamment en compte la concomitance de sa présence et de l'accident, la compatibilité des blessures avec l'animal, l'exclusion de l'intervention d'un autre animal, *etc.* À titre d'illustration, le propriétaire d'un chien a vu sa responsabilité engagée au titre d'une blessure par morsure d'un passant, malgré l'absence de témoin direct de la morsure, la distance séparant le chien et le lieu auquel la victime a été retrouvée, ainsi que la hauteur de quatre mètres du mur d'enceinte de sa propriété close dans laquelle demeurait l'animal. En dépit de ces circonstances, les juges du fond ont relevé un faisceau d'indices démontrant l'existence d'un contact physique avec l'animal ; en l'occurrence le chien avait été retrouvé dans la propriété avec « la gueule ensanglantée », aucun autre chien n'avait été repéré à proximité, et la configuration

4. Cass. 2e civ., 19 févr. 1975, n° 74-14.035, inédit.

des lieux a révélé « un muret qui permet de réduire la hauteur à sauter qui rend ainsi plausible que l'animal soit sorti de l'enclos »[5].

A contrario, en l'absence de tout contact physique entre la victime et l'animal, ou si la victime est entrée en contact avec un animal inerte, celle-ci ne bénéficiera pas de présomption de lien de causalité. Il lui appartiendra de démontrer le rôle causal de l'animal en rapportant la preuve du caractère anormal de son comportement ou de sa position au moment de l'accident. À titre d'illustration, par un récent arrêt publié du 17 janvier 2019, la Cour de cassation a confirmé la responsabilité du gardien de deux chiens ayant entraîné la chute de cheval d'une cavalière expérimentée lors d'une balade, et ce, même s'il n'y avait eu aucun contact entre eux, les chiens ne s'étant « pas approchés à moins de dix mètres des chevaux » et n'ayant « montré aucune agressivité ». La seule circonstance que les chiens non tenus en laisse se soient mis à courir en direction des chevaux suffit à caractériser « le comportement anormal des chiens » à l'origine du dommage[6]. Cette appréciation sévère revient à qualifier d'« anormale » la simple irruption d'un chien, sans même qu'il aboie ou ne montre un signe d'agressivité. La preuve d'un lien de causalité s'en trouve grandement facilitée pour la victime.

La garde de l'animal. L'article 1243 du Code civil fait peser une présomption de responsabilité non seulement sur le propriétaire de l'animal (c'est-à-dire celui à qui appartient l'animal et dont le nom figure sur le certificat ou la facture d'achat de l'animal), mais également sur « celui qui s'en sert, pendant qu'il est à son usage », ce qui renvoie à la notion de « gardien » de l'animal, lequel peut être une personne différente de son propriétaire.

Les critères de la « garde » de l'animal ont été définis par l'arrêt *Jousselin* du 5 mars 1953[7] qui a transposé les critères de garde retenus en matière de responsabilité du fait des choses[8]. Est ainsi qualifié de gardien celui qui détient les trois pouvoirs de direction, de contrôle, et d'usage de l'animal. Cette définition caractérise la garde de l'animal par sa maîtrise matérielle effective, c'est-à-dire par les pouvoirs de fait qui sont exercés sur lui au moment du dommage. Elle permet une dissociation entre le propriétaire et l'usager effectif de l'animal, lorsque le propriétaire a confié son animal à un tiers.

Par principe, le propriétaire de l'animal est présumé en être le gardien, qu'il s'agisse d'une personne physique ou morale. Il ne s'agit toutefois que d'une présomption simple que le propriétaire peut renverser s'il parvient à démontrer qu'il a transféré la garde de l'animal à un tiers.

---

5. CA Nîmes, 1re ch. civ., 9 mai 2019, n° 17/03207 : *JurisData* n° 2019-020889.

6. Cass. 2e civ., 17 janv. 2019, n° 17-28.861 : *JurisData* n° 2019-000348.

7. Cass. 2e civ., 5 mars 1953 : *D.* 1953, p. 473, note R. Savatier.

8. Cass. ch. réunies, 2 déc. 1941 : *Bull. civ.*, n° 292.

Le transfert de garde peut s'opérer de manière juridique (par ex. par un contrat de vente, de transport ou encore de mise en pension)[9], mais également, et cela correspond à la majorité du contentieux, de manière purement factuelle, l'animal étant confié de manière temporaire ou continue à un tiers.

Les juridictions procèdent à chaque fois à une appréciation *in concreto* afin de déterminer celui qui exerçait les pouvoirs effectifs d'usage, de contrôle et de direction sur l'animal au moment de l'accident. Le contentieux recouvre une diversité de situations qui rendent difficile de systématiser la jurisprudence. Plusieurs lignes directrices se dégagent toutefois des décisions.

Tout d'abord, les juges examinent la qualité de gardien effectif de l'animal au moment du dommage indépendamment de la propriété de l'animal. Ainsi, la conclusion d'un contrat de vente, si elle transfère la propriété de l'animal, n'en transfère pas nécessairement dans le même temps la garde. Seule la prise en possession de l'animal, par sa remise matérielle à l'acquéreur, entraîne le transfert de sa garde. À titre d'exemple, peut être qualifié de gardien de l'animal et voir sa responsabilité engagée, l'ancien propriétaire qui vient de conclure un contrat de vente de l'animal durant un foirail, mais qui en a brièvement conservé les pouvoirs de contrôle, de direction et d'usage, malgré la vente intervenue, car il était seul celui qui « menait la bête au poids public » au moment de la survenance de l'accident[10]. Il en est de même du potentiel acquéreur d'une vache qui prend l'initiative, hors assistance du propriétaire de l'animal, de l'examiner en saisissant la chaîne qui la retenait à un pieu, de sorte qu'il « avait pris l'usage, la direction et le contrôle de celui-ci et en avait, en conséquence, acquis la garde », même si aucun contrat de vente n'avait encore été conclu[11].

Il est établi ensuite que, si le transfert de garde est une question de fait laissée à l'appréciation souveraine des juges du fond, la Cour de cassation en contrôle les conditions de manière stricte. Elle a récemment rappelé par un arrêt publié du 16 juillet 2020 que les trois pouvoirs constitutifs de la notion de garde (usage, direction et contrôle de l'animal) sont cumulatifs et que si un seul de ces pouvoirs n'a pas été transféré, le propriétaire demeure seul responsable de l'animal. Ainsi, le fait pour le propriétaire d'avoir suivi les directives d'un tiers au moment de la survenance de l'accident est assimilé à la seule perte du pouvoir de direction sur l'animal, ce qui ne suffit pas à emporter transfert de responsabilité[12].

---

9. Cass. 2e civ., 18 déc. 1964 : *Bull. civ.* II, n° 835.

10. Cass. 2e civ., 8 juill. 1970, n° 69-11.747 : *Bull. civ.* II, n° 241.

11. Cass. 2e civ., 17 mars 1965, n° 62-11.860 : *Bull. civ.* II, n° 282.

12. Cass. 2e civ., 16 juill. 2020, n° 19-14.678 : *JurisData* n° 2020-010190.

Enfin, le cas du préposé du propriétaire de l'animal mérite d'être souligné car, là aussi, la jurisprudence retient de manière constante que les qualités de gardien et de préposé sont incompatibles. Il en résulte qu'en cas de dommage survenant lors de l'utilisation de l'animal par le préposé, seul le commettant demeurera responsable. Ce dernier est en effet présumé avoir conservé la garde de l'animal, et ce indépendamment des compétences de son préposé pour maîtriser l'animal[13]. La seule hypothèse dans laquelle la responsabilité du commettant peut être exclue est celle où le préposé a commis un « abus de fonction », c'est-à-dire s'il a agi sans y avoir été autorisé par le commettant, à des fins étrangères à ses attributions, par exemple en utilisant l'animal à des fins personnelles[14].

II. – Les causes exonératoires de responsabilité

Lorsque les conditions d'application de l'article 1243 du Code civil sont réunies, il existe des cas exceptionnels où le gardien de l'animal peut être exonéré de sa responsabilité. Cela recouvre trois causes étrangères qui seront illustrées.

Trois causes étrangères. Les hypothèses dans lesquelles la présomption de responsabilité pesant sur le gardien de l'animal est susceptible de céder sont les suivantes :

- la **force majeure :** elle recouvre un événement imprévisible, irrésistible et extérieur, à l'origine du fait de l'animal. Cela ne concerne pas le cas où l'animal s'est égaré ou échappé, dans lequel la responsabilité du gardien est maintenue, ce qui résulte de la lettre même de l'article 1243 du Code civil ;

- le **fait d'un tiers :** le dommage est dû à la faute d'un tiers qui a concouru à sa production ;

- la **faute de la victime :** la victime elle-même a eu un comportement fautif qui a contribué à la production de son propre dommage.

Dans ces trois cas, si la cause étrangère n'était pas survenue, le dommage causé par l'animal ne se serait pas produit, ou à tout le moins pas dans les mêmes proportions.

Dès lors qu'elle est établie, la cause étrangère est susceptible d'exonérer totalement ou partiellement le gardien de sa responsabilité. L'exonération sera totale uniquement si la cause étrangère invoquée présente les caractères de la force majeure, c'est-à-dire si le gardien rapporte « la preuve d'un cas de force majeure ou le fait d'un tiers ou de la victime présentant les caractères d'imprévisibilité et d'irrésistibilité »[15]. À défaut de revêtir les caractères de la force majeure, seule une exonération

---

13. Cass. 2e civ., 26 oct. 2000, n° 98-19.387.

14. Cass. ass. plén., 19 mai 1988, n° 87-82.654 sur les critères de l'abus de fonction.

15. Cass. 1re civ., 9 juill. 2003, n° 00-15.975, inédit. – Cass. 2e civ., 4 févr. 2010, n° 09-65.420, inédit.

partielle de responsabilité du gardien pourra être retenue. Sa responsabilité sera dite « partagée » avec celle du tiers ou de la victime.

S'agissant des caractères de la force majeure, le caractère « imprévisible » de l'événement exige qu'il ne pouvait être raisonnablement anticipé ou limité par le gardien de l'animal. Le caractère « irrésistible » renvoie quant à lui à la condition que l'événement ait été insurmontable, c'est-à-dire qu'il ait totalement échappé au contrôle du gardien qui ne pouvait l'empêcher. Ces deux critères sont appréciés *in abstracto* par les juges, c'est-à-dire par référence au comportement d'un individu raisonnable placé dans la même situation que le gardien. Bien que discutée en doctrine, la troisième condition classique liée à l'« extériorité » de l'événement devrait avoir vocation à perdurer en matière de responsabilité civile du fait de l'animal dès lors qu'elle implique que l'événement soit extérieur à l'animal. Ainsi, le gardien ne pourra pas invoquer les défaillances propres à l'animal pour tenter de s'exonérer (par ex. le caractère agressif ou une maladie de l'animal).

Compte tenu de la présomption de responsabilité pesant sur le gardien de l'animal, c'est à lui qu'incombe de prouver l'existence d'une cause étrangère à l'origine du dommage.

Illustrations. L'exonération de responsabilité étant l'exception, les juges se livrent à une analyse minutieuse de toutes les circonstances de l'accident (chronologie, géographie des lieux, mesures qui auraient pu/dû être prises par le gardien, *etc.*) afin de déterminer si l'existence d'une cause étrangère est démontrée.

S'agissant tout d'abord de la force majeure, une des situations couramment invoquées par les gardiens cherchant à s'exonérer est celle où le lien de l'animal (laisse, chaîne) s'est rompu. Or, la jurisprudence retient de manière constante que le fait que l'animal se soit libéré de ses liens, soit parce qu'il était mal attaché, soit parce que son lien s'est rompu pour une raison extérieure, exclut la force majeure. Il incombe au gardien de mettre en place un dispositif d'attache de son animal efficace et sûr, de même qu'il doit empêcher son animal d'accéder à la voie publique en clôturant sa propriété. Ainsi, demeure engagée la responsabilité du propriétaire d'un chien habituellement attaché, ayant mordu une joggeuse et provoqué sa chute, car « la circonstance que la chaîne ait pu céder et que l'animal ait pu ainsi sortir du terrain ne constitue pas un événement présentant les caractères de la force majeure (…), alors qu'il est établi que le portail de clôture du terrain, sur lequel était gardé l'animal, était ouvert lorsque la victime est passée à proximité »[16]. La force majeure est exclue même lorsque l'accident est la conséquence d'une mauvaise météorologie. Il en est ainsi du cas où un fort vent a cassé une branche d'arbre qui est tombée sur la clôture de l'enclos de chiens qui se sont alors échappés et ont mordu une passante. Dans cette affaire, les juges du fond ont considéré que « la chute d'une branche sur un enclos ne peut dispenser

16. CA Orléans, ch. civ., 6 mars 2017, n° 15/02728 : *JurisData* n° 2017-007136.

le propriétaire de devoir réparation, alors au demeurant que des chiens en meute peuvent être plus dangereux que seuls, même si leur comportement n'avait pas été relevé jusqu'alors comme agressif en particulier par leur vétérinaire »[17].

S'agissant de la faute de la victime, il s'agit de la cause la plus fréquemment invoquée par les gardiens. En pratique, elle est rarement caractérisée, et elle aboutit encore plus rarement à une exonération totale de responsabilité. Comme exposé ci-avant, la responsabilité du gardien est totalement exclue uniquement si la faute de la victime constitue la cause exclusive de son propre dommage et qu'elle revêt les caractères de la force majeure. Là encore, les juges procèdent à un examen précis du comportement de la victime, de ses réactions et de son éventuelle prise de risque.

À titre d'illustration, une faute de la victime présentant les caractères de la force majeure a été retenue dans une espèce où le voisin du gardien a été blessé par son chien alors que l'animal était attaché par une chaîne sans pouvoir atteindre le chemin des visiteurs et que le voisin avait reconnu s'être approché de lui pour le caresser alors qu'il connaissait parfaitement sa férocité[18]. Dans cette espèce, le comportement délibérément risqué de la victime a été pris en compte parce que l'animal était attaché et ne pouvait s'approcher des visiteurs. Il en est autrement si l'animal n'est pas attaché et qu'il n'est pas démontré que l'accès à la cour était verrouillé, et ce, même si le passant s'est introduit sans autorisation du propriétaire[19]. Lorsque la faute de la victime ne présente pas les caractères de la force majeure, les juges du fond apprécient souverainement la proportion de responsabilité du gardien et de la victime. Il en est ainsi par exemple du cas où la victime était impliquée dans une bagarre dans un supermarché lorsqu'elle a été mordue par le chien du vigile de l'établissement, l'animal ayant cru que la victime voulait s'en prendre à son maître. En participant à une bagarre dans l'enceinte du magasin, qui a rendu nécessaire l'intervention du vigile, la victime a commis une faute ayant participé à la production de son dommage, et ce, bien que le vigile n'a pas su maîtriser son chien et que la muselière de ce dernier était « fatiguée ». Est ainsi « justifiée la réduction de son droit à réparation de 30 % »[20].

S'agissant enfin du fait du tiers, celui-ci recouvre la situation exceptionnelle où le dommage causé par l'animal trouve son unique source dans le comportement fautif d'un tiers. Cette cause d'exonération a par exemple été retenue dans une affaire où un tiers a fracturé, de nuit et à l'insu du propriétaire, la clôture et le cadenas d'un enclos de chevaux, lesquels se sont échappés et ont provoqué un accident mortel sur la route. Les juges ont considéré que « l'accident trouve sa cause dans l'acte de malveillance d'un tiers » et que ce fait a

---

17. CA Chambéry, 2e ch., 14 juin 2018, n° 17/01203 : *JurisData* n° 2018-010806.

18. Cass. 2e civ., 19 févr. 1992, n° 90-14.470 : *Bull. civ.* II, n° 53.

19. Cass. 2e civ., 4 févr. 2010, n° 09-65.420, inédit.

20. CA Aix-en-Provence, 10e ch., 26 juin 2014, n° 13/01381 : *JurisData* n° 2014-015777.

revêtu pour le propriétaire « un caractère imprévisible et irrésistible qui l'exonère de la présomption de responsabilité (...) dès lors qu'il résulte de l'arrêt que le fait d'enfermer les chevaux dans leurs boxes eux-mêmes objet d'effractions depuis l'accident n'eût pas permis d'éviter le dommage »[21]. L'exonération totale de responsabilité du propriétaire se justifiait par le fait qu'il avait pris toutes les précautions utiles pour se prémunir contre les conséquences d'un acte de vandalisme (l'enclos était entouré d'une clôture électrique et le chemin d'accès obstrué par une chaîne munie d'un cadenas).

En conclusion, l'appropriation d'un animal emporte des obligations en termes de responsabilité civile, auxquelles il semble difficile d'échapper. Le régime de responsabilité de plein droit posé par l'article 1243 du Code civil, couplé à l'appréciation très restrictive des caractères de la force majeure par les juridictions, conduit à ce que la responsabilité civile du gardien de l'animal soit quasi systématiquement retenue. Cette sévérité s'explique par l'objectif assumé de favoriser l'indemnisation des victimes dans un contexte où les assurances personnelles se sont généralisées et couvrent en principe les conséquences pécuniaires des dommages causés par l'animal.

Malgré son ancienneté et le contentieux important qu'il représente, l'avenir de l'article 1243 du Code civil est actuellement menacé car les derniers projets de réforme de la responsabilité civile envisagent sa suppression afin de l'absorber dans un texte plus général relatif à la responsabilité du fait des choses (actuel C. civ., art. 1242) dont il ne serait plus qu'une variante.

Cette disparition serait non seulement une occasion manquée de valoriser l'autonomie entre l'animal et les choses inanimées, mais aussi un recul symbolique fort à rebours des discussions doctrinales engagées depuis une dizaine d'années sur l'évolution du statut des animaux (par la création d'une personnalité juridique propre ou une refonte de la classification traditionnelle des biens[22]). Comme certains auteurs[23] l'appellent de leurs vœux, il serait judicieux, *a minima*, de maintenir le texte spécifique actuel de l'article 1243 du Code civil, et encore plus souhaitable de profiter de cette réforme pour reconnaître la spécificité des animaux liée à leur nature d'être vivant et sensible, laquelle devrait empêcher toute assimilation, même formelle, à une chose inanimée.

---

21. Cass. crim., 1er oct. 1997, n° 95-83.471 : *Bull. crim.* n° 316.

22. N. Reboul-Maupin, *Droit des animaux : opérer une distinction fondamentale entre biens vivants et biens inertes (biens organiques et biens inorganiques) : LPA* janv. 2023, n° 202a7, p. 4.

23. F. Dessainjean, *La responsabilité civile du fait des animaux : la vitalité d'une responsabilité spéciale : RD rur.* 2020, n° 488, étude 33.

Steinlen, Théophile-Alexandre (1859-1923), XIXe siècle, *Chat dormant*, estampe, Paris, Bibliothèque nationale de France, © BnF, Dist. GrandPalaisRmn / image BnF.

L’appréhension de l’animal par le droit des contrats

Victoire LASBORDES-DE VIRVILLE
Maître de conférences HDR en droit privé,
Université de Paris-Saclay (UVSQ, Versailles)
Laboratoire DANTE (EA 4498)

Structuré autour de la distinction entre les biens meubles et immeubles, le Code civil de 1804 a naturellement ignoré la spécificité de l’animal vivant. Les nombreux contrats relatifs à l’animal, contrats translatifs de propriété (vente, échange, donation), de mise à disposition (location, prêt à usage), de prestation de services (soins, transport, pension, dressage, entraînement), ne relèvent pas de règles particulières de formation, d’exécution ou de rupture. À quelques exceptions près[1], ni le droit commun, ni les règles spéciales à certains contrats n’envisagent l’animal comme un objet contractuel spécifique. Les raisons de cette indifférence sont essentiellement sociétales. L’animal est considéré par la société rurale du XIXe siècle à travers sa vocation alimentaire ou sa finalité économique. L’animal de rente, de consommation ou d’élevage éclipse l’animal de compagnie destiné à recevoir l’affection et l’attention de son maître, soucieux de son bien-être.

La considération de l’animal a néanmoins évolué en jurisprudence et en législation. Si des décisions récentes ont traité l’animal comme un fruit civil[2], d’autres le considèrent dans sa dimension d’être vivant pour lui garantir des soins particuliers. Deux exemples illustrent ce constat. D’abord, le juge complète le contenu de certains

1. Le bail à cheptel, C. civ., art. 1800 à 1831 ; le warrant agricole par lequel un exploitant agricole garantit un crédit sur les biens de son exploitation, ce qui comprend les animaux, C. rur., art. L. 342-1 à L. 342-17 ; le dépôt hôtelier, C. civ., art. 1954 ; le prêt de consommation, C. civ., art. 1894 ; le transport d’animaux vivants, C. rur., art. L. 214-12.

2. Cass. 1re civ., 24 mars 2021, n° 19-20.962 : *D.* 2021, somm. comm. p. 1509, N. Reboul-Maupin ; *Dalloz actualité*, 7 avr. 2021, C. Hélaine.

contrats relatifs aux animaux vivants par des obligations contribuant à leur bien-être. C'est ainsi que le contrat de pension, soumis par la jurisprudence aux règles du dépôt du Code civil[3], se trouve complété par une obligation d'information du propriétaire sur l'état physique et les soins vétérinaires prodigués à l'animal[4] tandis que l'obligation de garde de la chose déposée[5] implique une obligation de soins de l'animal vivant, conçue comme une obligation de moyens renforcée[6]. Confronté ensuite à une difficulté de qualification, le juge délaisse la méthode de qualification exclusive, souvent privilégiée, au profit d'une qualification distributive du contrat relatif à l'animal. Appliquée au contrat d'entraînement hippique, cette méthode conduit à analyser le contrat pour partie en un contrat d'entreprise s'agissant de la prestation matérielle d'entraînement et pour partie en un dépôt salarié imposant au dépositaire une obligation de soins qui profite à l'animal[7].

La considération de l'animal par le droit des contrats doit également beaucoup au législateur dont l'activité normative laisse apparaître une évolution. D'abord soumis à des règles contractuelles particulières, l'animal est désormais appréhendé par le droit des contrats à travers sa spécificité d'être vivant et sensible. La considération spécifique de l'animal par le droit des contrats (I) coexiste avec une considération, plus récente, de la spécificité de l'animal (II).

I. – La considération spécifique de l'animal par le droit des contrats

Les manifestations de la considération de l'animal comme objet contractuel spécifique restent peu nombreuses en droit commun comme dans les législations particulières qui le plus souvent ignorent l'animal. Des dispositions particulières à l'animal existent toutefois et leur examen conduit à un double constat. D'abord, ces appréhensions particulières privilégient une approche catégorielle, envisageant l'animal domestique ou l'animal sauvage, l'animal de compagnie, l'animal d'élevage et de rente, l'animal à vocation alimentaire ou économique. Ensuite, ces appréhensions

---

3. Cass. 1re civ., 10 janv. 1990, n° 87-20.231 : *Bull. civ.* I, n° 6 ; *RTD civ.* 1990, p. 517, Ph. Rémy. – Cass. 1re civ., 24 févr. 1993, n° 90-18.289 : *Contrats, conc. consom.* 1993, comm. 89, L. Leveneur. – Cass. 1re civ., 5 janv. 1999, n° 97-13.793 : *Contrats, conc. consom.* 1999, comm. 51, L. Leveneur.

4. Sur les divergences des juridictions du fond, v., *RSDA* 1-2-2019, « Contrats spéciaux », p. 35, obs. K. Garcia.

5. C. civ., art. 1927.

6. CA Poitiers, 19 févr. 2019, n° 55/2019. – CA Caen, 30 juin 2019, n° 16/03282 : *RSDA* 1-2-2019, « Contrats spéciaux », p. 35, obs. K. Garcia.

7. Cass. 1re civ., 3 juill. 2001, n° 99-12.859 : *Contrats, conc. consom.* 2001, comm. 169, L. Leveneur. – CA Limoges, 1er févr. 2023, n° 21/01210. – CA Riom, 23 mars 2023, n° 22/00149 : *RSDA* 1-2023, « Contrats spéciaux », p. 46, obs. K. Garcia.

spécifiques de l'animal par le droit des contrats présentent un caractère anthropocentré. L'animal n'est pas considéré pour lui-même, en raison de sa spécificité, mais dans un autre intérêt.

L'approche catégorielle de l'animal s'illustre à travers certains articles du Code civil de 1804[8] que prolongent des lois postérieures. Alors que le Code napoléonien réduisait l'animal à un bien meuble[9] voire à un immeuble par destination[10] placé par le propriétaire au service de son fonds (animaux de labour ou de trait attachés à la culture, pigeons des colombiers, lapins des garennes, ruches à miel, poissons des étangs[11]), quelques dispositions envisageaient spécifiquement des catégories d'animaux. C'est ainsi que les articles 1800 à 1831 du Code civil, reflets de la société rurale de l'époque, régissent le bail à cheptel « par lequel l'une des parties donne à l'autre un fonds de bétail pour le garder, le nourrir et le soigner, sous les conditions convenues entre elles ». D'autres animaux relèvent de règles contractuelles particulières.

L'animal domestique[12], qui se distingue de l'animal sauvage[13], a rapidement constitué une catégorie relevant de règles dédiées en cas de vente. Jusqu'à la loi du 20 mai 1838, le Code civil a traité l'animal comme n'importe quel autre bien en cas de vice caché, ouvrant à l'acquéreur une action en résolution de la vente ou en réduction du prix enfermée dans un bref délai[14] courant à compter de la découverte du vice. La loi de 1838, aujourd'hui codifiée dans le Code rural et de la pêche maritime, organise au contraire une garantie spécifique des vices cachés due par le vendeur d'équidés, de bovins, de porcins étendue par la loi n° 89-412 du 22 juin 1989 aux chiens et aux chats[15]. La spécificité de cette garantie, exclusive de la garantie de droit

8. À l'exception de l'ancien article 1385 du Code civil sur la responsabilité du propriétaire de l'animal qui s'applique à tous les animaux sans distinction selon leur dangerosité ou leur vocation.

9. C. civ., art. 528, réd. antérieure à L. n° 2015-177, 16 févr. 2015.

10. C. civ., art. 522 et 524.

11. C. civ. art. 524, réd. antérieure à la loi n° 2015-177 du 16 février 2015 ayant supprimé de l'énumération légale des exemples devenus désuets, V. en ce sens, Ph. Reigné, *Les animaux et le Code civil : JCP* G 2015, act. 242.

12. Définis comme « les êtres animés qui vivent, s'élèvent, sont nourris, se reproduisent sous le toit de l'homme et par ses soins », Cass. crim., 14 mars 1861 : *DP* 1861, 1, 184, et dont une liste est dressée par l'arrêté du 11 août 2006.

13. Dont la détention relève de règles spéciales en fonction des espèces, C. envir., art. L. 413-1 A à L. 413-14.

14. C. civ., art. 1648, réd. antérieure Ord. n° 2005-135, 17 févr. 2005. Le délai est aujourd'hui de deux ans à compter de la découverte du vice sans pouvoir dépasser le délai butoir de vingt ans de l'article 2232 du Code civil à compter de la vente conclue par la partie recherchée en garantie, Cass. ch. mixte, 21 juill. 2023, n° 21-17.789, 21-19936, 20-10763, D. 2023, p. 1728, Th. Genicon, RDC 2023, p. 30, L. Thibierge.

15. C. rur., art. L. 213-1 et s.

commun[16], se manifeste tant à l'égard des vices couverts, limitativement énumérés[17], qu'en ce qui concerne le régime strict de l'action ouverte à l'acquéreur tenu d'agir dans un très bref délai (dix jours à compter de la livraison de l'animal, exceptionnellement allongé à quinze jours sans pouvoir dépasser trente jours)[18], de recourir à une expertise à peine d'irrecevabilité de l'action en garantie[19], voire de justifier d'un diagnostic de suspicion de maladie contagieuse d'un vétérinaire[20], et qui se trouve privé du droit d'agir en réduction du prix lorsque le vendeur offre de reprendre l'animal contre restitution du prix et remboursement des frais occasionnés par la vente[21]. Lorsque l'animal présente une pathologie autre que celles limitativement énumérées, l'acheteur retrouve en revanche le bénéfice du droit commun de la vente, d'application subsidiaire[22]. Réservées aux affections de certains animaux, de rente ou domestiques, les règles du Code rural et de la pêche maritime (ci-après « Code rural ») ne s'appliquent pas aux ventes relatives à des espèces non visées par le texte spécial, en particulier les nouveaux animaux de compagnie (NAC)[23] faute pour la plupart d'entre eux d'être listés comme animaux « domestiques » par l'arrêté du 11 août 2006. Parmi la catégorie des animaux domestiques, certains relèvent de règles encore plus particulières. Outre la garantie des vices rédhibitoires du Code rural, les ventes entre professionnel et consommateur conclues avant le 1er janvier 2022[24] donnent lieu à l'application de la garantie légale de conformité du Code de la consommation[25].

L'animal de compagnie « détenu ou destiné à être détenu par l'homme pour son agrément »[26] forme une autre catégorie d'animaux relevant de règles spécifiques.

16. Et que le juge doit relever d'office, Cass. 1re civ., 29 janv. 2002, n° 99-18.343 : *Contrats, conc. consom.* 2002, comm. 74, L. Leveneur. – Cass. 1re civ., 25 janv. 2005, n° 01-13.101 : *RD rur.* 2005, comm. 176, B. Grimonprez.

17. C. rur., art. R. 213-1 pour les vices affectant le cheval, l'âne, le mulet ainsi que les espèces bovines, porcines et caprines ; C. rur., art. R. 213-2 pour les vices des espèces canines et félines.

18. C. rur., art. R. 231-5.

19. C. rur., art. R. 213-3.

20. Pour les maladies transmissibles des espèces canine ou féline afin de bénéficier de l'application de l'article 1647 du Code civil, C. rur., art. L. 213-3 et R. 213-6.

21. C. rur., art. L. 213-7, réd. Ord. n° 2000-914, 18 sept. 2000.

22. C. civ., art. 1105. La jurisprudence ferme toutefois ce recours à l'acquéreur en l'absence de clause en ce sens, Cass. 1re civ., 5 févr. 2009, n° 08-10.345. – Cass. 1re civ., 30 sept. 2010, n° 09-16.890 : *Bull. civ.* I, n° 182 ; *RD rur.* 2010, comm. 133, C. Lebel. – Comp., Cass. 1re civ., 2 nov. 2005, n° 03-16.200.

23. Rongeurs (souris, rat, hamster, cobaye), lagomorphes (lapins), oiseaux dont la possession est autorisée (perruches, colombes, tourterelles...), reptiles (tortues, lézards, serpents), araignées.

24. Pour les contrats conclus depuis cette date, les animaux domestiques ne sont plus couverts par cette garantie, C. consom., art. L. 217-2. V. *infra*.

25. C. rur., art. L. 213-1, al. 1er, ancienne réd. Cass. 1re civ., 20 déc. 2023, n° 22-17838.

26. C. rur., art. L. 214-6.

Initialement composée des chiens et des chats, cette catégorie accueille désormais des espèces animales non domestiques, ces nouveaux animaux domestiques que sont les rongeurs, oiseaux, reptiles, batraciens, poissons et autres animaux dont le législateur autorise la détention à titre d'animal de compagnie. L'ordonnance n° 2015-1243 du 7 octobre 2015 et la loi n° 2021-1539 du 30 novembre 2021 soumettent les contrats transférant la propriété d'animaux de compagnie à des règles dédiées, de formation notamment[27]. Cette approche catégorielle de l'animal[28] présente toutefois la particularité d'être essentiellement tournée vers un autre intérêt que celui de l'animal.

Une appréhension anthropocentrée[29]. Les dispositions du droit des contrats prenant en considération l'animal ne le font pas dans son intérêt mais dans celui de l'homme qui l'achète, le vend, le garde, le loue, l'emprunte ou le prête. Si l'article 1954 du Code civil envisage l'animal vivant, c'est dans l'intérêt de l'hôtelier pour le soustraire à la responsabilité qui en principe pèse sur lui en cas de vol ou de dommages aux effets apportés par les voyageurs. Le contrat de bail à cheptel obéit à des règles particulières édictées non dans l'intérêt de l'animal, mais dans ceux du bailleur et du preneur afin de régler la répartition des animaux nés dans le troupeau, de la laine, des fruits ainsi que des pertes[30]. Le régime de la garantie des vices dans les ventes d'animaux offre l'illustration la plus remarquable de cette appréhension anthropocentrée de l'animal. La garantie des vices rédhibitoires du Code rural protège exclusivement le vendeur au détriment de l'animal, menacé d'abandon par un acheteur qui ne pourra ou ne souhaitera pas assumer la charge financière de soins coûteux.

Les évolutions de la législation sur la garantie dans les ventes d'animaux entre professionnels et consommateurs traduisent la même approche tournée vers l'homme et ignorant l'animal. Lors de la transposition de la directive 1999/44/CE du 25 mai 1999 sur certains aspects de la vente et des garanties des biens de consommation, l'ordonnance n° 2005-136 du 17 février 2005 a usé de la marge de liberté laissée par la directive pour inclure les ventes d'animaux domestiques entre professionnels et consommateurs dans le champ d'application *rationae materiae* de la garantie légale de conformité nouvellement créée[31]. L'animal domestique

27. V. *infra*.

28. G. Raoul-Cormeil, *L'animal d'élevage saisi par le droit animalier et le droit civil : la nécessité d'une approche catégorielle : LPA* 2021, p. 5. – F.-X. Roux-Demare (dir.), *La protection animale ou l'approche catégorielle*, Bayonne, Institut francophone Justice et Démocratie, 2022.

29. S. Antoine, *Le droit de l'animal : évolution et perspectives : D.* 1996, p. 126.

30. C. civ., art. 1804, 1811, 1819, 1831.

31. C. consom., ancien art. L. 217-1 et s.

est assimilé par le législateur à un bien de consommation comme un autre[32]. Si la prise en compte des intérêts du vendeur professionnel n'est pas totalement ignorée comme en atteste la mise à l'écart de la présomption d'existence du défaut de conformité lors de la délivrance[33], c'est la protection du consommateur qui est recherchée. L'acquéreur profite d'un délai d'action plus long que celui très bref du Code rural[34], il n'est nullement tenu de procéder à une expertise pour prouver le défaut de l'animal, son action n'est pas limitée à une liste limitative de défauts et il peut exiger la réparation sans que le vendeur professionnel puisse lui opposer son coût manifestement disproportionné[35] au regard du remplacement, l'autre modalité de mise en conformité du bien[36]. La récente exclusion, par l'ordonnance n° 2021-1247 du 29 septembre 2021[37], des animaux domestiques du champ d'application de la garantie consumériste[38] aurait pu être comprise comme l'expression de la prise en compte de la spécificité de l'animal, être vivant et sensible. Il est toutefois permis de penser qu'elle traduit davantage une réponse du législateur aux pressions des éleveurs et vendeurs professionnels qu'une reconnaissance de la spécificité de l'animal.

Que l'on envisage les textes du Code civil ou les lois postérieures, il apparaît que l'intérêt de l'animal ne constitue pas le critère d'édiction des règles contractuelles dédiées à telle ou telle catégorie d'animal. Une nuance peut toutefois être apportée à cette approche anthropocentrée. Elle figure à l'article 1894 du Code civil selon lequel « on ne peut pas donner à titre de prêt de consommation des choses qui, quoique de même espèce, sont différentes, comme les animaux : alors c'est un prêt à usage ». L'animal n'est pas une chose fongible, interchangeable, susceptible de restitution par équivalent par l'emprunteur. La portée symbolique du texte est importante, seul article du Code napoléonien à envisager l'animal comme un être unique. Des lois

---

32. Le juge est plus nuancé et adapte la sanction dans l'intérêt de l'animal et de son propriétaire, Cass. 1re civ., 9 déc. 2015, n° 14-25.910 : *D.* 2016, p. 360, S. Desmoulin-Canselier ; *RTD com.* 2016, p. 179, B. Bouloc, « mais attendu qu'ayant relevé que le chien en cause était un être vivant, unique et irremplaçable, et un animal de compagnie destiné à recevoir l'affection de son maître, sans aucune vocation économique, le tribunal, qui a ainsi fait ressortir l'attachement de Mme Y... pour son chien, en a exactement déduit que son remplacement était impossible, au sens de l'article L. 211-9 du code de la consommation ».

33. C. rur., art. L. 213-1 ancienne réd.

34. C. consom., ancien art. L. 217-12, délai de deux ans à compter de la délivrance.

35. Cass. 1re civ., 9 déc. 2015, n° 14-25.910, préc.

36. C. consom., ancien art. L. 217-9.

37. V. Lasbordes-de Virville, *Nouveautés en matière de garantie légale de conformité dans les ventes de biens de consommation. À propos de la transposition des directives UE 2019/770 et 2019/771 du 20 mai 2019 par l'ordonnance n° 2021-1247 du 29 septembre 2021 : Contrats, conc. consom.* 2021, n° 11, étude 11. – M. Reverchon-Billot, *Vente de chevaux : feu la garantie légale de conformité : RD rur.* janv. 2022, n° 499, p. 27.

38. Pour les contrats conclus depuis le 1er janvier 2022.

récentes confortent cette considération. Elles ne se contentent pas d'adopter des règles particulières à l'animal mais l'appréhendent dans sa spécificité d'être vivant et sensible.

II. – La considération de la spécificité de l'animal par le droit des contrats

Contexte international et européen. Le droit international et le droit européen connaissent un *corpus* de normes traduisant une évolution dans la considération de l'animal. Elle s'illustre par des normes, générales ou catégorielles, émanant d'organisations intergouvernementales comme l'Organisation mondiale de la santé animale (OMSA)[39], l'Organisation de développement et de coopération économiques (OCDE)[40], l'UNESCO[41] ou non gouvernementales[42], soucieuses du bien-être et de la sensibilité de l'animal. L'article 13 du Traité sur le fonctionnement de l'Union européenne invite les États membres à intégrer les exigences en matière de bien-être des animaux lorsqu'ils mettent en œuvre la politique de l'Union dans les domaines de l'agriculture, de la pêche et des transports[43]. La Commission européenne légifère par ailleurs en matière de transports d'animaux[44], d'abattage[45] et œuvre, par des textes relatifs à l'information des consommateurs (labels, étiquetages), à l'amélioration de la protection des animaux, d'élevage en particulier[46]. Le Conseil de l'Europe appréhende également l'animal comme un être sensible en portant une attention particulière à certains animaux[47] ou à des contextes particuliers, menaçant leur bien-être[48].

39. Ses principes directeurs énoncent les cinq libertés fondamentales reconnues aux animaux terrestres placés sous la responsabilité de l'homme.

40. Les principes directeurs à l'intention des entreprises multinationales sur la conduite responsable appellent, depuis leur mise à jour en juin 2023, au respect du bien-être animal.

41. Déclaration universelle des droits de l'animal, 15 oct. 1978.

42. Telle la norme ISO/TS 37400 de 2016, relative aux animaux terrestres élevés ou détenus pour la consommation humaine ou l'alimentation animale.

43. A. Di Concetto, *Le bien-être animal dans la Politique Agricole Commune : la prise en compte croissante d'une « attente sociétale » : RD rur.* janv. 2023, étude 1.

44. Cons. UE, règl. (CE) n° 1/2005, 22 déc. 2004, relatif à la protection des animaux pendant le transport.

45. Cons. UE, dir. 1999/74/CE, 19 juill. 1999, sur la protection des poules pondeuses. – Cons. UE, dir. 2008/120/CE, 18 déc. 2008, sur la protection des porcs. – Cons. UE, dir. 2008/119/CE sur la protection des veaux. – Cons. UE, règl. (CE) n° 1099/2009, 24 sept. 2009, sur la protection des animaux au moment de leur mise à mort.

46. A. Di Concetto et A.-S. Epstein, *EU Consumer information as a tool to regulate the treatment of farm animals: EU Journal of Consumer Law* 2023, p. 145.

47. Convention européenne pour la protection des animaux de compagnie, 13 nov. 1987.

48. Le transport, l'élevage, l'abattage.

En droit interne, plusieurs textes envisagent l'animal comme un être sensible[49] à l'égard duquel les mauvais traitements sont sanctionnés[50]. La déclaration de performance extra-financière des entreprises inclut des informations sur les engagements en faveur du respect du bien-être animal[51]. En matière contractuelle en particulier, la législation récente amorce cette évolution, dépassant une approche anthropocentrée de l'animal pour le considérer dans son propre intérêt. La réforme annoncée du droit des contrats spéciaux offre une occasion de réfléchir à des pistes d'amélioration. L'évolution amorcée pourrait ainsi se prolonger par l'adoption de dispositions légales considérant avec davantage d'intensité la qualité d'être vivant et sensible de l'animal.

Une évolution amorcée. Son intitulé l'exprime clairement, la loi n° 2021-1531 du 30 novembre 2021 entend lutter contre la maltraitance animale et conforter le lien entre les animaux et les hommes. Tout en renforçant la répression de la maltraitance à l'encontre des animaux domestiques, apprivoisés ou en captivité[52], le législateur adopte une série de mesures qui limitent la liberté contractuelle dans l'intérêt de l'animal de compagnie et des équidés[53]. Des interdictions sont d'abord édictées. Est prohibée la cession à titre gratuit ou onéreux d'un animal de compagnie à un mineur en l'absence du consentement des parents ou des personnes exerçant l'autorité parentale tandis que seuls les chiens et chats de plus de huit semaines peuvent être cédés *a fortiori* à titre gratuit[54]. Le législateur interdit désormais la vente de chiens et de chats en animalerie ainsi que la présentation, dans ces lieux, d'animaux visibles d'une voie ouverte à la circulation publique[55]. En outre, les offres de cession en ligne d'animaux de compagnie sont réservées aux vendeurs professionnels[56]. Figurant dans une rubrique spécifique, elles doivent être assorties de messages de sensibilisation et d'information quant à l'acte d'acquisition d'un animal[57], lequel ne saurait être incité par la mention de la possibilité d'une reprise et d'un remboursement[58].

---

49. L. n° 76-629, 10 juill. 1976, cod. *in* C. rur., art. L. 214-1 ; L. n° 2015-177, 16 févr. 2015 ; C. civ., art. 515-4 : « Les animaux sont des êtres vivants doués de sensibilité. Sous réserve des lois qui les protègent, les animaux sont soumis au régime des biens ».

50. Loi Grammont, 2 juill. 1850 sanctionnant les mauvais traitements sur les animaux domestiques commis en public ; D. n° 59-1051, 7 sept. 1959, réprimant la maltraitance à l'encontre d'un animal domestique, apprivoisé ou en captivité, en public ou en privé ; C. pén., art. 521-1 à 522-2 et R. 653-1, R. 654-1 et R. 655-1. – V. J.-P. Marguénaud, *L'animal dans le nouveau Code pénal : D.* 1995, p. 187.

51. C. com., art. L. 225-102-1, réd. L. n° 2018-938, 30 oct. 2018.

52. V. *supra*.

53. Et des espèces sauvages utilisées à des fins commerciales (L. 30 nov. 2021, chap. III et IV).

54. C. rur., art. L. 214-8, II.

55. C. rur., art. L. 214-6-3.

56. Les « personnes exerçant les activités mentionnées aux articles L. 214-6-2 et L. 214-6-3 ».

57. C. rur., art. L. 214-8, VI.

58. C. rur., art. L. 214-8, VIII : « La mention "satisfait ou remboursé" ou toute technique promotionnelle assimilée est interdite ». L'absence de mention ne devrait pas avoir d'incidence sur le droit de rétractation de l'acheteur consommateur ayant conclu à distance avec un professionnel, l'animal n'étant pas un bien susceptible « de se détériorer ou de se périmer rapidement » au sens de l'article L. 221-28 du Code de la consommation.

Ces mesures dissuasives s'accompagnent ensuite de contraintes. Elles tendent, d'une part, à informer le détenteur de l'animal domestique par la réglementation du contenu de l'offre de cession[59], par la délivrance de documents lors de la livraison (attestation de cession, certificat vétérinaire pour les chiens et les chats)[60] et, d'autre part, à responsabiliser le futur acquéreur quant aux conséquences de l'acte qu'il s'apprête à conclure. Ainsi, « toute personne physique qui acquiert à titre onéreux ou gratuit un animal de compagnie[61] signe un certificat d'engagement et de connaissance des besoins spécifiques de l'espèce »[62]. Par cet acte, dont le cédant s'assure de la signature[63], l'acquéreur s'engage à respecter les besoins énumérés par le certificat et qui varient selon l'espèce et l'état des connaissances scientifiques[64]. S'inspirant d'une technique consumériste qui diffère dans le temps la conclusion de certains contrats, le législateur impose un délai de réflexion de sept jours à compter de la transmission du certificat au candidat cessionnaire[65]. Un dispositif similaire contraint le détenteur d'un équidé à attester de sa connaissance des besoins spécifiques ou, lorsque la détention ne relève pas d'une activité professionnelle, à signer un certificat de connaissance des besoins physiologiques, comportementaux ou médicaux et un engagement à les respecter[66].

Ces dispositions légales traduisent une considération, nouvelle, de la spécificité de l'animal par le droit des contrats. Elles demeurent toutefois catégorielles par leur cantonnement aux animaux de compagnie et aux équidés. À cet égard, la réforme annoncée du droit des contrats spéciaux pourrait être l'occasion d'intégrer, au sein de la partie du Code civil à moderniser, des règles envisageant la spécificité de l'animal indépendamment de sa destination.

Une évolution à prolonger. L'avant-projet de réforme présenté en juillet 2022 par la commission Stoffel-Munck propose pour certains contrats spéciaux (vente, location, entreprise) des règles particulières en fonction de l'objet du contrat ou de sa finalité. Bien qu'elles n'envisagent pas l'animal en tant qu'objet contractuel spécifique, des dispositions pourraient néanmoins améliorer son traitement.

---

59. C. rur., art. L. 214-8-1 et R. 214-32-1.

60. C. rur., art. L. 214-8, I et D. 214-32-2.

61. Chiens, chats, furets et lagomorphes non destinés à la consommation humaine, C. rur., art. D. 214-32-4, réd. D. n° 2022-1012, 18 juill. 2022.

62. C. rur., art. L. 214-8, V.

63. Sans qu'une sanction soit prévue à l'encontre du cessionnaire ni du cédant. Imposer à celui-ci un devoir de mise en garde préalable à la conclusion d'un contrat translatif de propriété d'un animal vivant aurait été une solution.

64. C. rur., art. D. 214-32-4.

65. C. rur., art. L. 214-8, V. Délai étendu à quinze jours par la proposition de loi n° 1827 du 7 novembre 2023.

66. C. rur., art. L. 211-10-1 et D. 214-37-1, réd. D. n° 2022-1012, 18 juill. 2022.

Tel est, d'abord, le cas du projet d'article 1934 inspiré d'un mécanisme institué par la loi du 30 novembre 2021 au profit des détenteurs d'équidés professionnels[67]. Le texte proposé oblige le déposant à retirer la chose dans le délai d'un an à compter du terme fixé pour la restitution. À défaut, le dépositaire peut sans délai, après une mise en demeure, procéder à la vente et garder le prix perçu à disposition du déposant sous déduction des frais de conservation et de ceux exposés pour la vente. S'il préserve les intérêts du dépositaire, le dispositif profite à l'animal dont le bien-être pourrait à défaut être négligé par un dépositaire soucieux de limiter des dépenses imputables à l'indifférence du propriétaire. L'avant-projet n'envisage pas, en revanche, la consécration d'un nouveau contrat nommé, le contrat de pension d'un animal, dépôt salarié donnant naissance à des obligations d'hébergement et de soins tournées vers le bien-être de l'animal. Si on peut le regretter[68], une alternative consisterait à adapter l'intensité de l'obligation de garde du dépositaire à la spécificité de l'animal vivant. L'article 1927 du Code civil pourrait ainsi prévoir que le dépositaire n'est responsable des dommages subis par l'animal qu'en cas de faute prouvée ou qu'il échappe à sa responsabilité par la preuve de son absence de faute. Alléger la responsabilité du dépositaire n'est pas contradictoire avec la protection de l'animal. Exposé au risque d'engager sa responsabilité civile y compris lorsque l'animal se blesse lui-même, le dépositaire pourrait en effet être incité à restreindre la liberté de mouvement de l'animal au détriment de son bien-être.

Une autre piste consisterait à limiter la portée de l'article 1928, 3° du Code civil qui enjoint le juge à apprécier plus sévèrement les obligations du dépositaire agissant contre rémunération, en réservant le dépôt salarié d'un animal vivant.

C'est, ensuite, une disposition de l'avant-projet relative aux garanties du vendeur qui pourrait renforcer la considération de la spécificité de l'animal. Inspiré des sanctions de la garantie légale de conformité du Code de la consommation[69], le projet d'article 1644 ouvre à l'acheteur d'un bien affecté d'un vice caché le droit de préférer la mise en conformité du bien à la résolution du contrat ou à la réduction du prix. L'acheteur d'un animal pourrait[70] ainsi contraindre le vendeur à la « réparation », par la prise en charge des frais vétérinaires notamment, sans que puisse lui être opposé leur coût disproportionné[71].

---

67. C. rur., art. L. 213-10. – B. de Granvilliers et M. Carius, *La vente forcée des équidés « abandonnés » : aspects pratiques : RD. rur.* 2023, étude 12.

68. En ce sens, C. Berthet, *Le contrat de dépôt d'animaux vivants*, in *Rev. Onze,* janv. 2022, n° 1, p. 26.

69. C. consom., art. L. 217-9.

70. À la condition que la garantie des vices du Code civil soit applicable, V. *supra*.

71. Du moins à l'égard d'un animal de compagnie destiné à recevoir l'affection de son maître, V. en ce sens, Cass. 1re civ., 9 déc. 2015, préc. *supra*.

Si l'animal est de plus en plus saisi par le droit des contrats à travers sa spécificité d'être vivant et sensible, cette évolution présente un caractère catégoriel et profite essentiellement à l'animal de compagnie. En conséquence, la considération de la spécificité de l'animal vivant demeure encore dépendante des prévisions des parties contractantes et de la jurisprudence qui, par l'adaptation des règles légales, contribue à l'intégration juridique du non-humain.

Velázquez, Diego (1599-1660), *Portrait équestre d'Élisabeth de France ou Isabelle de Bourbon*, 1628-1636, huile sur toile, Espagne, Madrid, Musée national du Prado © Photo Josse / Bridgeman Images.

La vente d'équidés

Blanche DE GRANVILLIERS
Avocate au Barreau de Paris, spécialiste en droit équin

Les ventes d'équidés alimentent un contentieux récurrent, puisque plus d'un quart des décisions rendues en matière de droit équin traite d'un litige survenu lors d'une vente[1]. Quelles en sont les raisons, alors que le nombre de chevaux en circulation n'a rien en commun avec les animaux de compagnie ? La France compte actuellement 80 millions d'animaux de compagnie, même si près de la moitié sont des poissons[2], tandis que les équidés ne sont que 1 220 000, selon les derniers chiffres enregistrés par l'Institut français du cheval et de l'équitation (IFCE)[3].

Les ventes d'équidés ont des caractéristiques (I) qui les distinguent sensiblement des ventes des animaux de compagnie, dont le contentieux est principalement centré sur le trafic plus que sur la vente proprement dite, notamment depuis la disparition de la garantie de conformité le 1er janvier 2022. Selon quelles modalités les chevaux sont-ils vendus (II) et quelles sont les garanties dont disposent les acheteurs (III) ?

I. – Les caractéristiques des ventes d'équidés

A. – La multiplicité des litiges

Si les litiges sont si nombreux, ce n'est pas seulement en raison du prix de vente des chevaux largement supérieur à ceux des animaux de compagnie. Selon l'étude de l'IFCE, le prix moyen des chevaux est aux alentours de 5 500 €, étant précisé que les chevaux achetés uniquement pour la compétition ont un prix moyen de 16 800 €, tandis que ceux uniquement destinés au loisir ont un prix moyen proche

1. Pour s'en convaincre, les tables des matières des tables annuelles de l'Institut du Droit Équin depuis 2016.

2. Pour le détail : www.francebleu.fr/emissions/planete-bleue/la-carte-de-france-des-animaux-de-compagnie.

3. https://agriculture.gouv.fr/infographie-la-filiere-equine.

de 2 900 €[4] ; et que dire des chevaux de course vendus jeunes (*yearling*, donc moins de deux ans) lors de prestigieuses ventes aux enchères où le prix moyen des ventes de galopeurs, en août 2023, se situe aux alentours de 232 000 € pour un prix médian de 170 000 € ?

Outre le prix élevé, c'est surtout le coût de l'entretien et des soins vétérinaires du cheval qui motive l'acheteur à agir en justice. Le prix de pension ne peut être inférieur à 200 € mensuel si le cheval est hébergé au pré, tandis qu'il peut atteindre facilement 1 000 € en fonction des prestations assurées (entretien, sorties quotidiennes du cheval). Enfin, l'acheteur d'un animal de compagnie, à de très rares exceptions près, souhaite conserver l'animal auquel il s'est attaché et qu'il peut gérer lui-même, tandis que l'acheteur d'un cheval, s'il n'est pas professionnel, cherchera avant tout à ne plus avoir à supporter la charge mentale du cheval inapte à son usage.

B. – La diversité des parties à la vente

Les ventes de chevaux présentent une première caractéristique concernant les parties à la vente. En matière d'animaux de compagnie, les ventes sont particulièrement réglementées par les articles L. 214-6 et suivants du Code rural et de la pêche maritime et celles-ci viennent d'être renforcées en application des dispositions de la loi du 30 novembre 2021, dite « loi Dombreval », qui a interdit la vente de chiens et de chats en animalerie et restreint la possibilité de publier des annonces de vente aux seuls professionnels. Dès lors que le vendeur détient la femelle reproductrice, il est considéré comme un éleveur professionnel tenu de se déclarer comme tel auprès d'un registre d'entreprise.

Il n'existe aucune réglementation similaire pour les équidés, et ne serait-ce que déterminer la qualité du vendeur ou de l'acheteur (est-il professionnel ou non ?) est souvent source de litige, le professionnel, considérant, par exemple, qu'il vend son cheval de concours en tant que particulier au motif qu'il ne vend qu'occasionnellement des chevaux, cherchera à échapper à sa qualité de professionnel, ce qui ne sera que rarement entendu par les juges[5].

S'agissant de la qualité des acheteurs, la cour d'appel de Rennes[6] a considéré qu'un acheteur n'était pas professionnel alors qu'il se présentait comme un établissement

---

4. IFCE, *Les tendances du marché des équidés de sport-loisir*, janv. 2024.

5. Par ex. CA Bourges, 10 janv. 2008, n° 07/00410 qui confirme qu'un instructeur est un vendeur professionnel ; même solution donnée par CA Versailles, 5 avr. 2012, n° 10/03633, à propos d'une vente par un moniteur.

6. V. CA Rennes, 30 oct. 2020, n° 17/03392.

Bonheur, Rosa (1822-1899), *La foire aux chevaux*, 1852-1855, huile sur toile, États-Unis, New-York, Musée d'art métropolitain de New-York, © Bridgeman Images.

de pension professionnel assujetti à la TVA, au motif que les trois chevaux achetés avaient pour but de pratiquer l'attelage en amateur. Dans le même sens, une ancienne enseignante en équitation a pu être considérée comme un acheteur consommateur par la cour d'appel de Toulouse[7].

Autre caractéristique de la vente d'équidés, tant le vendeur que l'acheteur peuvent être multiples et présenter des statuts différents. La propriété partagée est une constante en matière de chevaux, notamment pour restreindre les frais d'entretien. Comment déterminer la qualité du vendeur lorsque le cheval appartient à plusieurs associés dont certains sont consommateurs et d'autres professionnels ? La remarque est identique pour l'acheteur. La vente a souvent lieu *via* un intermédiaire (voire même plusieurs) dont la rémunération est plus ou moins transparente et dont la responsabilité est souvent recherchée en vain par l'acheteur[8]. Pour conclure, la jurisprudence est parfois fluctuante et difficile à systématiser sur la qualité des parties.

Cet ensemble d'éléments explique la diversité et la complexité d'un contentieux qui englobe régulièrement également le vétérinaire ayant réalisé l'examen vétérinaire (dite « visite d'achat »), qui représente pour les praticiens la première cause de mise en jeu de leur responsabilité professionnelle.

7. V. CA Toulouse, 30 juin 2015, n° 12/02528.

8. V. par ex., CA Poitiers, 30 mars 2021, n° 19/00956 qui déboute l'acheteur jugeant que ni la preuve de la faute ni la preuve de sa rémunération ne sont démontrées, la responsabilité étant appliquée moins rigoureusement à celui dont le mandat est gratuit.

II. – La vente d'équidés, selon quelles modalités ?

A. – Ventes amiables et ventes aux enchères

Les annonces de chevaux de sport et de loisir à vendre fleurissent sur les sites dédiés tels que *Find My Horse*, *Equirodi*, *ehorses*, sans aucune garantie de la plateforme. Ces chevaux seront vendus de gré à gré, le plus souvent sans contrat, sans facture si le vendeur n'est pas un professionnel, et parfois sans même une simple attestation de vente. Si les ventes aux enchères existent aussi pour les chevaux de sport, elles sont réputées et très fréquentes pour les ventes de chevaux de course. Ces ventes aux enchères sont organisées *via* des agences de vente dédiées dont les conditions générales et les précautions prises avant l'achat assurent une certaine crédibilité et assurance pour les deux parties, avec une garantie de paiement, des éléments vétérinaires préalables et parfois même des stipulations permettant la résolution de la vente en cas de défaut du cheval, même si nous verrons que les conditions générales prévoient des délais assez courts pour contester la vente.

B. – Ventes d'équidés, avec ou sans contrat

Comme indiqué en préambule, la vente d'équidés est très peu réglementée contrairement à la vente d'animaux de compagnie. De même, les marchands de chevaux ne sont pas forcément une profession organisée en syndicat. La loi du 18 juillet 1998 a abrogé la carte professionnelle de marchands de chevaux instaurée par une loi du 12 avril 1941 et aucun dispositif particulier ne lui a été substitué à ce stade. L'absence de contrat de vente est parfaitement admise dans le monde du cheval, comme l'a rappelé la cour d'appel de Caen qui considère que l'usage dispense de la preuve écrite :

> *« Dans le domaine hippique, il est habituel de ne pas établir d'écrit de sorte que l'intimée est fondée à invoquer l'impossibilité morale de fournir une preuve littérale »*[9].

À ce stade, il est assez rare que le vendeur professionnel propose un contrat de vente, s'imaginant à tort que le contrat est une contrainte, un engagement, alors qu'à l'inverse il rend plus lisible la volonté des parties, réduit les incertitudes sources de contentieux inépuisable et défavorable au professionnel, et permet au professionnel de prévoir et limiter ses garanties, notamment depuis la disparition en 2022 de la garantie de conformité. Contrairement aux croyances du professionnel, l'absence de réglementation n'est pas forcément défavorable à l'acheteur qui, en toute hypothèse s'il est consommateur face à un

9. V. CA Caen, 23 févr. 2021, n° 20/01534.

vendeur professionnel, peut se prévaloir de la panoplie de mesures prévues par le Code de la consommation à l'encontre du vendeur professionnel (C. consom., art. L. 111-1 et s.).

Depuis plusieurs années, l'Institut du Droit Équin a élaboré un modèle de contrat avec de nombreux représentants de la profession, accessible gratuitement et assorti d'une notice explicative[10]. Ce contrat se retrouve de manière de plus en plus récurrente dans les litiges de ventes de chevaux et a le mérite de fournir des informations précieuses sur le cheval, son niveau, ses objectifs et aussi d'éclairer les parties sur les garanties possibles si elles prennent la précaution de lire la notice. L'existence ou non d'un contrat permet notamment de déterminer les garanties applicables au bénéfice de l'acheteur.

III. – La vente d'équidés, selon quelles garanties ?

Le vendeur est tenu de deux obligations principales : la délivrance conforme et la garantie des vices cachés. Nous nous attarderons sur cette dernière obligation qui déroge à la garantie de droit commun du Code civil.

A. – La garantie des vices rédhibitoires, garantie de droit des ventes d'animaux domestiques

Les ventes d'équidés présentent des spécificités en ce qui concerne les garanties des vices cachés. La garantie est régie par des articles figurant dans le Code rural et la pêche maritime dont l'origine est ancienne, lesquels disposent que « l'action en garantie, dans les ventes ou échanges d'animaux domestiques est régie, à défaut de conventions contraires, par les dispositions de la présente section, sans préjudice des dommages et intérêts qui peuvent être dus, s'il y a dol ». L'article L. 213-1 renvoie aux articles R. 213-1 et suivants qui prévoient des modalités très spécifiques à la fois en termes de délais, puisqu'il faut agir en justice dans un délai maximum de trente jours, et de défauts puisque seuls les défauts figurant dans la liste permettent à l'acheteur d'actionner cette procédure[11]. Tenant compte des délais d'action totalement impraticables prévus par l'article R. 213-5 du Code rural, puisque l'acheteur doit intenter deux procédures (une première en désignation d'expert et une seconde en résolution de vente) dans un délai maximum de trente jours et qu'il ne peut

10. www.institut-droit-equin.fr/Contrat-de-vente_117.

11. L'article R. 213-1 dispose que : « Sont réputés vices rédhibitoires et donnent seuls ouverture aux actions résultant des articles 1641 à 1649 du Code civil, sans distinction des localités où les ventes et échanges ont lieu, les maladies ou défauts ci-après, savoir : 1° Pour le cheval, l'âne et le mulet : *a)* L'immobilité. *b)* L'emphysème pulmonaire. *c)* Le cornage chronique. *d)* Le tic proprement dit avec ou sans usure des dents *e)* Les boiteries anciennes intermittentes. *f)* L'uvéite isolée. *g)* L'anémie infectieuse des équidés ».

se prévaloir que des sept défauts limitativement énumérés, il est particulièrement surprenant, d'une part, que cette garantie subsiste encore et, d'autre part, qu'elle figure en tant que garantie de droit, la Cour de cassation ayant même rappelé que son application doit être relevée d'office par le juge[12]. Cette garantie ne peut pas être exclue par le vendeur ; elle est due par ce dernier qu'il soit professionnel ou non, mais il n'aura jamais l'idée de l'exclure au vu de ses restrictions d'application. C'est ainsi qu'elle figure dans toutes les conditions générales des organismes de vente aux enchères, souvent comme étant la seule garantie accordée à l'acheteur, cette garantie en réalité quasi illusoire ayant le mérite de limiter le contentieux post-achat que redoutent les agences de vente.

B. – La garantie des vices cachés applicable par convention contraire

En réalité, ces textes du Code rural et de la pêche maritime ont été pendant de nombreuses années finalement inoffensifs dans la mesure où, au visa de l'article L. 213-1, les juges admettaient de manière assez souple l'existence d'une convention contraire implicite résultant de la destination spécifique donnée par les parties, c'est-à-dire un usage spécial tel qu'un usage sportif, permettant à l'acheteur d'agir sur le fondement de la garantie des vices cachés et de déroger à la seule application du Code rural. Il y eut cependant une période de flottement et d'incertitude à partir des années 2001, la Cour de cassation ayant affirmé aux termes de trois arrêts[13] que les vices rédhibitoires étaient la garantie de droit des ventes d'animaux domestiques et ayant sanctionné les cours d'appel pour avoir retenu de manière un peu trop systématique l'existence d'une convention contraire implicite justifiant l'application de la garantie des vices cachés. Après plusieurs années d'incertitude – certaines cours d'appel ayant emboîté le pas à la Cour de cassation pour rejeter l'existence d'une convention contraire implicite, tandis que d'autres ont maintenu l'application de la garantie des vices cachés dès lors qu'elle n'était pas exclue –, dans un arrêt du 19 novembre 2009, la Cour de cassation a abandonné sa sévérité dans l'appréciation de la convention contraire implicite. Dans un arrêt inédit mais assez net datant de 2009, la Cour de cassation a cassé l'arrêt de la cour d'appel ayant refusé d'appliquer la garantie des vices cachés pour un cheval atteint de stérilité, après avoir relevé « que l'invocation d'une convention dérogatoire implicite résultant de la destination de l'animal et du but poursuivi par les parties s'évinçait des écritures de celles-ci et de ses propres constatations, la cour d'appel a violé les textes susvisés »[14].

12. Cass. 1re civ., 29 janv. 2002, n° 99-18.343, inédit.

13. Cass. 1re civ., 6 mars 2001 : *Bull. civ.* I, n° 65. – Cass. 1re civ., 24 sept. 2002, n° 01-11.609. – V. Cass. 1re civ., 29 janv. 2002, n° 99-18.343.

14. V. Cass. 1re civ., 19 nov. 2009, n° 08-17.797.

Pour conclure, les arrêts précités de 2001 et 2002 ont eu le mérite d'obliger la partie acheteur à argumenter sur l'existence de cette convention contraire implicite et non plus de raisonner directement sur la garantie des vices cachés au mépris de l'article L. 213-1 du Code rural et de la pêche maritime. Depuis, la jurisprudence admet de manière très majoritaire la possibilité pour l'acheteur d'invoquer la garantie des vices cachés, selon une formule que l'on retrouve régulièrement :

> *« Il est constant néanmoins que la convention contraire peut être implicite et résulter de la destination des animaux vendus comme du but que les parties se sont proposé et qui constitue la condition essentielle du contrat. L'idée est ainsi, par exemple, que la destination d'un animal à la reproduction sous-entend qu'il est fécond, de même que sa destination à la boucherie sous-entend qu'il est consommable, et que les parties à la vente ont donc admis implicitement une garantie de vices cachés compromettant ces destinations autres que ceux que prévoit le code rural »*[15].

C. – Une garantie des vices cachés, mais pour quels défauts ?...

De façon majoritaire, le défaut du cheval est un trouble de santé tel qu'une boiterie qui le rend inapte à son usage. L'application de la garantie des vices cachés suppose de démontrer la gravité, l'antériorité et le caractère caché du défaut (C. civ., art. 1641 et s.), ce qui sera d'autant plus simple que le trouble sera apparu rapidement après la vente. C'est, en effet, sur la preuve de l'antériorité que les difficultés se concentrent, notamment lorsque le défaut est en germe, et l'acheteur n'a pas toujours gain de cause[16] comme le relève la cour d'appel de Rennes dans sa décision :

> *« S'agissant de l'arthropathie constatée par le Cirale dans son compte rendu du 15 juin 2017, le Cirale conclut qu'il n'est pas possible d'affirmer que les lésions à l'origine de la boiterie avaient commencé au mois d'août 2016 soit antérieurement à la vente en relevant que l'animal avait eu des performances régulières en concours jusqu'au mois de novembre 2016 »*[17].

D'une manière générale, l'expertise judiciaire est le meilleur moyen pour réunir les éléments permettant aux juges de trancher en faveur de l'acheteur.

Les troubles du comportement du cheval sont-ils des vices cachés susceptibles d'entraîner la résolution de la vente ? En théorie, la réponse est assurément positive. En pratique, l'action de l'acheteur se heurtera au caractère sensible de l'animal qui

15. V. motivation CA Douai, 22 juin 2023, n° 21/02152.

16. V. CA Douai, 22 juin 2023, n° 21/02152, pour un cheval ataxique cinq mois après la vente.

17. CA Rennes, 9 sept. 2022, n° 19/04182.

n'autorise pas la résolution de la vente pour une simple inadéquation cheval-cavalier[18], ou encore au fait que le comportement du cheval est changeant et dépendant de la manière dont il est traité par son nouveau propriétaire[19].

Comme l'a rappelé avec justesse la cour d'appel d'Agen :

> *« L'alliance d'un cavalier et de son cheval est une subtile alchimie, qu'il appartient au cavalier, d'adapter sa monture à l'animal, de savoir mettre en confiance l'animal, car il est un être doué de sensibilité, là est toute la grandeur du cavalier »*[20].

D. – Sur la disparition de la garantie de conformité et les mentions du décret du 29 juin 2022

L'application implicite de la garantie des vices cachés est d'autant plus fondamentale que le droit français a choisi depuis le 1er janvier 2022, lors de la transposition de la directive européenne 2019/771 du 20 mai 2019, de supprimer l'application de la garantie de conformité des articles L. 217-1 et suivants du Code de la consommation aux ventes entre un vendeur professionnel et un acheteur consommateur. Cette loi présentait le défaut majeur de n'avoir pas été conçue pour les ventes d'animaux tant au vu de sa formulation (évoquant des termes comme « échantillon », « modèle ») que de ses solutions (remplacement du bien ou encore réparation), sachant que la présomption d'antériorité du défaut avait disparu depuis octobre 2014. Cependant, son atout majeur tenait à l'impossibilité d'y déroger, la loi étant d'ordre public, ce qui permettait d'éviter le contentieux sur l'application ou non de la garantie des vices cachés. Curieusement, alors que la garantie de conformité n'est plus applicable, le décret n° 2022-946 du 29 juin 2022 relatif à la garantie légale de conformité pour les biens ajoute une annexe à l'article D. 211-2 du Code de la consommation, lequel impose un encadré dans les conditions générales de vente et d'échange d'animaux domestiques :

> *« Le consommateur bénéficie de l'action en garantie contre les vices rédhibitoires prévue par les articles L. 213-1 à L. 213-9 du Code rural et de la pêche maritime. Cette garantie donne droit, dans les conditions et délais précisés par les dispositions de ce code, à une réduction de prix si l'animal est conservé ou à un remboursement intégral contre restitution de l'animal. Par convention contraire, le consommateur bénéficie également de la garantie légale des vices cachés en application des articles 1641 à 1649 du Code civil, pendant une durée de deux ans à compter de la découverte du défaut. Cette garantie donne droit à une réduction de prix si l'animal est conservé ou à un remboursement intégral contre restitution de l'animal ».*

---

18. CA Versailles, 17 oct. 2019, n° 18/01736.

19. V. CA Rennes, 11 oct. 2019, n° 16/03809.

20. V. CA Agen, 28 mars 2018, n° 15/01182.

Certains considèrent que ces mentions dans les conditions générales permettent à l'acheteur d'un animal domestique de se prévaloir de la garantie des vices cachés. Nous ne partageons pas cet avis dès lors que, chaque fois que le contrat de vente aura indiqué de manière expresse que seule la garantie des vices rédhibitoires s'applique à la vente, ces mentions n'auront aucun effet ; or, pour les animaux de compagnie, les contrats de vente (intitulés « Document de cession ») sont systématiques, tandis que dans les ventes de chevaux les conditions générales ne font nullement partie des habitudes des marchands. Ce qui interpelle dans la rédaction de cet encadré est le caractère trompeur des mentions pour le consommateur. À leur lecture, on en déduit que la garantie des vices rédhibitoires et la garantie des vices cachés offrent les mêmes garanties à l'acheteur qui ne pourrait qu'être rassuré de se dire que le Code rural et de la pêche maritime lui permet d'obtenir le remboursement du prix de l'animal. Si l'on avait souhaité informer loyalement le consommateur, on lui aurait à l'inverse expliqué en quelques lignes que les garanties sont en réalité diamétralement opposées tant dans les défauts pouvant être invoqués que dans la mise en œuvre procédurale.

Pour conclure sur une note positive, rappelons qu'outre les garanties, l'ensemble des dispositions sur la protection du consentement et notamment l'article 1112-1 du Code civil, issu de la dernière réforme sur l'obligation d'information, de même que l'article L. 111-1 du Code de la consommation, sont des textes régulièrement invoqués par l'acheteur consommateur pour rétablir un équilibre que l'absence de garantie autre que celle des vices rédhibitoires pourrait compromettre.

Carré, Léon (1878-1942), Société protectrice des animaux, 1904, Affiche, France, Paris, Bibliothèque nationale de France, © BNF.

L'animal et la protection pénale

Magali GREINER
Avocate au Barreau de Paris
Membre de la Commission ouverte « Droit de l'animal »
Co-fondatrice du Réseau d'Avocats des Droits de l'animal

I. – La protection de la sensibilité animale par le biais du Code pénal et du Code rural et de la pêche maritime

S'il n'existe pas de définition juridique de l'animal, le droit français opère une distinction fondamentale entre *animaux domestiques* et *animaux sauvages.*

La distinction se fait, non par référence à une espèce, mais en fonction des rapports plus ou moins proches que l'Homme entretient avec les animaux.

La chambre criminelle de la Cour de cassation, par un arrêt du 14 mars 1861[1], avait défini les animaux domestiques comme étant des « êtres animés qui vivent, s'élèvent, sont nourris, se reproduisent sous le toit de l'homme et par ses soins ».

Un arrêt de la Cour de cassation du 16 février 1895 avait élargi la définition de l'animal domestique comme étant celui qui vit sous la surveillance de l'homme et non plus seulement sous son toit.

Ainsi, les animaux domestiques comprennent à la fois les animaux de compagnie et les animaux de production (animaux de rente).

À l'inverse, l'animal sauvage est défini à l'article R. 411-5 du Code de l'environnement comme celui qui n'a « pas subi de modification par sélection de la part de l'homme ».

1. Cass. crim., 14 mars 1861 : « L'art. 454, Cod. pén. comprend les êtres animés qui vivent, s'élèvent, sont nourris, se reproduisent sous le toit de l'homme et par ses soins ; que les vers à soie, qui remplissent ces conditions, doivent être considérés comme des animaux domestiques (...) ».

L'animal sauvage est donc celui qui est sans maître, qui n'appartient à personne.

La loi du 19 novembre 1963[2] incriminant les actes de cruauté commis sur les animaux domestiques avait étendu la répression aux agissements commis envers *les animaux apprivoisés* ou *tenus en captivité*, extension confirmée par la loi du 10 juillet 1976[3].

Il s'agit d'animaux sauvages par leur nature, mais qui ont été soumis par l'homme et vivent dans son entourage, ou encore qui sont tenus en captivité, tombés au pouvoir de l'homme et retenus par lui sous la contrainte.

Le juge pénal assure à l'animal domestique, apprivoisé ou tenu en captivité, une protection particulière en s'appuyant sur les différentes incriminations existantes, que l'on retrouve dans le Code pénal et dans le Code rural et de la pêche maritime, qui sont applicables aussi bien au propriétaire qu'au gardien de l'animal.

Cette protection a été initiée dès la loi du 2 juillet 1850 dite « Grammont »[4], qui a été le point de départ de l'évolution du statut juridique pénal de l'animal.

La loi Grammont, qui comportait un article unique, réprimait les mauvais traitements exercés sur l'animal domestique bien avant l'instauration de la loi du 10 juillet 1976, qui a marqué le début de la prise en compte de la sensibilité de l'animal dans le Code rural et de la pêche maritime, ou encore plus récemment de la loi du 16 février 2015[5], instaurant l'article 515-14 du Code civil qui reconnaît désormais à l'animal la qualité d'être vivant doué de sensibilité.

La protection pénale de l'animal est donc indépendante de son statut civil, et constitue une limitation au droit de propriété sur l'animal, d'une part, en diminuant les prérogatives du propriétaire ou de son gardien, et, d'autre part, en ajoutant des « devoirs » à ce dernier, tels que l'obligation d'aliments et de soins, ou encore le maintien d'un animal dans un habitat ou un environnement confortable, *etc.*[6]

Il ressort de ces éléments des notions assez récentes : celle du *bien-être animal* et celle de la *souffrance*[7]. En effet, la douleur et la souffrance de l'animal ont été reconnues, à la

---

2. L. n° 63-1143, 19 nov. 1963.

3. L. n° 76-629, 10 juill. 1976, relative à la protection de la nature.

4. L. 2 juill. 1850, dite « Grammont », sur les mauvais traitements envers les animaux domestiques.

5. L. n° 2015-177, 16 févr. 2015, relative à la modernisation et à la simplification du droit et des procédures dans les domaines de la justice et des affaires intérieures.

6. F. Dupas, *Le statut juridique de l'animal en France et dans les états membres de l'Union européenne*, thèse, École nationale vétérinaire de Toulouse/Université de Toulouse III – Paul Sabatier, 2005.

7. S. Antoine, *Le droit de l'animal : évolution et perspectives : D.* 1996, chron. p. 126-130.

Vos, Paul de (1596-1678), *Un chien écrasé*, XIXe siècle, huile sur bois, 74 × 106 cm, France, Angers, Musée des Beaux-Arts, © GrandPalaisRmn / Benoît Touchard.

suite de nombreuses études qui ont été effectuées ces dernières années chez différentes espèces[8].

Le droit français a ainsi admis que l'animal, en tant qu'être sensible, pouvait éprouver une sensation négative, comme la souffrance, et le législateur a pris en considération la sensibilité de l'animal en réprimant les comportements susceptibles de le faire souffrir.

II. – Les conséquences de la protection de la sensibilité animale

Si, en droit français, les infractions sont classées en trilogie, en fonction de la gravité de l'infraction, à savoir, les crimes, les délits et les contraventions, aucun crime n'est cependant prévu pour les animaux, en raison de l'appartenance de l'animal à la catégorie des objets de droit, la plus grave qualification pénale envisagée étant le délit.

À cet égard, la loi n° 2021-1539 du 30 novembre 2021 visant à lutter contre la maltraitance animale et conforter le lien entre les animaux et les hommes, a renforcé les sanctions contre la maltraitance des animaux domestiques et a transformé en délit le fait de donner volontairement la mort à un animal domestique ou apprivoisé.

La présentation des délits et contraventions qui sera envisagée ci-après sera essentiellement limitée aux principales infractions prévues dans le Code pénal et dans le Code rural et de la pêche maritime, sachant que d'autres dispositions complètent ce dispositif.

8. G. Chapouthier, *Révolutions animales, Le génie des animaux*, dir. K.-L. Matignon, Paris, Les liens qui libèrent, 2016, p. 289.

A. – Les principaux délits commis à l'encontre des animaux

L'article 521-1 du Code pénal[9] et issu de la loi dite « Grammont » sanctionnait à l'origine seulement les actes de cruauté.

La loi du 10 juillet 1976 relative à la protection de la nature, qui avait déjà reconnu dans son article 9 l'animal comme étant un « être sensible »[10], a ajouté l'incrimination des sévices graves, d'une part, et l'abandon de l'animal domestique, apprivoisé ou tenu en captivité, d'autre part.

L'article 521-1 du Code pénal dont les dispositions ont été renforcées par la loi du 30 novembre 2021[11] incrimine :

> *« Le fait, publiquement ou non, d'exercer des* sévices graves *ou de commettre* un acte de cruauté *envers un animal domestique, ou apprivoisé, ou tenu en captivité, est puni de trois ans d'emprisonnement et de 45 000 euros d'amende (...) Est également puni des mêmes peines* l'abandon d'un animal domestique, apprivoisé ou tenu en captivité, *à l'exception des animaux destinés au repeuplement ».*

Alors que les actes sexuels pratiqués par les humains sur les animaux étaient auparavant assimilés à des sévices, et prévus à l'article 521-1 du Code pénal, l'article 521-1-1 du Code pénal introduit par la loi du 30 novembre 2021[12] réprime désormais de manière autonome :

> *« Les atteintes sexuelles sur un animal domestique, apprivoisé ou tenu en captivité sont punies de trois ans d'emprisonnement et de 45 000 euros d'amende ».*

Également, l'article 521-1-3 du Code pénal créé par la loi du 30 novembre 2021[13] incrimine :

> *« Le fait de proposer ou de solliciter des actes constitutifs d'atteintes sexuelles sur un animal définies à l'article 521-1-1, par quelque moyen que ce soit, est puni d'un an d'emprisonnement et de 15 000 euros d'amende ».*

---

9. Anciennement C. pén., art. 453.

10. Que l'on retrouve à l'article L. 214-1 du Code rural et de la pêche maritime.

11. L. n° 2021-1539, 30 nov. 2021, visant à lutter contre la maltraitance animale et conforter le lien entre les animaux et les hommes, en vigueur depuis le 2 décembre 2021.

12. *Op. cit.*

13. *Op. cit.*

De même, l'article 521-1-2 du Code pénal réprime la diffusion d'images de maltraitance animale et de zoo-pornographie :

> « *Est constitutif d'un* acte de complicité *des sévices graves, actes de cruauté ou atteintes sexuelles sur un animal domestique, apprivoisé ou tenu en captivité, prévus au premier alinéa des articles 521-1 et 521-1-1, et est puni des peines prévues aux mêmes articles 521-1 et 521-1-1* le fait d'enregistrer sciemment, par quelque moyen que ce soit et sur quelque support que ce soit, des images relatives à la commission des infractions mentionnées au présent alinéa. *(...)* Le fait de diffuser sur internet l'enregistrement de telles images est puni de deux ans d'emprisonnement et de 30 000 euros d'amende ».

Enfin, si l'atteinte volontaire à la vie d'un animal était initialement réprimée uniquement en tant que contravention, la loi du 30 novembre 2021 précitée a introduit l'article 522-1 du Code pénal qui qualifie désormais de délit :

> « *Le fait sans nécessité, publiquement ou non, de donner volontairement la mort à un animal domestique ou apprivoisé ou tenu en captivité,* hors du cadre d'activités légales *(...)* ».

L'article R. 655-1 du Code pénal prévoyant la contravention de cinquième classe pour une atteinte volontaire à la vie de l'animal n'a toujours pas été abrogé à ce jour, ce qui pourrait perturber l'application du nouvel article 522-1 du même code. La contravention reste par ailleurs applicable pour des faits commis antérieurement à l'entrée en vigueur de la loi nouvelle.

D'autres dispositions pénales concernent les professionnels dont l'activité s'ordonne plus généralement autour des animaux placés sous leur garde.

Ainsi, l'article L. 215-11 du Code rural et de la pêche maritime modifié par la loi du 30 novembre 2021 prévoit un délit de mauvais traitements[14] lorsqu'une personne « exploitant un établissement de vente, de toilettage, de transit, de garde, d'éducation, de dressage, d'activités privées de sécurité, de surveillance, de gardiennage, de protection physique des personnes ou des biens employant des agents cynophiles ou de présentation au public d'animaux de compagnie, une fourrière, un refuge, un établissement d'abattage ou de transport d'animaux vivants ou un élevage » exerce ou laisse exercer sans nécessité des mauvais traitements envers les animaux placés sous sa garde.

14. Puni d'un an d'emprisonnement et de 15 000 € d'amende.

Également, l'article L. 214-3 du Code rural et de la pêche maritime précise qu'il :

> *« est interdit d'exercer des mauvais traitements envers les animaux domestiques ainsi qu'envers les animaux sauvages apprivoisés ou tenus en captivité. Des décrets en Conseil d'État déterminent les mesures propres à assurer la protection de ces animaux contre les mauvais traitements ou les utilisations abusives et à leur éviter des souffrances lors des manipulations inhérentes aux diverses techniques d'élevage, de parcage, de transport et d'abattage des animaux. Il en est de même pour ce qui concerne les expériences biologiques médicales et scientifiques qui doivent être limitées aux cas de stricte nécessité ».*

B. – Les principales contraventions commises à l'encontre des animaux

L'animal domestique, apprivoisé ou tenu en captivité est également protégé par les contraventions prévues par le Code pénal.

La peine contraventionnelle est caractérisée par une amende dont le montant varie selon la classe de la contravention (il existe cinq classes de contravention en France), ce qui traduit encore une gradation et une appréciation morale faites par le législateur.

Aussi, l'article R. 653-1 du Code pénal réprime d'une amende de 450 € (contravention de la troisième classe) le fait d'occasionner involontairement la mort ou la blessure d'un animal :

> *« Le fait par maladresse, imprudence, inattention, négligence ou manquement à une obligation de sécurité ou de prudence imposée par la loi ou les règlements, d'occasionner la mort ou la blessure d'un animal domestique ou apprivoisé ou tenu en captivité. L'animal peut alors être remis à une œuvre de protection animale reconnue d'utilité publique ou déclarée ».*

Par ailleurs, l'article R. 654-1 du Code pénal sanctionne d'une amende de 750 € (contravention de la quatrième classe) les mauvais traitements envers un animal[15] :

> *« (…) Le fait, sans nécessité, publiquement ou non, d'exercer volontairement des mauvais traitements envers un animal domestique ou apprivoisé ou tenu en captivité est puni de l'amende prévue pour les contraventions de la quatrième classe ».*

Enfin, tout comme pour le délit, d'autres dispositions pénales concernent les professionnels dont l'activité s'ordonne plus généralement autour des animaux placés

15. Hors le cas prévu à l'article L. 521-1 du Code pénal.

sous leur garde, et notamment le défaut de soins prévu à l'article R. 214-17 du Code rural et de la pêche maritime[16].

C. – Le critère délicat de distinction des incriminations par la jurisprudence

Devant cette multitude d'incriminations précitées, la chambre criminelle de la Cour de cassation opère des distinctions nécessaires au respect du principe de l'interprétation stricte de la loi pénale[17].

Certaines de ces distinctions sont évidentes, notamment lorsqu'il s'agit de la qualification du prévenu, à savoir un *particulier* ou un *professionnel* (*cf.* le cas du délit de mauvais traitement pour un professionnel ou la contravention de mauvais traitement pour le particulier).

Mais c'est surtout *l'élément intentionnel* qui est à l'origine de la jurisprudence constante de la Cour de cassation.

Ainsi, si le délit de mauvais traitements intentionnels permet de réprimer des actes de maltraitance résultant d'abstentions, de simples négligences ne suffisent cependant pas à le constituer.

À titre d'exemple, le fait pour un responsable de centre équestre de faire appel à un vétérinaire seulement huit jours après que sa jument eut commencé à boiter et vu son pronostic vital engagé, même si elle a survécu, ne suffit pas à caractériser le délit de mauvais traitements intentionnels, la Cour de cassation ayant retenu que la cour d'appel aurait dû préalablement rechercher si la contravention de défaut de soins n'était pas constituée[18].

Néanmoins, le caractère intentionnel ou non de l'acte réprimé doit également être apprécié pour certaines contraventions.

C'est notamment le cas de la contravention des mauvais traitements prévue à l'article R. 654-1 du Code pénal[19]. Ainsi, et en l'absence de caractérisation de la conscience et de la volonté de causer des mauvais traitements à l'animal par son propriétaire

16. Le défaut de soins de l'éleveur est réprimé par l'article R. 215-4 du Code rural et de la pêche maritime ; le défaut de soins lors de la vente, le dressage ou l'éducation d'un animal, par l'article R. 215-5 du même code ; le défaut de soins dans les abattoirs ou lors d'une expérimentation animale, par les articles R. 215-8 et R. 215-10 du même code, *etc.*

17. Prévu à l'article 111-4 du Code pénal : « La loi pénale est d'interprétation stricte ».

18. Cass. crim., 11 janv. 2011, n° 10-85.506.

19. C. pén., art. R. 654-1, al. 1 : « Hors le cas prévu par l'article 521-1, le fait, sans nécessité, publiquement ou non, d'exercer volontairement des mauvais traitements envers un animal domestique ou apprivoisé ou tenu en captivité est puni de l'amende prévue pour les contraventions de la quatrième classe ».

ou son détenteur, le juge ne peut alors que tenter de caractériser un défaut de soins envers l'animal résultant d'une simple négligence[20].

S'agissant enfin des sévices graves et actes de cruauté, depuis un arrêt ancien en date du 23 janvier 1989, la chambre criminelle de la Cour de cassation définit l'élément intentionnel par un ***dol spécial***, à savoir que ces sévices graves ou actes de cruauté ont été « accomplis intentionnellement dans le but de provoquer la souffrance ou la mort »[21]. C'est cette intention perverse qui distingue l'intention relative aux sévices et actes de cruauté des mauvais traitements.

Dès lors, et à défaut de pouvoir démontrer une intention dolosive, seule la contravention de mauvais traitements prévue à l'article R. 654-1 du Code pénal est encourue.

Ainsi, la chambre criminelle de la Cour de cassation a pu retenir la qualification de sévices graves à l'encontre d'un prévenu qui avait « la conscience des souffrances subies » ou « ne pouvait pas ignorer que les actes étaient pour les animaux générateurs de souffrances graves et à terme, de mort ».

En l'espèce, le prévenu avait maintenu consciemment et durablement dans leur box, sans les sortir, des chevaux baignant dans leurs excréments ainsi que d'autres laissés au pré sans abri sur un sol couvert de détritus pouvant les blesser, sans eau potable, certains d'une maigreur extrême, d'autres présentant des plaies non soignées[22].

En revanche, la chambre criminelle a cassé et annulé un arrêt d'appel qui avait pu juger qu'« en laissant délibérément l'animal en été sur un balcon exposé au soleil, espace trop réduit pour lui permettre un peu d'exercice, et de surcroît muselé, afin qu'il n'aboie pas, [le prévenu] a commis un acte de cruauté envers son animal, sachant que ce dernier, même devant les gamelles pleines, ne pourrait pas réellement manger ni boire, à cause de la muselière (...) » retenant que « faute d'avoir caractérisé l'existence de sévices ou d'actes de cruauté accomplis intentionnellement dans le but de provoquer la souffrance ou la mort », le délit de sévices graves ou acte de cruauté n'était pas caractérisé[23].

Le critère du dol spécial permet aussi de distinguer le délit de sévices graves ou actes de cruauté du délit d'abandon, également prévu à l'article L. 521-1 du Code pénal,

20. Prévu aux articles R. 214-17 et R. 215-4 du Code rural et de la pêche maritime.

21. Cass. crim., 23 janv. 1989, n° 87-90.298.

22. Cass. crim., 25 sept. 2012, n° 11-86.400.

23. Cass. crim., 7 oct. 2008, n° 07-88.349.

qui ne requiert pas l'existence d'actes accomplis intentionnellement dans le but de provoquer la souffrance ou la mort.

Le délit d'abandon est constitué, d'une part, par la renonciation définitive à la propriété sur l'animal en l'abandonnant dans la nature, mais encore, par toute forme de désintérêt à l'égard de son sort.

À titre d'exemple, constitue un délit d'abandon le fait « de ne pas avoir fourni aux vingt-huit équidés placés sous sa garde une nourriture correspondant en quantité et en qualité à leurs besoins »[24], ou encore, l'absence, pendant au moins cinq à six semaines, de soins courants, de nourriture correspondant en quantité et en qualité à leurs besoins à des ânes, et le fait de les avoir confiés à une personne dépourvue de capacité et de compétence pour les soigner[25].

Le délit d'abandon peut également être constitué en l'absence de toute violence commise à l'encontre des animaux, et notamment, par le seul fait de laisser des animaux dans un pré sans nourriture ni abreuvement[26].

Enfin, le critère du *dol spécial* n'était pas requis s'agissant des sévices de nature sexuelle réprimés à l'article 521-1 du Code pénal.

La jurisprudence de la chambre criminelle de la Cour de cassation a en effet pu juger que des « actes de pénétration sexuelle commis par une personne sur un animal constituent des sévices de nature sexuelle au sens de l'article 521-1 du code pénal », sans qu'il soit besoin de constater en sus la violence, la brutalité ou des mauvais traitements avec lesquels le prévenu aurait commis l'infraction[27].

Il convient dès lors de penser qu'il en est de même s'agissant désormais du délit *d'atteinte sexuelle* prévu à l'article 521-1-1 du Code pénal et que tout acte à caractère sexuel commis sur un animal est donc condamnable, même sans violence.

---

24. Cass. crim., 22 mai 2013, n° 12-85.988.
25. Cass. crim., 4 mai 2010, n° 09-88.095.
26. Cass. crim., 16 juin 2015, n° 14-83.349.
27. Cass. crim., 4 sept. 2007, n° 06-82.785.

III. – Les limites de la protection pénale des animaux

La protection pénale des animaux, qui constitue une restriction au droit de propriété sur l'animal, se heurte toutefois elle-même à certaines limites.

Tout d'abord, l'exonération de la responsabilité pénale en cas de mauvais traitement ou d'atteinte volontaire à la vie de l'animal peut être reconnue par l'état de nécessité[28], en cas de danger actuel ou imminent[29] (si l'atteinte est nécessaire et proportionnée), pour se nourrir (exemple : les abattoirs), ou encore pour faire progresser la science afin de mieux se soigner.

Ensuite, la protection de l'animal trouve ses limites dans la nécessité de repeuplement, et dans certains cas d'immunité légale liés à des traditions locales :

- l'abandon réprimé par le Code pénal[30] ne concerne pas les « animaux destinés au repeuplement » ;
- les dispositions relatives aux sévices graves ou sexuels et actes de cruauté[31], aux mauvais traitements[32], et à l'atteinte volontaire à la vie de l'animal[33] ne s'appliquent pas aux organisateurs de courses de taureaux qui bénéficient d'une immunité légale « lorsqu'une tradition locale ininterrompue peut être invoquée » ou aux organisateurs de combats de coqs « dans les localités où une tradition ininterrompue peut être établie ».

Enfin, la loi du 30 novembre 2021 précise désormais des exceptions légales aux atteintes sexuelles, à savoir : « Les soins médicaux et d'hygiène nécessaires ainsi que les actes nécessaires à l'insémination artificielle ne peuvent être considérés comme des atteintes sexuelles »[34], ainsi qu'à l'atteinte volontaire à la vie de l'animal si celle-ci a eu lieu dans le « cadre d'activités légales » (euthanasie).

---

28. Cass. crim., 26 févr. 2003, n° 02-81.736 : pas de nécessité en cas de mise à mort d'un chien qui n'avait pas attaqué des ânes.

29. C. pén., art. 122-7 : « N'est pas pénalement responsable la personne qui, face à un danger actuel ou imminent qui menace elle-même, autrui ou un bien, accomplit un acte nécessaire à la sauvegarde de la personne ou du bien, sauf s'il y a disproportion entre les moyens employés et la gravité de la menace ».

30. C. pén., art. L. 521-1.

31. C. pén., art. L. 521-1.

32. C. pén., art. R. 654-1.

33. C. pén., art. R. 655-1.

34. C. pén., art. 521-1-1, al. 2 issu de L. 30 nov. 2021.

IV. – La protection pénale de l'animal a-t-elle été véritablement renforcée par l'adoption de la loi du 30 novembre 2021 ?

La loi n° 2021-1539 du 30 novembre 2021, visant à lutter contre la maltraitance animale et conforter le lien entre les animaux et les hommes, présente un chapitre II intitulé « Renforcement des sanctions dans la lutte contre la maltraitance à l'encontre des animaux domestiques » (art. 26 à 45).

Elle constitue une avancée incontestable, puisqu'elle durcit les sanctions encourues, ajoute plusieurs circonstances aggravantes qui n'étaient jusqu'alors pas envisagées par le législateur (notamment lorsque les faits sont commis en présence d'un mineur ou par le propriétaire de l'animal), ou encore multiplie les comportements incriminants tels que l'acte de complicité des sévices graves, les actes de cruauté, atteintes sexuelles ou mauvais traitements commis sur un animal domestique, apprivoisé ou tenu en captivité[35].

La loi distingue par ailleurs les sévices graves et actes de cruauté des sévices sexuels qui sont désormais devenus une incrimination autonome qualifiée d'« atteinte sexuelle », et réaménage l'atteinte volontaire à la vie de l'animal domestique, apprivoisé ou tenu en captivité qui initialement était incriminée en tant que contravention, et qui désormais est devenue un délit.

En outre, la loi apporte des innovations avec la mise en place :

– d'un certificat « d'engagement et de connaissance » qui rappelle les obligations de soins, de vaccination et les coûts liés à la possession d'un animal, avec un délai de réflexion de sept jours imposé entre la signature du certificat et l'achat ou le don de l'animal de compagnie ;

– d'un stage de sensibilisation à la prévention et à la lutte contre la maltraitance animale ;

– de la levée du secret professionnel du vétérinaire[36] (C. pén., art. 226-14).

Enfin, et depuis le 1er janvier 2024, la loi interdit la vente des chiens et chats en animalerie afin de lutter contre les abandons des animaux domestiques, excepté pour ceux qui ont été abandonnés en partenariat avec les refuges.

Néanmoins, il subsiste plusieurs lacunes dans la protection pénale de l'animal.

---

35. C. pén., art. 521-1-2 créé par L. 30 nov. 2021.

36. C. pén., art. 226-14.

En effet, la protection pénale n'est toujours pas applicable aux *animaux sauvages*, s'il ne s'agit pas d'une espèce protégée, et trouve ses limites dans les cas d'immunité légale liés aux traditions locales.

Par ailleurs, si les peines semblent de plus en plus sévères, en réponse à une demande sociale de plus en plus présente, elles restent bien inférieures aux peines maximales encourues.

En outre, les circonstances aggravantes que l'on retrouve en droit commun et notamment en cas de maltraitances commises à l'encontre de personnes vulnérables (*alcoolémie et usage de stupéfiant*) ne sont pas prévues et donc non retenues en cas de maltraitances commises à l'encontre des animaux.

Enfin, il résulte des développements qui précèdent que la Cour de cassation persiste à appliquer la condition de la démonstration d'un *dol spécial* pour caractériser le délit de sévices graves ou actes de cruauté – ainsi différencié des mauvais traitements –, le prévenu devant avoir accompli les sévices graves ou actes de cruauté « intentionnellement dans le but de provoquer la souffrance ou la mort »[37].

Or, cette condition n'est pas visée à l'article L. 521-1 du Code pénal, ce qui est contraire au principe de *l'application stricte de la loi pénale* et conduit à des requalifications en mauvais traitements sanctionnés par une contravention ou des relaxes, à défaut de pouvoir démontrer ce dol spécial.

---

37. Pour mémoire : Cass. crim., 23 janv. 1989, n° 87-90.298. Sur la protection pénale de l'animal, v. dans ce volume la contribution de C. Bouglé-Le Roux, *Cochons en cassation (...)*, p. 448-463 ; sur la corrida, v. dans ce volume la contribution de T. Vignal, *La corrida, une curiosité juridique*, p. 536-547 et sur les combats de coq, le bestiaire, R. Capet, *Coq*, gallus gallus, p. 86-93.

Daumier, Honoré (1808-1879), *Don Quichotte et la mule morte*, 1867, huile sur toile, 45 × 26,3 cm, France, Paris, Musée d'Orsay © Musée d'Orsay, Dist. GrandPalaisRmn / Patrice Schmidt.

Webbe, William J. (1831-1904), *Le hibou blanc : « Seul et réchauffant ses cinq esprits, le hibou blanc est assis dans le clocher »*, 1856, huile sur panneau, 45 x 26,3 cm © Images Christie's / Images Bridgeman.

CHOUETTE EFFRAIE

N. fém. Rapace nocturne de la famille des Strigidés aux yeux gros, ronds, tournés vers l'avant et entourés de disques de petites plumes effilées, au plumage de tonalité brune, qui se distingue du hibou par l'absence d'aigrettes de plumes de chaque côté de la tête et qui existe sous différentes espèces dont la dame blanche ou effraie des clochers (*Tyto alba*) est la plus répandue.

Tyto alba

C'est lors de sa première apparition dans *Les Aventures de Tintin, Le Crabe aux pinces d'or,* en 1941[1], que le capitaine Haddock est enfermé avec le héros dans une cave mitraillée. Le vin répandu les enivre et Tintin, pour la seule fois de ses aventures où on le verra soûl, chante « la Dame blanche », l'air le plus connu de l'opéra éponyme de Boieldieu[2] : « Prenez garde, prenez garde, la dame blanche vous regarde, la dame blanche vous entend ». La Dame blanche de Boieldieu n'est pas un animal : c'est un spectre dont l'apparition dénoue l'intrigue. C'est elle qui hante le château d'Avenel, mais en fait rétablit dans ses droits son héritier légitime dont l'identité est alors révélée. Déguisée en dame blanche, Anna lui permet d'acquérir le château. La « Dame blanche », apparition, peut aussi bien être annonciatrice de mort que protectrice. Pour Tintin, elle est un appel à un semblable dénouement heureux.

C'est dans un album bien postérieur, *Les Bijoux de la Castafiore* (1963) qu'apparaît une chouette. La Dame blanche est l'autre nom de la chouette effraie, aussi appelée

1. Hergé, *Le Crabe aux pinces d'or*, [1940], Tournai-Paris, Casterman, 1943, planche 55, case B3.
2. F.-A. Boieldieu, *La Dame blanche*, opéra-comique en trois actes, sur un livret d'Eugène Scribe, 1825.

« fantôme des clochers », pour ne toujours pas échapper à l'imaginaire. Dans cet épisode, Bianca Castafiore est effrayée par « un monstre », qui est en réalité une chouette[3]. Elle égare ses bijoux, avant de s'apercevoir de la disparition d'une précieuse émeraude qu'elle croit volée par un humain. La chouette, marchant dans le grenier, identifiée par Tintin, dément cette hypothèse. Non, ce n'est pas un être humain qui marche et qui a volé l'émeraude ! Peut-on faire un lien entre la Dame blanche, magique, et la Dame blanche, animal ? Serge Tisseron nous a appris à nous méfier de toute lecture simpliste de *Tintin*[4]. La référence à un autre opéra, *La Gazza ladra* de Rossini[5] – *la Pie voleuse*, dans le même album, incite à penser que les deux dames blanches – la Dame blanche imaginaire dans le premier, et la chouette qui marche dans le grenier dans le second – sont liées. Celle-ci est prise pour un être humain et renvoie à un personnage imaginaire. Michel Serres n'hésite pas : « De part et d'autre trois oiseaux : le hibou, le perroquet, la pie. Les trois bêtes parlent ululent jacassent répètent. Voyez maintenant le profil de Blanche : vieille chouette, pie, perroquet ? La vieille chouette chante la *gazza ladra* »[6]... Le qualificatif de « vieille chouette », qui n'est guère flatteur mais qui fait partie du folklore populaire, assimile au final toujours l'animal à un être humain, ici à « Blanche » elle-même.

Le symbolisme de la Dame blanche est ainsi ambivalent : elle est un animal effrayant et vorace qui, comme le spectre du même nom, relève d'un monde maléfique, magique et inquiétant. Elle illustre la prédation dans *La Nuit du chasseur* de Charles Laughton[7], qui demeure l'un des plus grands films sur la peur, la violence et la protection retrouvée. Mais la chouette est aussi rassurante et efficace : elle veille, elle voit ce que les autres ne font que discerner. Rapace utile qui se nourrit essentiellement de rongeurs qui dévasteraient les cultures, elle est pourtant clouée par superstition aux portes des granges. Comme si derrière la chouette effraie se cachait toujours l'« autre » Dame blanche.

Dans *Le Château de ma mère* (1957), Marcel Pagnol[8] décrit une chouette prise au piège :

> *« toutes ses plumes hérissées, elle dansait le piège au cou à -demi suffoquée et chuchotant des maléfices... Bien plus tard au lycée, M. Laplane nous enseigna que la chouette était l'oiseau de Minerve et qu'elle représentait la sagesse. Je fis un si grand éclat de rire qu'il me fallut copier jusqu'au gérondif, quatre verbes qui de plus étaient déponents »,*

3. Hergé, *Les Bijoux de la Castafiore*, [1961], Tournai-Paris, Casterman, 1963, planche 15.

4. S. Tisseron, *Tintin chez le psychanalyste*, essai sur la création graphique et la mise en scène de ses enjeux dans l'œuvre d'Hergé, Paris, Aubier, 1985.

5. G. Rossini, *La Gazza ladra*, opéra en deux actes sur un livret de G. Gheradini, 1817.

6. M. Serres, *Les bijoux distraits ou la cantatrice sauve*, in *Hermès II L'interférence*, coll. critique, Paris-Bruxelles, Éditions de Minuit, 1970 repris dans M. Serres, *Hergé mon ami*, éd. Moulinsart, 2000, p. 80.

7. C. Laughton, *La Nuit du chasseur*, film, 1955, 93 mn.

8. M. Pagnol, *Le Château de ma mère*, Monte-Carlo, Pastorelli, 1957.

CHOUETTE EFFRAIE

Skyphos à figures rouges : chouette, vers 480-450 avant Jésus-Christ, France, Paris, Musée du Louvre © GrandPalaisRmn (musée du Louvre) / Hervé Lewandowski.

avant de raconter qu'il envisage de chasser d'une grotte deux « gros-hiboux » et… un fantôme, décidément indissociables.

Une telle ambiguïté résiste donc à toute classification : la chouette effraie est sympathique comme dans *Les Bijoux de la Castafiore*, objet de moquerie lorsqu'il s'agit de la « Bianca » Castafiore elle-même, clé d'un heureux dénouement pour Boieldieu, pourtant jugée maléfique et chassée par l'homme lorsqu'elle symbolise la prédation et la mort[9]. Inclassable !

Mais la chouette est aussi l'attribut de Minerve, déesse de la guerre et de la sagesse. Et le symbole s'explique parce qu'elle est capable de discerner ce que les autres ne voient pas. Les deux albums de Tintin marquent l'un comme l'autre ces deux aspects : référence au spectre de l'opéra dans le premier, la chouette marque la sagesse dans le second cas. Ce qu'on perçoit d'abord c'est la peur : l'image de l'animal effrayant s'impose d'abord, « oiseau de malheur »[10]. L'image rassurante de la sagesse jamais ne la précède.

Dans la préface aux *Principes de philosophie du droit* (1821), Hegel, après avoir critiqué la philosophie qui « peint sa grisaille dans la grisaille » et affirmé qu'on ne peut pas la rajeunir « avec du gris sur du gris, mais seulement la connaître », écrit : « ce n'est qu'au début du crépuscule que la chouette de Minerve prend son envol ». La formule est devenue célèbre, répétée, galvaudée et même, peut-être inconsciemment, reprise par Hergé[11]. Elle traduit l'idée que la philosophie et le droit sont toujours en décalage par rapport aux faits et à l'histoire : lorsque Tintin chante « la Dame blanche », le capitaine Haddock et lui-même appellent la suite du récit[12].

---

9. Le parallèle peut se poursuivre par exemple avec le *Cri de la chouette* d'Hervé Bazin, Paris, Grasset, 1972.

10. Une notice de l'ONF dénonce ainsi cette image : « Cette sombre réputation ne date pas d'hier : pour les Romains, entendre son cri annonçait une mort imminente. Dans le folklore arabe, la chouette hulotte est l'incarnation des esprits des défunts non vengés. Sa présence dans les ruines et les cimetières n'aide pas non plus à sa renommée : mais quoi de plus normal pour une amatrice de rongeurs de les guetter là où ils sont nombreux », ONF, Loisirs en forêt (https://www1.onf.fr/activites_nature/sommaire/decouvrir/animaux/faune/20070921-134407-819073/@@index.html).

11. Dans *Les Bijoux de la Castafiore*, planche 53, la scène où Tintin se dissimule au grenier avant de faire s'envoler la chouette commence « au crépuscule ».

12. Analysant le confinement (Projet 2021, n° 4, p. 1), Benoît Guillou écrit : « Hegel utilise cette métaphore (…), essentiellement pour dire que l'histoire est radicalement imprévisible et impensable. Dans la mythologie, Minerve est la déesse de la sagesse et son symbole est la chouette. Le crépuscule est ce moment où l'on cesse d'être dans le feu de l'action et dans l'agitation du monde. De là cette métaphore de la chouette, qui ne se réveille que lorsque le jour de l'action est tombé. Il ne s'agit certes pas de démissionner, ni de la pensée, ni de l'engagement, mais d'être vigilant pour laisser place à ce qui peut advenir ».

Roubier, Jean (1896-1981), *Chouette effraie*, photographie, Charenton-le-Pont, Médiathèque du patrimoine et de la photographie, © Ministère de la Culture - Médiathèque du patrimoine et de la photographie, Dist. GrandPalaisRmn / Jean Roubier.

Le droit canalise les superstitions, interdit la cruauté envers les animaux, protège les espèces animales menacées. La Dame blanche n'est pas seulement un sujet imaginaire ; la chouette est un sujet de droit. Un arrêté du 24 janvier 1972[13], la loi du 10 juillet 1976[14] (C. envir., art. L. 411-1), un autre arrêté du 17 avril 1981[15] repris par un arrêté du 29 octobre 2009[16] protègent donc l'« effraie des clochers/Chouette effraie (*Tyto alba*) », mais aussi hulotte, nyctale boréale, hibou, *etc.*, de « destruction, altération ou dégradation des sites de reproduction et des aires de repos des animaux » ou de toute autre destruction ou perturbation intentionnelle, et bien entendu, de vente, même si elle n'est pas l'espèce la plus recherchée à titre commercial : sa mauvaise réputation la protège un peu.

Et pourtant…

> *« Pour déclarer la prévenue coupable de mise en vente irrégulière d'aigrettes neigeuses, aigrettes bleues, héron agami, aigrette tricolore, bihoreau violacé, urubu noir, bécassin à long bec, paresseux tridactyle, et de détention irrégulière de desman des Pyrénées, héron strié, chouette effraie…, animaux appartenant à des espèces animales non domestiques protégées, l'arrêt, après avoir relevé que ces animaux figurent soit à l'arrêté ministériel du 15 mai 1986 fixant sur toute ou partie du territoire national des mesures de protection des oiseaux représentés dans le département de la Guyane, à l'arrêté ministériel du 17 avril 1981 fixant la liste des oiseaux protégés sur l'ensemble du territoire ou à l'arrêté ministériel du 16 juin 1999 modifiant cet arrêté, retient que les documents produits ne permettent pas d'établir le caractère régulier de leur détention avant l'entrée en vigueur de ces textes fixant la protection ;*

---

13. A. 24 janv. 1972, modification de la liste des espèces dont la chasse est prohibée, figurant à l'article 3 de l'arrêté du 5 avril 1962.

14. L. n° 76-629, 10 juill. 1976, relative à la protection de la nature.

15. A. 17 avr. 1981 fixant la liste des oiseaux protégés sur l'ensemble du territoire.

16. A. 29 oct. 2009 fixant la liste des oiseaux protégés sur l'ensemble du territoire et les modalités de leur protection.

CHOUETTE EFFRAIE

> *que, s'agissant des délits de mise en vente, les juges ajoutent que l'élément intentionnel de ces infractions est constitué par le fait, que détentrice des animaux, elle a sciemment décidé de leur mise en vente… qu'en prononçant ainsi, par des motifs procédant de son appréciation souveraine des éléments de preuve soumis à son examen, sans avoir inversé la charge de la preuve, la cour d'appel qui a caractérisé les délits dans leurs éléments matériels et moral, a justifié sa décision »*[17].

Ainsi juge la Cour de cassation qui protège de la sorte l'animal utile contre le lucre des collectionneurs. Il n'y a pas que le commerce : la Cour de cassation sanctionne également la destruction de six chouettes hulottes[18], espèce protégée au titre de l'article L. 411-1 du Code de l'environnement.

Mais ces textes et leurs juges n'arrêtent ni l'autoroute, ni les pales de l'éolienne[19], ni la défiance envers l'oiseau de « malheur ». Animal protégé ne pouvant être ni chassé, ni détruit, ni vendu, la chouette effraie apparaît, loin des superstitions, comme un animal utile[20].

Décidément le capitaine Haddock, qui fuit la « vieille chouette » Bianca, tout comme Tintin qui chante la Dame blanche de Boieldieu et l'identifie « au crépuscule » dans un grenier, invoquent toujours la sagesse protectrice de Minerve.

Jean-Pierre CAMBY
Professeur associé HDR de droit public
à l'Université de Paris-Saclay (UVSQ, Versailles)
Laboratoire VIP (EA 3643)

17. Cass. crim., 11 sept. 2018, n° 17-84.545.

18. Cass. crim., 16 mai 2006, arrêt n° 2777. V. aussi CAA Douai, 1re ch., 27 avr. 2022, n° 20DA01392.

19. Pour d'autres espèces : (faucon crécerellette), Cass. 3e civ., 30 nov. 2022, n° 21-16.404 (cigogne noire). – CAA Versailles, 2e ch., 22 déc. 2023, n° 21VE00597 (la sérotine commune, la noctule de Leisler et la pipistrelle commune). – CAA Nancy, 3e ch., 27 juin 2023, n° 19NC01647, *etc.*

20. Une sympathique revue s'appelle même *La Hulotte*, le « journal le plus lu dans les terriers » : https://lahulotte.fr

CHAPITRE 4

ANIMAL ET AFFAIRES

Zurbarán, Francisco de (1598-1664), *Agnus Dei*, 1635-1640, huile sur toile, 37,3 cm × 62 cm, Espagne, Madrid, Musée national du Prado, P007293 © Bridgeman Images.

MOUTON

n. masc. 1. Mammifère ruminant domestique de la famille des Ovinés dont le mâle porte des cornes, de taille moyenne, à l'épaisse toison laineuse, élevé en troupeau (…).

Trésor de la langue française, V° *Mouton.*

Ovis aries

Du mouflon au mouton : un aller sans retour ? La domestication du mouton (*Ovis aries*) aurait débuté il y a 10 500 ans[1] dans une vaste région du Proche-Orient entre l'Anatolie orientale (actuelle Turquie) et le Zagros central (actuel Iran). Les toutes dernières analyses génétiques révèlent que le mouflon, *Ovis gmelini gmelini*, serait le seul ancêtre maternel de tous les moutons domestiques actuels[2]. L'évolution du mouton, sans doute moins spectaculaire que celle du chien vis-à-vis de son mythique ancêtre le loup, reste saisissante. Les mouflons du Canada, ornés de leurs impressionnantes cornes, et défiant la pesanteur, perchés à flanc de falaises, ne semblent plus avoir beaucoup en commun avec leurs parents Mérinos, paisibles brouteurs, emmitouflés dans leur épaisse toison laineuse.

Du sauvage à la domestication

La domestication est un long processus évolutif au fil duquel les populations animales se retrouvent génétiquement modelées par leur environnement naturel (sélection naturelle) et les pratiques socio-culturelles propres au collectif qui les élève

1. M. A. Zeder, *Domestication and early agriculture in the Mediterranean basin: origins, diffusion, and impact: Proceedings of the National Academy of Sciences*, 2008, 105, p. 11597-11604 (https://doi.org/10.1073/pnas.0801317105).

2. Ch. Her et *al.*, *Broad maternal geographic origin of domestic sheep in Anatolia and the Zagros*: *Animal Genetics*, 2022 (53), p. 452-459 (doi:10.1111/age.13191).

(sélection artificielle). C'est ainsi qu'a émergé une remarquable diversité de races ovines, adaptées à des milieux très divers et parfois extrêmes (déserts, montagnes, toundras, tourbières, *etc.*), répondant aux nécessités spécifiques des différentes sociétés (lait, viande, peaux, laine, *etc.*), et s'inscrivant dans des contextes culturels précis comme en témoignent, par exemple, les centaines de têtes de béliers momifiées, mises au jour en 2023 dans l'enceinte du temple de Ramsès II, et constituant probablement des offrandes sacrificielles faites au dieu Amon[3].

Au fil du processus domesticatoire, le mouton a ainsi profondément changé de configuration, adoptant des traits phénotypiques, allures et comportements très divers et adaptés à chaque nouveau besoin humain, sans pour autant se transformer comme certaines autres espèces, en animal de compagnie : il est devenu et resté un animal productif, « surdomestiqué » dont on n'attend rien d'autre que de transformer l'herbe qu'il broute en gigots[4] ou en lait. Peu à peu les caractéristiques de son ancêtre le mouflon se sont amenuisées ou ont été perdues, au moins celles qui étaient les moins utiles à l'homme ou les plus gênantes : sa souplesse, son agilité, ses cornes, sa capacité à déambuler et à exister par ses propres moyens et à se protéger instinctivement des prédateurs, si bien qu'il est impossible d'imaginer aujourd'hui qu'un mouton isolé et livré à lui-même puisse survivre et s'inventer une vie autonome.

Il n'a plus de valeur qu'en tant qu'élément indistinct du troupeau, et son univers, c'est bien le troupeau[5], sorte de « champ vivant »[6], où un ensemble de *choses* apparemment sans volonté sont réunies en grand nombre sous la direction d'un berger ; les brebis assemblées seules, sans maître, ne composant pas vraiment un troupeau[7]. Cette chose si docile est en outre identifiée, en se référant sans doute à l'homme, son chef, sous un vocable éminemment genré, puisque la désignation *mouton*, qui qualifie l'individu mâle châtré, recouvre, par extension, aussi bien la brebis que l'agneau, l'agnelle et le bélier. Ce mouton a non seulement perdu son genre et son identité propres, mais également ses dispositions à évoluer librement, à se diriger selon ses envies et ses désirs, qui plus est à l'intérieur même du troupeau, où on doit lui éviter d'avoir à choisir et à trop bouger car chaque unité doit justement, pour appartenir au troupeau, être prévisible et ses mouvements « accessibles aux modèles »[8]. La réglementation

3. *National Geographic* 12 juill. 2023 (www.nationalgeographic.fr/histoire/egypte-ancienne-archeologie-insolite-sacrifice-decouverte-de-plus-de-2000-tetes-danimaux-momifiees-en-offrande-a-ramses-ii).

4. V. Despret, *Frontières et hiérarchies : questions de principes*, in *Aux frontières de l'animal*, Genève, Librairie Droz, 2012, p. 19-36.

5. www.persee.fr/doc/roma_0035-8029_1872_num_1_4_6610.

6. Aristote, *Politique*, Paris, 1874, Livre I, chap. 3, [1256a] IV (https://remacle.org/bloodwolf/philosophes/Aristote/politique1.htm).

7. M. Austin, *Le troupeau. L'aventure des bergers basques et alpins dans l'Ouest américain*, Avignon, Cardère, 2016, p. 105 et s.

8. V. Despret et M. Meuret, *Composer avec les moutons*, Avignon, Cardère, 2016, p. 17.

porte d'ailleurs le plus souvent sur le troupeau en tant que tel et sur les produits issus du corps de chacune de ses composantes, qu'il s'agisse de droits de pâturage, de protection des forêts, de droits d'usage, de normes techniques, administratives et d'hygiène relatives à l'utilisation de leur lait, de leur peau, ou de leur laine.

L'animal semble désormais totalement dépendant et soumis à l'homme qui le gouverne : « Le berger accompagne nuit et jour son troupeau, il le conduit avec sa houlette et ses chiens, il doit choisir les pacages, prévoir les lieux d'abreuvoir, porter les agneaux nouveau-nés dans les passages difficiles, et enfin les défendre contre les loups ». La collaboration humaine avec le mouton apparaît alors selon Haudricourt comme le modèle d'une action *directe* qui « exige un contact permanent avec l'être domestiqué » et qui s'exerce *via* le contact « par la main ou le bâton, mottes de terre lancées avec la houlette, chien qui mordille le mouton pour le diriger », et *positive* car « il choisit l'itinéraire qu'il impose à chaque moment au troupeau »[9]. Tout, dans le mouton que nous connaissons aujourd'hui, paraît donc définitivement relié à l'humain : sa survie, son alimentation, sa circulation et même sa production. Ils « vont où les pasteurs les mènent, paissent dans les endroits où on les lâche, s'abstiennent de ceux dont on les écarte, et laissent les pasteurs user de ce qu'ils rapportent absolument comme ils l'entendent. En effet, nous n'avons jamais appris qu'aucun troupeau se soit révolté contre le pasteur (...) »[10].

Cet attachement et ce quasi-abandon du mouton au destin et à la direction humaine sont si indiscutables que le physiocrate Du Pont de Nemours les assimilait déjà au XVIIIe siècle à un contrat établi avec la bête sotte et poltronne qu'il était selon lui devenu et qui ne comptait désormais que sur l'homme et le chien réunis pour le nourrir et le protéger : « La multiplication de son espèce, (...) a considérablement gagné au contrat, en apparence usuraire, par lequel l'homme leur vend une pâture abondante et une protection assurée. Ce contrat très avantageux à l'homme, l'est aussi aux espèces qu'il a conquises. (...) quand il est devenu pâtre et surtout cultivateur, quand il a défendu les bœufs et les moutons contre leurs autres ennemis, quand il a travaillé pour leur conserver et leur produire du fourrage, il a diminué leurs dangers, il a prolongé leur vie, il a multiplié leur subsistance, il a augmenté leur population (...) car s'ils étaient restés à l'état sauvage, ils vivraient dans « un état de terreur habituelle que le malheur passager et imprévu (pour eux s'entend) de la boucherie ne peut égaler, tout abominable qu'il est »[11].

---

9. A. G. Haudricourt, *Domestication des animaux, culture des plantes et traitement d'autrui*, in *L'Homme*, 1962, p. 41-42.

10. Xénophon, *Cyropédie*, L. 1, chap. 1 (http://remacle.org/bloodwolf/historiens/xenophon/cyropedie1.htm).

11. P.-S. Du Pont de Nemours, *Philosophie de l'univers*, 1792, p. 84-85.

De la bête à laine au gigot d'agneau

Sur la base de ce prétendu contrat, l'échange déjà tout à fait inégal entre bête et homme va reposer, à partir de Robert Bakewell, éleveur britannique du XVIIIe siècle considéré comme « le fondateur de l'élevage moderne »[12], sur des méthodes de contrôle strictes destinées à « améliorer » l'animal, l'éloignant toujours plus de ses capacités naturelles. Le troupeau passe au second plan alors que l'attention se focalise désormais sur le potentiel des jeunes reproducteurs. Des méthodes de croisement entre individus consanguins sont promues afin de fixer certains traits et caractères désirés, optimisant la mise en adéquation de l'animal vis-à-vis des différents usages et besoins de la société.

En France, à cette époque, c'est la laine qui constituait le besoin essentiel, et c'est la ferme expérimentale créée par Louis XVI à Rambouillet qui reçut d'Espagne ses trois cent soixante premiers mérinos officiels[13]. Plus tard, la Convention obtint le 22 juillet 1795, par le traité de Bâle, la possibilité de « faire extraire d'Espagne » pendant cinq ans mille brebis et cent béliers par an[14].

Sous le Consulat, la contractualisation des relations avec l'animal prend une tout autre tournure, avec l'invention par Napoléon de la « politique de l'animal domestique utile ». Agronomes et vétérinaires se voient investis de la mission de propager la modernité technique et culturale et prennent position au sein du Bureau d'agriculture du ministère de l'Intérieur[15]. L'animal devant sans cesse être perfectionné, il apparaît urgent de revitaliser au plus vite les moutons, car le constat des agronomes de l'époque est sans appel : « Les races indigènes de la France sont toutes dégénérées »[16], et le mouton, désormais promu au rang de bête à laine, ne donne encore que des fibres grossières et en trop petite quantité. Un réseau de bergeries étatiques (Rambouillet en tête) et d'écoles vétérinaires, reçoit alors pour mission d'améliorer la finesse des toisons à grand renfort de croisements avec les Mérinos « purs » importés d'Espagne, et suivant une démarche de sélection à établir en toute rigueur, selon des savoirs zootechniques encore en pleine construction. La recherche zootechnique devient

---

12. P. Pellegrini, *De l'idée de race animale et de son évolution dans le milieu de l'élevage* : *Ruralia* 1999, 5.

13. *La guerre des moutons. Le mérinos à la conquête du monde 1786-2021*, Arch. nat., 2021, p. 13.

14. P. Desbons, *La « mérinisation » du cheptel ovin en Touraine sous le Consulat et le Premier Empire* : *Chroniques tourangelles de l'Académie des sciences, arts & belles-lettres de Touraine*, 2020, 25.

15. L. Brassart, « *La ferme des animaux* » *ou l'invention d'une politique de l'animal utile sous le Consulat* : *Annales historiques de la Révolution française*, 2014, 377. V. aussi M. Mellah, *L'École d'Alfort, les bêtes à laine et le perfectionnement des arts économiques. De la fin du Directoire à l'Empire* : *Histoire & Sociétés rurales* 2015-1, 43, p. 73-101, et P. Serna, *Comme des bêtes. Histoire politique de l'animal en Révolution (1750-1840)*, Fayard, 2017 (*L'épreuve de l'histoire*).

16. L. Brassart, 2014, *ibid*.

Vernet, Horace (1789-1863), *Étude pour une tête de bélier*, XIXe siècle, huile sur toile, France, Béziers, musée des Beaux-Arts, © GrandPalaisRmn / Gérard Blot.

d'ailleurs affaire d'État[17], avec pour finalité d'établir des normes et des modalités de production destinées à être diffusées et appliquées par le plus grand nombre. On multiplie ainsi les décrets et les injonctions à la régénération, comme par exemple, celui du 8 mars 1811 qui prévoyait la création en deux ans de 60 dépôts de béliers mérinos dont le nombre devait être porté à 500 en sept ans. Chacun devrait contenir 150 béliers au moins et 250 au plus dont certains pourraient être mis gratuitement à la disposition des éleveurs, en période de monte[18].

Malgré tous les efforts déployés, la Restauration voit le marché de la laine échapper à la France. Le développement urbain et les demandes croissantes de viande vont alors inciter les éleveurs à reconvertir le mouton pour ses qualités bouchères. Les races à viande sélectionnées en Angleterre selon les méthodes établies par Bakewell vont se répandre en France dans la seconde moitié du XIXe siècle. Aux origines de cet épisode d'« anglomanie »[19] se trouve la fascination des agronomes français pour les méthodes d'élevage d'outre-Manche. On cherche à introduire des races anglaises ou à améliorer les races françaises par « infusion de sang anglais ». Avec le Traité de libre-échange franco-britannique, signé en 1860, Napoléon III renonce au protectionnisme, laissant libre accès aux moutons anglais. Des races sont alors créées comme la célèbre Île-de-France issue du croisement de béliers Dishley, importés de la ferme de Robert Bakewell, avec des brebis locales de type Mérinos[20].

---

17. P. Bret, *L'État, l'armée, la science. L'invention de la recherche publique en France (1763-1830)*, Rennes, PUR, 2002.

18. P. Desbons, 2020, *ibid.*

19. S. Frioux, *Entre durham et limousine, les grands éleveurs en Haute-Vienne (1850-1880) : Ruralia* 2002, 10/11.

20. J. Franck, *Le Mérinos, son épopée en Europe et en France au* XVIIIe *siècle. Les bergeries impériales*, in *La Bergerie nationale de Rambouillet, Histoire du Mérinos et d'une École, 1786-1986*, Dijon, INRAP éd., 1986, p. 1-64.

De la race standardisée : sois « pure » et tais-toi ! au mouton génomique, version 2.0

Dans la France d'après-guerre, et au motif de « nourrir » le pays, l'inspecteur général de l'agriculture Edmond Quittet, spécialiste de l'élevage ovin, soutient qu'il est urgent d'« accélérer le processus fatal » pour « certaines races de mouton dont la disparition progressive est patente et la valeur économique insuffisante »[21]. Cette dynamique induira la perte d'un nombre considérable de races ovines (Ardes, Artois, Brenne, Cambrai, Châtillonais, Gascon, *etc.*) et avec elles de phénotypes atypiques, adaptés à des territoires et pratiques spécifiques, constituant un patrimoine génétique irremplaçable. Avec les lois d'orientation agricole de 1960 et 1962, la loi sur l'élevage et le décret sur le développement agricole de 1966, les fondements d'une politique « moderne » de l'élevage sont établis. Les races ovines qui ne périclitent pas se spécialisent et sont remodelées selon un « standard » établi à partir de quelques spécimens jugés de qualité supérieure. Seuls les individus qui suivent le « standard » se voient inscrits dans les Livres généalogiques recensant la filiation de l'ensemble des animaux d'une race donnée, et désormais garants de la « pureté » de la race. Entre la diminution du nombre de races et l'homogénéisation des traits, induite par le processus de standardisation des races restantes, la diversité phénotypique et génétique est drastiquement réduite.

La loi encadre rigoureusement la modernisation et la canonisation de notre mouton en créant, pour chacune des races admises et reconnues, une unité nationale de sélection et de promotion, constituée conformément aux conditions prévues dans le Code rural et de la pêche maritime[22], chargée de l'étude de la race sous tous ses aspects en vue notamment d'en déterminer le modèle, d'en préciser l'orientation et d'en définir le programme de sélection.

La rationalisation de l'élevage ovin s'accélère encore depuis les années 1980 avec les recherches sur l'ovulation, la synchronisation des *œstrus* et le désaisonnement, les avancées liées à l'insémination artificielle et la sélection génomique marquant un nouveau tournant pour l'animal. De puissants algorithmes permettent de sélectionner les « meilleurs » géniteurs sans même avoir à considérer la qualité des descendances, processus long et coûteux. Le mouton semble pouvoir se résumer maintenant à quelques paillettes de semences, voire à un ensemble de nucléotides, à la merci même du ministre chargé de l'agriculture, puisque

---

21. E. Quittet, *Races ovines françaises*, Paris, Fédération nationale ovine, 1950.
22. C. rur., art. R.* 653-66 à R.* 653-69.

Prévost, Jean-Louis dit Le Jeune (1745-1827), *Panier de roses et composition champêtre avec mouton ou brebis*, XVIIIe siècle, estampe, Bnf, DC-28 (2)-FOL © BnF.

celui-ci peut, après simple avis de la Commission nationale d'amélioration génétique, et afin d'accroître l'efficacité économique des exploitations de productions animales et d'adapter ces productions aux besoins du marché, encourager les actions d'amélioration génétique[23], et agréer toute action d'amélioration génétique entreprise à titre expérimental, notamment les essais de croisement et de nouvelles races[24].

D'un animal exsangue, indolent, vidé de sa substance… au discret résistant

Et pourtant, après avoir traversé toutes ces épreuves, notre mouton se révèle tout autre qu'il n'y paraît ! La primatologue Thelma Rowell a ainsi montré à partir de l'étude d'un troupeau sauvage qu'il aurait conservé secrètement des « formes d'intelligence émotionnelle et sociale », comprenant des liens et des règles établis interactivement entre individus[25]. D'autres chercheurs ont découvert que les moutons non seulement se reconnaissent entre eux, mais reconnaissent des visages humains, dont ils conservent la mémoire un certain temps, et peuvent nouer des relations électives entre eux et ajuster leur comportement en fonction des dynamiques du groupe auquel ils appartiennent[26]. Tous les éleveurs eux-mêmes savent que les moutons peuvent identifier leurs bêlements et les

23. C. rur., Livre VI, art. R.* 653-59.

24. Par dérogation aux dispositions du deuxième alinéa de l'article R.* 653-61, V. C. rur., Livre VI, art. R.* 653-62.

25. Th. E. Rowell et C. A. Rowell, *The Social Organization of Feral* Ovis aries *Ram Groups in the Pre-rut Period : Ethnology* 1993, 95-3.

26. K. M. Kendrick et *al.*, *Sheep dont'forget a face : Nature* 2001, 414, p. 165-166.

mères reconnaître leurs agneaux et inversement *via* une signature vocale[27]. Certains collègues viennent de leur côté de mettre en évidence que les membres d'un groupe de moutons pourraient concevoir des stratégies collectives intermittentes, consistant à se mouvoir de concert en tant que suiveurs d'un *leader* temporel, lui-même issu d'un processus aléatoire[28]. Des ethnologues ont enfin montré que certains des individus constituant les troupeaux transhumants pouvaient exprimer leur propre personnalité, être capables d'interpréter plusieurs types de cri d'appel, huchements et signes de commandement, de même que leur rôle dans la communauté en mouvement, conférant à chaque troupeau une spécificité plus ou moins marquée[29].

Compte tenu de ces traces indéniables d'intelligence et d'agentivité, que pourrait donc devenir un mouton livré à lui-même ? Sans chien, sans berger, sans congénères, sans abri, sans soins humains et sans tonte ? Certains d'entre nous pensent certainement, comme Du Pont de Nemours, que dans ces conditions et sans norme, notre mouton périrait immédiatement, mais que deviendrait-il sans tonte ? Il aurait connu en effet, avant que l'homme ne le tonde, un processus naturel pour gérer sa laine, une mue saisonnière au cours de laquelle il se frotterait contre les arbres, les rochers ou se roulerait sur le sol pour se débarrasser de la laine en excès. L'homme n'aurait commencé à l'aider à gérer sa toison que pour lui permettre de rester plus frais pendant l'été, tout en prévenant certaines infections cutanées… Si certaines races ont conservé la capacité de gérer leur toison sans intervention humaine, on peut lire pourtant de nombreux récits de moutons errants, égarés et solitaires, le plus souvent en Australie, retrouvés par hasard, rendus presque impotents par la surcharge de laine accumulée, mais considérés comme des quasi-héros, et dûment baptisés lors de leur réapparition au monde : Chris, Sheila, Baarack, Shaun, *etc.*[30] Plus sérieusement, on a pu établir que les ancêtres des mouflons corses auraient en fait subi une phase de domestication, puis seraient retournés à l'état sauvage après avoir été introduits, il y a 8 000 ans, par des éleveurs[31].

---

27. S. Ligout et R. Porter, *La reconnaissance sociale chez les mammifères : mécanismes et bases sensorielles impliquées*, INRA Productions animales, 19 (2), p. 119-134.

28. L. Gomez-Nava, R. Bon et F. Peruani, *Intermittent collective motion in sheep results from alternating the role of leaderand follower : Nature physics* 2022, 18, p. 1494-1501.

29. Les ouvrages sur le pastoralisme où la relation homme-animal-troupeau est bien analysée sont nombreux, V. par ex. E. Landais, J.-P. Deffontaines, éds., *André Leroy, Berger d'alpage*, Avignon, Cardère, 2020. – G. Lebaudy, *Les métamorphoses du bon berger*, Avignon, Cardère, 2016.

30. V. sur Internet : « mouton égaré ».

31. M. Pascal et *al.*, *Le Mouflon de Corse (le Mouflon d'Orient) :* Ovis orientalis *S.G (Gmelin, 1774)*, in *Évolution holocène de la faune des Vertébrés de France : invasions et disparitions*, INRA, CNRS, MNHN, 2003, p. 301-304.

Après avoir été tellement distordu pour répondre à des injonctions politiques et économiques parfois contradictoires, cet indolent sans projet apparent disposerait-il, lui aussi, encore de quelques ressources qui lui permettraient de retourner un jour au monde sauvage ? Mais en aurait-il seulement le droit ?

Anne BLONDEAU DA SILVA
Maître de conférences en Écologie, Université de Limoges
Laboratoire Eau et Environnement Limoges (E2LIM, UR 24133)

Dominique TAURISSON-MOURET
Ingénieure de recherche CNRS,
Laboratoire de géographie physique
et environnementale (GEOLAB-UMR 6042)

Delaunay, Robert (1885-1941), *Manège à cochons (ou Manège électrique)*, 1922, huile sur toile, 24,8 x 25,4 cm, France, Paris, Musée national d'Art moderne, Centre Pompidou, Photographie © Photo Josse / Bridgeman Images.

L'animal : un élément du fonds de commerce ?

Laurent GODON
Professeur de droit privé, Université de Paris-Saclay (UVSQ, Versailles)
Laboratoire DANTE (EA 4498)

Parmi les questions nouvelles qui résultent des évolutions contemporaines du droit animalier, nombre d'entre elles relèvent d'une articulation avec le droit des affaires. C'est ainsi que la condition juridique de l'animal – cet être vivant et sensible, soumis au régime des biens par le Code civil en son article 515-14 – est confrontée à une diversité de sujets prégnants. Citons à titre d'illustration les impératifs de responsabilité sociale et environnementale des entreprises (RSE), cet acronyme étant l'expression de la volonté de parvenir à un capitalisme plus responsable, moins axé sur la maximisation du profit à court terme des entreprises et davantage soucieux de valeurs extra-financières, telles que le respect de la condition animale. Autre exemple, lorsqu'une entreprise comprenant des animaux est en difficulté financière, le sort de ces animaux dans le cadre des procédures collectives dites de redressement ou de liquidation judiciaire laisse apparaître que ceux-ci suivent le régime général des biens et sont en conséquence traités comme tels au même titre que les autres biens de l'entreprise[1]. Et il n'est pas jusqu'à la théorie des « apports en société » d'être elle-même confrontée au cas particulier de l'apport « en nature » d'un animal en tant que bien. En pratique, la plupart des apports en nature se réalisent au demeurant par le transfert à la société de la pleine propriété du bien apporté. Or, le pouvoir absolu reconnu au titulaire du droit de propriété sur son bien, dont il peut disposer à sa guise jusqu'à l'abandonner, pose ici difficulté en ce qu'il doit être impérativement canalisé puisque ce droit s'exerce sur des êtres vivants doués de sensibilité qui, assurément, ne peuvent être réduits à de simples biens inertes… Autant de sujets qui révèlent,

1. V. dans cet ouvrage la contribution de C. Lebel, *Le sort de l'animal dans le cadre des procédures collectives*, p. 250-259.

de manière parfois insoupçonnée, les enjeux considérables nés des rapports entre l'animal et le droit des affaires.

Plus innovante encore est la question de savoir si l'animal peut faire partie intégrante d'un fonds de commerce, donc être par essence affecté à l'exploitation d'une entreprise commerciale. On sait que la notion de fonds de commerce, inventée par la pratique, est une notion très spécifique en ce qu'elle correspond à un bien original : un bien unique, autonome, mais composé d'une diversité d'autres biens (enseigne, nom commercial, marchandises, droit au bail, autorisations administratives d'exercer, marque, brevet d'invention...) assemblés par un commerçant aux fins d'attirer, retenir et développer une clientèle et formant un tout, une unité – que l'on désigne par l'expression « universalité de fait » – affectée à l'exercice d'une activité commerciale. C'est précisément ce concept d'universalité qui explique que le fonds de commerce constitué d'un agrégat d'éléments disparates – à l'exclusion notable des immeubles – soit juridiquement traité comme un bien unique susceptible en lui-même d'être l'objet de conventions différentes de celles qui porteraient sur chaque élément considéré isolément. La cohérence de cet ensemble de biens justifie en somme qu'une approche globale de la notion de fonds de commerce ait fini par prévaloir et soit conceptualisée par référence à la notion d'universalité de fait[2]. Dans ce système, le fonds de commerce est considéré comme un bien « meuble » « incorporel », quand bien même comprendrait-il en partie des meubles corporels, puisqu'il est distinct et indépendant des éléments qui le composent. En tant que tel le fonds de commerce peut donc être vendu, loué, donné, apporté à une société, affecté en garantie pour l'obtention d'un prêt (opération dite de nantissement), saisi, *etc.*

C'est aussi à travers cette universalité qu'émerge la notion même d'entreprise ; notion plus économique que juridique, infiniment plus large et diversifiée[3], qui correspond à l'organisation de moyens affectés à l'exercice d'une activité économique et attractifs d'une clientèle, formant un ensemble cohérent détaché de la personne de l'entrepreneur. Comme a pu le souligner la doctrine : « Cette manière de travailler peut s'émanciper en partie de la force de travail lorsque les méthodes du professionnel se dissocient de lui pour devenir celles d'une entreprise, laquelle peut alors constituer un bien transmissible »[4]. En présence d'une entreprise exploitant une activité commerciale, l'émergence de ce bien unique

2. R. Libchaber : *Rép. civ.* Dalloz, V° *Biens*, n° 87. – C. Grimaldi, *Droit des biens*, LGDJ, coll. « Manuel », 4e éd., 2024, n° 65.

3. B. Mercadal, *La notion d'entreprise*, in *Mél. J. Derruppé*, Paris, GLN Joly-Litec, 1992, p. 9. – Ch. Hannoun, *L'impossible définition de l'entreprise*, in *Mél. A. Couret*, Paris, Dalloz, 2020, p. 25. – J. Paillusseau, *L'irrésistible ascension des activités économiques et de l'entreprise dans le droit*, *ibid.*, p. 39. – G. et I. Parleani, *L'entreprise du XXIe siècle, confluence d'externalités*, *ibid.*, p. 1001.

4. F. Zenati-Castaing et T. Revet, *Les biens*, Paris, PUF, 3e éd., 2008, n° 55.

constitué d'une diversité de moyens hétéroclites propres à capter et conserver une clientèle commerciale reçoit alors la qualification de fonds de commerce. Cette notion originale née du droit commercial explique aussi que toute espèce d'activité civile est radicalement impropre à générer un fonds de commerce[5]. En effet, si les règles du fonds de commerce s'appliquent aux fonds affectés à une activité commerciale, elles ne s'étendent pas aux exploitations agricoles, ni aux clientèles civiles des professions libérales.

I. – Le fonds de commerce, une notion flexible

Curieusement, le droit commercial s'est abstenu de figer la notion de fonds de commerce sous une définition légale. Connu depuis l'Ancien Régime, le concept présente une origine essentiellement jurisprudentielle. Absente du Code de commerce de 1807, ce n'est que par la loi « Cordelet » du 17 mars 1909 « relative à la vente et au nantissement des fonds de commerce » (dont les dispositions sont désormais intégrées dans le Code de commerce) que la notion a été admise par le législateur prenant acte de l'avènement de ce bien particulier sans pour autant lui donner un statut d'ensemble. Outre l'absence de définition, il faut également noter que le législateur n'a pas davantage établi une liste exhaustive des éléments constitutifs du fonds de commerce. Cette approche libérale et pragmatique démontre le caractère extrêmement flexible de la notion de fonds de commerce ; qualité qui lui a permis de traverser les époques et de conserver une indéniable modernité, comme le montre le cybercommerce et la reconnaissance du fonds de commerce électronique. De fait, un certain nombre d'éléments que ne pouvait prévoir la loi de 1909 sont aujourd'hui parfaitement susceptibles de garnir un fonds de commerce : il suffit de citer ces éléments liés à Internet que sont le nom de domaine ou la charte graphique. L'absence d'une liste légale exhaustive constitue aussi un facteur permettant de préserver opportunément la flexibilité de la notion, car les divers éléments entrant dans la composition d'un fonds de commerce varient d'un fonds à l'autre selon la nature de l'activité commerciale exercée. Par exemple, un commerce de détail ne peut être assimilé à un cirque itinérant dont les moyens prépondérants d'attraction de la clientèle sont à l'évidence différents. Par exception, une approche plus étroite a lieu lorsque le fonds de commerce fait l'objet de certains contrats (vente, nantissement) dont la réglementation propre renvoie à un certain nombre d'éléments expressément

5. C. Le Goffic, E. Blary-Clément et F. Dekeuwer-Défossez, *Droit commercial*, LGDJ, coll. « Précis Domat », 13e éd., 2023, n° 416.

énumérés par la loi[6]. C'est dire finalement que la notion de fonds de commerce ne saurait être réduite à ces seuls éléments et que bien d'autres, non visés par ces régimes particuliers, peuvent s'y agréger.

Par où l'on voit la pertinence de la question de savoir s'il est possible que les animaux, ignorés par le Code de commerce, puissent être vus le cas échéant comme un élément parmi d'autres d'un fonds de commerce, au même titre que des machines, une marque, un droit locatif, *etc.* Se pourrait-il qu'à côté des éléments corporels ou incorporels classiques affectés à l'exercice d'une activité commerciale, il y ait place pour des éléments d'exploitation vivants, aptes à la souffrance ? Loin d'être une question restreinte aux réflexions actuelles du droit civil, le statut de l'animal intéresse de toute évidence le droit commercial également.

II. – Le fonds de commerce, une notion accueillante

Chacun sait que le statut de l'animal a fait l'objet d'une réforme historique depuis que la loi n° 2015-177 du 16 février 2015 a introduit dans le Code civil un nouvel article 515-14 aux termes duquel : « Les animaux sont des êtres vivants doués de sensibilité. Sous réserve des lois qui les protègent, les animaux sont soumis au régime des biens »[7]. Voilà sans doute une figure un peu hybride qui fait de l'animal ni une personne[8] ni un bien inerte insensible. Pour autant, l'animal continuant de relever expressément du régime juridique des biens, il ne dépend d'aucune nouvelle catégorie qui serait située entre les personnes et les biens, cette *summa divisio* de notre système civiliste restant inchangée. Assurément, « la catégorie de l'animal n'existe pas, du moins pour le droit »[9].

De cette stabilité dans la classification, il résulte que la prise en considération de la sensibilité animale telle qu'elle émane du Code civil est, pour l'heure, de l'ordre

---

6. C. com., art. L. 141-5 (énonçant que le privilège du vendeur à crédit peut porter sur les éléments du fonds énumérés dans la vente et dans l'inscription, « et à défaut de désignation précise » ce privilège ne peut porter que sur « l'enseigne et le nom commercial, le droit au bail, la clientèle et l'achalandage »). Art. L. 142-2 (déclarant que l'assiette du nantissement ne peut porter que sur « l'enseigne et le nom commercial, le droit au bail, la clientèle et l'achalandage, le mobilier commercial, le matériel ou l'outillage servant à l'exploitation du fonds, les brevets d'invention, les licences, les marques, les dessins et modèles industriels, et généralement les droits de propriété intellectuelle qui y sont attachés »).

7. N. Reboul-Maupin, *Nos amis, les animaux... sont désormais doués de sensibilité : un tournant et des tourments : D.* 2015, p. 573.

8. Ce que des auteurs ont pu discuter, J.-P. Marguénaud, *La personnalité juridique des animaux : D.* 1998, 205. – J.-P. Marguénaud, Fl. Burgat et J. Leroy, *La personnalité animale : D.* 2020, p. 28.

9. R. Libchaber, *La souffrance et les droits. À propos d'un statut de l'animal : D.* 2014, p. 380, spéc. n° 9.

du symbole. C'est fort justement qu'il a été souligné en doctrine que « le champ des conséquences pratiques de la réforme du statut de l'animal reste à inventer »[10]. Ainsi, en menant une réflexion sur le terrain du droit commercial, l'attention portée à la cause animale ne manque pas d'interroger sur la valeur économique, voire patrimoniale des animaux, notamment lorsque ceux-ci constituent l'élément prépondérant d'une entreprise commerciale (entreprise de spectacles publics, de promenades à cheval, *etc.*). Au nom de la sensibilité animale, faudrait-il extraire l'animal des autres composantes d'exploitation à la disposition du commerçant, avec d'importantes conséquences en cas de cession du fonds de commerce par exemple ? À l'évidence, la proclamation philosophique de l'article 515-14 ne peut suffire à emporter de telles conséquences techniques qui heurteraient frontalement le régime du fonds de commerce. D'ailleurs, à bien y réfléchir, l'on ne voit pas en quoi l'intégration d'animaux parmi les moyens affectés à l'exercice d'une activité économique serait en soi attentatoire à la condition animale, l'essentiel étant de garantir l'absence de mauvais traitements et de souffrance. C'est précisément parce qu'ils appartiennent à une exploitation qu'ils font l'objet d'une protection accrue[11]. Or, cette protection fondamentale est l'œuvre du droit pénal[12] et de la législation rurale, non du droit commercial. En somme, au plan de cette dernière branche du droit, rien *a priori* ne fait obstacle à ce que des animaux soient juridiquement intégrés aux éléments constitutifs d'un fonds de commerce.

En outre, techniquement, la qualification de « biens » emporte une telle proposition, qui, il faut le reconnaître, n'est pas nouvelle puisque l'article 528 du Code civil, dans sa rédaction antérieure à la loi du 16 février 2015, classait les animaux dans la catégorie des biens « meubles par nature » aux côtés des « corps qui peuvent se transporter d'un lieu à un autre ». Étant encore soumis au régime des biens en vertu de l'article 515-14 résultant de la réforme de 2015, les animaux sont donc maintenus dans la sphère du droit de propriété[13] et « ramenés à leur condition première, celle matérialiste de biens appropriables »[14], à l'instar de tout autre élément d'exploitation à la disposition du propriétaire d'un fonds de commerce[15].

10. L. Neyret, *L'apport de la loi de modernisation : plusieurs dispositions relatives au droit des biens : D.* 2015, pan. p. 1872.

11. V. ainsi les articles 388 relatif au vol des « gros et menus bestiaux », 452, relatif à l'empoisonnement des « bestiaux à cornes, des moutons, chèvres ou porcs », et 454 relatif à la mort d'un animal « sans nécessité ».

12. Cass. crim., 8 oct. 1818 : *Bull. crim.* n° 126, p. 402 qui vise les animaux protégés « dans l'intérêt de l'agriculture ».

13. L'article 1243 du Code civil fait au demeurant référence au « propriétaire d'un animal ».

14. B. Mallet-Bricout, obs. D. 2014, p. 1844.

15. Un argument supplémentaire de soumission de l'animal au régime des biens peut être tiré de l'article 1243 du Code civil qui vise expressément « le propriétaire d'un animal » pour le déclarer responsable des dommages causés par l'animal.

Dès lors, malgré la nature particulière de ces biens « doués de sensibilité », leur intégration dans l'ensemble plus vaste d'un fonds de commerce ne produit aucun bouleversement de notre système juridique. En tant que bien, l'animal peut être la propriété du commerçant et faire en conséquence l'objet des mêmes contrats que ceux ayant pour objet le fonds auquel il se rattache, tels que la vente, la location-gérance, l'apport en société. Reste que l'affirmation pourrait sembler contraire aux dispositions de l'article 524, alinéa 2, du Code civil selon lequel « les animaux et les objets que le propriétaire d'un fonds y a placés [pour le service et l'exploitation de ce fonds] sont soumis au régime des immeubles par destination ». Comment les animaux placés dans un fonds de commerce – qui jamais ne comprend de biens immobiliers – pourraient-ils donc devenir immeubles par destination ? C'est là qu'il faut se garder de toute confusion car les animaux visés à l'article 524 s'entendent de ceux qui font partie d'une exploitation agricole dont la terre (parangon de l'immeuble par nature) constitue le pivot. L'expression « fonds de terre » est d'ailleurs couramment utilisée pour désigner cette configuration très ancienne où l'entrepreneur agricole assemble autour de la terre dont il est propriétaire des moyens d'exploitation comprenant, le cas échéant, des animaux y compris.

Reste qu'au-delà de cette approche théorique et générale, il s'avère nécessaire de tenir compte de la nature spécifique attribuée à certaines activités en lien avec l'animal. Toutes ne peuvent, il est vrai, recevoir la qualification d'activités commerciales. Rappelons en effet qu'il n'y a que les activités commerciales qui peuvent être exercées à partir d'un fonds de commerce, non celles ayant une nature civile, au premier rang desquelles figurent, dans le contexte qui ici nous concerne, les activités agricoles. En effet, ainsi que le mentionne expressément l'article L. 311-1 du Code rural et de la pêche maritime, « les activités agricoles (...) ont un caractère civil ». Et l'alinéa 1er de ce texte de fournir une grille de qualification en indiquant que « sont réputées agricoles toutes les activités correspondant à la maîtrise et à l'exploitation d'un cycle biologique de caractère végétal ou animal et constituant une ou plusieurs étapes nécessaires au déroulement de ce cycle ». Par référence à cette définition légale, l'on comprend qu'une entreprise agricole est donc par nature extérieure au domaine du droit commercial et ne peut renvoyer à la notion de fonds de commerce réservée aux entreprises commerciales. Mieux, de manière instructive, l'article L. 311-1 conforte cette distinction fondamentale en clarifiant la situation en présence d'activités situées au croisement d'exploitations agricoles et commerciales. Il en va ainsi des activités équestres. Celles-ci sont en effet réputées agricoles pour autant qu'il s'agisse d'activités « de préparation et d'entraînement des équidés domestiques en vue de leur exploitation, à l'exclusion des activités de spectacle », indique le texte[16]. Outre la définition

16. V. égal. Cass. 3e civ., 21 juill. 1992, n° 91-10.992 (décision selon laquelle un dresseur de chiens n'exerce pas une activité agricole). – Cass. 3e civ., 25 oct. 2011, n° 10-25.870 (décision cassant un arrêt de cour

Lévy, Charles, *Hippodrome*, 1899, lithographie, France, Marseille, MuCEM, Musée des Civilisations de l'Europe et de la Méditerranée, © GrandPalaisRmn (MuCEM) / Gérard Blot.

qu'elle porte, cette disposition est intéressante en ce qu'elle érige l'activité de spectacle en limite des activités équestres. Ce faisant, la solution fait incontestablement écho à l'article L. 110-1, 6° du Code de commerce qui répute acte de commerce « toute entreprise de spectacles publics ». Partant, à l'aune de ce critère déterminant, il est permis de prolonger le raisonnement en considérant que les entreprises de cirque itinérant présentant au public des animaux[17] doivent être vues comme des entreprises commerciales exploitant un fonds de commerce parce qu'elles ne participent pas au déroulement d'un cycle biologique de nature animale[18]. Reconnaissons toutefois qu'il pourrait en être autrement si le cirque comportait une ménagerie avec reproduction des animaux. La même analyse prévaut également s'agissant des parcs zoologiques dont l'activité consiste essentiellement à élever ou acheter, entretenir et soigner des animaux pour les montrer au public dans un parc aménagé. Malgré la finalité commerciale de l'activité ainsi poursuivie, le Conseil d'État a considéré qu'une activité « impliquant la réalisation d'opérations qui s'insèrent dans le cycle biologique de développement des animaux présente, à ce titre, un caractère agricole »[19]. Reste à évoquer le cas des animaleries qui, dès lors qu'elles procèdent à l'achat d'animaux de compagnie pour les revendre, accomplissent des actes de commerce par nature entrant dans le champ de l'article L. 110-1, 1 du Code de commerce (« La loi répute

---

d'appel ayant considéré qu'une activité de centre équestre ne constitue pas une activité agricole alors qu'elle comprenait l'hébergement, la nourriture des chevaux, outre l'enseignement de l'équitation). – Cass. 3e civ., 24 juin 2009, n° 08-17.533 : *Bull. civ.* III, n° 160 (l'entreprise proposant des promenades touristiques à cheval, poney ou âne, peut bénéficier d'un bail rural à condition de participer à une activité de préparation et d'entretien de ces équidés domestiques en vue de leur exploitation).

17. La loi du 30 novembre 2021 visant à lutter contre la maltraitance animale prévoit la fin de la captivité d'espèces sauvages utilisées à des fins commerciales.

18. Cass. 3e civ., 21 juill. 1992, n° 91-10.992, préc. (un simple dresseur de chiens n'exerce pas une activité agricole).

19. CE, 26 juin 2017, n° 391388 (Réserve africaine de Sigean).

acte de commerce : 1° tout achat de biens meubles pour les revendre »). Encore faut-il observer que cette opération d'achat n'est commerciale que si elle est accomplie dans l'intention d'une revente ultérieure. Faute d'achat préalable, l'activité pourrait sinon relever le cas échéant du secteur agricole en cas de reproduction d'animaux, conformément aux solutions précédemment évoquées. Ajoutons que, du point de vue comptable, les biens vivants dont la destination est d'être exclusivement vendus constituent des stocks, là où les animaux utilisés comme moyen de production sont classés en immobilisations corporelles.

Enfin, la thèse consistant à admettre que des animaux puissent faire partie des éléments constitutifs d'un fonds de commerce se trouve renforcée par une analyse comparative avec un autre fonds d'exploitation : le fonds agricole. On sait que pour favoriser l'apparition de véritables entreprises agricoles économiquement plus fortes, le législateur a consacré par la loi d'orientation agricole du 5 janvier 2006 la notion de « fonds agricole » à l'effet de permettre à un exploitant agricole de créer un fonds en vue de le proposer en garantie d'un crédit dans le cadre d'une opération de nantissement. À cet égard, l'article L. 311-3 du Code rural et de la pêche maritime établit expressément une liste d'éléments seuls susceptibles d'être compris dans l'assiette du nantissement, parmi lesquels est mentionné sans hésitation, et en premier lieu, le « cheptel mort ou vif ». On ne saurait mieux ériger les animaux en élément constitutif, et même prépondérant, du fonds agricole.

En outre, comment ne pas observer non plus que le régime du nantissement du fonds agricole est fondé sur un renvoi pur et simple au nantissement du fonds de commerce lui-même[20], révélant ainsi la parenté, sinon l'assimilation, entre ces deux types de fonds d'exploitation ? Dès lors, par identité de raisonnement, on ne voit pas ce qui juridiquement empêcherait que des animaux fassent également partie des valeurs d'exploitation d'un fonds de commerce.

De ces observations, il résulte que les animaux concernés suivent le même sort que le fonds de commerce auquel ils se rattachent pour être ainsi concomitamment vendus, loués, donnés, apportés à une société par le propriétaire dudit fonds. Seule l'opération de nantissement appelle une réserve en ce que l'animal ne saurait être inclus dans l'assiette du nantissement d'un fonds de commerce pour la raison technique que cette opération ne porte, comme il a déjà été souligné, que sur certains biens expressément identifiés par la loi au nombre desquels ne figurent pas les animaux (C. com., art. L. 142-2).

---

20. C. rur., art. L. 311-3, al. 2 : « Ce fonds, qui présente un caractère civil, peut faire l'objet d'un nantissement dans les conditions et selon les formalités prévues par les chapitres II et III du titre IV du livre Ier du code de commerce ».

Mais en vérité, n'y a-t-il pas finalement une certaine gêne à traiter l'animal comme la simple composante d'un fonds de commerce à l'heure où le Code civil a fini par lui reconnaître sa nature d'être vivant sensible nettement distingué des objets inertes à l'écart de toute souffrance ? Une telle vie peut-elle être instrumentalisée au service d'une entreprise commerciale ? Les règles de droit comme les considérations philosophiques n'y font à ce jour pas obstacle à condition de garder à l'esprit que cette composante vivante doit impérativement recevoir « la protection qui lui est due quant à ses conditions de vie dans le respect de ses caractéristiques biologiques et de son bien-être »[21]. Le Code civil n'exprime rien d'autre puisque si les animaux sont soumis au régime des biens, c'est également « sous réserve des lois qui les protègent ». Que la sensibilité animale appelle légitimement un régime de protection fondamentale propre à sanctionner les mauvais traitements n'implique nullement que les animaux doivent par essence être tenus à l'écart des éléments d'un fonds de commerce.

21. B. Mallet-Bricout, obs. *D.* 2014, p. 1844.

Myle, Simon de, *L'Arche de Noé sur le mont Ararat*, 1570, huile sur panneau, 114 × 142 cm, Collection privée © Bridgeman Images.

Les animaux et la RSE

Neli SOCHIRCA
Avocat au Barreau de Paris

La condition animale a récemment investi les politiques RSE, tel un phénomène à la mode.

La RSE, ou responsabilité sociale des entreprises, correspond, selon la Commission européenne, à l'intégration volontaire, par les entreprises, de préoccupations sociales et environnementales dans leurs activités commerciales et leurs relations avec les parties prenantes que sont les salariés, les collaborateurs libéraux, les fournisseurs, les sous-traitants, les consommateurs, les actionnaires[1].

Bien que visant à améliorer la condition animale, l'impact des engagements RSE envers des animaux reste limité, en raison notamment d'un manque de contrôle sur le terrain ou encore de l'absence de sanctions directes en cas de non-respect par l'entreprise de son propre engagement RSE.

Malgré ces faiblesses, le retentissement des politiques individuelles de RSE a permis l'émergence d'initiatives législatives et privées, au sein de secteurs industriels, axées sur le bien-être animal.

1. Commission européenne, Communication sur la « Responsabilité sociale des entreprises : une nouvelle stratégie de l'UE pour la période 2011-2014 », 25 oct. 2011.

I. – La consécration des animaux comme domaine autonome des politiques RSE des entreprises

Historiquement, la RSE concernait des actions purement facultatives des entreprises à l'égard de la société et de l'environnement, allant au-delà de leurs obligations juridiques.

Dans ce contexte, les principales thématiques de la RSE, qui sont rappelées dans la norme internationale ISO 26000[2], portent sur les domaines suivants : la gouvernance de l'organisation, les droits de l'homme, les relations et conditions de travail, l'environnement, la loyauté des pratiques commerciales, les questions relatives aux consommateurs, les communautés et le développement local.

La prise en compte des animaux dans les politiques RSE des entreprises se faisait donc, traditionnellement, en tant que simple composante de la protection de l'environnement, à travers le concept de développement durable.

Les animaux sauvages, partie intégrante de la faune et donc de la biodiversité, tombaient en effet dans le périmètre des engagements RSE en faveur de l'environnement.

Cela comprenait généralement des engagements en vue de favoriser la protection des espèces d'animaux sauvages, la protection de leur habitat ou la prohibition de certaines pratiques nuisibles à la biodiversité, comme la réduction des émissions de CO_2, la contribution financière au nettoyage des habitats sauvages et des écosystèmes, *etc.*

En revanche, les autres catégories d'animaux, comme les animaux de rente, les animaux utilisés à des fins scientifiques ou les animaux de compagnie, étaient jusqu'à très récemment absentes des politiques RSE des entreprises.

Les choses semblent avoir changé avec l'avènement, ces dernières années, de la conscience sociétale en matière de développement durable, et la médiatisation à large échelle de la condition animale.

Ces facteurs ont permis l'émergence de deux nouveaux phénomènes, qui ont eu à notre sens un impact direct sur la prise en compte des animaux dans les politiques RSE des entreprises.

D'une part, les consommateurs dans les pays développés expriment de nouvelles préoccupations, qui se traduisent par la consommation de produits plus respectueux des animaux. Par exemple, dans le secteur des cosmétiques, les consommateurs affectionnent de plus en plus les produits non testés sur les animaux[3].

Si la réglementation européenne des produits cosmétiques prohibe déjà, depuis 2009, les tests sur les animaux ayant pour but de prouver la sécurité de la formulation finale

2. NF ISO 26000, *Lignes directrices relatives à la responsabilité sociétale*, nov. 2010.

3. M.-L. Derieuw, *La perception des consommateurs des actions de RSE et de la communication sur la RSE dans le secteur des cosmétiques*, Louvain School of Management, Université catholique de Louvain, 2020.

des produits cosmétiques ou la sécurité de leurs ingrédients[4], cette interdiction n'est pas générale.

Les tests sur les animaux dans le domaine cosmétique demeurent en effet légaux lorsqu'ils ne visent pas à démontrer que le produit cosmétique dans sa formulation finale, ou ses ingrédients, répondent aux exigences du règlement cosmétique européen, c'est-à-dire lorsqu'il ne s'agit pas de démontrer l'innocuité du produit cosmétique pour la santé humaine.

En outre, cette interdiction ne joue que lorsqu'il n'existe pas de méthode alternative d'expérimentation validée et adoptée au niveau communautaire, sachant que des dérogations sont possibles à titre exceptionnel, lorsqu'un ingrédient cosmétique suscite de graves préoccupations[5].

C'est ainsi qu'en l'état du droit actuel, qui laisse ouvertes des brèches en matière de tests sur les animaux dans les produits cosmétiques, seul un engagement RSE bannissant ce type de tests en toutes circonstances pourrait répondre aux préférences des consommateurs en la matière et, par là même, servir de bouclier aux animaux utilisés à des fins d'expérimentation.

Il en est de même dans le secteur agroalimentaire, où les entreprises proposent de plus en plus de produits davantage respectueux du bien-être animal[6], pour répondre à l'appétence croissante des consommateurs pour de tels produits.

D'autre part, certaines mesures législatives ou réglementaires rendent obligatoire, pour certaines entreprises en fonction de leur taille voire de leur secteur, la mise en œuvre de politiques RSE favorables aux animaux. Par exemple, depuis la loi EGALIM en France, les entreprises d'une certaine taille doivent intégrer des engagements en faveur du bien-être animal dans leur rapport de performance extra-financière[7].

De même, depuis une directive européenne de 2022[8], transposée en France[9], le contenu du rapport de durabilité que certaines entreprises doivent mettre en place a été complété pour inclure des informations sur le bien-être animal en tant que facteur de gouvernance dans l'entreprise.

---

4. Règl. n° 1223/2009, 30 nov. 2009, relatif aux produits cosmétiques, art. 18.

5. Règl. n° 1223/2009, art. 18.1.a et b, préc.

6. J. Passebois-Ducros et M. Flacandji, *Intégrer la RSE à un positionnement prix bas*, in *Recherche et cas en sciences de gestion* 2022/3, n° 23, p. 81 à 99.

7. C. com., art. L. 225-102-1 dans sa version issue de l'article 55 de la loi n° 2018-938 du 30 octobre 2018 (loi EGALIM).

8. Dir. 2022/2464, 14 déc. 2022, modifiant le règlement (UE) n° 537/2014 et les directives 2004/109/CE, 2006/43/CE et 2013/34/UE en ce qui concerne la publication d'informations en matière de durabilité par les entreprises, art. 29 ter, pt 2.c.iii.

9. Ord. n° 2023-1142, 6 déc. 2023, relative à la publication et à la certification d'informations en matière de durabilité et aux obligations environnementales, sociales et de gouvernement d'entreprise des sociétés commerciales.

Concrètement, ces différents engagements RSE envers les animaux se traduisent par un panorama d'actions variant d'une entreprise à l'autre, notamment en fonction de leur secteur d'activité.

S'agissant des entreprises des secteurs autres que l'agroalimentaire, il s'agit d'engagements tels que la suppression des poissons menacés des menus servis dans les cantines d'entreprises, l'introduction de certifications en matière de bien-être animal dans les relations fournisseurs/industriels, la suppression, par les entreprises dans le secteur du tourisme, d'activités de divertissement impliquant certains animaux sauvages, la réduction des trajets pour les animaux vivants utilisés dans l'industrie alimentaire, ou encore la suppression d'articles de fourrure dans l'industrie de la mode, *etc.*[10]

S'agissant des entreprises du secteur agroalimentaire, leurs engagements RSE envers les animaux se traduisent généralement par l'accès aux pâturages en plein air pour les animaux des filières d'élevage conventionnel, la formation du personnel des élevages industriels à la bientraitance animale, la diminution des œufs issus d'élevages en cages, la suppression de cages pour l'élevage de truies en gestation, ou encore par des protocoles d'évaluation du bien-être animal pour améliorer l'approvisionnement, jusqu'à de nouveaux cahiers des charges pour les acheteurs et distributeurs, afin de créer de nouveaux systèmes d'élevage[11].

Le changement de paradigme au niveau sociétal et législatif envers une plus grande prise en compte de la condition animale a donc eu pour effet d'intégrer progressivement les animaux dans les politiques RSE, directement et non plus comme simple composante du développement durable.

Malgré la multiplication des engagements RSE envers les animaux, leur impact réel reste limité.

---

10. Welfarm, rapport sur l'« Intégration d'informations relatives au respect du bien-être animal dans les déclarations de performance extra-financière des sociétés », janv. 2024.

11. Welfarm, rapport préc. – A. Warin, Bankiva, *Le bien-être animal, une dimension au cœur de la RSE*, Site Ressources Agro, 20 janv. 2023.

II. – L'impact limité des engagements RSE envers les animaux

La consécration de l'animal comme vecteur autonome des politiques RSE a certes permis de favoriser l'amélioration de la condition animale à travers une prise en compte de leur bien-être à échelle industrielle.

Cela a également permis d'élargir le type d'animaux couverts par ces politiques, car n'y sont plus visés uniquement les animaux sauvages comme vecteur du développement durable, mais également les animaux de rente, dans le secteur agroalimentaire, et les animaux utilisés à des fins scientifiques, dans le secteur des cosmétiques.

Dans cette optique, il est certain que les politiques RSE ont aujourd'hui un certain impact sur la condition animale.

Toutefois, cet impact nous semble faible, et ce pour trois principales raisons.

Premièrement, il n'existe aucun contrôle effectif et durable du respect, par les entreprises, de leurs propres engagements RSE envers les animaux, tout comme il n'existe pas de sanction en cas de non-respect desdits engagements. Tout au plus, des vérifications peuvent avoir lieu en amont ou au moment du renouvellement d'une certification, lorsqu'une entreprise passe une évaluation privée conduite par un organisme certificateur, sur le respect de tel ou tel critère indispensable à l'obtention de cette certification. À cette occasion, le critère tenant au respect du bien-être animal sera effectivement évalué et noté.

Mais en dehors de cette situation, la majorité des entreprises, qu'elles intègrent le bien-être animal dans leurs politiques RSE volontairement, ou comme obligation d'inclure cet aspect dans leurs rapports de gestion ou de performance extra-financière (V. *supra*), ne seront presque jamais contrôlées à propos du respect effectif de leurs engagements en matière de bien-être animal.

La seule situation où un tel contrôle serait envisageable est le cas où l'entreprise aurait communiqué auprès des consommateurs sur ses engagements RSE envers les animaux, dans le cadre d'une publicité commerciale par exemple, ou encore sous forme d'allégation sur l'étiquetage de ses produits.

Dans ce cas, le non-respect des engagements RSE envers les animaux pourrait faire l'objet de contrôles et de sanctions, car cela constituerait des pratiques commerciales trompeuses voire une tromperie sur les qualités substantielles des produits, qui sont susceptibles de sanctions pénales en France.

Tel est par exemple déjà le cas dans le domaine des produits cosmétiques, où la DGCCRF[12] contrôle et sanctionne les allégations « non testé sur les animaux » apposées sur ces produits, en les considérant abusives dans la mesure où de tels tests sont interdits par la réglementation européenne.

De nombreux contrôles officiels existent également dans le secteur agroalimentaire, surtout depuis que le bien-être animal doit être intégré dans les plans de contrôles nationaux dans chaque État membre de l'Union européenne. En France par exemple, le respect du bien-être animal fait l'objet d'un chapitre autonome dans le Plan national de contrôles officiels pluriannuel 2021-2025 de la DGAL[13].

Le contrôle du respect des engagements RSE envers les animaux, par les entreprises, n'est donc qu'indirect à ce stade et les manquements en la matière ne seront sanctionnés que s'ils portent atteinte à la loyauté des pratiques commerciales envers les consommateurs.

Deuxièmement, certains engagements RSE favorisant, à première vue, les animaux, sont en réalité davantage un prétexte marketing qu'un engagement susceptible de mise en œuvre concrète. Par exemple, il a été indiqué plus haut que les tests sur les animaux dans les produits cosmétiques et leurs ingrédients sont bannis au sein de l'Union européenne dans certaines conditions.

Or, de très nombreux ingrédients cosmétiques relèvent en réalité de plusieurs réglementations, par exemple celle sur les produits chimiques ou encore celle sur les médicaments, au sein desquelles les tests sur les animaux non seulement ne sont pas interdits, mais en outre sont obligatoires dans certaines circonstances.

Aussi, un même ingrédient, utilisé pour la fabrication d'un produit cosmétique et pour la fabrication d'un produit chimique, par exemple un détergent, aura probablement fait l'objet d'un test sur les animaux malgré l'interdiction de ce type de tests dans le domaine des cosmétiques.

L'efficacité d'un engagement RSE valorisant l'absence de tests sur les animaux impliquerait donc que l'entreprise s'engage à ne se fournir qu'en ingrédients qui, lorsqu'ils relèvent d'autres réglementations, n'ont pas non plus été testés sur les animaux, ce qui est bien plus complexe à mettre en œuvre pour l'entreprise, prise dans l'étau de ses obligations réglementaires par ailleurs, ou encore dans celui de la réduction des coûts.

---

12. Direction générale de la concurrence, de la consommation et de la répression des fraudes.

13. Direction générale de l'alimentation du ministère de l'Agriculture et de la Souveraineté alimentaire.

Troisièmement, certaines catégories d'animaux sont encore absentes ou très marginalisées dans les politiques RSE, qui ne portent quasi jamais sur les animaux de compagnie ni sur les animaux de spectacle. Malgré ces différents aspects, qui affaiblissent l'impact des politiques RSE envers les animaux, celles-ci ont néanmoins permis l'émergence de démarches concertées des industriels, et même du législateur, à la mise en place de labels et de certifications en matière de bien-être animal, qui sont des démarches allant plus loin que les engagements RSE individuels au sein des entreprises.

Par exemple, en France, en 2018, l'enseigne Casino, en partenariat avec CIWF France et deux organisations de protection animale, la LFDA (La Fondation Droit Animal éthique et sciences) et l'OABA (Œuvre d'assistance aux bêtes d'abattoirs), a lancé le premier étiquetage sur le bien-être animal, qui attribue aux produits d'origine animale une note allant de A à E, après une analyse de leurs conditions de vie, d'élevage, de transport et d'abattage.

De même, l'*European Chicken Commitment* est un référentiel récent, porté par une trentaine d'organisations non gouvernementales, visant à améliorer les conditions d'élevage et d'abattage des animaux au plus tard d'ici 2026.

Sur le volet législatif, la Commission européenne s'est engagée, en 2020, à mettre en place un indicateur de bien-être animal harmonisé dans l'ensemble de l'Union européenne, bien que la date de réalisation pratique de cet engagement demeure incertaine.

Enfin, la récente initiative de l'ANSES[14], qui a publié en mars 2024 des lignes directrices pour l'établissement des référentiels d'étiquetage en matière de bien-être animal[15], montre que la RSE et les animaux sont un sujet d'actualité juridique qui sera au cœur des débats législatifs dans les années à venir.

14. Agence nationale de sécurité sanitaire de l'alimentation, de l'environnement et du travail.

15. ANSES, Avis relatif à des « Lignes directrices pour l'établissement de référentiels d'étiquetage du bien-être des animaux », 15 mars 2024.

Maître des livres de prières de Dresdes, *illustration sur velin des Géorgiques de Virgile*, vers 1500, Ms 311, fol. 41v Holkham Hall & Estate, Norfolk, Angleterre © Avec l'aimable autorisation du comte de Leicester et des administrateurs du domaine de Holkam/ Bridgeman Images.

Le sort de l'animal dans le cadre des procédures collectives

Christine LEBEL
Maître de conférences HDR en droit privé, Université de Franche-Comté
CRJFC (UR 3225)

Le sort des animaux dans le cadre des procédures collectives est une question qui se situe à la croisée des règles relatives à la condition animale, que l'on appelle plus volontiers le droit animalier[1] (qui regroupe les règles relatives au statut juridique de l'animal[2] et ses conditions de vie, au sens large) et du droit des entreprises en difficulté.

Tout d'abord, l'animal est présenté comme étant un « être vivant doué de sensibilité » par le Code civil[3], devant « être placé par son propriétaire dans des conditions compatibles avec les impératifs biologiques de son espèce »[4]. Cependant, en l'état actuel du droit positif, l'animal reste un objet de droit, en dépit des propositions de personnification juridique formulées par une partie de la doctrine, ce qui le place dans une situation particulière en raison de la nécessité du respect de son bien-être, de ses besoins et de sa destination. Par ailleurs, il convient de distinguer entre les animaux de compagnie qui sont les animaux détenus par l'homme pour son agrément[5], principalement les chiens

1. Fl. Burgat, *Préface*, in *Code de l'animal*, Paris, LexisNexis, 2018, 1re éd., P.V.

2. V. dans cet ouvrage la contribution de N. Reboul-Maupin, *L'animal : vers un concept de bien vivant*, p. 408-417. – M. Bouteille-Brigant, *La qualification juridique de l'animal au regard de la distinction entre l'homme et l'animal : RD rur.* 2021, dossier 3.

3. C. civ., art. 515-14.

4. C. rur., art. L. 214-1 ; les mauvais traitements sont prohibés et pénalement sanctionnés : C. pén., art. 521-1 et 522-1 et 522-2. – S. Cantero, *Le droit pénal et l'animal : RD rur.* 2021, dossier 4.

5. C. rur., art. L. 214-6, I.

et les chats, des animaux d'assistance (qui sont éduqués individuellement pour travailler ou accomplir des tâches au profit d'une personne souffrant d'un handicap ou d'une autre condition médicale assimilée) et des animaux de rente[6] que l'on retrouve dans les exploitations agricoles ou les entreprises de traction animale.

Dans la mesure où le droit des procédures collectives, composante principale du livre VI du Code de commerce, suppose une entreprise, l'animal est envisagé, dans le cadre de la présente étude, comme « élément » nécessaire à la réalisation d'une activité professionnelle. Ainsi, dans le cadre d'une activité de nature commerciale il peut être un élément de stock, autrement dit il peut être acheté pour être revendu[7], sous réserve que cette activité soit encore possible juridiquement[8]. Lorsque l'animal intervient dans le cadre d'activités de spectacle[9], qui sont considérées comme étant également des activités de nature commerciale, il fait partie de l'actif de l'entreprise et constitue, d'un point de vue comptable, une immobilisation corporelle car il entre dans la catégorie des moyens de production[10]. En droit rural, on retrouve l'animal principalement dans les activités d'élevage. Dans ce cas, il fait partie de l'actif de l'exploitation agricole et, selon le cas, est comptabilisé en immobilisation corporelle[11] ou bien en stock dans la mesure où il s'agit d'un encours de production à valoriser[12]. Dans le cadre de la présente rubrique, on ne retiendra pas la première hypothèse d'« animal-stock » nécessitant la maîtrise du cycle biologique au sens de l'article L. 311-1 du Code rural et de la pêche maritime par le propriétaire ou le possesseur de l'animal, peu importe que l'activité réalisée dans le cadre de l'entreprise en difficulté soit de nature commerciale ou de nature civile, cette distinction n'ayant que peu de conséquences sur la présente thématique.

Par ailleurs, l'entreprise dans le cadre de laquelle l'animal est utilisé, quel que soit son statut comptable, doit éprouver des difficultés. Ici, le domaine d'investigation sera limité aux procédures collectives, autrement dit à la procédure de sauvegarde, au redressement judiciaire et à la liquidation judiciaire. Ainsi, le sort de l'animal dans le cadre de la prévention des difficultés financières des entreprises ne sera pas

6. C. rur., art. L. 234-1 et L. 241-9.

7. C. com., art. L. 110-1.

8. Depuis 2024, la vente d'animaux de compagnie est interdite en animalerie et dans le cadre des expositions canines ou félines (L. n° 2021-1539, 30 nov. 2021).

9. Activité de spectacles avec des équidés domestiques, ou tout autre animal domestique.

10. On peut également citer les entreprises de prestations de service tel que des prestations en traction animale dans les vignes, en forêt, en maraîchage ou pour les collectives.

11. Pour le cas de l'élevage bovin laitier : les vaches qui produisent le lait.

12. Pour le même exemple : les veaux qui sont destinés à être vendus et non ceux ayant vocation à permettre le renouvellement du cheptel.

étudié, tout spécialement en raison de l'absence de mise en place de règles particulières modifiant sa vie quotidienne, son propriétaire étant tenu, dans les conditions habituelles, à prendre soin de lui en fonction de ses besoins : alimentation, logement, soins vétérinaires, principalement.

I. – L'animal, inconnu du droit des procédures collectives

L'origine de cette difficulté majeure tient au fait que l'élargissement du champ d'application des procédures collectives au secteur agricole n'a pas suffisamment pris en compte les particularismes du secteur agricole, lequel, en 1988, était encore réticent à la qualification d'entreprise agricole pour les exploitations agricoles. Pour cette raison, les principales mesures d'adaptation ont porté sur les conditions d'ouverture des procédures collectives, la durée de la période d'observation (ou du maintien provisoire de l'activité en liquidation judiciaire) et de celle du plan, la délicate coordination avec le statut des baux ruraux, tout spécialement en cas de cession totale de l'exploitation agricole en liquidation judiciaire[13]. Si les cycles économiques lents en raison d'une activité économique en lien avec le vivant ont été pris en compte dans le déroulement de la procédure collective, comme précédemment indiqué, les besoins vitaux des animaux n'ont pas été envisagés, et ne le sont que par une voie détournée, aujourd'hui encore.

En outre, il convient d'ajouter que la fourrière animale est limitée aux chiens et aux chats. En effet, selon l'article L. 211-24 du Code rural et de la pêche maritime, la fourrière est une structure communale « apte à l'accueil et à la garde (...) des chiens et chats trouvés errants ou en état de divagation jusqu'au terme des délais fixés aux articles L. 211-25 et L. 211-26 ». Ainsi, la fourrière est un service public relevant des collectivités territoriales, contrairement au refuge qui est « un établissement à but non lucratif géré par une fondation ou une association de protection des animaux désignée à cet effet par le préfet »[14]. Par conséquent, il n'existe d'un point de vue strictement juridique ni fourrière ni refuge pour les animaux de rente.

En dehors du droit des procédures collectives, et avant prononcé d'un jugement d'ouverture, l'éleveur peut avoir d'importantes difficultés de trésorerie le conduisant à être dans l'impossibilité de fournir les soins indispensables aux animaux de rente, soit parce qu'il n'est plus en mesure de régler les fournisseurs d'aliments,

---

13. Ch. Lebel, *La cession de l'exploitation agricole en difficulté*, in *Mél. en l'honneur B. Saintourens*, Paris, Lexisnexis, 2024, pp. 809-820

14. C. rur., art. L. 214-6, II.

soit parce qu'il n'a plus accès à une source d'énergie indispensable au maintien des conditions de vie décentes pour les animaux. En matière animale, la maltraitance peut survenir très vite, quelques jours suffisant pour fragiliser des animaux notamment par manque de nourriture en quantité normale. Dans un premier temps, le gouvernement a mis en place un plan « Stratégie de la France pour le bien-être des animaux, 2016-2020 » dont les axes stratégiques concernent principalement les animaux d'élevage détenus par des professionnels : petits et grands ruminants, équidés, porcs et volailles. Les règles actuelles sont issues de la loi n° 2021-1539 du 30 novembre 2021 visant à lutter contre la maltraitance animale et forcer le lien entre les animaux et les hommes.

Concrètement, le ministère de l'Agriculture (et ses services déconcentrés) ainsi que les organisations professionnelles agricoles ont mis en place une cellule départementale opérationnelle (CDO) d'accompagnement des cheptels en difficulté. Cette cellule est composée de techniciens de la chambre d'agriculture localement compétente, de représentants des groupements de défense sanitaire (GDS), de la MSA, et de vétérinaires notamment. Elle comporte trois « chambres », dont la chambre animale dirigée par la direction départementale de l'emploi, du travail, des solidarités et de la protection des populations (DDETSPP) et chargée du bien-être et de la protection animale, la chambre financière en charge des difficultés financières, et la chambre psychologique chargée d'accompagner les exploitants agricoles en état de souffrance principalement afin d'éviter une décompensation psychologique et de prévenir tout risque de suicide. En effet, l'origine des difficultés des agriculteurs est souvent polymorphe, constituée de difficultés familiales et personnelles (divorce, décès d'un proche, maladie ou invalidité de l'exploitant), de la présence d' animaux en mauvais état sanitaire (animaux morts évacués ou non par l'équarrisseur, absence de suivi des carnets d'élevage, absence d'inventaire, animaux non bagués…) et d'une trésorerie insuffisante.

Dans ce cas, à la suite de la visite de techniciens d'élevage de la chambre d'agriculture, la DDETSPP, qui dispose d'un pouvoir régalien, peut prendre deux types de mesure :

– soit la proposition d'un plan d'aide avec des mesures pour un retour à une situation normale, avec des opérations de contrôle sur l'exploitation ;

– soit une décision de retrait en application de l'article L. 214-23 du Code rural et de la pêche maritime.

En pratique , les modalités des opérations de retrait sont précisées par l'article 99-1 du Code de procédure pénale dont la rédaction a été modifiée par la loi du 30 novembre 2021 précitée. Ainsi, selon les trois premiers alinéas de ce texte, le procureur de la République près le tribunal judiciaire du lieu de l'infraction[15] peut placer l'animal dans un lieu de dépôt prévu à cet effet ou le confier à une fondation[16] ou à une association[17] de protection animale reconnue d'utilité publique ou déclarée. La décision mentionne le lieu de placement et vaut jusqu'à ce qu'il ait été statué sur l'infraction. Par ailleurs :

> *« Lorsque les conditions du placement sont susceptibles de rendre l'animal dangereux ou de mettre sa santé en péril ou de ne plus répondre à la satisfaction des besoins physiologiques propres à son espèce, (…) le président du tribunal judiciaire (…) peut, par ordonnance motivée prise sur les réquisitions du procureur de la République et après avis d'un vétérinaire, ordonner qu'il sera cédé à titre onéreux ou confié à un tiers ou qu'il sera procédé à son euthanasie. Il en est de même lorsque les conditions du placement d'un animal entraînent des frais conservatoires supérieurs à sa valeur économique. Le (…) président du tribunal judiciaire (…) peut, par ordonnance motivée prise sur les réquisitions du procureur de la République et après avis d'un expert agricole, ordonner qu'il sera cédé à titre onéreux ou confié à un tiers ou qu'il sera procédé à son euthanasie ».*

Par conséquent , on peut constater que ces mesures, indépendantes du droit des procédures collectives, peuvent être mises en œuvre après le jugement d'ouverture dès lors que la situation de l'exploitation agricole ne permet plus d'assurer le bien-être des animaux de rente.

II. – Les animaux dans les procédures de sauvegarde et de redressement judiciaire

Comme nous venons de l'indiquer, les dispositions du livre VI du Code de commerce relatives aux procédures collectives sont extrêmement silencieuses quant au sort des animaux en cas de défaillance économique de l'éleveur, ou de façon plus accessoire de l'entrepreneur travaillant avec des animaux comme dans l'hypothèse des prestations de services à traction animale. Toutefois, certaines ont un impact sur la situation des animaux.

Tout d'abord, certaines mesures sont communes aux procédures agricoles en ce que leur activité porte sur le vivant, et non spécifiquement sur les animaux. Ainsi, la période d'observation des procédures de sauvegarde et de redressement

---

15. C. rur., art. L.215-11, al. 1er : « (…) qu'est puni d'un an d'emprisonnement et de 15.000 euros d'amende le fait pour toute personne exploitant (…) un élevage d'exercer ou de laisser exercer sans nécessité des mauvais traitements envers les animaux placés sous sa garde ».

16. Fondation Brigitte Bardot.

17. OABA.

judiciaire, respectivement d'une durée de douze mois et dix-huit mois au maximum, peut être allongée en raison de l'année culturale en cours ou en fonction des usages spécifiques des productions concernées, ce qui concerne les activités d'élevage. Sur ce point, l'appréciation a été laissée aux juges du fond, la Cour de cassation ne s'étant pas penchée sur cette notion.

Au cours de la période d'observation des procédures curatives, lorsque l'activité de l'exploitation agricole est continuée de plein droit, il a été jugé que la vente d'animaux faisant partie du croît du cheptel (animaux nés sur l'exploitation) constitue un acte de gestion courante[18]. Dans ces conditions, la situation des animaux de rente n'est pas modifiée par rapport à la poursuite de l'activité d'élevage en dehors de toute procédure collective, à condition toutefois que l'éleveur dispose d'une trésorerie suffisante pour subvenir à leurs besoins au cours de cette période. Dans l'hypothèse où l'éleveur aurait besoin d'acheter de la nourriture ou de procurer des soins aux animaux, la dépense correspondante constitue une créance postérieure privilégiée de l'article L. 622-17, I du Code de commerce devant être réglée selon les conditions initialement prévues en sauvegarde et le paiement doit être fait au comptant en redressement judiciaire, sauf accord du créancier. À défaut de pouvoir assurer les besoins fondamentaux des animaux, le tribunal de la procédure collective peut ordonner la cessation partielle de l'activité, voire la convertir en liquidation judiciaire, tout en envisageant éventuellement l'une des mesures prévues par le Code rural et de la pêche maritime précédemment évoquées.

À l'opposé, la vente de matériel agricole est un acte étranger à la gestion courante de l'entreprise qui doit être autorisé par le juge-commissaire en application de l'article L. 622-7, I du Code de commerce[19]. Par analogie, il conviendrait de considérer que la vente de la totalité du cheptel qui constitue un actif immobilisé, ne pourrait pas être réalisée par le seul débiteur sous procédure collective, sans l'autorisation du juge-commissaire et après avis du ministère public, en application de l'article L. 622-7 du Code de commerce, dans la mesure où cet acte influencerait l'issue de la procédure collective, notamment en rendant la poursuite de l'activité impossible si celle-ci est uniquement constituée par l'activité d'élevage.

Le sort des animaux de rente dans les procédures curatives doit rester semblable à leur cadre de vie lorsque l'exploitant agricole est *in bonis*. Il en va autrement lorsqu'en raison des difficultés financières, la liquidation judiciaire est prononcée.

---

18. CA Toulouse, 30 avr. 2008 : *JurisData* n° 2008-373234 ; *Rev. proc. coll.* 2009, comm. 73, note Ch. Lebel.

19. CA Limoges, 28 févr. 2019, n° 18/00551 : *Rev. proc. coll.* 2019, comm. 103, obs. Ch. Lebel.

III. – Les animaux dans le cadre de la liquidation judiciaire de l'éleveur

Après le prononcé de la liquidation judiciaire, l'article L. 641-10 du Code de commerce énonce les conditions dans lesquelles l'activité de l'éleveur peut être maintenue pendant le déroulé de cette procédure collective. Il en résulte plusieurs conséquences. D'une part, le principe est l'arrêt de l'activité à compter de la date prononçant la liquidation judiciaire, peu importe que celle-ci ait été prononcée immédiatement (liquidation judiciaire immédiate) ou sur conversion d'une sauvegarde ou d'un redressement judiciaire préalablement ouvert. D'autre part, pour le maintien et non la poursuite, précise le texte – et ici on appréciera la différence des termes utilisés par le législateur –, ce dernier doit être autorisé par le tribunal et expressément mentionné dans le dispositif du jugement. Enfin, lorsque le tribunal a autorisé le maintien provisoire de l'activité, il peut mettre fin à cette autorisation lorsque l'intérêt public ou celui des créanciers l'exige[20]. En théorie, cette solution rendue en matière de viticulture pourrait être appliquée en théorie pour des élevages, ce qui serait catastrophique pour les animaux concernés, sauf à envisager que le bien-être animal puisse être une composante de l'intérêt public au sens de ce texte. À défaut, tout doit s'arrêter totalement et brutalement à la date du jugement de liquidation judiciaire, à zéro heure de sa date précisément. Or, une telle solution est absolument et éthiquement inadaptée en matière d'élevage ! De l'insupportable vue des chevaux maltraités de la loi Grammont de 1850[21], on arrive aujourd'hui à l'insupportable condition des animaux de ferme en cas de liquidation judiciaire de l'éleveur en difficulté ! En pratique, il a été indispensable de trouver des solutions pour gérer une telle situation.

En jurisprudence, on retrouve des hypothèses où l'activité agricole est continuée après le prononcé de la liquidation judiciaire sans autorisation du tribunal lorsque le débiteur exerce une activité d'éleveur en contravention avec la loi. Pour cette raison, il est recommandé de demander systématiquement une autorisation de poursuite d'activité afin de pouvoir gérer le sort des animaux au cours de cette période et notamment de leur prodiguer les soins nécessaires à leur maintien en bonne santé[22]. Lorsque l'activité est continuée sans autorisation, la chambre sociale de la Cour de cassation considère que l'exploitant doit toujours être affilié à la MSA (Mutualité Sociale Agricole) au régime des non-salariés agricoles[23]. À ce titre, le débiteur est

---

20. Cass. com. 14 déc. 2022, n° 21-18.549, P+B : *Rev. proc. coll.* 2023, comm. 47, note Ch. Lebel ; *Act. proc. coll.* 2023, repère 30, obs. Ch. Lebel.

21. Loi Grammont, 2 juill. 1850, à propos des chevaux de guerre et du sort des chevaux d'attelage à Paris.

22. Ch. Lebel, *Le sort des animaux en cas de procédure collective : Rev. proc. coll.* 2021, étude 7. – O. Buisine, *Droit de l'animal : RD rur.* 2021, étude 19.

23. Cass. soc., 6 févr. 2003, n° 01-20.085 : *JurisData* n° 2003-0175534 ; *Bull. civ.* V, n° 49. – Cass. 2e civ., 15 juin 2017, n° 16-11.974 : *JurisData* n° 2017-011716 ; *RD rur.* 2017, comm. 262, note Ch. Lebel.

cotisant, et donc redevable de cotisations sociales au titre des années au cours desquelles il réalise une activité sans autorisation du tribunal de la procédure collective. En raison du dessaisissement du débiteur, par application de l'article L. 641-9 du Code de commerce, la MSA doit recouvrer les cotisations impayées contre le liquidateur. À défaut d'autorisation judiciaire de poursuite d'activité, ces créances ne sont pas nées régulièrement après le prononcé de la liquidation judiciaire, selon l'article L. 641-13 du Code de commerce, et doivent être déclarées au passif de la procédure collective.

Par conséquent, deux situations doivent être distinguées en liquidation judiciaire, selon qu'une cession totale de l'exploitation est ou non envisageable.

Lorsque l'élevage peut être cédé globalement au sens de l'article L. 642-1 du Code de commerce, le cheptel doit faire partie du périmètre de l'offre car il constitue une composante essentielle à l'activité agricole cédée, et ce, en dépit du fait que l'interprétation de la règle légale en jurisprudence fonde le bail rural comme étant l'élément essentiel[24] à partir duquel est constituée une exploitation agricole en liquidation judiciaire dès lors que l'éleveur n'est pas propriétaire de toutes les terres qu'il exploite. Cette solution jurisprudentielle a été formulée à la fin des années 1990, époque à laquelle le bien-être animal n'avait pas encore été consacré juridiquement.

Dans le cas contraire, en l'absence de cession globale de l'exploitation, les actifs de l'agriculteur font l'objet de cessions isolées. En ce qui concerne les animaux, dans le meilleur des cas le cheptel peut faire l'objet d'une offre globale en qualité d'universalité de fait. Théoriquement, la vente autorisée par le juge-commissaire devrait être conforme à la réglementation applicable à la vente des animaux de rente[25].

Toutefois, en pratique, cette solution est plutôt rare. En effet, comme évoqué dans le premier paragraphe, il est fréquent que les soins accordés aux animaux ne soient pas conformes aux exigences légales imposées par le Code rural et de la pêche maritime, notamment en ce qui concerne la traçabilité (bagues des animaux et fiches administratives correspondantes) et que le livret d'élevage ne soit pas correctement tenu. *A priori* toutes les catégories d'animaux de rente sont concernées par le vide juridique relatif à leur sort en cas de liquidation judiciaire de leur éleveur : les bovins, les ovins, les caprins, les porcins, mais aussi tous les palmipèdes, les volailles ou bien encore les lapins pour citer les catégories d'animaux de ferme les plus connus. S'agissant des équidés, la société civile est, en général et historiquement, bien plus sensible à

24. Cass. com., 28 avr. 1998, n° 95-20.682 : *JurisData* n° 1998-001896 ; *Bull. civ.* IV, n° 138 ; *RTD com.* 1998, p. 678, obs. C. Saint-Alary-Houin. – Cass. com., 9 juin 1998, n° 96-11.717 : *JurisData* n° 1998-002649 ; *Bull. civ.* IV, n° 186.

25. Ch. Lebel, *La vente d'animaux de rente : Lexbase Hebdo éd. privée* 21 juin 2018, n° 746, N4663BXY.

leur bien-être, ce qui explique qu'en pratique, bien souvent, des mesures aient été prises avant l'ouverture d'une procédure collective pour les préserver, qu'il s'agisse de chevaux ou bien d'ânes, leur aventure et leur sauvetage étant fréquemment mis en évidence sur les réseaux sociaux ou dans les médias.

Lorsque les animaux sont vendus un par un, ou par petits lots, il convient de distinguer plusieurs catégories d'animaux en fonction de leur état sanitaire et de leur traçabilité. Un premier groupe est composé des animaux en très mauvais état sanitaire ainsi que ceux qui n'ont pas d'identification. En effet, les animaux de rente vendus doivent avoir une prophylaxie à jour, et il n'existe aucune exception en matière d'obligation vaccinale en cas de prononcé de la liquidation judiciaire de l'éleveur. De même, tous les animaux des espèces bovine, ovine, caprine, porcine[26] ainsi que les équidés[27] doivent être identifiés. Dès lors que des manquements importants à ces deux obligations sont constatés, les animaux ne peuvent être vendus soit pour un motif de santé vétérinaire, soit pour un motif d'identification de l'animal. Dans le premier cas, les animaux sont euthanasiés le plus souvent car ils ne peuvent entrer dans la chaîne alimentaire, au risque de contaminer la population humaine, ce qui est notamment le cas avec certaines pathologies comme la brucellose ou la tuberculose. Dans le second cas, pour les animaux n'ayant pas de traçabilité, il serait trop coûteux de reconstituer leur origine, c'est-à-dire leur généalogie consécutivement à des prélèvements sanguins pour déterminer leurs caractéristiques génétiques. Ils partent en « animaux de boucherie ». Puis, on regroupe ensuite les animaux pour lesquels la prophylaxie doit être seulement complétée afin d'obtenir l'obtention de la « carte verte »[28], ou passeport, nécessaire pour leur vente. Dans cette hypothèse, l'administration accepte que la situation du cheptel soit mise en conformité avec la réglementation, et les coûts sont pris en charge par la liquidation judiciaire au titre des créances postérieures privilégiées[29]. Enfin, le troisième groupe est composé de tous les animaux en situation conforme à la réglementation en vigueur en matière d'identification et en parfait état sanitaire. Pour ces derniers, les règles de droit commun de la vente des animaux de rente s'appliquent[30], de façon conjuguée avec celles

26. C. rur., art. R. 212-15 à D. 212-45.

27. C. rur., art. D. 212-46 et s.

28. En pratique, la carte verte est en réalité le passeport de tout bovin qui mentionne son identité. Ce document comporte le numéro national indiqué sur les boucles et précise les sexe, type racial (père, mère et sujet), date de naissance, numéro de la mère, numéro d'exploitation de naissance, numéro d'exploitation d'édition du passeport et date d'édition, et éventuellement la validation de la certification des parents. De plus, il doit être accompagné d'une attestation sanitaire à délivrance anticipée (ASDA) fournie et gérée par le groupement départemental sanitaire (GDS), de couleur verte. La couleur du passeport varie pour chaque catégorie d'animaux de ferme.

29. C. com., art. L. 641-13.

30. Ch. Lebel, *La vente d'animaux de rente*, préc.

de la réalisation des actifs isolés en liquidation judiciaire. Enfin, il convient de préciser que toutes les dépenses réalisées, après le prononcé de la liquidation judiciaire, pour l'alimentation et le soin constituent également des dépenses postérieures privilégiées au sens de l'article L.641-13 du Code de commerce.

Pour conclure, on ne peut que regretter que le bien-être animal ne soit pas entré dans les éléments pris en compte par le législateur depuis sa prise de conscience du bien-être animal[31] aux côtés de la protection de la santé publique et des professions agricoles. Les dernières réformes du droit des entreprises en difficulté en 2014 et 2021 ont permis de régulariser la situation des exploitations agricoles en difficulté, trop souvent oubliées lors des modifications législatives entre les années 1990 et 2008. Toutefois, le sort des animaux de rente demeure encore omis dans les procédures collectives, contraignant trop souvent les professionnels à « jongler juridiquement » entre les règles de droit commun sanctionnant la maltraitance des animaux d'élevage et celles des procédures collectives, alors que la sanction pénale prévue à l'article L. 215-11, alinéa 1er du Code rural et de la pêche maritime prévoyant une peine d'emprisonnement et une amende constitue une sanction totalement inadaptée lorsque l'éleveur ne peut plus faire face aux besoins de ses animaux de ferme.

---

31. L. Boisseau-Sowinski, *Le bien-être animal dans la loi EGALIM : RD rur.* 2019, dossier 26.

Bruegel, Pieter (1525-1569), *Le retour du troupeau*, 1565, huile sur panneau, 117 × 159 cm, Kunsthistorisches Museum, Vienne, Autriche © Bridgeman Images.

Barye, Antoine-Louis (1795-1875), *Éléphant du Sénégal chargeant*, avant 1875, bronze à patine brune, France, Paris, Musée du Louvre © GrandPalaisRmn / René-Gabriel Ojeda.

Le commerce international et les animaux

Sandrine CLAVEL
Doyen honoraire, Professeure de droit privé
Directrice du laboratoire DANTE (EA 4498), Université de Paris-Saclay (UVSQ, Versailles)

Les animaux non humains ont-ils des droits ? Il n'est pas nécessaire de le penser pour observer qu'ils sont à tout le moins pour les humains la source de devoirs, devoirs moraux imposés par la conscience ou l'éthique mais aussi, et de plus en plus, devoirs juridiques imposés par les politiques publiques. Le droit international est particulièrement touché par ce mouvement de pénétration de la « question animale » dans le débat politique, ce que traduit la prolifération de conventions internationales intégrant le sujet, sous une forme ou une autre[1].

Le droit du commerce international, parce qu'il se développe dans le respect du droit international, ne saurait donc s'en désintéresser. L'Assemblée générale des Nations unies l'a confirmé dans une résolution adoptée le 23 juillet 2021, intitulée *Lutte contre le trafic d'espèces sauvages*[2]. S'affirmant « vivement préoccupée par le rythme d'extinction des espèces » et par « l'ampleur croissante du braconnage et du commerce illicite d'espèces sauvages », mais également consciente des incidences de ces trafics sur la santé humaine et la sécurité publique, l'Assemblée générale invite les États membres « à adopter des mesures efficaces pour prévenir et combattre (...) le trafic d'espèces sauvages et de produits qui en sont issus », et à renforcer les coopérations internationales à cet effet ainsi que les dispositifs juridiques permettant de lutter contre ces trafics. Dans le même temps, l'Organisation de coopération et de développement économiques (OCDE) a publié le 8 juin 2023 une version révisée de ses *Principes directeurs à l'intention des entreprises multinationales sur la conduite responsable*

1. J. Reeves, *L'animal en droit international*, thèse, Université de Rennes, 2022.
2. A/75/ L. 116.

des entreprises, dans laquelle elle énonce pour la première fois que « les entreprises devraient respecter les normes en matière de bien-être animal »[3] ; c'est ici, de façon remarquable, le commerce licite qui est visé.

Ces deux illustrations de l'appréhension de la « question animale » en droit du commerce international témoignent de ce que deux logiques, distinctes mais non sans lien, sont à l'œuvre : une logique de conservation, et une logique de protection du bien-être animal. La logique de conservation poursuit des objectifs de préservation de l'environnement et de la biodiversité. Elle vise moins à protéger les animaux pour eux-mêmes qu'en tant que patrimoine commun ; elle s'applique aux animaux sauvages plus qu'aux animaux domestiques. La logique de protection du bien-être animal tend à assurer une meilleure attention aux animaux en eux-mêmes, à leur sensibilité voire leur *sentience*. Elle est principalement conçue à destination des animaux domestiques, du moins en droit du commerce international.

Même si leurs objectifs et leurs fondements juridiques diffèrent, ces deux logiques sont ou devraient être l'une et l'autre porteuses de conséquences pour le commerce international. On voudrait ici offrir un aperçu, illustratif et non exhaustif, des réglementations et régulations juridiques qui s'efforcent de concilier commerce international, ambitions de conservation de la faune (I) et enjeux de bien-être animal (II), pour démontrer que si la prise en compte des animaux non humains dans le commerce international progresse, elle reste marginale, faute de textes suffisamment ambitieux et effectifs.

I. – Le commerce international confronté aux ambitions de conservation de la faune

Une partie non négligeable du commerce international consiste à exploiter des ressources naturelles, dont les espèces végétales ou animales. En 2022, un rapport consacré au commerce mondial des espèces sauvages[4] chiffrait à la somme de 220 milliards de dollars le revenu annuel global généré par le commerce légal d'espèces sauvages (animales et végétales). Le commerce illicite est quant à lui impossible à évaluer précisément, mais l'estimation de 200 milliards de dollars de profits annuels, dont une vingtaine de milliards pour les espèces animales, revient régulièrement dans les rapports officiels[5].

3. V. S. Clavel, *Chronique : Droit du commerce international : RSDA* 2-2023, n° 2.

4. Secrétariat de la CITES, *World Wildlife Trade Report 2022*, 2022, Genève, Suisse ; ce rapport est présenté comme « pilote ».

5. Avec toutefois une dominance de la criminalité forestière : Programme des Nations unies pour l'environnement, 6e rapport sur *L'avenir de l'environnement mondial (GEO-6) : une planète saine pour des populations en bonne santé*, Nairobi, 2019, p. 11. – C. Nellemann, R. Henriksen, P. Raxter, N. Ash et

Si les ressources cynégétiques et halieutiques sont *a priori* renouvelables, les économistes ont depuis longtemps théorisé le phénomène de la *surexploitation*, qui conduit à muer une ressource susceptible de se régénérer en une ressource épuisable[6]. Tous les ans, les organisations non gouvernementales alertent sur la survenance, toujours plus précoce, du *Jour du dépassement de la Terre*, c'est-à-dire la date à laquelle l'humanité a consommé toutes les ressources que la Terre peut produire en une année[7]. Il est donc urgent de ***rationaliser ou, pour le dire plus nettement, de réduire drastiquement les prélèvements de ressources naturelles, notamment animales***. Or les enjeux financiers sont tels que cet objectif ne peut être atteint sans contraintes normatives strictes. L'analyse du droit du commerce international révèle toutefois une absence de réel consensus sur l'adoption de ces normes, ainsi que leur insuffisante effectivité lorsqu'elles existent.

Concernant le commerce légal, l'appréhension politique et juridique de la surpêche traduit bien les résistances à l'encadrement normatif des prélèvements sur la faune sauvage. Avec une moyenne de 1 600 milliards (!) d'animaux marins pêchés annuellement[8], la perspective d'*Une mer sans poissons*[9], qui alarme les scientifiques, est loin de relever de la dystopie. C'est pourtant dans la douleur que l'Organisation mondiale du commerce (OMC) a accouché, le 17 juin 2022, d'un accord sur les subventions à la pêche. Les obligations souscrites par les États membres aux termes de cet accord ne sont certes pas nulles : interdiction de tout soutien à la pêche illicite, non déclarée et non réglementée (INN), à la pêche de stocks surexploités et à la pêche en haute mer non réglementée ; engagement à la « modération » dans l'octroi de subventions à des navires battant pavillon étranger ou à des activités liées à la pêche concernant des stocks dont les niveaux ne sont pas connus ; engagement de transparence sur les pratiques de subventions. L'OMC s'est enorgueillie du « résultat historique » que constitue le « premier large accord multilatéral contraignant sur la durabilité des océans »[10], mais l'accord n'en reste

E. Mrema (dir.), *La crise de la criminalité environnementale – le commerce et l'exploitation illégale de la faune et des ressources forestières menacent le développement durable. Évaluation du PNUE pour une intervention rapide*, Programme des Nations unies pour l'environnement et GRID-Arendal, 2014, Nairobi et Arenda, p. 7 et 23.

6. Pour une présentation de ces théories : G. Rotillon, *III. L'exploitation des ressources renouvelables*, in G. Rotillon (dir.), *Économie des ressources naturelles*, Paris, La Découverte, 2019, p. 38-62.

7. En 2023, le *Jour du dépassement* a été fixé au 2 août ; en 1970, il survenait le 29 décembre.

8. Estimation réalisée par une équipe de Cambridge (A. Mood et P. Brooke, *Estimating Global Numbers of Fishes Caught from the Wild Annually from 2000 to 2019: Animal Welfare* 2024, vol. 33, e6) ; pour des données en tonnes, V. par ex. : FAO, *La situation mondiale des pêches et de l'aquaculture 2022*. Par comparaison, ce sont « seulement » 80 milliards d'animaux terrestres qui sont tués par an dans le monde pour la consommation de viande.

9. P. Cury et Y. Miserey, *Une mer sans poissons*, Paris, Calmann-Lévy, 2008.

10. Sur cette adoption, V. S. Clavel : *RSDA* 2-2022, p. 203.

pas moins limité. Chaque État membre pourra maintenir ses aides s'il met en œuvre des mesures destinées à reconstituer le stock de poissons concerné « à un niveau biologiquement durable », ce qui ouvre une brèche dangereuse car difficilement contrôlable. En outre, les sujets tabous des subventions aux carburants et à la construction de nouveaux navires, et plus généralement des subventions conduisant à des surcapacités et à la surpêche, ont été renvoyés à des négociations ultérieures. Rapidement ouvertes – l'accord n'est pas encore en vigueur[11] –, ces discussions s'annoncent très délicates[12]. Si l'accord entre en vigueur, ce qui est probable, et si les négociations complémentaires aboutissent, ce qui est moins certain, encore faudra-t-il en assurer l'application effective.

Or l'effectivité des normes internationales réglementant les prélèvements opérés sur la faune est faible[13]. Alors qu'il existe un véritable consensus étatique ayant permis l'adoption de conventions de protection des espèces sauvages suscitant une forte adhésion internationale – on songe en particulier à la Convention sur le commerce international des espèces de faune et de flore sauvages menacées d'extinction (CITES) et ses cent quatre-vingt-quatre États parties –, le commerce illicite d'animaux illégalement prélevés dans la nature ou de produits issus de ces animaux se maintient à des niveaux non soutenables[14] et semble impossible à enrayer, alimenté par des demandes multiples allant de la viande de brousse[15] aux félins exhibés comme faire-valoir sur les réseaux sociaux[16]. Les criminels se jouent des dispositifs de coopération internationale déployés par les États et les organisations internationales lorsqu'ils existent[17], profitant de la faiblesse de l'en-

---

11. Deux tiers des États membres doivent déposer leur instrument d'acceptation. Au 1er mars 2024, quarante-quatre États avaient accepté l'accord, dont la France *via* l'Union européenne.

12. S. Clavel : *RSDA* 2-2023, n° 3.

13. O. Dubos et J.-P. Marguénaud, *La protection internationale et européenne des animaux : Pouvoirs* 2009, vol. 131, p. 113 et s.

14. V. les chiffres cités *supra*.

15. WWF, *À point ou saignant ? La face cachée du commerce illégal de viande d'espèces sauvages touchant l'Europe*, Rapport (réalisé avec le concours de plusieurs chercheurs universitaires), janv. 2023. Le rapport révèle que plus du quart des produits saisis sont issus d'espèces considérées comme quasi menacées, vulnérables ou en danger selon les listes de l'IUCN et classées aux Annexes I, II et III de la CITES.

16. V. à titre d'exemple le rapport publié par TRAFFIC en mars 2024 : S. Moneron et C. Nelwamondo, *Online and international trade in live Cheetahs*, janv. 2024.

17. La plus emblématique manifestation de cette coopération est sans doute l'Opération *Thunder*. Organisée conjointement depuis 2017 par INTERPOL et l'Organisation mondiale des douanes (OMD) sous les auspices de la CITES, l'opération consiste à coordonner, pendant un mois tous les ans, les services de police, les douanes, les cellules de renseignement financier et les organismes nationaux chargés de la lutte contre les atteintes aux espèces sauvages d'un grand nombre de pays signataires de la CITES (133 États lors de l'édition 2023) afin de mener des actions de contrôle (inspections, fouilles, perquisitions) et de répression (saisies, arrestations, démantèlement de réseaux) contre les contrevenants à la CITES. L'Union européenne soutient également son propre programme de coopération inter-agences, UNITE (*United against Environmental Crime*).

gagement effectif des États en la matière. Car le constat est récurrent : les autorités étatiques chargées de la lutte contre ces trafics sont souvent mal formées, toujours sous-financées, et les mécanismes de coordination interne et internationale entre ces autorités sont insuffisants, notamment dans les pays sources[18]. Même sous l'angle purement réglementaire, derrière les engagements de façade, nombre d'États traînent à mettre leurs législations et pratiques nationales en conformité avec leurs obligations internationales, soit que la question ne soit pas perçue comme prioritaire, soit que les retombées économiques soient trop alléchantes. Pourtant, les trafics d'animaux sauvages ne compromettent pas seulement la conservation des espèces ; ils sont aussi un danger pour l'homme, les interactions avec la faune étant à l'origine de graves problématiques de santé publique[19] et son exploitation illégale constituant un facteur reconnu d'aggravation de la criminalité en raison de l'implication fréquente du crime organisé[20].

Si la faune sauvage est souvent la victime directe du commerce international, elle en est en outre *une victime collatérale*, sur une échelle peut-être plus préoccupante encore. Il n'est guère besoin d'insister sur l'incidence qu'ont sur les espèces sauvages les activités humaines, en causant leur destruction accidentelle[21], la perte de leurs habitats naturels, la réduction de leurs sources d'alimentation ou encore le réchauffement climatique[22] : à elle seule, la production agricole serait la cause de 70 % de la perte de biodiversité (végétale et animale) terrestre[23]. Si le commerce international ne peut assumer seul ce bilan catastrophique, sa « contribution » est majeure. Il est donc urgent de ***minimiser les impacts du commerce international sur la faune***.

18. *À point ou saignant ?*, rapp. préc. ; et son analyse *in* S. Clavel : *RSDA* 2-2023, n° 11.

19. Sur cette question, V. F.-X. Roux-Demare (dir.), *Animal & Santé*, Paris, Mare & Martin, 2021, en particulier : S. Clavel, *Animaux et protection de la santé humaine : un changement de paradigme ? De l'éradication préventive à la lutte contre le trafic d'espèces sauvages*, p. 173 ; S. Salles, *Quand l'État décide de la santé de l'animal et de l'homme. L'exemple des maladies infectieuses de l'animal*, p. 221 ; C. Morales Frénoy, *La prise en compte du bien-être animal dans les élevages : les enjeux environnementaux, économiques et sanitaires pour l'Homme*, p. 395.

20. Office des Nations unies contre la drogue et le crime (UNUDC), *Rapport sur la criminalité mondiale liée aux espèces sauvages*, juill. 2020.

21. V. à cet égard le contentieux suscité en France par les captures accidentelles de dauphins dans le cadre des activités de pêche dans le golfe de Gascogne, ayant conduit à la suspension par le Conseil d'État des mesures gouvernementales dérogatoires à l'interdiction de pêche : CE, 20 mars 2023, n° 449788. – CE, ord. réf., 22 déc. 2023, n°s 489926, 489932 et 489949.

22. R.E.A. Almond, M. Grooten, D. Juffe Bignoli et T. Petersen (dir.), *Rapport Planète Vivante 2022 – Pour un bilan « nature » positif*, Suisse, Gland, WWF, 2022.

23. R.E.A. Almond, M. Grooten et T. Petersen (dir.), *Living Planet Report 2020 – Bending the curve of biodiversity loss*, Suisse, Gland, WWF, 2020, p. 61.

Les évolutions observées dans le transport maritime de marchandises, activité emblématique du commerce international, offrent à cet égard une image singulière de la régulation juridique, entre bonne volonté et impuissance. L'intensité de la navigation maritime commerciale génère d'importants dangers pour la faune marine, en particulier les cétacés. Outre la pollution qu'elle produit, elle est source de collisions souvent fatales pour les animaux ainsi que de nuisances sonores qui perturbent leurs comportements sociaux, leur accès à l'alimentation et sans doute leur santé. La communauté internationale cherche à se mobiliser pour édicter des normes visant à réduire ces nuisances, mais faute de consensus et/ou de volonté politique globale, celles-ci sont rarement contraignantes et se traduisent plutôt par des incitations, recommandations et autres règles de « droit mou ». En 2023, l'Organisation maritime internationale (OMI) a ainsi renforcé ses directives en matière de nuisances sonores à l'adresse des opérateurs de transport maritime international[24] ; en outre, aucun accord international même incitatif n'ayant pu être trouvé pour modifier les couloirs de navigation aux fins de protéger les baleines, l'OMI a adopté de nouvelles directives non contraignantes visant à séparer les routes des navires et des baleines (*traffic separation scheme*)[25]. Cette relative impuissance du droit international est d'autant plus regrettable que les législations nationales sont peu propices à une réglementation efficace du transport maritime, la portée effective des normes nationales étant limitée aux eaux territoriales. Il faut alors compter sur la bonne volonté des transporteurs internationaux. Certains d'entre eux, dans le cadre de leurs politiques RSE[26] et parfois juridiquement encouragés par les États[27], entreprennent spontanément de dérouter leurs navires de certaines zones sensibles, déploient des formations spécifiques à destination de leurs personnels, équipent leurs navires de logiciels anti-collision tels les logiciels *RepCet* ou *Whale Alert*, et travaillent, parfois en collaboration avec des organisations non gouvernementales, à l'identification de potentielles zones de vulnérabilité dans les chaînes de transport. Ces avancées, dynamisées par la progression des obligations de vigilance des entreprises, sont positives en ce qu'elles traduisent un changement de mentalités. Mais la réalité et l'effectivité de ces engagements volontaires sont très difficiles à vérifier. En outre, ce sont quelque 119 000 navires qui naviguent sur nos océans, la plupart sous les pavillons de complaisance d'États dépourvus de

24. Révision 2023 (mise à jour en cours sur le site de l'OMI) des *Directives visant à réduire le bruit sous-marin produit par les navires de commerce pour atténuer leurs incidences néfastes sur la faune marine*, adoptées le 7 avr. 2014 (MEPC.1/Circ.833).

25. En 2023, l'OMI a étendu pour cette raison ses zones maritimes particulièrement vulnérables (PSSA). Cette classification emporte des restrictions de navigation, incitatives.

26. V. not. les initiatives recensées *in* S. Clavel : *RSDA* 2-2022, p. 210 et s. et *RSDA* 2-2023, n° 10.

27. V. par ex. le *Right Whale Corporate Responsibility Project*, opération de sensibilisation menée depuis quelques années par l'agence américaine *National Oceanic and Atmospheric Administration* (NOAA), les autorités portuaires du Massachusetts et l'IFAW.

législations contraignantes et ne procédant à aucun contrôle. Cette réalité, outre ses effets sur la conservation des espèces, invite à confronter commerce international et bien-être animal.

II. – Le commerce international d'animaux confronté aux enjeux de bien-être animal

Le commerce international expose les animaux à d'incommensurables souffrances. Les récentes prohibitions d'exportation d'animaux vivants votées en Nouvelle-Zélande[28] et au Royaume-Uni[29] ne peuvent faire oublier que ce sont tous les ans des millions d'animaux vivants qui supportent l'enfer de transports maritimes à bord de cargos où ils suffoquent entassés, affamés et assoiffés[30]. Ce chiffre est porté à plusieurs milliards si l'on inclut le transport terrestre[31]. L'absurdité devient totale lorsque l'on sait que la plupart de ces animaux sont destinés... à l'abattage. La logique mercantile est ici poussée à son paroxysme : entre réduction des coûts de transport et réduction de la souffrance animale, les opérateurs du commerce choisissent sans états d'âme la première, ainsi que le souligne un récent rapport au vitriol de la Cour des comptes européenne[32]. Dans ces conditions, il est légitime de ***s'interroger sur la compatibilité entre mondialisation économique et protection effective du bien-être animal.***

Une analyse plus poussée du droit des transports internationaux ne fait que conforter le sentiment que le commerce libéral se désintéresse du bien-être animal. Pourtant, des solutions existent pour limiter la souffrance. Le bannissement du transport d'animaux vivants devrait être encouragé, et des mesures limitant la souffrance devraient *a minima* être mises en œuvre. La Cour des comptes européenne en suggère quelques-unes dans le rapport précité : stopper le mouvement de concentration des abattoirs pour relancer le développement des abattoirs de proximité ou des abattoirs mobiles ; instaurer un système d'étiquetage harmonisé relatif au bien-être

---

28. Modification du *Animal Welfare Act 1999* par *Animal Welfare Amendment Bill* (en vigueur depuis le 30 avr. 2023).

29. *Animal Welfare (Livestock Exports) Act*, 20 mai 2024.

30. M. de Fontmichel : *RSDA* 2-2021/2, p. 215 et s. – M. de Fontmichel et C. Berthet, *L'animal d'élevage aux prises avec le commerce international*, *in* F.-X. Roux-Desmare (dir.), *La protection animale ou l'approche catégorielle*, Bayonne, Institut francophone pour la justice et la démocratie, Paris, LGDJ-Lextenso éd., 2022, p. 222.

31. Selon l'analyse de M. de Fontmichel (*RSDA* 2-2020/2, p. 257) : « En incluant les autres animaux d'élevage, en 2018-2019 ce sont plus de 2 000 000 000 d'animaux vivants qui ont fait l'objet de flux commerciaux transfrontières ».

32. *Transport d'animaux vivants dans l'UE : défis et pistes d'action*, 2023, Document d'analyse 03/2023.

animal au niveau de l'UE, pour permettre aux consommateurs de faire des choix éclairés ; attribuer une valeur monétaire à la souffrance animale pendant le temps de transport et l'intégrer dans le prix de la viande ; utiliser les nouvelles technologies pour monitorer le bien-être animal pendant le transport mais aussi pour favoriser la production de données fiables à l'intention de la Commission européenne. Par contraste, la proposition de règlement présentée par la Commission européenne le 7 décembre 2023 en vue de réviser la législation en matière de transport d'animaux vivants[33] fait pâle figure. La préservation des intérêts commerciaux reste au cœur d'un projet qui précise avoir « modulé » les recommandations relatives au bien-être animal en tenant compte de leur « faisabilité technique et économique ». Le bannissement du transport d'animaux vivants ayant été écarté, l'intérêt de la proposition réside dans sa prétention à une certaine extraterritorialité des mesures de contrôle des conditions et durées de ces transports internationaux : les opérateurs d'un pays tiers transportant des animaux vers ou depuis l'Union européenne devraient garantir le respect des règles européennes depuis le départ des animaux et jusqu'à leur arrivée, même pendant la partie du voyage située en dehors du territoire de l'UE. L'effectivité de cette extraterritorialité est cependant loin d'être garantie. Les contrôles de conformité aux normes européennes ne pourront être aisément opérés en dehors du territoire de l'Union ; la proposition prévoit d'ailleurs de recourir, pour y procéder, à des organismes privés de certification. Une dérogation à l'obligation de respecter les règles européennes est en outre prévue pour les animaux transitant simplement par le territoire européen : la plupart des règles européennes ne s'appliqueront alors que sur la seule partie du voyage se déroulant en territoire européen. La Commission s'en explique en faisant valoir qu'imposer le respect des règles européennes pour la durée totale d'un voyage ne faisant que transiter par l'Union inciterait les transporteurs de ces pays tiers à contourner le territoire européen, et donc à rallonger le temps de transport pour les animaux.

Car l'appétit financier des opérateurs du commerce international n'est pas le seul obstacle à la construction d'un droit du commerce international respectueux du bien-être animal. Nombreux sont les États solidaires de cette vision mercantile, peu enclins à faire évoluer leurs législations nationales et encourageant par conséquent une course vers le bas en termes de réglementation. Logiquement, ces mêmes États sont peu enclins à voir le bien-être animal pénétrer les règles du droit international. C'est alors ***le multilatéralisme du droit du commerce international qui constitue un frein à la protection effective du bien-être animal***. Les vicissitudes des tentatives européennes pour mettre fin à l'élevage en cage sont à cet égard révélatrices. On

33. *Proposal for a Regulation of the European Parliament and of the Council on the protection of animals during transport and related operations, amending Council Regulation (EC) n° 1255/97 and repealing Council Regulation (EC) n° 1/2005* (COM [2023], 770).

rappellera succinctement que, dans la continuité de l'initiative citoyenne *End the Cage Age*, le Parlement européen a, dans une résolution en date du 10 juin 2021, invité la Commission à proposer des outils législatifs destinés à « supprimer progressivement l'utilisation des cages dans les élevages de l'Union, éventuellement en envisageant une suppression totale d'ici 2027 ». Le Parlement précisait également la nécessité de soumettre les produits importés aux mêmes règles, « y compris en matière d'utilisation de systèmes d'élevage sans cage ». Le 30 juin 2021, la Commission européenne a répondu favorablement et annoncé une proposition de texte pour fin 2023 avec une perspective d'entrée en vigueur en 2027. Depuis lors, des mesures d'impact ont été réalisées, visant notamment à s'assurer que les mesures prises soient « proportionnées et non discriminatoires afin de respecter les règles de l'OMC ». Une législation prohibant toute importation d'animaux élevés en cage pourrait en effet être considérée comme un obstacle non tarifaire au commerce, même si des arguments juridiques en sens contraire peuvent être opposés[34]. Plusieurs États tiers se sont inquiétés, à l'occasion du quinzième examen de la politique commerciale de l'Union européenne réalisé en 2023 dans le cadre de l'OMC, que les exigences réglementaires européennes relatives notamment au bien-être animal puissent créer de tels obstacles au commerce[35]. Ces pressions externes, conjuguées aux pressions internes d'États comme la France peu désireux de renforcer la crise agricole, ont apparemment eu raison des engagements de la Commission, qui n'a à ce jour pas présenté la proposition de règlement annoncée[36]. Une action en justice a été engagée contre la Commission en mars 2024 par un collectif citoyen, devant la Cour de justice de l'Union européenne ; en l'absence de toute information sur cette procédure, on rappellera seulement que le droit européen permet de former un recours en carence pour contrôler la légalité de l'inaction des institutions de l'Union.

Les réglementations du commerce international sont sans doute de plus en plus perméables aux enjeux de protection animale ; mais les entraves, politiques et juridiques, restent omniprésentes et le chemin vers le progrès est encore long.

---

34. Sur cette analyse, V. S. Clavel : *RSDA* 2-2021, p. 208 et s., spéc. p. 209.

35. S. Clavel : *RSDA* 2-2023, n° 3.

36. S. Clavel : *RSDA* 2-2023, n° 5.

Degas, Edgar (1834-1917), Jeune femme à l'ibis, 1860/62, huile sur toile, 100 × 74,9 cm, Musée d'Art métropolitain de New York, New York, Etats-Unis, © Bridgeman Images.

Douane et importation d'animaux exotiques

Benoît LOPEZ
Maître de conférences droit privé, Université de Paris-Saclay (UVSQ, Versailles)
Laboratoire DANTE (EA 4498)

La biodiversité est un combat qui, depuis plusieurs années, a été porté au plus haut niveau par les Nations unies. Outre la convention adoptée puis entrée en vigueur en 1993 visant à préserver la diversité biologique, chaque année les Nations unies ont entendu proclamer une journée internationale sur le sujet afin de rendre plus visible cet enjeu planétaire. Face à cette approche claire, lisible et assumée de protéger les animaux, singulièrement les espèces qui progressivement sont menacées d'extinction, l'appréhension par les personnes privées s'est avérée plus floue dans un premier temps.

La dénomination d'animaux exotiques illustre, à elle seule, ce regard de l'homme sur des espèces venues d'ailleurs. Ainsi au XVIe siècle, la littérature française voit apparaître le terme « exotique » précisément pour qualifier les objets, la faune et la flore venus des terres lointaines et qui représentent, à la faveur de l'expansion du commerce mondial, un intérêt pour l'aristocratie[1]. Pour ne donner qu'un exemple illustre et précurseur, Rabelais lorsqu'il évoque en 1552 les foires du port de l'île de Médamothi parle de « divers tableaux, diverses tapisseries, divers animaux, poissons, oiseaux et autres marchandises exotiques et pérégrines »[2]. Néanmoins, c'est précisément à cause des foires et autres modalités de commerce entre nations que la diversité de biomes sur la planète va devenir un enjeu de commerce dans un premier temps. L'entreprise, autre personne de droit privé, devient donc elle aussi

1. E. Baratay, E. Hardouin-Fugier et Zoos, *Histoire des jardins zoologiques en Occident (XVIe-XXe siècle)*, Paris, La Découverte, 2010, p. 35.

2. Cité par L. Bodson, *Contribution à l'étude des critères d'appréciation de l'animal exotique dans la tradition grecque ancienne*, in L. Bodson (dir.), *Les animaux exotiques dans les relations internationales : espèces, fonctions, significations*, Liège, Université de Liège/Institut de zoologie, 1998, p. 145.

soucieuse du sort des animaux exotiques et y voit une opportunité de prospérer. Toutefois, les restrictions puis les interdictions qui vont toucher progressivement l'importation de certaines espèces en Europe vont provoquer un changement dans la façon d'appréhender certaines activités. Le droit à importer va progressivement se conjuguer avec une série d'obligations puis de sanctions face à la prise de conscience progressive des enjeux de la biodiversité. Pour autant, articuler le droit de l'environnement, le droit douanier et plus généralement la liberté d'entreprendre a imposé un travail de qualification qui ne pouvait s'adosser à l'image floue et approximative de l'exotisme.

Au moins deux catégorisations viennent à l'esprit à l'heure de désigner un régime juridique construit pour traiter des animaux exotiques : les espèces exotiques envahissantes et les espèces protégées. Or, au-delà de l'imaginaire collectif, il n'est pas rare que certaines espèces d'animaux entretiennent la confusion à l'image de l'ibis sacré[3]. Cet oiseau illustre parfaitement le carrefour juridique que représente le sujet des animaux exotiques. Ainsi, cet animal africain va être implanté volontairement en France, puisque le parc zoologique de Branféré, sur la commune de Guerno dans le Morbihan, en a progressivement importé vingt du Kenya par le biais de livraisons étalées de 1975 à 1980[4]. Or, comme le relèvent des témoignages recueillis à la faveur d'une recherche en ethnologie, il y a un certain brouillage dans la perception de ce qu'est une espèce exotique envahissante notamment pour les chercheurs non-juristes[5].

Aujourd'hui, l'ibis sacré est tout à la fois référencé par l'Union européenne comme espèce préoccupante, mais en parallèle elle était jusqu'en 2007, à la demande du Ghana, mentionnée à l'annexe III établie en application de la Convention sur le commerce international des espèces de faune et de flore sauvages menacées d'extinction (ci-après « CITES »)[6]. On consacrera la présente étude à la première des deux catégories en ce

---

3. Incarnation de Thot, dieu de l'écriture, des mathématiques et de la parole, protecteur des scribes, l'ibis sacré était vénéré chez les Égyptiens et quiconque tuait cet oiseau encourait la peine de mort.

4. P. Clergeau, P. Yésou et C. Chadenas, *Ibis sacré en France*, Rapport INRA/ONCFS, mars 2005, p. 5.

5. « La question invasive/exotique/envahissante/autochtone est souvent confuse. Un exemple emblématique des débats de société autour de ces notions est celui de l'Ibis sacré. C'est une espèce africaine, protégée en Afrique, qui s'est implantée en Bretagne. Là, il y a deux clans bien séparés, avec des scientifiques d'un côté et de l'autre. Il y a ceux qui font des rapports démontrant que l'ibis est une espèce qui empêche la nidification d'espèces autochtones et il y a ceux qui font des rapports disant le contraire ». – S. Dalla Bernardina, *De la compréhension à la médiation, les sciences humaines face aux espèces proliférantes*, in *Espèces envahissantes : questions d'écologie et de gestion. Rencontres de l'Agence régionale pour la nature et la biodiversité d'Île-de-France*, 28 et 29 juin 2011, p. 10. Les actes sont disponibles en ligne à l'adresse suivante : www.arb-idf.fr/nos-travaux/publications/rencontre-especes-envahissantes-questions-decologie-et-de-gestion-2011. Site consulté le 7 mai 2024.

6. La convention adoptée le 3 mars 1973 est entrée en vigueur au 1er juillet 1975 et compte actuellement 183 parties, dont la France dès 1978 et l'Union européenne depuis 2015. On notera par ailleurs que le droit de l'Union européenne renforce le champ d'application de la CITES par le biais d'abord du règlement (CE) n° 338/97 du 9 décembre 1996 modifié qui énonce les grands principes de la réglementation et établit une

qu'elle offre la possibilité d'étudier un régime juridique complet, ménageant notamment des exceptions à ce qui aurait pu se borner à une stricte interdiction d'importation.

Toutefois, il convient de dire un mot de la seconde catégorie que l'exemple de l'ibis sacré permet d'aborder. En effet, le régime construit par la CITES est évolutif, à l'image de l'espèce d'oiseau évoquée qui a vu son statut de protection diminuer en fonction de l'appréciation du danger par le pays qui avait demandé son inscription à l'annexe III. C'était du reste de la part de ce dernier une application classique de la convention. L'annexe III référence en effet toutes les espèces protégées dans un pays lorsque ce dernier a demandé aux autres parties à la CITES leur aide afin d'en encadrer le commerce. Depuis 2007, l'ibis sacré n'est donc plus une espèce protégée au sens juridique qui se déduit de la CITES. Cette perte de la qualité juridique doit toutefois être comprise à la lumière des impératifs commerciaux internationaux couverts. En l'occurrence, la CITES contrôle et réglemente le commerce international des spécimens des espèces inscrites à ses annexes. Ainsi, toute importation, réexportation (exportation d'un spécimen importé) ou introduction en provenance de la mer de spécimens des espèces couvertes par la Convention suppose nécessairement une autorisation dans le cadre d'un système de permis[7].

Le retrait d'une espèce des trois annexes permet donc de rouvrir son commerce, mais il serait hâtif, nous semble-t-il, d'y voir un nécessaire recul de la protection de la nature face aux impératifs économiques. Si l'existence d'une espèce n'est plus menacée de manière préoccupante, permettre son importation est un levier de lutte contre les trafics illégaux. L'alternative légale restant pour un particulier comme une entreprise une option souvent préférable à l'heure d'importer un animal exotique. Or, loin d'être un épiphénomène, le trafic d'animaux exotiques est aujourd'hui le troisième plus important dans le monde après le trafic d'armes et de drogues et génère 23 milliards de dollars par an[8].

Pour autant, même si le risque d'un régime d'importation trop limitatif pourrait en sens inverse être perçu comme un terrain propice à l'essor du trafic, il convient

---

liste d'espèces protégées plus stricte que celle de la CITES, puis du règlement (CE) n° 865/2006 du 4 mai 2006 modifié qui définit les conditions de délivrance et d'utilisation des permis CITES et fixe les dérogations.

7. À cela s'ajoute une obligation générale pour chaque partie à la Convention de désigner *a minima* un organe de gestion chargé d'administrer le système de permis et au moins une autorité scientifique susceptible d'émettre un avis sur les effets du commerce pour une espèce.

8. V. la publication de l'Union TLF, TLF Overseas en lien avec le Commandement pour l'environnement et la santé et la Direction générale des douanes et droits indirects, *Lutte contre le trafic illicite d'espèces protégées, Limiter les risques sur la chaîne logistique en contribuant à la protection de la biodiversité*, 2024, p. 2. Comme le relève cette étude, la France est parfois un pays de simple transit, mais uniquement pour certains flux, elle fait figure de pays de destination (reptiles provenant d'Amérique, caviar d'esturgeon depuis l'Ukraine, tortues terrestres d'Afrique du Nord). V. égal., un peu moins récemment, OCLAESP, *Rapport stratégique sur la criminalité environnementale*, 2022.

d'assigner aux droits certains impératifs de protection de l'environnement, qui supposent un refus quasi absolu d'importer une espèce exotique. C'est ce qui nous conduit à analyser les espèces exotiques et comment elles sont discriminées entre celles juridiquement qualifiées d'envahissantes ou non. Le régime juridique qui en découle mérite d'être questionné tant au regard de la pertinence des obligations qu'il fait peser sur les importateurs (I) que des rares droits dont peuvent tout de même se prévaloir les personnes physiques comme morales soucieuses d'importer sur le sol français des animaux exotiques à des fins de recherche (II). Il en ressort un régime cohérent juridiquement, mais sans doute trop figé au regard des réalités naturelles et de l'extrême diversité de la faune et de la flore française, de la Guyane jusqu'à Tahiti.

I. – L'approche territorialisée de la protection de l'environnement, source d'obligations pour les importateurs

La crainte de voir des espèces exotiques envahir et à terme dégrader la biodiversité des pays a naturellement conduit à la mise en place d'un encadrement allant jusqu'à l'interdiction d'importation pour certaines d'entre elles. L'introduction de nouvelles espèces par l'homme représentant l'une des causes d'érosion de la biodiversité, l'essor d'une réponse juridique semblait inévitable. Or la France est une illustration particulièrement riche des nombreuses difficultés que soulève la construction d'un régime d'obligation pourtant fondée sur ce qui semble, de prime abord, un objectif clair et intelligible. En effet, en tant que pays la France est soumise à une double contrainte territoriale dans la gestion juridique des espèces exotiques.

D'une part, et pour commencer par les contraintes extérieures sur le plan juridique, en tant que membre de l'Union européenne la France est tenue d'articuler sa stratégie dans ce domaine avec celles déployées par les autres pays membres. Ainsi, le règlement européen du 22 octobre 2014, relatif à la prévention et à la gestion de l'introduction et de la propagation des espèces exotiques envahissantes a conduit à poser un premier jalon en matière de restriction à l'importation. Ce dernier vise à mettre sur pied dans l'Union européenne un cadre d'action destiné à prévenir les incidences négatives des espèces exotiques envahissantes sur la biodiversité et les services écosystémiques. Il repose en pratique sur une liste d'espèces exotiques envahissantes préoccupantes pour l'Union européenne. À ce stade, un point pourrait sembler problématique pour la France : cette liste est régulièrement amendée par le biais de règlements d'exécution[9]. Cependant, il s'agit ici d'une modalité nécessaire et usuelle dans l'encadrement de la circulation des espèces exotiques, de sorte que même en l'absence de l'échelon européen, la France serait en tout état de cause tenue de respecter le niveau international et notamment les annexes régulièrement modifiées de la CITES comme évoquées précédemment à travers l'exemple de l'ibis sacré.

Pour en venir justement au droit français, les obligations issues du règlement européen n° 1143-2014 ont été transposées avec succès au sein de la loi n° 2016-1087 du 8 août 2016 pour la reconquête de la biodiversité, de la nature et des paysages. Celle-ci a par la suite été complétée par le décret n° 2017-595 du 21 avril 2017 relatif au contrôle et à la gestion de l'introduction et de la propagation de certaines espèces animales et végétales. *In fine*, notre cadre juridique national en matière d'encadrement des importations s'articule, pour l'essentiel, autour de deux articles du Code de l'environnement. Tout d'abord l'article L. 411-5 du Code de l'environnement concerne les espèces animales et végétales sauvages, donc ni domestiques ni cultivées, pour lesquelles l'introduction dans le milieu naturel est donc prohibée en lien avec une liste établie à l'échelle de la France. Ensuite, l'article L. 411-6 du même code complète le dispositif en encadrant l'introduction sur le territoire, l'introduction dans le milieu naturel, la détention, l'utilisation, la vente, l'achat, l'échange qui, par principe, sont interdits pour les espèces animales et végétales non indigènes référencées comme espèces préoccupantes pour l'Union à l'image de l'ibis sacré.

Au-delà de ce qui reste jusqu'ici une contrainte très largement partagée par les autres pays de l'Union, la France fait face à une autre difficulté sur le plan territorial qui, cette fois-ci, lui est nettement plus spécifique : l'hétérogénéité de son territoire. Ainsi, en tant que pays elle bénéficie d'un patrimoine naturel particulièrement vaste et diversifié. À titre d'illustration, on soulignera simplement que la France, pour peu que l'on s'efforce de se souvenir que ses frontières vont au-delà de la seule métropole, a un territoire qui s'étend en effet sur tous les océans, et sur quatre des cinq grandes régions biogéographiques d'Europe. Vis-à-vis de la politique de l'Union européenne, il convient de souligner que pas moins de deux tiers des types d'habitats d'intérêt communautaire[10] y sont présents. Pour compléter le tableau des défis que rencontre plus spécifiquement

9. Concernant les règlements d'exécution relatifs aux espèces préoccupantes pour l'Union, on relèvera qu'en vertu du principe de subsidiarité, les États membres peuvent toujours compléter la liste européenne par une liste nationale d'espèces pour lesquelles des restrictions plus ou moins importantes peuvent être appliquées.

10. Sur cette catégorie V. Cons. CE, dir. 92/43/CEE, 21 mai 1992 concernant la conservation des habitats naturels ainsi que de la faune et de la flore sauvages.

la France en matière de lutte contre les atteintes à la biodiversité, celle-ci est aujourd'hui le sixième pays hébergeant le plus grand nombre d'espèces menacées inscrites sur la liste rouge de l'Union internationale pour la conservation de la nature (UICN). Or, cette richesse inouïe s'explique notamment par nos territoires ultramarins. Bien que ces derniers ne représentent que 0,08 % de toutes les terres émergées, ils concentrent 80 % de la biodiversité nationale. Les outre-mers, par la variété des milieux naturels qu'ils représentent, donnent à la France une place unique[11].

Pour la première des deux difficultés territoriales à la mise en place des obligations en matière d'importation d'animaux exotiques, la France a réussi à s'accommoder des impératifs liés au régime de l'Union européenne. En revanche, la très grande diversité de son territoire interroge sur sa capacité à véritablement apporter une réponse adaptée à ses territoires métropolitains. L'édiction d'une liste systématiquement nationale au détriment de dispositifs opérés par des services déconcentrés, qui permettraient par exemple une appréciation du caractère envahissant au plus près du terrain, serait sans doute préférable[12].

Au surplus, les territoires d'outre-mer soulèvent une autre difficulté dans la mise en œuvre de cette réglementation, qui semble cette fois-ci mieux appréhendée par le droit positif : l'introduction d'espèces exotiques dans des territoires frontaliers. En effet, lorsqu'une opération d'introduction dans le milieu naturel d'animaux appartenant à des espèces désignées en application des articles L. 411-4 et R. 411-31 du Code de l'environnement est susceptible d'affecter le territoire d'un pays étranger, le préfet du département du lieu en informe sans délai le ministre des Affaires étrangères[13]. Or, on rappellera que la Guyane à elle seule possède les frontières terrestres les plus longues du territoire français avec pas moins de 730 km avec le Brésil et 510 km concernant le Suriname. Il est donc appréciable que le représentant de l'État dans le territoire soit en lien avec le ministère pour suivre le dossier et apporter une expertise locale au-delà du signalement initial.

---

11. Ministère de la Transition écologique et de la Cohésion des territoires, *Stratégie nationale biodiversité 2030, Vivre en harmonie avec la nature*, 6 déc. 2023, p. 4, Comme le rappelle le document : « Du subarctique à Saint-Pierre-et-Miquelon à l'Antarctique avec la Terre Adélie, en passant par la forêt amazonienne de Guyane et les zones tropicales de trois grands océans avec les Antilles, la Réunion et Mayotte, la Polynésie, Wallis-et-Futuna ou encore la Nouvelle-Calédonie. La France exerce sa juridiction sur le deuxième espace maritime mondial, de plus de 10 millions de km², dont plus de 96 % sont ultramarins ».

12. Sur cette position à laquelle nous souscrivons, V. L. Peyen, *Le droit des espèces exotiques envahissantes ou la difficile protection de l'équilibre écologique : Dr. env.* déc. 2014, n° 229, p. 433-441.

13. C. envir., art. R. 411-3.

Toutefois, à travers ce cas spécifique de territoire frontalier, s'ouvre la question plus large des motivations envisagées par le droit français pour autoriser l'importation d'animaux exotiques.

II. – La protection de l'intérêt public et de la recherche à la source de droits pour les importateurs

L'exception à interdiction au nom de l'intérêt public ou de la recherche scientifique n'est pas, en soi, une spécificité des mécanismes d'importation d'espèces exotiques envahissantes. En revanche, non sur le terrain des justifications de cette exception mais bien sur le terrain de ses conséquences, un certain nombre d'éléments méritent l'analyse.

Pour s'en tenir à la règle tout d'abord, les régimes d'autorisation relatifs aux espèces exotiques envahissantes sont visés par l'article L. 411-6 du Code de l'environnement. Ils reposent naturellement sur le renvoi aux annexes déjà détaillées précédemment, en l'occurrence l'annexe de l'arrêté du 14 février 2018 relatif à la prévention de l'introduction et de la propagation des espèces végétales exotiques envahissantes sur le territoire métropolitain ainsi qu'à l'annexe II du même arrêté.

Pour autant, la possibilité d'importer ne varie pas uniquement au gré des espèces concernées, elle est également fonction des catégories de bénéficiaires qui souhaitent s'en prévaloir[14]. Ainsi, l'importation pour des personnes souhaitant réaliser des opérations strictement commerciales de type achat ou mise en vente demeure exclue de ce régime d'autorisation par exception dans toutes les hypothèses. Si, de prime abord, cette catégorie – et donc le fait que les opérateurs commerciaux soient toujours interdits d'importation – apparaît comme lisible, une difficulté survient en cas de transport en vue de la destruction d'un animal d'une espèce exotique envahissante. En effet, dans cette circonstance, le transport ne nécessite formellement pas de demande d'autorisation de la part de l'entreprise[15]. Néanmoins, cette dernière est tenue de mettre sur pied toutes mesures nécessaires afin de garantir l'absence de fuite durant le transport. Or l'opération étant par définition susceptible de connaître un imprévu, on peut s'interroger sur la pertinence d'assimiler l'éventuelle fuite d'un animal à une introduction dans le milieu naturel.

14. C. envir., art. L. 411-6 et R. 411-39 à R. 411-42.

15. C. envir., art. L. 411-8.

Dans ce contexte, il pourrait être pertinent d'imposer l'autorisation préalable, ne serait-ce que pour permettre aux entreprises assurant des missions de ce type de mesurer les enjeux en cas de faille dans leur système de sécurité. Il serait en revanche excessif de traiter sur un pied d'égalité ce type de défaillance avec l'importation, en toute connaissance de cause de son illicéité, d'une espèce exotique envahissante.

A fortiori, car la conscience de ce risque ressort avec netteté de l'hypothèse d'importation par exception pour des motifs d'intérêt public majeur[16]. À cet effet, l'article R. 411-40 du Code de l'environnement impose à la fois une description des mesures prévues pour garantir que toute fuite ou propagation est impossible à partir des installations de détention dans lesquelles les spécimens seront conservés et manipulés, ainsi que lors de leur transport. Cette disposition se double d'une évaluation des risques de fuite des spécimens et des mesures prévues pour les minimiser.

Au-delà, une description du système de surveillance prévu et du plan d'intervention d'urgence élaboré pour faire face à toute fuite ou propagation, y compris, le cas échéant, un plan d'éradication, ainsi que l'évaluation du coût total de l'opération et la capacité financière du demandeur à la réaliser sont également imposées par le Code de l'environnement. On le voit, le risque de fuite est donc consubstantiel aux activités impliquant des espèces exotiques envahissantes et impose même, au nom de l'intérêt public majeur, la démonstration de capacité y compris financière pour justifier, à titre dérogatoire, leur importation.

Cependant, une exception notable est justement celle de la recherche, laquelle n'impose pas, au regard de l'article 411-10 du Code de l'environnement, les mêmes obligations. L'importation ressort comme de droit lorsque les activités de recherche le justifient. Une demande d'autorisation préalable auprès du préfet du département de réalisation de l'opération[17] reste évidemment impérative pour les travaux de recherche. À cet égard, et sans y voir une volonté de remise en cause, on soulignera que les installations scientifiques ne sont pas exemptes de risques de fuite. Dans ce contexte, ne serait-il pas préférable d'envisager, si les recherches conduites le permettent, d'avoir des équipes plurinationales pour réduire le transport et les risques liés à la circulation des espèces exotiques envahissantes ?

---

16. L'article L. 411-6 du Code de l'environnement pose cette condition et distingue donc de la recherche.

17. L'article R. 411-10 du Code de l'environnement précise utilement que dans le cas où cette opération concerne le transport d'animaux ou de végétaux, l'autorisation est délivrée par le préfet du département du lieu de départ.

Pour conclure, on ne peut que saluer le fait que des agents soient dédiés au respect du suivi des obligations en matière d'introduction[18]. La spécialisation et la connaissance du domaine apparaissent de notre point de vue comme des enjeux majeurs pour ce type de fonction de suivi du droit de l'environnement sur un sujet inusuel.

---

18. L'article L. 411-6 du Code de l'environnement prévoit en effet que : « I. – Est soumise à un contrôle des agents habilités mentionnés à l'article L. 236-4 du code rural et de la pêche maritime ou des agents habilités mentionnés à l'article L. 251-14 du même code l'introduction, en provenance de pays tiers, sur le territoire métropolitain, en Guadeloupe, en Guyane, à la Martinique, à La Réunion, à Mayotte et à Saint-Martin : 1° Des animaux vivants, des produits d'origine animale et des autres biens susceptibles de constituer ou de véhiculer des spécimens d'espèces mentionnées au I de l'article L. 411-6 du présent code ; 2° Des végétaux, des produits d'origine végétale et des autres biens susceptibles de constituer ou de véhiculer des spécimens d'espèces mentionnées au même I. La liste des animaux, végétaux et biens mentionnés aux 1° et 2° du présent article est fixée par arrêté conjoint du ministre chargé de la protection de la nature et du ministre chargé de l'agriculture ou, lorsqu'il s'agit d'espèces marines, du ministre chargé des pêches maritimes. Pour l'exercice de ces contrôles, les agents habilités peuvent effectuer des prélèvements.

II. – Lorsqu'ils constatent la présence de spécimens vivants des espèces mentionnées au I de l'article L. 411-6, les agents mentionnés au I du présent article peuvent ordonner leur garde, leur refoulement ou leur destruction.

III. – Lorsque l'introduction sur le territoire national de spécimens d'espèces animales ou végétales est autorisée en application du II de l'article L. 411-6, l'autorisation accordée par l'autorité administrative est présentée aux agents des douanes ».

Vasari, Giorgio (1511-1574) et assistants, Antonio da Faenza (dit), Marco Michetti (vers 1528-1588), *Hommage de tous les peuples à Laurent de Médicis*, Italie, Florence, Palais Vecchio © Photographie Scala, Florence.

GIRAFE

n. fém., espèce de mammifère ongulé appartenant à l'ordre des artiodactyles et à la famille des giraffidés, la girafe est un ruminant vivant dans les savanes et les steppes arborées d'Afrique au sud du Sahara. Elle figure comme le plus haut mammifère terrestre, au cou et aux pattes démesurés, qui lui permettent d'atteindre les branches des arbres pour se nourrir, en particulier celles des acacias dont elle est particulièrement friande.

1. *Peigner la girafe.* Ne rien faire d'utile.

Giraffa *camelopardalis*

Avec leur cou gigantesque, la longueur exceptionnelle de leur langue, leurs petites cornes, leur dos pentu, la forme si singulière des tâches de leur pelage et leur étrange démarche[1], les girafes fascinent les hommes depuis toujours. En témoignent les nombreuses représentations qu'on en trouve au sein du bestiaire préhistorique dès le Paléolithique. L'art rupestre révèle qu'elles vivent alors dans une aire géographique couvrant tout le Sahara, du Maroc à la Nubie, et jusqu'en Afrique du Sud[2]. Les hommes les recherchent pour la masse considérable de ressources qu'elles leur procurent, de la viande en quantité, une peau très résistante et même du lait si elles sont capturées vivantes. La chasse et les évolutions du climat saharien expliquent la réduction progressive de leur habitat à un espace compris entre la première cataracte du Nil et la Corne de l'Afrique, au point qu'au milieu du troisième

1. La girafe marche à l'amble, c'est-à-dire qu'elle lance en même temps les deux pattes d'un même côté, puis les deux autres, comme l'okapi, le chameau ou l'éléphant.

2. H. Camps-Fabrer, V° *Girafe*, in *Encyclopédie berbère*, 20, 1998, p. 3137-3147. – L. Allard-Huard, *Les chasseurs anciens du Nil et leurs témoignages gravés à Uweinat, au Sahara tchadien et au Fezzan oriental : Bulletin de la Société préhistorique française. Études et travaux*, 1977, t. 74, n° 2, p. 642-660 et *Nouvelle peinture rupestre du Tadrart Akakous (Libye S.W.) : Bulletin de la Société préhistorique française*, 1983, t. 80, n° 10-12, p. 414-423.

millénaire la girafe est devenue pour les Égyptiens un animal exotique. Elle est prisée des pharaons, qui vont la chasser en Nubie. L'art funéraire s'en fait très tôt l'écho, si l'on songe qu'elle orne les scènes de chasse gravées de la pyramide d'Ounas, datée de 2360 avant notre ère. Devenue un animal recherché autant pour son physique particulier que pour son caractère très doux, elle est capturée pour orner les ménageries royales du Moyen et du Nouvel Empire. Vivante, elle constitue un attribut du pouvoir, même si la peau et la queue de l'animal sont l'objet de commerce, comme le montre le *Décret de Nauri*, à la fin du XIVe siècle avant J.-C., qui punit quiconque en volera[3]. Pourtant, la girafe est si rare qu'elle apparaît davantage comme le tribut idéal des Nubiens à ceux à qui ils doivent allégeance. C'est à ce titre qu'elle est représentée tenue en laisse à Persépolis au Ve siècle avant notre ère sur un bas-relief du palais d'Apadana, montrant des délégations de royaumes vassaux venues apporter des présents au roi de Perse, dont toutes sortes d'animaux exotiques. Les Grecs découvrent la girafe avec les conquêtes d'Alexandre le Grand et lui attribuent un nom, *καμηλοπάρδαλις*, ensuite latinisé en *camelopardalis*, qui peut se traduire par chameau-panthère. Cette dénomination montre la fascination qu'elle inspire, avec son cou et sa démarche évoquant le chameau, alors que son pelage tacheté rappelle celui de la panthère. On pense alors qu'elle est une créature hybride, issue d'un croisement entre ces deux animaux. Cette idée, difficile à vérifier pour les auteurs faute de pouvoir l'observer, est diffusée dans l'ensemble du monde antique, en même temps que le substantif *camelopardalis*[4].

La girafe se trouve en bonne place dans la ménagerie des Ptolémées et elle est mentionnée dans la description d'une procession triomphale organisée à Alexandrie au IIIe siècle avant J.-C.[5] Cette parade met en scène Dionysos, revenu victorieux d'Inde, accompagné d'un cortège de prisonniers, de porteurs de tributs et de toutes sortes d'animaux exotiques parmi lesquels une girafe se détache par sa haute taille, à côté de créatures tout aussi étranges et merveilleuses pour les hommes du temps, éléphants, autruches ou rhinocéros. Comme ses congénères fabuleux, elle confirme par sa rareté son statut d'attribut du pouvoir souverain. Rien d'étonnant, donc, à ce qu'elle soit exhibée à Rome lors du triomphe organisé par César en 46 avant J.-C. pour célébrer ses conquêtes en Gaule, au Moyen-Orient et en Afrique. La girafe y aurait figuré l'Égypte vaincue[6]. Elle est ensuite capturée pour être chassée de temps à autre lors des jeux du cirque ou exhibée

3. W. F. Edgerton, *The Nauri Decret of Seti I: A Translation and Analysis of the Legal Portion*: *Journal of Near Eastern Studies* 1947, 6/4, p. 219-230.

4. T. Buquet, *Les légendes relatives à l'origine hybride et à la naissance des girafes selon les auteurs arabes* : *Bulletin des sociétés orientales* 2013, t. 62, p. 125-147.

5. E. E. Rice, *The Grand Procession of Ptolemy Philadelphus*, Oxford University Press, 1983.

6. P.-L. Gatier, *Des girafes pour l'empereur* : *Topoï* 1996, 6/2, p. 903-941.

lors des triomphes, manifestant avec éclat la domination de Rome sur les peuples « indiens » ou « éthiopiens ». Elle reste toutefois un animal extraordinaire, que les Romains n'ont guère eu l'occasion d'apercevoir qu'à six reprises en trois siècles, de César à Philippe l'Arabe[7]. Selon les sources, elle n'apparaît plus à Rome après les Jeux séculaires de 248, même si elle continue d'orner les mosaïques ou les sarcophages commandés par les plus riches citoyens, qui voient en elle un être teinté d'exotisme et de merveilleux. On retrouve la girafe plus tard, à Byzance, non plus comme trophée, mais plutôt comme cadeau des royaumes christianisés d'Afrique à l'empereur d'Orient[8]. Les artistes s'emparent alors de son image, qu'ils reproduisent dans les bâtiments civils autant que dans les lieux de culte, églises, monastères ou synagogues. Peut-être leur rappelle-t-elle la valeur du don lié aux Rois mages, auxquels elle est parfois associée.

Après l'établissement de l'Empire ottoman, la présence de girafes est attestée dans les ménageries des grandes capitales musulmanes, de Bagdad au Caire, en passant par Alexandrie. L'intérêt qu'elles suscitent en fait, dès le IXe siècle semble-t-il, un objet de commerce entre l'Afrique et le monde arabe, nonobstant les difficultés logistiques liées à un tel trafic. Elles sont recherchées non seulement pour leur peau, leur cuir et leur queue, mais aussi pour leur viande, qu'apprécient les tribus islamisées d'Afrique, malgré un statut juridique incertain. En effet, les auteurs musulmans ne s'accordent guère sur la licéité ou non de la consommation de la chair de la girafe. Ainsi, est-elle permise par certains, qui mettent l'accent sur le régime herbivore d'un animal au caractère très doux, mais elle est refusée par d'autres, qui la considèrent comme étant issue d'un croisement avec un carnivore, panthère, hyène ou léopard[9]. Quoi qu'il en soit, les souverains arabes continuent de les réclamer aux royaumes nubiens à titre de tributs pour les offrir ensuite à leurs alliés en gage de bonnes relations diplomatiques. Des girafes sont ainsi expédiées jusqu'en Mongolie, en Inde et en Chine[10]. L'Europe reste exclue de ces échanges diplomatiques. La girafe était certes référencée dans les encyclopédies du Moyen Âge, mais les auteurs se contentaient de reproduire les propos parfois approximatifs de trois auteurs antiques : Pline l'Ancien (*Naturalis historia*, Ier siècle), Solin (*De mirabilibus mundi*, IIIe siècle) et Isidore de Séville (*Etymologiæ*, VIe siècle). Reprenant Pline, l'évêque de Séville la range parmi les animaux sauvages d'Éthiopie, aux côtés des rhinocéros, dragons et autres basilics, la transformant ainsi en un animal incertain et connoté négativement. Après lui, les auteurs occidentaux

7. *Ibid.*, p. 917.

8. A. Becker, *La girafe et la clepsydre. Offrir des cadeaux diplomatiques dans l'Antiquité tardive : Monde(s)* 2014/1, n° 5, p. 27-42.

9. T. Buquet, *Les légendes relatives...*, art. cit., p. 139-140.

10. T. Buquet, *La belle captive. La girafe dans les ménageries princières au Moyen Âge*, in *La bête captive au Moyen Âge et à l'époque moderne*, Textes édités par C. Beck et F. Guitzard, Amiens, Encrage, 2012, p. 65-90.

comme Raban Maur (*De rerum naturis*, IXe siècle) véhiculent et accentuent cette vision péjorative d'une créature pourtant réputée si douce sous l'Antiquité[11].

Les connaissances sur la girafe se précisent seulement à partir du XIIIe siècle, lorsque le sultan d'Égypte, Al-Kamil, en envoie une à l'empereur Frédéric II Hohenstaufen. Ce grand retour en Europe est peu documenté, si l'on excepte la relation qu'en fait de manière assez floue Thomas de Cantimpré dans son *Liber de natura rerum* (1240). Quelques années plus tard, la description plus fine qu'en propose Albert de Gand dans son *De animalibus* (1258) suggère qu'il a pu en voir une de ses propres yeux. Les chroniques arabes mentionnent d'ailleurs la présence de deux autres girafes en Europe dans les années 1260, présents du sultan d'Égypte l'une au roi de Sicile, l'autre au roi d'Espagne[12]. La *camelopardalis* change alors de nom pour celui de *giraffa*, tiré de l'arabe *zarâfa*, qui donne le mot *girafe* en français. Les Européens devront attendre plus de deux siècles avant de voir de nouveau une girafe. Le sultan d'Égypte en offre une à Laurent le Magnifique en 1487 (Fig. 1), tandis que d'autres souverains de la péninsule italienne en reçoivent à leur tour peu après, favorisant la diffusion d'une image plus réaliste de la girafe dans l'art du *Quattrocento*. Dans les tableaux, elle prend souvent place aux côtés des Rois mages, tout en étant également représentée captive, conduite à la longe, pour évoquer le faste, la richesse et la puissance des princes italiens. Dans la seconde moitié du XVIe siècle, les ouvrages consacrés à l'histoire naturelle, comme celui du français André Thevet en 1575, en proposent eux aussi des gravures plus fidèles, à une époque où la girafe n'est plus revue en Europe. Aux siècles suivants, les Européens profitent de relations diplomatiques plus apaisées entre l'Orient et l'Occident pour explorer des contrées restées jusqu'alors mystérieuses. Certains observent la girafe *in situ* et en livrent des descriptions plus détaillées quoiqu'encore très parcellaires. Le *Dictionnaire de Richelet*, dont la première édition date de 1680, en donne une bonne idée : « Animal sauvage qui se trouve en Afrique, & qui est grand comme un veau. La girafe a le cou aussi long qu'une lance, la tête & les oreilles d'un chevreuil, les pies de derrière fort courts, & ceux de devant plus long. Son poil est entre noir & blanc. On dit que la girafe est engendrée d'animaux de diverses espèces »[13]. Quelques décennies plus tard, en 1768, la girafe des encyclopédistes approche un peu plus de la réalité, hormis la longueur exagérée de ses cornes[14]. Buffon fournit lui aussi en 1776 le portrait

---

11. T. Buquet, *La girafe, belle inconnue des bibles médiévales.* Camelopardalis *: un animal philologique* : *Anthropozoologica* 2008, 43 (2), p. 47-68.

12. T. Buquet, *La belle captive...*, art. cit., p. 76-78.

13. P. Richelet, *Dictionnaire françois*, Genève, Chez Jean Herman Widerhold, 1680, p. 372, V° *Girafe*.

14. Diderot et d'Alembert, *Recueil de planches sur les sciences, les arts libéraux et les arts méchaniques*, Paris, Chez Briasson, David et Le Breton, 1768, Planche V.

bien incomplet d'un animal qu'il regarde comme « l'un des plus inutiles »[15]. Il est vrai que la girafe n'a encore jamais foulé le sol français, si l'on excepte une peau rapportée d'Afrique par l'ornithologue François Le Vaillant en 1784[16]. Cela n'empêche pas Jean-Baptiste Lamarck de l'étudier pour poser les fondements de la première théorie transformiste dans sa *Philosophie zoologique* (1809). Le célèbre naturaliste prend, notamment, l'exemple de la girafe, dont le cou se serait selon lui allongé, en même temps que les pattes, pour permettre au paisible ruminant d'atteindre les plus hautes branches des arbres[17].

La girafe devient un objet de curiosité scientifique. Elle reste toutefois l'apanage des voyageurs et des explorateurs, le grand public n'ayant jamais vu de spécimens vivants en Europe. L'occasion s'en présente lorsque le pacha d'Égypte, Méhémet-Ali, en propose une comme cadeau diplomatique à Charles X en 1826. L'épopée de celle qui fut prénommée Zarafa dans les années 2000 est bien connue. Après avoir traversé la Méditerranée, elle débarque à Marseille le 14 novembre 1826[18]. Les scientifiques l'étudient avant que ne débute la marche triomphale de l'animal vers Paris, qui déclenche dans tout le royaume une incroyable *girafomania*. Une pluie d'objets hétéroclites – gravures, tabatières, encriers, statuettes en céramique ou en bronze, éventails, assiettes en faïence, *etc.* – s'abat sur le royaume[19]. Charles X rencontre Zarafa au château de Saint-Cloud le 9 juillet 1827. Les caricaturistes s'emparent de l'événement pour croquer le souverain en girafe au cou démesuré et à la petite tête, coiffée d'un somptueux bicorne, vêtue d'un rutilant habit à épaulettes et portant bottes et épée (Fig. 2). Le roi-girafe est d'autant plus ridicule qu'il est tenu en laisse par un gros abbé rappelant la bigoterie du dernier Bourbon et son attachement à la cause des Jésuites[20]. Sans doute est-ce une caricature de circonstance liée à l'arrivée de Zarafa en France[21]. Mais elle s'inscrit dans un mouvement plus vaste de contestation du régime. Ainsi, Narcisse Achille de Salvandy, auteur prolifique de libelles contre le gouvernement, publie

---

15. G.-L. Buffon, *Histoire naturelle générale et particulière servant de suite à l'histoire des animaux quadrupèdes par M. le Comte de Buffon*, Paris, Imprimerie royale, 1776, p. 330.

16. P. Malgouyres et J.-L. Martinez, *Venus d'ailleurs. Matériaux et objets voyageurs*, Paris, Seuil, p. 83.

17. Reprenant les travaux de Lamarck, Charles Darwin ira plus loin et proposera une théorie de l'évolution reposant sur l'idée de la sélection naturelle : C. Boyer, *Le cou de la girafe : Lamarck, et puis Darwin* : *Enseignement philosophique* 2011/2, p. 48-54.

18. J. Rigoulet, *Histoire de Zarafa, la girafe de Charles X* : *Bulletin de l'Académie vétérinaire de France* 2012, t. 165, n° 2, p. 169-176.

19. O. Lebleu, *Les avatars de Zarafa, Première girafe de France, Chronique d'une girafomania : 1826-1845*, Paris, Arléa, 2006.

20. A. Duprat, *Histoire de France par la caricature*, Paris, Larousse, 1999, p. 83-85.

21. La girafe n'est pas la plus représentée parmi l'incroyable bestiaire mobilisé par les caricaturistes pour se moquer de Charles X, âne, dindon, cheval, canard, lapin, *etc.* : A. Duprat, *Le roi a été chassé de Rambouillet* : *Sociétés & Représentations* 2001/1, n° 12, p. 30-43.

une *Lettre de la girafe au Pacha d'Égypte*, qui n'est pas sans rappeler le style des *Lettres persanes* de Montesquieu. Zarafa y raconte son périple en France avec l'objectivité qu'elle doit à son statut d'étrangère impartiale, fustigeant la censure et critiquant la politique de Villèle et du ministère[22]. Après cet épisode, Zarafa poursuit paisiblement son existence au Muséum, où elle meurt dans une indifférence presque complète en 1845, alors que commencent à se développer les parcs zoologiques et à se banaliser la présence des girafes en Europe.

Cédric GLINEUR
Professeur d'Histoire du droit,
Université de Picardie Jules Verne, Ceprisca

22. F. Bertran de Balanda, *Nains et girafes. Les résistances à la censure sous la Restauration ou le renouveau d'une parole polémique (1820-1821, 1827)* : *Romantisme* 2022/2, n° 196, p. 119-128.

Langlumé, Joseph (1790-1830), *La plus grande bête qu'on ait jamais vue* (girafe habillée, caricature contre Charles X), 1830, lithographie, Paris, Bibliothèque nationale de France (BnF), © BnF, Dist. GrandPalaisRmn / image BnF.

CHAPITRE 5

ANIMAL HUMANISÉ

Maubeuge, Thomas de (attribuée à), miniature du folio 55r, in *Le Roman de Renart*, XIVe siècle (1310-1315), Ms. Français 1580, f° 55r © Bnf, Département des manuscrits.

LION

n. masc., mammifère carnivore, de la famille des félidés, de forte taille, caractérisé par sa face large, sa crinière touffue, son tronc et ses membres trapus, son pelage fauve, et vivant à l'état sauvage surtout en Afrique.

Trésor de la langue française, V° *Lion.*

Panthera *leo*

Sa Majesté Lionne un jour voulut connaître,
De quelles nations le Ciel l'avait fait maître.[1]
Jean de LA FONTAINE

Ainsi commence la fable de Jean de La Fontaine, *La Cour du Lion*, reflet de la société curiale de Versailles et critique à peine voilée de la domestication réussie de la noblesse. À travers ses allégories animales, le fabuliste reprend un *topos* innervant les représentations occidentales depuis l'Antiquité, du grec Ésope, père de la fable[2], en passant par le long temps médiéval, où, sous la plume de Marie de France, le lion comme roi paraît encore devant sa cour[3]. Ces fables sont des variations dont les thèmes et la construction subsistent : le lion est un roi, puissant ou affaibli, à la tête de sa cour et, le plus souvent, en position de majesté.

La fortune du lion est renforcée dans la chrétienté occidentale par le motif biblique du Lion de Juda, qui en fait le reflet symbolique et idéal du souverain. Dans son article *Quel est le roi des animaux ?*, Michel Pastoureau rappelle l'omniprésence du lion dans les images du Moyen Âge, dans l'héraldique mais aussi dans la littérature et

1. J. de La Fontaine, *Fables, Contes et nouvelles*, éd. J.-P. Collinet, Paris, Gallimard, coll. « Bibl. de la Pléiade », VII, 6, v. 1-2.

2. Ésope, *La royauté du Lion*, in *Fables*, trad. E. Chambry, Les Belles Lettres, Paris, 1927.

3. R. H. Bloch, *Altérité et Animalité dans les Fables de Marie de France*, in *Littérature* 2003, n° 130, p. 31.

les enluminures[4]. Figure christique, il inonde les représentations, dans les armoiries des grandes familles, les bestiaires, accompagnant les chevaliers dans leur quête du Graal, ornant leurs boucliers, surnom des rois tel Richard Cœur de Lion, écrasant peu à peu l'ours dans la fonction de roi des animaux : ce dernier ne demeure-t-il pas une figure brute là où le lion prend le pas d'une royauté forte, empreinte des vertus chrétiennes[5] ?

Cycle de poèmes en vers octosyllabiques à rimes plates, presque tous anonymes, chacun formant une arborescence ordonnée à partir du XIXe siècle, le *Roman de Renart*[6] inscrit sans surprise le lion dans son bestiaire, sous le patronyme de Noble, aux côtés de Brun l'ours réduit à n'être qu'un figurant parmi d'autres. Si le texte du *Roman* et ses schèmes narratifs ont fait l'objet de nombreuses études, importantes et érudites, de renardiens avertis, les miniatures qui ornent les manuscrits médiévaux offrent, elles aussi, des scènes propices à l'analyse, ouvrant un regard tout à la fois sérieux et parodique des grands moments qui structurent la royauté[7]. La plupart des manuscrits encore conservés se réhaussent en effet d'enluminures qui ajoutent à la poésie du texte et à l'effet anthropomorphique, tout en permettant la représentation visuelle des grands moments du récit. De la figure du lion se dégage en filigrane un miroir royal propre à constituer un modèle de justice fructueux.

Le lion, miroir royal

Ainsi de cette enluminure choisie parmi douze du manuscrit G conservé à Paris à la Bibliothèque nationale de France sous la cote Français 1580, datant de 1310-1315, comportant 147 folios, attribués à Thomas de Maubeuge (actif de 1303 à 1342)[8]. Elle se détache particulièrement par sa qualité d'exécution, sa taille, importante, et sa forme carrée. Située au folio 55r, l'iconographie prend place en haut de la page sur la colonne 1 au-dessus de la lettrine M sobrement décorée. Encadrée d'une bordure alternativement colorée de rouge et de bleu, elle est ornée de points et de

4. M. Pastoureau, *Quel est le roi des animaux ?*, in *Actes des congrès de la Société des historiens médiévistes de l'enseignement supérieur public*, 15e Congrès, Toulouse, 1984. *Le monde animal et ses représentations au Moyen Âge (XIe-XVe siècles)*, p. 134.

5. Art. *cit.*, p. 137.

6. *Le Roman de Renart*, éd. A. Strubel, Paris, Gallimard, coll. « Bibl. de la Pléiade », 1998.

7. D. Boutet, *Les figures animalières de la cour et du pouvoir, du* Roman de Renart *aux* Fables de La Fontaine, in *Le Fablier. Revue des Amis de Jean de La Fontaine*, 1988, n° 10, « La Fontaine et le Moyen Âge (actes de Reims, 5-6 juin 1998) », p. 29-37.

8. H. Richard et M. A. Rouse, *Manuscripts and their makers: commercial book producers in medieval Paris, 1200-1500*, Turnhout, Harvey Miller, 2000, II, p. 177.

Maubeuge, Thomas de (attribuée à), miniature du folio 114v, in Le *Roman de Renart*, XIVe siècle (1310-1315), Ms. Français 1580, f° 114v © Bnf. Département des manuscrits.

vagues blancs qui forment un entourage clos sur lequel se superposent les oreilles d'un âne et les bois d'un cerf, de même que quelques traces de feuillages verts ; au pied de l'enluminure, les griffes d'un loup sur fond or. Le carré est comme divisé en deux plans, strictement séparés par un arbre à forte souche et dont le sommet comporte deux branches, seul élément de végétation. Du côté droit, le plus important, se tient un lion, de profil, en position assise, sur un trône doré à dos, en position verticale, une main sur le genou, une jambe repliée sur l'autre, la queue vers le bas. Il lève la patte avant droite, terminée par trois griffes vers le ciel ainsi que son regard, tandis que l'autre griffe repose sur la souche de l'arbre. Il porte sur la tête une couronne et, « en pattes », un sceptre long terminé par une fleur de lys, qui repose sur son épaule, sans aucun autre apparat. Son pelage de couleur brune est nuancé, et les boucles de sa crinière ondulée, desquelles se détache une oreille, descendent jusqu'à son épaule. Le visage du lion est expressif : levé vers le ciel, la bouche profonde et semi-ouverte, l'œil visible du lion est pointé vers le haut. Du côté gauche, cinq animaux lui font face, superposés à l'horizontale, sur leurs quatre pattes ou sabots, de bas en haut : un loup, oreilles couchées, de couleur brun foncé, bouche semi-ouverte, un bélier blanc, un lièvre gris, un cerf de couleur marron clair et un âne gris. Tous sont en position figée, et le regard bas dirigé vers le roi, à l'exception du loup dont l'une des pattes, la droite, est tendue vers le lion, de même que son visage. Seules la gueule du loup et ses griffes sortent du cadre imposé par l'arbre et se retrouvent en superposition sur la souche, à proximité de la griffe du lion, sans toutefois la toucher, et seul il porte les yeux sur le lion de manière frontale.

Le lion est en posture humaine, les autres animaux gardant leur caractère de bête, solidement plantés sur leurs pattes, en dépit des rôles sociaux que leur assigne le *Roman* : celui de sénéchal pour le cerf Brichemer, ou de clerc, pour l'âne Bernard, ceux d'hommes du commun pour Ysengrin le Loup ou Couart le Lièvre. Cette distinction offre ainsi le reflet de la hiérarchie sociale et renforce le caractère unique du souverain. Le lion symbolise le roi et le degré de la métamorphose est associé au degré des honneurs. Il est d'autant plus singularisé, qu'il est le seul animal

Mithrapata, (04..-0370? av. J.-C. ; dynaste de Lycie), *Monnaie : Statère, Argent, Incertain, Lycie, Mithrapata,* Autorité émettrice de monnaie, Bibliothèque nationale de France, Cabinet des Monnaies, médailles et antiques, © Bnf. Département Monnaies, médailles et antiques.

exotique contrastant avec le reste des espèces relevant du bestiaire occidental, présenté sur un trône, portant couronne et sceptre, autre élément fort de son humanisation. L'isolement de Noble est d'autant plus frappant, que l'arbre, un chêne, au vu de la forme des feuilles, matérialise la séparation entre la Cour et son roi, appartenant à des mondes à première vue distincts mais qui admettent entre eux une forme de dialogue.

Le lion, figure de justice

L'association des couleurs bleu et rouge de la bordure composant le cadre évoque la justice et la royauté, renvoyant à son *decorum*. Le motif de l'arbre de justice, au-delà du chêne, s'impose comme un élément connu des médiévaux. L'historien du droit Robert Jacob rappelle ainsi comment l'arbre de justice est utilisé notamment à l'époque mérovingienne et fait partie des représentations communes[9]. Ce chêne renvoie au roi Saint Louis statuant à Vincennes, motif contemporain des enluminures, utilisé de manière politique et hagiographique dans le cadre de la construction rétrospective du culte de Louis IX au XIIIe siècle, qu'alimente le récit célèbre de Joinville, prémisse d'un mythe, entretenu sous Louis XIV puis au XIXe siècle. Si cette image a contribué à dissimuler les réalités de la justice royale au XIIIe[10], l'usage du chêne accompagne une rhétorique abondante autour d'une justice souveraine idéale. Cette justice s'exerce sur les méfaits des grands du royaume, elle constitue l'ultime juridiction concernant l'homicide, le vol, l'incendie et le rapt. L'insistance des mains, à travers les pattes levées, illustre bien la métaphore qui court tout au long du procès : c'est la main de Justice du roi, c'est la main levée sur le justiciable,

---

9. R. Jacob, *Images de la Justice. Essai sur l'iconographie judiciaire du Moyen Âge à l'âge classique*, Le Léopard d'Or, 1994, 248 p.

10. M. Dejoux, P.-A. Forcadet, V. Martin et L. Tuttle (éd.), *La justice royale sous Saint Louis, dans l'ombre d'un chêne*, PUF, 2024, 304 p.

Rabier, Benjamin (1864-1939), *Oscar, roi du désert*, 1928, monographie imprimée, in 4°, p. 16, Bibliothèque nationale de France © BnF. Département Littérature et art.

c'est la main droite du serment qui symbolise la solennité du moment.

Ornementale, la miniature vient au fond tempérer la parodie féroce qu'exprime le texte du *Roman*. Parodie de justice, saisie d'une accusation de fornication, tout concourt dans les branches I et VI au ridicule, alors que ressort, au-delà de la singularité des postures, une image crédible de la dignité royale. Noble est ici représentatif de cette royauté de justice, qui caractérise la rhétorique du siècle de Saint Louis et le *ministerium regis* comme ses héritages. Il l'exerce en roi sacré pour maintenir l'équilibre entre ses barons agités, dont l'appui lui est néanmoins nécessaire en ce qu'il participe à son autorité. Il porte les attributs de sa fonction, les *regalia*, le sceptre – il était de 50 centimètres[11] avec une main ou une fleur de lys d'ivoire, ici la proportion est respectée et on distingue les trois branches d'une possible fleur de lys et la couronne. Sa main et son regard levés vers le ciel signalent que le roi dispose d'une justice d'inspiration divine, qu'il est le lieutenant de Dieu sur terre. Cette attitude tout humaine de Noble le Lion concourt à l'hypothèse défendue par Xavier Kawa-Topor[12], hypothèse selon laquelle le Noble est roi avant que d'être Lion et qu'il appelle une « animalité peu marquée » dans le texte même du *Roman*. Il fait la transition entre le monde animal et le monde humain alors que le lion rentre, avec la licorne et le griffon, parmi les animaux quasi légendaires, christiques. Le lion est alors un « animal dénaturé »[13], situé au-dessus de l'aristocratie animale, tendant vers une transcendance pour garantir l'harmonie de son royaume. On ne peut manquer de souligner le motif trinitaire qui revient à plusieurs reprises, dans les pattes des animaux en particulier de Noble le Lion,

11. D. Gaborit-Chopin, *Regalia, Les instruments du sacre des Rois de France, Les « Honneurs de Charlemagne »*, Paris, Monographies des musées de France, éd. de la Réunion des musées nationaux, 1987, 128, p. 73.

12. X. Kawa-Topor, *L'image du roi dans le* Roman de Renart, *in Cahiers de civilisation médiévale* juil.-sept. 1993, 36e année, n° 143, p. 263.

13. X. Kawa-Topor, *ibid*.

dans la couronne et le sceptre ainsi que dans les feuilles de chêne renvoyant sans doute au Dieu en trois personnes duquel le roi détient son autorité, mais aussi à l'ordre trinitaire féodal de la société médiévale décrite par Adalbéron de Laon[14]. La distinction entre ceux qui prient, ceux qui se battent et ceux qui travaillent est ici respectée par le choix et la variété des animaux présents, de la noblesse aux *miserabiles*.

Cette représentation correspond aux images médiévales des Conseils ou Cours de justice royale comme celle de Guillaume de Saint-Pathus, *Vie et miracles de Saint Louis* (FR 5716, f.246)[15], qui présente le roi assis sur son trône : il n'a pas son sceptre mais porte une couronne semblable à celle de Noble, et son trône est décoré de têtes de lion, rappelant l'entrelacement des représentations, renvoyant aux lions du trône de Salomon[16]. De la même manière, sont disposés en face de lui les plaignants et un clerc que l'on retrouve aussi dans la miniature du *Roman* avec Bernard, l'âne, qui est clerc, de même que les fameuses couleurs rouge et bleu à nouveau associées à la solennité judiciaire. Le parallélisme entre ces images est frappant et montre une certaine fixité de l'imagerie royale telle qu'elle vient se disséminer dans une satire de la société.

Ainsi, les miniatures des manuscrits du *Roman de Renart* recèlent un certain nombre de motifs historiques et symboliques s'inscrivant dans un réseau de représentations royales. Les enluminures des branches fournissent alors une source intrigante et subversive de la société médiévale. Cette traduction iconographique du lion roi en majesté est reprise notamment par les graveurs des fables de La Fontaine, ou Gustave Doré au XIXe siècle[17], et de manière détournée par Benjamin Rabier dans le livre pour enfant *Oscar, roi du désert*, récit dans lequel le roi est toujours présenté en majesté devant sa cour en posture de justice, ses traits accentuant sa bonhomie[18]. L'illustrateur a aussi réalisé des planches pour les *Fables* de La Fontaine où il présente un lion, bien pathétique au milieu d'animaux moqueurs pour la fable « Le Lion devenu vieux »[19]. Cette figure d'un roi battu et vilipendé alors qu'il a vieilli constitue le pendant de notre lion en

---

14. C. Carozzi, *Les fondements de la tripartition sociale chez Adalbéron de Laon*, in *Annales* 1978, p. 683.
15. C. Beaune, *Le Miroir du Pouvoir*, coll. « Banque nationale de Paris », Paris, Hervas, 1989, p. 90.
16. Connu pour s'enrichir de nombreux animaux.
17. J. de La Fontaine, Gustave Doré (gravures), *Fables*, Hachette, Paris, 1868, p. 415.
18. B. Rabier, *Oscar, roi du désert*, Paris, Garnier-frères, 1928, 16 p.
19. J. de La Fontaine, B. Rabier (illustr.), *Fables*, Librairie illustrée Jules Tallandier, Paris, 1906, p. 64.

majesté, rappelant ainsi que pour le lion-roi, « *sic transit gloria mundi* », conclusion de Benjamin Rabier dans l'histoire d'Oscar, lion qui meurt seul dans un cirque après avoir échoué dans une parodie du jugement de Salomon et perdu sa couronne[20], rappelant ainsi qu'à l'instar du roi, « le Lion sans force à peu d'amis », pour reprendre les mots de Marie de France[21].

Laure BAL DIT SOLLIER
Agrégée d'Histoire, École Normale Supérieure, ULM

20. B. Rabier, *op. cit.*, p. 16.

21. M. de France, *Le lion malade*, v. 32, éd. C. Brucker, *Les Fables de Marie de France*, Louvain, Peeters, 1993.

Champaigne, Jean-Baptiste de (1631-1681), *Alexandre faisant porter à Aristote des animaux étrangers afin qu'il écrive son Histoire naturelle*, vers 1672, huile sur toile, marouflage, 245 × 380 cm, France, Versailles, Châteaux de Versailles et de Trianon, © RMN-Grand Palais (Château de Versailles) / Daniel Arnaudet.

Aristote : antidote à l'animalisme et au productivisme animal

Pierre-Louis BOYER
Doyen de la Faculté de droit du Mans
Maître de conférences HDR en histoire du droit
Laboratoire Themis UM (EA4333)

Nul n'ignore les conflits qui opposent, aujourd'hui, les tenants d'un animalisme ferme qui font de l'animal l'égal de l'homme qu'il faudrait doter de droits et d'une protection identique à celle de nos congénères, et ceux d'un productivisme exacerbé, faisant de l'animal une machine à générer des capitaux financiers ou affectifs[1]. Ces deux tendances trouvent leur origine dans une erreur philosophique à laquelle nous nous proposons d'apporter une correction antique mais déjà si résolument moderne. Cela permettra de quitter les subjectivismes post-modernes qui visent à « dicter le sens de l'univers » :

> *« Est aliéné, au sens propre, celui qui, enfermé dans la cage de sa propre vision du monde, est étranger au sens que lui donnent les autres hommes, et par là même incapable de communiquer cette vision »*[2].

1. L'auteur renvoie aussi à ses derniers travaux sur ce sujet : *Anabase animale, katabase humaine : approche historico-philosophique*, *in* B. Bévière-Boyer, A. Cayol et E. Gaillard (dir.), *Transanimalisme. L'animal augmenté, entre exploitations et protections*, Paris, Mare & Martin, 2024, p. 31-42 ; *Les frelons et les mouches à miel. L'homme et l'animal au fil du temps ou la personnalité juridique de l'animal comme folie des temps modernes*, *in* M. Bouteille-Brigant (dir.), *La personnalité convoitée*, Paris, IFJD, 2023, p. 69-91 ; *Animalité – humanité. Nouveau défi du siècle à l'aune de la loi naturelle*, *in* B. Guéry et M. Boyancé, *Actualités de la loi naturelle*, Paris, Presses de l'IPC, 2024.

2. A. Supiot, *Homo juridicus. Essai sur la fonction anthropologique du Droit*, Paris, Seuil, 2005, p. 39.

La question de l'animal n'a fait que surgir en miroir de la question humaine. Ce n'est qu'au XVIe siècle, dans la rupture entre une société théocentrée et une anthropocentrée, que la philosophie a revu la place de l'homme dans le cosmos et, conséquemment, celle de l'animal. Les humanismes, Renaissance ou Lumières, ont questionné l'origine de l'homme et son essence, et les conséquences scientifiques et philosophiques, des Lamarck, Darwin, Teilhard de Chardin, Huxley ou Singer, ne sont que l'accouchement maladroit d'une gestation plus ontologique. Or, l'enfantement a donné lieu à la confusion des genres, des espèces et des individus[3], à tel point que, désormais, on voit des parents tenir leurs enfants en laisse, tout comme leur chien, les deux étant assimilés à des machines biologiques douées d'affect.

On trouve des éléments d'une idée de corps mécaniques dès le XVIe siècle, notamment avec le développement des sciences anatomistes : chez Vésale[4], chez Fernel et son *Universa medicina*, ou encore chez Gomez Pereira qui écrivait que « ce n'est point un principe intérieur et vivant, c'est l'impression des objets sur les organes qui produit les mouvements de l'animal »[5]. De la même manière, la Renaissance nous offre un renversement anthropologique chez Montaigne qui réhausse l'animal et abaisse l'homme dans l'échelle des créatures :

> *« Considérons donq pour ceste heure, l'homme seul, sans secours estranger, armé seulement de ses armes, et despourveu de la grace et cognoissance divine, qui est tout son honneur, sa force, et le fondement de son estre. Voyons combien il a de tenuë en ce bel équipage. Qu'il me fasse entendre par l'effort de son discours, sur quels fondemens il a basty ces grands avantages, qu'il pense avoir sur les autres créatures. (…) Est-il possible de rien imaginer si ridicule, que ceste misérable et chétive créature, qui n'est pas seulement maistresse de soy, exposée aux offences de toutes choses, se die maistresse et emperière de l'univers ? »*[6].

Mais c'est véritablement chez Descartes[7] que l'origine des approches post-modernes sur l'animal se situe. Celui-ci va faire de l'animal un miroir négatif de l'homme, c'est-à-dire un homme « privé de », en ce que l'homme serait une machine agrémentée d'un élément dont serait privé l'animal : l'âme[8]. Si, dans sa théorie de l'animal-machine,

---

3. Aristote, *Catégories. De l'interprétation. (Organon I et II)*, Paris, Vrin, 2008.

4. A. Vésale, *De humani corporis fabrica libri septem*, Bâle, Oporinus, 1543.

5. M. Gomez Pereira, *Antoniana Margarita, opus physicis, medicis ac theologis utile ac necessarium*, Medinae Campi, 1554.

6. Montaigne, *Essais*, II, 12, *Apologie de Raimond Sebond*, Paris, L'Angelier, 1588, p. 181-181v.

7. V. dans cet ouvrage la contribution de N. Maillard, *L'animal-machine n'existe pas*, p. 104-111.

8. Sur ce sujet, V. entre autres : T. Gress, *Descartes et la précarité du monde*, Paris, CNRS, 2012. – T. Gontier, *Descartes et les animaux-machines : une réhabilitation*, in J.-L. Guichet (dir.), *De l'animal-machine à l'âme des machines. Querelles biomécaniques de l'âme (XVIIe-XIXe siècle)*, Paris, éd. Sorbonne, 2019, p. 25-44 ; *De l'homme à l'animal. Montaigne et Descartes ou les paradoxes de la philosophie moderne sur la nature des animaux*, Paris, Vrin 1998 ; *La question de l'animal : les origines du débat moderne*, Paris, Hermann, 2011. – R. Texier, *La place de l'animal dans l'œuvre de Descartes : L'enseignement philosophique* 2012, n° 62, p. 15-27.

il ne conteste pas fondamentalement l'affectivité aux animaux puisqu'il « ne leur refuse pas même le sentiment autant qu'il dépend des organes du corps »[9], il attribue aux animaux un mouvement inhérent à leurs organes, mais non une âme immatérielle qui serait le principe de vie du corps animal comme il l'est pour l'être humain. La séparation entre l'âme et le corps effectuée permet à Descartes de priver l'animal d'une âme, et de faire de l'homme cet animal spécifique doté de ce qui manque à la bête[10] :

> *« Je désire que vous considériez, après cela, (...) que toutes les fonctions que j'ai attribuées à cette machine, comme la digestion des viandes, le battement du cœur et des artères, la nourriture et la croissance des membres, la respiration, (...) l'impression de leurs idées dans l'organe du sens commun et de l'imagination, la rétention ou l'empreinte de ces idées dans la mémoire, les mouvements intérieurs des appétits et des passions (...) je désire, dis-je, que vous considériez que ces fonctions suivent toutes naturellement en cette machine, de la seule disposition de ses organes, ni plus ni moins que font les mouvements d'une horloge (...) ; en sorte qu'il ne faut point à leur occasion concevoir en elle aucune autre âme végétative, ni sensitive, ni aucun autre principe de mouvement et de vie, que son sang et ses esprits, agités par la chaleur du feu qui brûle continuellement dans son cœur, et qui n'est point d'autre nature que tous les feux qui sont dans les corps inanimés »*[11].

Si donc le corps de l'homme est une machine qui devient humaine par l'adjonction d'une âme rationnelle, cette particularité rend l'homme essentiellement distinct de l'animal. L'un est doué de pensée, l'autre de sens propres à ses seuls organes ; les hommes agissent par la raison de l'âme, les animaux non « par connaissance, mais seulement par la disposition de leurs organes »[12].

Avec cette théorie de l'animal-machine, Descartes sonne le glas de l'animal ; et de l'homme. S'il attribue à l'homme une âme, et s'il explique « comment ces deux natures [corps et âme] doivent être jointes et unies, pour composer des hommes qui nous ressemblent »[13], il rend possible un traitement uniquement matérialiste de l'animal, et donc un traitement identique en cas d'absence d'une âme chez l'être humain, ce dernier étant alors relégué au simple rang de « machine de terre »[14]. C'est d'ailleurs

---

9. R. Descartes, *Lettre à Morus*, *AT*, 5 févr. 1649, V, p. 278 ; OC VIII-2, p. 647-648.

10. *Ibid.* : « J'ai tenu pour démontré que nous ne pouvions prouver en aucune manière qu'il y eût dans les animaux une âme qui pensât ».

11. R. Descartes, *Traité de l'Homme*, in *Œuvres et Lettres*, Paris, Gallimard, 1937, p. 873.

12. R. Descartes, *Discours de la méthode*, *AT*, VI, p. 58-59. V. aussi sa *Lettre au Marquis de Newcastle*, *AT*, 23 nov. 1646, IV, p. 573-577, ainsi que T. Gress, *Descartes et la précarité du monde*, *op. cit.*, p. 54 : « Même l'insensé dispose de pensées qu'il est capable d'organiser avec cohérence, la cohérence se situant au niveau de l'assemblage et non du sens, ce qui signifie donc que ledit insensé relève pleinement du sujet humain, et n'est guère relégué dans ce qui constitue l'altérité de ce dernier, à savoir l'animalité ».

13. R. Descartes, *L'homme*, *AT*, XI, p. 120.

14. *Ibid.*

lors du Second Humanisme que cette mécanisation de l'être humain, désormais privé d'âme, sera réalisée par les « Lumières », permettant ainsi l'abaissement de l'homme au rang de bête et l'élévation de l'animal au rang de l'humain[15]. Diderot qualifiait bien l'homme de « machine » et « d'horloge ». D'Alembert en faisait un « clavecin sensible et animé »[16], doté « d'une seule opération : sentir »[17]. L'homme devenu animal, abaissé au rang de machine biologique, n'était alors plus que des « roues de la machine du monde »[18] d'après Voltaire, le fœtus n'étant qu'une « petite machine mal organisée »[19]. On connaît l'ouvrage *L'Homme Machine*[20] de La Mettrie[21], dans lequel le docteur considère l'homme comme fait « d'un peu de boue et d'une goutte de morve »[22]. L'abaissement de l'humanité à sa seule sensibilité a conduit ces penseurs à assimiler l'homme et la bête : « Des animaux à l'homme, la transition n'est pas violente »[23]. Diderot lui-même écrivait que « tout animal est plus ou moins homme »[24], et que « l'homme et l'animal ne sont que des machines de chair ou sensibles »[25]. Galiani écrivait à Louise d'Épinay que « l'homme est un animal qui se croit libre »[26]. Avec les Lumières, l'humanité fut dissoute dans l'animalité[27]. La Mettrie – encore lui – publiait en 1750, signe de ce mouvement de confusion, *Les animaux plus que machines*[28]. Il y exposait cette « frappante analogie entre les animaux et nous »[29] et y développait la philosophie cartésienne qui soutient que c'est l'âme « et non le corps qui voit, entend, veut et sent »[30]. Ces réflexions machiniques ont permis à Darwin, quelques décennies plus tard, d'envisager sa théorie de l'évolution, avec cette idée

15. V. not., les travaux de X. Martin, et plus particulièrement, *S'approprier l'homme : Un thème obsessionnel de la Révolution (1760-1800)*, Bouère, DMM, 2013, et *De Beccaria et Voltaire aux codes criminels de 1808 et 1810 : la continuité anthropologique : Rev. hist. droit* 2011, vol. 89, n° 3, p. 377-405. Dans cet ouvrage, p. 46-59.

16. D. Diderot, *Diderot, Entretien entre d'Alembert et Diderot* (1769), Tourneux, Garnier, 1875, p. 114.

17. D. Diderot, *Observations sur Hemsterhuis*, in *Œuvres*, t. I, Paris, Laffont, « Philosophie », p. 717.

18. Voltaire, *Franc arbitre*, *Questions sur l'Encyclopédie*, in *Œuvres*, t. XXIX, Paris, Beuchot, 1829, p. 508.

19. Voltaire, *Lettre à Dompierre d'Hornoy*, 5 juill. 1773.

20. J. Offray de La Mettrie, *L'Homme Machine*, Leyde, Luzac, 1748.

21. Sur cet ouvrage, V. X. Martin, *Régénérer l'espèce humaine. Utopie médicale et Lumières (1750-1850)*, Poitiers, DMM, 2008, p. 20 et s.

22. J. Offray de La Mettrie, *Œuvres philosophiques*, Discours préliminaire, 1751.

23. J. Offray de La Mettrie, *L'Homme Machine*, Leyde, Luzac, 1748, p. 31.

24. Diderot, *Le rêve de d'Alembert* (1769), Paris, Flammarion, 1965, p. 93.

25. Diderot, *Mémoires pour Catherine II* (1773-1774), Paris, Garnier, 1966, p. 245.

26. F. Galiani et L. d'Épinay, *Correspondance II, 1771-février 1772*, Paris, Desjonquères, 1993, p. 233.

27. X. Martin, *Beccaria, Voltaire et Napoléon*, Poitiers, DMM, 2018, p. 14 et s. et *Régénérer l'espèce humaine. Utopie médicale et Lumières (1750-1850)*, Poitiers, DMM, 2008, p. 9-59.

28. J. Offray de La Mettrie, *Les animaux plus que machines*, Berlin, 1750.

29. *Ibid.*, p. 77.

30. *Ibid.*, p. 8.

que l'animal peut cheminer vers l'humanité, car il n'y a qu'une question de progrès entre l'un et l'autre, une simple « évolution ».

Avec Descartes, donc, l'animal n'est pas défini « en soi » mais « de façon privative, apophatique : c'est le négatif de l'homme »[31]. Or, par cette approche défaillante, car uniquement mécanistique et *an-anima*, l'homme a entraîné des conséquences funestes qui auraient pu et pourraient être évitées par une approche philosophique pluriséculaire :

> *« Jamais mieux qu'au terme des quatre derniers siècles de son histoire, l'homme occidental ne put-il comprendre qu'en s'arrogeant le droit de séparer radicalement l'humanité de l'animalité, en accordant à l'une tout ce qu'il retirait à l'autre, il ouvrait un cycle maudit, et que la même frontière, constamment reculée, servirait à écarter des hommes d'autres hommes, et à revendiquer, au profit de minorités toujours plus restreintes, le privilège d'un humanisme corrompu aussitôt né pour avoir emprunté à l'amour-propre son principe et sa notion »*[32].

I. – Les conséquences de l'erreur cartésienne

L'humanisme et la période moderne ont continué la révolution anthropocentrique initiée par le nominalisme, éloignant l'homme de toute transcendance et, de fait, remplaçant la place laissée vide (celle de Dieu) par l'homme. Dans la suite du tournant libéral du XVIIIe, le XIXe et le XXe siècle se sont posés comme révélateur d'une dichotomie initiée par Descartes : d'un côté, les *assimilationnistes*, de l'autre, les *mécanistes*. L'un et l'autre n'ont nullement conscience que leur erreur vient de la dissociation cartésienne corps/âme, qu'ils sont les revers d'une seule et même médaille, le premier abaissant l'homme et élevant l'animal, le second ne voyant dans l'animal qu'une machine.

On a alors vu les républicains anticléricaux, comme Michelet et Clemenceau, parler de nos « frères » animaux[33], la naissance des sociétés de protection des animaux au XIXe, ou encore l'accroissement de la législation animalière, l'exemple le plus fameux, en France, étant celui de la loi Grammont du 2 juillet 1850[34]. Assimilation. De l'autre, le principe de la valorisation du capital n'a fait que renforcer l'utilisation de l'animal

---

31. P. Picq, *Il était une fois la paléoanthropologie*, Paris, Odile Jacob, 2010, p. 329.

32. C. Lévi-Strauss, *Anthropologie structurale II*, Paris, Plon, 1973, p. 53.

33. Michelet parle de ses « frères inférieurs » (*Anthologie des œuvres de J. Michelet*, éd. C. Seignobos, Paris, Armand Colin, 1889, p. 122) et Clemenceau de « ses frères d'en-bas » (cité par M. Agulhon, *Le sang des bêtes*, in *Romantisme* 1981, n° 31).

34. L. 2 juill. 1850, art. unique : « Seront punis d'une amende de 5 à 15 francs, et pourront l'être d'un à cinq jours de prison, ceux qui auront exercé publiquement et abusivement de mauvais traitements envers les animaux domestiques. La peine de la prison sera toujours appliquée en cas de récidive. L'article 483 du Code pénal sera toujours applicable », V. dans cet ouvrage, p. 453.

comme outil de production, dénuant à celui-ci toute âme et, conséquemment, tout sens. Ainsi le zoologiste Émile Baudement écrivait-il :

> *« Pour la zootechnie, les animaux domestiques sont des machines, non pas dans l'acception figurée du mot, mais dans son acception la plus rigoureuse, telle que l'admettent la mécanique et l'industrie. Ce sont des machines donnant des services et des produits »*[35],

suivi par son collègue naturaliste André Sanson :

> *« On ne pourra point s'expliquer que la production animale ait été, depuis si longtemps, envisagée autrement que comme une industrie obéissant avant tout aux lois économiques »*[36].

Mécanisation. Comme un inévitable balancier des extrêmes, l'utilitarisme productiviste, né d'une approche mécanistique de l'animal, répondait à l'approche confondante, née d'une approche mécanistique de l'homme. Et ce balancier infernal continuait avec l'animalisme des totalitarismes du XXe, ou encore avec l'utilitarisme de préférence dont, aujourd'hui, Peter Singer est un fer de lance :

> *« Mais il faudrait aussi citer Réaumur et ses* Mémoires pour servir à l'histoire des insectes, *Condillac et son* Traité des animaux, *qui fondent une tradition dont les humanitaires républicains, Larousse, Michelet, Schoelcher, Hugo et bien d'autres encore, prendront le relais au XIXe siècle. Il s'agira, d'abord, de montrer que l'animal n'est pas une machine, qu'il pense et qu'il souffre. Comme tel, il possède des droits, ou tout au moins crée des devoirs pour l'humanité. Contre ceux qui réduisaient l'animal à une machine, on en vient presque à l'élever au rang de l'homme. Logique du balancier, dont chacun sait qu'il ne s'arrête pas d'un coup au point médian »*[37].

La déconstruction de la frontière entre l'homme et l'animal sous le régime nazi a été maintes fois traitée sans qu'il soit besoin de revenir dessus[38]. On sait que les dignitaires nazis considéraient l'expérimentation animale et la vivisection comme des actes barbares[39], ou encore que l'homme et l'animal étaient identiques, raison pour

35. E. Baudement, *Les races bovines au concours universel agricole de Paris en 1856. Études zootechniques*, Paris, Imprimerie impériale, 1861, p. IV.

36. A. Sanson, *Traité de zootechnie*, Paris, Librairie agricole de la maison rustique, 1882, p. 8.

37. L. Ferry, *L'héritage du cartésianisme et l'approche française de la nature : le cas du droit des animaux*, *in* D. Bourg (dir.), *Les Sentiments de la nature*, Paris, La Découverte, 1993, p. 215-226.

38. À titre d'exemples, A. Arluke et B. Sax, *Understanding Nazi Animal Protection and the Holocaust*, *Anthrozoös – A multidisciplinary journal of the interactions of people and other animals*, 1992, n° 5, p. 6-31. – A. Arluke et C. R. Sanders, *Le travail sur la frontière entre les humains et les animaux dans l'Allemagne nazie : Politix. Revue des sciences sociales du politique*, 2003, n° 64, p. 17-49, ou encore la controverse qu'il a pu y avoir autour de la *Thierschutzgesetzt* de 1933 ; *etc.*

39. H. Göring, *Der Kampf gegen die Vivisektion – Rundfunkrede am 28. August 1933*, *in* H. Göring, *Reden und Aufsätze*, éd. E. Gritzbach, Munich, 1942, p. 80-87.

laquelle l'homme « évolué » ne devait pas manger de viande[40]. Johann Chapoutot résume parfaitement la chose :

> *« La confusion entre l'homme et l'animal, par une négation d'une essence singulièrement différente et non uniquement privative, entraîne des totalitarismes abjects. Le matérialisme moniste et scientiste du* XIX*e, dont un des fruits est la théorie de l'évolution, a entraîné les classifications racistes et suprémacistes d'un Ernst Haeckel, darwiniste convaincu, libre penseur aux origines des théories biologiques nazies. Il n'est alors nullement étonnant de lire, dans les textes des figures du IIIe Reich, des propos animalistes issus d'une approche matérialiste de l'être, un matérialisme favorisant la confusion des vivants par un "biologisme déterministe" »*[41].

Quant à « l'utilitarisme de préférence » d'un Peter Singer[42] et consorts[43], il n'est autre que la résultante de l'utilitarisme de Bentham dont il se revendique. Bentham, lui aussi, tendait à l'assimilation, considérant qu'« un cheval ou un chien adultes sont des animaux incomparablement plus rationnels, et aussi plus causants, qu'un enfant d'un jour, ou d'une semaine, ou même d'un mois »[44]. Il n'est dès lors pas étonnant de lire sous la plume de Singer qu'un infanticide et le meurtre d'un handicapé ne sont pas si graves, l'enfant ou le handicapé n'étant pas véritablement des personnes[45] ; chose que défendent aussi un Regan ou un Francione[46]. Sous motif de s'opposer à « l'exploitation commerciale de l'animal »[47], Singer joue finalement le même jeu eugéniste que les totalitarismes du XXe siècle qui avaient nié la particularité de l'homme : son âme rationnelle.

---

40. J. Goebbels, *The Goebbels Diaries*, trad. F. Taylor, New York, Putnam, 1983, p. 77.

41. J. Chapoutot, *Régénération et dégénérescence : la philosophie grecque reçue et relue par les nazis (Platon et la Stoa) : Anabases* 2008, n° 7, p. 141-161.

42. P. Singer, *La Libération animale* (1993), Paris, Payot, 2e éd., 2012 ; *L'Égalité animale expliquée aux humain-es*, Lyon, éd. Tahin party, 2000. – A. Thorens, *Peter Singer et la libération animale : une approche critique autour de la notion de spécisme : Rev. de Théologie et de Philosophie* 2004, vol. 136, n° 2, p. 149-165.

43. F. Wolff, *Notre humanité. D'Aristote aux neurosciences*, Paris, Fayard, 2010. – J.-P. Digard, *L'animalisme est un antihumanisme*, Paris, CNRS, 2018. – P. Sugy, *L'extinction de l'homme. Le projet fou des antispécistes*, Paris, Tallandier, 2021. – S. Deprez, *Le transhumanisme peut-il échapper au libertarianisme ? Le cas de James Hugues : Raisons politiques* 2019, n° 74, p. 29-50. – J.-F. Braunstein, *La philosophie devenue folle. Le genre, l'animal, la mort*, Paris, Grasset, 2019 ; *etc.*

44. J. Bentham, *Introduction to the principles of morals and legislation*, XVII.

45. P. Singer, *La libération animale*, Paris, Payot, 2012, p. 90 et s., et plus spécifiquement p. 95 : « S'il nous faut choisir entre la vie d'un être humain et celle d'un autre animal, nous devons sauver celle de l'humain ; mais il peut y avoir des cas particuliers où l'inverse sera vrai, quand l'être humain en question ne possède pas les capacités d'un humain normal ». V. aussi, P. Singer, *Questions d'éthique pratique*, Paris, Bayard, 1997, p. 120 : « Tuer un chimpanzé est pire que tuer un être humain qui, du fait d'un handicap congénital, n'est pas et ne sera jamais une personne ».

46. G. Francione, *Animals as persons : essays on the abolition of animal exploitation*, New York, Columbia University Press, 2008 ; *Rain without tunder : the ideology of the animal rights movement*, Philadelphie, Temple University Press, 1996.

47. P. Singer, *La libération…*, *op. cit.*, p. 45.

II. – La solution pour la cause animale : la juste définition de l'homme

MacIntyre souligne que « le refus par Descartes que les animaux aient des pensées est lié au déni que ces derniers puissent avoir quelque vie mentale que ce soit »[48]. Mais en admettant que l'animal ait une activité mentale, il n'est pas nécessairement question d'accepter que cette activité soit similaire à celle de l'homme. En effet, l'attribution à l'animal d'une âme singulièrement distincte de celle de l'homme nous épargne cet écueil de la définition « négative » de l'animal, et nous empêche de sombrer dans le balancier des extrêmes, entre une mécanistique productiviste et une assimilation qui entraîne le fait que « la distance significative entre l'homme et l'animal s'est amenuisée »[49]. Dans *Les animaux dénaturés*, Douglas Templemore s'étonne :

> *« Pourquoi – si nos capacités cérébrales n'ont d'autre fin que la prospérité biologique de l'espèce humaine – notre cerveau s'occupe-t-il en même temps, gratuitement, de tout autre chose ? »*[50].

La solution proposée il y a 2 400 ans par Aristote permet, en réalité et en médiété, d'éviter les extrémismes post-modernes et de contempler une possible « altérité »[51] de l'animal et de l'homme, répondant à cette question de la gratuité de la pensée humaine. En effet, en ne dénuant pas l'animal d'une âme, on lui reconnaît un premier principe de puissance de vie qui lui est propre et qui n'est pas séparable du corps[52], ce qu'Aristote qualifiait d'« âme sensitive ». En attribuant à l'homme une âme qui lui serait propre, on évite et l'assimilation, et l'exploitation. La bonne définition de l'homme et de l'âme humaine permettrait de redonner à l'animal une place « juste », c'est-à-dire proportionnée, ni mécanistique et productiviste, ni assimilationniste et déshumanisante.

Tout d'abord, l'homme parle. L'homme « parlant » se distingue de l'animal, non pas en ce qu'il communique, mais en ce que sa voix est le prolongement de sa pensée spéculative, capacité conceptualisante propre à l'âme intellective. En effet, à la différence de l'animal dont la voix ne dit pas le concept mais le son, l'homme est un *zôon logon ekhon*, un être dont la parole dit la raison :

> *« La nature (...) accorde la parole à l'homme exclusivement. La voix peut bien exprimer la joie et la douleur ; aussi ne manque-t-elle pas aux autres animaux, parce que leur organisation*

48. A. MacIntyre, *L'homme, cet animal rationnel dépendant*, Paris, Tallandier, 2020, p. 52.

49. H. Madelin et *al.*, *Les animaux dénaturés*, in *Études* 1997, t. 387, n° 5, p. 480.

50. Vercors, *Les animaux dénaturés* (1952), Paris, Poche, 2023, p. 46.

51. P. Ide, *Der Mensch und das Tier. Eine signifikante körperliche Andersartigkeit, in* F.-X. Putallaz et B. N. Schumacher (dir.), *Der Mensch und die Person*, Darmstadt, WBG, 2008, p. 171-182.

52. Aristote, *De anima*, II, 1, 412b6-8.

> *va jusqu'à ressentir ces deux affections et à se les communiquer. Mais la parole est faite pour exprimer le bien et le mal, et, par suite aussi, le juste et l'injuste ; et l'homme a ceci de spécial, parmi tous les animaux, que seul il conçoit le bien et le mal, le juste et l'injuste, et tous les sentiments de même ordre »*[53].

Vercors, dans un essai qui lui inspira ses *Animaux dénaturés*, même en tant que matérialiste et évolutionniste[54] n'appuyant sa théorie distinctive que sur la « rébellion », évoquait cette spécificité humaine par l'intégration de l'abstraction du langage dans un système de connaissances[55]. Par les termes de « rébellion constante », facilement assimilable à cette puissance de vie qu'est l'âme rationnelle, il évoquait une « impulsion constante d'une volonté dirigée par une raison éthique »[56], affirmant que seul l'homme n'a pas « l'inconscience-de-soi », contrairement aux bêtes[57].

Un autre élément souligné par Aristote, ainsi que par Platon dans *Le Politique*, est la nature « bipédique » de l'homme. Le Stagirite, dans l'*Organon*, souligne pour dire qu'il s'agit d'un « propre » de l'homme, que celui-ci est le seul animal bipède[58], et donc un animal authentiquement à « deux mains », ces dernières étant aussi le prolongement de la pensée spéculative de l'homme. Au moyen de la réflexion logique qui conduit à la définition du propre et du genre, ainsi que de l'observation, la philosophie classique a distingué la puissance de vie des différents « vivants » et leurs caractéristiques et facultés, plaçant le végétal, l'animal et l'homme à leur juste place, c'est-à-dire leur « attribuant ce qui leur est dû ».

> *« Nous appelons facultés : la nutrition, les appétits, la sensibilité, la locomotion, la pensée. Les plantes n'ont que la nutrition ; d'autres êtres ont à la fois la nutrition et la sensibilité. (…) Il est un seul sens que tous les animaux sans exception possèdent, c'est le toucher. Mais l'être qui a sensibilité a aussi peine et plaisir, selon que l'objet est agréable ou pénible ; et les êtres qui ont ces qualités ont en outre le désir, car le désir est l'appétit de ce qui fait plaisir. De plus, ces êtres ont aussi le sens de la nourriture, car le toucher est le sens de l'alimentation. (…) Quelques animaux ont, outre ces facultés, la locomotion. D'autres, comme l'homme, ont de plus la pensée et l'intelligence »*[59].

---

53. Aristote, *La politique*, I, 2, 1253a.

54. N. Gibert-Joly, *Jean Bruller-Vercors : la rébellion comme spécificité humaine*, *in* J. Brinbaum (dir.), *Qui sont les animaux ?*, Paris, Gallimard, 2010, p. 217 : « Il appuya sans hésitation sa réflexion sur l'évolution darwinienne (...). Vercors souhaitait s'inscrire dans une démarche matérialiste ».

55. Vercors, *La sédition humaine*, in *Plus ou moins homme*, Paris, Albin Michel, 1950, p. 64-65.

56. *Ibid.*, p. 68.

57. *Ibid.*, p. 72.

58. Aristote, *Parties des animaux*, II, 10, 656a13. V. aussi M. Lequin, *Définir l'humain, définir la bipédie. De la philosophie à la paléoanthropologie*, *in* M. Lequin (dir.), *Penser l'humain*, Paris, PU Nanterre, 2022, p. 111-131.

59. Aristote, *De anima*, II, 3, 414a-414b.

La scolastique médiévale, par la suite, rappellera que l'âme intellective comprend en elle toutes les facultés de l'âme végétative et de l'âme sensitive, mais que s'ajoute à ces facultés celle intellectuelle qui fait que l'âme humaine est distincte de l'âme animale[60]. « S'il en était autrement, c'en serait fait de l'unité de l'être humain »[61], nous dit Joseph Moreau au regard de la corruptibilité de l'âme sensitive et de l'incorruptibilité de l'âme intellectuelle[62]. Si l'homme reste cependant un animal, et si « beaucoup de ce qui caractérise l'animal intelligent » dans l'homme « n'est pas spécifiquement humain »[63], reste que la distinction ne se fait pas sur la séparation cartésienne ou sur l'assimilation singerienne mais bien sur la différenciation aristotélicienne, celle-ci se situant entre la capacité des animaux à user d'une *phronèsis* naturelle, et la *phronesis* humaine qui permet le jugement réflexif, à savoir la véritable « raison »[64], qu'un Vercors qualifie – maladroitement philosophiquement, mais néanmoins – de « volonté de connaître »[65]. Cette *phronésis* humaine est sans doute ce qui peut se traduire, chez Aristote, par la capacité de l'homme à être un *zoon noêtikon*, à user de sa *dianoêtikê psukhê*, c'est-à-dire de son « âme pensante ». Autant la *phronésis* en tant qu'intelligence pratique est un propre des animaux, avec une dimension plus ou moins importante chez les êtres sensibles – des bêtes aux hommes, avec des degrés différents comme le montre Aristote avec les insectes[66] ou encore l'éléphant[67] –, autant la faculté de penser reste un propre de l'homme[68] :

> *« Thomas d'Aquin a refusé aux animaux non humains la liberté qu'il attribue aux animaux humains, en s'appuyant sur le fait que "le jugement est au pouvoir de celui qui juge, dans la mesure où il peut juger sur son jugement : en effet, sur ce qui est en notre pouvoir, nous pouvons juger. Or, juger de son jugement n'appartient qu'à la raison". Et sur l'importance de l'aptitude à juger sur son propre jugement en tant que signe à la fois de la rationalité et de la volonté, Thomas d'Aquin a tout à fait raison. La rationalité pratique de l'être humain recèle sans aucun doute parmi ses traits distinctifs l'aptitude à revenir sur ses jugements initiaux quant à sa façon d'agir, et à les évaluer selon des normes diverses »*[69].

---

60. J. Moreau, *L'homme et son âme, selon saint Thomas d'Aquin : Rev. philosophique de Louvain* 1976, t. LXXIV, n° 21, p. 5-29.

61. A. MacIntyre, *L'homme…*, *op. cit.*, p. 9.

62. Thomas d'Aquin, *Somme théologique*, Ia, 76, a. 3.

63. A. MacIntyre, *L'homme…*, *op. cit.*, p. 63.

64. *Ibid.*, p. 84.

65. Vercors, *La sédition humaine*, *op. cit.*, p. 20.

66. Aristote, *Histoire des animaux*, IX, 26, 623-623a.

67. Aristote, *Histoire des animaux*, IX, 33, 630a.

68. Aristote, *La politique*, I, 1, 1253a et VII, 13, 1332b.

69. A. MacIntyre, *L'homme…*, *op. cit.*, p. 82.

En soulignant une véritable différence ontologique et axiologique entre l'homme et l'animal, un Aristote en -340 ou un MacIntyre au XXIe siècle font de la parenthèse moderne qui a entraîné la négation de l'âme animale puis la machinisation de l'humanité, un interstice aberrant tant il a méprisé et l'animal, et l'homme. La philosophie classique permet de distinguer avec équilibre l'âme animale de l'âme humaine, l'âme en tant que principe radical des opérations de l'être dont elle est la forme, et permet ainsi de retrouver la véritable nature de l'homme pour éviter que les hommes ne soient des animaux dénaturés.

Rousseau, Henri (1844-1910), Le Douanier Rousseau (dit), *La Noce*, XXe siècle, huile sur toile, 163 × 114 cm, France, Paris, Musée de l'Orangerie © GrandPalaisRmn (musée de l'Orangerie) / Hervé Lewandowski.

L'animal de compagnie : un sujet… pour le couple désuni

Clara BERNARD-XÉMARD
Maître de conférences HDR en droit privé
Université de Paris-Saclay (UVSQ, Versailles)
Laboratoire DANTE (EA 4498)

Saisir la justice de difficultés relatives à la restitution d'un chien lors d'une instance en divorce est regrettable et peu sérieux, d'autant que le chien est capable de se décider lui-même.
(Rouen, 22 nov. 1978)[1].

Du temps de l'amour, tout, comme souvent d'ailleurs, est facile. Une petite boule de poils ou de plumes[2] est achetée, donnée, adoptée, trouvée. À cet instant précis, le couple n'a que faire des considérations juridiques. Pourquoi penser à son mode de conjugalité ou à son régime matrimonial ? Quel intérêt à se demander si le droit envisage son animal comme un bien meuble ou un être vivant doué de sensibilité ? Aucun, c'est évident et c'est tant mieux au fond : seule compte, aux yeux du commun des mortels, la joie procurée par l'arrivée de l'animal dans le foyer et les seules préoccupations se focalisent sur son intégration et son bien-être. Même le prix d'acquisition n'est, en réalité, pas un problème : le plus aisé des deux paie l'animal ou chacun contribue à l'achat, c'est sans importance. De même, si l'un fait cadeau de l'animal à l'autre, seul le plaisir d'offrir

1. *D.* 1980, IR, p. 75, obs. A. Bénabent.

2. L'animal de compagnie est défini dans l'article L. 214-6 du Code rural et de la pêche maritime comme « tout animal détenu ou destiné à être détenu par l'homme pour son agrément ». L'article 1.1 de la Convention du Conseil de l'Europe pour la protection des animaux de compagnie évoque, lui, celui qui est « détenu ou destiné à être détenu par l'homme, notamment dans son foyer, pour son agrément et en tant que compagnon ».

importe à cet instant. Aucun des deux ne songera à en établir ou en exiger la preuve. L'entretien de l'animal de compagnie ne suscite pas non plus de véritables difficultés quand un couple s'aime. Celui qui a le temps l'emmènera chez le vétérinaire et en paiera les frais. Celui qui fera les courses achètera sa nourriture. Et celui qui aura envie de lui faire plaisir se mettra en quête d'un jouet ludique, d'un nouveau panier, d'une laisse plus pratique, d'un joli manteau, *etc.* Et personne ne se souciera de savoir si la dépense engagée est une dette personnelle, une charge de la vie courante, une charge du mariage, une dette pesant à titre définitif sur la communauté ou de toute autre chose encore.

Comme bien souvent, le droit est convoqué lorsque la mésentente s'installe au sein du couple[3]. Il arrive d'ailleurs, dans des situations assez minoritaires dans les faits, que l'animal soit la cause de la séparation ou du divorce d'un couple. On trouve effectivement des espèces jurisprudentielles dans lesquelles l'animal est en lien avec la caractérisation de la faute permettant le prononcé du divorce sur le fondement de l'article 242 du Code civil. C'est d'abord le cas lorsque l'animal a fait preuve de dangerosité à l'égard de l'un des membres du couple. Par exemple, la cour d'appel de Douai avait jugé en 2011 que le fait que l'épouse ait été mordue par le chien du couple et que le mari « d'une part, n'a pas, à l'évidence, retenu l'animal, d'autre part a lui-même exercé des violences sur son épouse en la saisissant par le cou », alors que « le coup a été porté pendant que le chien mordait Mme Z au bras » constitue « des manquements graves et répétés aux obligations du mariage rendant impossible le maintien de la vie commune au sens de l'article 242 »[4]. Le fait de rendre le domicile conjugal inhabitable par la prolifération d'animaux (en l'occurrence huit chiens, vingt chats, des oiseaux et des lapins…), expression du syndrome dit « de Noé », a également justifié le prononcé d'un divorce pour faute, aux torts partagés des époux[5]. Enfin, est aussi constitutif d'une faute provoquant le divorce, le fait qu'un époux adopte à l'égard des animaux un comportement excessif, tel un mari délaissant souvent sa femme préférant la compagnie de sa mère ou de son chien[6], ou totalement inapproprié, comme par exemple un époux qui détenait à l'insu de son épouse des vidéos pornographiques mêlant femmes et animaux[7].

À défaut d'être la cause de la séparation, l'animal peut de manière plus classique être un enjeu de celle-ci. À l'heure de la rupture, s'expriment, s'agissant de l'animal de compagnie, les premiers reproches (« de toute façon, tu ne t'en es jamais occupé ») et

---

3. L'auteur remercie ses connaissances (avocats et magistrats) pour leurs retours d'expérience, particulièrement éclairants, sur le sujet.

4. Douai, 24 mars 2011, n° 07/06893 : *AJ fam.* 2012, p. 86 (extraits).

5. Cass. 1re civ., 23 févr. 2011, n° 09-72.079 : *AJ fam.* 2011, 328, V. Avena-Robardet ; *RTD civ.* 2011, 328, J. Hauser.

6. Pau, 22 nov. 1999, n° 97/04319, prononçant un divorce aux torts partagés. Pour un exemple en littérature, on peut se reporter utilement à Colette, *La chatte*, Paris, Grasset, 1933.

7. Aix-en-Provence, 17 juin 2003, n° 00/09807 : *JurisData* n° 2003-233850 : la juridiction a opté pour un divorce aux torts exclusifs du mari.

surtout les premières revendications (« il est à moi »). Se pose ainsi la question du sort de l'animal après la rupture du couple, laquelle nécessite d'organiser l'attribution de sa jouissance dans ce contexte. Dans la pratique judiciaire, la difficulté est résolue depuis plusieurs décennies par le jeu du régime des biens, ce qui souligne au fond que le statut conféré à l'animal par la loi n° 2015-177 du 16 février 2015[8], nouvellement qualifié d'être vivant doué de sensibilité dans l'article 515-14 du Code civil, est ici sans incidence aucune. En d'autres termes, l'animal est, après la rupture, confié à un maître exclusif, dont le choix repose sur le jeu des règles relatives à la propriété des meubles, lesquelles sont affinées, le cas échéant, par l'application de critères d'attribution, notamment celui du bien-être de l'animal (I). Ce constat invite à s'interroger et se demander si un autre régime ne pourrait pas être envisagé. Celui-ci consisterait à faire une place, malgré la rupture, aux deux membres de l'ex-couple dans la vie de l'animal, de manière à être en corrélation avec son nouveau statut d'être vivant doué de sensibilité (II).

I. – Le choix d'un maître exclusif après la rupture : entre règles de propriété et critères d'attribution de l'animal

Depuis une quarantaine d'années que les juridictions sont saisies de la question de savoir à qui attribuer la jouissance de l'animal de compagnie après la rupture d'un couple (dès lors que ce dernier ne parvient pas à s'accorder sur ce point), la majorité d'entre elles raisonnent en faisant classiquement application des règles relatives du régime des meubles corporels. La jouissance de l'animal est ainsi conférée à celui qui en est juridiquement le propriétaire. La solution présente l'avantage de la simplicité, de la prévisibilité et ainsi de la sécurité juridique puisqu'elle permet de déterminer la propriété à partir de l'analyse d'éléments purement objectifs : le mode de conjugalité du couple (*les règles pouvant différer selon qu'il s'agit d'un concubinage, d'un pacs ou d'un mariage*), la date d'acquisition de l'animal (*laquelle doit être confrontée à la date de la constitution de l'union de fait ou de droit*), le mode d'acquisition (*acquisition individuelle ou à deux*) et enfin le régime matrimonial du couple si ce dernier était marié (*les régimes de communauté et de séparation de biens appréhendant différemment les questions de propriété des biens*). Ainsi, un concubin, partenaire de pacs ou époux marié sous le régime légal de la communauté réduite aux acquêts ou sous un régime séparatiste qui possédait ou était propriétaire d'un animal avant la constitution du couple, en est, au plan juridique, l'exclusif propriétaire. Celui-ci doit donc, en cas de séparation, être attribué ou restitué à son propriétaire, indépendamment de toute autre considération, notamment du lien d'affection qui a pu se tisser entre l'animal et l'autre époux. La Cour de cassation l'a

8. L. n° 2015-177, 16 févr. 2015, relative à la modernisation et à la simplification du droit et des procédures dans les domaines de la justice et des affaires intérieures : *JO* 17 févr.

clairement affirmé en 1981, censurant une décision qui avait, après un divorce, attribué le chien Jojo au mari qui n'en était pourtant pas le propriétaire en se fondant sur les liens affectifs qu'il avait développés avec l'animal[9]. Il est vrai que certaines règles de propriété peuvent être renversées par la preuve contraire, ce qui déjoue la prévisibilité. Par exemple, l'animal acquis par le couple pendant l'union a, en principe, le statut de bien commun (hypothèse d'époux mariés sous un régime de communauté[10]) ou de bien indivis (dans le cas d'un concubinage, pacs ou mariage sous un régime séparatiste), sauf si l'un parvient à rapporter la preuve de sa propriété personnelle. Dans la pratique judiciaire, cette voie est souvent exploitée après la rupture, parfois avec succès d'ailleurs. Il est par exemple possible de faire échapper l'animal à la qualification de bien indivis, en prouvant qu'il avait été reçu à titre de cadeau pendant l'union, ce qui permet alors au gratifié de conserver celui-ci après la séparation[11]. En outre, les règles relatives à la possession peuvent s'inviter dans le raisonnement. L'animal étant assimilé à un meuble corporel, s'applique la règle posée dans l'article 2276 du Code civil selon laquelle en fait de meubles, la possession vaut titre. Dès lors, la simple possession de l'animal de compagnie crée, dès lors qu'elle est paisible et continue, une présomption de propriété. Cette dernière peut néanmoins être renversée, soit en rapportant la preuve contraire[12], soit en démontrant que la possession était précaire[13].

Les règles relatives à la propriété des meubles ne peuvent néanmoins régler à elles seules toutes les difficultés. En effet, lorsque par application de celles-ci, l'animal reçoit la qualification de bien indivis ou de bien commun, les juridictions font alors le choix d'en attribuer la jouissance après la rupture, à l'un des deux membres du couple qu'il leur faut alors désigner. Effectivement, elles considèrent que l'animal n'étant pas partageable, il convient de l'attribuer à l'un d'eux[14]. Plusieurs critères peuvent alors être envisagés. L'article 826 du Code civil offre la possibilité de procéder à un tirage au sort pour régler le sort d'un bien indivis, mais on n'en trouve aucune trace d'application en jurisprudence s'agissant de l'animal. En revanche, le choix a déjà été fait par des juges d'attribuer l'animal au parent chez lequel est fixée la résidence principale des enfants en

---

9. Et « aussi parce qu'il ne pouvait pas avoir d'enfant avec la femme avec qui il était remarié ». V. en ce sens, Cass. 1re civ., 9 oct. 1980 : *JCP* G 1981, II, 19 535, concl. Gulphe ; *D.* 1981, jurispr. p. 361, note A. Couret.

10. Dans le régime de communauté, la Cour de cassation a dénié à l'animal de compagnie la qualification de bien propre par nature. – Cass. 1re civ., 3 déc. 2008, n° 07-13.937 : *JurisData* n° 2008-046138 ; *AJ fam.* 2009, p. 88, note P. Hilt.

11. Colmar, 3e ch. civ., sect. A, 19 oct. 2020, n° 19/00049 (cadeau fait par le concubin à l'autre). – Orléans, ch. urg., 20 mars 2019, n° 18/02613 : *JurisData* n° 2019-004285 ; *Dr. famille* 2019, comm. 170, obs. J.-R. Binet (cadeau fait au concubin par un tiers).

12. Orléans, ch. urg., 20 mars 2019, n° 18/02613 : *JurisData* n° 2019-004285 ; *Dr. famille* 2019, comm. 170, obs. J.-R. Binet.

13. Paris, pôle 4, ch. 10, 22 juin 2023, n° 21/0092. Preuve non rapportée dans cet arrêt.

14. V. par ex., Caen, 13 avr. 2023, n° 22/00819 au sujet du chien Nabilla, trouvé sur la voie publique avant d'être accueilli au foyer des deux partenaires : « Le chien n'étant naturellement pas partageable, il convient de l'attribuer à un seul des deux indivisaires ».

raison du lien d'affection existant entre eux. Il a aussi été décidé de confier l'animal à l'ex-époux qui en avait plus besoin que l'autre. Et depuis quelques années, un nouveau critère semble émerger en jurisprudence : le bien-être de l'animal. Celui-ci est parfois implicitement visé par la juridiction. C'est notamment le cas lorsque celle-ci fait référence aux « besoins de l'animal »[15]. Le bien-être de l'animal peut aussi être déduit de la profession exercée par l'un des ex-époux. Par exemple, la cour d'appel de Bastia a jugé cohérent en 2014 de confier la chienne Boule à l'ex-épouse « elle-même vétérinaire et ainsi parfaitement apte à s'en occuper »[16]. Dans des espèces plus récentes, des magistrats se sont explicitement référés au « bien-être » de l'animal. Ainsi, la cour d'appel de Caen a fait le choix, en 2023, d'attribuer à la femme après la rupture, un chien appartenant pour moitié indivise aux deux partenaires, en se fondant sur trois éléments : celle-ci était restée après la séparation dans l'habitation du couple ; le chien était habitué à y vivre avec l'autre chien ; et surtout il n'était pas démontré que la femme n'apportait pas à l'animal « les soins nécessaires à son bien-être »[17]. Dans une autre espèce, une juridiction a été jusqu'à vérifier que l'ex-concubine – que les règles juridiques désignaient pourtant comme la propriétaire exclusive du chat – respectait son bien-être en relevant, à l'occasion d'une motivation particulièrement développée : « Quand bien même l'ex-concubin réside désormais dans une maison entourée d'un grand jardin et dispose d'un arbre à chat imposant, il y a lieu d'observer qu'il n'était aucunement démontré que les conditions de vie offertes par l'ex-concubine au chat, habitué depuis son adoption à la vie citadine, soient incompatibles avec les impératifs biologiques de son espèce siamoise, que l'intéressée n'assume pas correctement ses responsabilités au titre du bien-être et de la santé du chat et ne lui fournisse pas une alimentation et des exercices adéquats »[18].

Au fond, l'application de ces différentes règles, qui consistent à raisonner en termes de propriété mobilière, aboutit à confier, après la séparation du couple, l'animal de compagnie à un maître exclusif. Le temps n'est-il pas venu d'envisager la situation autrement, en maintenant, malgré la rupture, une place aux deux personnes qui s'occupaient de lui du temps de l'union ?

II. – La place à deux maîtres après la rupture

Par le passé, plusieurs juges ont, dans le cadre du règlement des conséquences d'un divorce, accepté de s'affranchir de la nature mobilière des animaux de compagnie.

---

15. Versailles, 2e ch., 1re sect., 13 janv. 2011, n° 10/00572 : *JurisData* n° 2011-000354. Juge que « les conditions de vie [du mari] qui habite une maison qui dispose d'un jardin sont davantage conformes aux besoins de l'animal ».

16. Bastia, 15 janv. 2014, n° 12/00848.

17. Caen, 3e ch. civ., 13 avr. 2023, n° 22/00819.

18. Paris, pôle 4, ch. 10, 22 juin 2023, n° 21/00923.

La première décision en ce sens, à notre connaissance du moins, est une ordonnance rendue en 1979 par le juge aux affaires matrimoniales du tribunal de grande instance de Créteil, fixant des droits de visite et d'hébergement en faveur de l'ex-époux non-gardien du chien du couple et reconnaissant au gardien le droit d'obtenir une pension alimentaire pour satisfaire les besoins de l'animal. Un peu plus tard, le tribunal de grande instance de Meaux a, lui aussi, octroyé post-divorce un droit de visite et d'hébergement pour un chien. En appel, ces deux décisions ont été censurées, la juridiction parisienne prenant d'ailleurs soin de relever dans son arrêt que « la cour n'a pas à réglementer, s'agissant d'un chien, des droits de visite et d'hébergement imaginés par une référence abusive à la législation sur l'enfance »[19]. Cela n'a pas empêché une autre cour d'appel – celle de Douai – de souligner, dans une espèce où elle avait décidé d'attribuer aux époux divorcés la jouissance partagée du domicile conjugal qui était un bien propre de l'épouse, que l'animal « déjà âgé lui-même, pourra ainsi, allant de l'un à l'autre, répondre à l'égale affection de ses deux maîtres »[20]. Ces décisions de justice ayant octroyé des droits de visite et d'hébergement à l'ex-époux non-gardien de l'animal ont donné lieu, à époque, à des commentaires doctrinaux souvent bien sarcastiques. Ainsi, le professeur Hauser, en 1991, ironisait en ces termes : « Pourquoi ne pas songer ici à une autorité conjointe ? », avant de conclure : « La loi Malhuret est décidément bien incomplète ! »[21]. On comprend bien, derrière les commentaires, l'idée véhiculée : les juges ont autre chose à faire, ce qui n'est pas faux en soi. Il n'empêche que les demandes en justice ayant pour objet les animaux de compagnie après la rupture d'un couple sont de plus en plus nombreuses à l'heure actuelle (et loufoques, un collègue magistrat m'ayant confié que l'une d'elles avait pour objet l'obtention d'une pension alimentaire pour nourrir des crocodiles…), et certaines visent précisément à obtenir une résidence alternée. On peut s'en amuser ou en être exaspéré[22], il n'empêche : ces requêtes traduisent l'attachement d'êtres humains à l'égard… de ceux que le Droit qualifie, dans plusieurs codes, d'« êtres vivants doués de sensibilité ». À une époque où, selon un sondage IPSOS réalisé en 2023, 97 % de possesseurs d'animaux de compagnie déclarent ressentir un attachement profond envers leur animal, allant jusqu'à le considérer comme un membre à part entière de la famille (68 %), il devient de plus en plus inaudible d'expliquer à un couple sur le déclin que leur animal se verra appliquer les mêmes règles juridiques que celles régissant le sort d'objets dont il se fiche éperdument. Dit autrement, il est de moins en moins concevable et acceptable

19. Paris, 11 janv. 1983 : *Gaz. Pal.* 1983, 2, jurispr. p. 412, note A. Dorsner et A. Scemama.

20. Douai, 27 nov. 2003 : *JurisData* n° 2003-236158.

21. *RTD civ.* 1991, 717.

22. L'exaspération des magistrats peut d'ailleurs se ressentir à la lecture de certaines décisions de justice. Ainsi, dans un conflit opposant une jeune fille majeure à son père, celle-ci souhaitant retourner vivre chez sa mère et lui réclamant le chien dont elle s'occupait lorsqu'elle résidait chez lui, il lui a été opposé qu'« il n'entre pas dans la compétence du juge aux affaires familiales de statuer sur la demande d'attribution de la jouissance du chien » (TJ Évry-Courcouronnes, 1er sept. 2023, n° inconnu, minute 2023/415).

que le chien ou le chat qui partageait depuis des années la vie du foyer soit, à l'heure de la séparation, juridiquement traité comme le canapé ou l'aspirateur du couple.

Dès lors, pourquoi ne pas admettre que l'introduction d'un nouveau statut dans le Code civil invite – et même oblige – à repenser les règles appliquées à l'animal en cas de séparation du couple ? La rédaction même de l'article 511-14 du Code civil autorise à soutenir qu'avant d'être soumis au régime des biens, les animaux sont avant tout des êtres vivants doués de sensibilité. Ainsi, cette nouvelle qualification, qui pourrait d'ailleurs faire fonction de visa dans les décisions de justice, peut servir de fondement à de nouvelles règles, faisant disparaître celles qui, dans les contentieux entourant la séparation des couples, assimilent l'animal de compagnie à un meuble. Saisi sur le fondement de l'article L. 213-2 du Code de l'organisation judiciaire, un juge aux affaires familiales pourrait alors, en se fondant sur cette qualification *sui generis* d'être vivant doué de sensibilité, faire émerger de nouvelles solutions également *sui generis*. Celles-ci consisteraient à traiter l'animal, non comme un enfant puisqu'il n'en est précisément pas un, mais à l'envisager comme un élément faisant partie intégrante d'une entité familiale. Dès lors, en cas de désagrégation de la famille, le juge pourrait s'affranchir de l'application des règles patrimoniales pour aligner le sort de l'animal sur celui des enfants, sauf circonstances particulières. Aussi, en cas de résidence alternée, le chien passerait ainsi d'un maître à un autre et contribuerait de la sorte à apporter à l'enfant, dans le contexte difficile d'une séparation parentale, un élément de stabilité et de continuité. Cette préconisation est d'ailleurs déjà mise en œuvre dans certaines conventions de divorce par consentement mutuel puisque certaines clauses sont ainsi rédigées : « Les parties assureront la garde du chien selon la même alternance que les enfants, appliquée en période scolaire. Il est par ailleurs convenu que chacune des parties assume la garde du chien la totalité des petites vacances scolaires, une fois sur deux ». Dans la plupart des cas, le divorce par consentement mutuel résulte aujourd'hui d'un acte sous signature privée contresigné par avocats et déposé au rang des minutes d'un notaire[23], ce qui signifie que cette clause, pour le moins originale, n'est pas examinée par le juge. Elle peut l'être, à titre exceptionnel, lorsqu'un enfant mineur des époux qui divorcent par consentement mutuel demande à être auditionné par le juge[24]. Reste à savoir si les magistrats sont aujourd'hui prêts à adhérer massivement à cette approche novatrice en reconnaissant pleinement en droit la survivance d'un lien d'affection entre un être vivant doué de sensibilité et deux êtres humains dont les chemins se séparent. Sans doute est-ce nécessaire pour que la nouvelle qualification de l'animal, affichée dans le Code civil depuis maintenant presque une décennie, ne reste pas juste un symbole…

23. C. civ., art. 229-1 à 229-4.

24. C. civ., art. 229-2. Dans cette hypothèse, le juge est alors chargé, selon l'article 232, d'homologuer la convention et de prononcer le divorce après avoir acquis que la volonté de chacun des époux est réelle, que leur consentement est libre et éclairé et que la convention préserve suffisamment les intérêts des époux et des enfants.

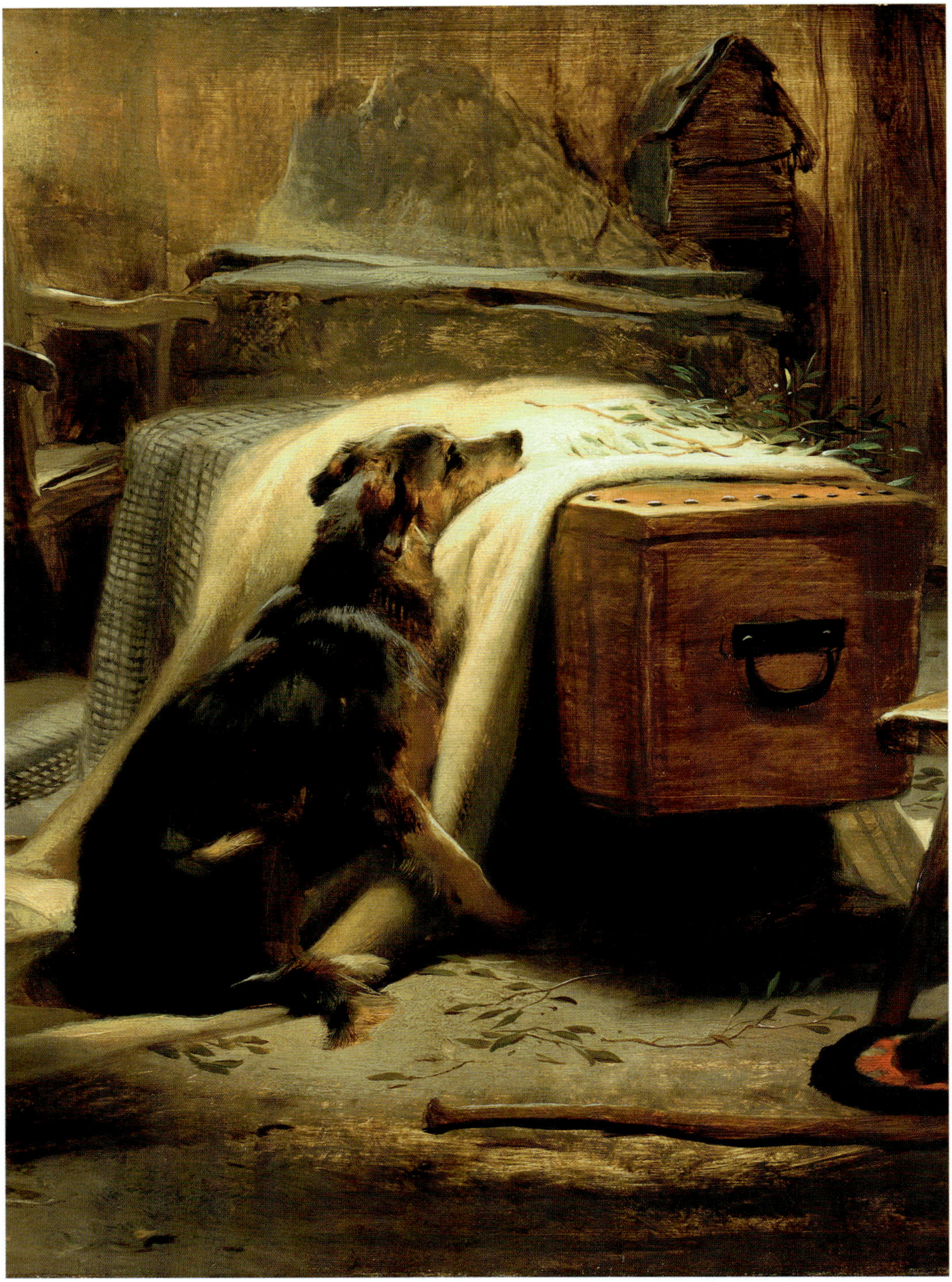

Landseer Edwin Henry, sir (1802-1873), *Le chien, chef de meute du vieux berger en deuil*, 1837, huile sur toile, 45,7 × 61 cm, Royaume-Uni, Londres, Victoria and Albert Museum, FA.93[O]

L'animal et la mort : la mort du propriétaire ou l'animal héritier

Camille BERTHET
Doctorante en droit animalier des affaires
Université de Paris-Saclay (UVSQ, Versailles)
Laboratoire DANTE (EA 4498)

« Les successions s'ouvrent par la mort, au dernier domicile du défunt »[1]. Cette mort, à laquelle le Code civil réfère régulièrement, ne fait l'objet d'aucune définition. On évoque l'acte de décès et ses mentions[2], la mort violente[3], la mort survenue en établissement pénitentiaire[4], et même le cadavre[5]. Mais la mort n'est elle-même jamais définie clairement. C'est que, lors de la rédaction du Code civil, elle relevait de l'évidence. Il s'agissait pour ses rédacteurs, sans doute ou contestation possible, de l'état d'une personne dont les fonctions organiques ont cessé, appelé « mort naturelle »[6]. Si la question n'est désormais plus si futile[7], elle s'éloigne de notre propos principal, tenant à la place de l'animal face au décès de son propriétaire.

---

1. C. civ., art. 720.
2. C. civ., art. 79.
3. C. civ., art. 81 et 85.
4. C. civ., art. 85.
5. C. civ., art. 9.
6. Avant la loi n° 2001-1135 du 3 décembre 2001, relative aux droits du conjoint survivant et des enfants adultérins et modernisant diverses dispositions du droit successoral, les articles 718 et 719 distinguaient entre mort naturelle et mort civile. Cette dernière était une peine accessoire frappant les individus condamnés à une peine criminelle perpétuelle (C. pén., ancien art. 18).
7. V. en ce sens les questionnements quant à l'état végétatif et l'état de mort cérébrale : R. Le Guidec et C. Lesbats, *Succession : dévolution : Rép. civ.* Dalloz, juill. 2022, n°s 36 et s.

L'animal est depuis 2015 un être vivant doué de sensibilité, qui se distingue du meuble tout en adoptant la majorité de son régime juridique[8]. Mais il est, pour beaucoup, bien plus que cela. Un être aimé, apportant réconfort et soutien. Une créature fragile, qu'il faut protéger. Un membre de la famille, dont on souhaite assurer l'avenir. Certaines personnes, qu'un arrêt de la cour d'appel de Bordeaux taxerait de démentes[9], souhaitent même en faire leur héritier[10], ce que le droit français interdit formellement. Cette interdiction, reprise de manière constante par la jurisprudence[11], conduit les propriétaires à faire preuve de toujours plus d'originalité (I)…, laquelle pourrait bien intégrer notre droit très prochainement (II).

I. – L'interdiction contournable de faire hériter son animal

Notre droit positif est formel, il est impossible pour un animal d'hériter. Pour autant, plusieurs mécanismes aident les propriétaires à assurer l'avenir de leur compagnon à quatre pattes après leur mort.

L'interdiction de faire hériter un animal. En matière d'héritage et de succession, les personnes continuent de s'opposer aux biens. Cette *summa divisio*, ébranlée dans d'autres domaines, reste ici inflexible. Les personnes peuvent hériter de biens et les biens font partie de la masse successorale. Mais, comment classer l'animal ? Son changement de définition récent n'a pas dissipé les zones d'ombre. Il n'est ni une personne ni un bien et constitue une catégorie intermédiaire nouvelle. Au grand dam des acteurs de la protection animale, ce changement de catégorie n'a même pas entraîné de changement de régime juridique. L'animal reste donc majoritairement, bien que subsidiairement, soumis au régime des biens.

---

8. C. civ., art. 515-14.

9. CA Bordeaux, 9 janv. 1962, confirmé par Cass. civ., 17 nov. 1964, publié au bulletin.

10. À l'étranger, la question n'est pas si ridicule et les exemples célèbres sont multiples : Oprah Winfrey compte léguer des sommes importantes à ses chiens si elle venait à décéder avant eux ; la comtesse Karlotta Liebenstein a légué l'équivalent de 50 millions d'euros à son berger allemand Gunther III ; Miles Blackwell a légué quelque 11 millions de livres sterling à sa poule Gigoo, Alexander Lee McQueen a légué 50 000 livres sterling à ses bull-terriers, Leona Helmsley a fait de même pour son chien Trouble en 2007… Les exemples sont légion et l'on pourrait encore citer, parmi les animaux héritiers, Blackie le chien australien ; Nicholas, le chat errant recueilli, ou Tinker, le chat londonien.

11. V. en ce sens l'affaire du chien Costaud (TI Saint-Étienne, 8 juill. 1957 : *D.* 1958, p. 143, note R. Nerson ; *Gaz. Pal.* 1957, 2, 183 ; *RTD civ.* 1958, p. 71) ou l'arrêt CA Lyon, 20 oct. 1958 : *D.* 1959, p. 111, note R. Nerson ; *Gaz. Pal.* 1959, 1, 59.

À l'instar d'autres branches juridiques, le droit successoral ne dispose d'aucune règle propre à l'animal[12]. On applique donc le principe général : s'il ne peut être qualifié de personne, l'animal doit être assimilé à un bien héritable[13]. En effet, suivant une lecture stricte des articles 725 et 902 du Code civil, seules les personnes existant à l'ouverture de la succession, ou déjà conçues à ce moment-là puis nées viables peuvent prétendre à héritage. Bien que diverses voix se soient élevées pour tenter de reconnaître une forme de personnalité morale aux animaux, ces efforts n'ont pas prospéré sur le plan juridique. Certains adeptes de la théorie de la réalité arguent plus précisément que la personnalité morale existe automatiquement, sans intervention du législateur, dès lors que certaines conditions sont réunies. L'entité doit avoir un intérêt propre, et doit pouvoir exprimer cet intérêt à travers un organe de représentation[14]. En matière animale, les conditions sont facilement démontrables. Bien qu'il soit bien plus complexe que cela, l'intérêt de l'animal à ne pas souffrir sans nécessité et à être bien traité suffit à distinguer son intérêt de celui de son propriétaire. Pour pouvoir lui appliquer la théorie de la réalité des personnes morales, ne manque donc plus qu'une possibilité d'exprimer cet intérêt par un organe de représentation. C'est le droit pénal qui secourt ici les défenseurs de la personnalité animale, en consacrant à travers l'article 2-13 du Code de procédure pénale toute fondation ou « toute association régulièrement déclarée depuis cinq ans à la date des faits et dont l'objet statutaire est la défense et la protection des animaux » comme le représentant de l'intérêt de l'animal.

Malgré cette démonstration, la jurisprudence rejette inlassablement toute demande visant à faire hériter un animal[15]. Les propriétaires désireux d'assurer l'avenir de leur compagnon à quatre pattes en appellent donc à d'autres techniques juridiques.

Les voies de contournement à l'interdiction de faire hériter un animal. Il est interdit de faire hériter un animal, faute de patrimoine. Mais il n'est pas interdit de recourir à d'autres techniques afin d'assurer son avenir *post mortem.* Divers outils existent, dont les plus fréquemment usités sont le legs avec charge ou la création d'une association ou d'une fondation dédiée.

---

12. La seule précision en la matière a été apportée par la jurisprudence. Tous les frais engagés pour la conservation de l'animal doivent être remboursés par l'indivision des héritiers, à condition qu'ils aient été réalisés dans l'intérêt de l'indivision (CA Paris, 27 mars 2003) et que les frais aient été préalablement soumis à concertation ou autorisation préalable (CA Bordeaux, 6e ch. civ., 4 mars 2014).

13. O. Le Bot, *Introduction au droit de l'animal*, auto-publié, 2e éd., 2023 : l'animal est « un bien ne pouvant hériter d'un bien ».

14. Cass. 2e civ., 28 juin 1954, n° 54-07.081 : « Attendu que la personnalité civile n'est pas une création de la loi ; qu'elle appartient, en principe, à tout groupement pourvu d'une possibilité d'expression collective pour la défense d'intérêts licites, dignes, par suite, d'être juridiquement reconnus et protégés ».

15. V. *supra*.

Le legs avec charge. « Le legs universel est la disposition testamentaire par laquelle le testateur donne à une ou plusieurs personnes l'universalité des biens qu'il laissera à son décès »[16]. Il s'oppose au legs particulier, droit transmissible à ses héritiers ou ayants cause, qui ne porte que sur une chose déterminée[17].

L'animal faisant partie intégrante de la masse successorale, il peut faire l'objet d'un legs avec charge. Pas en tant que bénéficiaire, bien évidemment, car aussi sûr qu'il ne peut être héritier, il ne peut être légataire. Rappelons-le, il ne peut exister de droit sans sujet[18]. L'animal peut néanmoins être lui-même légué à une personne, qui pourra se voir obligée d'en prendre soin. En effet, la jurisprudence admet la validité du legs avec charge[19], qui s'analyse en une obligation de faire pour le légataire. Il est donc tout à fait possible de transmettre la propriété d'un animal, à charge pour le légataire d'en assurer l'avenir. Le legs peut même s'accompagner des sommes nécessaires pour ce faire.

En acceptant le legs, le légataire est obligé d'exécuter la charge. À défaut, des actions en exécution forcée peuvent être intentées. C'est là toute la force et la faiblesse du legs avec charge. Il est en théorie un moyen très efficace de s'assurer qu'on prendra soin de notre compagnon à quatre pattes, mais il dépendra surtout de la diligence et bonne volonté des personnes extérieures qui survivront au testateur. Car si le légataire refuse le legs, tout le dispositif tombe. De même, s'il l'accepte et n'exécute pas la charge, une action est possible, mais qui aura intérêt à la mobiliser ?

La création d'une association ou d'une fondation dédiée. L'association est un groupement de personnes physiques ou morales, sans but lucratif, qui jouit de la personnalité morale[20]. Elle se caractérise par la volonté d'œuvrer ensemble de ses membres, et s'oppose ainsi à la fondation, bien que ces deux entités aient en commun l'absence de volonté de partager des bénéfices. La fondation est en effet une structure qui affecte irrévocablement un patrimoine à une cause d'intérêt général, qui ne comporte pas de membres mais des donateurs. À l'instar de l'association, elle dispose de la personnalité morale[21], et peut donc hériter.

Cette possibilité d'hériter, combinée à la diversité des objets dont elles peuvent être dotées, fait des associations et fondations une solution de choix pour les propriétaires

---

16. C. civ., art. 1003.

17. C. civ., art. 1014.

18. Cass. 1re civ., 14 avr. 2021, n° 19-19.306 : *D.* 2021, 798.

19. Cass. civ., 27 juin 1899 : *DP* 1899, 1, 592 ; *S.* 1901, 1, 271. – V aussi Cass. req., 7 janv. 1902 : *DP* 1903, 1, 302.

20. L. 1er juill. 1901, art. 5 et 6.

21. L. n° 87-571, 23 juill. 1987, sur le développement du mécénat, art. 18.

désireux de prendre soin de leur animal après leur décès. Cette solution, déjà mobilisée en Inde par exemple[22], peut également l'être en France. Dans des montages juridiques légèrement plus complexes, elle peut même être associée à la technique vue précédemment. En effet, « une fondation peut être créée *post mortem*, par le biais d'un legs avec charge »[23]. Dans cette hypothèse, le testateur désigne un légataire, qui aura l'obligation de créer une fondation suivant les conditions détaillées dans le testament.

Cet outil, employé seul, apporte plus de sécurité que le legs avec charge, mais présente les mêmes contraintes s'ils sont conjugués. La fondation ou l'association étant classiquement un groupement de plusieurs personnes, le sort de l'animal ne repose plus tout entier sur les épaules d'une personne de confiance. Il convient néanmoins de préciser qu'il s'agit là d'un mécanisme généralement réservé aux personnes fortunées, dont le patrimoine permet de doter la fondation de ressources suffisamment consistantes pour en assurer la pérennité.

II. – L'émergence de mécanismes juridiques dédiés à la protection de l'animal après la mort de son propriétaire

Sensibles aux préoccupations de plus en plus nombreuses des propriétaires d'animaux, certains juristes s'inspirent d'outils existants et proposent la reconnaissance de nouveaux mécanismes qui permettraient de prendre soin des bêtes après le décès de leur maître. En effet, les praticiens ont récemment évoqué la création d'un mandat de protection animale ainsi que d'un contrat de fiducie animalière[24].

La création d'un mandat de protection animale. Le mandat de protection future permet à toute personne capable de charger « une ou plusieurs personnes, par un même mandat, de la représenter pour le cas où (...) elle ne pourrait plus pourvoir seule à ses intérêts »[25]. Ce mandat peut être réalisé devant notaire ou par acte sous seing privé. Il permet à une personne en pleine possession de ses moyens d'anticiper sa protection lorsqu'elle ne le sera plus. Ce mécanisme est également

22. V. not. J. Desvages, *Un riche couple d'Indiens lègue toute sa fortune à un singe*, sur bfmtv.com [en ligne], 19 févr. 2015 [consulté le 10 avr. 2024, www.bfmtv.com/international/asie/inde/un-riche-couple-d-indiens-legue-toute-sa-fortune-a-un-singe_AN-201502190074.html].

23. A. Verjat, *Étude 63 – Fondations d'utilité publique*, in *Juris Corpus Droit des associations et fondations*, dir. P.-H. Dutheil, Dalloz, 2016 (act. 2023), n° 63.85.

24. Proposition formulée par Me V. Burgan ; V. en ce sens V. Burgan, *Proposition de loi visant à la sécurité et à la protection juridique des animaux de compagnie par la création d'un mandat de protection animale* : *RSDA* 1/2018, p. 397 et s.

25. C. civ., art. 477, al. 1.

une solution préventive de protection de tierces personnes, comme un enfant, en cas d'incapacité définitive (décès, maladie irréversible...) ou temporaire (emprisonnement, hospitalisation grave...) des parents. Dès lors que le mandant n'est plus en capacité physique ou mentale de pourvoir seul à ses intérêts ou aux intérêts du tiers désigné, le mandataire active le mandat et protège les intérêts personnels et patrimoniaux du mandant.

En adaptant ce mécanisme, le mandat de protection animale proposé par Me Burgan permettrait au propriétaire d'anticiper l'avenir de son animal en cas de décès ou d'incapacité. Il lui permettrait plus particulièrement de désigner une personne de confiance pour prendre soin de son animal lorsqu'il n'en sera plus capable. Le mandat devra stipuler certains aspects précis, tels que les frais courants liés à l'animal (nourriture, soins...), la somme forfaitaire que le mandant pourra décider d'allouer au mandataire, et « dont il se reconnaîtra débiteur sous condition suspensive de son décès ou de son incapacité »[26], et, enfin, les modalités de l'éventuel transfert de propriété de la bête.

Ses conditions de mise en œuvre seraient ainsi relativement simples, quoique légèrement contraignantes. Le mandat devrait plus précisément être enregistré auprès de l'ICAD[27] afin de pouvoir produire ses effets. Au moment opportun, « le mandataire [devrait fournir] au service ICAD le mandat conclu accompagné d'un certificat médical ou d'un acte de décès du mandant. Le service [prendrait] acte de la mise en œuvre du mandat, et [enregistrerait] le nom du mandataire comme maître actuel de l'animal à contacter en cas de besoin. Si l'impossibilité du mandant n'était que temporaire, le mandant récupérerait la garde de son animal de compagnie en présentant au service ICAD pour enregistrement un certificat médical assurant la récupération de ses facultés physiques et mentales »[28].

Ce mécanisme, dérivé de techniques éprouvées, ne va à l'encontre d'aucune disposition de notre droit. Aucun obstacle n'apparaît s'opposer à sa consécration, et il aurait le mérite d'inciter tout propriétaire à anticiper les moments où il ne sera plus capable de pourvoir aux besoins de son animal. D'aucuns pourraient contester l'intérêt de cette disposition, qui s'apparente fortement au legs avec charge. Quel intérêt donc ? Eh bien, contrairement au legs avec charge, le mandant peut s'assurer, alors qu'il a toutes ses capacités, que le mandataire accepte sa mission. Le contrat synallagmatique est en effet formé du vivant du mandant, alors que le testament est un contrat unilatéral

26. V. Burgan, *op.cit.*

27. L'ICAD est le fichier national d'identification et la plus grosse base de données française et européenne pour les animaux domestiques carnivores. L'ICAD possède ainsi les informations complètes pour identifier ces animaux sur notre territoire qui sont matérialisées par un tatouage ou une puce électronique implantée sous la peau de l'animal.

28. V. Burgan, *op. cit.*, p. 400.

qui ne requiert que la volonté du testateur. Cette différence seule rend le mandat de protection animale bien plus efficace que le legs avec charge, et justifie son intérêt.

Cette pertinence transparaît des débats autour de la loi de 2021 visant à lutter contre la maltraitance animale et conforter le lien entre les animaux et les hommes. Un amendement, directement inspiré de la proposition de Me Burgan, fut discuté et adopté en première lecture à l'Assemblée nationale[29]. Il prévoyait d'insérer, directement après l'article 515-14 du Code civil, un article 515-15[30] instaurant la possibilité de désigner un ou plusieurs mandataires pour subvenir aux besoins d'un animal en cas d'incapacité ou de décès. Cet amendement fut finalement supprimé après un passage au Sénat, au motif que le droit successoral permettait déjà d'assurer l'avenir d'un animal de compagnie.

La création d'un contrat de fiducie animalière. La fiducie est une opération par laquelle une ou plusieurs personnes, appelées « constituants », transfèrent un ou plusieurs biens, droits ou sûretés, présents ou futurs, à un ou plusieurs fiduciaires. Ces derniers doivent les tenir séparés de leur patrimoine propre (dans un patrimoine fiduciaire), et agissent dans un but déterminé au profit d'un ou plusieurs bénéficiaires[31]. Les qualités de constituant et de bénéficiaire peuvent se cumuler[32], mais une restriction existe quant à la qualité de fiduciaire. En effet, seuls les établissements financiers, les entreprises d'assurance ou les avocats peuvent être désignés comme tels. Ce contrat est nécessairement temporaire, et ne peut excéder quatre-vingt-dix-neuf ans[33]. À l'expiration du délai qui lui est affecté, la propriété des biens, droits ou sûretés est transmise au bénéficiaire. Mais pendant l'exécution du contrat, c'est le fiduciaire qui devient propriétaire du patrimoine fiduciaire.

La fiducie peut avoir divers objectifs et applications. On parle par exemple de fiducie-transmission dès lors que le constituant souhaite transférer les biens au bénéficiaire après gestion par le fiduciaire. On parle à l'inverse de fiducie-gestion lorsque le bénéficiaire est le constituant, et donc qu'il a vocation à récupérer la propriété de ses biens une fois le contrat échu. La fiducie peut également servir de sûreté. Dans cette hypothèse, le constituant et le bénéficiaire se confondent, et le fiduciaire est son créancier. Si la créance n'est pas remboursée à son échéance, le fiduciaire devient

29. Art. 5 bis de la loi, adopté à l'issue de la première lecture à l'Assemblée nationale (texte n° 558 adopté par l'Assemblée nationale le 29 janvier 2021).

30. Art. 515-15 : « Tout propriétaire d'un animal de compagnie peut désigner, par mandat, une ou plusieurs personnes pour le représenter dans le cas où il ne pourrait plus subvenir aux besoins de son animal pour cause de décès ou d'incapacité temporaire ».

31. C. civ., art. 2011.

32. C. civ., art. 2016.

33. C. civ., art. 2018.

irrévocablement propriétaire du patrimoine fiduciaire. À l'inverse, il s'oblige à rétrocéder la propriété du patrimoine fiduciaire au constituant lorsque la créance est soldée.

Ce mécanisme est parfois comparé au trust outre-Atlantique. C'est d'ailleurs une de ses variantes, le *pet trust*, qui a inspiré Me Nadia Hassani-Julien Saint Amand à proposer la création d'un contrat de fiducie animalière. Ce dernier, souscrit par acte notarié[34], aurait pour but le maintien des conditions de vie de l'animal et la protection de son intégrité physique et émotionnelle. Ce contrat permettrait au « maître, "constituant", de transférer un patrimoine d'affectation, strictement en usufruit, à une personne physique ou morale, "fiduciaire", à charge pour celle-ci d'agir dans un but déterminé, au profit de l'animal, "animal bénéficiaire", sur les instructions du constituant, et ce jusqu'à la mort de l'animal »[35]. Lors du décès de l'animal bénéficiaire, l'usufruit s'éteindrait et le patrimoine d'affectation rejoindrait celui des héritiers et/ou légataires, qu'on appellerait « bénéficiaires en propriété ». Le contrat serait activé, en cas de décès ou d'incapacité du constituant, par un ou plusieurs « protecteurs animaliers » expressément désignés par le contrat de fiducie animalière. Ils auraient en outre pour mission de contrôler l'exécution de la mission du fiduciaire, qui pourrait être une personne physique, une association ou une fondation de protection animale reconnue d'utilité publique, un *family office*[36] ou un cabinet d'avocats. À l'instar de tout fiduciaire, la rémunération du fiduciaire animalier serait constituée des résultats dégagés au titre de la gestion du patrimoine d'affectation.

Fiable, ce contrat permettrait aux propriétaires de prévoir sereinement l'avenir de leurs animaux de compagnie, et de pallier tout événement à venir. L'on pourrait néanmoins craindre une atteinte à la réserve des héritiers, qui pourraient être tentés de contester l'opération et de fragiliser l'intérêt de cet outil. Là encore, le meilleur outil du testateur reste l'anticipation afin de prévenir les obstacles éventuels et mettre en œuvre des solutions efficaces de son vivant, comme la signature concomitante d'un acte de renonciation à l'action en réduction[37]. Enfin, nous rappellerons aux héritiers inquiets que cette « dépossession » n'a qu'un caractère temporaire et que le patrimoine fiduciaire a vocation à retourner dans la masse successorale une fois son objet accompli ou disparu.

---

34. Cette condition *ad validitatem* permettrait de renforcer le dispositif en lui donnant date certaine, force probante et force exécutoire. Il devrait en outre être enregistré au Fichier central des dispositions de dernières volontés (FCDDV), outre les formalités liées à la nature de l'acte authentique.

35. N. Hassani-Julien Saint Amand, *Proposition de loi visant à la sécurité et à la protection juridique de l'animal de compagnie par la création d'un contrat de fiducie animalière*, Travail soumis pour l'obtention du DU. Droit animalier dispensé par l'Université de Limoges, 2019, p. 2.

36. Un *family office* est une structure de gestion de patrimoine qui gère le patrimoine et les affaires de ses clients.

37. C. civ., art. 921 et s.

Même si son caractère sensible[38] est reconnu, l'animal ne peut encore hériter en France. De nombreuses techniques juridiques permettent d'envisager de contourner cette interdiction, mais elles présentent toutes leurs propres contraintes et limites. En effet, elles reposent essentiellement sur la confiance qui lie le propriétaire initial au futur gardien de l'animal. Et même si le lien d'affection tient une place de choix en matière animale[39], la confiance humaine n'est pas inébranlable. C'est pourquoi, afin de gagner en prévisibilité et de renforcer la sérénité des propriétaires et de leurs héritiers, notre droit gagnerait certainement à s'enrichir de ces quelques améliorations visant à appréhender plus largement la fin de vie et les dernières volontés des quelque 68 % de Français considérant leur animal de compagnie comme un membre de leur famille[40].

38. C. civ., art. 515-14 ; C. rur., art. L. 214-1.

39. V. en ce sens Cass. 1re civ., 9 déc. 2015, n° 14-25.910.

40. Sondage IPSOS, Étude réalisée en ligne du 25 au 27 mai 2023 auprès de 1 062 personnes, constituant un échantillon national représentatif de la population française âgée de dix-huit ans et plus.

Géricault, Théodore (1791-1824), *Chat mort*, huile sur toile, 50 × 61 cm, Paris, Musée du Louvre, RF 2003 6

Euthanimales. Intentions et pratiques

Geneviève MARIGNAC
Vétérinaire
Maîtresse de conférences à l'École nationale vétérinaire d'Alfort

« Belle vie, belle mort », dit le « qu'en-dira-t-on », atténuant les zones d'ombre pour se remémorer le positif. Cette apposition d'œillères sur les récits de vie et de mort est prompte et fréquente aussi pour les animaux. Une autre convergence entre récits sur les espèces est la tendance à l'invisibilisation de la mort depuis l'époque moderne. Comme le souligne Georges Brassens, « Jadis, les parents des morts vous mettaient dans le bain./ De bonne grâce, ils en faisaient profiter les copains »[1]. La mort était un fait social ; les mises à mort se faisaient sur la place publique pour les condamnés humains, ou dans le caniveau pour les espèces domestiques destinées à la consommation. Si les parallélismes entre relevés d'observations concernant personnes humaines et autres animaux peuvent évoquer des sentiments douloureux ou provoquer l'indignation, la question de la hiérarchie des vies est hors de ce propos, quel que soit le sens de la pyramide : comme tout soignant, le vétérinaire prend les vulnérabilités comme elles viennent.

« Jadis, les parents des morts » arboraient leur deuil pendant des mois, voire des années. Actuellement, sauf disposition conventionnelle plus généreuse, en particulier pour les enfants, le congé pour un parent au premier degré est – sur le terrain du droit du travail –, de trois jours, suggérant, en creux, un délai maximal pour le deuil. Cette contraction de la place de la mort dans la vie sociale se manifeste plus largement par une invisibilisation de la mort[2] que l'on observe pour toutes les espèces. En 2008, 68 %

1. G. Brassens, *Les funérailles d'antan*, Paris, Philips. Enregistrement sonore. 1960.

2. J. Estebanez, *Humains et animaux : une géographie de relations*, in *Documentation photographique*, Dossier 8149 (2022-5), 2022.

des décès ont eu lieu en établissement médical ou médicalisé, contre 75 % au domicile en 1964[3]. Pour les animaux, les abattoirs ont quitté les centres-villes pour s'anonymiser dans des architectures d'entrepôts près des nœuds routiers et/ou ferroviaires. Il s'agit de faciliter l'accès aux transports[4] qui permettent d'emporter « les "carcassés" jusqu'au diable vauvert », pour paraphraser Brassens. Pourtant, *morituri te salutant* : l'appétence à la mise en scène de la mort des humains semble ne jamais avoir été aussi omniprésente. Sur les bus, les économiseurs d'écran, les publicités, les formes multiples de la mort sont représentées de façon le plus souvent violente. Il ne semble pas s'agir d'un *memento mori* mais d'une activité économique rentabilisant nos peurs en les transformant en appétits morbides dans les romans, les bandes dessinées, les films, les séries, les jeux vidéo de type policier, d'horreur, de guerre, *etc.* Sans limites. Et pourtant, parallèlement, dans ces mêmes sociétés, depuis déjà un siècle et demi, s'est développée une large revendication à ne pas souffrir, ni physiquement ni mentalement. De salvatrices[5], la douleur et les larmes sont devenues une sorte d'ennemi public, au point d'englober même le processus de la mort.

I. – Variations sur le terme d'*euthanasie*

Le concept grec oublié d'*euthanasie* réapparaît dans la langue française à l'époque moderne, pour s'imposer quasi à l'identique dans de nombreuses langues, où il est connu de tous. La législation d'un nombre croissant de pays prévoit cette exception à l'interdit de tuer les personnes humaines[6]. Les dispositions nationales sont variables, mais ont toutes en commun de concevoir un droit à voir ses souffrances prises en compte et abrégées, par une mort de laquelle toute souffrance est censée être absente.

Le fait de donner délibérément la mort à un malade – généralement incurable ou qui souffre atrocement – est qualifié d'*euthanasie dite d'agonie ou agonique*[7]. Ainsi, la demande d'euthanasie n'est pas susceptible d'être requalifiée en assassinat ni en suicide, pourvu que les personnes qui y procèdent le fassent selon un protocole prévu par la réglementation nationale. Il y aurait, vers les pays l'ayant légalisée, une sorte d'exode de l'euthanasie. Un des arguments souvent avancé en faveur d'un droit de l'euthanasie, est justement que les autres espèces seraient mieux traitées puisque

3. M. Dupont et A. Macrez, *Le décès à l'hôpital*, Paris, EHESP, 2012.

4. J. Estebanez, E. Gouabault, et J. Michalon, *Où sont les animaux ? Vers une géographie humanimale*, in *Carnets de géographes* 2013, 5.

5. A. Vincent-Buffault, *Histoire des larmes, XVIIIe-XIXe siècles*, Paris, Payot & Rivages, coll. « Petite bibliothèque Payot », 2001.

6. C. Stoekle, A. Ivasilevitch, et C. Hervé, *Good practice in medicine and biology: scientific integrity needs global bioethics*, in *J Transl Med* 2023, 21 (1), p. 37.

7. CNRTL, « Portail lexical du Centre national de ressources textuelles et lexicales » (www.cnrtl.fr/definition/), 2005.

pouvant en bénéficier. Suggérant une forme d'arriération du droit qui refléterait une sorte de hiérarchie inverse à celle qui est attendue.

Cette observation n'est pas dénuée de fondement. Une recherche par le terme *euthanasie* sur le site *Legifrance* renvoie à trente et un textes consolidés. Tous mentionnent l'animal comme le sujet de cette euthanasie. Pour vingt-neuf d'entre eux, la préoccupation de limiter la souffrance animale transparaît. Pour un d'entre eux, la préservation des travailleurs jeunes est l'objectif du texte[8] rappelant la loi Grammont. Le dernier organise les conditions de formation des inspecteurs de la santé publique vétérinaire (ISPV).

Cette recherche montre aussi que le législateur ou l'autorité compétente a jugé utile de qualifier d'*euthanasie* la mort donnée aux animaux dans un large éventail de cas : animaux errants ne pouvant être placés[9], ayant été saisis[10], ayant été grièvement blessés[11] – sur le champ de course, la voie publique, par des animaux sauvages[12], pendant le transport (terre, mer, air), etc. –, ou grièvement malades[13], ou en encore, dans le cadre de mesures de prévention des maladies animales[14].

La littérature est abondante qui définit l'euthanasie, en retrace l'histoire humaine ou fait l'objet de discussions lors de colloques ou de séances académiques. Le dictionnaire distingue principalement l'euthanasie de l'agonie, déjà évoquée ci-dessus, et l'euthanasie sociale qui vise à « satisfaire des exigences de nature collective[15] ». Derrière ce terme, le dictionnaire inclut explicitement l'eugénisme. Lors d'agonie, aussi bien la motivation – abréger les souffrances – que la réalisation (pour éviter le terme « exécution » !) ont des buts altruistes envers l'être auquel est donnée la mort. Dans le second cas, l'utilisation du terme « euthanasie » suggère aussi une intention que la mise à mort soit dénuée de souffrance. Mais, le sujet dont les besoins sont réellement pris en compte n'est pas celui qui est tué, mais bien la Société. Les motivations ici sont dénuées d'altruisme, quoique souvent en lien avec la Santé Publique.

On retrouve ce paradoxe dans le chapitre « La protection des animaux » du Code rural et de la pêche maritime, comme le soulignent les dispositions « applicables à l'acheminement, à l'hébergement, à l'immobilisation, à l'étourdissement, à l'abattage et la mise à mort

---

8. C. trav., art. D. 4153-37 : « Il est interdit d'affecter les jeunes à : 1° Des travaux d'abattage, d'euthanasie et d'équarrissage des animaux ; 2° Des travaux en contact d'animaux féroces ou venimeux ».

9. C. envir., art. R. 413-51.

10. CPP, art. L. 99-1.

11. C. rur., art. R. 214-56.

12. Décret n° 2019-722, 9 juill. 2019.

13. C. rur., art. R. 214-22, et pour les animaux sauvages en centre de soins, Code de l'environnement.

14. Code rural et de la pêche maritime, divers arrêtés et décrets.

15. CNRTL, « Portail lexical du Centre national de ressources textuelles et lexicales » (www.cnrtl.fr/definition/), 2005.

des animaux élevés ou détenus pour la production de viandes, de peaux, de fourrures ou d'autres produits et aux procédures de mise à mort des animaux en cas de lutte contre les maladies réglementées »[16]. En effet, l'article L. 214-65 du Code rural entend que « toutes les précautions doivent être prises en vue d'épargner aux animaux toute excitation, douleur ou souffrance évitables pendant les opérations de déchargement, d'acheminement, d'hébergement, d'immobilisation, d'étourdissement, d'abattage ou de mise à mort »[17].

Pour l'animal, les modalités de l'euthanasie n'est pas explicitement prévue dans la législation, sauf pour l'expérimentation animale. L'interdiction générale est de faire souffrir un animal. Cela a débuté pour les chevaux avec la loi Grammont du 2 juillet 1850. À la suite d'un amendement déposé par le député Desfontaines, cette interdiction de mauvais traitements a été restreinte à la sphère publique[18]. Ce n'est qu'en 1959 que le décret Michelet prévoit une extension à la sphère privée et à toutes les espèces animales, confirmée par la loi en 1963. Quoique ces dispositions soient fondées sur « l'intérêt intrinsèque des animaux à ne pas être maltraités »[19], c'est de cette période que date la dérogation permettant certaines pratiques, « lorsqu'une tradition locale ininterrompue » les y autorise[20]. Par exemple : corrida[21], combats de coqs[22], la chasse à la glu, etc. C'est un exemple de paradoxe euthanasie agonique/sociale souvent mis en avant par les associations de défense des animaux.

L'utilisation même du terme euthanasie en fourni d'autres. On a vu qu'il est utilisé dans le langage courant pour toutes espèces, humaines et non humaines. Cependant, lorsque la directive sur l'expérimentation sur l'animal a été discutée[23], certains pays, en particulier de culture catholique, auraient refusé que ce terme soit appliqué à d'autres que les humains. Cela expliquerait l'absence du terme *euthanasie* dans cette directive et l'obligation d'utiliser de l'expression, jugée préférable, de *mise à mort*. Sur le fond, l'analyse de quinze occurrences dans les textes européen, le terme mise à mort concernent les situations appelant à abréger les souffrances des animaux pour lesquels il n'y a pas d'espoir de pouvoir les rendre supportables ou qu'elles disparaissent, ce qui correspond à l'acception d'euthanasie dans le langage courant de tous les pays européens. Or, en français, le terme *mise à mort* a une connotation de sentence qui semble *a priori* aujourd'hui inappropriée pour un animal.

---

16. C. rur., art. R. 214-63.
17. C. rur., art. R. 214-65.
18. Loi Grammont, 2 juill. 1850, art. unique.
19. Fondation Droit Animal.
20. A. Froment, *Retour sur la QPC du 21 septembre 2012. La tradition locale ininterrompue : une notion controversée. Enfreindre la tradition est aussi une tradition : Civitas Europa* 2012, 29 (2), p. 153-163.
21. V. dans cet ouvrage la contribution de T. Vignal, *La corrida, une curiosité juridique*, p. 536-547.
22. V. dans cet ouvrage la contribution de R. Capet, *Coq*, gallus gallus, p. 86-93.
23. Dir. 2010/63/UE, 22 sept. 2010, relative à la protection des animaux utilisés à des fins scientifiques.

C'est précisément dans la *motivation* du geste d'euthanasie et sa justification *a priori* et/ou *a posteriori* que se situe la nuance du terme figurant en général dans la littérature portant sur la personne humaine. Sur le terrain, suite à notre étude auprès de vétérinaires, praticiens ou inspecteurs de la santé publique vétérinaire (ISPV), ainsi que notre expérience personnelle auprès des étudiants et des accompagnants des animaux, il a découlé le terme *euthanimale* comme à même d'évoquer une mort jugée désirable, demandée, effectuée, dans un nombre croissant de situations. La plus visible est celle des animaux en fin de vie, soit à la suite d'une longue maladie, soit à la suite d'un accident ou d'une intoxication[24]. Mais, en nombre, les morts animales induites par les humains concernent en premier lieu la satisfaction des besoins de consommation de viande et autres produits animaux, l'extermination d'espèces nuisibles (ESOD : espèces susceptibles d'occasionner des dégâts), la prévention des maladies zoonotiques, ou encore la conséquence de la perte d'habitat des animaux sauvages qui induisent leur mort.

Dans le cas de la mise à mort pour consommation, il y a une volonté de limiter la souffrance animale lors de l'abattage de la part des législateurs nationaux et européens et des acteurs des filières de « production animale », plus particulièrement ceux qui sont les plus proches de la mise à mort (zootechniciens, techniciens d'abattoir, vétérinaires, éleveurs, *etc.*). On voit d'ailleurs que parmi ces professions, il y a des difficultés croissantes de recrutement et/ou un fort sur-risque suicidaire[25]. On l'explique par une souffrance éthique liée aux injonctions paradoxales multiples sur le terrain, entre le législatif, l'économique et les demandes sociales, avec au premier plan d'entre eux les défenseurs des animaux. En revanche, pour les ESOD (espèces nuisibles), la réglementation ne prend pas en compte leur souffrance[26], l'unique objectif étant leur élimination. Quant aux cas de perte d'habitat, les conditions de la mort de ces animaux ne sont pas envisagées non plus. Parallèlement, il est à présent de plus en plus largement pris en considération que ces morts sont sources de souffrances inutiles et attendu que des procédures limitent, voire annihilent toute douleur ou angoisse. Cette volonté, de plus en plus forte et répandue, a pour effet de faire entrer l'abattage dans le champ de l'*euthanimale.* Cette dernière voit son périmètre s'élargir, incluant non seulement la motivation d'abréger des souffrances préexistantes à l'acte de donner la mort, mais regardant la justification de la mise à mort (vis-à-vis de la loi, des témoins, de la société, *etc.*), ainsi que l'acte même de donner la mort. Et pour l'animal, elle intervient souvent sur les individus en santé, d'où

---

24. P. Fordyce, *Welfare, law and ethics in the veterinary intensive care unit: (A discussion of the different types of suffering that patients may endure in the veterinary intensive care unit, the legal limits to that suffering, and the ethics underpinning at what point that suffering becomes "un-necessary")*, in *Veterinary Anaesthesia and Analgesia* 2017, 44 (2), p. 203-211.

25. D. Truchot, M. Andela et A. Mudry, *La santé au travail des vétérinaires : une recherche nationale. Rapport de recherche pour le Conseil national de l'Ordre des vétérinaires et l'Association Vétos-Entraide*, Dijon, France, Laboratoire de psychologie, EA 3188, Université Bourgogne Franche-Comté, 2021.

26. C. envir., art. R. 427 et R. 428.

l'importance d'étendre l'*euthanimale* à ces cas et de ne pas la cantonner aux principales préoccupations de l'espèce humaine pour laquelle les cas de mise à mort de personnes en santé ne concernent plus que le nombre de plus en plus restreint des États où la peine de mort est pratiquée. Pour reprendre le terme que le dictionnaire attribue aux destinées humaines, il s'agit de la version, pour les (autres) animaux, de l'euthanasie sociale. Les sociétés dont il est question sont les sociétés humaines, dont l'organisation vise, entre autres, à satisfaire le régime omnivore.

Ces considérations mènent à trois néologismes : *euthanimale*, déclinée en *euthanimale d'agonie* : ses motivations sont doublement altruistes puisqu'elle vise à abréger les souffrances et le faire de la façon la plus douce possible ; le troisième est l'*euthanimale sociale*, visant à répondre à des besoins exprimés par la Société (se nourrir, se soigner, sécurité, sports et loisirs, etc.) et dont la satisfaction passe par la mise à mort d'animaux.

II. – *Euthanimales* en pratique

Pythagore, Plutarque, Lucrèce et autres auteurs antiques ont vigoureusement remis en cause les conditions d'abattage des animaux en vue de leur consommation, y compris le principe même de cette consommation[27]. En Occident, ces éléments sont réapparus dans les sphères sociales depuis la fin du XVIIe siècle et se sont fortement accentués à la fin du XXIe, pour aboutir, entre autres nombreux exemples, à l'antispécisme[28], à la reconsidération du statut de l'animal comme sujet de droit[29], et, très récemment, au développement d'une théorie colonialiste de la domestication[30]. L'*euthanimale* est une des façons de répondre aux malaises éthiques que peuvent éprouver certains individus ou sociétés humaines face à une mise à mort qui pourrait être qualifiée d'*euthanimale de convenance* pour la société. Normalement, ce terme d'euthanasie de convenance qualifie les demandes faites sous couvert d'éviter des souffrances inutiles à l'animal (se retrouver seul, être abandonné, voire ressentir des douleurs, *etc.*), alors qu'il s'agit parfois de désirs propres à ses accompagnants. Ces derniers veulent partir en congés, ont sous-estimé, malgré l'aide des associations, le poids concret de l'animal dans leur vie quotidienne, ne désirent pas financer les soins ou n'en ont pas les moyens, sont las des dégâts attribués à l'animal ou ont de profonds changements de vie incompatibles avec la présence de l'animal, *etc.*[31]

---

27. Plutarque, *Trois traités pour les animaux*, trad. par Amyot, précédé de *La raison du plus fort*, J. Amyot et E. de Fontenay (dir.), Paris, Pol, 1992.

28. G. Preece, D. Callahan et P. Singer, *Singer's Death Ethics*, in *Foreign Policy* 2005, 151, p. 4-9.

29. T. Regan, *The case for animal rights*, Berkeley University of California Press, 1983.

30. G. Chapouthier, *À la vie, à la mort : les liens entre l'homme et l'animal*, in *Études sur la mort* 2014, 145 (1), p. 39-45. – V. Chansigaud, *Histoire de la domestication animale*, Paris, Delachaux et Niestlé, 2020.

31. A. Cortinovis, *Enquête auprès des vétérinaires sur les dilemmes éthiques rencontrés au cours de leur vie professionnelle*, ss. dir. G. Marignac, thèse vétérinaire, École nationale vétérinaire d'Alfort, 20 déc. 2020.

Comme souvent, la loi suit les pratiques et les évolutions de la Société. Si elle est muette concernant l'euthanasie, elle vise à bien préciser les cas d'*euthanimale*, particulièrement pour les animaux d'expérimentation, visant expressément à limiter « le plus possible la douleur, la souffrance et l'angoisse de l'animal (…) ». La liste et les conditions d'utilisation des méthodes de mise à mort sont précisées par arrêté conjoint des ministres chargés de l'environnement, de l'agriculture et de la recherche et de la Défense[32]. Au-delà de la réponse aux pressions effectuées par les associations de défense des animaux, le législateur semble vouloir faire prendre conscience dans ces dispositions qu'il est important que la mort de l'animal qui a participé aux avancées biomédicales soit la plus respectueuse possible. Dans le cadre des productions animales, c'est la valeur économique de l'animal qui décide de sa survie, comme l'exprime le terme de « non-valeur économique » qui justifie l'abattage des animaux laitiers ou de ponte en fin de production, ou encore ceux qui sont malades. On sait que cette vision comptable n'est néanmoins pas sans soulever des questions morales, au point de devenir un problème de société dans un nombre croissant de pays. C'est le cas aussi pour les personnes qui s'en occupent : éleveurs, zootechniciens, vétérinaires, *etc.* Pour ce qui est des animaux de sport et de compagnie, la seule raison acceptable de leur décès est la vieillesse, la maladie ou l'accident, de façon similaire aux humains. Si c'est le cas pour la majorité d'entre eux, il existe bien des situations où leur euthanasie est bien loin de souscrire à ces valeurs, comme en cas de surpopulation de fourrières ou de refuges, de déception ou de désintérêt de la part de leurs compagnons humains, ou encore de violence.

À bien y réfléchir, ce traitement différencié en fonction de la proximité affective et utilitaire, tout un chacun l'applique aussi pour l'espèce humaine. Par exemple, la sinistre et cynique règle journalistique du « mort kilométrique » rend compte de ce que le degré de préoccupation face à une mort est davantage lié à la familiarité avec l'être vivant qui est décédé que tout autre élément rationnel : nous sommes plus affectés par la mort du « petit chat » que par celle de civils bombardés aux marches de l'Europe ou noyés dans la *Mare Nostrum.* Si ce parallèle peut sembler excessif, il ne l'est pas pour beaucoup de propriétaires d'animaux de compagnie ou de sport qui ont un attachement souvent qualifié de disproportionné, qui peut même être répertorié dans les maladies mentales, comme l'accumulation compulsive d'animaux que constitue le syndrome de Noé.

Il se produit pour les animaux, en ce début de siècle, ce qui s'est entamé au XXe siècle pour les humains : de rédemptrice dans une perspective judéo-chrétienne, la souffrance est devenue insupportable aussi pour les bêtes dans nos sociétés. Elle y est donc à présent une source majeure de dilemmes éthiques, tant au niveau des professionnels de l'élevage ou du soin animal que des sociétés civiles. Dans leur étude *Animort*, Jean Gardin, Jean Estebanez et leurs collaborateurs montrent comment, en cas de souffrance animale, les vétérinaires français

---

32. C. rur., art. R. 214-98, mod. par D. n° 2013-118, 1er févr. 2013, art. 1.

proposent l'euthanasie, voire considèrent comme une maltraitance de la refuser si l'animal souffre ; leurs confrères indiens de Pondichéry n'en pratiquent jamais, considérant la souffrance comme partie intégrante de la vie ; la préservation de cette dernière est la valeur cardinale à leurs yeux[33]. Il est à noter qu'ils ne font pas référence à une croyance ou une religion, mais bien à deux hiérarchies de valeurs, inverses, qui semblent imprégner les sociétés telles qu'ils les ont analysées à Pondichéry et en Île-de-France.

Les défenseurs des animaux voient une sorte de schizophrénie dans ces personnes attachées à leur animal et qui ne se soucient que peu de leur propre consommation de viande. Que ce soit la baisse de la biodiversité ou la mort animale, ce qui frappe est le gigantisme des chiffres, rendant inhumains les régimes alimentaires pratiqués dans les pays occidentaux. Les modalités de production, majoritairement hors-sol, c'est-à-dire sans que l'animal ne touche terre ni ne voit le ciel, ont transformé l'élevage en une exploitation industrielle de l'animal[34]. Comme l'indiquait Pascal Boireau, en présentant le deuxième *DIM One Health*[35], si l'on se fie à la quantité de biomasse que représentent les vertébrés à l'heure actuelle, nous sommes plus dans un « domesticocène » que dans un anthropocène. Plus de 99,6 % des animaux terrestres abattus aux États-Unis sont des animaux de ferme. La répartition en chiffres des autres animaux mis à mort est :

– dans les laboratoires : 0,02 % ;

– pour leur peau : 0,07 % ;

– dans les refuges pour animaux de compagnie : 0,03 %[36].

Les proportions sont du même ordre en France, même si la chasse est pratiquée et représente 22 millions d'animaux par an. On retrouve dans ces chiffres les morts animales pour lesquelles un déroulement de type euthanasie est recherché, avec plus ou moins d'effet, et celles pour lesquelles les conditions de la mort animale sont une sorte d'impensé, au moins pour le législateur comme dans le cas des morts provoquées par les chasseurs, techniciens des entreprises anti-nuisibles, et autres activités et achats ayant pour effet des pertes d'habitat. Dans certaines hypothèses, cette attention à la condition animale peut par ailleurs sembler de l'affichage, une sorte d'*animal washing*, ou correspondre réellement à une souffrance éthique.

---

33. J. Estebanez, *Humains et animaux : une géographie de relations*, in *Documentation photographique* 2022-5, Dossier 8149.

34. V. dans cet ouvrage l'entretien avec C. du Saint par N. Reboul-Maupin et C. Bouglé-Le Roux, p. 134 -141.

35. P. Boireau, *Discours introductif*, Symposium d'infectiologie des DIM1HEALTH (Région Île-de-France), « L'infectiologie dans un monde changeant », 13-14 oct. 2022, Maisons-Alfort, France.

36. Anonymous, *Why farmed animals? Cause priorizaton explained*, USA : Animal Charity Evaluators, 2016 (https://animalcharityevaluators.org/donation-advice/why-farmed-animals/).

La mort, en fonction des formes qu'elle prend, est caractérisée par un glissement de catégories, par des inversions, ainsi que le souligne Armelle Debru : « Le mal (la mort provoquée) est considéré comme un bien, le pouvoir thérapeutique glisse à celui de droit de vie et de mort »[37]. Cette inversion des valeurs en fonction de la situation est bien ce qui caractérise les dilemmes : elle est vécue comme une incohérence, comme une injonction paradoxale profonde par des professionnels dont la vocation est d'élever, de guérir, ou au moins de soigner. La réponse des éthiques et des bioéthiques classiques consiste à proposer des valeurs jugées comme immuables : impératif(s) catégorique(s) ou calcul des utilités. Or, au-delà du bon, du juste, il faut « ausculter » la situation, identifier les parties prenantes afin de trouver une attitude pertinente dans ces circonstances. Se pose ici la question globale du positionnement quant à l'acte de donner la mort en lien avec l'activité d'éleveur ou de soignant, auprès d'animaux qui restent pour le moment des objets. Objets de loisir, même si cela est souvent associé à de profonds sentiments. Objets de production, même si cela est associé à d'immenses marchés économiques. On pourrait évoquer ici un autre poncif animalier : l'opposition entre les *welfaristes* et les anti-spécistes/abolitionnistes (leur qualification par un raccourci est nécessaire ici, mais obligatoirement limitante, voire vexante). Grossièrement, les premiers tendent à essayer d'améliorer les conditions de vie des animaux[38]. L'*euthanimale* d'agonie est une de leurs propositions et un thème de recherche important. Les seconds visent à limiter, voire à stopper toute intervention humaine sur la vie des autres animaux.

Le but de ce propos est précisément d'évoquer les différentes facettes de l'*euthanimale* sans se restreindre à celles des animaux pour lesquels un fort lien affectif est présent. Pourtant, il ne fait pas de doute que c'est cette relation forte à l'animal en lien avec la domestication qui est à l'origine des indignations qui conduisent à essayer de privilégier l'*euthanimale* à toute autre manière de donner à la mort. L'importance des relations en jeu, le fait qu'elles évoluent sans arrêt en fonction des états et des décisions prises, est le point d'entrée d'une autre éthique contemporaine : l'éthique du *care*[39], qu'on traduit souvent dans le monde soignant par « éthique de la sollicitude et du soin ». Sans le dire, c'est l'attitude qu'ont les vétérinaires lors d'une euthanasie pensée pour l'animal. Ils prennent ce soin en le préservant de continuer à endurer des souffrances pour lesquelles aucune guérison n'est envisageable (*to take care*, prendre soin). Ils le font en essayant de respecter le lien qui l'attache aux humains de son entourage (accompagnants du mourant, équipe soignante vétérinaire) et en préservant

---

37. A. Debru, *Les éléments de la compassion : analyse de l'euthanasie animale et humaine*, in *Études sur la mort* 2001, 120 (2), p. 27-33.

38. G. Marignac, et F. Pilot-Storck, *Body, ambient and felt temperature: An attempt to resolve a human and mice dilemma*, in *Biochimie* 2023, 210, p. 99-104.

39. C. Gilligan, *In a different voice : psychological theory and women's development*, Cambridge, Mass., Harvard University Press, Audible, 2018.

l'identité et l'existence de l'animal (*to care for*, porter attention à). On peut penser que, d'une certaine façon, c'est ce qu'accomplissent les différents rites et habitudes entourant la mort animale décrits par Dalla Bernardina et Stépanoff, entre autres. C'est aussi le maintien de ce lien que tendent à rétablir les abattoirs dits « paysans », qu'ils soient ultra-locaux ou mobiles, venant à la ferme. Donna Haraway vise à faire que les animaux ne soient plus invisibilisés, que chacun de leurs positionnements soit conscientisé, étudié, et que la qualité morale de la relation avec l'espèce humaine soit interrogée, continuant la relation de compagnonnage qu'elle propose sous le qualificatif d'« espèces compagnes »[40].

Cette relation renouvelée à l'animal, Baptiste Morizot n'y arrive pas par le *care*, mais en s'appuyant sur les travaux de Georges Simondon sur l'individuation[41]. Comme ce dernier qui avait vu que les objets techniques avaient un mode d'existence, une présence et donc des impacts sociétaux, Morizot reconsidère ce concept pour l'animal et propose une solution totalement originale de penser nos relations : celle de la diplomatie[42]. Dans ce modèle, la question de l'égalité disparaît. En effet, mis à part au sein d'organisations supra-étatiques comme l'Organisation des Nations unies (ONU) ou l'Organisation mondiale de la santé animale (OMSA), les nations ont à la fois chacune une voix mais toujours des relations déséquilibrées. La diplomatie prend en compte la relation de pouvoir plutôt que de l'invisibiliser ou de s'en offusquer. Elle implique de soigner la relation, de résoudre les points de tension en préservant les intérêts de l'autre. C'est ce que fait la recherche en comportement animal : en décrypter les significations en langage humain afin que la relation soit possible et non uniquement anthropomorphique[43]. Mais d'autres champs de recherche visent aussi à ne plus avoir besoin de la mort animale, en passant par le développement d'organoïdes ou de chimères[44], mouvement qui n'en est encore qu'à ses débuts, ou de nourriture carnée artificielle, solution qui reste pour le moment très dépendante de l'industrie chimique et avec des impacts environnementaux nombreux qui seront à évaluer quand ce secteur sera devenu industriel. Enfin, plus éloignée de l'*euthanimale*, c'est par un détour à la pensée mathématique de Whitehead qu'Isabelle Stengers propose de revisiter les liens au vivant[45]. On s'en rapproche avec

---

40. D. J. Haraway, *Staying with the trouble : making kin in the Chthulucene, Experimental futures: technological lives, scientific arts, anthropological voices*. Durham, Duke University Press, 2016.

41. B. Morizot, *Pour une théorie de la rencontre ; hasard et individuation chez G. Simondon,* Paris, Librairie philosophique J. Vrin, 2016.

42. *Ibid.*, p. 55.

43. A. Loscos, *Les soins palliatifs à destination des chiens et des chats en France : état des lieux et entretiens avec des professionnels*, G. Marignac (dir.), thèse, École nationale vétérinaire d'Alfort, 2022.

44. H. C. Stoekle, A. Ivasilevitch, G. Marignac et C. Hervé, *Creation and use of organoids in biomedical research and healthcare: the bioethical and metabioethical issues*, in *Cell Adh Migr* 2021, 15 (1), p. 285-294.

45. D. Debaise et I. Stengers, *Au risque des effets. Une lutte à main armée contre la Raison ?,* Les Liens qui libèrent, 2023, p. 56.

Corinne Pelluchon qui s'inspire des penseurs antiques pour élaborer son éthique de la considération qui, elle aussi, met au premier rang la relation de l'humain à l'animal[46].

Aussi bien l'éthique du *care* que celle de la diplomatie ou de la considération renouvellent le champ de notre vision de la mort animale. L'une explicite les raisons d'un profond malaise face à certaines morts animales, qu'il soit mis en lumière ou occulté, refusé ou assumé. Le *care* montre aussi que la centralité de ces préoccupations liées à la relation explique la quasi-totalité de nos décisions sur le moment ; le respect des règles et les calculs d'utilités étant plus souvent des démonstrations *a posteriori* pour justifier telle ou telle pratique. Ainsi, l'invisibilisation de certaines morts animales apparaît plus comme une tentative de cacher une relation aux modalités non assumées. La considération donnée à d'autres morts indique l'importance donnée à cet animal précis. Elle vise à préserver son histoire et son identité : crémation individuelle, cimetières physiques ou virtuels, urne exposée dans le salon puis mise dans le cercueil au décès de son accompagnant humain, voire rites funéraires.

L'opposition entre les éthiques animale et environnementale et les visions économiques et spécistes est la manifestation de l'évolution extraordinaire du statut de l'animal en ce début de XXIe siècle. Les prises de position des penseurs et partisans de chacun de ces mouvements, brièvement exposées ici, tendent à faire advenir une éthique de notre temps, permettant de dépasser aussi bien les dogmatismes que l'empirisme, rendant possible le déploiement pragmatique d'une bioéthique pensée comme globale[47].

Le sujet n'est certainement ni clos, ni même encore complètement problématisé, tant il est, à son corps défendant, révélateur d'incohérences aussi bien au niveau des politiques alimentaires et sociales que de l'évolution des mentalités. Néanmoins, en l'état, les solutions actuellement proposées, des plus généreuses aux plus techniques, des plus radicales aux plus rationnelles – économiquement et/ou politiquement –, ne semblent pas ouvrir de futurs désirables, et demandent donc à être « remises à l'ouvrage[48] ». Comme l'indiquait déjà John Dewey dans *La théorie de la valuation* en 1939 : « Dans la vie sociale actuelle, la séparation entre les idées et les émotions, en particulier entre les idées garanties par la science et les émotions non contrôlées qui dominent la pratique, entre l'affectif et le cognitif, est probablement l'une des principales causes des inadaptations et des insupportables tensions dont souffre le monde »[49].

---

46. C. Pelluchon, *Éthique de la considération*, *L'Ordre philosophique*, Paris, Seuil, 2018.

47. *Ibid.*, p. 58.

48. D. Debaise et I. Stengers, *Au risque des effets (…), op. cit.*

49. J. Dewey, A. Bidet, L. Quéré et G. Truc, *La formation des valeurs*, Paris, La Découverte, coll. « Les Empêcheurs de penser en rond », 2011.

Figurine en bronze d'un guerrier Edo avec un léopard chassant de la cour du Bénin, Nigeria, XVIe siècle.
L'Empire du Bénin (1440-1897) © Pictures from History / Bridgeman Images

Anthropologie de la chasse en Afrique sub-saharienne : entre magie et pragmatisme

Philippe CHARLIER
Directeur du Laboratoire Anthropologie, Archéologie, Biologie (LAAB)
Université de Paris-Saclay (UVSQ, Versailles) (UR 20202)

Nous ne voyons la vie réelle que par les reflets.
Constantin BRANCUSI

En Afrique sub-saharienne, on ne part pas impunément à la chasse[1]. Cette confrontation entre le monde animal (donc celui du chaos, peuplé d'esprits et d'entités métamorphosées) et le monde humain (donc celui de l'ordre) ne s'improvise pas, et nécessite de nombreux sacrifices et cérémonies préalables[2]. Car plus qu'une simple recherche de gibier à vocation alimentaire[3], toute chasse va revêtir un sens métaphysique. Garni de gris-gris, le chasseur va affronter des forces surnaturelles[4]. Ce n'est pas un simple animal qu'il va traquer, combattre, abattre puis ramener au village, ce sont des êtres mystérieux (sorciers, ancêtres, prêtres, notables ou chefs/rois) qui se sont transformés

1. H. Pagezy, *Chasse et pêche dans l'alimentation des Ntomba du Zaïre. Bulletins et Mémoires de la Société d'Anthropologie de Paris*, Nouvelle Série, 1992, 4 (3-4), p. 175-189.

2. P. Charlier, *Rituels*, Paris, Le Cerf, 2020.

3. S. Bahuchet et R. Pujol, *Étude ethnozoologique de la chasse et des pièges chez les Isongo de la forêt centrafricaine. L'Homme et l'Animal*, 1er Colloque d'ethnozoologie, Paris, Institut International d'Ethnosciences, 1975, p. 181-192.

4. D. Zahan, Religion, *Spiritualité et pensée africaines*, Paris, Payot, 1980.

en animaux, des animaux totémiques protecteurs d'un individu ou d'un clan, des esprits aux formes changeantes, *etc.* Autant de raisons d'avoir peur, de s'accompagner d'éléments magiques destinés à augmenter sa force et sa puissance (l'affrontement est spirituel tout autant que physique), et de respecter des interdits destinés à se concilier les bonnes grâces des forces de la nature.

I. – Préparatifs

D'abord, tous les jours ne sont pas propices à la chasse, certains sont interdits. Ne pas respecter ces tabous du calendrier revient à signer son arrêt de mort, car les esprits ne tolèrent aucun manquement à ces règles strictes. L'individu se hasardant à une telle hardiesse est assez souvent porté disparu, et son cadavre ne réapparaît jamais. Le calendrier de chaque chefferie ou royauté comporte en effet des jours sacrés et/ou interdits où les portes du palais sont fermées, où la fréquentation de certains lieux est proscrite, et durant lesquels la chasse et/ou des activités commerciales sont interdites. Si, pour certains, ces jours particuliers sont considérés comme des jours de repos, pour d'autres ce sont ceux où la nature reprend ses droits : c'est généralement à ce moment précis que les animaux totémiques sortent des lieux sacrés et se saisissent de quelques gibiers.

Le chasseur doit aussi se préparer dans les jours ou semaines qui précèdent son activité, autant sur le plan physique que sur le plan spirituel. Le corps et l'esprit doivent être dans les meilleures conditions, pures et sans attache. Rien ne doit le perturber dans la concentration extrême qui va devoir être la sienne pendant des heures et parfois même des jours. Lui-même va user de pouvoirs surnaturels pour se rendre invisible, se rapprocher de sa proie, être indétectable – sans bruit et sans odeur –, jusqu'à finir tout contre elle.

Chasser dans les forêts sacrées est interdit[5] : c'est un territoire protégé où seuls les animaux s'affrontent – mais que l'on comprenne bien, peu d'animaux sont de « simples » animaux, beaucoup sont des esprits ou des humains métamorphosés. En ce sens, les forêts sacrées, surtout la nuit, deviennent des lieux d'affrontements rituels de sorciers, comparables à des arènes romaines où les gladiateurs se défieraient cérémoniellement. Près de Kétou (Bénin), on m'a ainsi rapporté l'anecdote suivante : pendant leur sommeil, deux sorciers sont sortis de leurs corps pour mener bataille l'un contre l'autre ; plusieurs fois, sur leurs lits, leurs familles avaient tenté de les réveiller sans y parvenir, comprenant alors que chacun d'eux menait au moment même

---

5. M. Salpeteur, *Espaces politiques, espaces rituels : les bois sacrés de l'Ouest-Cameroun*, in *Autrepart* (Presses de Sciences Po) 2010/3, n° 55, p. 19-38.

une expédition magique ; un chasseur, qui revenait à la nuit tombée au village longea la forêt sacrée et vit alors deux hiboux s'affronter de façon extrêmement violente, s'arrachant les plumes et saignant abondamment ; il s'arrêta pour regarder la scène, qui dura un bon moment, puis rentra chez lui ; au petit matin, un prêtre trouva le cadavre d'un hibou, saccagé et mutilé, au pied d'un iroko, un minuscule gri-gri autour du cou tandis qu'au même moment un des deux sorciers expirait dans son lit sans avoir repris conscience ; l'autre sorcier avait gagné et tué son « confrère », tous deux métamorphosés en animaux sauvages[6].

Il y a des rêves prémonitoires, qui vont indiquer au chasseur là où le gibier l'attend, là où il se cache ou s'abrite. Qui lui dit, qui lui souffle ces informations capitales par l'intermédiaire des songes ? Un esprit favorable qui, transformé en animal (oiseau, musaraigne, *etc.*), a épié la proie pendant le jour ou la nuit, discrètement. À moins que ce ne soit le chasseur qui, disposant lui aussi d'un pouvoir de métamorphose, ou usant de son animal totem, n'ait, avec l'aide éventuelle d'un sorcier, réalisé une expédition destinée à préparer le terrain et repérer sa cible[7]...

L'abstinence sexuelle est de mise : aucun rapport sexuel ne doit être commis dans la nuit précédant une petite expédition de chasse. Mais lorsque le chasseur doit partir pour une chasse aux grands animaux (panthère, éléphant, buffle), cet interdit sexuel doit être observé plusieurs jours, parfois même une semaine. Le but est non seulement de ne pas perdre sa force intime, mais aussi de ne pas être diminué par « la proximité avec une femme », de ne pas être recouvert par son impureté. Dans le même ordre d'idées, le chasseur ne doit pas pénétrer dans la case des femmes avec son arme, qu'il s'agisse d'un fusil ou d'un autre type d'arme, de peur que leurs menstrues ne rendent l'arme impure ou subitement impropre à tout usage (s'enrayant, se cassant, se bloquant).

Des sacrifices ont lieu sur les armes elles-mêmes, sous la forme de projections de sangs animaux, de dépôts sur des pierres sacrées, ou d'aspersion d'eaux mélangées à des feuilles d'arbres sacrés. Certaines armes – destinées à la chasse ou à la guerre – ne sont-elles pas fétichisées, comme ce fusil (du Sénégal ?) conservé au musée du quai Branly – Jacques Chirac (n° Inv. 71.1980.86.1) pour lequel une mâchoire humaine a été insérée dans une boîte en métal blanc fixée sur la crosse : s'agit-il de celle d'un ennemi tué ou d'un ancêtre protecteur, qui assure réussite et protection vis-à-vis des assaillants, fussent-ils humains ou animaux (ce qui finalement revient presque à la même chose...) ?

6. P. Charlier, *Vaudou, L'homme, la nature et les dieux*, Paris, Plon, coll. « Terre Humaine », 2020.

7. P. Charlier, *Comment faire l'amour avec un fantôme ?*, Paris, Le Cerf, 2021.

Avant la chasse, des « chasses fictives » ou « chasses magiques par empathie » peuvent prendre place, comparables à celles décrites dans les régions plus méridionales de l'Afrique : chez les Nguni, (qui interagissent avec les San), ont été décrits « des rituels dans lesquels un chasseur, après avoir revêtu l'apparence d'un animal, était symboliquement blessé et tué, dans le but (...) de garantir le succès de la chasse ; en Namibie (...) un autre rituel dans lequel un chasseur San blessait et tuait de façon symbolique un animal figuré sur un dessin [rupestre] »[8].

II. – Totémisme

La notion clé au centre du rapport entre l'homme et l'environnement est le totémisme, c'est-à-dire une pratique magico-religieuse dans laquelle « un pacte invisible lie un individu, ou un groupe d'individus, et un animal, un objet, ou un ensemble d'êtres vivants »[9]. Dans une harmonie absolument assumée, le totem et l'être humain vivent en symbiose, l'un souffre quand l'autre souffre aussi, et l'un meurt lorsque l'autre meurt pareillement. Ce double animal peut être présent dès la naissance, ou acquis au cours d'une cérémonie d'initiation ; généralement, cette pratique d'appariement totémique est l'apanage d'individus au sommet de la pyramide initiatique (chef/roi, notables, membres des sociétés secrètes, sorciers, hauts-initiés, *etc.*). Celui qui est lié à cet animal totémique en développe les principales caractéristiques : physiques, morales, comportementales, *etc.* Dans un échange symétrique, l'humain prête ses fonctions intellectuelles à son animal totem (par ex. pour échapper aux pièges), tandis que l'animal totem, en retour, met ses propriétés au service de l'humain : capacité à choisir les plantes pour la médecine traditionnelle, démultiplication de son aptitude à chasser, doublure de compagnie aidant un chauffeur routier à ne pas s'endormir, appui pour monter la garde et sécuriser un bâtiment, *etc.*

L'animal totem est un guide, une aide, sans lequel le chasseur ne pourrait parvenir à ses fins. Un auxiliaire qui est à la fois un double et un prolongement du chasseur lui-même. Par son initiation et les cérémonies préalables, le chasseur est (théoriquement) capable de différencier animal naturel et animal totémique (l'animal totémique a « quelque chose d'humain », que ce soit dans sa démarche, sa morphologie et/ou son comportement). Quels sont les animaux totem les plus fréquents ? Éléphant, panthère, singe, buffle, hyène, serpent, sanglier, antilope, *etc.*

---

8. J.-F. Thackeray, *L'apport de l'ethnographie au concept de « chasse magique par empathie » (ou compatissante) et de chamanisme dans l'art préhistorique d'Afrique australe*, in *L'anthropologie* 2019, n° 123, p. 180-188.

9. S. Djache Nzefa (dir.), *Sur la route des chefferies du Cameroun. Du visible à l'invisible*, Paris, musée du quai Branly – Jacques Chirac / Skira, 2022, p. 37.

Chez les Bamiléké du Cameroun (*Grassfields*)[10], ce sont les totems qui permettent une décorporation du bébé *in utero* : « Certains totems sont innés, et ce sont les femmes qui ont la capacité de transmettre ces totems à leur progéniture. Ce pouvoir qui leur est conféré est contenu dans un petit organe (*atok* ou *tok*) localisé dans le ventre de la mère, qui permet à l'enfant à naître de quitter son enveloppe corporelle la nuit sous la forme d'un animal (hibou, autre oiseau) ». Malheureusement, toute atteinte physique par un chasseur (ou un imprudent) envers cet « animal » se traduira par la mort instantanée de l'enfant[11]. Ainsi sont parfois expliqués des décès *in utero* ou certaines fausses couches « spontanées »...

La chasse à la panthère – animal totémique rattaché à la personne du chef/roi – fait l'objet de pratiques coutumières bien spécifiques, témoignant des marques de respect et d'honneur réservées au chasseur qui a réussi à la tuer. Chez les Bamiléké du Cameroun[12], la face de l'animal « est d'abord recouverte d'une feuille de nénuphar ou d'un tissu, afin que l'on ne puisse reconnaître sa doublure [humaine]. Le félin est ensuite déposé aux pieds du chef, puis accroché par le cou sur la branche d'un colatier, appelé aussi "arbre à panthères", où il veille toute la nuit. S'ensuivent des rituels et, à la fin, les participants à la chasse doivent effectuer un rituel de purification identique à celui nécessaire pour tout guerrier ayant tué un ennemi au combat »[13]. Il faut dire que derrière toute panthère tuée (on parle « d'arrestation d'une panthère ») se cache le cadavre d'un notable, d'un prince ou d'un chef/roi. C'est donc un véritable deuil qui prend place, tant pour le chasseur lui-même que pour l'ensemble de la communauté.

III. – Le moment de la chasse

Pendant une partie de chasse collective, les chasseurs ne doivent absolument pas s'appeler par leurs noms (pour prévenir toute vengeance des esprits dérangés dans leur quiétude), mais plutôt utiliser des diminutifs. Il ne faudrait pas qu'un animal totem ait connaissance de la véritable identité d'un chasseur s'en prenant à lui, et ne puisse se venger *a posteriori* s'il en réchappait ; user de surnoms ou de quolibets permet de « noyer le poisson » et d'opérer en toute discrétion.

Il est interdit d'abattre un animal qui dort, qui met bat, ou une femelle en gestation. Toute prise d'animal s'accompagne d'une demande préalable, pour s'assurer qu'on

10. J. Despois, *Des montagnards en pays tropical. Bamileke et Bamoun (Cameroun français) : Rev. de géographie alpine* 1945, t. 33, n° 4, p. 595-634.

11. L.-V. Thomas, *La mort africaine. Idéologie funéraire en Afrique noire*, Paris, Payot, 1982.

12. D. Toukam, *Histoire et anthropologie du peuple bamiléké*, Paris, L'Harmattan, 2010.

13. S. Djache Nzefa (dir.), *Sur la route des chefferies du Cameroun. Du visible à l'invisible*, Paris, musée du quai Branly – Jacques Chirac / Skira, 2022, p. 43-44.

n'est pas en train d'attraper un sorcier métamorphosé en cours d'expédition magique. On doit l'appeler discrètement par son nom, guetter un signe de reconnaissance : tache de naissance, particularité de la coiffure ou physique, bijou miniature porté à un membre qui indiquerait une véritable nature humaine… Et puis, une fois la prise faite, il convient de remercier l'animal de ce « don de soi », mais aussi les forces de la nature, de ce prélèvement d'un de ses membres.

Chaque élément de la chasse revêt une importance réelle pour la communauté : les guérisseurs/sorciers sont intéressés par les éléments issus des porcs-épics, des singes[14], des biches/antilopes, éléphants, hyènes et crocodiles ; les peaux animales (surtout celle de panthère) sont destinées au chef/roi[15], ainsi que les crânes des grands mammifères (hippopotame, éléphant, buffle, *etc.*) qui seront déposés près du trône pour asseoir sa puissance et son prestige[16]. Toucher de tels objets – déjà sacrés en soi, mais devenus encore plus sacrés par leur proximité avec le chef/roi et leur consécration par les sociétés secrètes – n'est pas autorisé à tous, et peut même se révéler dangereux.

IV. – Statut social du chasseur

Symboliquement, socialement et statutairement, le chasseur est et reste « un tueur viril et courageux », sorte d'icône de l'homme accompli propre à nourrir et protéger non seulement son foyer, mais aussi toute la communauté[17].

À Bangwa, il existe une confrérie (société secrète) de chasseurs, directement rattachée au chef/roi, qui se transmettent leurs secrets de père en fils, et dont l'initiation permet d'obtenir une doublure totémique (généralement un félin, le lion[18] restant réservé à l'autorité suprême du chef/roi). Comme le rappelle le chef/roi de Bangwa (*fo* Djampou Tchatchouang Anick Julio[19]), « auparavant le chasseur jouissait sur le plan social du même prestige que les grands guerriers. Il suscitait à la fois l'admiration

14. P. Charlier, *Le singe, au cœur des rituels d'Afrique sub-saharienne*, Billebaude, 2023, 23.

15. J.-P. Notué et L. Perrois, *Contribution à l'étude des sociétés secrètes chez les Bamiléké (Ouest-Cameroun)*, Orstom & Crea, Yaoundé, 1984, p. 103.

16. R. Kuipou, *Le culte des crânes chez les Bamiléké de l'Ouest du Cameroun*, in *Communications* (Seuil), 2015/2, n° 97, p. 93-105. – Ch. Pradelles de Latour, *La symbolique des rites de naissance chez les Bangwa au Cameroun*, in *Enfance* 1979, t. 32, n° 3-4, p. 237-240. – Ch. Pradelles de Latour, *Le cycle bisannuel chez les Bamiléké*, in *Systèmes de pensée en Afrique noire* 1986, 7, p. 88-99. – Ch. Pradelles de Latour, *Le crâne qui parle*, Paris, EPEL, 1997.

17. N. Lescureux et A. Bournery, *La chasse : pratiques sociales et symboliques*, Compte-rendu de colloque (Nanterre, 9-11 juin 2005), *Natures Sciences Sociétés* 2006, vol. 14, p. 306-307.

18. V. dans l'ouvrage, le bestiaire de L. Bal dit Sollier, *Lion*, Panthera leo, p. 292-299.

19. S. Djache Nzefa (dir.), *Sur la route des chefferies du Cameroun. Du visible à l'invisible*, Paris, musée du quai Branly – Jacques Chirac / Skira, 2022, p. 64.

et le respect pour ce métier qui exige hardiesse, persévérance et pouvoir mystique. Tous ces atouts lui permettaient également de s'attirer la sympathie et l'admiration de nombreuses familles qui n'hésitaient pas à lui donner leurs filles comme épouses. Les chasseurs mettaient en œuvre plusieurs techniques, qui variaient en fonction du gibier et de son habitat : capture à la main, chasse à l'arme blanche et capture à distance à l'aide de projectiles et des pièges ».

Le chasseur est aussi un fondateur, un créateur de nouveaux territoires, notamment chez les Bamiléké (Cameroun) : « Une vague importante de population s'abattant dans un endroit pour fonder du coup une chefferie indépendante est un fait très rare. Dans l'ensemble des cas, c'est un petit groupe d'individus dont le chef est un chasseur astucieux, auréolé de certains pouvoirs magiques, qui "colonise" un endroit. Avec le temps et des complicités locales, il devient peu à peu maître des lieux par la force et la ruse »[20]. Ce sera ainsi le cas du fondateur du royaume de Bandjoun (Notuegom) qui, au XVIIe siècle, va conquérir un territoire voisin de sa terre d'origine, puis agrandir sa chefferie « en s'adjoignant des gens qu'il initie à la chasse, en accueillant des réfugiés venus d'ailleurs et en achetant des esclaves »[21].

La chasse présente deux grandes fonctions sociales : la subsistance et la sécurisation. Apporter une nourriture (gibier sauvage principalement) à destination de la population, et débarrasser le territoire de toute espèce nuisible ou potentiellement dangereuse. Le totémisme assure une relation fusionnelle homme/animal qui dépasse le simple cadre de la chasse pour impliquer également les champs de la magie, de la sorcellerie, de la thérapie, *etc.*

---

20. J.-P. Notué et L. Perrois, *Contribution à l'étude des sociétés secrètes chez les Bamiléké (Ouest-Cameroun)*, Orstom & Crea, Yaoundé, 1984, p. 10.

21. *Ibid.*, p. 13.

Cooper, Abraham (1787-1868), *Un renard*, 1817, huile sur panneau, 30,4 × 25,4 cm, Collection privée,

RENARD

n. masc. 1. Mammifère carnivore de la famille des canidés qui se caractérise par une tête triangulaire, de larges oreilles pointues, dressées, des yeux obliques, un museau effilé, un corps allongé, des pattes assez courtes, une longue queue touffue, un pelage épais, roux chez l'espèce commune.

2. Homme rusé, parfois perfide, fourbe. Fin, vieux renard.

Trésor de la langue française, V° *Renard.*

Vulpes *vulpes*

Volitans pedibus : qui virevolte avec ses pieds. C'est, selon Isidore de Séville (560-636) dans ses *Etymologiae*[1] consacrées aux animaux, un trait étiologique caractéristique du *vulpes*, terme dont dérive le mot de goupil en usage au Moyen Âge central pour désigner le renard comme celui *qui ne marche pas droit*[2]. *Volubilis*, maître de l'esquive par sa faculté de modifier son apparence, de disparaître sans prévenir, il est aussi *volubile*, celui qui trompe par la parole, forgeries, fleurs et couleurs de rhétorique. Le portrait est sévère et, pour être fantaisiste, l'étymologie reste précieuse : elle insiste sur un point suffisamment révélateur pour nourrir un motif, repris par les encyclopédies et les bestiaires médiévaux[3], qui alertent sur la démarche singulière de l'animal en même temps que sur un comportement marqué par la déviance.

1. I. de Séville, *Etymologiae seu origines*, éd. J. André, *De Animalibus*, Paris, Les Belles Lettres, 1986, XII, 2, 29.
2. *Dictionnaire historique de la langue française*, A. Rey (dir.), Paris, Le Robert, 2012, V° *Renard*.
3. M. Pastoureau, *Bestiaires du Moyen Âge*, Paris, Seuil, 2011, p. 159-161.

Peuplant les manuscrits sous forme d'enluminures et de « drôleries » en marge, le renard frappe par son ubiquité et sa faculté à se frotter aux frontières anthropomorphiques. Animal humanisé[4], il occupe dans le *Roman* éponyme[5] une place prépondérante alors que, directement inspirée de l'*Ysengrimus*[6], la branche I*a* du récit, composée à partir de 1175, est justement contemporaine des livres de bêtes de Pierre de Beauvais et de Guillaume le Clerc de Normandie[7]. Lui est assigné un prénom, *Renart*, dérivé du nom propre germanique *Reinhart*, le rusé, appelé à entrer dans le vocabulaire commun pour y remplacer celui de goupil, et, dans la mémoire collective, à forger une référence iconique revisitée par les fabulistes[8] ou les emblématistes[9] auprès d'un public et dans des registres variés[10]. Polysémique, le terme de *renard* que retient la langue française moderne renvoie au quadrupède, mais signale par extension un personnage rusé, sinon un parasite. Aussi le *Roman* éveille-t-il l'intérêt du juriste non seulement pour son architecture, évocatrice du sac à procès, mais aussi pour sa représentation animalisée du *contumax* que figure *Renart*, soulignant la porosité entre animalité et humanité déviante.

4. E. Charbonnier, *Animalité et anthropomorphisme*, in *Métamorphose et bestiaire fantastique au Moyen Âge*, L. Harf-Lancner (dir.), Paris, 1985, p. 165-184 et A. Revelle, *De l'autre côté de la barrière. Franchir la frontière entre l'homme et l'animal avec le* Roman de Renart, *in Frontières* 2021, p. 29-36.

5. *Le Roman de Renart*, éd. A. Strubel, Paris, Gallimard, coll. « Bibl. de la Pléiade », 1998 et son introduction.

6. Poème en distiques latins de Nivard de Gand de plus de 6 500 vers composé vers 1152, *Ysengrimus*, E. Charbonnier éd., Les Belles Lettres, 1991.

7. G. Bianciotto, *Bestiaires du Moyen Âge*, Paris, Stock Plus, 1980, p. 88-90 et M. Pastoureau, *Bestiaires (...)*, *op. cit.*, p. 25-38.

8. *Cf.* A. Strubel, *op. cit.*, p. 29-38.

9. *Cf.* G. Cazals, *Les juristes et la naissance de l'emblématique au temps de la Renaissance*, in *Rev. d'histoire des Facultés de Droit* 2013, p. 37-124, et la contribution dans cet ouvrage de V. Hayaert sur l'emblématique, *L'animal et l'emblématique juridique*, p. 28-45. Renvoyons à l'emblème du renard et du masque dont le récit est emprunté à Ésope (*Fables*, 43), exploité par André Alciat (*Emblèmes*, Paris, Ch. Wechel, 1534), et repris par La Fontaine, *Le Renard et le Buste*, *Fables*, 1, 14.

10. Dans les années 1970, le roman de Roald Dahl, *Fantastic Mr Fox*, adapté par Wes Anderson en 2009, exploite la « renardie » du personnage. Son image reste plus statique dans la littérature que celle du loup, phénomène remarqué par M. Pastoureau (*Le loup : une histoire culturelle*, Seuil, Paris, p. 141-161). *Cf.* sur le loup dans ce volume au Bestiaire, la contribution de T. Barbieux, *Loup*, Canis lupus, p. 360-369. Après l'interdiction des pièges à mâchoires par l'article 2 du règlement n° 3254/91 du Conseil européen du 4 novembre 1991, entré en vigueur en 1995, les efforts récents de l'Agence nationale de sécurité alimentaire pour reconsidérer le statut de nuisible du renard roux pourront-ils lutter contre ce fonds culturel ancien appuyé sur l'observation comportementale ?

Le *Roman* comme sac à procès en « renardie[11] »

Dans ce cycle de vingt-sept poèmes d'octosyllabes en langue romane, en forme de parodie des chansons de geste, ce carnivore de la famille des canidés se distingue par ses caractéristiques propres. Inséré dans un univers composé de très nombreux personnages[12], la plupart anthropomorphes, bêtes domestiques, sauvages ou même exotiques[13], petits et grands, il affronte la cour de Noble le lion[14] bientôt saisie de son jugement. À bien des égards, le *Roman* prend la forme d'un vaste sac à procès, « espèce de poche [selon le *Dictionnaire de droit et de pratique* de Ferrière], faite de grosse toille, où l'on met les pièces d'un procès »[15]. Aussi constitue-t-il bien une source littéraire de tout premier plan pour l'étude de la procédure criminelle, et c'est à ce titre que le suisse Jean Graven (1899-1987) s'y intéressera[16] à partir de l'adaptation libre de l'érudit Paulin Paris (1800-1881)[17]. Trésor pour l'historien du droit, celui-ci peut aujourd'hui trouver dans les manuscrits originaux une déclinaison ludique du procès pénal à une période charnière de son évolution[18]. Entre effroi et fascination, s'y trouvent dispersées les multiples pièces d'une procédure articulée contre ce protagoniste équivoque, mêlant dépositions de témoins, actes, procès-verbaux, pièces à charge, interrogatoires, corps du délit, jusqu'aux aveux en forme de confession qui viennent confirmer sa culpabilité au lecteur[19].

À s'en tenir à la seule branche dite du jugement, dans la version qu'en donne le manuscrit de la bibliothèque de l'Arsenal[20], les éléments de cette humanisation se

---

11. Art de la ruse.

12. *Cf.* dans ce volume, au Bestiaire, la contribution de T. Barbieux, *Hermine*, Mustela erminea, p. 96-103.

13. Signalons le chameau mais aussi le léopard, le tigre ou le singe.

14. *Cf.* dans ce volume, au Bestiaire, la contribution de L. Bal dit Sollier, *Lion*, Panthera leo, p. 292-299.

15. J. de Ferrière, *Dictionnaire de Droit et de Pratique contenant l'explication des termes de Droit, d'Ordonnances, de Coutumes & de Pratique*, Paris, chez Brunet, 1740, v° *Sac*.

16. J. Graven, *Le Procès criminel du Roman de Renart, Étude du droit criminel féodal au XIIe siècle,* Georg Genève, 1950.

17. *Les aventures de Maître Renart et d'Ysengrin son compère*, mises en nouveau langage, racontées dans un nouvel ordre et suivies de nouvelles recherches sur le *Roman de Renart*, J. Techener, Paris, 1860.

18. *Cf.* R. Bellon, *La Justice dans le* Roman de Renart*, procédures judiciaires et procédés narratifs : Senefiance* 1986, 26, p. 79-86. – J. Subrenat, *La Justice dans le* Roman de Renart*, À la recherche du* Roman de Renart, K. Varty (dir.), CUERMA, Université de Provence, 1986, p. 79-86, et notre étude « *U par juïse, U par bataille* », *Les preuves dans le* Roman de Renart, in *L'évolution des modes de preuves. Du duel de Carrouges à nos jours*, B. Hervouët (dir.), Limoges, PULIM, 2014, p. 17-42, ainsi que *La littérature française et le droit. Du Roman de Renart à Michel Houellebecq*, LexisNexis, Paris, 2021, p. 9-19.

19. À partir du v. 1032.

20. Manuscrit de Paris, Arsenal 3334, qui sert de base à l'édition d'Armand Strubel, V. *supra*, note 5. Les citations sont issues de cette version, et, sauf mention contraire, de la branche I*a*.

dégagent, mêlant la bête à l'homme dans un processus de dégradation de l'*homo criminalis* dont l'historien pénaliste perçoit bien tout le profit à tirer sur un plan symbolique. Éclipsant le roi, Renart y tient le rôle principal[21] : représentatif du *forban*, au sens d'homme sans scrupules qui ne respecte aucun droit ni limites, le terme désignant aussi bien un fugitif qui a rompu son ban qu'un trompeur sans foi ni loi impossible à piéger. Le goupil s'y dépeint au naturel, investissant l'ensemble des caractéristiques zoologiques attribuées à son espèce : pelage rouquin[22] à l'odeur puissante[23], regard torve[24], gueule vorace et écumante[25], dents acérées[26], langue pendue[27], carnassier glouton inséré dans une chaîne alimentaire cruelle[28], sans cesse à l'affût de ses proies[29]. Si la branche I*a* n'exploite pas essentiellement la queue fameuse du quadrupède, le *Dit de la queue de Renart*[30] conservé dans un manuscrit des années 1330 comble cette lacune : sa fourrure y est préférée au menu vair de l'écureuil, ainsi qu'à celles de l'agneau, du chevreau ou de l'hermine[31]. Renart ne peut-il pas, grâce à elle, porter « manteau fourré » et se faire « docteur es lois », lui qui n'en a que faire[32] ?

L'animal est reconnu comme hardi[33] et rapide[34] et la description du *Roman* confirme les observations collectées à son sujet sur son habitat, son régime alimentaire, son poil roux suspect et sa gorge blanche[35], ainsi que sur son cousinage avec d'autres

---

21. Preuve de la valorisation ancienne des animaux dans la littérature et les représentations. Pour une analyse contemporaine, *cf.* N. Baron, *Vivre en renard, la traversée du siècle*, Paris, Actes Sud, 2023.

22. Parmi de nombreuses occurrences : « li rous », v. 35, « Renart, cil fel cil rous », v. 103, « a rous deputaire », v. 734.

23. v. 1379 : « Et del puant ».

24. « Mais necquedent sovent colie/Vers les gelines droite part », v. 1189-1190.

25. « Toutes passerent par sa gueule », v. 331, « Mais le hart por sa gueule pendre », v. 1007 ; « La bouche li va escumant », v. 1621.

26. « Renars, qui cascun jor empire, En fist as den smolt grant martire », v. 446-447.

27. « Au despartir lors fit la loupe », v. 1094.

28. « Garnie avoit molt bien sa fosse/D'une geline crasse et grosse,/Et avoit mangiet au matin/Une cuisse d'un cras counin », v. 504-507.

29. « Et as dens si defiguree », v. 307.

30. BnF, Fr. 12483, folio 240*b* à 241*b*, *Le Dit de la Queue*, *in Roman de Renart* A. Strubel, *op. cit*.

31. « Menu vair ni escureus/Ne prisent pas une pomme./Ermine ne blans aigniaus/Ne gros vair ne les chevriaus/Ne valent pas un hasart/Vers la queue de Regnart », v. 35-40. V. sur cet aspect dans ce volume, au Bestiaire, la contribution de T. Barbieux, *Hermine*, Mustela erminea, p. 96-103.

32. « Regnart... quant il veut houce a fourree/ (...) quant il veut, sire est de lois/Ne li chaut (...) », *Le Dit de la queue de Renart*, v. 57-58 et 61-63.

33. « Ne fait pas chiere de Couart », v. 1207, « teste levee », v. 1219.

34. « Gerars n'ot mie isnel cheval,/Si ne te poot mie attaindre », v. 345-346.

35. Précision que nous livrent les branches X, v. 67 et XI, v. 235.

espèces : le blaireau[36] naturellement, mais aussi avec des félins plus exotiques, avec qui il partage selon Hildegarde de Bingen une commune intelligence faite de ruse et de versatilité. « [G]râce à ce qu'il tient du lion, [nous dit-elle] il connaît beaucoup de choses ; à cause de ce qu'il tient de la panthère, il a un caractère changeant (...) »[37]. Lui est ainsi reconnu un fort potentiel comique[38], et une excellence dans l'art de tromper[39], expression récurrente du *Roman* que documente une série d'*engins*[40]. Le manuscrit n'est pas avare d'éléments qui alimentent la connaissance intime d'une bête répandue dans la faune occidentale, apte à nourrir un imaginaire fructueux.

Le Renard comme prototype du *contumax*

Fidèle à la *senefiance* médiévale, le quadrupède, traître rouquin par excellence, fournit à partir de la réalité biologique un archétype du mauvais larron[41], récidiviste pathologique, entre délinquant d'habitude et éternel fugitif en mesure de constituer sur le plan moral un contre-modèle idéal. Meurtrier – n'a-t-il pas dévoré d'un coup cinq poules ? Libidineux – n'est-il pas accusé du viol d'Hersent la louve ? Voleur – n'a-t-il pas dérobé des anguilles ? Fourbe – n'a-t-il pas trompé Ysengrin en lui coinçant la queue dans la glace ? La branche collecte un ensemble de griefs cohérents qui s'inscrivent dans ses mœurs et les ruses qui lui sont ordinairement attribuées sur le terrain étiologique. Ainsi de la technique consistant à simuler le mort dans la prairie pour attirer les oiseaux[42], à grimper à l'arbre[43] ou à modifier brusquement le tracé de sa course[44]. Au-delà de la finesse d'observation de l'animal, le goupil du *Roman* renvoie bien à un être de chair et d'os en possession d'une identité : « Sire Renart »[45] est doté d'un statut de grand

36. « Grimbert li taissons se leva : / S'il puet, a Renart aidera /Car ses cousins germains estoit », v. 217-219 et « Porçon qu'il estoit ses cousins », v. 972.

37. H. de Bingen, *Physica* [vers 1151-1158], VII, p. 260.

38. Signalons encore l'organisation d'un pardon parodique axé autour d'une procession d'un renard enrubanné, à la Feuillée en Bretagne en 1907, à l'origine d'un interdit canonique de six mois sur la paroisse, E. Badone, *Le folklore breton de l'anticléricalisme*, in *Annales de Bretagne et des Pays de l'Ouest* 1991, p. 433.

39. « Renars, icils malvais lichieres/Qui adés a esté trichieres », v. 93-94.

40. « Car il a fait tantes molestes/Et cunchies tantes bestes/Que mais ne doit on lui aidier », v. 85-87.

41. « Le mal larron, le soudoiant », v. 23 ; également v. 1378.

42. Stratégie mise en œuvre pour tromper les marchands de poisson, particulièrement développée dans la branche X, « *Renart et les anguilles* / Lors s'est couciés enmi la voie : [Il s'est couché à plat et fait le mort.] », v. 43. – G. Jacquin, *Une imposture de Renart, la mort simulée*, in *L'imposture dans la littérature*, A. Bouloumié (dir.), Cahier XXXIV, Angers, PUR, 2011, p. 17-28. V. aussi br. XIV, v. 905, br. XVIII, *La Mort de Renart*.

43. Le motif ressort de la branche I*b* relative au siège de Maupertuis, v. 2169-2191. V. aussi, br. XVIII, 28.

44. Par ex : « Mais il se traist molt tost arrière,/Si se feri en sa taisniere », v. 43-44 ; également v. 651 et 693-694.

45. v. 978.

Degas, Edgar (1834-1917), *Renard mort sous bois*, huile sur toile, 92 × 73 cm, Rouen, Musée des Beaux-Arts, INV 990-5-1, © GrandPalaisRmn/ Michèle Bellot.

féodal, d'un lignage[46], d'une tunique[47], d'un cheval qu'il monte[48]. Il se fait à l'occasion joueur d'échecs, en compagnie d'Ysengrin, et apprécie trictrac et jeux de dés[49]. « Point vagabond, mais animal domicilié[50] », comme le notera sur un plan zoologique Buffon (1707-1788) en 1758 dans son *Histoire naturelle, générale et particulière*, il jouit dans le *Roman* du château de Maupertuis[51], alternativement terrier[52], tanière[53], simple essart[54], solide château fort à pont-levis[55], ou forteresse imprenable[56]. Mû par des comportements de vassal et des sentiments humains de justice, de piété ou de repentir, mais toujours capable du pire, Renart a conscience du mal, et le sort de son âme l'emporte souvent sur le désir de vengeance qui anime ses adversaires. C'est en homme qu'il s'adresse au roi Noble pour répondre aux accusations qui sont portées contre lui, en homme qu'il se préoccupe de son salut et se confesse, en homme enfin qu'il est finalement condamné au pèlerinage, la croix cousue sur l'épaule, alternative hypocrite à la fuite suggérant une itinérance conforme à sa nature. Aussi prend-il dans ce cadre la posture du *contumax*, qualificatif suscitant la réprobation, récemment abrogé du vocabulaire pénal[57], terme appliqué à l'animal récalcitrant[58], portrait-robot de notre renard, avant même d'être rapporté à l'être humain. C'est lui qui fait défaut à la cour plénière et que Brun l'ours, Tibert le chat et Grimbert le blaireau sont chargés de ramener à la cour pour que puisse se tenir

46. « vostre chaiel », v. 990, « sa maisnie, gentil lignie, aliance », v. 1114, 1115, 1417. Sur ce point, renvoyons à J. Devard, *Le Roman de Renart*, *Le reflet critique de la société féodale*, L'Harmattan, Paris, 2010.

47. « Si le prennent par le giron », v. 1642.

48. « Mais li chevals a Renart trotte », v. 1196, et v. 598.

49. Br. XVIII, v. 273 et 276.

50. G.-L. Leclerc, comte de Buffon, *Histoire naturelle, générale et particulière*, t. 7, 1758, p. 75-76.

51. « A Malpertuis, a son repaire », v. 496 et v. 75.

52. « (...) devant mon crues », v. 1080.

53. « Por reposeer s'est trais arrière/Enmi le fons de sa taisniere », v. 502-503 ; « Renars issi de sa taisniiere », v. 814.

54. « Puis que il est en son essart », v. 1632.

55. « le pont levé », v. 1122 ; « Son bon castel, son bon donjon,/Sa forteresse et sa maison,/U il ne crient ost ne assaut », v. 1629-1631.

56. « Ne forteresse qu'il fesist », v. 98. Sur ce point, V. l'ouverture de la branche *Ib*, *Le Siège de Maupertuis*.

57. Le terme est supprimé à la suite de la condamnation de la France dans l'arrêt CEDH, 13 févr. 2021, req. n° 29371/96, *Krombach c/ France* comme notion heurtant le droit à un procès équitable du fait de l'absence de défenseur pour lui substituer une procédure dite de défaut criminel par la loi n° 2004-204 du 9 mars 2004 portant adaptation de la justice aux évolutions de la criminalité, dite « Perben II ». Sur ce point, renvoyons à la thèse de l'historienne du droit R. Guillas, *Le jugement de l'absent : la contumace dans la procédure romano-canonique (IXe-XIIIe siècles)*, thèse Paris II, 2022, p. 1-18.

58. *Dictionnaire historique de la langue française*, A. Rey (dir.), *op. cit.*, V° *Contumace*.

le procès sans cesse ajourné, en dépit ou au gré des exactions renouvelées de cette bête maudite, démontrant la relativité de la formule « sans autre forme de procès »[59].

Le ressort de cette branche du *Roman* joue de cette insaisissabilité, de même que de la difficulté pour le roi à juger *in absentia*, l'obligeant à réitérer convocations et ambassades infructueuses[60]. Ces hésitations expriment la tension des droits savants, entre désir de sanctionner le mépris à l'égard du juge que manifeste ce défaut[61] et l'impérieuse conservation de l'ordre judiciaire axé sur la paix, l'asile et le respect du contradictoire[62], gages d'une bonne justice. Le personnage concentre ainsi l'ensemble des stratégies d'évitement, de la fuite par un chemin de traverse, de sa propension à prendre la clef des champs, la tangente ou la poudre d'escampette[63] en cours de procédure comme de sa capacité à déjouer les pièges, quelle que soit l'ingéniosité des machineries à l'équilibre précaire[64], ou la nature de l'appât, boudin ou fromage. Sur un mode parodique, l'*habitus* du renard permet de décliner la pluralité de manœuvres propices à l'obstruction de la justice, et favorise la réduction du *contumax* à l'animalité, en même temps que le procédé traduit l'échec au roi et le triomphe de la ruse sur le droit.

Claire BOUGLÉ-LE ROUX
Maître de conférences HDR en histoire du droit
Directrice du Laboratoire DANTE (EA 4498)
Université de Paris-Saclay (UVSQ, Versailles)

59. « Sanz leal jugement mené », Br. XVIII, v. 1235, « sanz jugement », br. XXIII, v. 524, br. XXIV, v. 29.

60. « Que sires Nobles li lions/Toutes les bestes fist venir/En son palais por cour tenir », v. 16 ; « Mandés Renart à Malpertuis », v. 75 ; « Je ferai Renart ja mander/Quand Si que a vos ioeuls le verrés/Con grant venjance en sera prise,/Car j'en ferai molt grant juïse », v. 387-391. « Alés moi por Renart vïaus./Dites moi a rous deputaire/Que il me vegne tost droit faire », v. 733-735 et v. 998-1007.

61. « Se Renars a vers lui mespris », v. 58, et v. 231-233 et 932.

62. V. 254.

63. « Et Renars se meist ou sentier », v. 651.

64. E. Hardouin-Fugier, *Piéger les nuisibles : RSDA* 2012/1, et *Ad bestias… Regards sur le droit animalier*, X. Perrot et N. Maillard (dir.), Neta Vania/PULIM, 2023, p. 181-197.

CHAPITRE 6

ANIMAL ET ENVIRONNEMENT

Desportes, François (1661-1743), *La Chasse au loup*, 1725, huile sur toile, 336 × 332 cm,
France, Rennes, Musée des Beaux-Arts, © MBA, Rennes,
Dist. GrandPalaisRmn / Louis Deschamps.

LOUP

n. masc. Issu du latin *lupus*, de même sens. Mammifère carnassier de la famille des Canidés, qui a le port d'un grand chien, le poil le plus souvent gris tirant sur le jaune ou le roux, le museau pointu, la denture aiguë, les oreilles toujours droites, et qui vit à l'état sauvage dans certaines régions d'Asie, d'Amérique et d'Europe.

Expr. et loc. fig. *Avoir une faim de loup. Avoir des dents de loup*, très aiguës. *Être connu comme le loup blanc* (fam.), très connu. *Marcher à pas de loup*, sans bruit et précautionneusement.

Prov. et expr. proverbiales. *Quand on parle du loup, on en voit la queue*, se dit lorsque quelqu'un survient au moment où l'on parlait de lui.

Canis lupus

Qui craint le grand méchant loup ?

Poils hérissés et gueule béante, le *canis lupus* aurait pu devenir un animal mythologique, peuplant les seuls contes pour enfants à défaut d'arpenter nos pâturages. Considéré en 1937 comme éradiqué en France[1], le loup est alors, plus que jamais, une bête emblématique de l'imaginaire enfantin. À la même époque, aux États-Unis, les studios Walt Disney produisent le dessin animé *Les trois petits cochons* (1933), bientôt suivi d'autres courts-métrages brodant le même motif d'un canidé tout à la fois vorace et ridicule.

Trois quarts de siècle plus tard, le loup a repris du poil de la bête. Le voici errant, en chair et en os, sur le territoire national. Depuis 1979, la Convention de Berne – transposée en droit français dix ans après – en fait un animal protégé. Protection purement symbolique ? *Que nenni* car, franchissant les Alpes, le *canis lupus italicus* fait bientôt en France son grand retour. Dès 1992, deux individus sont observés dans l'arrière-pays

1. J.-M. Moriceau, *Un problème d'environnement rural : la dangerosité du loup en France. Du Moyen Âge au xxe siècle : Revista Portuguesa de Historia*, Coimbra, 2010, t. XLI, p. 12.

niçois, au Mercantour. Rapidement, les populations s'accroissent, d'abord dans les massifs montagneux puis, parfois, à proximité des zones urbaines, par exemple dans le Gard ou, récemment, aux portes de Toulouse. Naguère disparus, les loups gris seraient près d'un millier dans la France du début des années 2020 ; à telle enseigne que, si le droit prohibe par principe la chasse et la capture de cet animal sauvage, il n'en prévoit pas moins des dérogations. Sur le retour, le canidé est à nouveau une menace pour les troupeaux et, au-delà des « tirs de défense », il est désormais possible, sous certaines conditions, de procéder à des « tirs de prélèvement », comme l'a décidé en 2022 le préfet de la Lozère ; c'est-à-dire dans l'ancien Gévaudan. Le vieux monde serait-il de retour ?

Un fauve en clair-obscur

De la répression à la protection, ces mouvements de va-et-vient juridique illustrent sans doute l'ambiguïté de la figure du loup, mammifère essentiel d'un « bestiaire central » européen bien disséqué par Michel Pastoureau[2].

Monstre carnassier, le canidé revêt aussi, historiquement, les traits rassurants d'une nourrice : c'est la *lupa* des bords du Tibre, allaitant les jumeaux Remus et Romulus. Ainsi Rome, cité fondatrice de l'idée même de droit, fut-elle nourrie au lait de la louve. Toutefois, la femelle du loup est, elle aussi, un être ambigu, en clair-obscur, tantôt figure maternelle, tantôt évocation de la prostituée. Car Lupa, c'est aussi la bergère du Latium, seconde nourrice des jumeaux, et femme de petite vertu. De la Louve capitoline aux lupanars de Pompéi, il n'y a qu'un pas.

Cependant, si la *lupa* est nourricière, le *lupus* n'en demeure pas moins la figure archétypique de la menace civique. C'est un double de l'homme, pris en mauvaise part : ne dit-on pas, depuis Plaute : *homo homini lupus* ? Sa prétendue sauvagerie en fait un être étranger aux murs de la cité, qu'il souille lorsqu'il s'y hasarde[3]. Héritiers des Grecs, les Romains font du loup « l'anti-citoyen par excellence » et la négation même de l'idée de justice[4]. Ainsi, bien avant La Fontaine, les Anciens associent déjà le loup à la loi du plus fort. L'intrusion de ce carnassier est considérée comme un prodige funeste à la cité ; Tite-Live en consigne au livre XXVII de son *Histoire romaine*[5]. Parce que son irruption atteste de la rupture de la *pax deorum* (protection de la cité), celle-ci doit être

2. M. Pastoureau, *Le loup. Une histoire culturelle*, Paris, Seuil, 2018, 160 p.

3. J. Trinquier, *Les loups sont entrés dans la ville : de la peur du loup à la hantise de la cité ensauvagée*, in *Les espaces du sauvage dans le monde antique : approches et définitions. Actes du colloque (Besançon, 4-5 mai 2000)*, Besançon, Institut des Sciences et Techniques de l'Antiquité, 2004, p. 113-114.

4. F. Prescendi Morresi, *Religions de Rome et du monde romain*, in *Annuaire de l'École pratique des hautes études (EPHE), Section des sciences religieuses*, 2021, 128, p. 233.

5. C. Guittard, *Les prodiges dans le livre 27 de Tite-Live : Vita Latina* 2004, n° 170, p. 61.

expiée par des sacrifices et autres supplications. Féroce, l'animal a pour terrain naturel le champ de bataille, sous l'œil de Mars. C'est encore parce que le loup est emblématique de la sauvagerie que sa peau, selon le juriste Modestin, sert à revêtir et encagouler les coupables de parricide[6]. Cette ritualisation de l'exclusion sociale, à travers l'assimilation au canidé, n'est du reste pas propre à Rome, les anciennes sociétés germaniques témoignant aussi d'une association du proscrit à la figure lupine[7].

Le loup, bête ténébreuse : le *topos* est largement répandu au-delà de la civilisation romaine, tant en Égypte (Anubis, dieu funéraire à tête de loup ou de chacal) que chez les Grecs : Hadès revêt volontiers une peau de loup. Disséqué dans l'*Histoire des animaux* d'Aristote, le quadrupède fait l'objet de réglementations à Athènes, les lois de Solon instituant l'octroi de primes aux chasseurs (VIe siècle avant Jésus-Christ). En effet, il est avant tout un prédateur, dans les forêts du Péloponnèse comme dans les Fables d'Ésope (*L'Enfant qui criait au loup*).

Au Levant, les Écritures n'ignorent pas non plus notre quadrupède. Monstre destructeur (Genèse, 49, 27), il est aussi l'emblème d'une des douze tribus d'Israël, celle de Benjamin. Naturellement, le loup s'oppose à l'agneau. Toutefois le pécheur, qu'incarne le fauve, a vocation à se convertir. Aussi le livre d'Isaïe peint-il l'horizon d'une cohabitation : « Le loup habitera près de l'agneau, le léopard se couchera près du chevreau » (Is, 11, 6). Le canidé reste cependant une menace, en réalité comme en paraboles et, face à ce fléau, le troupeau (l'Église) a besoin du bon berger, celui qui ne l'abandonne pas : Jésus-Christ (Jn, 10, 12). Les sermons de saint Augustin sont traversés du même motif : « nous vivons entre les mains des voleurs et sous la dent de loups furieux » ; « laissez la voix du loup, suivez la voix du Pasteur » (Sermon XLVI).

Instrument du destin chez les Païens scandinaves (Fenrir), bête du diable chez les Chrétiens, le loup demeure toutefois, au Moyen Âge, une créature ambivalente et volontiers humanisée. Féroce et capable du pire, il lui est possible de s'amender et d'ouvrir son cœur, comme l'illustre la conversion du loup de Gubbio, devenu « frère Loup » (*Fioretti* de François d'Assise, chap. XXI).

Saint François a-t-il lu le *Roman de Renart* ? Il y aurait découvert un être bien différent de son compagnon ombrien. Cruel et colérique, Ysengrin est aussi ridicule, parce que cocu. Quoique connétable du roi Noble le lion, notre fauve prête à rire. En cela, le *Roman de Renart* illustre le net déclin de la peur du loup entre les XIIe et XIIIe siècles, avant que la crainte ne ressurgisse, de la Guerre de Cent Ans jusqu'aux Lumières[8].

---

6. A. Paturet, *La place de la coutume dans la société romaine et dans le droit romain classique : Noesis* 2020, 34, p. 115-142.

7. R. Jacob, *La question romaine du sacer. Ambivalence du sacré ou construction symbolique de la sortie du droit : Revue historique* 2006/3, n° 639, p. 574.

8. M. Pastoureau, *Le loup. Une histoire culturelle*, *op. cit.*, p. 63.

Littérature savante plus que populaire, l'œuvre narrant les tribulations du goupil et du loup n'est d'ailleurs pas exempte, tant s'en faut, de considérations juridiques, à l'instar du duel judiciaire à cheval opposant Renart à Ysengrin[9].

Bien sûr, le *Roman de Renart* est loin d'être la seule évocation littéraire du loup. Le fauve peuple bien des pages, que l'on songe aux contes (*Le Petit Chaperon rouge*, sous la plume de Perrault en 1697 puis des frères Grimm en 1857, dont le motif puiserait ses racines au Moyen Âge) ou encore aux Fables. S'inspirant d'Ésope, La Fontaine brode le thème de l'injustice, dont la rapacité lupine serait l'incarnation dans le règne animal (*Le Loup et l'Agneau*, 1668). Le droit (en l'espèce l'absence de droit et l'iniquité) irrigue la Fable, de son commencement – « la raison du plus fort est toujours la meilleure » – à sa fin : « le loup l'emporte et puis le mange, sans autre forme de procès ». Ainsi, dans cette fable où « la force éclipse le droit, La Fontaine démontre en définitive sa cruelle nécessité »[10].

Mais si loup affamé rime avec cruauté, le fauve incarne aussi la liberté, l'absence de laisse et de collier (*Le Loup et le Chien*). Vivant à l'état de nature, hors des devoirs imposés par l'homme, le loup mène une existence primitive, précaire certes, mais aussi pré-civique. On retrouve pourtant sa gueule béante dans un haut lieu de la civilisation classique : aux Invalides. Là, un loup encadre un œil-de-bœuf, subtile référence au ministre Louvois (« le loup voit »). Énigmatique comme toujours, le loup est porteur d'ambiguïtés symboliques.

Ces ambivalences demeurent jusqu'à nous. Pendant la Seconde Guerre mondiale, le loup est en même temps le quadrupède lubrique de Tex Avery (1942) et la froide créature donnant son nom au sinistre QG d'Hitler (« La Tanière du loup »). De nos jours, le canidé est tout à la fois une inoffensive peluche pour enfants (« P'tit Loup »), une référence éducative dans le cadre du scoutisme (les louveteaux, en référence au *Livre de la Jungle* de Kipling) et… une métaphore désignant le terroriste isolé (le fameux « loup solitaire »).

Une lutte millénaire

Au-delà de la forêt de symboles que déploie le bestiaire lupin, ce qui se joue entre l'homme et le loup, c'est surtout une « guerre de deux mille ans »[11]. En France, ce conflit a longtemps mobilisé deux types de troupes : les louvetiers et les chasseurs particuliers.

9. *Ibid.*, p. 62. V. égal. J. Subrenat, *Trois versions du jugement de Renart*, in *Mélanges de langue et littérature françaises du Moyen Âge offerts à Pierre Jonin*, Aix-en-Provence, PU de Provence, 1979, p. 623-643. V. aussi C. Bouglé-Le Roux, « *U par juïse, U par bataille* », *Les preuves dans le* Roman de Renart, in B. Hervouët (dir.), *L'évolution des modes de preuves, du duel de Carrouges à nos jours*, Limoges, PU Limoges, 2014, p. 17-42.

10. C. Bouglé-Le Roux, *La littérature et le droit. Anthologie illustrée, du* Roman de Renart *à Michel Houellebecq*, Paris, LexisNexis, 2e éd., 2021, p. 115.

11. J.-M. Moriceau, *L'homme contre le loup : une guerre de deux mille ans*, Paris, Pluriel, coll. « Pluriel », 2013.

La Louveterie puise ses racines dans un capitulaire carolingien (*De Villis*, en 813) mais son organisation définitive date de l'époque moderne, sous François Ier (ordonnance de mai 1520). Il s'agit d'un corps de veneurs dédiés à la traque du canidé. Œuvrant sous la conduite d'un « grand louvetier de France » nommé par le roi, les lieutenants de louveterie jouissent du privilège exclusif de la chasse au loup dans les forêts domaniales et dans les biens des communautés[12]. Ils bénéficient aussi d'exemptions assez remarquables (de la taille, notamment). Entretenant des meutes, ils ont le pouvoir de contraindre les habitants à participer aux battues, et prélèvent également sur ceux-ci un droit de deux sols par feu et par loup ; les bêtes tuées devant impérativement être présentées sous vingt-quatre heures au greffe de justice le plus proche. En somme, les louvetiers sont « les techniciens » de cette guerre menée au fauve.

Il faut encore citer les chasseurs particuliers. Sous l'Ancien Droit, l'art cynégétique est en principe réservé aux nobles. Pourtant, la traque du loup fait exception, l'ordonnance de François Ier de mars 1516 ouvrant aux roturiers la chasse des animaux nuisibles. Les habitants s'organisent ; que l'on songe aux « Brûleurs de loups » du Dauphiné[13]. L'ardeur des chasseurs est stimulée par un système de primes versées sur présentation des têtes des bêtes[14]. Le montant varie d'une province à l'autre mais aussi selon l'animal tué (une louve vaut plus cher qu'un loup ou qu'un louveteau)[15].

La menace ne se borne pas aux campagnes : aux heures sombres de la Guerre de Cent Ans, les loups avaient fait leur entrée dans Paris (1421). Quelques années plus tard, le *Journal d'un Bourgeois de Paris* relate : « furent les loups si esragez de manger cher homme, de femme ou d'enfens », que quatorze personnes furent dévorées durant la dernière semaine de septembre 1439, entre Montmartre et la porte Saint-Antoine[16]. « Nécessité fait gens mesprendre, et faim saillir le loup du bois », écrit François Villon en 1461[17].

Les années 1570-1607 constituent « le paroxysme » de la peur du loup[18]. Non content de provoquer la peur des ruraux, le fauve aiguise aussi l'intérêt des juristes. Mais plus

12. A. Poitrineau, V° *Louveterie*, *in* F. Bluche (dir.), *Dictionnaire du Grand Siècle*, Paris, Fayard, 2005, p. 911.

13. *Ibid.*

14. A. Poitrineau, V° *Loups*, *in* L. Bély (dir.), *Dictionnaire de l'Ancien Régime*, Paris, PUF, coll. « Quadrige », 2010, p. 764.

15. En 1788, les États de Languedoc décident ainsi que les diocèses accorderont « dix-huit livres par tête de loup, vingt-quatre livres par tête de louve, et six livres par louveteau, qui auront été tués ou pris dans le territoire de quelque communauté que ce soit, dépendante dudit diocese ». V. la délibération des États de Languedoc, 10 janv. 1788, Arch. dép. de l'Hérault, C 7643, f° 377-378.

16. *Journal d'un bourgeois de Paris. 1405-1449. Publié d'après les manuscrits de Rome et de Paris par Alexandre Tuetey*, Paris, Honoré Champion, 1881, p. 348.

17. F. Villon, *Le Grand testament*, 1461, XXI.

18. J.-M. Moriceau, *L'homme contre le loup*, *op. cit.*

que l'animal, c'est la lycanthropie (loups-garous) qui les fascine. Non loin de France, le cas de Gilles Garnier (1576), condamné à mort par le Parlement de Dole, est passé à la postérité[19]. Jean Bodin, théoricien de la souveraineté moderne (*Les Six Livres de la République*, 1576) mais aussi auteur d'une *Démonomanie des sorciers* (1580), signale d'ailleurs l'intérêt de l'affaire[20]. Plus largement, Bodin consacre aux loups-garous le chapitre VI du livre II de la *Démonomanie* : « De la lycanthropie, et si les esprits peuvent changer les hommes en bestes »[21]. Selon lui, les loups-garous ne sont pas de vrais animaux car « les autres Loups naturels courent apres les bestes, et ceux-cy plus souvent apres les hommes »[22]. En d'autres termes, les attaques contre les hommes ne sont jamais ou rarement le fait d'authentiques carnassiers, mais bien d'hommes changés en loups[23]. Sous la plume de Bodin, si homme et démon sont stigmatisés, l'animal en sort, *in fine*, exonéré. Quelques années plus tard, un autre juriste angevin, l'avocat Jean Beauvois de Chauvincourt, fait paraître un *Discours de la lycantropie, ou De la transmutation des hommes en loups* (1599) appelant, sans surprise, à la répression judiciaire, à une « punition exemplaire » contre les sorciers se muant en fauves[24].

Cette répression criminelle s'articule non pas autour du flagrant délit – aucun meurtrier n'a jamais été pris sur le fait sous sa forme lupine ! – mais des aveux, des déclarations des accusés[25]. La matérialité des faits ne pouvant être établie, c'est sur la démonstration de la possession diabolique que se concentrent les juges.

Ces affaires sont bien moins nombreuses dans le royaume de France qu'en Franche-Comté. Seuls deux procès sont attestés dans les annales judiciaires françaises : les affaires *Jacques Roulet* à Angers (1598) et surtout *Jean Grenier* à Bordeaux (1603), le détail de cette dernière étant connu grâce aux écrits du magistrat bordelais Pierre de Lancre[26]. Dans les deux cas, la folie a permis aux accusés d'échapper à la potence ; mais en appel, après une condamnation en première instance[27]. Car, lit-on au procès Grenier, si « Sorciers, Magiciens, et ceux qui ont communication avec le Diable sont pendus et apres bruslés en France, mesmes quelquesuns des Juges opinerent à la mort

19. V. dans cet ouvrage la contribution de C. Bouglé-Le Roux, *Yéti,* Homo nivalis, p. 580-587.

20. J. Bodin, *De la Démonomanie des sorciers*, à Paris, chez Jacques Dupuys, 1580, livre II, chap. VI, p. 106v-107r.

21. *Ibid.*, p. 105r-115v.

22. *Ibid.*, p. 108v.

23. M. Pastoureau, *Le loup, une histoire culturelle*, *op. cit.*, p. 77.

24. J. Beauvois de Chauvincourt, *Discours de la lycantropie, ou De la transmutation des hommes en loups*, à Paris, chez J. Rezé, 1599, p. 22.

25. P. Nieto, *Les loups-garous devant la justice (XVIe-XVIIe siècle) : l'hybridité comme mobile du crime « inhumain »*, *in* M. Besseyre, P.-Y. Le Pogam et F. Meunier (dir.), *L'animal symbole*, Paris, Éditions du Comité des travaux historiques et scientifiques, 2019, p. 108-109.

26. P. Nieto, *Les loups-garous devant la justice…*, *loc. cit.*, p. 105.

27. *Ibid.*

en ce jugement. Toutesfois Monsieur le President Nesmond remonstra que ce jeune garçon [Grenier] estoit idiot, qu'il ne sçavoit sa creance, mesmes qu'il ne sçavoit point combien de jours il y avoit en la sepmaine, et partant apparoissoit que le malin esprit s'estoit servy de cest esprit triste, melancholique et hebeté comme d'un instrument pour exercer sa malice contre le genre humain »[28]. Dans les affaires de lycanthropie, c'est toujours la sorcellerie que les juges cherchent à réprimer, mais il semble que l'affaire *Grenier*, à Bordeaux, constitue « un frémissement », comme le remarque l'historien du droit Xavier Perrot : « "La passion d'esprit" (*i.e.* la folie) semble aux magistrats plus en cause ici que les sortilèges et autre emprise diabolique »[29].

Reste que les méfaits commis par des loups excitent l'imagination commune. La cruauté de certaines bêtes semble si formidable qu'on s'interroge sur leur nature : tel fut le cas, trois années durant, de la « Bête du Gévaudan » (1764-1767). Vite perçue comme un « monstre mythique » par l'opinion publique (alimentée par la presse, notamment le *Courrier d'Avignon*), la Bête (ou *les* bêtes) a bien existé. Le nombre des victimes oscille autour d'une centaine[30]. Las ! Chasseurs, veneurs et troupes de Louis XV (le régiment de Clermont-Prince, mandé par le commandant du Languedoc) sont impuissants à l'anéantir. Certes, en 1765, le porte-arquebuse du roi, François Antoine, abat un loup gigantesque, bientôt empaillé et montré à Versailles[31]. Antoine et son équipage sont gratifiés de 30 000 livres – somme considérable – par la Couronne, mais les attaques se poursuivent. Au gré des battues, certains épisodes entrent dans la légende, tel le combat de Marie-Jeanne Vallet. Ce n'est qu'en juin 1767 qu'un chasseur du Vivarais, Jean Chastel, abat un grand fauve, suite à quoi les attaques cessent pour de bon[32]. Était-ce « la » Bête ?

Une certitude : la traque a nécessité de l'argent public, comme le montrent les comptes des frais de chasse, conservés à la Bibliothèque nationale[33]. Tenu par l'intendant de Languedoc et par le syndic du diocèse de Mende, ce document comptable illustre l'effort financier consenti par les États de Languedoc, tant aux fins de la récompense des chasseurs qu'à celles de l'indemnisation des victimes.

---

28. H. Lévy-Bruhl, *Un loup-garou, devant le Parlement de Bordeaux en 1603* : *Revue de folklore français*, Paris, Première année, 1930, p. 177-185.

29. X. Perrot, *La malebeste, le juge et le Démon. Le procès du lycanthrope Jean Grenier en 1603* : *RSDA* 2014, 1, p. 380. V. aussi, plus largement, J.-M. Apostolidès, *Lycanthropie et rationalité juridique à l'aube du* XVII*e siècle*, in *Littératures classiques* automne 1995, n° 25, « L'irrationnel au XVIIe siècle », p. 161-185.

30. Les estimations fluctuent, mais Jean-Marc Moriceau établit le bilan à 81 victimes, dont 55 femmes. V. J.-M. Moriceau, *La Bête du Gévaudan. Mythes et Légendes*, Paris, Tallandier, Texto, 2021, p. 447-455.

31. V. C.-É. Vial, *La bête du Gévaudan et ses archives : Revue de la BNF* 2018/1, n° 56, p. 27.

32. J.-M. Moriceau, *La Bête du Gévaudan*, *op. cit.*, p. 328.

33. Bibliothèque nationale de France, Manuscrits, Français 7847. V. C.-E. Vial, *La bête du Gévaudan et ses archives*, *loc. cit.*, p. 22-29.

Vingt ans plus tard, la Louveterie est sur la sellette. Des conflits l'opposent notamment aux officiers des Eaux et Forêts[34]. Surtout, en 1787, la dette oblige Louis XVI à supprimer la Louveterie[35]. Pourtant, à la veille de la Révolution, le carnassier rôde toujours. Dans le Berry, les cahiers relèvent que « le ravage occasionné par les loups mérite, qu'à l'exemple de l'Angleterre, on s'occupe de leur destruction »[36]. On invoque volontiers sa présence pour réclamer l'élargissement du droit de chasse et l'organisation de traques plus fréquentes. En Bourgogne, le tiers-état de Chalon-sur-Saône demande ainsi « que les habitants des campagnes soient autorisés et même tenus de faire chaque année, sous la conduite de l'échevin, des chasses générales pour détruire les loups, sangliers, renards et autres animaux nuisibles ; qu'il soit en conséquence défendu aux seigneurs et à tous autres de leur enlever ou faire enlever leurs fusils et de tuer ou faire tuer leurs chiens »[37].

Dans l'ensemble, ces vœux sont exaucés car, en matière cynégétique comme ailleurs, la nuit du 4 août voit l'abolition du privilège. Le droit de chasse est libéralisé par la Constituante. Tout propriétaire peut œuvrer à la destruction des loups sur ses propres terres seulement (D. 11 août 1789). D'inspiration libérale, ce principe d'autodéfense s'avère inefficace face aux meutes qui, chassées des propriétés, se multiplient dans leurs sanctuaires, au plus profond des forêts. L'heure est donc à l'offensive. Ainsi, le mécanisme des primes, supprimé en 1789, fait son grand retour. Sous la Constituante et la Législative (L. 28 sept. et 6 oct. 1791), le système est nationalisé et le recours aux chasseurs particuliers devient la norme[38]. Le montant des primes augmente sous la Convention et il est à nouveau calculé selon la nature de la prise (D. 11 ventôse an III). Leur valeur diminue ensuite sous le Directoire, mais la centralisation progresse encore. Ainsi, aux termes de la loi du 10 messidor an V, l'agent municipal établit le procès-verbal de destruction de l'animal, puis l'adresse à l'Administration départementale, après quoi le ministère de l'Intérieur délivre au receveur départemental l'ordre de paiement. Surtout, les caisses du Directoire sont vides. Faute de battues régulières, le loup revient, encore et toujours[39]. Il faut attendre l'Empire pour que la Louveterie soit restaurée, en 1805 : face aux bêtes à poils, l'État reprend la main et montre ses griffes (D. 8 fructidor an XII).

34. V. not. l'arrêt du Conseil du 15 janvier 1785, portant règlement pour les chasses aux loups, *in* F.-A. Isambert *et al.*, *Recueil général des anciennes lois françaises, depuis 420 jusqu'à la Révolution de 1789*, Paris, Belin-Leprieur, 1827, t. XXVIII, p. 4-7.

35. V. l'article 5 du Règlement du roi sur quelques dépenses de sa maison et de celles de la reine, Isambert, *ibid.*, t. XXVIII, p. 418.

36. Article 56 du cahier du tiers-état du bailliage d'Issoudun, *Archives Parlementaires de 1787 à 1860 – Première série (1787-1799)*, Paris, Librairie Administrative P. Dupont, 1879, t. II, p. 332.

37. Cahier du tiers-état du bailliage de Chalon-sur-Saône, *Archives Parlementaires...*, t. II, p. 609.

38. A. Molinier, *Une cartographie des loups tués en France et dans les territoires sous contrôle français vers 1800. Jalons pour une écologie des loups*, in *Le Monde alpin et rhodanien. Revue régionale d'ethnologie* 1-3/2002, « Le fait du loup. De la peur à la passion : le renversement d'une image », p. 102.

39. *Ibid.*, p. 103.

Le XIXe siècle est une longue marche vers l'éradication. L'homme-clé est le préfet, autorité déconcentrée dont l'action est relayée par les louvetiers. S'agissant de la louveterie comme de la chasse aux loups, les pratiques s'homogénéisent car l'éradication du fauve devient une politique nationale. Aussi n'est-il pas usurpé, avec Éric Fabre, de voir « dans l'histoire de la destruction des loups au XIXe siècle (...) une histoire du centralisme français »[40]. Combinée aux progrès techniques, cette centralisation de l'action des pouvoirs publics est une cause majeure de l'éradication du loup.

Les années 1880 sont celles de l'hallali. Sous la IIIe République, la loi du 3 août 1882 relative à la destruction des loups conserve le système des primes mais en augmente considérablement le montant. Surtout, celles-ci sont désormais à la charge de l'État et non plus des départements. La chasse reprend de plus belle, faisant fondre les populations lupines. En outre, le vaccin mis au point par Pasteur (1885) fait décroître la peur du fauve enragé. Le loup a disparu entre les deux guerres. La Louveterie, telle que réorganisée en 1971, a pour mission le maintien de l'équilibre de la faune sauvage[41]. On croit alors reléguer la bête dans les brumes d'un passé lointain.

Depuis le retour du loup il y a trente ans, nous assistons à un fascinant chassé-croisé. Comme animal sauvage, le *canis lupus* est désormais protégé par le droit, défendu par les activistes, voire humanisé ; mais comme élément symbolique, son ombre portée sert toujours à diaboliser l'homme. Dans le champ des symboles comme dans le maquis des réalités, le loup demeure, pour l'*homo juridicus*, une sorte de double, qu'on le protège ou qu'on le réprime.

Le loup est revenu. Nous a-t-il jamais quittés ?

Thibault BARBIEUX
Maître de conférences en histoire du droit
Université de Paris-Saclay (UVSQ, Versailles)
Laboratoire DANTE (EA 4498)

40. É. Fabre, *La destruction des loups au XIXe siècle. La technique, l'État et les milieux naturels en France : Revue d'histoire du XIXe siècle* [En ligne], 2017, n° 54, p. 88.

41. L. n° 71-552, 9 juill. 1971, tendant à adapter le corps des lieutenants de Louveterie à l'économie moderne.

Bry, Jean Théodore de (1561-1623), *Bible latine illustrée* : *Moise devant Pharaon ; sauterelles (Ex IX)*, 1609, burin (estampe), France, Magny-les-Hameaux, Musée de Port-Royal des Champs, © GrandPalaisRmn (musée de Port-Royal des Champs) / Michel Urtado.

Les insectes et le droit canonique

Cyrille DOUNOT
Professeur d'histoire du droit
Université Toulouse I Capitole
Centre Toulousain d'Histoire du Droit et des Idées Politiques (EA 789)

Si les insectes ont mauvaise presse en général, et dans la littérature religieuse en particulier, cela est dû à certains souvenirs néfastes où ces animaux, par leurs ravages, ont dévasté des récoltes et semé la mort[1]. Tributaires d'une zoologie hésitante, les Anciens rangeaient dans une même catégorie de nuisibles les vers, les chenilles, les hannetons, les sauterelles et autres insectes perçus comme instruments de Dieu pour le châtiment des péchés, ou instruments du diable pour tourmenter les pécheurs. Les plaies d'Égypte ne sont pas étrangères à cette déréliction des insectes, au sein desquelles les poux (Ex. 8, 16-19), les mouches (Ex. 8, 20-31) ou les sauterelles (Ex. 10, 13-14) ont exprimé la colère divine. Pourtant, une autre tradition, tout aussi catholique, fait des insectes ou de certains d'entre eux des images du Christ et des animaux bienveillants, objets de bénédictions. Le bestiaire du Christ s'honore ainsi de comporter le ver, emblème du Christ humilié prophétisé dans le psaume du roi David, *ego sum vermis, et non homo* (Ps. 21, 7), la « lumière vivante » du lampyre (ver luisant), la chaste et féconde abeille dont le miel rappelle la douceur du Christ et la cire alimente les luminaires qui symbolisent la Lumière du monde, ou encore le sphex, image du Christ-Sauveur arrêtant les ravages du mal (*i.e.* les sauterelles)[2]. Ainsi, nous oscillons entre la bénédiction et la malédiction, le droit de l'Église ayant part aux deux tendances.

1. Nous prenons ici le sens vulgaire du mot insectes, et non son sens zoologique : sont ainsi rangés sous cette catégorie des insectes, des vers, des coléoptères, *etc.*

2. L. Charbonneau-Lassay, *Le bestiaire du Christ. La mystérieuse emblématique de Jésus-Christ*, Paris, Albin Michel, 2006 [1941], p. 835 et s.

I. – La bénédiction

L'Église manifeste sa bienveillance par le biais des bénédictions qu'elle prodigue, actes liturgiques encadrés par des normes juridiques au sein de rituels, recueils de formules sacramentelles ou sacramentales. Les rituels qui mentionnent les insectes le font en bonne part dans la majorité des cas, en commençant par les abeilles, l'exemple le plus universel donné lors de la vigile pascale pour l'Église entière. L'*Exultet* mentionne à deux reprises nos insectes, exaltant « la flamme montant de cette colonne de cire que l'industrie des abeilles a produite », flamme qui « s'alimente à la cire que l'abeille féconde a distillée pour nourrir ce précieux luminaire »[3]. Le rituel de la Chandeleur invoque également les abeilles, lors de la bénédiction des cierges, rappelant que Dieu a « ordonné que, par le travail des abeilles, cette substance serait transformée en cire »[4]. Par emprunt au droit romain, permettant de faire porter des cierges allumés devant l'empereur, l'usage civil devenu rite liturgique se trouve consigné dès l'Antiquité dans le concile de Carthage de 398 (can. 13), puis dans le Décret de Gratien : l'acolyte fera office de céroféraire lors des offices liturgiques (D. 25, c. 1)[5]. Le droit canonique fait obligation, depuis le Moyen Âge, d'employer à la messe des cierges contenant au moins une part de cire d'abeille[6]. Chose étonnante, cette réglementation est aussi assumée par le droit civil[7]. Par la suite, le cérémonial des évêques se contentera de prescrire l'usage de cire commune (jaune) ou de cire blanche, sans préciser la part de l'abeille[8]. Le Code de droit canonique de 1917 précisera que la lampe qui doit brûler jour et nuit devant le Saint-Sacrement sera « entretenue avec de l'huile d'olives ou de la cire d'abeilles » (can. 1271).

---

3. I. Schuster, *Liber sacramentorum. Notes historiques et liturgiques sur le missel romain*, Bruxelles, Vromant, t. 4, 1929, p. 69.

4. I. Schuster, *Liber sacramentorum. Notes historiques et liturgiques sur le missel romain*, Bruxelles, Vromant, t. 6, 1930, p. 240. Sur le symbolisme de la cire d'abeille, V. M. Albert-Llorca, *Les « servantes du Seigneur ». L'abeille et ses œuvres : Terrain* 1988, vol. 10, p. 23-36.

5. Le concile d'Aix de 816 indique l'identité des noms : « Acolyti grece, latine, ceroferarii dicuntur » (cap. 131).

6. Concile de Bourges de 1031, concile de Rouen de 1050, *etc. Cf.* Ch.-L. Richard, *Analyse des conciles généraux et particuliers*, Paris, Vincent, t. 3, p. 437-438, V° *Cierge*. Au XIXe siècle, la Congrégation des rites a commencé à autoriser, exceptionnellement, l'usage d'autres matières : cire d'arbre en Chine, blanc de baleine en Océanie, stéarine en Europe, *etc. Cf.* V. Boissonnet, *Dictionnaire des décrets des diverses congrégations romaines*, Petit-Montrouge, Migne, 1852, V° *Cierge*, col. 344-345.

7. Ministère de l'Agriculture, Circ. n° 134 aux agents de la répression des fraudes, 20 janv. 1937 : *JO* 23 janv. 1937, p. 940. Afin de garantir les « usages loyaux du commerce des cierges et bougies », les produits intitulés « cire liturgique » ou accompagnés du qualificatif « autorisé » ou « approuvé » doivent être « exclusivement constitués par de la cire d'abeilles, à moins que leurs vendeurs n'indiquent expressément, en caractères très apparents, la proportion de cire d'abeilles qu'ils renferment », *cf.* P. Bayart, *Cierges*, *in* R. Naz (dir.), *Dictionnaire de droit canonique*, Paris, Letouzey & Ané, 1942, t. 3, col. 725.

8. *Cæremoniale Episcoporum* II, 10, 2.

Autre mention des insectes à la messe, tout accidentelle celle-là : l'attitude à tenir par le célébrant lorsqu'une « mouche, une araignée ou quelque chose de semblable » vient à tomber dans le calice[9]. Deux hypothèses sont dégagées par Durand de Mende : si cela survient avant la consécration, le vin est à jeter dans la piscine et à remplacer ; si l'insecte tombe après la transsubstantiation, il faut le mettre de côté après l'avoir arrosé de vin, puis le brûler et jeter la cendre dans la piscine[10].

Un second insecte, le ver à soie, a fait l'objet de bénédictions. Il est vrai que le cycle de vie de ce lépidoptère a de longue date suggéré la vie du Christ, de la naissance à la mort et à la résurrection. Cette ancienne bénédiction, largement pratiquée au XVIIIe siècle, « s'est maintenue en Cévennes jusqu'à l'arrêt de la sériciculture dans les années 1960 »[11]. Le rituel du diocèse de Toulon contient la bénédiction de ces créatures, « pour qu'en leur temps elles se multiplient, et que d'elles on tire une soie abondante » servant à l'ornementation des autels[12]. Une formule de bénédiction des graines de vers à soie est approuvée spécialement par la Congrégation des Rites, en 1857, sur l'invocation d'une ancienne coutume[13]. Le décret spécial rendu pour Avignon, qui sera renouvelé pour le diocèse de Toulouse en 1861, contient le texte de la bénédiction, demandant à Dieu de bénir ces *bombycum semina*, en vue de leur multiplication pour « orner les saints autels de leurs œuvres », afin que les fidèles, profitant de leur éclat et faisant bon usage de toutes choses, louent Dieu de tout leur cœur.

Les insectes sont aussi des nuisibles, appréhendés tels quels par de nombreuses dispositions. Gratien ne les évoque d'ailleurs qu'une seule fois, mais à ce titre[14]. Reprenant le commentaire de saint Jérôme sur le prophète Malachie, il rappelle à quel point est coupable celui qui refuse de payer la dîme, s'exposant par là même à voir ses champs « ravagés par les sauterelles, les chenilles et toutes sortes de vers rongeurs, et qu'ainsi soient perdus les travaux des hommes » (C. 16, q. 1, c. 65).

9. G. Durand, *Rational ou manuel des divins offices* [IV, 42, 12], trad. Ch. Barthélemy, Paris, Vivès, 1854, t. 2, p. 296, V. égal. Th. Gousset, *Théologie morale*, Paris, Lecoffre, 9e éd., 1853, t. 2, n° 366, p. 227-228.

10. C.-L. Richard, *Dictionnaire universel, dogmatique, canonique, historique, géographique et chronologique, des sciences ecclésiastiques*, Paris, Rollin, 1760, t. 3, p. 948.

11. F. Clavairolle, *Le magnan et l'arbre d'or. Regards anthropologiques*, Paris, Éd. de la Maison des sciences de l'homme, 2003, p. 75, qui renvoie à J. Delumeau, *Rassurer et protéger, le sentiment de sécurité dans l'Occident d'autrefois*, Paris, Fayard, 1989, p. 55.

12. T. Gousset, *Instructions sur le rituel par Monseigneur Louis-Albert Joly de Choin*, Paris, Gauthier frères, 1826, t. 6, p. 601.

13. X. Barbier de Montault, *Rome. Le droit papal*, in *Œuvres complètes*, Paris, Vivès, 1892, t. 5, p. 45.

14. Nous excluons le canon *In apibus* (C. 7, q. 1, c. 41) qui se sert de la comparaison des abeilles et des grues pour affermir le principe monarchique et rejeter la dualité d'évêques sur un même territoire.

Le pape Alexandre III rappellera plus tard, par la décrétale *Nuncios*, l'obligation de payer la dîme sur le fruit des abeilles (X, 3, 30, 6)[15].

C'est à ce titre de nuisible que les insectes, avant même d'être maudits ou exécrés, peuvent être les sujets d'une bénédiction renversée : la bénédiction des champs et cultures *contre* les rats, les sauterelles, les chenilles et les insectes, dite également bénédiction des champs pour en chasser ces animaux nuisibles. De nombreux rituels diocésains contiennent cette formule de bénédiction, issue du rituel romain de Paul V de 1614[16]. Le prêtre, revêtu du surplis et de l'étole violette, la prononce avant d'asperger le champ d'eau bénite :

> *« Dieu éternel et tout-puissant, auteur et conservateur de toutes bonnes choses, au nom duquel tout genou fléchit au ciel, sur terre et dans les enfers, accordez que ce que nous faisons, confiants en votre miséricorde, obtienne un résultat efficace par votre grâce : isolez ces vers* (ou *rats, chenilles, oiseaux, sauterelles ou autres animaux nuisibles) en les séparant, chassez-les en les exterminant, afin que nous soyons délivrés de cette calamité, et puissions rendre grâce à votre majesté ».*

Les oraisons qui suivent réfèrent à Moïse et Aaron ayant averti les pécheurs « par les fléaux des sauterelles, des chenilles, des moustiques et des autres plaies », et appellent la bénédiction de Dieu sur les champs pour, entre autres, leur éviter d'être « rongés par les animaux nuisibles ». Après l'aspersion, le rituel prescrit une dernière prière renvoyant à l'injonction du Christ de prêcher l'Évangile à toute créature, et sollicitant la clémence divine de libérer les populations de la « calamité [qu'elles souffrent] de ces vers (ou rats, chenilles, oiseaux, sauterelles ou autres animaux) » et que, par la puissance divine, « ces nuisibles soient expulsés, ne nuisent à personne et soient chassés de ces champs (ou vignes, ou jardins) »[17]. C'est cette bénédiction que l'on retrouve insérée ici ou là dans quelques statuts diocésains sous des noms divers et variés, comme les « Prières contre les insectes qui gâtent les biens de la terre » annexées par Mgr Charles de Caylus aux statuts d'Auxerre de 1738[18].

---

15. Les canonistes précisent que la dîme est due pour tous les fruits, « melle & cera », *cf.* P. Laymann, *Jus canonicum commentario perpetuo explicatum*, apud Joannem Casparum Bencard, Dillingen, 1698, t. 3, p. 361.

16. *Rituel romain du pape Paul V, traduit en françois*, Toulouse, Caranove, 1712, p. 368-370. Elle provient du *Liber sacerdotalis* vénitien de 1523, approuvé par Léon X. Le Rituel de 1624 sera repris, par exemple, par le *Rituel de Bourges*, Bourges, Toubeau, 1666, p. 254-256, le *Rituel d'Alet*, 2nde partie, Paris, Savreux, 1677, p. 20-23, le *Rituel du diocèse du Mans*, Paris, Lambert, 1775, 2e partie, p. 10-13, *etc.*

17. Prière reprise par le *Rituel romain*, dans son supplément (Paris, éd. Mame, 1906, p. 98) sous le titre *Benedictio deprecatoria contra mures, locustas, bruchos, vermes et alia animalia nociva.*

18. *Ordonnances synodales de Mgr l'illustrissime et révérendissime évêque d'Auxerre, publiées dans le synode tenu au palais épiscopal d'Auxerre, les 18 et 19 juin 1738*, Paris, Lottin, 1742, p. 265-268.

Un rituel diocésain plus complet que les autres propose en outre une exhortation, en français, expliquant en quoi ces insectes « sont les instruments dont se sert la justice divine pour punir [les] péchés », et comment l'intercession des saints, de la Vierge et l'humble prière à l'Agneau sans tache pourra « faire cesser le fléau » qui les afflige, et, le cas échéant, permettre de faire un « saint usage » des fruits de la terre « pour mériter la possession éternelle des biens inestimables du ciel »[19].

II. – La malédiction

La malédiction qui frappe directement l'insecte, et non plus son habitat, va se révéler double, regroupant à la fois de véritables procès canoniques et un ensemble de pratiques variées, exorcismes, malédictions ou anathèmes lancés contre ces animaux nuisibles, comme en 1648, dans le diocèse d'Autun, où l'évêque fait distribuer à ses curés réunis en synode des instructions pour « excommunier et exterminer les chenilles et autres insectes » qui attaquent les arbres et les fruits[20], ou encore en juin 1719, à Nancy, où il se fit une excommunication des « sauterelles qui perdaient les foins »[21]. Dans le diocèse de Besançon, ces adjurations sont à la fois nombreuses (cent dix demandes à l'archevêque d'autoriser ces exorcismes d'animaux ravageant les cultures entre 1729 et 1762) et éparpillées entre quatre-vingt-dix-sept paroisses, dont les curés ne savent trop comment procéder[22].

Si le recours aux processions rogatoires, avec aspersion d'eau bénite, est attesté dès le haut Moyen Âge pour se prémunir des infestations, causes de disettes, les exorcismes, en revanche, « ne sont attestés qu'à partir des XIVe-XVe siècle, et ceci surtout sur la base des premiers actes de procès »[23]. Car, dans la cohorte des animaux objets de procès, les insectes tiennent une place qui n'est pas négligeable, avec cette particularité de mobiliser presque toujours la juridiction

19. Mgr F.-J. de Partz de Pressy, *Rituel du diocèse de Boulogne*, Boulogne, Ch. Battut, 1780, 2nde partie, p. 96-101.

20. T.-J. Schmitt, *L'organisation ecclésiastique et la pratique religieuse dans l'archidiaconé d'Autun de 1650 à 1750*, thèse lettres, Dijon, 1952, p. XCII, n. 27.

21. C. Pfister (éd.), *Journal de ce qui s'est passé à Nancy (...) par le libraire Jean-François Nicolas. Mémoires de la Société d'Archéologie lorraine*, t. XLIX, 1899, p. 265, cité par C. Sadoul, *Les procès contre les animaux. Les Souris de Contrisson : Le Pays Lorrain* déc. 1925, 17e année, n° 13, p. 529-533.

22. E. Baratay, *L'excommunication et l'exorcisme des animaux aux XVIIe-XVIIIe siècles, une négociation entre bêtes, fidèles et clergé : Rev. d'Histoire ecclésiastique* 2012, t. 107, p. 223-254. L'auteur montre bien la concentration des demandes sur quelques années au climat propice au pullulement des insectes, et les sollicitations pressantes des fidèles.

23. C. Chêne, *Juger les vers. Exorcismes et procès d'animaux dans le diocèse de Lausanne (XVe-XVIe siècle)*, Lausanne, Cahiers lausannois d'histoire médiévale, 1995, p. 14.

ecclésiastique[24]. Si les premiers exemples naissent à la fin du Moyen Âge, c'est à l'époque moderne qu'ils fleurissent, spécialement au XVIe siècle. La France n'est pas le seul pays concerné, ce phénomène touchant essentiellement « les pays alpins, où les procès faits à des insectes et à des "vers" semblent – comme ceux de sorcellerie – plus fréquents et plus durables qu'ailleurs »[25]. Une nombreuse littérature s'est emparée du sujet[26].

Une pièce maîtresse de la connaissance de ces procès est le savant *Tractatus exorcismorum seu adjurationum* de Félix Hemmerlin, docteur *in decretorum* de Bologne et chanoine de Zurich. Rédigé au milieu du XVe siècle et publié dès 1497[27], ce traité rapporte des actes de procédure de l'officialité de Lausanne (contre des sangsues, des vers terrestres et aquatiques, des sauterelles ou des papillons) ainsi que la description d'un procès mené dans le diocèse de Coire. Les actes de la pratique du diocèse de Lausanne, ainsi que les formulaires notariaux du même lieu (lettre exécutoire et lettre monitoire, début XVIe siècle) permettent d'établir la procédure suivie pour juger ces insectes[28]. Parmi les autres sources, mentionnons une sentence de l'official de Troyes de 1516, « facta adversus brucos seu erucas »[29], ou la célèbre consultation de Barthélemy de Chasseneuz, placée en exergue de son *Repertorium consiliorum* (1531), *de excommunicatione animalium insectorum*, relative aux coléoptères ravageant les vignes (urbec, attelable, cigarier de la vigne, *etc.*)[30]. Sûrement fictif en tant que *consilium*, il contient des éléments procéduraux semblables, puisés dans les diocèses d'Autun, Mâcon et Lyon. Enfin, le bref *Traité des monitoires, avec un plaidoyer contre les insectes* de Gaspard Bally, avocat au Sénat de Savoie (1668), renferme

24. Semblent faire exception la Lorraine, dépourvue de siège épiscopal (les Trois Évêchés sont officiellement rattachés à la France en 1648) et dans laquelle les ducs se sont accaparé plus aisément la justice ecclésiastique, et le canton des Grisons.

25. M. Pastoureau, *Les procès d'animaux. Une justice exemplaire ?*, in *Une histoire symbolique du Moyen Âge occidental*, Paris, Seuil, 2004, p. 35.

26. L'étude la plus complète et la plus sérieuse est due à C. Chêne, *Juger les vers...* (*cf.* n° 23). Parmi une abondante production ancienne, citons J. Berriat-Saint-Prix, *Rapport et recherches sur les procès et jugements relatifs aux animaux*, in *Mémoires et dissertations sur les antiquités nationales et étrangères*, t. 8, 1829, p. 403-432. – L. Ménabréa, *De l'origine, de la forme et de l'esprit des jugements rendus au Moyen Âge contre les animaux, avec des documents inédits*, Chambéry, Puthod, 1846 [Mémoires de la Société royale académique de Savoie, t. XII]. – J. Desnoyers, *L'excommunication des insectes et autres animaux nuisibles dans l'agriculture : Bulletin du comité historique des monuments écrits de l'histoire de France* 1853, t. 4, p. 36-54. – H. d'Arbois de Jubainville, *Les excommunications d'animaux : Rev. des questions historiques* 1868, t. 5, p. 275-280.

27. *Clarissimi viri Juriu[m]q[ue] doctoris Felicis hemmerlin cantoris quonda[m] Thuricen[sis]. varie oblectationis opuscula et tractat[us]*, Bâle, Georg Husner, 1497.

28. C. Chêne, *Juger les vers...*, p. 35-36. Toutes pièces reproduites et traduites en annexe, p. 127-175.

29. Contre les sauterelles ou chenilles, *cf.* J. Rochette, *Les décisions des matières bénéficiales, tant civiles que criminelles, jugées aux Parlements de France*, Paris, P. Recollet, 1623, p. 371-373.

30. Sur ce *consilium*, v. N. Maillard, *La traduction juridique du conflit entre l'homme et l'animal nuisible dans les* Consilia *de Barthélémy de Chasseneuz (XVIe siècle) : RSDA* 2012/1, p. 391-416, mais aussi l'ancienne contribution d'A. Villien, *L'excommunication des animaux : Rev. du clergé français* 1914, t. 79, p. 24-32.

de précieux renseignements sur les pratiques d'excommunication des « bestioles et insectes, qui apportaient du dommage aux fruits de la terre, et obéissant aux commandements de l'Église, se retiraient dans le lieu ordonné par la sentence de l'Évêque qui leur formait leur procès »[31].

Le procès s'ouvre par l'action collective d'une ville, d'un village ou d'une paroisse qui en supporte les frais, mais jamais par la plainte d'un individu. Le juge compétent est le juge d'Église, devant qui le procureur du demandeur fait citer les animaux par libelle. La citation est effectuée oralement, « dans les champs ou dans les vignes ou sur les rivages, selon ce qu'il sera nécessaire »[32]. Les insectes sont sommés de comparaître à jour fixe, sous la menace d'une malédiction. Le jour fixé, le juge somme les animaux (dont certains sont apportés au tribunal ecclésiastique) de cesser de nuire, de quitter les lieux qu'ils infestent et de se rendre là où on le leur ordonne, dans un délai de trois jours, à savoir dans un lieu désert (forêt, lieu inculte, lieu inhabité, *etc.*). Soit les insectes obtempèrent, et une cérémonie d'action de grâces clôt le litige, soit ils restent sur place, et le procès se poursuit sans délai. Dans quelques cas, aggrave et réaggrave sont prononcées, associées à un interdit. Le procès se poursuit avec plaidoiries des représentants des deux parties puis jugement prononcé en faveur des hommes, « parce que Dieu est plus enclin à pardonner qu'à punir, que l'on conclue la cause en faveur du peuple »[33]. Les bêtes brutes[34] apportées à l'officialité sont éliminées, et la sentence est exécutée immédiatement dans le cadre d'une procession suivie de la bénédiction des lieux et de la malédiction des nuisibles. Un véritable exorcisme est prononcé contre ces « pestiferos vermes ». Il s'agit bien là de procès d'exorcismes (*processus exorcismorum*) obéissant à des rites judiciaires (*ritus judicialiter*) selon les expressions de F. Hemmerlin, quand bien même les animaux ne sont presque jamais considérés comme possédés ou infestés par le diable. Le rituel de Besançon semble faire exception, préconisant l'exorcisme de ces *immunda, pestifera et nociva animalia* et l'adjuration des *insecta et nociva animalia*[35].

---

31. G. Bally, *Traité des monitoires, avec un plaidoyer contre les insectes*, Lyon, Galien, 1668, p. 27. Nous devons la copie de ce rarissime opuscule à l'obligeance de Sandrine Lombard, de la Bibliothèque municipale de Grenoble (cote F.5905).

32. C. Chène, *Juger les vers...*, p. 53.

33. *Ibid.*, p. 55. Il convient d'ajouter que dans certains procès (Grisons, Maurienne, Valence), les animaux se voyaient octroyer un territoire prélevé sur les terres communales ou offert par un particulier, *ibid.*, p. 112-113.

34. Dans un procès tenu à Berne en 1479, les insectes sont apostrophés comme « maudite saleté, **vers** blancs, que l'on ne doit pas désigner du nom d'animaux », *cf.* C. Chène, *Juger les vers...*, p. 75. Cela renvoie à la rhétorique d'une sortie du monde animal du ver du hanneton, créature « imparfaite parce qu'on n'a pas vu ton espèce sur l'arche de Noé », *ibid.*, p. 63.

35. *Rituale Bisuntinae dioecesis*, Vesoul, Rigoine, 1705, p. 267, cf. E. Baratay, art. cit., p. 239.

Bien que les rituels et les actes de la pratique amalgament souvent exorcismes, excommunications et adjurations, les théoriciens protestent contre cette confusion[36]. Déjà au XIVe siècle, Albéric de Rosate utilisait la doctrine de l'Aquinate (IIa IIae, q. 90, a. 3) pour refuser toute malédiction adressée aux « créatures irrationnelles » : si elles étaient maudites en tant que créatures de Dieu, ce serait là un « péché mortel et un blasphème », et si elles l'étaient pour elles-mêmes, ceci serait « odieux, et vain, et illicite »[37]. Hemmerlin n'est pas plus ignorant, et rapporte que certains « se moquent de la continuation de ce rite judiciaire, en tant que fulmination contre des animaux qui ne peuvent pécher », mais justifie la pratique par une consultation de théologiens d'Heidelberg[38].

Au XVIe siècle, le canoniste Martin de Azpilcueta s'emporte contre la superstition de croire que l'on puisse excommunier « sauterelles, charançons ou autres genres de vermines et d'animaux dépourvus de raison, quand bien même nous puissions procéder contre eux religieusement avec de l'eau bénite, des prières, des adjurations (...) selon les saintes paroles et l'institution de l'Église catholique »[39]. Dans ses *Consilia*, il reprend le dossier plus en profondeur et entend répondre à Chasseneuz, *vir quidem eruditus*, pour que soient confondues ces superstitions[40]. Il témoigne d'ailleurs d'une évolution des pratiques avec une forme de démonisation des insectes qu'il réfute au nom des principes théologiques. Jacques Éveillon, dans son *Traité des excommunications et monitoires*, consacre un chapitre à « L'excommunication des animaux » dans lequel il met en garde contre ces « coutumes préjudiciables à la Foi et à la Religion », et regrette que souvent « les peuples se laissent embabouiner de plusieurs erreurs et opinions absurdes, auxquelles les Supérieurs Ecclésiastiques doivent prendre garde de se laisser emporter par une trop facile condescendance, sous prétexte de charité »[41].

Il revenait au théologien Suarez, dans son traité *De censuris*, de préciser que cette démarche est bien plus sociologique que théologique, venant au secours des habitants des régions concernées : « Quand sont exorcisés des animaux et des bêtes brutes, les paroles que l'on prononce ne sont que des imprécations par lesquelles le peuple chrétien demande à Dieu d'écarter et de détruire ces fléaux. Dire que ces paroles

---

36. Une lettre de 1756, de la paroisse de Vaux (Doubs), demande « un exorcisme ou communément dit excommunication des insectes », *cf.* E. Baratay, art. cit., p. 240. L'auteur montre par ailleurs que ces confusions avaient déjà lieu au XVIIe siècle dans le cadre des bénédictions concernant les glaciers, les pluies et les sécheresses.

37. A. de Rosate, *Dictionarium iuris tam civilis quam canonici*, Venise, 1572, Apud Guerreos, V° *Maledicere*.

38. Cité par C. Chène, *Juger les vers...*, p. 29.

39. M. de Azpilcueta, *Enchiridion, sive manuale confessariorum et poenitentium*, XXVII, 13 *in Opera*, t. 3, Cologne, 1616, p. 173.

40. M. de Azpilcueta, *Consilia sive responsa libri quinque, iuxta ordinem decretalium dispositi*, V, 5, Rome, 1590, t. 2, p. 604.

41. J. Éveillon, *Traité des excommunications et monitoires*, Paris, E. Couterot, 2e éd., 1672, p. 520.

exprimment une intention de porter une censure serait superstitieux »[42]. Comme l'a montré Ninon Maillard, « l'objectif de la procédure n'est pas d'aboutir à une punition des animaux mais d'empêcher ceux-ci de nuire davantage »[43].

Que ce soit en bonne ou en mauvaise part, le droit de l'Église tente de pacifier les relations entre les hommes et les insectes, de rendre à chacun son dû dans le contexte d'un monde blessé par le péché. À l'instar des procès de sorcières, qui émergent à la même époque et dans les mêmes régions, se retrouve la préoccupation d'expulser ou de détruire les éléments jugés nocifs pour la société[44]. Cette thématique de l'animal nuisible à l'homme, si moderne et à ce titre effacée du droit positif depuis 2016[45], pourrait gagner à un retour aux sources. À l'objection qu'il ne devait rien y avoir de nuisible à l'homme avant la faute originelle, et donc que la création de tels animaux au sixième jour paraît incongrue, saint Thomas d'Aquin se contente de répondre par l'usage des choses du monde conforme à l'ordre avant la chute, par cette harmonie du cosmos troublée par le péché et rétablie par la grâce, et de citer la morale de saint Augustin sur l'ignorant entrant dans l'atelier d'un artisan et se blessant avec un outil qu'il estime inutile : « C'est ainsi qu'en ce monde certains osent critiquer bien des choses dont ils ne voient pas les raisons, car il y en a beaucoup qui, sans être nécessaires à notre maison, ont cependant un rôle pour parfaire l'intégrité de l'univers » (I^{a}, q. 72, ad 6um).

---

42. *De censuris* (disp. V, 1, 2), *in Opera omnia*, Paris, Vivès, 1861, t. 23, p. 148-149.

43. N. Maillard, *La traduction juridique du conflit entre l'homme et l'animal nuisible dans les* Consilia *de Barthélémy de Chasseneuz (xvi*e *siècle) : RSDA* 2012/1, p. 391-416, ici p. 403.

44. *Cf.* E. Cohen, *Law, Folklore and Animal Lore*, *Past and Present*, vol. 110, 1986, p. 28-35, citée par C. Chène, *Juger les vers…*, p. 17.

45. S. Jolivet, *Les animaux « nuisibles » en droit : permanence, évolutions… et contingence(s)*, *in* M. Faure-Abbad, D. Gantschnig, L. Gatti et *al.* (dir.), *Les animaux*, Presses universitaires juridiques de Poitiers, Poitiers, 2020, p. 425-446.

Boudot-Lamotte Maurice (1878-1958), *Le chant du coq à Beautor*, XXe siècle, huile sur toile, 61 × 46 cm, Beauvais, Musée de l'Oise © Droits réservés. Beauvais, MUDO, musée de l'Oise, © GrandPalaisRmn (MUDO - Musée de l'Oise) / René-Gabriel Ojeda.

À la mémoire du coq Maurice… Quand le législateur favorise le cri des animaux dans un environnement rural

Nadège REBOUL-MAUPIN
Professeur de droit privé
Université de Paris-Saclay (UVSQ, Versailles)
Responsable du DU Droit animalier des affaires (DADA)
Laboratoire DANTE (EA 4498)

Maurice[1], mon cher Maurice, tu nous as quittés en juin 2021 sans savoir que la France des campagnes te serait à jamais reconnaissante. Après deux ans de combat devant la justice, tu avais pourtant obtenu gain de cause. Le combat était héroïque : avoir le droit de chanter pour fêter un jour nouveau. Si la presse internationale s'est emparée de l'histoire, la France n'a pas démérité en faisant de cette histoire un symbole de la fracture sociale entre la campagne française et les grandes villes. L'affaire avait commencé par une plainte banale pour trouble anormal de voisinage. Elle avait été déposée par un couple d'agriculteurs retraités de Haute-Vienne, très incommodés par le chant matinal de Maurice près de leur résidence de vacances sur l'île d'Oléron. Le ramage de l'animal conduira à la saisine du tribunal d'instance (aujourd'hui tribunal judiciaire) de Rochefort-sur-Mer, le 5 septembre 2019[2], et à l'évocation d'un trouble anormal du voisinage. Lors de l'audience, il est reproché au coq Maurice d'être à

1. Et de tous les coqs sans oublier Marcel, un coq choyé par sa famille ardéchoise, qui a été tué en mai 2020 par un voisin qui le trouvait trop bruyant : Marcel a été massacré, une pétition est lancée « Justice pour le coq Marcel », elle a recueilli 74 000 signatures. L'homme sera condamné à cinq mois de prison avec sursis pour avoir tué le coq Marcel. V. au Bestiaire, la contribution de R. Capet, *Coq,* Gallus gallus, p. 86-93.

2. TI Rochefort-sur-Mer, 5 sept. 2019, n° 11-19-000233.

l'origine d'une nuisance sonore. Néanmoins, le tribunal a considéré que le chant épisodique d'un coq, dans une commune rurale et éloignée du centre-ville, ne constitue pas un trouble anormal de voisinage. Quelque temps après, la cour d'appel de Chambéry, le 9 décembre 2021[3], confirme que le chant du coq n'est pas une nuisance sonore, en annulant une décision du tribunal d'instance d'Annecy qui avait condamné un agriculteur de la commune de Saint-Sylvestre en Haute-Savoie, comprenant six cents habitants, poursuivi par un couple de voisins, à 3 000 € de dommages et intérêts et à 1 200 € d'amende (sans compter les frais de justice). Les voisins avaient fait constater par un commissaire de justice un niveau sonore de 37,9 décibels enregistrés alors que le bruit d'un bureau tranquille est évalué à 40 décibels et celui d'un restaurant paisible à 50 décibels. Mais il faut tenir compte du fait que le coq chante très tôt, dès les premières lueurs du jour. De la même manière que dans l'affaire *Maurice*, l'avocate de l'agriculteur de la commune de Saint-Sylvestre a fait valoir l'inconvénient normal représenté par le chant du coq et rappelé que le poulailler a été construit en 1956 et que les plaignants se sont installés dans la maison voisine en 1990. En revanche, il est possible de noter que le contexte a changé entre le jugement de première instance et celui de la cour d'appel. Entre-temps, Pierre Morel-À-L'Huissier, député de Lozère, a scellé à jamais dans le droit français le chant de Maurice et de ses congénères, les coassements des grenouilles, le braiment des ânes, les *requiem* des mouettes et autres odeurs de fumier...

En effet, dans un premier élan, et pour faire suite directe au combat du coq Maurice, la loi n° 2021-85 du 29 janvier 2021, « visant à définir et protéger le patrimoine sensoriel des campagnes françaises », a été votée à l'unanimité à l'Assemblée nationale et au Sénat. En l'occurrence, ce texte ne concerne pas la définition des troubles anormaux de voisinage. Le coq est seulement libre de chanter, et ce d'autant plus qu'il est installé avant les voisins qui se plaignent du trouble. Dans un second élan, le législateur est réintervenu comme il y était déjà invité dans l'article 3 de la loi de 2021[4]. Suite à une visite au Salon de l'Agriculture, le garde des Sceaux a estimé qu'il était urgent de légiférer en matière de troubles anormaux de voisinage. C'est chose faite depuis la loi n° 2024-346 du 15 avril 2024[5] qui vise à limiter les conflits de voisinage, notamment à la campagne, et les plaintes de plus en plus nombreuses des néo-ruraux contre les agriculteurs. Elle consacre en effet le principe

---

3. CA Chambéry, 2e ch., 9 déc. 2021, n° 19/01737.

4. V. préc., L. n° 2021-85, 29 janv. 2021, « visant à définir et protéger le patrimoine sensoriel des campagnes françaises ».

5. L. n° 2024-346, 15 avr. 2024 visant à adapter le droit de la responsabilité civile aux enjeux actuels : *JO* n° 0089, 16 avr. 2024 intégrant au sous-titre II du titre III du livre III un chapitre IV intitulé « Les troubles anormaux de voisinage » et un article 1253.

de responsabilité objective « de plein droit » fondée sur les troubles anormaux de voisinage, dégagé par la jurisprudence[6], tout en l'assortissant de limites protégeant les agriculteurs[7].

À deux reprises, l'émotion suscitée par le combat du coq Maurice a reçu un véritable écho textuel. Le mal-être des campagnes, souvent ignorées, négligées et incomprises, a été entendu par nos politiques qui n'ont pas hésité, d'une part, à considérer que le chant des animaux n'est pas une nuisance sonore, et d'autre part, que les évolutions naturelles de la vie d'une exploitation agricole, passant par la diversification des exploitations ou l'accroissement du nombre d'animaux, sont exonérées de la responsabilité pour troubles anormaux de voisinage dès lors que l'agriculteur n'a pas substantiellement modifié la nature ou l'intensité de son activité agricole.

À la liberté de chanter du coq (I), et c'est heureux, vient s'ajouter la curieuse adoption de la théorie de l'acceptation des risques dans un environnement rural (II).

I. – La liberté de chanter du coq : heureuse consécration

Le coq Maurice a été relaxé. Vive le chant du coq ![8] Mieux protéger les bruits des animaux contre les actions en reconnaissance d'un trouble anormal de voisinage, tel est l'objectif recherché par le législateur. C'est ainsi que la loi n° 2021-85 du 29 janvier 2021 « visant à définir et protéger le patrimoine sensoriel des campagnes françaises »[9] les ajoute à l'article L. 110-1 du Code de l'environnement. Il y a « les sons et les odeurs » comme caractéristiques des espaces naturels. Ces sons et ces odeurs font désormais partie du patrimoine commun de la nation, aux côtés des paysages, de la qualité de l'air ou des êtres vivants et de la biodiversité. La loi confie, en plus, aux services régionaux de l'inventaire du patrimoine le soin

6. Cass. 2e civ., 19 nov. 1986, n° 84-16.379.

7. L'alinéa 2 de l'article 1253 du Code civil s'applique sous réserve de l'article L. 311-1-1 du Code rural et de la pêche maritime qui est rédigé comme suit : « La responsabilité prévue au premier alinéa de l'article 1253 du Code civil n'est pas engagée lorsque le trouble anormal provient d'activités agricoles existant antérieurement à l'acte transférant la propriété ou octroyant la jouissance du bien ou, à défaut d'acte, à la date d'entrée en possession du bien par la personne lésée. Ces activités doivent être conformes aux lois et aux règlements et s'être poursuivies dans les mêmes conditions, dans des conditions nouvelles qui ne sont pas à l'origine d'une aggravation du trouble anormal ou dans des conditions qui résultent de la mise en conformité de l'exercice de ces activités aux lois et aux règlements ou sans modification substantielle de leur nature ou de leur intensité ».

8. Et de tous ses congénères.

9. Dite « loi Maurice » pour certains et ambitionnant la protection des bruits ruraux.

d'identifier et de qualifier l'identité culturelle des territoires ruraux, y compris leurs éléments sonores et olfactifs, afin de contribuer à les valoriser. Les élus locaux pourront ainsi s'appuyer sur cette carte d'identité des territoires ruraux pour désamorcer les conflits de voisinage. Cette insertion dans l'article L. 110-1 des sons et des odeurs a sans nul doute pesé dans la décision de la cour d'appel de Chambéry du 9 décembre 2021 et qui continuera à être prise en considération dans d'autres décisions à venir. Il est vrai que, pendant longtemps, le chant du coq avait fait l'objet d'arrêts où la victime du trouble se devait de démontrer non seulement qu'une nuisance est imputable au voisin contre lequel elle agit, mais également que ce trouble est « anormal », c'est-à-dire qu'il dépasse le seuil de ceux qui sont inhérents à la vie en collectivité. Or, pour savoir si un trouble est anormal ou non, les juges prennent en compte le plus souvent l'environnement urbain ou rural dans lequel il est placé.

C'est particulièrement vrai pour le chant du coq pour lequel les juges du fond prennent en compte le lieu et l'environnement. Par exemple, la cour d'appel de Paris le 13 juin 2019[10] s'est prononcée sur le cas d'une personne qui se plaignait du chant des cinq coqs de son voisin. La victime du trouble avait produit un constat de commissaire de justice dans lequel ce dernier avait relevé deux cent vingt-cinq chants sur une période de trente minutes. Les propriétaires des coqs avaient riposté en produisant un autre constat qui ne faisait état que de trois chants sur une période de 1 heure 20. Devant de tels constats contradictoires qui permettaient de douter de la constance du trouble sur la journée, les juges n'étaient pas convaincus de l'anormalité du trouble et que ce dernier constituait un inconvénient incontournable de la vie à la campagne[11]. La cour d'appel de Bordeaux en avait fait de même dans un arrêt du 1er juin 2006[12] en se fondant sur le caractère rural de la commune et que le trouble occasionné par le chant d'un coq n'avait rien d'anormal. Enfin, dans deux autres affaires, il est aussi question du chant des gallinacés qui vient surtout illustrer tant « l'absurdité des néo-ruraux quittant les villes pour des campagnes idéalisées »[13] que l'attitude malfaisante de certains agriculteurs. En effet, rappelons d'abord la célèbre motivation de l'arrêt rendu par la cour d'appel de Riom du 7 septembre 1995[14] :

---

10. CA Paris, pôle 4, ch. 9, 13 juin 2019, n° 16/13677.

11. V. M. Latina, *Trouble du voisinage, après les poules et les vaches, voici les coqs*, actu-dalloz-etudiant.fr, 16 sept. 2019.

12. CA Bordeaux, 1er juin 2006, n° 05/00492.

13. G. Isouard, *La poule, le voisin et le juge (À propos de CA Riom, 7 sept. 1995)*, www.isouard-avocat.com.

14. CA Riom, 1re ch. civ., sect. 1, 7 sept. 1995 : n° XRIOM070995X, *JCP* 1996. II. 22625, note A. Djigo ; arrêt cassé par Civ. 2e, 18 juin 1997, n° 95-20.652.

> *« Attendu que la poule est un animal anodin et stupide, au point que nul n'est encore parvenu à le dresser, pas même un cirque chinois ; que son voisinage comporte beaucoup de silence, quelques tendres gloussements et des caquètements qui vont du joyeux (ponte d'un œuf) au serein (dégustation d'un ver de terre) en passant par l'affolé (vue d'un renard[15]) ; que ce paisible voisinage n'a jamais incommodé que ceux qui, pour d'autres motifs, nourrissent du courroux à l'égard des propriétaires de ces gallinacés ; que la cour ne jugera pas que le bateau importune le marin, la farine le boulanger, le violon le chef d'orchestre, et la poule un habitant du lieu-dit La Rochette, village de Sallèdes (402 âmes) dans le département du Puy-de-Dôme ».*

Statuant dans un sens contraire de la décision rendue en première instance, c'est-à-dire que les juges de la cour d'appel ont fait une appréciation différente des faits, cet arrêt sera pourtant cassé par la Cour de cassation[16], laquelle reproche le manque de pertinence de sa motivation, « l'arrêt se borne à des considérations générales, étrangères aux faits de l'espèce » et rappelant « le principe selon lequel nul ne doit causer à autrui un trouble anormal de voisinage ». À propos ensuite d'une autre affaire un peu pittoresque jugée par la cour d'appel de Bordeaux[17] venant condamner le propriétaire d'un coq bruyant au motif que :

> *« le caractère volontaire et personnel du trouble causé aux voisins demeurant à proximité de la volière où est enfermé l'animal résulte du refus du propriétaire du coq de faire cesser le bruit et du nom de Renato donné au coq qui est significatif d'un conflit de voisinage et non d'un prétendu combat pour la défense de la vie rurale, le nom de Renato étant en relation directe avec la vie personnelle des voisins qui ne dissimulaient pas leur homosexualité ».*

Il est vrai qu'ici ce n'est pas le chant du coq qui est condamné mais plutôt l'intention de nuire à ses voisins. L'affaire du coq Maurice n'est donc pas la première à illustrer les conflits entre néo-ruraux et agriculteurs. Néanmoins, elle a eu le mérite de faire avancer les choses en faisant entrer le patrimoine sensoriel des campagnes françaises, à savoir « les sons et les odeurs », dans le patrimoine commun de la nation. Cette identification peut-elle prospérer si le bruit se fait plus intense et continu ? La liberté de chanter est une chose, la tolérance des voisins en est une autre ! Toujours est-il qu'à la campagne, le vivre-ensemble suppose d'accepter généralement le bruit des animaux et ceci est d'autant plus vrai depuis l'adaptation du droit de la responsabilité civile aux enjeux actuels des campagnes par le législateur qui introduit la théorie de l'acceptation des risques dans un environnement rural sans avoir su résister aux lobbies puissants des agriculteurs.

---

15. Sur cet animal, V. au Bestiaire, la contribution de C. Bouglé-Le Roux, *Renard,* Vulpes vulpes, p. 350-357.
16. Cass. 2e civ., 18 juin 1997, préc., n° 95-20.652.
17. CA Bordeaux, ch. corr., 29 févr. 1996, n° 1996-042496, cité in *Gaz. Pal.* 4 janv. 2000, p. 33.

II. – La théorie de l'acceptation des risques dans un environnement rural : curieuse adoption

Vivre à la campagne suppose l'acceptation, voire l'adhésion à un mode de vie, à une culture, parfois même à une tradition. Comme tout avantage a ses limites, il induit, en contrepartie et au nom du « vivre-ensemble », d'éventuelles accommodements, que certains acquéreurs citadins, fraîchement arrivés, n'entendent visiblement pas souffrir bien longtemps après leur installation en province. Afin d'endiguer un tel phénomène, Olivier Arens, président de la Chambre des notaires du Morbihan, et Patrice Faure, préfet de département, avaient exposé, dans un communiqué de presse du 22 octobre 2020, l'idée de créer une clause contractuelle qui serait insérée dans tout acte authentique portant sur une vente immobilière dans le département du Morbihan. Expérimentée depuis juin 2020, elle visait à porter à la connaissance de l'acquéreur d'un bien immobilier en milieu rural certaines informations relatives à la situation de l'immeuble et à son environnement immédiat, notamment aux activités professionnelles susceptibles d'occasionner des nuisances sonores, olfactives ou visuelles. La théorie de l'acceptation des risques était donc insufflée par la pratique notariale. Cette même idée, déjà présente dans la loi n° 2021-85 du 29 janvier 2021, qui avait prévu la remise par le gouvernement au Parlement d'un rapport examinant la possibilité d'introduire dans le Code civil le principe de la responsabilité de celui qui cause à autrui un trouble anormal de voisinage[18]. Ce rapport se devait alors d'étudier les critères d'appréciation du caractère anormal de ce trouble, notamment la possibilité de tenir compte de l'environnement. Il n'en fut pourtant rien jusqu'à ce qu'une députée morbihannaise[19] fasse une proposition de loi visant à limiter les dérives du voisinage en campagne. Les préoccupations du monde rural ont définitivement conduit non seulement à l'insertion des troubles anormaux de voisinage dans le Code civil, et plus précisément dans un nouvel article 1253[20], mais également à l'adoption d'une exonération supplémentaire pour les agriculteurs insérée à

18. L. n° 2021-85, 29 janv. 2021, « visant à définir et protéger le patrimoine sensoriel des campagnes françaises », art. 3.

19. Prop. de loi, 4 déc. 2023 : la Morbihannaise Nicole Le Peih veut protéger les habitants des villes et des campagnes, contre des actions en justice de néoruraux ou néo-urbains.

20. C. civ., art. 1253 : « Le propriétaire, le locataire, l'occupant sans titre, le bénéficiaire d'un titre ayant pour objet principal de l'autoriser à occuper ou à exploiter un fonds, le maître d'ouvrage ou celui qui en exerce les pouvoirs qui est à l'origine d'un trouble excédant les inconvénients normaux de voisinage est responsable de plein droit du dommage qui en résulte.
Sous réserve de l'article L. 311-1-1 du Code rural et de la pêche maritime, cette responsabilité n'est pas engagée lorsque le trouble anormal provient d'activités, quelle qu'en soit la nature, existant antérieurement à l'acte transférant la propriété ou octroyant la jouissance du bien ou, à défaut d'acte, à la date d'entrée en possession du bien par la personne lésée. Ces activités doivent être conformes aux lois et aux règlements et s'être poursuivies dans les mêmes conditions ou dans des conditions nouvelles qui ne sont pas à l'origine d'une aggravation du trouble anormal ».

l'article L. 311-1-1 du Code rural et de la pêche maritime qui s'apparente en toute logique à une théorie d'acceptation des risques ruraux. Le texte adopté n'apporte guère de changements au régime actuel des troubles anormaux de voisinage, à l'exception des personnes concernées par ladite théorie qui sont énumérées dans l'alinéa premier alors que l'alinéa second prévoit de façon plus générale qu'aucune réparation n'est accordée lorsque l'activité, quelle qu'en soit la nature, causant les nuisances existait déjà avant l'installation de la victime et qu'elle continue en respectant la réglementation sans aggravation. La théorie de la préoccupation qui se trouvait dans le Code de la construction et de l'habitation est désormais insérée dans le Code civil. Ce qui change, en revanche, c'est l'exonération supplémentaire apportée sous la pression du lobby agricole. Il s'agit bien d'une victoire législative pour le monde agricole. On a tort de présenter cette loi comme une protection du coq sur son tas de fumier. C'est bien plus que cela. Cette loi marque un tournant décisif, celui de la nécessité de protéger le développement de l'activité agricole et le réarmement productif alimentaire. Dernièrement encore, la Cour de cassation a eu à s'inquiéter de troubles anormaux de voisinage occasionnés à des propriétaires voisins par un agriculteur à la suite de l'agrandissement de son exploitation agricole. En l'espèce, une société d'exploitation agricole élevant des bovins fait construire deux nouveaux bâtiments destinés à accueillir plus d'animaux. Le permis de construire est annulé. Plusieurs voisins occupant des habitations se plaignent d'un trouble anormal de voisinage en raison de bruits, d'odeurs et de la présence d'insectes. Ils réclament alors la démolition des ouvrages et des dommages-intérêts. La cour d'appel leur alloue une indemnité en réparation du préjudice résultant du trouble anormal de voisinage. Mais elle diffère la décision de démolition dans l'attente des résultats d'une discussion relative à des solutions techniques alternatives. Le pourvoi de l'exploitant agricole fait grief à la cour d'appel d'avoir statué ainsi, mais il est rejeté. La Cour de cassation[21] relève que si la commune n'est pas une métropole urbaine, les habitations ne sont pas isolées en pleine campagne, mais situées en zone UA (zone urbaine dense et centrale) du plan local d'urbanisme. Les bâtiments incriminés se situent quant à eux en zone urbaine du village correspondant au noyau ancien de la commune au sein de laquelle sont interdites les constructions et installations dont la présence est incompatible avec la vie de quartier en raison des nuisances occasionnées, notamment par le bruit et les émanations d'odeur ou de poussière. Constatant que le permis de construire a été annulé en raison de la distance entre les bâtiments et les habitations (21 et 96 mètres selon les cas), que le cheptel est passé de 160 à 250 bovins et qu'il y a des odeurs, des bruits d'animaux et de machines ainsi que la présence envahissante d'insectes, l'arrêt retient l'existence de troubles excédant, par leur nature, leur récurrence et leur intensité, les inconvénients normaux de voisinage. L'arrêt est intéressant

21. Cass. 3e civ., 7 déc. 2023, n° 22-22.137.

en ce qu'il retient la responsabilité d'un exploitant agricole en relevant que nul ne doit causer à autrui un trouble anormal de voisinage. Il relève que l'article L. 110-1 du Code de l'environnement, qui vise à définir et à protéger le patrimoine sensoriel des campagnes françaises, n'y fait pas échec. La solution retenue, facilitée par l'annulation du permis de construire en raison de distances trop courtes entre les nouveaux bâtiments agricoles et les maisons d'habitation, est cependant indépendante de celle-ci et sanctionne les nuisances relevées. L'existence d'un trouble anormal de voisinage est donc susceptible d'être retenue indépendamment de l'appréciation des règles d'urbanisme[22]. Pour autant, l'adoption du nouvel article L. 311-1-1 du Code rural et de la pêche maritime viendra-t-elle changer la donne ? Ce dernier exclut toute responsabilité dans le domaine agricole lorsqu'une activité antérieure s'est poursuivie « dans des conditions qui résultent de la mise en conformité de l'exercice de ses activités aux lois et aux règlements ou sans modification substantielle de leur nature ou de leur intensité », l'objectif étant de permettre une évolution considérée comme « normale » de l'activité agricole, laquelle ne sera pas facile à apprécier par les juges. D'ailleurs, il est courant de demander aux agriculteurs d'arrêter la cage pour y préférer les poules en plein air. De tels changements dans l'exploitation agricole aux vertus écologiques qui contraindront l'éleveur de poules pondeuses à passer d'un élevage en batterie à un élevage en plein air, susciteront bel et bien des nuisances et une évolution de son activité mais il sera difficile, voire impossible d'engager sa responsabilité[23]. Il est dès lors possible de considérer que la réforme est une vraie désillusion ayant pour seule vocation d'apporter une solution à des intérêts particuliers, et plus particulièrement ceux des agriculteurs. Certains d'entre eux ne s'en plaindront pas en ce qu'elle permettra peut-être une issue favorable à leurs conflits de voisinage. « Accusé » de nuisances par un collectif d'habitants, un éleveur de cochons gascons est au cœur d'une bataille judiciaire. En effet, la justice a exigé la saisie de ses cochons, la remise en état de son terrain et l'interdiction d'élevage pendant un an. Toutefois, cette condamnation prononcée à deux reprises, par le tribunal correctionnel de Mulhouse en février 2022, d'abord, puis par la cour d'appel de Colmar en mai 2023[24], ensuite, n'est pas définitive puisque l'éleveur, faisant état d'un rapport d'expert qui établit que son élevage respecte les normes, s'est pourvu en cassation[25]. La chambre criminelle de la Cour de cassation, dans un arrêt du 23 avril 2024[26],

---

22. Cass. 3e civ., 20 oct. 2021, n° 19-23.233.

23. N. Reboul-Maupin, *Responsabilité civile et troubles anormaux de voisinage : quand le malheur des uns fait le bonheur des autres !*, www.Leclubdesjuristes.com, 15 avr. 2024.

24. CA Colmar, 16 mai 2023.

25. M. Antoine, *« Les odeurs sont trop fortes » : un élevage de cochons sème la zizanie à Battenheim*, 5 août 2023, www.leparisien.fr. – A. Cheval, *Battenheim : les cochons iront jusqu'à la Cour de cassation*, 1er août 2023, www.lalsace.fr. – V. dans cet ouvrage la contribution de C. Bouglé-Le Roux, *Cochons en cassation. Contribution à une archéologie du concept de sensibilité*, p. 448-463.

26. Cass. crim., 23 avr. 2024, n° 23-83.604.

a rejeté le moyen fondé sur l'application erronée des règles sanitaires aux faits de l'espèce et condamné l'agriculteur. Il y a désormais tout lieu de penser que l'exonération de responsabilité dans le domaine agricole prévue par la récente réforme des troubles anormaux de voisinage permettra dorénavant aux agriculteurs de poursuivre une activité agricole évolutive si les juges la considèrent comme normale et de moins subir les invectives des néo-ruraux exaspérés « à tout va » par les odeurs nauséabondes émanant des déjections des animaux.

Mon cher Maurice, encore une fois, vous n'auriez jamais pensé susciter par votre liberté de chanter des législations protectrices en faveur des agriculteurs. Vous êtes mort mais vous demeurez pour toujours la star internationale et le symbole de la ruralité. Quoi de mieux que de terminer nos propos en rappelant la belle citation de Sénèque : « Le coq est roi sur son fumier »[27].

27. « Gallum in suo sterquilino plurimum posse », Sénèque, *Apocoloquintose du Divin Claude*, 7.3. Pour un éclairage sur cette expression, V. P. Montlahuc, *Le coq n'est tout-puissant que sur son fumier. « Faire rire » et stéréotypes gaulois à Rome (République-Empire) : Parlement[s] : Rev. d'histoire politique* 2020/2, p. 21-39.

Desportes, Alexandre François (1661-1743), *Le Cheval rayé*, 1737, huile sur toile, 375 × 525 cm, France, Guéret, Musée d'art et d'archéologie, © GrandPalaisRmn / Benoît Touchard.

Le droit de l'environnement, protecteur des animaux

Cathy MORALES FRÉNOY
Avocate aux Barreaux de Paris et de New York
Auteure de l'ouvrage « Le Droit animal » (L'Harmattan, 2017)

Le droit de l'environnement français accorde une protection juridique parcellaire à certains animaux sauvages non domestiques depuis la loi n° 76-629 du 10 juillet 1976, aujourd'hui abrogée et codifiée dans le Code de l'environnement.

Les animaux sauvages sont définis de manière large à l'article R. 411-5 du Code de l'environnement, comme les espèces animales non domestiques qui n'ont pas subi de modification par sélection de la part de l'homme et qui ne figurent pas sur la liste des espèces, races ou variétés d'animaux domestiques de l'arrêté interministériel du 11 août 2006.

Selon le Code de l'environnement, la protection juridique de l'animal sauvage dépend du lien que l'Homme a avec tel ou tel animal sauvage. Un animal sauvage peut ainsi appartenir à différentes catégories prévues, telles que les espèces protégées, les espèces animales susceptibles de causer des dégâts, les espèces exotiques envahissantes et les espèces animales relevant du droit de la chasse et du droit de la pêche.

I. – Le protection juridique des animaux sauvages en fonction de leur utilité et de leur appropriation par l'Homme

La nature propre de l'animal sauvage n'est donc pas appréhendée par le droit en tant que telle, puisque le droit ne lui accorde sa protection qu'en fonction de son utilité pour l'Homme, c'est-à-dire pour des raisons de préservation de la biodiversité, à travers la notion d'espèce protégée, d'utilité scientifique ou de divertissement lorsque les animaux sauvages sont détenus en captivité (parc zoologique…) ou chassés et pêchés, ou de son inutilité, si l'animal est considéré comme susceptible de causer des dégâts ou encore comme appartenant à une espèce envahissante.

Ainsi, d'une part, les animaux sauvages apprivoisés ou tenus en captivité bénéficient d'une protection semblable à celle accordée aux animaux domestiques par le Code civil et le Code pénal, et ils sont donc protégés à l'encontre des atteintes qui pourraient leur être portées en tant qu'individus. D'autre part, l'animal sauvage vivant en liberté n'est protégé, le cas échéant, qu'en tant que représentant d'une espèce dont la préservation est nécessaire pour la sauvegarde de la biodiversité.

Cette protection est assurée sur le fondement des articles L. 411-1 et L. 411-2 du Code de l'environnement qui prévoient que les nécessités de la préservation du patrimoine naturel, et notamment de la faune sauvage, permettent d'interdire la destruction ou l'enlèvement des œufs et des nids, la mutilation, la destruction, la capture ou l'enlèvement, la perturbation intentionnelle, la naturalisation, ou, qu'ils soient vivants ou morts, le transport, le colportage, l'utilisation, la détention, la mise en vente, la vente ou l'achat de ces animaux.

De nombreux arrêtés fixent les listes des espèces de mammifères, d'oiseaux, de reptiles, d'amphibiens, de poissons, d'insectes, de mollusques, terrestres, aquatiques ou marins ainsi protégées sur le territoire métropolitain ou ultramarin de la France[1]. Les autres animaux sauvages ne bénéficient d'aucune protection. Ils sont d'ailleurs considérés par le Code civil comme des « biens qui n'ont pas de maître »[2] (des *res nullius*) ou comme des « choses qui n'appartiennent à personne et dont l'usage est commun à tous »[3]. Ils ne jouissent d'aucune protection juridique, et les règles du Code pénal réprimandant les actes de cruauté, de maltraitance ou de mise à mort envers les animaux domestiques, apprivoisés ou tenus en captivité ne leur sont pas applicables.

---

1. C. Morales Frénoy, *Le Droit animal*, Paris, L'Harmattan, 2017.
2. C. civ., art. 713.
3. C. civ., art. 714.

Ainsi, les animaux sauvages qui sont considérés comme nuisibles ou envahissants sont tout simplement exclus du champ d'application des règles protectrices de la faune sauvage et peuvent être légalement détruits, mais uniquement sous la compétence de l'autorité administrative. La destruction de ces espèces se fait notamment au travers de battues dites administratives, d'effarouchement, de décantonnement ou de destruction[4]. Elles sont dirigées par les lieutenants de louveterie et nécessitent la réunion d'un certain nombre de tireurs disposés à des endroits stratégiques du territoire où les animaux dont la destruction apparaît nécessaire dans l'intérêt public sont rassemblés.

Certains propriétaires ou fermiers peuvent également repousser ou détruire « même avec des armes à feu, mais à l'exclusion du collet et de la fosse, les bêtes fauves qui porteraient dommages à ses propriétés », sous réserve des sangliers soumis à un plan de chasse[5].

II. – Vers une uniformisation de la protection d'animaux sauvages dans le droit de l'environnement

Le droit de l'environnement n'a ainsi pas connu d'évolution quant à la manière d'organiser la protection juridique de l'animal sauvage.

En effet, depuis la fin du XIXe siècle, le droit applicable à l'animal sauvage a émergé à travers la question de la sauvegarde des espèces les plus utiles à l'Homme, ou les plus spectaculaires.

Les oiseaux jugés utiles pour l'agriculture ont été les premiers à recevoir une protection juridique internationale avec l'adoption de la Convention de Paris du 19 mars 1902. Des conventions internationales ont ensuite été adoptées pour organiser la protection de certaines espèces particulièrement menacées, comme la Convention pour la protection des phoques de l'Antarctique du 1er juin 1972, ou encore l'Accord sur la conservation des ours blancs en 1973.

Il faudra attendre 1992 pour que la valeur intrinsèque de la diversité biologique soit reconnue, avec l'adoption de la Convention sur la diversité biologique, dont l'objectif est de préserver le patrimoine biologique, la diversité des espèces, à travers une politique de restauration et le maintien des populations les plus menacées.

---

4. À propos des lieutenants de louveterie, v. dans l'ouvrage la contribution de T. Barbieux, *Loup*, Lupus lupus, p. 360-369.

5. C. envir., art. L. 427-9.

Cependant, aujourd'hui encore, certaines lois assouplissent la réglementation applicable aux espèces sauvages dites protégées dans un intérêt particulier, tel que, par exemple, celui de promouvoir la production d'énergies renouvelables.

Le nouvel article L. 411-2-1 du Code de l'environnement, semblable aux dispositions du règlement européen n° 2022/2577 du 22 décembre 2022 et issu de la loi n° 2023-175 du 10 mars 2023 relative à l'accélération de la production d'énergies renouvelables, prévoit que les projets d'installations de production d'énergies renouvelables ou de stockage d'énergie qui répondent aux conditions de l'article L. 311-2-1 du Code de l'énergie « sont réputés répondre à une raison impérative d'intérêt public majeur, au sens du *c* du 4e du I de l'article L. 411-2 » du Code de l'environnement.

Cette nouvelle disposition a été jugée constitutionnelle par le Conseil constitutionnel dans sa décision du 9 mars 2023[6], tout en confirmant que cette présomption « ne dispense pas les projets d'installations auxquels elle s'appliquera du respect des autres conditions prévues pour la délivrance d'une dérogation ».

Ces projets devront donc uniquement démontrer, pour obtenir la dérogation requise lorsqu'une activité est susceptible d'engendrer une atteinte prohibée aux espèces protégées, qu'il n'existe pas d'autre solution satisfaisante et que la dérogation ne nuit pas au maintien dans un état de conservation favorable des populations des espèces concernées dans leur aire de répartition naturelle. La raison impérative d'intérêt public majeur, qui fait partie des cinq motifs énumérés par l'article L. 411-2 du Code de l'environnement au titre desquels la dérogation peut être accordée, n'est plus à démontrer pour ces projets.

En conclusion, le Code de l'environnement protège juridiquement certains animaux sauvages. D'autres sont cependant encore dénués de toute protection et considération juridiques.

Cette disparité dans la protection juridique entre les animaux sauvages, qui n'est fondée que sur l'utilité et le degré d'appropriation de l'animal par l'Homme, crée ainsi une distorsion inégalitaire du régime de protection de l'animal. Or, les avancées scientifiques en la matière permettent de démontrer que tous les animaux sauvages, vivant à l'état de liberté ou non, sont des êtres sentients susceptibles de recevoir une protection juridique.

---

6. Cons. const., 9 mars 2023, n° 2023-848 DC.

Plusieurs pistes de réflexion pour uniformiser la protection juridique des animaux sauvages par le Code de l'environnement ont été proposées, telles que la reconnaissance de leur nature d'être sensible et/ou l'octroi de la protection pénale applicable aujourd'hui aux animaux domestiques, apprivoisés ou tenus en captivité.

Une évolution de la protection des animaux sauvages par le Code de l'environnement représenterait ainsi une avancée majeure dans la protection généralisée de l'animal sauvage en tant qu'individu sensible.

Rubens, Pierre Paul (1577-1640), *La Chasse à l'hippopotame et au crocodile*, vers 1616, huile sur toile, 248,3 × 321,3 cm, Allemagne, Munich, Bayerische Staatsgemäldesammlungen, Alte Pinakothek, © BPK, Berlin, Dist. GrandPalaisRmn / image BStGS.

Bernaerts, Nicasius (1620-1678), *Tortue sur un bord de mer avec trois pêcheurs*, XVIIe siècle, huile sur toile, Paris, Musée du Louvre, Inv 1624

Les animaux entités juridiques naturelles, sujets de droit

Jean-Pierre MARGUÉNAUD
Professeur agrégé de droit privé
Université de Montpellier
Membre de l'Institut de droit européen des droits de l'homme

Le droit applicable au thème de cette contribution dans la province néo-calédonienne des Îles Loyauté n'étant pas encore stabilisé dans un contexte politique de plus en plus tendu, il convient de commencer par un avertissement au lecteur. Au 15 mai 2024, date initialement fixée pour la correction des épreuves de cet ouvrage, on savait très bien ce qu'étaient devenus les requins et les tortues marines dans le Code de l'environnement de la province des îles Loyauté, mais on ne savait pas ce que les dispositions pertinentes de ce code allaient devenir dans les mois suivants. En effet, le 29 février 2024, le tribunal administratif de Nouvelle-Calédonie, saisi d'un déféré par le Haut-commissaire de la République, avait transmis au Conseil d'État une demande d'avis portant particulièrement sur le point de savoir si la compétence attribuée par la loi organique du 19 mars 1999 aux provinces en matière de protection de l'environnement comprend la création d'entités naturelles sujets de droit. Or, le 31 mai 2024, le Conseil d'État a rendu un avis (n° 492621) suivant lequel les autorités de la Province des Îles Loyauté étaient intervenues dans le domaine du droit civil relevant de la compétence de la Nouvelle-Calédonie en conférant une personnalité juridique assortie de droits spécifiques aux requins et aux tortues marines. En conséquence, le 18 juillet 2024 (n° 2400001), le tribunal administratif de Nouvelle-Calédonie a annulé les dispositions du Code de l'environnement de la Province des Îles Loyauté relatives à l'institution d'un régime juridique des « entités naturelles sujets de droit ».

La question traitée dans cet article est donc devenue sans objet avant même la publication. Le plus sage eût peut-être été de le retirer purement et simplement. Le maintenir pourrait, à tout le moins, se justifier du point de vue de l'histoire du droit. Il est même à parier qu'il conserve un grand intérêt au regard du droit prospectif car la délibération n° 2023-8/API du 29 juin 2023, relative au Code de l'environnement de la province des îles Loyauté qui l'a inspiré, aura déjà fait vaciller les certitudes relatives à la personnalité juridique. En affirmant officiellement que les requins et les tortues marines sont des entités naturelles sujets de droit elle aura déjà, à elle toute seule, magistralement vérifié le sous-titre de l'ouvrage : « Le droit bouleversé par l'animal ». Il ne faut d'ailleurs pas s'y tromper : même si, se trouvant exprimé dans un Code de l'environnement, le cas des requins et des tortues de l'une des trois provinces néo-calédoniennes est logiquement abordé dans le chapitre « Animal et environnement », c'est bien à une remise en question stimulante de l'un des piliers de l'ensemble du droit et particulièrement du droit civil, que, par-delà les préoccupations de droit de l'environnement, il renvoie.

La réponse à la question « qu'étaient les requins et les tortues marines dans le Code de l'environnement de la province des îles Loyauté entre le 29 juin 2023 et le 18 juillet 2024 ? » est très simple : ils étaient en voie de devenir des sujets de droit, autrement dit des personnes. Il s'agit bel et bien d'un bouleversement qu'il faudra présenter (I), avant de le discuter (II).

I. – Présentation d'un bouleversement du droit des personnes

En bonne logique, il faudra décrire le cadre avant le tableau au milieu duquel, à l'étonnement presque général, les requins et les tortues marines apparaissaient drapés de la qualité de sujets de droit.

A. – Le cadre

La Nouvelle-Calédonie est une entité *sui generis* française composée de trois provinces : la province Sud comprenant presque la moitié de la Grande Terre augmentée de l'île des Pins, la province Nord constituée du reste de la Grande Terre et de l'archipel des Belep, et la province des îles Loyauté à savoir Ouvéa, Lifou, Tiga et Mahé. La loi précitée du 19 mars 1999 leur a accordé des compétences particulières en matière environnementale et chacune a eu à cœur de se doter de son propre Code de l'environnement reflétant ses aspirations propres : la province Nord le 24 novembre 2008, la province Sud le 20 mars 2009 et enfin celle des îles Loyauté le 6 avril 2016 en vertu d'une délibération n° 2016-13/API. Ce code régional ultramarin, dont la première édition a été publiée en avril 2019, a été rédigé sous la direction scientifique d'un chargé de recherche en droit de l'environnement à l'Institut de recherche pour le développement (IRD), M. Victor David, qui en est, toutes proportions gardées, le Portalis. Il se distingue des deux autres codes provinciaux de l'environnement de Nouvelle-Calédonie et devance tous les autres codes de l'environnement de la planète en se référant au principe de non-régression (art. 110-6) et en introduisant un essentiel article 110-3 annonçant la personnification juridique d'éléments de la nature qui doit être intégralement reproduit :

> *« Le principe unitaire de vie qui signifie que l'homme appartient à l'environnement naturel qui l'entoure et conçoit son identité dans les éléments de cet environnement naturel constitue le principe fondateur de la société kanak. Afin de tenir compte de cette conception de la vie et de l'organisation sociale kanak, certains éléments de la Nature pourront se voir reconnaître une personnalité juridique dotée de droits qui leur sont propres, sous réserve des dispositions législatives et réglementaires en vigueur ».*

Comme on le sait depuis toujours, il y a loin de la coupe aux lèvres et le passage de « pourront se voir reconnaître » à une reconnaissance concrète de la personnalité juridique dotée de droits qui leur sont propres à des espèces naturelles précisément désignées promettait d'être difficile à forcer. Il l'avait été pourtant par la délibération du 29 juin 2023 précitée qui avait réalisé cette reconnaissance assourdissante au cœur d'un titre IV intitulé « La protection du vivant en province des îles Loyauté » où il faut aller la découvrir.

B. – Le tableau

Au bord du tableau, mordant parfois un peu sur le cadre, se trouvait un article introduit par la délibération du 29 juin 2023 composé de quatre alinéas qu'il sera plus pédagogique de reproduire *in extenso*. Il s'agissait de l'article 242-16 ainsi libellé :

> *« Sur le territoire de la province des îles Loyauté, en application du principe unitaire de vie édicté à l'article 110-3 et afin de tenir compte de la valeur coutumière dans la culture kanak, les éléments de la nature, espèces vivantes et sites naturels énumérés à l'article 242-17 se voient reconnaître la qualité d'entité naturelle sujet de droits.*
>
> *Des droits fondamentaux leur sont reconnus. Elles n'ont pas de devoirs.*
>
> *Ni les entités naturelles sujets de droit, ni leur porte-parole, ni la province des îles Loyauté ne peuvent être tenus responsables d'éventuels dommages qu'elles pourraient causer.*
>
> *Chaque entité naturelle sujet de droit dispose d'un intérêt à agir, exercé en son nom par le Président de la province des îles Loyauté, par un ou plusieurs porte-paroles, conformément aux articles 242-22 et 242-23, par les associations agréées pour la protection de l'environnement et les groupements particuliers de droit local à vocation environnementale dont il est fait mention aux articles 124-1 à 124-3 du présent code ».*

C'était le premier alinéa qui débordait un peu sur le cadre fixé par l'article 110-13. En effet, tout en s'y reportant expressément et en le citant largement, il ne parlait plus, comme lui, de reconnaissance de la personnalité juridique mais de reconnaissance de la qualité d'entité naturelle sujet de droit. Certains ne manqueront pas de plaider que, effrayés par leur audace de 2016, les rédacteurs du Code de l'environnement de la province des îles Loyauté avaient avancé en 2023 un concept plus neutre qui épargnerait à tous l'humiliation d'être rangés parmi les personnes juridiques au milieu des éléments de la Nature où grouillent des animaux. Cette interprétation du texte le plus récent aurait cependant des allures d'escarmouche d'arrière-garde promise à venir se briser sur un obstacle redoutable : l'argument revêtu de l'autorité scientifique de l'auteur qui, en France et ailleurs, connaît le mieux la question des droits de la Nature, Marie-Angèle Hermitte. On lui doit en effet cette affirmation essentielle que nul ne peut se permettre d'écarter d'un revers de plume dédaigneux : « être un sujet de droit » « avoir la personnalité juridique » sont des termes équivalents qui renvoient *a minima* à l'existence d'un point d'imputation des droits et de la capacité d'ester en justice qui en découle[1]. L'imputation de droits aux entités naturelles étant réalisée et leur capacité d'ester en justice étant établie, c'est bien une nouvelle catégorie de personnes juridiques que l'article 242-16 du Code de l'environnement de la province des îles Loyauté venait d'ajouter aux personnes morales et aux personnes humaines. C'est bien d'ailleurs ce que le Conseil d'État, désavouant au passage les auteurs qui voudraient voir une distinction quasiment ontologique entre les notions de personne juridique et de sujet de droit, avait admis dans son avis du 31 mai 2024. Cette nouvelle catégorie présentait une caractéristique remarquable qu'il conviendra de discuter : aux termes de l'alinéa 2, elle était titulaire de droits fondamentaux mais elle n'était pas corrélativement tenue de devoirs. Quant à son intérêt à agir, l'alinéa 4 précisait de manière presque aussi spectaculaire qu'il n'était pas exercé par des représentants mais par des porte-paroles. Il restait à savoir quelles entités naturelles auraient l'honneur d'être les premières à figurer dans cette nouvelle catégorie de personnes juridiques dénommées entités naturelles sujets de droit. C'est au centre du tableau, l'article 242-17 qui les désignait : c'étaient les requins et les tortues marines, c'est-à-dire des animaux. Pour donner à l'ensemble ses couleurs les plus éclatantes, l'article 242-18 énumérait avec grande précision les droits fondamentaux dont auraient bénéficié les heureux promus dans la nouvelle catégorie de personnes juridiques.

Il s'agissait du droit de n'être la propriété de qui que ce soit, État, province, groupe humain ou individu ; du droit à exister naturellement, à s'épanouir, à se régénérer et à évoluer naturellement ; ce qui correspondait à la reconnaissance d'un droit à la vie

1. M.-A. Hermitte, *Quel type de personnalité juridique pour les entités naturelles ?*, in *Droits des êtres humains et droits des autres entités : une nouvelle frontière ?*, dir. J.-P. Marguénaud et C. Vial, Paris, Mare & Martin, 2021, p. 83.

Hamel, Francis, *Arche de Noé*, 2005, huile sur lin, 90 × 121 cm, Collection privée,

naturelle auquel une seule dérogation, mais très significative, pouvait être strictement accordée pour les cérémonies coutumières.

Il s'agissait encore du droit à la liberté de circulation et de séjour au sein de l'environnement naturel, du droit à un environnement naturel équilibré, non pollué et non contaminé par les activités humaines, du droit à la protection des habitats successifs, du droit à la restauration de l'habitat dégradé, du droit à ne pas faire l'objet d'un dépôt de brevet et du droit à l'absence d'infection, de contamination ou de dispersion par quelque moyen que ce soit, d'organismes génétiquement modifiés pouvant les impacter. Cet ensemble conférait aux requins et aux tortues marines des îles Loyauté et aux autres entités naturelles qui auraient pu les rejoindre, un éventail de droits environnementaux que pratiquement aucun être humain ne peut rêver trouver dans une constitution nationale ou fédérale ou dans un traité international.

Enfin, détail caché dans un coin du tableau qui en change peut-être toute la signification : sur la liste des droits fondamentaux énumérés par l'article 242-18, se trouvaient les droits de ne pas être gardé en captivité, en servitude, de ne pas être soumis à un traitement cruel et à ne pas être retiré de son milieu naturel, c'est-à-dire de droits qui, en toute rigueur, ne peuvent pas convenir aux espèces vivantes qui en sont proclamées bénéficiaires mais qui répondent exactement aux intérêts des individus sensibles qui les composent. Ce n'était donc pas seulement les requins et les tortues marines qui avaient vocation à devenir sujets de droit en tant qu'espèces ou entités naturelles mais également chaque requin, chaque tortue marine des îles Loyauté en tant qu'être sensible qui peut souffrir.

Pour être ultramarin et avoir été dicté en considération du principe unitaire de vie qui constitue le principe fondateur de la société kanak, ce bouleversement du droit des personnes n'en soulève pas moins des questions générales et hexagonales qui, à l'évidence, appellent une discussion.

II. – Discussion du bouleversement du droit des personnes

Le droit des personnes est plus directement intéressé par la discrète reconnaissance néo-calédonienne de la qualité de sujet de droit à des animaux considérés comme des êtres sensibles que par celle ostensible, sinon tapageuse, voulue au bénéfice de deux entités naturelles animales.

A. – La reconnaissance de la qualité de sujets de droit à des animaux êtres sensibles

Dans la 10e édition de *Flexible droit* publiée en 2001, le doyen Carbonnier, constatant qu'une loi du 6 janvier 1999 a retouché les articles 524 et 528 du Code civil pour imposer « l'illusion que les animaux ne sont ni des objets ni des corps » et que, plus solennellement, la loi du 10 juillet 1976 a déclaré protéger l'animal comme être sensible, a eu le courage et la lucidité d'admettre que « c'est (...) élever [l'animal] d'un degré, sinon le faire sortir absolument de la condition de chose, de non sujet de droit »[2]. Il ne fait guère de doute, dans ces conditions, que, en découvrant la loi du 16 février 2015 effaçant toute trace de l'animal dans l'article 528 et indirectement dans l'article 524 et créant un article 515-14 pour reconnaître sa qualité d'être vivant doué de sensibilité, l'éminent auteur eût été le premier à en tirer explicitement la conséquence que l'animal n'est plus une chose, qu'il n'est plus un

2. J. Carbonnier, *Flexible droit. Pour une sociologie du droit sans rigueur*, LGDJ, 10e éd., 2001, p. 237.

non-sujet de droit. Le bouleversement introduit, pendant quelques mois, dans le Code de l'environnement de la province des îles Loyauté montre qu'il n'est plus saugrenu de passer à l'étape suivante en attribuant positivement à certains animaux la qualité de sujets de droit. C'est dire que cette avancée ultramarine vérifie les géniales anticipations formulées dès 1909 dans l'article de René Demogue intitulé *La notion de sujet de droit*[3] que nul, aussi prestigieux soit-il, ne peut se dispenser de lire attentivement avant de se risquer à écrire sur la question passionnelle de la personnalité juridique des animaux.

Cet auteur, substituant après d'autres, le critère de l'intérêt protégé à celui de la volonté, avait posé la question de la personnalité juridique sur un plan résolument technique en démontrant que la qualité de sujet de droit appartient aux intérêts que les hommes vivant en société reconnaissent suffisamment importants pour les protéger par le procédé technique de la personnalité[4]. Il avait transposé cette idée-force à la question particulière de la personnalité juridique des animaux en ces termes imagés :

> *« On considère que le droit est fait pour déterminer les rapports des hommes entre eux, pour assurer à chacun la jouissance de certains avantages. Mais pourquoi limiter l'application du droit à l'humanité ? Ici tout le monde, sauf de rares exceptions, se récrie : faire de l'animal un sujet de droit, quelle horreur ! Quelle abomination ! À entendre ces cris, ne semblerait-il pas qu'il s'agit de leur donner quelque décoration et d'imiter Héliogabale faisant son cheval consul ? Mais il ne s'agit pas de cela. Ceux qui font ces critiques ou ont ces sourires placent la question sur un terrain qui n'est pas le sien. Il s'agit simplement de poser une règle technique : est-il commode, pour centraliser des résultats souhaitables, de considérer même des animaux comme sujets de droit ? »*[5].

On lui doit aussi d'avoir consacré de longues et passionnantes pages malheureusement tombées dans l'oubli à la question techniquement essentielle de la désignation et de la détermination des droits des sujets de disposition[6] qui auraient en charge l'exercice des droits des sujets de jouissance pouvant comprendre, en tant que de besoin et de raison, aussi bien les animaux, les monuments, les défunts que, déjà, les générations futures.

Le Code de l'environnement de la province des îles Loyauté, dont les rédacteurs ont plus que probablement entendu parler de l'article de René Demogue, semblait

3. R. Demogue, *La notion de sujet de droit. Caractères et conséquences :* Paris, *RTD civ.* 1909, p. 611 à 655.

4. R. Demogue, *op. cit.*, p. 630.

5. R. Demogue, *op. cit.*, p. 631.

6. R. Demogue, *op. cit.*, p. 645 à 651.

en avoir exactement saisi l'esprit : la société kanak ayant reconnu, pour des raisons qui lui sont propres, que les intérêts des requins et des tortues marines sont suffisamment importants pour être protégés par le moyen technique de la personnalité, il n'avait pas hésité à défier les critiques et les sourires en décidant de les considérer comme des sujets de droit pour centraliser des résultats souhaitables. Il avait aussi veillé à ce que la technique ainsi mobilisée soit commode en déployant les modalités les plus précises pour que les droits fondamentaux dont il leur accordait le bénéfice soient concrètement exercés par des porte-paroles dont le rôle était précisé par les articles 242-20 à 242-23. En dépit du sort que les juridictions administratives ont réservé aux dispositions du Code de l'environnement de la province des îles Loyauté portant création, au bénéfice inaugural des requins et des tortues marines, des entités naturelles sujets de droit, elles resteront pour avoir offert un modèle achevé de personnification juridique des animaux. Elles serviront d'autant plus sûrement d'exemple qu'elles avaient commencé par le plus difficile : accorder des droits fondamentaux à des animaux sauvages vivant à l'état de liberté naturelle auxquels, en métropole, l'article 521-1 du Code pénal n'accorde même pas de protection pénale contre les actes de cruauté. Le jour où la société civile hexagonale considérera que les intérêts de tels ou tels animaux, chiens et chats, chevaux ou grands singes plus vraisemblablement que requins ou tortues marines, sont suffisamment importants pour être protégés par le moyen technique de la personnalité juridique, il n'y aura pratiquement qu'à s'inspirer de ce qu'a tenté de faire le Code de l'environnement de la lointaine province des îles Loyauté. Bien sûr, il faudra vérifier préalablement que d'autres moyens techniques, tels que les centres d'intérêt proposés au début de ce siècle par Gérard Farjat[7], ne seraient pas aussi bien ou mieux indiqués pour atteindre le même résultat souhaitable. Il semble néanmoins que la thèse personnificatrice aurait les plus grandes chances de s'imposer puisque, tirant l'ultime conséquence de son caractère strictement technique, le Code de la province néo-calédonienne avait explicitement levé l'obstacle sur lequel sont venues se fracasser les tentatives menées par Steven Wise au nom de l'association *Nonhuman rights project* de faire reconnaître la qualité de personne juridique non humaine titulaire des droits de l'*habeas corpus* à des grands singes ou à la célèbre éléphante Happy[8] : les animaux et les autres entités auxquels des droits seraient reconnus ne seraient pas nécessairement tenus de devoirs et d'obligations. On pourrait, certes, leur en imposer en tant que de raison, mais il ne serait pas consubstantiel à la notion de personnalité juridique de les en affubler. Voilà qui devrait permettre de jeter aux orties le vieil épouvantail des procès que l'on faisait

7. G. Farjat, *Entre les personnes et les choses, les centres d'intérêts. Prolégomènes pour une recherche* : *RTD civ.* 2002, p. 221.

8. CA New York, 14 juin 2022, *Non Human Rights Project*, N.E.3d, 2022 WL 2122141 : *RSDA* 2/2022, p. 125, obs. O. Le Bot.

parfois aux animaux au Moyen Âge[9], qui est traditionnellement agité dès que la moindre perspective de personnification des animaux est avancée.

Il y aurait encore beaucoup à dire sur cette petite révolution juridique cachée au cœur d'un code original, mais ce serait aggraver le risque de faire oublier qu'il avait d'abord pour ambition de reconnaître la qualité de sujets de droit à des entités collectives. Il faut donc cesser de lui examiner le doigt pour s'intéresser quand même un peu à la lune qu'il montrait.

B. – La reconnaissance de la qualité de sujets de droit à des entités naturelles

Après avoir proclamé que les requins et les tortues marines – dont l'intérêt est d'ailleurs davantage totémique que strictement environnemental – sont des entités naturelles sujets de droit, l'article 247-17 prévenait que « d'autres éléments du vivant ainsi que des sites et monuments naturels » pourraient être accueillis à leur tour dans cette nouvelle catégorie de personnes juridiques par l'assemblée de la province des îles Loyauté sur proposition des autorités coutumières compétentes. C'est dire que la liste des entités juridiques naturelles aurait dû s'allonger et les exemples de personnification des éléments de la nature, qui est dans l'air du temps depuis celle qui a été accordée le 15 mars 2017 au fleuve néo-zélandais Whanganui[10], se multiplier. Au cœur de dizaines de projets qui surgissent presque chaque année depuis le début de la décennie pour revêtir de la personnalité juridique telle ou telle entité naturelle (fleuve, rivière, montagne, forêt, glacier), regardée chacune comme la huitième merveille du monde, le Code de l'environnement de la province des îles Loyauté, à sa petite échelle, fait encore figure de système coordonné de personnification progressive des éléments de la nature en général. Il pourrait ainsi être un modèle à portée universelle. Aussi, même si le tribunal administratif de Nouvelle-Calédonie et le Conseil d'État ne lui ont pas prêté vie, sera-t-il accablé de critiques assassines décochées par tout une escouade de spécialistes de droits de l'environnement persuadés que la personnification des éléments de la nature marque pratiquement le début de l'Apocalypse[11]. Il y a là matière à débat qui entraînerait peut-être un peu trop au-delà des contraintes volumétriques assignées à cet article. On se contentera d'indiquer ici que la meilleure manière de le faire avancer serait de

9. D. Chauvet, *La personnalité juridique des animaux jugés au Moyen Âge*, Paris, L'Harmattan, 2012.

10. S. Nadaud, *Le renouvellement des rapports entre les êtres humains et les entités naturelles*, in *Droits des êtres humains et droits des autres entités : une nouvelle frontière*, *op. cit.*, p. 277.

11. V. par ex. J. Bétaille, *Reconnaître des « droits » à la nature : des enjeux politiques et démocratiques, davantage qu'une question juridique*, texte mis en ligne le 9 septembre 2022 sur le blog « Le Club des juristes : l'actualité sous le prisme du droit ».

le placer sous l'influence de la question posée par René Demogue à propos des animaux et qui deviendrait : est-il commode pour centraliser des résultats souhaitables de considérer les éléments de la nature comme sujets de droit ? Il est probable que, vérification faite, la réponse ne sera pas toujours affirmative puisque, à l'évidence, d'autres techniques juridiques se sont multipliées et sont devenues plus commodes depuis le temps de Demogue il y a plus d'un siècle. Il est cependant à parier, pour des raisons de bon sens universel et d'efficacité de la défense des intérêts en jeu devant les tribunaux, qu'elle le sera souvent comme elle l'a déjà été en Espagne en faveur de la lagune Mar Menor et de son bassin depuis une loi du 30 septembre 2022[12] et comme elle l'a été, au moins provisoirement, à l'avantage des requins et des tortues marines de la province des îles Loyauté depuis la délibération du 29 juin 2023 qui a complété le Code local de l'environnement.

Même si l'avenir du Code de l'environnement de la province des îles Loyauté s'est assombri, il est déjà étonnant, peut-être même émouvant, de constater que pour répondre aux questions environnementales et sociétales qui font l'actualité du premier quart du XXIe siècle un peu partout dans le monde, il vérifie, par le truchement des requins et des tortues marines, la pertinence fulgurante des propositions relatives aux sujets de droit, de jouissance et de disposition, formulées dès 1909 par un pionnier français dont le nom mérite de figurer aux côtés de ceux des plus grands juristes du XXe siècle, René Demogue.

12. V. M. Torre-Schaub, *La nature sujet de droit en Espagne. La loi sur la protection de la Mar Menor : Rev. jur. env.* 2023/2, n° 134.

Copley, John Singleton (1738-1815), *Watson et le requin*, 1778, huile sur toile, 182,1 × 229,7 cm, États-Unis, Institut des Arts de Détroit, © Institut des arts de Détroit / Bridgeman Images.

Bonheur, Rosa (1822-1899), *Le Labour nivernais, le sombrage* (détail), 1849, huile sur toile, 130 × 260 cm, France, Paris, Musée d'Orsay, Photographie © Photo Josse / Bridgeman Images.

L'animal : vers un concept de bien vivant

Nadège REBOUL-MAUPIN
Professeur de droit privé
Université de Paris-Saclay (UVSQ, Versailles)
Responsable du DU Droit animalier des affaires (DADA)
Laboratoire DANTE (EA 4498)

Un animal, c'est de la vie enveloppée de fourrure ou d'écailles, habitée par l'inquiétude, capable oh combien capable de tendresse, de force, de courage et de peur.
Jean-Paul, LE BOUHRIS, *L'Exil intérieur.*

Offrir à l'animal une personnalité juridique et lui reconnaître des droits interroge sur la distinction fondamentale entre les personnes et les biens[1]. Est-ce la bonne voie d'évoluer d'une catégorie juridique à l'autre, et plus précisément, de la catégorie des biens à celle des personnes ? Ou faut-il y préférer un état de « lévitation juridique » sans prendre parti ? Entre sujet et objet, l'équivoque n'est-elle pas la condition de l'animal, ce vivant qui nous ressemble[2] ? Pourtant, une meilleure identification faisant justice à l'animal semble apparaître comme la solution idoine. L'animal n'est pas une personne, mais sa sensibilité l'écarte du champ des biens ordinaires énumérés dans le Code civil. Le respect du bien-être animal apparaît comme une nécessité. Néanmoins, au-delà de l'animal, c'est la question de la spécificité du vivant qui doit faire bouger les

1. Vieille de 1000 ans, c'est au Ier siècle avant J.-C., c'est-à-dire au dernier siècle de la République à l'époque de Cicéron mais également de Quintus Mucius Scævola.

2. F. Ost, *La nature hors la loi. L'écologie à l'épreuve du droit*, Poche/Sciences humaines et sociales, Paris, La Découverte, 2003, p. 205 à 236. V. Académie des sciences (dir. R. Douce et E. Postaire), *Les origines du vivant. Une équation à plusieurs inconnues*, Paris, Gallimard, coll. « Folio essais », 2016, p. 15. V. aussi, D. Guével, *La vie (pour l'instauration d'un Droit des équilibre vitaux), in Mél. en l'honneur de la Professeure A. Batteur*, Paris, LGDJ, 2021, p. 155.

catégorisations. À cet effet, la notion de « biens vivants »[3] pourrait faire référence non seulement aux animaux mais aussi aux végétaux. Malvenue, cette notion est régulièrement contestée, voire remise en question par divers mouvements qui, soit préfèrent sortir définitivement les animaux de la sphère des biens, soit ressortent exaspérés d'une indistinction entre les animaux et les végétaux. Pourtant cette dernière est présente depuis longtemps dans les philosophies de l'environnement, qui promeuvent la notion on ne peut plus floue et hétérogène "d'entité naturelle"[4]. Certains juristes ont d'ailleurs proposé « de donner des statuts particuliers à des zones comme des lacs, des montagnes ou d'autres écosystèmes. Il ne s'agissait pas spécialement de protéger les animaux en leur sein, mais plutôt de protéger la "nature", le vivant, des entités naturelles comme des écosystèmes entiers »[5]. Ne pourrait-on pas considérer qu'ils sont tous les deux des biens vivants dont la sensibilité s'appréhende autrement[6] ?

Traditionnellement, les animaux ont été considérés comme des propriétés ou des ressources qui peuvent être utilisées et exploitées par l'homme à des fins diverses, telles que l'alimentation, la recherche scientifique, le divertissement ou encore la production de biens et de services. Parmi les catégories d'animaux, il y a d'abord ceux domestiques[7]. Il y a ensuite « certains animaux qui sont exploités par les humains pour couvrir leurs besoins alimentaires et non alimentaires (éponges, coraux, vers…) soit par le prélèvement d'individus sauvages (pêche, chasse) soit par l'élevage »[8]. Les « textes juridiques français emploient un vocabulaire hétéroclite pour les désigner, tantôt vague en utilisant "les animaux" sans les distinguer, tantôt précis par une liste d'espèces, races

3. N. Reboul-Maupin, *Pour une rénovation de la* summa divisio *des personnes et des biens : LPA* 28 déc. 2016, n° 122x7, p. 6 (www.actu-juridique.fr). – N. Reboul-Maupin, *Droit des animaux, opérer une distinction fondamentale entre biens vivants et biens inertes (biens organiques et biens inorganiques)*, 2023 (www.actu-juridique.fr, 25 p.).

4. J.-B. Jeangène Vilmer, *Une plante vaut-elle un animal ?* : *Revue esprit* 2011, p. 160-173 critiquant F. Burgat, *Une autre existence : la condition animale*, Paris, Albin Michel 2012 : en effet, Florence Burgat explore les distinctions morales et éthiques entre les plantes et les animaux. Elle argue que, contrairement aux plantes, les animaux possèdent une sensibilité qui les rend capables de souffrir. Cette sensibilité crée des obligations morales envers les animaux que nous n'avons pas envers les plantes.

5. J.-B. Jeangène Vilmer, *ibid.*, p. 160-173.

6. Pour les animaux, il s'agirait plutôt d'une sensibilité se déclinant au travers de sa dimension sensorielle (percevoir des sensations au moyen de la vue, de l'odorat, de l'ouïe…) et de sa dimension psychologique (capacité de ressentir des émotions) alors que pour les végétaux, la recherche moderne a révélé qu'ils possèdent une forme de sensibilité et de réactivité à l'environnement (détection de signaux liés à la lumière, le changement de températures, les contacts physiques, et même les substances chimiques).

7. Les animaux domestiques sont définis par le *Larousse agricole* de 1921 comme « des animaux que l'Homme a associés à son existence et dont il utilise les services et les produits, tout en surveillant et réglant leur multiplication, en modifiant leur conformation et leurs aptitudes, afin de les approprier à ses besoins. Il ne faut pas confondre les animaux domestiques avec les animaux apprivoisés ».

8. Groupe de travail, Rapport final, *Statut juridique des animaux, Le statut juridique des animaux en France : Quelles évolutions ? Quelles répercussions pour l'élevage ?*, *op. cit.*, spéc. p. 5._Académie d'Agriculture de France, Groupe de travail « Statut juridique des animaux », Rapport final, *Le statut juridique des animaux en France : Quelles évolutions ? Quelles répercussions pour l'élevage ?*, 2023, spéc. p. 5.

ou variétés concernées. Mais, il y a aussi des expressions plus ou moins définies, à savoir les animaux domestiques, non domestiques, de compagnie, de rente, espèces protégées, espèces susceptibles d'occasionner des dégâts… »[9]. Une chose est sûre : l'opposition est faite entre l'animal domestique et l'animal sauvage dans le Code de l'environnement puisque « sont considérées comme des espèces animales non domestiques celles qui n'ont pas subi de modification de la part de l'humain »[10]. Les espèces domestiques sont donc les animaux dits de compagnie[11], de sport, de travail et d'élevage. La difficulté est que certains d'entre eux peuvent être à la fois d'agrément ou de rente, de compagnie ou de travail, sauvage en captivité ou non. La distinction des régimes pose problème. Faut-il dans ces conditions considérer tous les animaux de la même manière que leur sensibilité peut être différente ? D'ailleurs, certaines espèces non protégées peuvent aussi impliquer des enjeux considérables pour la biodiversité. Les sensibilités affluent tant chez les animaux que les végétaux et nécessitent qu'elles fassent l'objet d'une prise en considération d'une façon générique avant de se positionner dans les méandres d'une trop grande diversité. Cette prise en considération du vivant non humain dans le Code civil est fondamentale.

C'est pourquoi la place de l'animal dans le Code civil vient bousculer les distinctions classiques des biens qui ne peuvent pas pourvoir *stricto sensu* à la sensibilité (I) tout en impulsant de nouvelles catégories qu'il faut rendre opératoires par la prise en compte du vivant (II).

I. – La place de l'animal dans le Code civil : des distinctions classiques bousculées

Face à la vague « de droit émotionnel » suscitée par l'animal[12], des juristes et des politiques se sont engagés dans la voie de la protection animale et de la préservation de l'environnement. Les animaux sont des choses à protéger et à préserver dans leurs intérêts propres[13]. Ils sont devenus une préoccupation majeure pour le législateur

9. *Ibid.*, spéc. p. 5.

10. C. envir., art. R. 411-5.

11. Ils sont définis par l'article L. 214-6-I du Code rural et de la pêche maritime comme « (…) tout animal détenu ou destiné à être détenu par l'homme, notamment dans son foyer, pour son agrément en tant que compagnon ». On se réfère ici à la destination pour les qualifier.

12. S. Salles, *Le statut juridique de l'animal. Sujet de discussions sur le(s) droit(s)*, in *L'animal et l'homme*, Paris, Mare & Martin, 2019, cité *in* Académie d'Agriculture de France, Groupe de travail « Statut juridique des animaux », Rapport final, *Le statut juridique des animaux en France : Quelles évolutions ? Quelles répercussions pour l'élevage ?*, 2023, op.cit., spéc. p. 15.

13. V. en ce sens, des tortues marines et des requins qui sont devenus le 29 juin 2023 des sujets de droit et dont les intérêts pourront être défendus par des avocats : c'est désormais une réalité dans les îles Loyauté, l'une des trois provinces composant la Nouvelle-Calédonie (V. J. Laffont, *Les droits des requins et des tortues pourront être défendus par des avocats dans la province calédonienne des îles Loyauté* : *Le Monde* 7 juill. 2023). V. aussi

français même s'ils relèvent de différents droits. Pour ce qui est du Code rural et de la pêche maritime, on y retrouve codifié l'article 6 de la loi n° 76-629 du 19 juillet 1976 qui considère que « tout animal étant un être sensible doit être placé par son propriétaire dans des conditions compatibles avec les impératifs biologiques de son espèce »[14]. Malheureusement, il faudra attendre la loi du 16 février 2015 pour que l'animal, considéré jusqu'alors comme un bien meuble, fasse son entrée dans un article dédié dans le Code civil. Deux périodes se succéderont : d'abord, en 1999, le Code civil est modifié une première fois. Les animaux sont toujours considérés comme des biens mais ils ne sont plus assimilés à des corps inanimés. Ensuite, c'est par la loi du 16 février 2015 que la notion d'être vivant doué de sensibilité est consacrée à l'article 515-14 du Code civil[15]. Après les avoir extraits formellement de la catégorie des biens, la loi leur en a aussitôt (ré)appliqué le régime. L'animal reste un « objet de droit », un objet que l'on peut posséder, utiliser ou s'approprier. Mais sa sensibilité le place au-dessus des objets non vivants. Son statut devient une véritable obsession sociétale. Il faudrait en finir une fois pour toutes avec « l'idée que l'on passerait d'un statut tragique de l'animal où ce dernier est une chose, à un statut magique, où l'animal est une personne »[16]. Le propos mérite d'être modéré[17]. La nuance entre la chose et la personne ne ferait-elle pas écho à la préconisation d'une nouvelle catégorie de biens, à savoir « les biens vivants » par opposition aux « biens inertes » ? Le droit européen recherche depuis longtemps un équilibre entre les valeurs affectives, économiques ou autres d'un animal et l'intérêt de son bien-être. Il faut donc proposer une voie de traitement juridique des animaux (et des végétaux) en passant par l'octroi d'un nouveau statut.

Pour l'heure, les animaux demeurent soumis au régime du droit des biens. Si certains préfèrent que la situation reste inchangée en faisant seulement évoluer le régime[18],

---

dans cet ouvrage, la contribution de J.-P. Marguénaud, *Les animaux entités juridiques naturelles sujets de droit*, p. 396-406. À ce jour, seuls l'Inde et quelques pays d'Amérique latine ont reconnu une personnalité juridique à des animaux. En Inde, un arrêt rendu en 2018 par la Haute Cour de l'État de l'Uttarakhand et un autre par la Haute Cour du Pendjab et de l'Haryana, en 2019, ont ainsi déclaré que tous les animaux doivent être considérés comme des personnes juridiques, avec les droits, devoirs et responsabilités d'une personne vivante. En Amérique latine, dans un arrêt historique, la Cour constitutionnelle d'Équateur a reconnu que tous les animaux sauvages sont « sujets de droit ».

14. C. rur., art. L. 214-1.

15. L'article 515-14 du Code civil dispose que « les animaux sont des êtres vivants doués de sensibilité (...) ».

16. L. Neyret, Table ronde sur la Personnalité juridique de l'animal dans le cadre du *Colloque Droits et personnalité juridique de l'animal*, 22 oct. 2019, Institut de France, La Fondation Droit Animal Éthique & Sciences (propos *in* www.fondation-droit-animal.org/documentation/table-ronde-personnalite-juridique-de-lanimal-laurent-neyret-2019).

17. « La reconnaissance de la qualité de sujet de droit à la Pachamama dans la Constitution de l'Équateur » en tant que « Terre-Mère » issue des dévotions à la fertilité « n'a pourtant pas empêché le gouvernement de cet État de délivrer des permis de déforester et d'exploiter des ressources minières de cette déesse-Terre » V. L. Neyret, Table ronde sur la Personnalité juridique de l'animal dans le cadre du *Colloque Droits et personnalité juridique de l'animal*, 22 oct. 2019, préc.

18. V. en sens, M. Bouteille (réunion du GT SJA, 4 nov. 2000) : elle considère que l'animal approprié est celui qui est le mieux protégé par le droit en raison de son statut de chose appropriable soumis au régime

d'autres prônent, au contraire, une meilleure identification des animaux objets de droit en les nommant « biens animaux »[19]. D'autres encore préfèrent identifier les animaux comme des objets de droit en les sortant du droit des biens. Il y aurait, en effet, « des animaux, des biens et des différentes modifications de la propriété »[20]. Enfin, il y aurait encore la possibilité de leur octroyer une demi-personnalité[21] avant de les ranger définitivement dans la catégorie des sujets de droit, et de distinguer les personnes humaines des personnes non humaines[22]. La radicalité voudrait plutôt qu'on les laisse dans la catégorie des biens tout en se débarrassant d'une distinction trop datée qui a déjà connu les affres du corporel et de l'incorporel. La nouvelle distinction « biens vivants/biens inertes » pourrait y satisfaire[23]. Il ne s'agit pas de remettre en cause toutes les catégories juridiques. Il faut simplement s'adapter au gré d'une avancée qui se veut dans l'air du temps d'une société souvent accablée par les catastrophes écologiques mais qui essaie de conserver les vertus d'une agriculture nécessaire aux besoins nutritionnels des personnes. La perspective y est agroécologique, il faut repenser les distinctions à l'heure des nouveaux besoins de la société du XXIe siècle. L'analyse se veut systémique et se doit d'être incluse dans le Code civil. Le député Glavany a su lors de l'adoption de l'article 515-14 du Code civil ouvrir une brèche en déclarant que cet article était « un pied dans la porte de

---

du droit des biens. G. Loiseau (*L'animal et le droit des biens : RSDA* 1/2015, 423-431) considère que l'article 515-14 du Code civil est « l'occasion de constituer un référentiel commun pour un statut de l'animal quand celui-ci est aujourd'hui morcelé dans des codifications spéciales-Code rural et de la pêche maritime, Code pénal, Code de l'environnement, Code de la propriété intellectuelle ». Académie d'Agriculture de France, Groupe de travail « Statut juridique des animaux », Rapport final, *Le statut juridique des animaux en France : Quelles évolutions ? Quelles répercussions pour l'élevage ?*, 2023, op. cit., spéc. p. 5.

19. Comme des biens à protéger. V. S. Antoine, *Rapport sur le régime juridique de l'animal*, Ministère de la Justice, 10 mai 2005, p. 50.

20. Autre proposition de S. Antoine qui, en modifiant l'intitulé du livre II du Code civil par l'insertion des mots « des animaux » (« Des animaux, des biens et des différentes modifications de la propriété »), vise à extraire complètement l'animal du droit des biens, conformément à sa véritable nature d'être sensible qui doit prévaloir sur son aspect de valeur marchande, permettant de tenir compte de sa valeur intrinsèque. G. Raoul-Cormeil (réunion du GT SJA, 18 mars 2021) est en faveur de cette proposition qui a le mérite d'accorder une valeur symbolique forte (V. G. Raoul-Cormeil, *L'animal d'élevage saisi par le droit animalier et le droit civil : la nécessité d'une approche catégorielle*, www.actu-juridique.fr, p. 32).

21. Position de M. Martin, *Vers un genre juridique commun à l'animal, l'embryon et le cadavre : Rev. gén. du droit, Études et réflexions* 2015, n° 15, p. 14. C'est mettre en avant la création d'un troisième livre dans le Code civil intitulé « Des embryons, animaux et cadavres ».

22. Animal sujet : c'est le transfert des animaux dans le livre I du Code civil « Des personnes » dans la catégorie des personnes physiques en les identifiant en tant que « personne animale » ou « personne physique non humaine », V. la position de J.-P. Marguénaud, *La modernisation des dispositions du Code civil relative aux animaux : l'échappée belle : Rev. jur. env.* 2015/2, vol. 40, p. 257 à 263. – J.-P. Marguénaud, F. Burgat et J. Leroy, *La personnalité animale : D.* 2020, p. 28.

23. Les animaux sont maintenus dans le livre II, dans la catégorie des biens, en les identifiant dans un titre 2 dédié à une nouvelle distinction des biens : « Biens vivants, Biens inertes » : N. Reboul-Maupin, *Droit des animaux, opérer une distinction fondamentale entre biens vivants et biens inertes (biens organiques et biens inorganiques)*, 2023 (www.actu-juridique.fr, 25 p.).

sorte qu'elle reste ouverte »[24]. Aussi, adaptons le droit des biens en l'enrichissant par d'autres distinctions même si la *summa divisio* des meubles et des immeubles reste une frontière structurante pour les biens inertes ! Loin d'épuiser l'univers des biens, elle a besoin de subir quelques changements afin d'être opératoire pour la prise en compte du vivant[25].

II. – Le changement des catégories de biens dans le Code civil : vers une prise en compte du vivant

La distinction bien vivant/bien inerte paraît *a priori* s'adapter aux besoins nouveaux de notre société contemporaine. D'ailleurs, l'appellation de biens vivants s'inscrit plus particulièrement dans la lignée du Plan comptable général intégrant les spécificités agricoles et supprimant le Plan comptable agricole. En effet, une exploitation agricole peut être amenée à immobiliser des biens vivants. Par biens vivants, l'Autorité des normes comptables entend aussi bien la comptabilisation des animaux que celle des végétaux[26]. Partant d'un contexte d'évaluation de stocks de biens vivants dans les entreprises agricoles, le Plan comptable général permet de considérer que cette nouvelle catégorisation existe déjà. Il faut simplement préciser la notion de bien vivant par opposition à celle de bien inerte afin de permettre son insertion dans le Code civil. Un titre 2 du livre II intitulé « De la distinction des biens » verrait naître un nouvel article où « tous les biens sont vivants ou inertes »[27].

Non prévue par le Code civil, cette nouvelle catégorisation pourrait s'insérer dans un nouveau titre appelé « Du patrimoine et des biens qui le composent ». D'ailleurs, ce serait une appréhension contemporaine des biens et du patrimoine. Jusqu'alors, la conception classique du bien insistait principalement sur l'intérêt exclusif du bénéficiaire, de l'utilité économique du bien à l'Homme, et accessoirement sur les droits des tiers. Une conception

---

24. Groupe de travail « Statut juridique des animaux », Rapport final, *Le statut juridique des animaux en France : Quelles évolutions ? Quelles répercussions pour l'élevage ?*, *op. cit.*, spéc. p. 14. Académie d'Agriculture de France, Groupe de travail « Statut juridique des animaux », Rapport final, *Le statut juridique des animaux en France : Quelles évolutions ? Quelles répercussions pour l'élevage ?*, 2023, op.cit.. spéc. p. 14.

25. V. à ce propos pour un délit d'atteinte au vivant (voire d'exploitation abusive du vivant), qu'il soit humain, animal ou végétal : D. Guével : *D.* 2024, p. 305.

26. Les actifs agricoles devront répondre à la définition d'un actif corporel et l'article 618-10 créé par le règlement n° 2019-01 de l'Autorité des normes comptables daté du 8 février 2019 oblige à immobiliser les biens vivants « lorsqu'il devient certain ou quasi-certain que ces biens seront destinés à rester durablement dans l'entité pour y être utilisés comme moyen de production ».

27. N. Reboul-Maupin et G. Maisse, *Introduire le concept de biens vivants dans le Code civil pour mieux appréhender les enjeux de la protection animale et de gestion de la biodiversité domestique en agriculture*, in Ouvrage collectif (à paraître) sous dir. A. Bonnet, *Regards croisés : le législateur face aux animaux d'élevage*, éd. IFJD (Institut Francophone par la Justice et la Démocratie), Paris, LGDJ-Lextenso, 2024.

renouvelée pourrait aussi mettre l'accent sur sa valeur intrinsèque, sa sensibilité et son utilité commune, à savoir le patrimoine commun naturel à sauvegarder. Ceci étant, tout juriste est un conservateur, disait Ripert, même s'il faut en convenir que l'heure est venue de revisiter la nature des biens. À ce propos, le professeur Romain Boffa opère une avancée puisqu'il considère pour l'avenir des biens que ces derniers sont immeubles, meubles ou incorporels en tenant compte seulement dans leur régime de leur nature vivante ou inerte, ainsi que de leur destination à l'intérêt général ou la protection de la personne[28]. Si l'on veut aller encore plus loin, il s'agira d'affiner et de procéder à une prise en compte du vivant dans la nature juridique des biens elle-même, ce qui peut être le signe de leur métamorphose par la juste considération de leur sensibilité tout en contrôlant ses contours et critères. Le concept de bien vivant doit ainsi émerger, et cela va bien au-delà de la seule question du statut juridique des animaux. Il y a un intérêt certain pour l'agriculture et l'agroalimentaire qui, par une claire distinction, au sein de biens, entre ceux vivants et inertes, pourraient disposer d'une plus grande visibilité à la mission d'intérêt général qui les anime, à savoir nourrir l'humanité à partir de productions de plantes cultivées et d'animaux domestiqués. De même, le concept de bien vivant dans le Code civil participerait à la défense de la biodiversité. En raison d'une « tendance mondiale de diminution du nombre de races animales et de variétés végétales en raison de la recherche économique de court terme, la conservation des ressources génétiques des animaux élevés, des plantes cultivées et des micro-organismes d'intérêt agricole et agroalimentaire est fondamentale au maintien des capacités d'adaptation de l'agriculture aux évolutions climatiques, environnementales et sociétales »[29]. Les biens vivants sont des biens protégés ou préservés au titre de leur valeur intrinsèque en tant que sujets d'intérêts divers pour les humains ou en tant que composantes de la biodiversité.

Tout concourt alors à l'introduction dans le Code civil d'une nouvelle catégorisation des biens, et ce dans une optique de protection du vivant[30]. Les biens sont des choses vivantes ou inertes ou encore incorporelles faisant l'objet d'appropriation, ainsi que des droits réels et personnels. Ils sont disponibles et saisissables sauf si la loi en dispose autrement. Les biens vivants, d'abord, sont organiques. Ils peuvent être actifs et réactifs, appelés actifs par simplification : animaux de compagnie, d'élevage, de laboratoire et animaux

---

28. R. Boffa, *L'avenir du droit des biens*, Paris, LGDJ, Actes du colloque de Lille, coll. « Grands Colloques », 7 mars 2014, dir. R. Boffa, spéc. p. 62.

29. V. Groupe de travail « Statut juridique des animaux », Rapport final, *Le statut juridique des animaux en France : Quelles évolutions ? Quelles répercussions pour l'élevage ?*, *op. cit.*, spéc. p. 5. Académie d'Agriculture de France, Groupe de travail « Statut juridique des animaux », Rapport final, *Le statut juridique des animaux en France : Quelles évolutions ? Quelles répercussions pour l'élevage ?*, 2023, op. cit., spéc. p. 5.

30. M. Hautereau-Boutonnet, *Le Code civil, un code pour l'environnement*, Paris, Dalloz, coll. « Les sens du droit – Essai », 2021, spéc. p. 126. Le Code civil n'est pas un code comme les autres. Né en 1804, il a su traverser les époques et relever les défis qui s'offrent à lui. Aujourd'hui il devient un « code pour l'environnement » et s'adonne à la protection et à la préservation des espèces animales.

sauvages ou seulement réactifs par simplification : coraux, levures, plantes, végétaux (arbre, arbrisseaux…), bactéries (des micro-organismes cultivés à des fins agroalimentaires ou médicinales). Les biens inertes sont tantôt organiques (le cadavre non humain) tantôt inorganiques, à savoir ne présentant ni l'organisation ni l'activité caractéristique des êtres vivants. Dans ce dernier cas, il y a, d'une part, les biens immeubles composés des biens de la nature (le fonds, à savoir le sol à usage industriel ou agricole[31] considéré comme une parcelle de terre et non comme un écosystème) et les biens de l'homme, dits artificiels (les constructions bâties et les volumes…). Pour les biens meubles, d'autre part, il s'agit des choses qui peuvent se déplacer d'un lieu à un autre dont une sous-distinction conduirait à les considérer tantôt précaires, tantôt durables. Enfin, les biens incorporels sont quant à eux dépourvus de matière (les biens pour protéger l'air : quota d'émission de gaz à effet de serre ou pour protéger la biodiversité : unités de compensation).

Un régime commun applicable aux biens vivants devrait pouvoir se dessiner sans omettre des régimes spéciaux se déclinant en fonction de leur diversité et dont on retrouve pour certains[32], d'ores et déjà, des règles éparses contenues dans d'autres codes ou dans des lois non codifiées. Parce qu'ils sont vivants et sensibles, leur traitement doit simplement être distingué de celui des choses inertes. Il s'agirait pour les biens vivants d'envisager leur protection et leur préservation. La protection se veut à la fois individuelle et collective. Individuelle pour l'animal de compagnie, par exemple, dont le propriétaire pourra disposer de pouvoirs contrebalancés par des devoirs. Collective, ensuite, la propriété s'inscrira dans une optique de ressources animales à protéger. La protection des espèces menacées ou en voie d'extinction impose tant des règles afin de limiter leur destruction par les humains qu'une préservation des zones naturelles dans lesquelles elles se déploient. Si la logique des espèces menacées à protéger et des espaces à préserver relève plutôt du droit de l'environnement, il est possible d'authentifier en droit civil des biens le besoin grandissant de prendre en compte leur utilité, leur qualité et leur nécessaire durabilité. Les finalités environnementales s'imposent donc au droit des biens. Ce qui suppose déjà de voir autrement le propriétaire. Il « n'est pas uniquement celui qui, grâce à son droit de propriété et les pouvoirs d'usage, de jouissance et de disposition qu'il exerce sur sa chose vivante ou inerte, nuit à l'environnement »[33]. Si la chose répond aux besoins de l'homme, il doit aussi désormais adopter à son égard un comportement apte à la conservation de

31. Bien que le sol soit dynamique et vital pour la vie des plantes et de nombreux autres organismes, il est généralement classé comme bien inerte en raison de sa composition principalement minérale.

32. V. dans cet ouvrage la contribution de C. Morales Frénoy, *Le droit de l'environnement, protecteur des animaux*, p. 390-395. Certains animaux sauvages ne bénéficient d'aucune protection car ils sont considérés comme nuisibles ou envahissants. Néanmoins, il est important de les faire entrer désormais dans notre concept de biens vivants ou tout du moins de les protéger si l'on considère qu'ils doivent demeurer des *res nullius* ou des *res communes*.

33. M. Hautereau-Boutonnet, *Le Code civil, un code pour l'environnement*, Paris, Dalloz, coll. « Les sens du droit – Essai », 2021, spéc. p. 126.

la chose et attestant d'une certaine prudence. Il doit prendre soin de sa sensibilité, être gardien de son utilité, de sa qualité, de sa durabilité, et de ce fait aussi responsable vis-à-vis de la collectivité humaine. On voit déjà pointer l'idée de proportionnalité entre les besoins de l'homme et les ressources animales. La fonction utilitaire de l'animal d'élevage doit être raisonnée et raisonnable. Il ne s'agit pas d'interdire l'élevage mais de trouver un équilibre entre utilité économique et intérêt propre de l'animal. La surveillance et la réglementation des abattoirs y participent. Toutes les techniques militant à son bien-être dans le cadre des pratiques de l'élevage s'adonnent à la protection animalière en même temps qu'elles demeurent une prise de conscience collective de satisfaire aux besoins nutritionnels du vivant tout en le respectant. Ne gaspillons pas les animaux en prise jusqu'alors avec une société de consommation excessive dépassant les besoins réels de l'homme ! Mais tout l'intérêt n'est pas de sacrifier radicalement l'élevage qui fait encore vivre nos agriculteurs, en tant que propriétaires terriens. Comme l'écrivait Carbonnier, « dans les idées les plus profondes de l'humanité, la terre n'est pas un bien comme les autres. Sa propriété est moins privative : son aliénation est moins libre ; sa vente ne peut être affaire courante entre deux individus »[34]. Puisque la terre est objet de protection, l'idéal serait d'insérer à l'article 544 du Code civil, une nouvelle définition du droit de propriété qui serait à la fois « le droit de et le devoir de ». Outre les limites légales et réglementaires, le propriétaire se verrait contraint par des devoirs de protéger la chose, d'ailleurs vivante ou inerte, ce qui va contribuer à la conserver tout en ne remettant pas en question sa possible utilisation, et donc son appropriation. La propriété oblige au bien-être de la collectivité, et à celui de l'animal ou du végétal. Rappelons les propos de M. Didier Guillaume, ancien ministre de l'Agriculture :

> *« L'agriculture française fournit dans son ensemble une alimentation remarquable, saine et traçable, parmi les meilleures au monde. Fidèles à notre histoire, nous devons relever le défi écologique et sanitaire et passer de l'enjeu quantitatif du XXe siècle à l'enjeu qualitatif qui caractérise le XXIe siècle. Il fallait hier se prémunir de la famine, il faut aujourd'hui se prémunir de la finitude des ressources naturelles et de ses conséquences. L'avenir de notre agriculture passe par un niveau encore supérieur d'exigence dans la production, avec moins de pesticides, une gestion optimisée de l'eau, une attention redoublée au bien-être animal. Cultivons et protégeons autrement nos biens vivants »*[35].

Pour cela, changeons les catégories en les adaptant aux besoins de notre société contemporaine ! Profitons-en aussi pour aménager et ajuster l'*appropriation.* L'étape est imminente : faisons du Code civil le pilier de la distinction fondamentale des biens vivants et des biens inertes.

---

34. J. Carbonnier, *Flexible Droit, Pour une sociologie du droit sans rigueur*, spéc. « Sociologie de la vente », Paris, LGDJ, 8e éd., p. 325-326.

35. Propos recueillis *in Alim'agri* 2022, n° 1569.

© Rémi Dupouy,

Entretien avec Rémi DUPOUY

Auteur-réalisateur de documentaires animaliers et Reporter naturaliste

par

Monica CARDILLO
Agrégée des Facultés de droit,
Professeur d'histoire du droit
à l'Université de Nantes,
Centre de Droit Maritime et Océanique
(CDMO - UR 1165)

Anne BLONDEAU DA SILVA
Maître de conférences en Écologie
à l'Université de Limoges
Laboratoire Eau et Environnement Limoges
(E2LIM, UR 24133)

et

Dominique TAURISSON-MOURET
Ingénieure de recherches CNRS
Laboratoire de géographie physique
et environnementale (GEOLAB-UMR 6042)

Rémi Dupouy est auteur-réalisateur de documentaires et reporter naturaliste. *Il développe et présente des films et des contenus animaliers diffusés à la télévision, sur le web et les réseaux. Sa mission : expérimenter et documenter les relations entre humains et non-humains auprès des peuples du monde et de la vie sauvage et domestique, et décrypter la biodiversité pour mieux la faire connaître et protéger. Lui-même éleveur, il participe à des actions de conservation et de corrélation agriculture-biodiversité, et développe des expériences de sensibilisation et de reconnexion à l'environnement.*

Rémi a écrit et incarné les séries ***Into the French Wild*** et ***Wild Trip*** sur les chaînes National Geographic et France 5, et co-réalise WILDLIVE EXPEDITIONS sur Ushuaïa TV, TF1 et TV5 Monde. Il est auteur et scénariste de « VIVANT » et « Renouer avec le vivant » de Yann Arthus-Bertrand et Jeremy Frey, et de documentaires en collections et unitaires sur Arte (« MEUH » ; « Sur la piste du lynx »…). On le retrouve aussi sur des formats d'observation animalière instantanée en live sur Brut, GEO et Loopsider (WILDLive!), et de décryptage d'actualités sauvages sur FUTURA (Instinctif). Il est également auteur et co-référent scientifique d'expériences en réalité augmentée (AR), comme « REVIVRE – Les espèces disparues » au Muséum National d'Histoire Naturelle (MNHN, Paris) et ***Visions of Nature*** au Natural History Museum (NHM, Londres).

Monica Cardillo : Le droit occidental est-il un outil valable de défense du vivant ?

Rémi Dupouy : Il y a des notions de droit occidental qui contribuent à protéger le vivant, notamment le fait que des parcs nationaux aient une personnalité morale. Cela a rendu des services à certaines populations spécifiques. Le statut d'espèce protégée, qui est bien issu du droit occidental, a aussi contribué au maintien de certaines espèces.

Là où j'en vois les limites, c'est qu'il y a des taux d'application extrêmement variables de ces niveaux de protection. Il n'est pas normal de pouvoir chasser dans certains parcs nationaux. Par exemple, dans le parc national des Pyrénées, hors de la zone cœur, des battues sont organisées. On accorde une personnalité morale, avec un droit à deux vitesses. C'est-à-dire qu'on est obligé ensuite de poser des garde-fous en créant une zone cœur de parc, qui est vraiment protégée, et d'autres zones sans protection. Mais dans ce cas pourquoi créer un parc national, si ce plus haut niveau de protection étatique ne concerne pas tout son périmètre ? Les autorités publiques et les politiques locales veulent préserver la paix sociale en y autorisant la chasse ou d'autres pratiques comme la cueillette ou la pêche, alors que celles-ci sont autorisées sur tout le reste du territoire. Je reste donc sceptique sur ces entités morales à l'occidentale. J'observe l'efficacité d'autres méthodes. Le retour du bouquetin des Alpes, par exemple, a été rendu possible par des activistes qui ont ramené des individus dans des sacs à dos depuis l'Italie pour les réintroduire en France.

M.C. : De façon illégale ?

R.D. : Complètement illégale. On en revient à la désobéissance civile prônée par Henry David Thoreau (1817-1862) aux États-Unis. Ces figures nous ont permis de comprendre que, parfois, le militantisme était nécessaire, quitte à sortir du cadre légal.

M.C. : Par exemple ?

R.D. : Non, pas d'exemple. Il faut le faire de façon consciente et parfois concertée. Il faut savoir désobéir, je pense que c'est important. Il est quand même essentiel, dans une certaine mesure, de réinterroger le législateur quant aux limites du système qu'il a mis en place. Un animal domestique est protégé des coups et blessures, un animal sauvage ne l'est pas. C'est intéressant parce qu'on saisit toutes les limites de l'application du droit et donc tout ce qui l'empêche d'être effectif. Finalement, le législateur est très souvent trop éloigné de l'application concrète du droit. Donc, est-ce qu'on est vraiment dans un état de désobéissance ? On est peut-être dans l'application un peu plus proche du réel qui n'est pas vue, perçue et légiférée, normée. Je dirais qu'à l'échelle occidentale, le droit appliqué peut rendre de grands services aux vivants. Là où on en rencontre la limite, c'est quand on cherche à l'appliquer à d'autres territoires qui ont traditionnellement des façons d'interagir avec le vivant qui le rendent incompatible.

M.C. : Il y a des endroits, en Afrique de l'Est, mais aussi dans d'autres continents, autres qu'occidentaux, où finalement le vivant est perçu d'une manière différente. C'est-à-dire qu'il y a des animaux qui sont considérés comme des êtres qu'il ne faut jamais croiser, parce que c'est l'animal qui correspond à la personne, et donc accompagne la personne, mais que la personne ne doit jamais voir. Il y a vraiment toute une cosmogonie qui accompagne la vie et la relation entre l'homme et l'animal. Ce n'est donc pas forcément très simple ou très évident lorsqu'on y va, au moins dans un premier temps. Lorsqu'on arrive sur un territoire à force de lectures, on a l'impression qu'on a déjà tout vécu, mais il y a quand même des choses qui se concrétisent et que l'on n'avait pas perçues.

R.D. : Quand on applique le droit français, par exemple, à un territoire comme la Guyane, qui est un territoire amazonien où, en l'occurrence, six populations autochtones distinctes vivent depuis des dizaines de milliers d'années, on a effectivement un chaos, en tout cas un fossé important en termes conceptuels, c'est-à-dire que l'accession à la propriété, le droit de chasser ne sont absolument pas audibles d'un point de vue autochtone.

Droit de chasser. On donne le droit de chasser. Déjà, le droit, on ne sait pas ce que cela veut dire. Pourquoi *droit ?* Cela veut dire que je pourrais ne pas avoir le droit. Oui, effectivement, puisque nous sommes en France, il y a un permis de chasse. En fait, là-bas, il y a un droit tacite de chasser pour chacun. Vous pouvez aller chasser, et même des animaux hallucinants. Vous descendez de l'avion à Cayenne, en Guyane, vous trouvez un fusil, et vous pouvez tirer sur un toucan, sans problème.

L'application du droit occidental se heurte à des savoirs et des pratiques coutumières qui lui sont incompatibles. Tout est centré sur la question de la propriété, sur différents niveaux de protection et d'interaction. En France, tu n'as pas le droit de polluer, de cueillir, de déverser tes ordures, de chasser ou d'avoir telle arme à telle période. Là-bas, toutes ces questions ne se posent pas. La quintessence de l'hérésie, c'est la gestion des milieux. Les peuples autochtones ne comprennent absolument pas ce dont il s'agit, parce que gérer signifie, pour eux, commettre une ingérence, c'est-à-dire essayer de mieux faire que la « nature » elle-même – d'ailleurs ils n'utilisent pas ce terme, qui se rapprocherait plutôt pour eux de « la vie » ou « le monde ». Ils considèrent comme inacceptable de nous entendre leur dire qu'on va les aider à gérer et à administrer leur territoire. La gestion pour eux est tout simplement une interaction raisonnée fondée sur la bonne connaissance des milieux, des saisons, des espèces. Ils savent quoi chasser, quoi tuer ou ne pas tuer, à quelle saison, à quelle fréquence, en quelle quantité. Tout est complètement intégré, en fait. Ayant désappris ces savoirs, nous éprouvons la nécessité d'avoir des règles qui voudraient s'y substituer, et de les imposer à tous.

Il y a une autre forme d'acculturation récente qui n'aide pas, et qui fait que certaines populations ou sous-populations humaines commencent elles aussi à désapprendre ces connaissances, parce qu'elles peuvent se procurer du poulet en boîte importé, plutôt que de chasser un capybara ou une autre espèce sauvage. Et c'est vrai que c'était quand même un peu triste d'entendre de la bouche d'une cheffe de la tribu des Kali'na, une des tribus côtières du nord de la Guyane, qu'ils ne veulent pas qu'on leur dise quoi faire ni comment le faire, parce que c'est très insultant pour eux qu'un étranger vienne leur apprendre à interagir avec leur monde, alors qu'il n'en connaît lui-même ni les espèces, ni le fonctionnement, encore moins la saisonnalité ou la spiritualité.

M.C. : Vous voulez dire que ces populations résistent d'une certaine façon en continuant à se conduire de façon illégale vis-à-vis du droit ?

R.D. : Oui et non, parce que le permis de chasse s'est adapté au territoire si bien que vous n'avez pas besoin de le passer : il y a des périodes chassées et non chassées, mais de façon beaucoup plus laxiste qu'en France. Il s'est adapté, mais pas de façon législative, c'est-à-dire qu'il y a le droit de chasser occidental, et ses adaptations locales. Même si le droit français en outre-mer s'est adapté, il est toujours largement constitué de notions occidentales qui figurent encore dans les textes.

Pendant que nous étions en Nouvelle-Calédonie, des décisions coutumières kanaks sur la protection des milieux et des espèces ont réussi à passer. Les clans kanaks ont un pouvoir politique réel, et la France est devenue indirectement un des premiers pays à intégrer dans son droit cette notion de protection coutumière des espèces, comme la Nouvelle-Zélande, la Colombie, *etc.*

Chez ces peuples, il y a aussi des protections, des tabous, des interdits qui existent dans l'interaction avec le vivant, auxquels j'ai été confronté : on ne peut pas traverser une zone ou on ne peut pas chercher à voir une espèce qui pourrait déranger un esprit qui lui est associé.

M.C. : Vous êtes-vous demandé si parfois, en mettant des lieux et des cultures ou des personnes ou des espèces en lumière, vous ne risquiez pas de les fragiliser ? Est-ce que vous vous fixez à chaque tournage des limites dans ce que vous décidez de montrer ?

R.D. : Cela se présente quasiment à chaque tournage, il y a des repérages ou même des mois d'arpentage que j'effectue à titre professionnel ou privé. Il est assez fréquent de rencontrer des distances de sécurité ou de dérangement à respecter. La présence même des naturalistes, le bruit occasionné et le déplacement de matériel peuvent déranger et provoquer la fuite d'animaux pour lesquels la peur de l'humain est devenue innée après des décennies de chasse. On peut ainsi nuire à des espèces très fragiles en hiver qui ont des réserves de graisse faibles, et qui peuvent mourir par le simple fait de se déplacer. Pour réapprendre aux autres vivants à nous accepter, il faudrait changer les comportements pour permettre de diminuer les distances, se rapprocher en douceur, réussir à cohabiter plus en harmonie avec eux. L'approche par la sanctuarisation ne me paraît au contraire ni très pragmatique, ni très réaliste. Il doit à mon sens exister une troisième voie, où les espèces ne sont ni surprotégées ni surexploitées. J'ai déjà constaté de tels équilibres, finalement très anciens.

Les éléphants en Côte d'Ivoire constituent un sujet très sensible et très populaire : l'animal a donné son nom au pays en rapport avec le commerce de l'ivoire ; les Ivoiriens sont très fiers des Éléphants, leur équipe nationale de football ; l'éléphant et la figure éléphantine sont partout représentés dans le pays. On a donc cherché à filmer les derniers éléphants de Côte d'Ivoire, guidés par le groupe des gardes-chasse qui les protègent. Si on a pu les approcher, on n'a nommé ni le lieu, ni la forêt où on les a rencontrés. On sait pourtant que des gens ont appris à cette occasion que des éléphants vivaient encore dans le pays, alors que beaucoup d'Ivoiriens pensaient qu'il n'y en avait plus : cela peut avoir l'air très maladroit d'être les Occidentaux qui arrivent et qui montrent des éléphants aux Ivoiriens ; heureusement, tout cela s'est fait en coopération avec les autorités locales, et dans notre équipe de tournage figuraient des Ivoiriens dont on a mis en valeur le travail et l'engagement.

Dans certains autres endroits, il y a des espèces dont on parle avec précaution, comme l'ours qui représente en lui-même un sujet ultra-sensible, notamment en France en territoire pastoral. Et pourtant, il y a des pays où l'ours n'est pas du tout un sujet sensible, comme en Russie ou en Roumanie. Michel Pastoureau qui a beaucoup écrit sur l'ours montre qu'il nous ressemble et nous fascine autant qu'il nous fait peur, alors même qu'il dort en peluche dans le lit de nos enfants. Personnellement, si je n'étais pas passionné par l'ours, je n'élèverais sans doute pas de chiens de protection de troupeaux, pour aider les bergers à mieux vivre avec lui.

Anne Blondeau : Avez-vous rencontré sur des terrains des situations illégales de trafics d'animaux, de mauvais traitements ?

R.D. : Lors d'un tournage pour une ONG qui lutte contre le trafic d'espèces en Afrique de l'Ouest, on est allés en caméra cachée sur des marchés pour enquêter, et on a découvert des crânes et des peaux de léopards vendus pour des rites de sorcellerie. Il y a beaucoup de trafics liés à des pratiques rituelles qui ont « besoin » de matières animales, comme des têtes ou des mains de singes, des peaux d'animaux, des écailles de pangolin ou de tortue marine, certains d'entre eux pourtant complètement protégés localement et internationalement. Alors que j'étais parti pour filmer des buffles dans la jungle à la frontière thaïlandaise, j'ai vu des cages entières remplies de petits primates, de serpents et d'oiseaux. En Amérique latine, sont vendus sur le bord des routes des perroquets ou des toucans, en Afrique on peut acheter de la viande dite « de brousse », de singes et de petites antilopes, ou encore de jeunes animaux orphelins vendus pour « compagnie ».

A.B. : Est-ce qu'on n'est pas dans quelque chose d'absolument naturel puisque cela rentre dans le cadre de certains rituels qui ont aussi une logique dans la relation entre hommes et animaux ?

R.D. : Une grande partie du trafic d'animaux est orientée vers l'Asie et le Proche-Orient, notamment les peaux et les os de grands fauves, les cornes de rhinocéros, *etc.* Localement, c'est en effet un peu différent. Une peau de léopard chez un chef tribal en Afrique, ou une peau d'ours sur un danseur dans les Carpates, cela est de l'ordre du rituel. Mais on a ce prisme occidental qui nous pollue probablement, et on met un peu dans le même panier différents usages, car c'est quand même choquant pour nous de voir un étal recouvert de crânes de léopard ou d'ivoire, même si c'est rituel. S'il fallait faire aujourd'hui un rituel avec un crâne d'ours dans les Pyrénées, il n'y aurait plus beaucoup d'ours très rapidement. J'ai vu dans les souks au Maroc des matières animales qui circulaient, et notre fixeur nous a raconté que la femme d'un ministre, moins d'un an auparavant, avait été écrouée parce qu'elle portait autour du cou un pendentif, une médaille, avec à l'intérieur du cœur de hyène. Le Maroc est quand même assez lié à de la sorcellerie, qui est plutôt présente en Afrique subsaharienne, mais il y a une espèce de couloir culturel atlantique qui fait que ces usages existent aussi au Maroc. C'est ainsi que dans ce pays, on importe de la hyène par le biais de réseaux de trafiquants et de braconniers : j'ai le droit de dire que ce n'est pas normal. Je trouve cela regrettable qu'on soit toujours sur une utilisation du vivant à des fins de confort, et même si les religions, les cultes alimentent parfois une forme de rapport harmonieux au vivant, dans de nombreux cas, ils exacerbent plutôt un rapport d'exploitation et de domination. Je ne dis pas que c'est toujours le cas, mais j'en ai vu.

A.B. : Avez-vous l'impression que ces droits coutumiers ou ces rites évoluent par rapport au contexte de changement climatique, à la perte de la biodiversité ?

R.D. : Ils ont plutôt tendance à disparaître du fait de l'acculturation et de la perte de savoir qu'on constate. Le plus grand drame, c'est de perdre la connaissance, et effectivement il y a cet adage prêté à Jacques-Yves Cousteau, « On protège ce que l'on aime, et on aime ce que l'on connaît », qui permet de sensibiliser quand même, de concerner et d'impliquer. Je ne suis pas contre tous les usages de produits animaux, mais cela choque les naturalistes, mes pairs, quand je dis que la chasse peut être porteuse de nombreux savoirs. Ça choque parce que cela finit par la mort de l'animal. Or, je crois sincèrement que la chasse, la pêche, la cueillette, portent et conservent un chapelet de pratiques en lien avec la nature, avec les milieux. Je connais plus de chasseurs qui connaissent toutes les différentes espèces de canards migrateurs d'Europe que de biologistes ! Parce qu'en termes comportementaux, le chasseur fait plus de terrain, il est dans l'observation, il sait ou doit savoir ce qu'il peut prélever et ce qu'il ne peut pas. Il y a évidemment de « bons » et de « mauvais » chasseurs, et le « bon » chasseur est effectivement connaisseur des populations, il voit ce qui diminue, ce qui se porte bien, et il oriente ses choix cynégétiques. Je ne suis donc pas choqué par la chasse, la pêche, la cueillette de champignons, dès lors qu'elles se pratiquent dans une certaine sobriété – et encore une fois hors des zones protégées. Je préfère mettre en valeur ces gens-là, et je ne vois pas pourquoi en France on ne parle jamais de chasse dans un documentaire, alors qu'on peut en parler avec les gens en Guyane, au Kenya, au Canada ou en Australie. Le chasseur en Guyane préserverait la biodiversité, alors qu'en France métropolitaine ce serait un boucher, un « beauf qui va cartonner des animaux ». C'est fuir les problèmes et ne pas vouloir les résoudre que de ne pas aborder un sujet parce qu'il est politiquement trop délicat. Autant alors parler des problèmes des autres, comme dénoncer la chasse à l'éléphant. Pourtant, il y a des endroits en Afrique que j'ai visités où s'il n'y avait pas de chasse au trophée, il n'y aurait pas de conservation des espèces. C'est un grand tabou. Beaucoup de réserves en Afrique, dont certaines très célèbres, ont ainsi un espace pour les touristes et les scientifiques, où sont conduits les programmes de conservation des espèces, et où on observe les animaux en payant, et un autre espace à peu près aussi grand, un peu plus loin, avec les mêmes populations animales : c'est le « game reserve », réservé aux riches chasseurs, pour la plupart occidentaux ou du Golfe. Ce sont ces espaces qui rapportent le plus d'argent et qui permettent de conserver les deux mondes.

Tout cela est très triste, en définitive. Il n'y a plus d'espace naturel comme on l'entendait autrefois, on est aujourd'hui presque uniquement sur des espaces occupés et gérés par l'homme. C'est depuis la colonisation qu'on a commencé à introduire ces espaces protégés, ces réserves ; voir à ce sujet Guillaume Blanc dans *L'invention du colonialisme vert*[1]. On a créé le problème et on peine à le

1. G. Blanc, *L'invention du colonialisme vert. Pour en finir avec le mythe de l'éden africain*, Paris, Flammarion, 2020.

résoudre. On a généré une surexploitation du sauvage à l'époque coloniale, et maintenant on accuse les populations indigènes d'en être responsables alors qu'elles continuent de chasser et d'interagir avec leur environnement à leur manière. À entendre certaines voix, il faudrait protéger les espaces contre les autochtones ! La chasse récréative choquait pourtant énormément les indigènes à l'époque coloniale, parce qu'à leurs yeux, la chasse était tout sauf un jeu. Ces pratiques ont complètement bouleversé la manière de concevoir l'espace et la relation entre l'animal et l'homme.

M.C. : Paul Bourdarie (1864-1950) montre dans sa revue *Indigène* qu'il était justement, comme l'élite de l'époque, complètement obsédé par la domestication des éléphants.

R.D. : Il y a eu effectivement un grand bouleversement à l'époque coloniale. De nouvelles manières de considérer la nature ont été adoptées par les riches élites autochtones. C'est également devenu une question économique : un animal puissant comme l'éléphant doit pouvoir être domestiqué pour nous servir, tout comme une réserve doit être rentable. On est prisonnier de cette vision alors qu'on pourrait très bien avoir un autre modèle. Il y a encore des zones sauvages qui ne sont pas des parcs nationaux. Par exemple en Tanzanie, je me rappelle avoir vu quatre zèbres passer devant la voiture dans un village proche du Serengeti. Tout le monde s'est arrêté, simplement parce que ces animaux circulaient en dehors du parc national. Hélas, il y a fort à parier que ces zèbres, qui n'étaient pas protégés à cet endroit, n'allaient pas survivre longtemps, car en étant expulsées des parcs nationaux, les populations perdent peu à peu l'habitude de coexister avec la faune...

En Éthiopie, je suis allé dans de très beaux endroits où il n'y a plus rien de sauvage. Dans la vallée de l'Omo, il y a une grande population humaine aux riches cultures qui occupe tout l'espace : de nombreuses ethnies, des cheptels immenses, mais plus d'animaux sauvages. Il y a bien quelques oiseaux et un petit serpent par-ci par-là, mais on en voit très peu. Les gens y sont en meilleure santé, vivent mieux qu'avant, plus vieux, ont des dispensaires... Nous avons tous droit au progrès, mais aujourd'hui, le vivant sauvage, même dans des zones très reculées, demeure une source alimentaire pour les populations, et a fortement régressé. Parce qu'aujourd'hui, si une antilope passe, tout de suite, on va la tuer pour la manger. Il y a donc une question démographique : on est une espèce qui réussit, mais qui surconsomme son propre milieu.

M.C. : Pouvez-vous nous parler de la personnalité juridique que vous avez déjà un peu évoquée et de la coutume ? La coutume, chez nous, est un acte répété dans le temps auquel la population accorde une valeur importée juridique. Parce qu'elle n'est pas écrite, elle se place au niveau le plus bas dans la hiérarchie des sources du droit.
On a donc disqualifié le droit oral autochtone en affirmant qu'il n'avait pas de portée contraignante selon, encore une fois, notre manière de voir les choses, et on l'a qualifié de coutume alors que c'était tout simplement un système juridique différent, qu'on ne voulait pas reconnaître en tant que tel. En essayant de le retranscrire, et de l'interpréter au sens occidental, on l'a complètement altéré. Les recueils de coutume qui ont été faits pendant la colonisation n'ont aucune valeur normative. C'est de la pure doctrine, que d'ailleurs personne n'utilise. La coutume, c'est vraiment une autre manière d'entendre le droit. On a malheureusement l'impression qu'il y a une appropriation, voire une confiscation de certains termes, qui pourtant étaient perçus comme nobles localement. C'est un processus presque humain d'évolution de la société, de son droit.

R.D. : Que certains droits coutumiers soient reconnus, tout simplement, c'est bien, mais cela reste encore trop dépendant du droit occidental. Par exemple, la Première ministre néo-zélandaise, qui a été une des premières à faire protéger officiellement par un pays occidental le fleuve Whanganui, se vantait d'avoir fait respecter certaines traditions maories. Mais est-ce vraiment une solution d'intégrer cela au droit, sachant que finalement, cela confisque un petit peu cette protection ? J'attends de voir ce qui va se passer avec les Kanaks à ce sujet : les îles Loyauté, deux petites îles au nord de la Grande Terre de Nouvelle-Calédonie, sont en effet tombées dans le giron de la protection officielle par le droit coutumier. Le droit coutumier étant un droit oral, il peut être altéré très facilement, et il faut comprendre que les décisions du sage du village, ne correspondent pas forcément aux revendications de la jeunesse d'aujourd'hui. La transmission a pu par ailleurs connaître des ruptures. Comment les reconnaître ? Quelle légitimité donner à ce droit ? Si le droit coutumier ne peut exister aujourd'hui que par l'autorisation du droit occidental, cela conditionne les choses. Est-ce vraiment la coutume qui parle ? Faire la coutume, en Nouvelle-Calédonie, est d'ailleurs très fort, c'est un beau geste. Quand vous arrivez, vous devez faire la coutume. Vous achetez un bout de tissu roulé et vous disposez un billet dessus – ce peut être 5 euros. Avec cette offrande, vous allez alors demander l'hospitalité, le droit d'accueil. On peut vous le refuser, mais généralement, s'il y a une sincérité dans la démarche, cela n'arrive pas. Ce n'est pas forcément le chef de village qui reçoit cette coutume et la verbalise, mais celui qui incarne l'autorité coutumière. Il déclare alors qu'à partir de cet instant, vous êtes ici chez vous, vous pouvez consommer les fruits des arbres, plonger en mer, approcher les espèces, demander des conseils. Vous pouvez dormir dans la case communautaire où vous serez le bienvenu. Le village pour eux est comme une maison pour nous : personne ne vient dans votre jardin sans vous le demander. En revanche, une fois que je vous ai dit bonjour, que nous nous sommes fait la bise, si je vous demande où sont les toilettes, vous aurez plaisir à me les montrer. C'est exactement la même chose. La coutume est quelque chose de fondateur pour ces populations, alors que c'est l'Occidental, le colonisateur, l'Européen, qui ont associé ce terme à un système juridique totalement différent du leur.

Dominique Taurisson-Mouret : Vous percevez-vous comme un militant ?

R.D. : Je pense qu'il faudrait que nous le soyons tous. Je milite à ma façon, pas de façon extrême, mais c'est une façon de militer quand même, en tout cas j'espère. Je me sens chargé d'une mission, même si c'est difficile à expliquer. Je pense qu'on a tous, en nous au plus profond, quelque chose qui nous dit quoi faire, comment faire face à des situations, où il est nécessaire d'activer « l'instinct d'interaction » avec certaines espèces ou personnes. Et je crois que c'est en lien avec cette question de mission. Je ne me pose donc pas trop de questions, je n'ai aucune limite dans le traitement ou dans la thématisation de sujets que j'aborde. Je ne vis pas aujourd'hui dans des pays comme en Amérique latine, des endroits pourtant où tout me tendait les bras, où je me sentais chez moi, où j'étais prêt à vivre, mais où je ne pouvais pas m'exprimer librement. C'était un danger de mort pour moi, car le journaliste environnemental y est menacé, et donc je vis en France où j'ai le droit de m'exprimer librement.

D.T.M. : Est-ce que vous montrez la beauté du vivant, pour parler de l'effondrement à l'arrière-plan ?

R.D. : Je ne montre pas que la beauté, j'ai fait plein de films qui sont sacrément militants. Avec mon équipe, on s'est trouvés dans des situations difficiles, on s'est saisis de la question de l'orpaillage en Guyane, ou de la culture intensive de la banane en Côte d'Ivoire qui ronge le biotope des hippopotames. On est allé voir les paysans et les pêcheurs désemparés, ou des éleveurs confrontés aux prédateurs. Je recueille les témoignages de personnes qui souffrent du conflit homme-animal, que ce soit avec l'ours, le loup, le lynx, le requin, le lion ou d'autres, et ce militantisme-là, je l'assume pleinement. Je ne suis pas forcément pour l'émerveillement gratuit, une école qui a réuni certains réalisateurs et documentaristes « historiques », mais dans laquelle je ne me reconnais pas totalement. « VIVANT » peut donner cette impression, Yann Arthus-Bertrand, fasciné, l'a voulu ainsi. Mais nous avons ensemble tenu à ce que le film apporte aussi beaucoup de données, et alerte sur des sujets sensibles. Selon moi, émerveiller au prétexte d'éveiller les consciences ne suffit plus, parce que cela n'apporte pas assez de connaissances. Le commentaire, les textes complémentaires à l'écran, les scènes comportementales, et surtout le détail de ce qui nous lie aux espèces, apportent en revanche beaucoup d'informations.

M.C. : Quel conseil donneriez-vous à un juriste qui s'intéresse aux questions sur le droit, l'homme et l'animal ?

R.D. : Pour moi, c'est clairement une question de fréquentation du terrain : il faut devenir un juriste de terrain. S'immerger, autrement que par la visée de publication. Je ne dis pas que ce n'est pas intéressant, mais je lis aujourd'hui beaucoup moins. Je suis davantage dans l'expérience, la mienne et celle des autres : désapprendre pour réapprendre. Et je conseillerais de s'intéresser à celles et ceux qui sont justement peu écoutés et qui conservent des savoirs et des connaissances. Par exemple, on n'est pas obligés d'opposer le citadin et la personne qui vit dans les milieux les plus reculés de France, parce que dans les zones de banlieue, rurales ou dans les petites villes, il y a aussi des faits naturels qui occurrent, il y a du vivant qui s'insinue. Et il ne faut pas hésiter à aller dans les endroits qui ne sont pas dans les guides. Par exemple, on a très peu accès aux fleuves en France, on ne peut plus s'y baigner, ils ne sont plus navigables. Un jour, on m'a proposé de descendre la Garonne, alors que c'est interdit. On l'a fait malgré tout, pendant cinq jours, et c'était extraordinaire. C'était en été, l'eau était basse, ce n'était pas très dangereux, on pouvait presque traverser à pied. En termes de biodiversité, c'était fou ! J'ai connu des proximités inattendues avec certaines espèces d'oiseaux, de poissons, d'insectes. Je vivais un rêve. Personne n'y va, pourquoi ? Parce qu'il n'y a pas de chemin. Parce que c'est interdit. Qui va voir le fleuve aujourd'hui ? Comment le connaître ? Sans la connaissance des fleuves ou des montagnes, comment peut-on réapprendre à les aimer, à les protéger, à les considérer ? Et la considération, elle passe aussi par des savoirs anciens véhiculés oralement dans la pratique. La haie par exemple : il y a plein de choses à apprendre sur la haie parce qu'il y a plein de façons d'interagir avec elle, de l'accompagner dans son développement, de la contenir, d'en profiter, de la faire pâturer... C'est extrêmement intéressant. Et pour cela, il faut se réintéresser aux gens qui ont conservé cette haie, et aux espèces qui y coexistent.

D.T.M. : Que pensez-vous de l'idée de racheter des espaces menacés pour les protéger ?

R.D. : On filme régulièrement des gens qui le font, et c'est ce que j'ambitionne de faire chez moi. Des gens rachètent collectivement des forêts ou des zones humides pour les protéger. C'est une solution adaptée aux outils de notre civilisation actuelle. S'insérer dans le système et le changer de l'intérieur, ce peut-être bien aussi. Il faut saisir toutes les ressources et opportunités. Tout en sabotant certains points du système, on peut aussi garder des acquis qui sont des vrais progrès socio-environnementaux. L'équilibre est difficile à trouver, mais les choses sont en train de changer, et l'expérimentation doit mener à l'exemple.

Lamantin et dugong, vers 1880, lithographie couleur, École allemande, Collection privée,
© Images prismatiques / Bridgeman Images.

LAMANTIN

n. masc. Mammifère aquatique et herbivore, de l'ordre des Siréniens, au corps fuselé, vivant en Afrique et en Amérique tropicale.

Trichechus *manatus*

sans poil ; pieds dépourvus de doigts et d'ongles[1].
Carl von LINNÉ

D'après le système de nomenclature binomial du naturaliste suédois Peter Artedi (1705-1735)[2], confirmé par Carl von Linné (1707-1778), *Trichechus*, du grec *trichos* (poil) et *ekho* (avoir), fait référence aux vibrisses ainsi qu'aux soies que possède l'animal sur la tête. *Manatus*, *manati* en espagnol, provient d'un mot caraïbéen, *manattoui*, signifiant « poitrine de femme, seins » en référence aux mamelles, présentes chez les deux sexes du lamantin[3]. Le terme lamantin, en revanche, renvoie au cri de « lamentation de l'animal, longtemps confondu par les marins avec les appels amoureux des sirènes, et qui associé au mot espagnol *manati*, est à l'origine du mot *lamenti* (langage arawak insulaire), qui deviendra lamantin »[4].

Absent des représentations animalières classiques du Moyen Âge[5], le lamantin fait son apparition dans le monde occidental à partir du XVIe siècle. Mammifère découvert à

1. C.V. Linné, *Système de la nature. Classe première du règne animal contenant les quadrupèdes, vivipares et les cétacés* (trad. fr. par Vanderstegen de Putte), Bruxelles, Lemaire, 13e éd., 1793, p. 76.

2. P. Artedi, *Synonymia nominum piscium fere omnium in qua recensio fit*, in *Ichthyologiae*, t. IV, Wishoff, 1738, p. 109.

3. https://doris.ffessm.fr/Especes/Trichechus-manatus-Lamantin-des-Caraibes-2659.

4. *Ibid*.

5. Aucune référence au lamantin n'est signalée *in* A. Zucker, *Physiologos. Le bestiaire des bestiaires* (texte traduit du grec), Grenoble, Jérôme Millon, 2005. – I. de Séville, *Etymologiae*, J. André (dir.), *De Animalibus*, Paris,

l'époque des premières grandes explorations, il est signalé par les premiers voyageurs, missionnaires et historiens du Nouveau-Monde qui en repèrent une espèce sur les rivages de l'Archipel et dans les fleuves de l'Amérique méridionale.

Animal fantasmé

Animal aquatique nouveau, mystérieux, monstrueux[6], extraordinaire, le lamantin fait l'objet d'une grande curiosité et pendant trois siècles anime une bonne partie des débats scientifiques et politiques du monde colonial. Le lamantin fascine avant tout par ses formes physiques impressionnantes. Les premiers hommes qui explorent l'Amérique parlent de l'un des poissons les plus remarquables et les plus inconnus observés sur les rivages de Saint-Domingue[7]. Dans son ouvrage de 1863[8], le zoologiste et anatomiste français Ducrotay de Blainville fait état de l'ensemble des explorateurs ayant découvert et s'étant intéressés au lamantin. Oviedo (1535), Lopez de Gomara (1553), Martyr (1587), José de Acosta (1591), Herrera (1592), De Laët (1633), Nieremberg (1635), Hernandez (1651), Binet (1664), P. Dutertre (1667), Dampier (1702), Labat (1722), Oexmelin (1744), Gumila (1745), De La Condamine (1745), Adanson (1757), *etc.*, ces voyageurs parlent tous d'un poisson de mer, vivant également dans les rivières et les grands lacs, pouvant sortir de l'eau et ramper pour aller chercher de la nourriture : « C'est aux lamantins que finissent les peuples de la terre, et que commencent les peuplades de la mer », écrira le naturaliste Buffon un siècle plus tard[9]. Beaucoup plus grand que les requins, la tête du lamantin est comparée à celle d'un bœuf[10]. Pouvant atteindre de très grandes dimensions, quinze pieds de long et plus de huit palmes d'épaisseur, doté de deux petites mains ou bras près de la tête, le lamantin est très familier et inoffensif comme un éléphant[11].

Les Belles Lettres, 1986, XII. – S.-P. de Beauvais *et al.*, *Bestiaires du Moyen Âge* (mis en français moderne et présentés par G. Bianciotto), Stock, Paris, 1980. – M. Pastoureau, *Bestiaires du Moyen Âge*, Paris, Seuil, 2011.

6. G. Petit, *Animaux marins qu'on appelle « monstres » : La Terre et La Vie, Revue d'Histoire naturelle*, 1936, t. 6, n° 1, p. 37-45.

7. L'historien espagnol Gonzalo Fernández de Oviedo y Valdés (1478-1557) semble avoir été le premier à parler du lamantin, dans son *Historia general y natural de las Indias, islas y tierra-firme del mar oceano*, ouvrage publié en 1535. Il dédie tout le chapitre IX du livre XIII à ce mammifère « Del manati y de sa grandeza é forma, é de la manera que algunas veces los indios tomaban este grande grande animal con el pexe reverso, é otras particularidades » (https://archive.org/details/historiageneraly01fern/mode/2up).

8. H.-M. Ducrotay de Blainville, *Ostéographie, ou Description iconographique comparée du squelette et du système dentaire des mammifères récents et fossiles pour servir de base à la zoologie et à la géologie*, t. III, Paris, J.-B. Baillière et fils, 1863.

9. L. de Buffon, *Histoire naturelle, générale et particulière (nouvelle édition rédigée par CNS. Sonnini de Manoncourt)*, Paris, Imprimerie F. Dufart, 1798-1801, t. XXXIV, p. 190.

10. Sur le bœuf, V. au Bestiaire, la contribution de B. Bernabé, *Le bœuf*, Bos bovis, p. 510-519.

11. H.-M. Ducrotay de Blainville, *Ostéographie, ou Description iconographique…, op. cit.*, p. 3.

Extrêmement intelligent, doux, affectueux et sociable, les historiens rapportent qu'il ne quitte jamais sa femelle, qu'il l'aide à soigner et à élever les petits et que, si elle meurt, il reste auprès d'elle et ne l'abandonne qu'à la dernière extrémité[12].

Mais le lamantin passionne également le monde de la science. À une époque de classification et de progression vers les théories de l'évolution, ainsi que du développement de techniques de domestication des animaux[13], le lamantin est sans retard intégré dans les systèmes de la zoologie.

Afin de fournir le classement le plus précis et original qui soit, les naturalistes de cette époque s'attachent avec zèle à expliquer le moindre détail, générant une dialectique effervescente autour de ce mammifère. À l'aide de squelettes ou quelques rares jeunes individus importés en Europe par les navigateurs (le plus souvent arrivés morts)[14], les scientifiques analysent le lamantin dans ses caractéristiques aussi bien extérieures qu'intérieures : de la forme anomale des pieds, en passant par les ongles, les dents, la mâchoire, les os, la peau, les organes des sens, les mamelles, l'anus, les organes de la génération, les organes intérieurs, le poids, *etc.*[15] Proche du morse, du phoque, et davantage encore de la vache marine, le lamantin est ainsi considéré comme un amphibie et rangé parmi les Aquatiles, dans la classe des Cétacés, tantôt des quadrupèdes, tantôt des gravigrades[16]. Pour le célèbre Buffon, les phoques, morses et lamantins constituent « un petit corps à part qui forme la pointe la plus saillante pour arriver aux cétacés »[17]. Il précise qu'en raison de son aspect physique, le lamantin n'est ni véritablement quadrupède ni entièrement cétacé. Il retient, des premiers, deux pieds ou deux mains en avant à côté de leur poitrine et,

---

12. H. de la Blanchère, *Le lamantin du Central-Park à New York* : *La Nature* 15 déc. 1873, n° 28, p. 18-19.

13. É. Baratay, *Un instrument symbolique de la domestication : le jardin zoologique aux XIXe-XXe siècles (l'exemple du parc de la Tête d'Or à Lyon)* : *Cahiers d'histoire* 1997, 42, n° 3-4, p. 677-706.

14. Le jardin zoologique de Londres acquiert, au XIXe siècle, le premier lamantin arrivé vivant de la Guyane britannique, et mort un mois plus tard. D'autres lamantins étaient déjà parvenus à Londres mais morts. E. Oustalet, *Les lamantins*, in *La Nature* 8 avr. 1876, n° 149, p. 294-298. Au parc zoologique de New York, en revanche, les lamantins sont conservés et grandissent (H. de la Blanchère, *Le lamantin du Central-Park à New York*, *op. cit.*). Pour ce qui est de la France, au début du XXe siècle, le Muséum d'histoire naturelle de Paris possède également un exemplaire de lamantin « en assez mauvais état ». Il paraît en effet difficile d'amener l'animal vivant en Europe. C. Maclaud, *La chasse du lamantin en Afrique Occidentale* : *La Nature* 11 avr. 1908, n° 1820, p. 19-20. Les expériences de domestication vont continuer jusqu'à la moitié du XXe siècle. En Afrique, des lamantins sont ainsi capturés vivants dans les années 1940, transportés à l'Institut d'Afrique Noire de Dakar, en attente d'être envoyés au zoo de Vincennes du Muséum d'histoire naturelle dans l'objectif d'être vus par la population française. H. Bessac et A. Villiers, *Le Lamantin du Sénégal*, in *La Nature* juin 1948, p. 188-189.

15. Nous renvoyons à la lecture de l'introduction très riche dans ce sens de H.-M. Ducrotay de Blainville, *Ostéographie, ou Description iconographique...*, *op. cit.*, p. 1-41.

16. *Ibid.*, p. 9 et s. V. *Encyclopédie méthodique. Histoire naturelle des animaux*, Paris, Plomteux, Liège, Panckouke, t. I, 1782, p. 152-157. – E. Oustalet, *Les lamantins* : *La Nature*, *op. cit.*

17. L. de Buffon, *Histoire naturelle, générale et particulière (nouvelle édition rédigée par CNS Sonnini de Manoncourt)*, Paris, Imprimerie F. Dufart, 1798-1801, t. XXXIV, p. 2.

des seconds, l'arrière de son corps[18]. Des auteurs comme Cuvier (1769-1832)[19], Ducrotay de Blainville[20] ou Morin[21] (pour ne citer que les plus notoires) privilégieront les mêmes critères de classement ou en ajouteront des nouveaux[22].

Ces divergences résultent également des différentes définitions données par les grands *corpus* scientifiques du XVIIIe siècle. En effet, dès lors que le lamantin fait son entrée dans le *Dictionnaire de l'Académie française* de 1762[23], ainsi que dans le *Dictionnaire raisonné des sciences, des arts et des métiers* de Diderot et d'Alembert[24], il est tantôt présenté comme un « poisson vivipare, qui croît jusqu'à la longueur de dix-huit pieds. Il se trouve à l'embouchure de quelques grandes rivières. Il a deux bras fort courts, et deux grosses mamelles sur la poitrine »[25] ; tantôt comme un « animal amphibie, qui a été mis au nombre des poissons par plusieurs naturalistes et qui a été regardé comme un quadrupède par ceux qui l'ont mieux observé... »[26].

---

18. *Ibid.* Par ailleurs, avec l'avancement des explorations, des nouvelles espèces de lamantins sont répertoriées. Le même Buffon indique l'existence de cinq groupes de lamantins : de Kamtchatka, des Antilles, de la mer des Indes, d'Amérique, du Sénégal.

19. F. Cuvier, *De l'histoire naturelle des cétacés, ou Recueil et examen des faits dont se compose l'histoire naturelle des animaux*, Paris, Librairie encyclopédique de Roret, 1836.

20. H.-M. Ducrotay de Blainville, *Ostéographie, ou Description iconographique..., op. cit.*

21. M. Morin, *Carnassiers et rongeurs*, Paris, Librairie d'éducation, 1875, p. 131-140.

22. Ce dernier mène aussi une étude paléontologique voulant démontrer l'ancienneté des animaux du genre lamantin. Ainsi, à partir d'écrits mythologiques de l'Antiquité (d'Homère par exemple), de textes religieux (les Livres de Moïse) et des ossements fossiles, il entend reconstruire la présence des lamantins en Europe ; en France, aux environs de Montpellier, dans le golfe de Lyon, de la Loire, de la Seine ; en Italie dans les parties les plus élevées du golfe du Pô, *etc.* H.-M. Ducrotay de Blainville, *Ostéographie, ou Description iconographique..., op. cit.*, p. 76-122.

23. « Poisson vivipare, qui croît jusqu'à la longueur de dix-huit pieds. Il se trouve à l'embouchure de quelques grandes rivières. Il a deux bras fort courts, et deux grosses mamelles sur la poitrine. Sa figure embellie par l'imagination des Poëtes, pourroit bien être l'origine de la fable des Sirènes, quoique son cri plaintif n'ait guère de rapport au chant de ces monstres fabuleux », *Dictionnaire de l'Académie française*, 1798, t. II, p. 7.

24. « Lamantin, *manati* », t. IX, p. 225.

25. Il est par ailleurs intéressant d'observer la progression des définitions accueillies par le *Dictionnaire de l'Académie française*, à partir de la sixième édition de 1835. De poisson vivipare, le lamantin devient un « animal vivipare marin qui n'a que les extrémités de devant, et dont les mamelles sont sous la poitrine. On a pris quelquefois la femelle du lamantin pour une femme marine » (*Dictionnaire de l'Académie française*, 1835, t. II, p. 93). À partir de 1878, il est apparenté à l'espèce de « cétacé herbivore qui n'a que les extrémités de devant, et dont les mamelles sont sur la poitrine. La femelle du lamantin est appelée quelquefois Femme marine et Vache marine, tandis que le mâle est appelé quelquefois Bœuf marin » (*Dictionnaire de l'Académie française*, 1935, t. II, p. 103). Dans l'édition actuelle, le lamantin (de *manati*, mot espagnol emprunté d'une langue de la Guyane) entre dans le « genre de mammifères aquatiques herbivores de l'ordre des Siréniens, au corps en fuseau, et dont les membres antérieurs transformés en nageoires se terminent par des doigts. Les lamantins vivent en troupeaux dans les eaux tropicales côtières et dans l'embouchure des fleuves. Les lamantins de Floride, du Sénégal » (www.dictionnaire-academie.fr/article/A9L0158).

26. V. aussi la description qui est faite du lamantin dans les travaux contemporains, notamment H. Jousse et I. Chenal-Velarde, *Nouvelles données sur la faune mammalienne de Kobadi (Mali) au Néolithique*.

Animal colonisé

Le lamantin, en plus de fasciner les scientifiques européens par sa physiologie, séduit également les ethnologues des XIXe et XXe siècles en raison de la place mythique et symbolique qu'il occupe dans les sociétés traditionnelles, notamment d'Afrique. En effet, si la science occidentale se saisit d'une connaissance rationnelle du mammifère, la science africaine privilégie un savoir mystique. Le lamantin est ici à l'origine de la vie et, par conséquent, sacré, vénéré et respecté. Au Burkina, il serait l'incarnation du roi plongé dans les eaux pour rejoindre son aimée, la femme fleuve Namassa. De cet amour serait alors né un village, dont les habitants auraient hérité les règles de la pêche et des cultures[27]. De la même manière, les Peuls, du Sénégal au Tchad, vénèrent ce mammifère considérant que l'ancêtre des lamantins était une femme peule : « Celle-ci lavait son linge, nue au bord d'une rivière ; surprise par sa belle-mère, honteuse de sa tenue et ne sachant comment se dissimuler aux regards, elle est entrée dans le fleuve, cachant son bas-ventre avec le couvercle rond servant à couvrir sa calebasse à lait. C'est ce couvercle qui est à l'origine de la queue arrondie des lamantins »[28]. Pour les populations riveraines des fleuves Sénégal et Niger, le lamantin est doté de propriétés magiques. Animal totem du peuple Mandé, sauveteur du peuple de pêcheurs Bozo[29], ces populations interdisent sa chasse au risque de s'exposer à des malédictions[30].

Protégé à l'aide d'interdictions morales locales, le lamantin d'eau douce et d'eau salée n'échappe toutefois pas aux appétits européens. Réputé pour l'excellente qualité de sa chair, rappelant la viande de porc ou de veau, pouvant même la remplacer[31], le lamantin est considéré comme un gibier de choix. « Sa graisse

---

Implications paléoéconomiques et paléoenvironnementales : *Préhistoires Méditerranéennes* 2002, n° 10-11, p. 145-158.

27. B.-G. Lacombe, *La femme fleuve et le lamentin. Contes et légendes du Burkina*, Paris, L'Harmattan, 2001.

28. H. Bessac et A. Villiers, *Le Lamantin du Sénégal*, *op. cit*. V. aussi M. Cardillo, *Dérangement et rangement des poissons aux colonies : le défi de l'Administration en Afrique occidentale française* : É. de Mari et D. Taurisson-Mouret (dir.), *Ranger l'animal : L'impact environnemental de la norme en milieu contraint II. Exemples de droit colonial et analogies contemporaines*, Paris, ediSens, 2014 p. 249-262.

29. M. Konaté, *La malédiction du lamantin. Enquête sur les rives du fleuve Niger*, Paris, Soumbala, 2010.

30. C. Maclaud, *La chasse du lamantin en Afrique occidentale*, *op. cit*. Des croyances similaires sont rapportées aussi pour d'autres régions d'Afrique. V. dans ce sens T. Monod, *Quelques légendes des pêcheurs du Cameroun*, in *Togo-Cameroun, magazine mensuel présenté par l'Agence économique des territoires africains sous mandat*, janv. 1929, p. 15-18.

31. À partir de la Première Guerre mondiale, le gouvernement colonial envisage, sans succès, d'élever les lamantins des lagunes côtières en AOF afin d'en tirer un apport en viande. *L'élevage des lamantins comme animaux de boucherie en Afrique occidentale française*, in *Le Paysan de Cochinchine. Hebdomadaire de soutien des intérêts agricoles*, 16 févr. 1939, n° 202, p. 3.

est aussi douce que le beurre »[32], « c'est un bon poisson, et l'un des meilleurs de la mer à manger »[33]. L'introduction d'engins de pêche modernes dans l'empire colonial français, ainsi que les grands aménagements hydrauliques favorisent une chasse intensive de ce mammifère et menacent ses migrations aquatiques[34]. Malgré son rangement parmi les animaux protégés de façon absolue[35], le colonisateur encourage paradoxalement sa chasse par la voie normative. En Côte d'Ivoire, par exemple, par arrêté du 6 juillet 1926, l'administrateur colonial Maurice Lapalud autorise, à l'article 1er, les détenteurs de permis sportif de grande chasse à tuer jusqu'à trois lamantins[36]. Cette concession est faite malgré les avertissements de la doctrine dénonçant, tout au début du XXe siècle, la chasse acharnée du lamantin ayant conduit à sa presque totale disparition des grandes rivières du littoral africain[37]. En 1948, des administrateurs reconnaissent que « dans la plupart des régions où des méthodes de pêche moderne n'ont pas été introduites, le nombre des lamantins ne semble nullement diminuer »[38].

Au demeurant, l'impact de la colonisation sur le lamantin aura été spectaculaire[39]. Qualifié, rangé, pourchassé, cet animal aquatique finit par disparaître des Antilles à partir déjà du début du XXe siècle. Pour ce qui est de l'Afrique, le lamantin est aujourd'hui en voie de disparition. Protégé au niveau du droit international et classé comme vulnérable dans la liste rouge des espèces menacées de la *Convention sur le commerce international des espèces en danger de la faune et de la flore sauvages* (CITES) de 1973, et de la *Convention sur la conservation des espèces migratrices appartenant à la faune sauvage* (CMS) de 1979, le lamantin fait l'objet de nombreux programmes et

32. H.-M. Ducrotay de Blainville, *Ostéographie, ou Description iconographique…, op. cit.*, p. 4.

33. G. Fernández de Oviedo y Valdés, *Historia general y natural de las Indias…, op. cit.*, p. 435.

34. C. Maclaud, *La chasse du lamantin en Afrique occidentale*, *op. cit*. V. aussi J. Gros, *La chasse au lamantin dans le Honduras*, in *Journal des voyages et des aventures de terre et de mer*, févr. 1884, p. 66-67.

35. A. 16 avr. 1926 du gouverneur général fixant certaines conditions d'exécution du décret du 10 mars 1925, portant réglementation de la chasse et institution de parcs de refuge en Afrique occidentale française (*Arch. nat. du Sénégal*, 4R8-19 Réglementation pêche et chasse 1919-1928). V. aussi A. 10 nov ; 1937 du gouverneur du Soudan français Rougier, réglementant certaines conditions d'application du décret du 13 octobre 1936 sur la chasse en Afrique occidentale française (*JO du Soudan français*, 1er déc. 1937, p. 747).

36. Arrêté fixant les conditions du droit de chasse en Côte d'Ivoire : *Arch. nat. du Sénégal*, 4R8-19 Réglementation pêche et chasse 1919-1928.

37. C. Maclaud, *La chasse du lamantin en Afrique occidentale*, *op. cit.*

38. H. Bessac et A. Villiers, *Le Lamantin du Sénégal*, *op. cit.*, p. 188.

39. J. Adélaïde-Merlande, *Faune, flore et colonisation*, in *Bulletin de la Société d'Histoire de la Guadeloupe* janv.-avr. 2011, n° 158, p. 91-93.

plans d'action, européens ou américains, sans compter la « mise en œuvre de mesures de politique stratégique, de recherche, de conservation et de sensibilisation »[40] pour préserver ce qui reste de son « Éden africain »[41] aquatique.

Monica CARDILLO
Agrégée des Facultés de droit,
Professeur d'histoire du droit à l'Université de Nantes,
Centre de Droit Maritime et Océanique (CDMO - UR 1165)

40. *Plan d'action pour la conservation des lamantins d'Afrique* (www.cms.int/aquatic-mammals/sites/default/files/document/WATCH_II_Doc5_draftManateeAP_F_0.pdf).

41. G. Blanc, *L'invention du colonialisme vert. Pour en finir avec le mythe de l'Éden africain*, Paris, Flammarion, 2020.

CHAPITRE 7
ANIMAL SENSIBLE

Desportes, François (1661-1743), *Pompée et Florissant, chiens de la meute de Louis XV*, 1739, huile sur toile, 1, 71 × 1, 41 m, France, Paris, Musée du Louvre, Département des Peintures, Inv 3917 © GrandPalaisRmn (domaine de Compiègne)/Daniel Arnaudet.

CHIEN

CHIEN, CHIENNE, subst.

1. [Le chien dans son animalité]

2. *Lang. sc., vx.* Genre de mammifères de l'ordre des carnivores digitigrades dont le type est le chien, et qui comprend aussi le loup, le chacal et le renard. Synon. *Canidés.*

3. *Cour.* Mammifère carnivore très anciennement domestiqué, dressé à la garde des maisons et des troupeaux, à la chasse ou bien élevé pour l'agrément.

Canis canis

Parler du chien provoque chez certains un mouvement de recul, voire « une sorte de gêne, un peu comme si l'on avait par inadvertance franchi une limite et basculé dans quelque chose de déplacé, sinon d'obscène », écrit Jean-Christophe Bailly dans *Le versant animal*[1]. Pourtant, de tous les animaux, le chien est celui qui s'attache le plus à l'homme et qui se prête avec la plus grande docilité à tout ce qu'on exige de lui, lit-on en 1751 dans l'*Encyclopédie* de Diderot et d'Alembert. Aux côtés du cheval, cette noble conquête de l'homme, le chien se révèle de beaucoup le plus utile. En 1755, dans son *Histoire naturelle*, Buffon en fait certainement le meilleur portrait : « Le chien, indépendamment de la beauté de la forme, de la vivacité, de la force, de la légèreté, a par excellence toutes les qualités intérieures qui peuvent attirer les regards de l'homme ». Chasseur, gardien de troupeaux, sauveteur ou amuseur public, on ne compte plus les multiples fonctions auxquelles il est destiné. Petit ou grand de taille, poils ras, longs ou frisés, disposant d'un odorat hors norme, le chien s'installe ainsi dans les existences humaines. Mais ce chef-d'œuvre de la nature célébré par les poètes antiques, tels que Lucrèce dans son *De rerum* pour qui le chien est cet ami « au sommeil léger » et « au cœur fidèle », peine à cacher une mauvaise réputation.

1. J.-C. Bailly, *Le versant animal*, Paris, Bayard, 2007.

Vénéré comme un dieu dans l'Égypte ancienne sous les traits d'Anubis, c'est sous ceux d'un animal impur, sale, famélique et agressif que le chien est représenté dans les religions sémitiques. Plus encore, ses détracteurs lui reprochent de venir lécher la main ou le pied de celui qui l'a frappé et de pousser la docilité jusqu'à la servile insignifiance. Les expressions populaires ne lui épargnent pas les marques de mépris. « Pourquoi donc le mot chien est-il devenu une injure ? », s'interroge Voltaire dans son *Dictionnaire philosophique* (1764). On retourne à ses vices, dit-on, comme un chien à son vomissement. On traite les femmes de chiennes quand elles ont vite fait de se mettre sur le dos. Il fait un temps de chien. On mène une vie de chien. Ne dit-on pas encore chienne de vie ?

Mais le plus saisissant tient au statut que les hommes ont réservé au chien. Si, au gré des effets de civilisation, il a pris une place affective de choix dans le cœur de ses maîtres, le chien a été rangé parmi les choses. Bête sans âme, ni raison, il a subi de nombreux outrages tantôt pour le besoin de connaissance, tantôt pour les plaisirs et les peines des humains. La publication en 1637 du *Discours de la méthode* de Descartes fixe pour longtemps ce statut[2]. Pour le philosophe, les animaux sont des machines. Ils ne disposent ni d'une conscience ni de la moindre faculté de pensée. Cette théorie de l'animal-machine est poussée à son extrême par son disciple, Nicolas Malebranche. Se constituant à partir du chien un inépuisable sottisier, Malebranche dénie toute espèce de sensibilité à l'animal et surtout il s'évertue à le comparer à la machine. Fontenelle en fait d'ailleurs le désagréable constat lorsque, visitant Malebranche, ce dernier donna un grand coup de pied à sa chienne. « Eh ! quoi, dit-il froidement, ne savez-vous point que cela ne sent point ? ». Cet automatisme forcené, Maupassant s'en servira pour camper son personnage de l'abbé Tolbiac dans *Une vie* (1883) qui piétine rageusement une malheureuse chienne en train de mettre bas.

Au XVIIIe siècle, si les Lumières rejettent en bloc cette théorie, c'est sur le terrain des expérimentations scientifiques que les attentions se portent. Avec la vivisection, le chien devient un modèle d'interprétation des choses de la vie. Il permet d'assouvir la froide fascination de l'homme pour ce qui n'est pas encore découvert. Ce qui apparaît comme une torture pour les uns se révèle être un progrès pour les autres. « On clouait [ces] pauvres animaux sur des ais, par les quatre pattes, pour les ouvrir tout en vie, et voir la circulation du sang, qui était une grande matière d'entretien », rapporte ainsi Nicolas Fontaine, membre de la communauté de Port-Royal. L'homme étend sa domination sur l'animal. Mieux même : il lui découvre des vertus curatives. Ouvert et appliqué tout chaud sur la tête pour soigner la pleurésie, ou encore bouilli dans de l'huile d'olive pour en extraire une essence aromatisée pour soigner les

2. V. dans ce volume la contribution de N. Maillard, *L'animal-machine n'existe pas*, p. 105-111.

Giacometti, Alberto (1901-1966), *Chien*, 1951/57, bronze, 45,7 × 99 × 15, 5 cm,
États-Unis, New-York, Musée d'Art moderne de New-York, 120.1958

rhumatismes, les remèdes à base de chien n'ont pas de limite pour les médecins et apothicaires de l'époque.

Au XIXe siècle, dans le sillage de Claude Bernard, la vivisection trouve une nouvelle légitimité. « Pour les expériences un peu longues et un peu douloureuses à pratiquer sur le chien, précise Larousse à l'article "Vivisection" de son *Dictionnaire* (1876), on le chloroforme et on le soustrait ainsi à la douleur ». Pour le progrès, « la vie humaine a ses nécessités, la science a ses devoirs », dispense-t-on alors sur les bancs de l'école républicaine.

L'expérience affective que les gens ont des chiens entre alors en conflit avec cette orthodoxie philosophique, scientifique, théologique et juridique. C'est au nom de sa petite chienne Marphise que Madame de Sévigné s'insurge en 1672 dans une lettre à sa fille : « Des machines qui aiment, des machines qui ont une élection pour quelqu'un, des machines qui sont jalouses, des machines qui craignent : allez, allez, vous vous moquez de nous, jamais Descartes n'a prétendu nous le faire croire ». C'est au nom de son « amour des bêtes » qu'Émile Zola dénonce dans *Le Figaro* en 1896 les souffrances que l'homme inflige au chien. Mais malgré ces légitimes dénonciations, l'emporte la conception de l'animal-machine au détriment de l'animal-sensible.

S'appropriant les préjugés cartésiens, les rédacteurs du Code civil de 1804 transposent dans le domaine du droit la théorie de l'animal-machine, élaborant la théorie de l'animal-chose comme l'a bien étudié Jean-Pierre Marguénaud. Ne prenant en considération que sa motilité, les juristes se sont ainsi préservés de toute sensiblerie à l'égard de ce que l'homme peut ou pourrait faire à l'animal. Ce net mépris pour cette chose animée a cependant ses lézardes. Peu à peu, en effet, une distinction opère entre animaux domestiques et animaux sauvages. Il y a alors chien et chien. Durant l'entre-deux-guerres, des voix se font entendre pour rejeter cette assimilation des chiens aux objets à l'instar du jésuite Victor Poucel qui, avec une verve méridionale, s'en prend aux juristes qui « brandissent un manuel de droit romain » en prétendant que l'animal n'a aucun droit, car il n'est rien d'autre qu'une « chose ». « Votre chien n'est sans doute pas une personne », s'emporte-t-il, mais il en est le « commencement ». Lorsque vous le maltraitez, « vous portez atteinte à ce qu'il y a de divin en lui ». Dans le repli des convictions savantes et des croyances, l'attitude de l'homme envers le chien se révèle donc paradoxale. Un jour, il l'aime. Le lendemain, il le déteste. Mais c'est moins le chien, considéré comme une véritable vermine, concentrant à lui seul tous les maux de la société, que les égards excessifs de son maître ou plutôt de sa maîtresse qui s'attirent les critiques. En effet, les jugements les plus sévères sont très tôt proférés à l'encontre de celles qui les dévorent de leurs baisers. Ces critiques, virulentes au XIXe siècle, accompagnent en réalité le développement du chien de compagnie, désormais traité en personne de la famille.

La montée de nouvelles sensibilités dans la seconde moitié du XXe siècle conduit à la revendication d'un droit à l'affection à l'égard du chien. C'est avec d'infinies précautions que la justice s'engage alors dans cette voie pour faire respecter le droit à la présence d'un chien dans une habitation locative contenu dans la loi du 10 juillet 1965. Mais c'est sans doute avec le droit à réparation pour le préjudice moral du maître quant à la mort de son animal que l'embarras des juges se révèle. En témoigne la jurisprudence *Myrza* (1962), petite chienne teckel mortellement mordue par un berger allemand. La décision des juges du fond est alors tonitruante puisqu'elle reconnaît que l'affection qui existe entre un homme et son animal constitue désormais « un intérêt légitime juridiquement protégé ». La doctrine s'enflamme. « Instant d'aberration », s'emporte Jean Carbonnier. « Le droit doit maintenir une hiérarchie naturelle qui correspond aux sentiments de l'homme normal », souligne Roger Nerson. Ou encore : « Est-il décent de comparer un chien à un enfant ? », enrage Yves Chartier. Si le scandale ne désenfle pas, il ne dépassera pas les portes des prétoires et les colonnes des revues juridiques. En 1982, la Cour de cassation banalise le principe d'un préjudice moral inhérent à la mort d'un chien et de sa réparation, inscrivant sa décision dans l'évolution des mœurs. « Toute douleur profonde, réelle [notait le doyen Rodière en 1962], mérite compassion et le secours des juges ne peut consister qu'à prononcer la condamnation pécuniaire que le demandeur sollicite d'eux. Alors pourquoi ne pas tenir compte de la peine causée par la mort [d'un chien], si ses "parents" ont été accablés ».

Celui qui n'était encore qu'une repoussante créature, avide de mauvaises odeurs, change sinon de statut du moins de place dans les existences. Le chien quitte le dehors pour le dedans. S'offrant les plaisirs nouveaux de l'affection humaine, il devient surtout l'objet de discordes inattendues. « Des larmes me jaillirent des yeux, c'était un arrachement en moi », écrit Zola à la mort de son petit griffon, Fanfan. Si derrière cette tristesse, éprouvée par plus d'un maître, se pose la décisive question du devenir de la dépouille de ce petit être, se niche surtout une remise en cause des croyances des plus fervents. En témoigne en 1959 l'affaire du chien Félix dont le corps inhumé dans le tombeau familial de ses maîtres déchaîne les passions. « L'"inhumation" d'un chien dans un cimetière qui choque le sens laïque de la personne humaine dû à la mémoire des morts, ne peut que heurter gravement le sentiment religieux de ceux qui croient aux dogmes de l'immortalité de l'âme et de la résurrection de la chair », observe en 1961 le juriste Jean Lamarque. Le droit de s'attacher à son chien par-delà la mort peut faire sourire, mais il détermine, tout comme le droit de vivre avec lui, la nouvelle composition de la famille française[3].

Installé dans la chaleur d'un tendre foyer, le chien devient l'objet le plus disputé en matière de divorce.

Au XXe siècle, il tient en effet le rôle du *bien à partager*. Dans ces affaires, dont Michel Houellebecq a rendu la banalité, l'époux désireux de garder la bête peut difficilement se contenter de dire à l'autre : « C'est normal, il a été longtemps avec moi : mais tu pourras le prendre quand tu veux ». Le chien se retrouve, malgré lui, au cœur d'un déferlement de passions, inciviles au possible et dont la vigueur traduit par elle-même le nouveau statut social qui est le sien, celui d'un membre de la famille à part entière. Si dans les années 1970, la justice a cru bien faire en pourvoyant au bien-être du chien, les années 1980 marquent un sérieux revirement. Ravivant le concept d'animal-chose, à l'évidence un peu passé de mode parmi les juges du fond, la Cour de cassation ne voit dans le chien rien d'autre qu'un bien mobilier. Ce « retour à l'orthodoxie », souligné par Jean-Pierre Marguénaud, soumet le chien aux dispositions relatives aux biens mobiliers et d'agrément. Surtout, cette décision revient sur la position de certains juges aux affaires familiales qui ont pu pousser la logique à son paroxysme en assimilant le mode de partage du chien à celui d'un enfant. Pour les tenants de l'ordre juridique, insoucieux des liens d'affection dont le chien était devenu l'objet, il fallait en finir avec ces nouvelles âmes tendres.

---

3. V. dans cet ouvrage la contribution de C. Xémard, *L'animal de compagnie, un sujet...pour un couple désuni*, p. 312-319.

Reste que le chien a pris ses aises dans l'existence des hommes. Son rôle ne consiste plus simplement « à être là et à paraître, à être contraint et subordonné », observe le sénateur Dominique Braye en 1998. Le chien est devenu le « bébé » de la famille. Lorsque les maîtres parlent de leur chien, une phrase revient souvent dans la conversation : « Il ne lui manque plus que la parole ». Véritable cri du cœur ou simple constat amusé, ce qui frappe est la confusion qui règne désormais dans les esprits lorsqu'il est question du chien. Au XIXe siècle, le philosophe allemand Friedrich Engels, qu'on ne soupçonnera pas de céder à la frivolité, faisait déjà remarquer que les chiens ont si bien appris à comprendre les êtres humains que « quiconque a eu souvent affaire à ces animaux aura de la peine à échapper à la conviction qu'il y a quantité de cas où ils sentent maintenant que leur incapacité à parler est un défaut ». Amorcée dès le XVIIIe siècle contre la théorie cartésienne de l'animal-machine, la promotion du chien non plus simplement sociale mais juridique est avancée. En 1900, Édouard Engelhardt lance les hostilités et propose de créer un « droit nouveau » qui attribuerait aux animaux « une parcelle de la personnalité humaine ». Par la suite, philosophes et juristes se succèdent pour que soit reconnue une personnalité juridique aux animaux. Mais à l'aube du XXIe siècle, les propositions sont loin d'être satisfaisantes. Débats d'experts, commissions de réforme, rapports ministériels se multiplient pour chercher une nouvelle identité juridique effective au chien. Mais en vain. Étroitement lié à l'homme par son travail comme par son indéfectible amitié depuis le mythique Argos attendant le retour d'Ulysse, le chien s'est installé au creux des familles, naviguant entre deux eaux, celles des choses et des personnes. S'il continue son ascension, c'est au prix d'un bouleversement des repères sociaux, culturels et juridiques traditionnels. En 1978, la *Déclaration universelle des droits de l'animal* sort, pour ainsi dire, le chien du tiroir aux objets. Défendu pour lui-même, le chien se voit alors reconnaître officiellement une personnalité juridique. Doit-on y voir la naissance d'une

Géricault, Théodore (1791-1824), *Tête de bouledogue*, huile sur papier et toile, 1800/1825, 24 × 26, 5, Paris, Musée du Louvre, RF 212 © GrandPalaisRmn (musée du Louvre) /Daniel Arnaudet.

« canumanité », comme le suggérait au XVIIIe siècle le romancier anglais Horace Walpole ? Si l'effet est avant tout symbolique, il n'a pas manqué de faire réagir les adversaires de la cause animale qui ont vu en elle « des idées pernicieuses » propres à déposséder l'homme de ses droits.

Si le chien a bel et bien, au fil des siècles, su s'arracher à sa condition sauvage, s'il a su s'attacher l'affection des hommes, s'il est devenu *quelqu'un* aux yeux de ses maîtres mais aussi de certains juristes, cet être désormais doué de sensibilité devant le droit n'en demeure pas moins un animal soumis au régime des biens.

Victoria VANNEAU
Ingénieure de recherche CNRS
Auteure, *Le chien. Histoire d'un objet de compagnie* (éd. Autrement, 2020)
Institut des Études et de la Recherche sur le Droit et la Justice (IERDI)

Sérusier, Paul (1864-1927), *Bretonne donnant à manger aux cochons,* huile à l'œuf sur toile, 1889, 46, 6 × 55 cm, Saint Germain-en-Laye, Musée Maurice Denis, © BnF Images Christie's/Bridgeman Images.

Cochons en cassation

Contribution à une archéologie de la notion de sensibilité

Claire BOUGLÉ-LE ROUX
Maître de conférences HDR en histoire du droit
Université de Paris-Saclay (UVSQ, Versailles)
Laboratoire DANTE (EA 4498)

Certains qui ont la justice sur leur terre
font justice des bêtes quand elles mettent
quelqu'un à mort : comme lorsqu'une truie tue un enfant,
ils la pendent et traînent, ou une autre bête.
Mais ce n'est pas à faire car les bêtes muettes
n'ont pas l'entendement de ce qui est bien,
ni de ce qui est mal, et pour cela est-ce justice perdue.
Philippe de BEAUMANOIR

« Justice perdue » ! Cette condamnation fameuse des procès à animaux par le juriste Philippe de Beaumanoir dans ses *Coutumes de Beauvaisis*[1] (1283) s'illustre d'une truie homicide exemplaire. L'animal n'est-il pas, il est vrai, consubstantiellement lié à ces procédures longtemps analysées sous l'angle réducteur de la curiosité judiciaire[2] ? Justifié par l'omniprésence

---

1. P. de Beaumanoir, *Coutumes de Beauvaisis*, (1283), chap. 69, *Des cas d'aventure et de mésaventure*, § 1944. C'est nous qui soulignons.

2. M. Pastoureau, *Une justice exemplaire : les procès faits aux animaux (XIIIe-XVIe siècle)*, *in* C. Gauvard et J. Robert (dir.), *Les rites de la justice. Gestes et rituels judiciaires au Moyen Âge*, Paris, Le Léopard d'or, 1999, p. 173-200. *Contra*, K. von Amira, *Thierstrafen und Thierprocesse*, in *Mittheilungen des Instituts für Österreichische Gechichtsforshung*, t. XII, 1891, p. 546-601. – E. P. Evans, *The Criminal Prosecution and Capital Punishment of Animals*, Londres, Faber and Faber, 1906 et H.-A. Berkenhoff, *Tierstrafe, Tierbannung und rechtsrituelle Tiertötung im Mittelalter*, Leipzig, 1937.

du porc girovague dans la société rurale du Moyen Âge central[3], l'intérêt que leur porte le coutumier souligne le caractère déjà polémique de telles instances. L'expression traduit sa volonté de se départir de mauvaises pratiques que documentent plusieurs pièces d'archives au siècle suivant, dont la célèbre quittance délivrée par le bourreau de Falaise, datée du 9 janvier 1387[4], attestant la condamnation d'une truie infanticide. Révélateurs en creux de la protection dont ils bénéficient, puisqu'il est nécessaire de « procéder » à leur élimination, ces « procès de bestes » à la nature équivoque favorisent la circulation de mythes historiographiques décryptés par Paul Friedland dans *Seeing Justice Done*[5]. Signalant bien l'exécution de bêtes à Falaise même[6] ou sur d'autres ressorts de juridictions[7], ces archives ne permettent pas de corroborer les récits les plus amplifiés qu'elles ont contribué à forger. Car s'il y a bien eu à Falaise une truie pendue en réplique à la mort d'un enfant, mince est le dossier à partir duquel s'est constituée une légende (trop) élaborée, fruit de la sédimentation d'un certain nombre de forgeries bien mises en lumière par le chargé d'études documentaires Adrien Dubois[8]. Pour reposer sur des sources rares et succinctes, l'engouement suscité par ce type de procès témoigne de l'attractivité de l'animal, sinon comme sujet de droit, du moins comme objet d'étude[9]. Cet élan permet de creuser des pistes nouvelles, aujourd'hui dégagées de cette part de folklore.

3. J.-M. Moriceau, *Le cochon roi des campagnes*, in *Les Animaux dans l'Histoire*, Paris, É. Baratay (dir.), Tallandier, p. 158 et M. Pastoureau, *Histoire naturelle et culturelle du porc dans les sociétés européennes*, in *Annuaire de l'École pratique des hautes études (EPHE), Section des sciences historiques et philologiques*, 2012, n° 143, p. 198-206.

4. L'archive est retrouvée en 1873, acquise aux enchères et entrée aux archives en 2005, A. D. Orne, 1 J 763. V. p. 454.

5. P. Friedland, *Seeing Justice Done, The Age of Capital Punishment in France*, Oxford, Oxford University, 2012, p. 2-18. Égal., E. Bréard, *Les procès d'animaux au Moyen Âge. Le porc en justice du XIIIe au XVIIe siècle*, Mémoire, Université de Caen, Normandie, HAL [En ligne].

6. BnF, ms. fr. 26020, n° 561.

7. M. Pastoureau, *Le roi tué par un cochon*, Paris, Seuil, 2015, p. 220-228.

8. A. Dubois, *L'exécution de la truie de Falaise en 1387*, in *L'animal et l'homme : de l'exploitation à la sauvegarde*, A.-M. Flambard-Héricher et F. Blary (dir.) [en ligne]. Du même, *Pendaison d'une peau de bœuf à Falaise en 1388 : Annales de Normandie* 2018, p. 167-171.

9. J. Hoareau-Dodinau, *L'animal devant son juge : coupable ou victime ?*, J. Hoareau-Dodinau et P. Texier (éd.), *La culpabilité, actes des XXe journées d'histoire du droit*, Limoges, PU Limoges, 2001, p. 187-201. – D. Chauvet, *La personnalité juridique des animaux jugés au Moyen Âge (XIIe-XVIe siècle)*, Paris, L'Harmattan, 2012. – J. Hautebert, *Les procès aux animaux, (XIIIe-XVIIIe siècle)*, in *L'animal au pouvoir*, Rennes, PUR, 2016, p. 47-57.

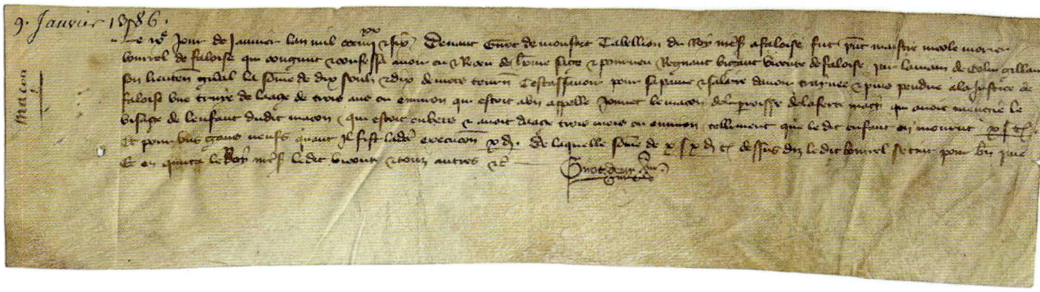

Quittance délivrée par Nicole Morier, bourreau de Falaise, d'une somme de dix sous dix deniers tournois à lui donnée par le lieutenant du vicomte de Falaise pour paiement du transport et de l'exécution d'une truie condamnée pour avoir dévoré le visage et avoir entraîné la mort d'un nourrisson de La Ferté-Macé. Arch. Dép. Orne, 1J763.

La surreprésentation du porc dans ces procédures[10] convoque au demeurant le lien puissant que l'animal entretient avec l'*homo criminalis* depuis l'usage du *culleus*[11], ou de la *damnatio ad bestias* romaine[12]. Le porc sert ici une dégradation répandue y compris dans la population délinquante et spécialement à l'endroit du condamné à mort, alimentant une *reductio* préalable à son élimination[13]. Conciliant hommes et bêtes cette fois dans une communauté d'intérêts, le juriste Antoine Loisel déploie dans l'édition *princeps* de ses *Institutes coutumières* de 1607[14] un bestiaire réduit à quelques espèces, essentiellement domestiques[15], plus

10. L. Litzenburger, *Les procès d'animaux en Lorraine (XIVe-XVIIIe siècles)*, 2011, *Criminocorpus* [en ligne].

11. Peine réservée au parricide placé dans un sac de cuir avec des animaux (les *Institutiones* évoquent un coq, un chien, un singe, un serpent) avant d'être jeté à l'eau. V. D. Briquel, *Sur le mode d'exécution en cas de parricide et en cas de* perduellio, in *Mél. de l'école française de Rome*, 1980, p. 87-107.

12. H. Ménard, *Du « prédateur » à la proie : criminels livrés aux bêtes dans la Rome antique*, in *Prédateurs dans tous leurs états, Évolution, biodiversité, interactions, mythes, symboles*, 31e Rencontres internationales d'archéologie et d'histoire d'Antibes, J.-P. Brugal, A. Gardeisen et A. Zucker (dir.), Antibes, APDCA, 2011, p. 503-513 [en ligne]. – J.-F. Géraud, « *Ad bestias* ». *Manger des hommes*, Journées de l'Antiquité et des Temps anciens, 2012-2013, Saint-Denis, Université de La Réunion, 2012, p. 19-46.

13. C. Chamot, « Quant à notre chair (...), elle est depuis longtemps dévorée et pourrie » : J.-P. Andrieux, A.-S. Condette-Marcant et C. Combette (dir.), *L'atteinte au corps des criminels sous l'Ancien Régime*, in *La chair, perspectives croisées*, Paris, Mare & Martin, 2018.

14. A. Loisel, *Institutes coutumières ou Manuel de plusieurs et diverses règles, sentences, & proverbes tant anciens que modernes du droit coutumier & plus ordinaire de la France*, Paris, Abel L'Angelier, 1607.

15. Chien [I, I, 58 : « Jamais chien ne mordit l'Église qu'il n'enragea »] ; bœufs [III, 1, 2 : « On lie les bœufs par les cornes, & les hommes par les paroles. »] ; chevaux [III, 4, 16 : « Un vendeur de chevaux n'est tenu de leurs vices, fors de morve, pousse, corbes & courbatures : sinon qu'ils les ait vendus sains et nets : auquel cas il est tenu de tous vices latents & apparents jusque après huit jours de la délivrance faite »] ; chapon, IV, 4, 62 [« Sur tout le chef-lieu, ou maistre manoir entier, ou au lieu d'iceluy le vol du chappon, qui est un arpent de terre ou jardin »] ; oie, V, 3, 15 : « Car contre le roi n'y a prescription que de cent ans, Qui est ce qu'on dit communément, Qui a mangé l'oie du Roi, cent après en rend la plume » ; et de manière allusive, des lapins renvoyant aux garennes (II, 2, 14 ; II, 2, 20) ou des pigeons ramiers aux colombiers.

Marc, Franz, *Porcs*, 1912, huile sur toile, 58 × 83 cm, Collection privée © Bridgeman Images.

rarement sauvages[16]. Les animaux recensés, à titre métaphorique ou au sens propre, signalent cet attrait du juriste pour le vivant et sa symbolique, croisant cultures savante et populaire. De cet ensemble ressort leur statut de choses, meubles ou immeubles que le Beauvaisien restitue dans leur environnement naturel, et dont on retrouvera la liste aux articles 524[17] et 528[18] du Code civil. Les adages renvoient pour l'essentiel au droit de chasse et au gibier, ainsi qu'au principe général de responsabilité du fait des « bestes »[19], qui sera transposé au Code Napoléon à l'article 1385[20]. La matérialité du porc y est particulièrement tangible, qu'il s'agisse d'éviter sa circulation en réglant le pacage ou de réguler son commerce[21].

Le même constat s'impose pour le Code pénal de 1810 qui vise explicitement les « porcs »[22] parmi d'autres animaux de rente bénéficiaires d'une protection accrue. Cette fixation pousse à investiguer du côté de la jurisprudence du XIXe siècle[23] d'autant que l'association des rimes cochon/cassation connaît un succès journalistique récurrent : ainsi d'un article publié au *Monde* dans les années 1950 sous l'intitulé

---

16. Ainsi des poissons : II, I, 7 : « Poissons qui sont en étang après trois ans (...) sont meubles : autrement sont réputés immeubles comme faisant partie de l'étang ».

17. C. civ. 1804, art. 524 : Les objets que le propriétaire d'un fonds y a placés pour le service et l'exploitation de ce fonds, sont immeubles par destination. Ainsi sont immeubles par destination, quand ils ont été placés par le propriétaire pour le service et l'exploitation du fonds, les animaux attachés à la culture ; (...) Les pigeons des colombiers ; Les lapins des garennes ; Les ruches à miel ; Les poissons des étangs (...).

18. C. civ. 1804, art. 528 : Sont meubles par leur nature les corps qui peuvent se transporter d'un lieu à un autre, soit qu'ils se meuvent par eux-mêmes comme les animaux, (...).

19. II, 2, 47 : « Qui a fief, a droit de chasse ». II, II, 28 : « Qui prend bestes en dommage, ne les peut retenir, ains les doit mener en justice dans 24. heures » ; V, I, II : « Toute action de dommage de bestes est prescrite en un an et un jour », V, 3, 2 : « Toutes actions (...) de bestes (...) sont tollues par an & jour ».

20. C. civ. 1804, art. 1385 : Le propriétaire d'un animal, ou celui qui s'en sert, pendant qu'il est à son usage, est responsable du dommage que l'animal a causé, soit que l'animal fût sous sa garde, soit qu'il fût égaré ou échappé.

21. II, II, 17 : « En nul temps on ne peut mener porcs en pré » ; III, 4, 17 : « Languayeurs sont tenus reprendre les porcs qui se trouvent mezeaux en la langue. Et s'il n'y avait rien en la langue, & néanmoins se trouvent mezeaux dans le corps, le vendeur est tenu en rendre le prix, sinon que tout un troupeau fut vendu en gros ».

22. C. pén. 1810, art. 452 et 453. V. pour le détail de ces articles, le tableau ci-dessous.

23. Pour des développements plus complets, renvoyons à C. Bouglé-Le Roux, *La Cour de cassation et le Code pénal de 1810 : le principe de légalité à l'épreuve de la jurisprudence*, Paris, LGDJ, 2005 et à « *Veau, vache, cochon, couvée* ». *Le Code rural et la Cour de cassation, de l'impossible Code rural au Code pénal ventriloque*, in *Terre, forêt et droit*, C. Dugas de la Boissonny (dir.), Nancy, PU, 2006, p. 89-104.

Un porc litigieux fait l'objet de débats devant la Cour de cassation[24] ou d'affaires plus récentes signalées par la presse locale au sujet de l'animal[25] ou de sa représentation sous la forme de masque[26], sans même évoquer les décisions relatives au mouvement *#Balancetonporc* qui lui donnent une nouvelle visibilité[27], le terme ayant toujours eu une forte charge insultante[28]. Parmi d'autres animaux attachés à la culture et représentatifs du monde rural, le porc se signale, à s'en tenir aux arrêts rendus par la chambre criminelle, par une présence remarquable[29]. Si son transport ne manque pas d'occasionner des conflits, traités dans une certaine banalité, que les droits d'octroi[30], l'hygiène et la qualité de la viande consommée soulèvent des questions plus cruciales[31], deux arrêts notables qui lui sont relatifs apparaissent particulièrement de nature à éclairer le regard porté par les magistrats sur sa condition. En ressort la perception par les juges de cassation de sa sensibilité, contre-pied remarquable aux pratiques anciennes. Favorisant l'élargissement du périmètre de la maltraitance animale (I), ces deux décisions lui accordent une forme de considération, preuve d'une attention soutenue aux animaux de rente (II).

I. – Le périmètre élargi de la maltraitance animale

Rendu par la chambre criminelle, l'arrêt *Aillot* du 29 juin 1821[32] s'empare d'une affaire de « truie pleine » victime de l'agression d'un homme accusé de l'avoir molestée à l'aide d'un bâton. Le sort de l'animal se trouve ainsi soumis à l'attention des conseillers criminels en dépit des premiers juges du tribunal de Montauban du 18 mai 1821 qui relaxaient le rustique, excipant du principe de légalité pénale et du silence de la loi. La décision s'insère dans le bulletin officiel censé rendre publique la partie significative de l'activité prétorienne de la Cour, et présentant l'avantage d'opérer une sélection pertinente entre

24. *Le Monde* 22 août 1952 (www.lemonde.fr/archives/article/1952/08/22/un-porc-litigieux-fait-l-objet-de-graves-debats-devant-la-cour-de-cassation_2000545_1819218.html).

25. A. Cheval, *Battenheim, Les cochons iront jusqu'à la Cour de cassation : L'Alsace* 2 août 2023.

26. J. Jean-Buart, « *Nez de cochons : le pourvoi en cassation rejeté », au sujet de manifestants portant des masques de cochons devant une mosquée : Ouest-France* 12 juin 2013, à propos d'une décision de la chambre criminelle : Cass. crim., 11 juin 2013, n° 12-85.104, rej., 11 juin 2013, publiée au bulletin.

27. Cass. 1re civ., 11 mai 2022, n° 21-16.497, publié au bulletin.

28. L'actualité récente nous en donne une nouvelle preuve, avec l'altercation à l'Assemblée nationale le 28 mai 2024 entre deux députés se traitant mutuellement de « cochon » et de « porc ». Pour un exemple plus ancien : aff. *Fouqueau*, 27 nov. 1818 : *Bull. crim.* n° 142, p. 438.

29. Aff. *Corrony*, 23 mars 1821 : *Bull. crim.* n° 41, p. 112 ; aff. *Fitte*, 18 oct. 1821 : *Bull. crim.* n° 163, p. 462.

30. Aff. *Octroi d'Évreux*, 31 janv. 1829 : *Bull. crim.* n° 28, p. 69.

31. Pour un exemple : aff. *Fourès*, 24 juin 1843 : *Bull. crim.* n° 155, p. 272 et aff. *Jardel*, 20 févr. 1829 : *Bull. crim.* n° 49, p. 134.

32. Aff. *Aillot*, 29 juin 1821 : *Bull. crim.* n° 104, p. 282.

décisions remarquables et arrêts d'espèces, secondaires ou redondants. Sous l'autorité du procureur général de la Cour de cassation, elle porte l'ambition « d'assurer l'uniformité de la jurisprudence dans les Cours et Tribunaux du Royaume »[33]. La physiologie des arrêts est alors portée à un point de maturité avancé, la notice explicative précédant classiquement la décision permettant de développer les faits sans les intégrer dans le cœur de l'arrêt proprement dit, avant de déployer visa, motifs et dispositif.

Loin d'être anodine, cette mention dans l'organe officiel de la Cour porte à considérer cet arrêt pour sa valeur performative et à en élargir l'étude à la recherche d'une archéologie de la sensibilité telle qu'elle apparaît dans le contexte de l'adoption de la loi Grammont du 2 juillet 1850[34]. Si l'on s'accorde qu'est prise en compte dans ce dispositif une sensibilité plus humaine qu'animale, il reste que cette notion est déjà partiellement effective par l'action croisée des législations rurale et pénale à l'endroit des animaux de rente. L'arsenal juridique intègre un éventail large d'infractions relatives aux animaux de rente : une incrimination d'*abigeat*[35] les protège ainsi du vol, il est vrai au même titre que les récoltes à l'article 388 du Code pénal[36], tandis qu'il revient aux articles 452 et 453 d'élever en délit le fait d'avoir « sans nécessité », empoisonné[37] ou tué « des chevaux, autres bêtes de voitures, de monture ou de charge, des bestiaux à cornes, des moutons, chèvres ou porcs, ou des poissons dans des étangs, viviers ou réservoirs »[38]. Sont également sanctionnées les maltraitances sur la base des articles 479, § 2, 3, et 4 et 480. Le détail de cette ample législation accorde une valeur principale au statut de l'animal en question et à sa fonction, au point d'entrer dans des distinctions parfois sibyllines tenant compte de la localisation de l'animal ou des dégâts collatéraux. Mais elle s'appuie également sur la légitimité de l'acte, sa cruauté ou l'intention effective de la personne portant atteinte à l'animal.

---

33. En tête du bulletin de l'année 1817, un extrait du *Moniteur* du 9 janvier 1817 précise les modalités du choix.

34. L. 2 juill. 1850, art. unique : Seront punis d'une amende de 5 à 15 francs, et pourront l'être d'un à cinq jours de prison, ceux qui auront exercé publiquement et abusivement de mauvais traitements envers les animaux domestiques. La peine de la prison sera toujours appliquée en cas de récidive. L'article 483 du Code pénal sera toujours applicable.

35. Incrimination d'origine romaine consistant à détourner le bétail en vue de se l'approprier. Pour un exemple : Aff. *Laurent*, 20 avr. 1843 : *Bull. crim.* n° 84, p. 161.

36. L'ensemble des articles relatifs aux atteintes portées aux animaux sont transcrits dans le tableau, p. 455.

37. Sur l'empoisonnement d'un cochon, V. aff. *Helleringer*, 29 mai 1868 : *Bull. crim.* n° 140, p. 232.

38. C. pén. 1810, art. 452.

Tableau des articles relatifs à la maltraitance animale visés par la jurisprudence pénale du XIXe siècle

Vol ou tentative de vol	**Code pénal de 1810, art. 388 :** Quiconque aura **volé ou tenté de voler** dans les champs des chevaux ou bêtes de charge, de voiture ou de monture, gros et menus bestiaux, ou des instruments d'agriculture, sera puni **d'un emprisonnement d'1 an au moins et de 5 ans au plus**, et d'une amende de 16 francs à 500 francs.
Empoisonnement des animaux de rente	**Code pénal de 1810, art. 452 :** Quiconque aura **empoisonné des chevaux ou autres bêtes de voiture, de monture ou de charge, des bestiaux à cornes, des moutons, chèvres ou *porcs* ou des poissons dans les étangs viviers ou réservoirs**, sera puni d'un emprisonnement d'1 an à 5 ans, et d'une amende de 16 francs à 300 francs. Les coupables pourront être mis, par l'arrêt ou le jugement, sous la surveillance de la haute police pendant 2 ans au moins et 5 ans au plus.
Violences sans nécessité ayant entraîné la mort	**Code pénal de 1810, art. 453 :** Ceux qui, **sans nécessité**, auront **tué** l'un des animaux mentionnés au précédent article, seront punis ainsi qu'il suit : Si le délit a été commis dans les bâtiments, enclos et dépendances ou sur les terres dont le maître de l'animal tué était propriétaire, locataire, colon ou fermier, la peine sera un **emprisonnement de deux à six mois**. S'il a été commis dans les lieux dont le coupable était propriétaire, locataire, colon, ou fermier, **l'emprisonnement sera de 6 jours à 1 mois**. S'il a été commis dans tout autre lieu, **l'emprisonnement sera de 15 jours à 6 semaines. Le maximum de la peine sera toujours prononcé en cas de violation de clôture**.
Contravention à la surveillance des animaux sous sa garde	**Code pénal de 1810, art. 475 :** Seront punis d'amende, depuis 6 francs jusqu'à 10 francs inclusivement 4°Ceux qui auront fait ou laissé courir les chevaux, bêtes de trait, de charge ou de monture, dans l'intérieur d'un lieu habité (…) 7°Ceux qui auraient laissé **divaguer des fous ou des furieux étant sous leur garde, ou des animaux malfaisants ou féroces** ; ceux qui auront excité ou n'auront pas retenu **leurs chiens** lorsqu'ils attaquent ou poursuivent les passants, quand même il n'en serait résulté aucun mal ni dommage.
Violences à animaux de rente	**Code pénal de 1810, art. 479** : Seront punis d'une amende de 11 à 15 fr. inclusivement, 1°…, 2°…, 3°… **ceux qui auront causé les mêmes dommages (la mort ou la blessure des animaux ou bestiaux appartenant à autrui), par l'emploi ou l'usage d'armes sans précaution ou avec maladresse, ou par jet de pierres ou d'autres corps durs**.
Violences ayant occasionné la mort ou la blessure des animaux ou bestiaux appartenant à autrui	**Code pénal de 1810, art. 480 :** Pourra **selon les circonstances**, être prononcée la peine d'emprisonnement pendant 5 jours au plus, 1° contre ceux qui auront occasionné la mort ou la blessure des animaux ou bestiaux appartenant à autrui, dans les cas prévus par le paragraphe 3 du précédent article.
Violence avec intention de nuire contre les animaux	**Décret des 28 septembre-6 octobre 1791**, concernant les biens et usages ruraux, **art. 30, titre II de la police rurale** : Toute personne convaincue d'avoir, de **dessein prémédité, méchamment**, sur le territoire d'autrui, **blessé ou tué des bestiaux ou chiens de garde**, sera condamnée à une amende double de la somme du dédommagement. Le détenu pourra être **détenu un mois, si l'animal n'a été que blessé**, et **six mois, si l'animal est mort de sa blessure ou en est resté estropié** (…).

Le champ de l'arsenal juridique en matière de maltraitance est par ailleurs élargi *via* l'article 484 du Code pénal[39] qui autorise à s'appuyer sur des textes antérieurs à la codification, à l'exemple de l'article 30 de la loi du 28 septembre 1791[40]. La Cour de cassation le précise dans une affaire *Andrieu* du 5 février 1818 au sujet de violences commises sur un bœuf[41], de manière à sanctionner de manière plus radicale l'intentionnalité de l'auteur de l'acte infractionnel, et particulièrement la gratuité et la violence de l'atteinte :

> *« Le Code pénal ayant puni les blessures faites à des animaux domestiques* involontairement et seulement par imprudence, *il s'ensuit qu'il n'a pas voulu que les mêmes blessures restassent impunies, lorsqu'elles ont été faites* avec volonté et méchamment *: qu'il les a donc laissées sous l'empire de l'article 30, titre II, de la loi du 28 septembre 1791*[42] *»*[43].

Cette ouverture du périmètre strict de la maltraitance permet non seulement d'élargir la répression mais surtout de la proportionner au mieux aux éléments de l'espèce, colorant le caractère odieux de l'acte, tout en évitant l'impunité que de trop fortes peines pourraient entraîner. Cette position des juges, discutable eu égard à la légalité pénale strictement entendue, est néanmoins réaffirmée de manière explicite dans un arrêt du 4 avril 1863[44], cette fois à propos d'un chien.

II. – La sensibilité au service de l'interprétation

S'il n'est pas fait usage de cette faculté dans le cas de la truie de Montauban, l'affaire permet de dégager les prémices d'une réflexion sur le traitement de l'animal comme victime *via* l'anthropomorphisme des motifs. Les conseillers de la chambre criminelle agissent ici sur le pourvoi du commissaire de police de la ville, lui-même saisi d'une plainte portée par le propriétaire de l'animal, qui prend ainsi la défense de son animal par la voie judiciaire, évaluant son dommage à la somme de 100 francs. L'obstination du commissaire de police à s'opposer à la relaxe du prévenu en dépit des premiers juges, et à réclamer l'emprisonnement de cinq jours, laissé à l'arbitrage du juge par l'article 480, engage à y voir une action de principe. Si les magistrats de cassation déclinent cette proposition en privilégiant la qualification de blessures involontaires, ils placent les animaux

39. C. pén. 1810, art. 484 : Dans toutes les matières qui n'auront pas été réglées par le présent Code et qui sont réglées par des lois et règlements particuliers, les Cours et les tribunaux continueront de les observer.

40. V. le tableau p. 455.

41. Aff. *Andrieu*, 5 févr. 1818 : *Bull. crim.* n° 16, p. 43.

42. D. 28 sept.-6 oct. 1791 concernant les biens et usages ruraux, Titre II « De la police rurale », art. 30.

43. Aff. *Andrieu*, *op. cit*.

44. Aff. *Heitz*, 4 avr. 1863 : *Bull. crim.* n° 107, p. 173. Dans cette affaire, le chien ne peut finalement pas bénéficier de la protection de l'article 30 au motif qu'il ne s'agit pas d'un chien de garde, mais d'un chien « de chasse ou luxe ». Pour autant, les juges de cassation préconisent le jeu de l'article 479.

violentés, dont cette truie parturiente, au cœur de leur motivation. La densité du visa et l'utilisation des italiques attestent de ce souci de faire date. Articulé sur la conjugaison des articles classiques 479 et 480 pour punir un geste fautif, l'arrêt s'étend longuement sur les circonstances aggravant l'acte, qualifiant le bâton utilisé d'« arme contondante », au sens de l'article 101. Les juges dédouanent pourtant l'accusé de l'emprisonnement sans retenir l'intention coupable de « tuer, de blesser ou d'estropier les animaux dont ce troupeau était composé ». La motivation insiste bien sur le dommage causé au propriétaire, s'inscrivant dans une jurisprudence linéaire ostensiblement favorable à « l'intérêt bien entendu de l'agriculture »[45], qui accorde au bétail par le biais de son immobilisation une valeur supplémentaire, et ce d'autant que cette truie est sur le point de mettre bas. Pour autant, les magistrats considèrent la violence subie par l'animal, ce que souligne leur insistance à le personnifier. La notice apparaît ainsi de nature à susciter la réprobation de l'acte dénoncé ainsi qu'à humaniser l'animal. Les juges insistent sur cette malheureuse truie « pleine [qui] avait été très malade et en danger d'avorter », la plaçant dans une posture de victime, davantage que son propriétaire lui-même qui passe au second plan. Outre sa vulnérabilité, les juges pointent « la jambe cassée » de l'agneau qui l'accompagnait, donnant une tonalité très singulière à leur décision. Elle illustre bien une forme de considération en situant pleinement ces actes dans la compétence des juges répressifs et dans la mise en relief des éléments permettant de prouver l'intention maligne appelée à jouer un rôle central dans le dispositif, déplaçant le regard des intérêts matériels du propriétaire à l'illégitimité de l'acte déploré dont l'animal apparaît la victime. Loin du basculement effectué par la loi Grammont du 2 juillet 1850 (note 34) à partir du cas typique des chevaux, cette décision nous semble plus caractéristique de cette tradition de protection toute particulière des animaux de rente. Si on peut y voir l'expression d'un intérêt purement économique dans une période où leur apport et leur essor numérique sont sans précédent[46], l'arrêt de 1821 participe à un processus d'individualisation qui, sans être généralisé, est tangible dans certaines décisions. Elles témoignent du lien fort entre propriétaire et animal, et entre juges et bêtes victimes, qui s'établit sur le terrain de la responsabilité, mais relève aussi du registre des émotions. Par comparaison, cette dimension est absente des arrêts relatifs au transport de porcs, que le nombre de bêtes contribue à diluer, alors même que la proximité de l'abattage efface toute identification dans un basculement de l'animal vivant vers la chose inerte et fongible.

L'appréciation des juges ressort d'une seconde décision *Delahaie* du 9 décembre 1854[47], adoptée par le juge de cassation sans renvoi. Cet arrêt plus tardif s'arrête de manière explicite sur la nature domestique du porc et refuse de le considérer intrinsèquement

45. Aff. *Saussier*, 5 juill. 1821 : *Bull. crim.* n° 109, p. 299.

46. É. Baratay, *Le grand rapprochement (xviiie-xxe)*, in *Les animaux dans l'histoire*, Paris, Tallandier, 2023, p. 172-173.

47. Aff. *Delahaie*, 9 déc. 1854 : *Bull. crim.* n° 340, p. 561.

comme animal dangereux. En l'espèce est reprochée au sieur Delahaie la divagation de son porc en violation des prescriptions interdisant leur circulation. Là où les juges auraient pu rester sur le terrain purement procédural, ils font le choix de s'étendre sur la qualification de « bête féroce » associée au porc par l'accusation. En dépit du maintien de porcs girovagues dévoreurs d'enfants malgré les règles plus étroites de garde, dont l'affaire *Gerson* du 10 septembre 1829 dans laquelle une femme est accusée d'avoir abandonné « sans pitié son enfant (…) qu'une truie a dévoré »[48] donne une illustration symptomatique, la chambre criminelle consacre de manière solennelle dans l'affaire *Delahaie* de 1854 un attendu exhaustif à la domesticité de l'animal visé, préférant aux faits des catégories éthologiques objectives. Si les juges estiment que la dangerosité de l'animal peut être avérée, encore faut-il qu'elle soit prouvée, le cochon étant présumé inoffensif par nature. Ainsi les juges de cassation estiment-ils

> *« que si, par suite d'habitudes vicieuses, le porc peut-il devenir* accidentellement *un animal malfaisant, (…) aucune circonstance n'établit dans la cause que le porc appartenant à Delahaie doit être classé parmi les animaux malfaisants ou féroces, dont la divagation est défendue par la loi. »*

Le résumé de l'arrêt qui figure au bulletin criminel à l'ouverture de la décision se trouve libellé en italique en ces termes :

> « *Le porc* est un animal domestique n'ayant pas, par sa nature, l'instinct de férocité *qui appartient aux animaux dont parle l'article 475, paragraphe 7, du Code pénal ; et, à défaut d'arrêté municipal ou de règlement administratif interdisant la divagation des porcs, le fait d'avoir laissé divaguer un porc sur un chemin public ne constitue pas de contravention »*.

À rebours de l'image du cochon homicide, censée avertir de la potentielle dangerosité de l'animal et de la difficulté soulevée par son caractère girovague, les juges de cassation lui offrent ainsi une forme de réhabilitation judiciaire, dans une inversion remarquable de l'épisode fameux de la truie exécutée à Falaise en 1387. Depuis le début du siècle, la jurisprudence illustre bien cette sensibilité dégagée de manière empirique au fil de cas d'espèces emblématiques dans lesquels domine une conception propriétaire de l'animal sans pour autant s'affranchir de la considération élémentaire qui lui est due, ancrée dans une conception de la création directement issue de la Genèse[49]. Pour donner lieu à une effectivité relative, cet équilibre fragile passe par le respect du vivant étendu le cas échéant aux végétaux[50] et doit nous porter à espérer

48. Aff. *Gerson*, 10 sept. 1829 : *Bull. crim.* n° 214, p. 534.

49. Genèse 1, 25-26.

50. *Cf.* C. pén. 1810, art. 445 : Quiconque aura abattu un ou plusieurs arbres qu'il savait appartenir à autrui, sera puni d'un emprisonnement (…). Art. 446 : Les peines seront les mêmes à raison de chaque arbre mutilé, coupé et écorcé de manière à le faire périr.

le rétablissement d'un ordre harmonieux aujourd'hui rompu[51] dans lequel homme et animal partagent une communauté d'intérêts.

Annexe 1

Arrêt *Aillot*, 29 juin 1821 : *Bull. crim.* n° 104, p. 282

(N.° 104.) *ANNULLATION, sur le pourvoi du Commissaire de police de Montauban, d'un jugement du Tribunal de police de cette ville, du 18 Mai dernier.*

Du 29 Juin 1821.

NOTICE ET MOTIFS.

JEAN AILLOT avait été traduit au tribunal de police de Montauban, par le sieur Durat-Lavalle, pour se voir condamner aux peines de droit, et à lui payer 100 francs de

(283)

dommages et intérêts. Le motif de la plainte était qu'Aillot avait frappé des animaux qui passaient dans un chemin vicinal ; qu'il était résulté de ces violences qu'un agneau avait eu une jambe cassée, et qu'une truie pleine avait été très-malade et en danger d'avorter.

Le ministère public avait requis l'application de l'art. 479, n.° 3, du Code pénal, et la condamnation du prévenu à 15 francs d'amende et à cinq jours d'emprisonnement.

Le tribunal, prétendant au contraire que les faits dénoncés n'étaient prévus et punis par aucune loi, avait renvoyé le prévenu de la plainte.

Les motifs énoncés dans l'arrêt ci-après ont déterminé l'annullation du jugement du tribunal de police.

51. V. dans cet ouvrage l'entretien avec C. Du Saint, *De l'animal-machine à l'usine animale*, p. 134-141.

Ouï le rapport de M. Aumont, conseiller, et M. Fréteau, avocat général, en ses conclusions ;

Vu les articles 408 et 413 du Code d'instruction criminelle, aux termes desquels il y a lieu à l'annullation des arrêts et des jugemens en dernier ressort rendus en matière criminelle, correctionnelle et de police, qui contiennent violation des règles de compétence ;

L'article 137 du même Code, portant : « Sont considérés » comme contraventions de police simple, les faits qui, » d'après les dispositions du quatrième livre du Code pénal, » peuvent donner lieu, soit à 15 francs d'amende ou au- » dessous, soit à cinq jours d'emprisonnement ou au-des- » sous ; »

Vu aussi les articles 479 et 480 du Code pénal, ainsi conçus :

Art. 479. « Seront punis d'une amende de 11 à 15 fr. » inclusivement, 1.° . . . 2.° . . . 3.° ceux qui auront causé » les mêmes dommages (la mort ou la blessure des ani-

» maux ou bestiaux appartenant à autrui), par l'emploi ou » l'usage d'armes sans précaution ou avec maladresse, ou » par jet de pierres ou d'autres corps durs. »

Art. 480. « Pourra, selon les circonstances, être pro- » noncée la peine d'emprisonnement pendant cinq jours au » plus, 1.° contre ceux qui auront occasionné la mort ou » la blessure des animaux ou bestiaux appartenant à autrui, » dans les cas prévus par le paragraphe 3 du précédent » article. . .; »

Vu enfin l'article 101 dudit Code pénal, qui déclare « compris dans le mot *armes*, toutes machines, tous instru- » mens ou ustensiles tranchans, perçans ou *contondans ;* »

Attendu que, par l'article 479, §. 3, du Code pénal, la mort ou la *blessure* des animaux et bestiaux appartenant à autrui, occasionnée par l'emploi ou l'usage d'armes sans précaution ou avec maladresse, est punie d'une amende de 11 à 15 francs inclusivement, et que l'article 480 autorise à prononcer, dans ce cas, la peine d'emprisonnement pendant cinq jours, selon les circonstances ;

Attendu que, des faits tels qu'ils sont établis au procès, il ne résulte pas que le prévenu, qui a voulu s'opposer au passage du troupeau du plaignant dans le chemin vicinal de Montauban à Ardus, ait eu l'intention coupable de tuer, de blesser ou d'estropier les animaux dont ce troupeau était composé; que si l'un de ces animaux a eu une jambe fracturée, ce dommage, causé par ledit prévenu à la propriété d'autrui, doit être réputé l'effet de l'emploi ou de l'usage sans précaution ou avec maladresse, du bâton qu'il avait à la main, et qui, étant un instrument *contondant*, est compris dans le mot *armes*, d'après l'article 101 du Code pénal; que ce fait constituait donc la contravention prévue et punie par l'article 479, n.° 3, dudit Code pénal;

Qu'en disant que les faits dénoncés n'étaient déclarés

(285)

punissables par aucune loi, en refusant de faire au prévenu l'application de cet article 479, n.° 3, du Code pénal, et en le renvoyant de la plainte portée contre lui, le tribunal de police de Montauban a contrevenu audit article, ainsi qu'à l'article 137 du Code d'instruction criminelle; qu'il a méconnu ses attributions et violé les régles de compétence :

D'après ces motifs, LA COUR casse &c.;

Ordonne &c.;

Ainsi jugé et prononcé à l'audience publique de la Cour de cassation, section criminelle &c.

Annexe 2

Arrêt *Delahaie*, 9 déc. 1854 : *Bull. crim.* n° 340, p. 561

N° 340.

ABANDON D'ANIMAUX. — ANIMAUX MALFAISANTS. — PORCS.

Le porc est un animal domestique n'ayant pas, par sa nature, l'instinct de férocité qui appartient aux animaux dont parle l'article 475, paragraphe 7, du Code pénal ; et, à défaut d'arrêté municipal ou de règlement administratif interdisant la divagation des porcs, le fait d'avoir laissé divaguer un porc sur un chemin public ne constitue pas de contravention.

ANNULATION, sur le pourvoi du Ministère public près le Tribunal de simple police du canton du Lion-d'Angers, d'un Jugement de ce tribunal, en date du 29 septembre 1854, rendu en faveur du sieur *Delahaie*.

Du 9 Décembre 1854.

Ouï M. le conseiller Jallon, en son rapport, et M. l'avocat général d'Ubéxi, en ses conclusions ;

Vu les articles 475, paragraphe 7, et 471 du Code pénal, 408 et 413 du Code d'instruction criminelle ;

Attendu que Delahaie fut traduit devant le tribunal de simple police du Lion-d'Angers, sous l'inculpation d'avoir laissé divaguer son porc sur un chemin public, contrairement à un arrêté municipal ou à un règlement administratif qui auraient interdit aux propriétaires de ces animaux de les laisser divaguer sur la voie publique ;

Attendu qu'il résulte des documents apportés par suite de l'arrêt interlocutoire, rendu le 10 novembre dernier par la Cour de cassation, qu'il n'existe aucun arrêté municipal ou règlement administratif interdisant, dans la commune de Grezneuville et dans celle du Lion d'Angers, la divagation des porcs sur les chemins publics;

Sur le moyen résultant de ce que l'article 475, paragraphe 7, devrait recevoir, dans la cause, son application :

Attendu que Delahaie n'a pas été poursuivi pour contravention à l'article précité; que le procès-verbal du commissaire de police n'en fait pas mention, et qu'il n'est point visé par ce jugement;

Attendu, d'ailleurs, que le porc est un animal domestique, qui, par sa nature, n'a point l'instinct de férocité qui appartient aux animaux dont parle l'article 475 du Code pénal;

Attendu que si, par suite d'habitudes vicieuses, le porc peut devenir accidentellement un animal malfaisant, et être l'objet d'un arrêté municipal ou d'un règlement administratif, aucune circonstance n'établit dans la cause que le porc appartenant à Delahaie doive être classé parmi les animaux malfaisants ou féroces, dont la divagation est défendue par la loi;

Attendu, dès lors, que le fait reproché au susnommé ne constitue ni délit, ni contravention;

La Cour casse et annule, sans renvoi, etc.

Ordonne, etc.

Ainsi jugé, etc. — Chambre criminelle.

Nadar (1820-1910), *Misère du Cheval*, L'Assiette au Beurre (1re de couverture, n° 219), 10 juin 1905, France, Paris, Bibliothèque nationale de France, département Réserve des livres rares, RES G-Z-337 © BnF.

« Qui est la bête ? »

Sensibilité, cruauté et justice à travers quelques journaux satiriques (fin XIXe-début XXe siècle)

Romy SUTRA
Maître de conférences en histoire du droit, Université Toulouse Capitole
Centre Toulousain d'Histoire du Droit et des Idées Politiques (EA 789)

Au milieu du XIXe siècle, dans un contexte à la fois d'évolution des sensibilités, de moralisation des mœurs et d'inquiétude politique, est votée la loi Grammont du 2 juillet 1850, instituant la répression pénale des mauvais traitements commis en public contre les animaux domestiques[1]. Cette loi, adoptée dans une version moins ambitieuse que son texte initial, constitue aux yeux des historiens l'acte de naissance de ce qu'on appellera plus tard le « droit animalier ». Nonobstant l'idéologie sous-jacente (protection de la sensibilité du spectateur et de la moralité publique) et la double condition de publicité et d'abus, ce texte innove en ce que, pour la première fois, on quitte le strict terrain de la protection de la propriété pour protéger l'animal. Quoi qu'on pense de la portée – certes relative – de ce texte, l'important se situe ailleurs. Pour la première fois, et même si la question morale domine le débat, les parlementaires discourent sur la souffrance de l'animal qu'il convient d'adoucir. Alors que jusque-là, l'animal a été maintenu à la marge du droit, qu'« on s'est contenté d'en appeler aux sentiments de bienveillance et d'humanité de chaque individu »[2], il semble désormais admis que la question de la souffrance animale (et par analogie, de sa sensibilité) relève bien de la compétence et de la responsabilité du législateur.

1. *Recueil Duvergier*, t. 50, 1850, p. 299-300.

2. L. Béquet, *Répertoire de droit administratif*, Paris, Dupont, 1882, V° *Bêtes*.

L'adoption de cette loi suscite des réactions diverses. Si une minorité s'indigne du fait de placer les animaux sous les auspices salutaires du droit, par essence réservé à l'humain, la majorité loue cette évolution législative nécessaire. Le thème de la souffrance animale devient, à partir de là, un véritable sujet de société. En témoigne la multiplication des associations de protection aux objectifs plus ou moins larges, à l'instar de la Société protectrice des animaux déjà fondée en 1845[3], ou du mouvement antivivisectionniste qui prend essor au début de la IIIe République[4].

À la charnière du XIXe et du XXe siècle, un basculement semble s'opérer chez certains protecteurs des animaux. Alors que, jusque-là, les justifications de la protection étaient essentiellement fondées sur la nature criminogène de la violence envers les animaux, désormais, certains défenseurs, scandalisés par la souffrance des bêtes, placent l'animal au centre des préoccupations. Dès lors, la question d'un déplacement des sensibilités se pose : derrière l'impératif de protection de la sensibilité humaine et de lutte contre la contagion de la violence, semble poindre une volonté de protection de l'animal pour ce qu'il est, créature vivante capable de souffrance et, à ce titre, digne de respect, et surtout digne de l'attention du droit. Cette mutation se traduit par de nouvelles revendications et par de nouvelles formes de mobilisations[5].

Dans cette double quête de moralisation de la société et de protection animale, de grandes figures telles que J. Michelet, V. Hugo, É. Zola, G. Sand ou encore É. Reclus prêtent leur plume et apportent leur caution à la cause, encore quelque peu controversée, de l'amour des bêtes. En dehors de la littérature, la presse a pu également constituer un relais important de ces idées. Reflet des tendances de l'opinion, qu'elle contribue parfois à façonner, la presse constitue le témoin le plus vivant d'une époque. Aussi, paraît-il intéressant d'étudier comment elle traite de la question animale et des débats croissants autour de la protection. Bien sûr, le présent format ne permet pas d'embrasser la presse dans sa diversité. Le choix s'est donc porté plus particulièrement sur un genre spécifique : le genre satirique. Parce qu'il fait peu de cas de la bien-pensance et du conformisme, il constitue un révélateur particulièrement efficace des troubles, des maux ou des attentes de la société. Chacun le sait, le dessin satirique, autrement appelé caricature, vise – en tant que charge[6] – à bousculer

---

3. Sur les fondements idéologiques du mouvement protecteur : M. Agulhon, *Le sang des bêtes. Le problème de la protection des animaux en France au XIXe siècle : Romantisme* 1981, n° 31, p. 81-109. – É. Pierre, *Amour des hommes, amour des bêtes. Discours et pratiques protectrices dans la France du XIXe siècle*, thèse d'histoire, Univ. d'Angers, 1998.

4. J. Lalouette, *Vivisection et antivivisection en France au XIXe siècle : Ethnologie française*, 1990, t. 20, n° 2, p. 156-165. – J.-Y. Bory, *La douleur des bêtes : la polémique sur la vivisection au XIXe siècle en France*, Rennes, PUR, 2013.

5. Fort bien décrites par C. Traïni, *La cause animale. Essai de sociologie historique (1820-1980)*, Paris, PUF, 2011, p. 103 et s..

6. Le terme « caricature » est issu du verbe populaire latin *caricare*, dont le français tire à la fois le mot charge et le mot caricature.

le lecteur, quitte parfois à le choquer. L'objectif du dessin – et de la légende qui l'accompagne parfois – est toujours le même : faire réagir là où les mots se révèlent parfois insuffisants.

Le *corpus* utilisé pour cette étude se compose essentiellement de caricatures parues dans *L'Assiette au Beurre*, l'une des revues satiriques les plus célèbres de la Belle Époque. Fondé en 1901, consacrant chaque numéro à un sujet unique, ce journal à la réputation de « brûlot anarchiste »[7] a su allier la qualité et la variété des dessins avec la violence de la satire. Il accorde une large place à l'image et emploie des dessinateurs réguliers et bien connus, à l'instar de Rabier, Nadar, Steinlen, ou encore Roubille, lesquels ont tous contribué à la thématique de l'animal. Dans une moindre mesure, seront également mobilisés des dessins parus dans *Le Grelot*, autre journal satirique majeur de la Belle Époque dont la ligne éditoriale a été plus mouvante[8].

Les dessins repérés relaient un certain nombre d'interrogations du temps, que l'on peut par ailleurs retrouver plus largement formulées à l'écrit, dans d'autres revues (non satiriques) avec lesquelles un parallèle sera donc opéré. Plusieurs sujets de préoccupations récurrents convergent en effet, tels que la dichotomie entre brutalité humaine et sensibilité animale, la nécessité de réformer la loi Grammont, ou encore l'analogie avec la condition ouvrière. Sous les dehors de la provocation, les auteurs s'interrogent ainsi sur la complexité des rapports entre humains et bêtes et proposent une réflexion politique sur le thème des hiérarchies et des dominations.

Plusieurs dessins soulignent les cruautés exercées par les hommes, au point de questionner la véritable identité de la bête. Parmi les animaux appelant la compassion, figure en premier lieu le cheval, véritable étalon de mesure de la misère animale (I). À une époque où la logique utilitariste domine, la compassion est sélective[9] et bénéficie aux animaux servant l'homme. Dès lors, le bestiaire des animaux protégés est relativement réduit. Cette dimension utilitariste s'exprime également à travers les propositions d'attribution de droits aux animaux travailleurs formulées par les courants socialistes (II).

---

7. Ce qualificatif a été récusé, les caricaturistes de *L'Assiette au Beurre* étaient des artistes de tendances très diverses. M. et E. Dixmier, *L'Assiette au Beurre, revue satirique illustrée (1901-1912)*, Paris, éd. Maspéro, 1974.

8. G. Doizy, *Le Grelot, un journal satirique républicain illustré* : *Ridiculosa* n° 18, EIRIS, 2011.

9. Sur ces questions, V. É. Pierre, *Les inconstances de la sensibilité. Au sujet de la violence envers les animaux (1845-1914)*, in *Sociétés & Représentations* 1998/1, n° 6, p. 405-410. – L. Bègue-Shankland, *Face aux animaux. Nos émotions, nos préjugés, nos ambivalences*, Paris, O. Jacob, 2022.

I. – Le cheval, étalon de mesure de la souffrance animale

La révolution industrielle a conduit à une utilisation croissante des équidés. Animal longtemps respecté, incarnant la puissance, la liberté et la noblesse, le cheval a succombé devant l'exigence de rendement économique. À la ville comme à la campagne, les scènes de cochers ou de charretiers[10] frappant leur bête épuisée constituent presque un lieu commun. Est-il vrai, comme le dit le dicton populaire, que « Paris est l'enfer des chevaux »[11] ? C'est en tout cas ce que semblent suggérer les nombreuses représentations picturales ou littéraires dénonçant ces mauvais traitements. De grands écrivains s'en sont fait l'écho, à l'instar de Maupassant[12], Zola[13], ou encore Victor Hugo qui, dans un passage désormais célèbre du poème « Melancholia », décrit « le pesant chariot » conduit par un « roulier » n'hésitant pas à faire pleuvoir les coups de fouet sur le « cheval triste », tel un forçat à l'agonie, « le poitrail en sang », tremblant, hagard, « brisé »[14]. Son texte est d'ailleurs repris dans l'un des numéros du journal *L'Assiette au Beurre*, paru en juin 1905 et spécialement consacré à « La misère du cheval ». Les dessins sont réalisés par Steinlen et Roubille, vraisemblablement à partir d'anciens croquis de Nadar dirigeant le dossier[15].

Le numéro s'ouvre sur une image désormais célèbre, celle d'un cocher tenant son inséparable fouet, conduisant un cheval famélique battant le pavé, solidement harnaché et affublé d'œillères devenues symboles de l'aveuglement face à la folie du libéralisme économique et de ses conséquences. En regard, un texte dramatique vient accentuer la charge de l'image : « À jamais sevré de tous droits de nature, même de voir à ma droite et à ma gauche, – sous d'éternels licous, sangles, caparaçons, comme sous le fouet incessant, sans jamais savoir pourquoi je suis frappé toujours, – par pluie,

---

10. Les premiers transportent des marchandises tandis que les seconds véhiculent des personnes.

11. « Paris est l'enfer des chevaux est un dicton populaire à l'étranger (...) ». Comminges, *in L'Ami des Bêtes* déc. 1901, n° 12. Le proverbe complet dit : « Paris, l'enfer des chevaux, le paradis des femmes, le purgatoire des hommes ».

12. « Il est un misérable animal dont la vie entière n'est qu'un martyre, un horrible martyre (...) ; Et nous trouvons naturel l'horrible sort de cette lamentable bête parce que du matin au soir sa souffrance nous est utile ». Maupassant, *Œuvres complètes. Chroniques, I (1876-1882)*, Paris, Classiques Garnier, 2019, p. 863-864.

13. Dans *Nana*, *La Débâcle*, ou encore *Germinal*, Zola dépeint les différentes formes d'exploitation des chevaux (économique, récréative ou militaire). K. Doucet-Dufresne, *Des chevaux et des hommes : le développement d'une éthique animale dans la littérature du XIXe s.*, mémoire maîtrise de lettres, Univ. Chicoutimi, Québec, 2017, p. 57-101. – A. Parmentier, *Le cheval martyr, personnage mineur de la seconde moitié du XIXe s.*, in *Pagaille* 2022, n° 2, p. 105-117.

14. Paru en 1856. V. Hugo, *Melancholia*, II, *Les contemplations*, Paris, Nelson, 1911, p. 132-141.

15. Si Nadar et Steinlen affichaient ouvertement leur amour des bêtes, nous avons peu d'informations sur la personnalité de Roubille, mais sa participation au numéro de Nadar est significative.

neige, froid glacial ou chaleur d'asphyxie, marcher quand je tombe de lassitude, être figé sur place quand j'aurais besoin de me mouvoir et voudrais courir, – sans jamais connaître où et pourquoi je vais ni quand je reviendrai, – ni quand sera permis à ma faim de manger, à ma soif de boire, – ni à quelle heure me sera accordé de dormir, ni à quelle autre mon ventre sonnera au coup du soulier ferré qui m'éveille – *etc.* – et demande à ta compassion si elle sait au monde être plus misérable et lamentable que moi... »[16].

La suite du numéro reprend plusieurs stéréotypes pesant sur les professions de charretiers et cochers[17]. Les qualificatifs de « brutaux », « incompétents » et « ivrognes » reviennent fréquemment, participant à la construction d'une image négative des conducteurs de chevaux. D'où le développement de « manuels » visant à leur prodiguer quelques conseils sur la meilleure façon d'atteler et de manœuvrer leurs animaux pour éviter les blessures[18] ; conseils, d'ailleurs, moins fondés sur la recherche du bien-être animal que sur une logique économique (un animal bien traité est plus efficace et les rendements en sont supérieurs) et morale (perfectionnement des rustres). En page 2, un dessin de Steinlen montre un cocher malade d'abus de boisson – toujours le fouet à la main – appuyé contre la devanture d'une cave à vins, alors que le cheval à ses côtés s'interroge : « Et c'est ça qui nous appelle ses "frères inférieurs" !... »[19]. En suivant, figure l'image d'un cocher fouettant son cheval alors que celui-ci tente de freiner des quatre fers pour éviter un enfant étendu sur le sol. La légende, en regard : « Lequel, la brute ?... », renvoie à cette interrogation constante des frontières entre humanité et animalité, semblant suggérer une intelligence et une bienveillance plus forte chez certaines bêtes par rapport à certains hommes.

D'autres dessins font écho à la loi Grammont et à son application. Ainsi, voit-on un cocher rudoyant son cheval parce que celui-ci lui a « fait foutre une contravention »[20]. Une autre caricature dépeint une scène de procès, ce qui permet à l'auteur de faire d'une pierre deux coups en critiquant à la fois la violence contre les animaux mais aussi l'hypocrisie de la magistrature, thème cher à Steinlen. Trois magistrats, à l'allure caractéristique, prononcent, en application de la loi Grammont, une peine de seize francs d'amende contre un cocher indélicat. Ce dernier tente une défense en répondant à la cour : « Mais, mon Président, rappelez-vous donc que c'est vous qui me disiez tout le temps : "Tap' donc ! Tap' donc !... Tu vas m'faire manquer mon

16. *L'Assiette au Beurre* 10 juin 1905, n° 219.

17. É. Pierre, *Stéréotypes et préjugés sociaux dans la France du* XIX*e siècle : le bon et le mauvais cocher*, in *Le stéréotype*, M. Grandière et M. Molin (dir.), Rennes, PUR, 2015, p. 75-90.

18. Par ex. *Le bon charretier : Revue agricole, industrielle, historique et artistique*, t. XLIX, 1899, p. 141-148.

19. *L'Assiette au Beurre*, dessin de Steinlen, 10 juin 1905, n° 219.

20. *Ibid.*

train !..." »[21]. On reconnaît bien là la critique d'une magistrature au-dessus des lois, prompte à condamner le prolétaire et à faire passer ses intérêts au-dessus de toute autre considération[22].

Le problème de la maltraitance sur les chevaux dépasse le strict cadre des cochers et charretiers. Les dessinateurs pointent également du crayon d'autres formes de mauvais traitements. Est ainsi dénoncée la pratique, courante dans certaines régions[23], consistant à attacher des chevaux « en appâts vivants »[24] pendant plusieurs heures dans les marais et étangs pour récolter les sangsues. Ces dernières se nourrissant de sang s'attachaient aux jambes des équidés afin de s'y gorger. Une fois ceux-ci sortis des marais, les « pêcheurs » n'avaient plus qu'à récolter les sangsues à la main. L'hirudiniculture, ou élevage des sangsues à des fins médicinales, illustre assez bien cette confrontation au XIXe siècle entre l'intensification de l'exploitation animale et l'émergence d'une nouvelle sensibilité protectrice[25]. En 1895, Oscar Comettant, auteur de *L'homme et les bêtes*, décrit, avec réalisme, les parcours de vie de bien des chevaux, passant de mains en mains, subissant, comme tout être vivant, le poids des ans et avec lui, « la désaffection des maîtres ingrats »[26]. Alors aux brillants services rendus succèdent les durs et humbles travaux, jusqu'à ce que trop fatigués, trop inutiles, sonne la sentence de mort ; direction l'équarrisseur. Mais le pire n'est peut-être pas là où on le pense. Car l'équarrisseur est encore un industriel. Opérant un calcul sur l'état du cuir à retirer de l'animal, il peut encore en déduire que, si celui-ci est en trop mauvais état, il y aura plus sûr profit à vendre le cheval encore vivant à un engraisseur de sangsues ; direction les marais. Et là, tels des « barils de sang qui se portent eux-mêmes »[27], les chevaux ne seront plus que « des cadavres animés », lentement dévorés vifs, sous le regard de leurs nouveaux (et derniers) propriétaires ayant trouvé le moyen de tirer bénéfice de leurs ultimes souffles de vie ; « ... la souffrance est horrible, l'agonie lente et monstrueuse. Qu'importe ! le commerce est lucratif »[28]. Triste sort donc pour ces chevaux des marais que dénonce également le docteur Charles Fermond soulignant que « pour assurer l'alimentation des sangsues, on livre des

---

21. *Ibid.*

22. R. Sutra, *Les vils traits de la justice : Histoire des justices en Europe (1)*, CTHDIP, 2016, p. 156-194.

23. C'était notamment une tradition autour du bassin d'Arcachon : en 1855, 5 000 hectares de marais à sangsues s'étendaient jusqu'aux portes de Bordeaux.

24. *L'Assiette au Beurre*, dessin de Roubille, 10 juin 1905, n° 219.

25. N. Sueur, *Succès et déclin d'un agent thérapeutique : la sangsue : Histoire, médecine et santé*, 2023, 23, p. 132-144.

26. O. Comettant, *op. cit.*, p. 60-65.

27. *Ibid.*

28. *Ibid.*

animaux sans défense à une mort lente et préméditée, alors qu'il existe des lois de protection en faveur des animaux ! »[29].

Un autre sujet de préoccupation, commun aux dessins et faisant écho aux revendications des défenseurs des animaux : l'usage des chevaux dans les corridas. Introduite en France sous le Second Empire, la corrida – distincte de la simple course en ce qu'elle implique la mise à mort du taureau – soulève immédiatement des oppositions[30]. Les arguments sont de plusieurs ordres. D'abord, dans une logique anthropocentrique, les opposants dénoncent l'influence pernicieuse sur la moralité publique de ces spectacles violents propres à exciter la cruauté entre les hommes et le goût du sang. Ensuite, certains arguments concernent directement l'animal et le sort barbare qui lui est réservé dans les arènes. Au départ, le taureau importe peu et c'est surtout le cheval qui suscite la pitié des opposants. Le destin d'un cheval de corrida est en effet peu enviable. Yeux bandés, oreilles bouchées, un picador sur le dos chargé d'enfoncer une pique dans le corps du taureau, le cheval est presque systématiquement la victime collatérale de cet affrontement. Incapable d'esquiver les charges, il se faisait immanquablement blesser et souvent éventrer. L'image représentant un cheval agonisant, ses entrailles répandues sur le sol, est d'ailleurs un *leitmotiv* de la caricature ou de la littérature dénonçant la corrida : « (…) ses intestins passent par la plaie béante et traînent dans la poussière. Souvent les jambes de l'animal s'engagent dans ses boyaux et il trébuche »[31]. Dans cette description, la douleur de l'animal est mise en regard avec le plaisir humain : « L'exercice du picador (…) n'a d'autre but que de donner en pâture à la férocité humaine le spectacle de la douleur. Cela est si vrai que, lorsque le cheval survit trop longtemps à ses blessures, le public, supposant que les souffrances de l'animal ne sont plus aussi vives, demande un autre cheval, un cheval dont les douleurs soient plus fraîches »[32]. Si, au départ, seul le cheval suscite la compassion, à partir des années 1860, la mort du taureau, après avoir été torturé, commence également à indigner l'opinion. L'interdiction de la corrida devient un combat mené autant au nom de la dignité humaine que de la pitié pour les animaux en général. Juridiquement, le sujet ne semble pas souffrir de difficultés : l'exécutif[33] et le législatif[34] soutiennent que la loi Grammont

---

29. C. Fermond, *Monographie des sangsues officinales*, Paris, G. Baillière, 1854, p. 470.

30. É. Baratay et É. Hardouin-Fugier, *La corrida*, Paris, PUF, 1995. – É. Hardouin-Fugier, *Histoire de la corrida en Europe du xviiie au xxie s.*, Paris, éd. Connaissances et Savoirs, 2005. – É. Baratay, *L'Église et l'animal*, Paris, Cerf, 2015 ; V. aussi *RSDA* 2/2009, p. 117-188, Dossier thématique consacré à la corrida.

31. O. Comettant, *L'homme et les bêtes*, Paris, Garnier frères, 1895, p. 56-58.

32. *Ibid.*

33. Plusieurs circulaires sont nécessaires, en 1884, 1886, 1891, 1894, pour réitérer l'interdiction, signe de la difficulté de cette question : *cf.* S.-M. Steiner, *Protection des animaux au xix*e *siècle : Le blog Gallica* 2019 (nos 3 et 4).

34. *JO*, Débats parlementaires, Chambre des députés, 22 juin 1884, p. 1427-1430.

est applicable aux corridas. Mais le sujet est instrumentalisé à partir de la loi du 5 avril 1884 sur l'organisation municipale, dans un contexte d'affirmation de l'identité régionale et de défense des libertés communales. En 1895, les violations de la loi se multipliant, la Cour de cassation vient rappeler que ces spectacles tombent bien sous le coup de la loi Grammont[35]. En dépit de ces rappels, de nombreuses corridas continuent d'être organisées, de manière illégale[36]. C'est la raison pour laquelle nombre d'observateurs en appellent à une révision législative – suggérant davantage de clarté et des peines plus dissuasives – ou encore à la promulgation d'une nouvelle loi visant explicitement les combats d'animaux. À cet effet, en 1896, est instituée une commission extra-parlementaire chargée de préparer une révision de la loi Grammont. Mais le projet présenté, trop ambitieux, se heurte à l'opposition de plusieurs députés. Jusqu'à la Première Guerre mondiale, plusieurs textes sont déposés devant la Chambre des députés, sans qu'aucun n'aboutisse.

Certains journaux se font alors l'écho de cette difficulté d'établir un consensus sur l'interdiction de la corrida. C'est notamment le thème de plusieurs dessins parus, dans les années 1890, dans le journal satirique *Le Grelot*. Dans le numéro du 1er juin 1890, un dessin de Pépin, intitulé *Grand plaza de toreadors*, inverse les rôles en montrant un toréador torturé par des taureaux, avec en arrière-plan un public composé également de bêtes en toilettes venues assister au spectacle. Surtout, le dessin s'accompagne d'un article au titre explicite : *La clownerie de la cruauté*. Il dénonce la tenue de corridas dans les arènes de la rue Pergolèse, construites à Paris un an plus tôt, et n'hésite pas à sous-entendre l'existence de compromissions financières. Manifestant une certaine pitié pour les « pauvres chevaux » et le « malheureux taureau », l'auteur déplore : « Assez et trop longtemps, la loi Grammont a été violée, la Société Protectrice des Animaux bernée (…) c'est au nom de la loi Grammont que nous demandons la suppression de ces immondes boucheries »[37]. Quelques années plus tard, le journal met encore l'accent sur le phénomène de violation décomplexée de la loi : « À Béziers, vient d'avoir lieu une course de taureaux, présidée par M. Mas, maire et député. Six taureaux et sept chevaux ont été tués. Charmant, n'est-ce pas, ce député-maire qui préside à la violation publique de la loi… »[38]. À la suite des rejets des propositions de révision, *Le Grelot*, dans un article intitulé *Une petite loi, s.v.p.*[39], appelle le législateur au bon sens : « C'est très beau, la légalité, mais c'est quelquefois très bête ». Évoquant les députés, l'auteur dénonce ces quelque sept ou huit cents tyrans « qui bavardent à qui mieux mieux et qui ne font pas grand-chose de bon. Les

35. C. Accarias, Rapport, *Revue critique de législation et de jurisprudence*, t. XXIV, janv. 1895, p. 115-138.

36. En ce sens, on constate que la « tradition locale ininterrompue » de 1951 s'est construite *contra legem*.

37. *Le Grelot*, 1er juin 1890, « Grand plaza de toreadors », dessin de Pépin, texte de « Montretout ».

38. *Le Grelot*, 3 oct. 1897.

39. *Une petite loi, s.v.p. : Le Grelot* 30 juill. 1899, chron. « Carnet d'un sceptique » signée O. Revoir.

taureaux ont beau verser des pleurs, qu'un crocodile en serait touché, on les écoute pas, et ils continuent à éventrer des chevaux et à se faire éventrer ensuite eux-mêmes. Je vais la faire, moi, la loi, sacrebleu ! Pas difficile : deux lignes et ça y est :
Article 1er. – Les taureaux pourront être occis sur toute l'étendue du territoire français.
Article 2. – Il est absolument interdit de se servir d'une autre arme que le poing.
Ce sont les toréadors qui feraient une g… figure ! Et les taureaux qui rigoleraient ! »[40].

II. – L'animal travailleur, une tentation d'analogie avec la condition ouvrière

Les dessins portant sur la maltraitance des chevaux insistent sur la souffrance de l'animal travailleur. En cela, ils proposent une analogie forte avec la classe ouvrière et appellent l'attention sur des questions à la fois morales et sociales. Les dessins, et les légendes qui les accompagnent, mettent en scène le corps souffrant de l'équidé travailleur (transport de passagers ou de marchandises, auxiliaire des mineurs[41], *etc.*). Figure de l'« opprimé parmi les opprimés, battu parmi les battus, roué de coups, frappé à terre, cloué au sol par le fouet, martyrisé, abandonné à même la voirie quand son service est devenu inutile ; il est la métaphore d'une révolution industrielle prête à tout pour s'imposer sur les corps des besogneux, image souffrante d'un ordre productiviste ne renonçant à rien pour mater, violenter et détruire les prolétaires qui renâcleraient, qui ne seraient plus bons à rien, à force d'avoir tout donné à leurs propriétaires ou patrons c'est tout comme »[42]. L'identification est claire : les bêtes et les ouvriers sont pareillement exploités, devenus des « machines » ou des « moteurs »[43] du développement économique ; encore que les bêtes constituent une sous-classe du prolétariat.

Parce que sa misérable vie soulève l'indignation et parce que tout travail mérite salaire, à tout le moins respect, l'animal mis au service des hommes doit donc bénéficier de davantage de considération. D'où l'éclosion de théories visant à attribuer des droits aux animaux. Cette question est, dès la fin du XIXe siècle, « discutée et prise en considération par la plupart des théoriciens socialistes »[44]. Quelques années

40. *Ibid.*

41. *L'Assiette au Beurre*, juin 1905, n° 219, dessin de Roubille. Au XIXe siècle, les équidés deviennent des auxiliaires des mineurs en tirant des wagonnets au fond des galeries souterraines ; ils sont rarement remontés. S. Post, *Les chevaux de mine retrouvés*, Les éd. du Lion couronné, 2007.

42. P. Serna et S. Ledda, *En couverture, l'affiche de Léon Carré pour la SPA (1904)* : *Parlement[s], revue d'histoire politique* 2022, vol. hors-série 17, n° 3, p. 186-199.

43. F. Jarrige, *La ronde des bêtes. Le moteur animal et la fabrique de la modernité*, Paris, La Découverte, 2023. – É. Baratay, *Bêtes de somme. Des animaux au service des hommes*, Paris, éd. de La Martinière, 2008.

44. M. Huot, *Le droit des animaux* : *La Revue socialiste*, t. VI, juill.-déc. 1887, p. 47.

avant la parution du célèbre ouvrage d'Henry Salt[45], la *Revue socialiste* fait place, à plusieurs reprises, à des articles sur le sujet. Ainsi, en 1887, Marie Huot, militante féministe libertaire, fondatrice de la *Ligue populaire contre la vivisection*, propose une brève analyse de la situation juridique : « Notre loi Grammont est loin de donner satisfaction (...), dit-elle. L'animal, en effet, y est simplement considéré comme une chose en propriété et non comme individu et comme être sentant »[46]. En appelant à une législation plus répressive, elle vient plaider, à la suite de Benoît Malon[47], et selon la théorie du philosophe Paul Janet, pour l'existence de « demi-droits » pour les animaux domestiques considérés comme « des demi-personnes »[48], théorie que nombre de juristes n'hésiteront pas à balayer d'un revers de code, sauf à considérer les propositions d'un René Demogue, autour de la personnification technique, qui parvient à transformer les animaux en personnes juridiques tout en les maintenant entre les biens et les personnes humaines[49]. Non-juriste, Marie Huot se contente surtout de plaider pour une justice universelle : « Nous demandons pour ces êtres muets, nos compagnons, nos serviteurs, nos jouets ou nos proies, un peu de cette équité et un peu de cet amour qui sont la gloire de l'homme, car nous devons la pitié à tous »[50]. C'est sur le même terrain que se place l'économiste socialiste Charles Gide, en opérant une analogie plus forte encore avec la classe ouvrière. Gide vient « plaider la cause d'une classe particulière de travailleurs et de salariés »[51] : classe nombreuse, misérable, et « qui a d'autant plus besoin de protection qu'elle est incapable de se défendre elle-même ». Mettant la notion de travail au cœur de son argumentation, Gide poursuit en disant que parce qu'« ils sont nos frères par le fait d'une association indestructible dans le travail et dans la peine, par la solidarité de la lutte en commun pour le pain quotidien (...) les animaux ont droit à notre pitié – et ce n'est point assez dire : ils ont droit à notre justice ! ». Dans ces quelques fragments de pensée socialiste, se trouve formulée l'idée de la pitié et de la justice universelle : « La justice est une pour tous. Tout être en ce monde, par cela seul qu'il sent, qu'il souffre, qu'il travaille, a des droits et des droits qui sont sacrés »[52]. En ce sens, l'amour des bêtes s'inscrit dans l'universel amour, celui porté par l'utopie politique républicaine et socialiste.

---

45. H. Salt, *Animals' Rights : Considered in Relation to Social Progress*, paru en 1892 et traduit en français : *Les droits des animaux dans leur rapport avec le progrès social*, Paris, H. Welter, 1900.

46. M. Huot, art. cit., p. 47.

47. Fondateur et premier directeur de *La Revue socialiste* (de 1885 à 1893).

48. M. Huot, art. cit., p. 54.

49. J.-P. Marguénaud, *Actualité et actualisation des propositions de René Demogue sur la personnalité juridique des animaux* : *Rev. jur. env.* 2015, vol. 40, n° 1, p. 73-83.

50. M. Huot, art. cit., p. 53.

51. C. Gide, *Une classe de travailleurs oubliés* : *La Revue socialiste*, t. VIII, juill.-déc. 1888, p. 51-53.

52. *Ibid.*

Toujours dans l'idée d'améliorer le sort des animaux ouvriers, le journal *L'Ami des Bêtes* – dont le comité de soutien réunit certains des noms les plus prestigieux du combat républicain et dans lequel on retrouve d'ailleurs certains dessinateurs de *L'Assiette au Beurre*[53] – réclame spécifiquement, dans son numéro introductif de février 1899, l'attribution de droits aux animaux : « Un être n'est réellement, je ne dis pas respectable, mais respecté, que lorsqu'il a des droits, des droits indiscutables et reconnus. Or l'animal, élément actif de notre civilisation, instrument intelligent, utile, indispensable, a, d'une façon indéniable *droit à des droits*, ne fût-ce qu'en qualité d'ouvrier et de serviteur »[54]. Assimilant l'animal à un travailleur comme un autre, le journal réclame pour lui « le *droit à un salaire* en rapport avec son travail ; la *surveillance de ce travail*, qui doit être en concordance avec sa force, son âge, sa capacité ; le *droit à la retraite* après une carrière bien remplie ; (…) les soins médicaux, la nourriture, le repos, le *laisser-vivre* »[55]. La similitude entre les revendications de la classe ouvrière humaine et les demandes en faveur de la classe ouvrière animale est frappante : juste rétribution, conditions de travail décentes, temps de repos, retraite, *etc.*, sont autant de thèmes sur lesquels le législateur républicain est, en cette fin de XIXe siècle, sommé d'intervenir. En 1901, dans le même journal, un collaborateur, faisant le constat d'abus récurrents concernant l'usage des chevaux, suggère même la création d'« inspecteurs du travail des animaux »[56]. La question de la retraite est l'une des plus abordées par les dessins satiriques. Celui de Roubille est à cet égard éloquent : il montre des chevaux décharnés, arrimés à un piquet, pataugeant dans une mare et couverts de sangsues ; triste récompense pour une vie de labeur, pas d'« hôtel des invalides » pour eux, précise la légende[57]. Sous les traits du sarcasme, l'ingratitude des propriétaires de chevaux est souvent dénoncée : ainsi, ce bourgeois dont la (rentable) jument de course s'est fracturé la jambe et qui, devenue inutile, va être conduite à l'abattoir. Il aurait été juste de lui accorder une « vieillesse au vert » chez un métayer ; là encore, le thème de la retraite après de bons et loyaux services : « elle avait peut-être un peu mérité ses invalides »[58]. Ces extraits semblent témoigner de l'importance de l'idéologie utilitariste. Une sorte de hiérarchie est établie entre les animaux en fonction de leur utilité à l'homme, ceux-là méritent le respect parce qu'ils servent l'homme ; pour eux, l'attribution de droits est envisageable. Pour les animaux inutiles, voire nuisibles, s'il n'est pas fait mention de droits, l'abstention de toute cruauté est toutefois prônée. Bien que sa ligne soit sans doute marginale dans la pensée protectrice de

53. Willette, Steinlen. Figurent également les noms de Zola, Clemenceau, Octave Mirbeau, Séverine, Anatole France, Francis de Pressensé, *etc.*

54. BnF, M-14214. *L'Ami des Bêtes*, « Notre programme », févr. 1899, n° 1. Texte d'A. Neyrat.

55. *Ibid.* Les termes soulignés le sont dans le texte original.

56. BnF, M-14214. *L'Ami des Bêtes*, déc. 1901, n° 12. Texte de Comminges.

57. *L'Assiette au Beurre* juin 1905, n° 219. Dessin de Roubille.

58. *Ibid.*

l'époque, *L'Ami des Bêtes* va pourtant plus loin encore dans son programme. Comme dernier droit, il demande en effet « le respect de la personnalité animale, de façon qu'il soit expressément défendu de faire de la bête un jouet ; nous voulons parler de certains divertissements répugnants, barbares, ignobles à tous égards, courses de taureaux, tirs aux pigeons, tirs aux canards, combats de coqs, chasses à courre, *etc.*, amusements démoralisants, derniers vestiges de la sauvagerie humaine »[59]. De fait, en se positionnant ainsi tant en faveur du respect des animaux domestiques que des animaux sauvages, le journal peut paraître assez radical pour l'époque, rejoignant en cela les théories protectionnistes les plus avancées. Sous la plume de certains auteurs[60], républicains, socialistes, mais surtout libertaires[61], la lutte pour le respect des bêtes s'intègre nécessairement dans la lutte pour un ordre social plus juste. Les animaux rejoignent ainsi la cohorte de dominés, de dociles, de soumis, pour lesquels la « révolte contre les forts »[62] mérite d'être menée ; cette révolte contre les plus lâches tortures, celles infligées aux bêtes, qui, dans une sorte de convergence des luttes, éveilla chez Louise Michel, ce besoin de lutter contre ce système dans lequel « partout le fort étrangle le faible »[63] et cette envie de « tout, tout délivrer, les êtres et le monde, les mondes peut-être, qui sait ? »[64].

---

59. BnF, M-14214. *L'Ami des Bêtes*, « Notre programme », févr. 1899, n° 1. Texte d'A. Neyrat.

60. « Certains », car il existe une attitude ambivalente de la gauche à l'égard de la protection animale : C. Traïni, *op. cit.*, p. 145-146.

61. V. P. Pelletier, *Anarchie et cause animale, textes fondateurs*, Paris, éd. du Monde libertaire, 2015.

62. « Au fond de ma révolte contre les forts, je trouve du plus loin qu'il me souvienne l'horreur des tortures infligées aux bêtes (...) », L. Michel, *Mémoires de Louise Michel*, t. 1, Paris, F. Roy, 1886, p. 119.

63. *Ibid.*, p. 121.

64. *Ibid.*, p. 236.

Steinlen, Théophile, *Un cocher devant le Tribunal*, L'Assiette au Beurre (n° 219, p. 4), 10 juin 1905, France, Paris, Bibliothèque nationale de France, département Réserve des livres rares, RES G-Z-337 © BnF.

DÉCLARATION UNIVERSELLE DES DROITS DE L'ANIMAL*

La Déclaration Universelle des Droits de l'animal a été proclamée solennellement le 15 octobre 1978 à la Maison de l'UNESCO à Paris. Elle constitue une prise de position philosophique sur les rapports qui doivent désormais s'instaurer entre l'espèce humaine et les autres espèces animales. Son texte révisé par la Ligue Internationale des Droits de l'Animal en 1989, a été rendu public en 1990.

PRÉAMBULE :

Considérant que la Vie est une, tous les êtres vivants ayant une origine commune et s'étant différenciés au cours de l'évolution des espèces, Considérant que tout être vivant possède des droits naturels et que tout animal doté d'un système nerveux possède des droits particuliers,

Considérant que le mépris, voire la simple méconnaissance de ces droits naturels provoquent de graves atteintes à la Nature et conduisent l'homme à commettre des crimes envers les animaux,

Considérant que la coexistence des espèces dans le monde implique la reconnaissance par l'espèce humaine du droit à l'existence des autres espèces animales,

Considérant que le respect des animaux par l'homme est inséparable du respect des hommes entre eux,

IL EST PROCLAME CE QUI SUIT :

Art. 1er. – Tous les animaux ont des droits égaux à l'existence dans le cadre des équilibres biologiques. Cette égalité n'occulte pas la diversité des espèces et des individus.

Art. 2. – Toute vie animale a droit au respect.

Art. 3. – Aucun animal ne doit être soumis à de mauvais traitements ou à des actes cruels. Si la mise à mort d'un animal est nécessaire, elle doit être instantanée, indolore et non génératrice d'angoisse. L'animal mort doit être traité avec décence.

Art. 4. – L'animal sauvage a le droit de vivre libre dans son milieu naturel, et de s'y reproduire. La privation prolongée de sa liberté, la chasse et la pêche de loisir, ainsi que toute utilisation de l'animal sauvage à d'autres fins que vitales, sont contraires à ce droit.

Art. 5. – L'animal que l'homme tient sous sa dépendance a droit à un entretien et à des soins attentifs. Il ne doit en aucun cas être abandonné, ou mis à mort de manière injustifiée. Toutes les formes d'élevage et d'utilisation de l'animal doivent respecter la physiologie et le comportement propres à l'espèce. Les exhibitions, les spectacles, les films utilisant des animaux doivent aussi respecter leur dignité et ne comporter aucune violence.

Art. 6. – L'expérimentation sur l'animal impliquant une souffrance physique ou psychique viole les droits de l'animal. Les méthodes de remplacement doivent être développées et systématiquement mises en œuvre.

Art. 7. – Tout acte impliquant sans nécessité la mort d'un animal et toute décision conduisant à un tel acte constituent un crime contre la vie.

Art. 8. – Tout acte compromettant la survie d'une espèce sauvage, et toute décision conduisant à un tel acte constituent un génocide, c'est-à-dire un crime contre l'espèce. Le massacre des animaux sauvages, la pollution et la destruction des biotopes sont des génocides.

Art. 9. – La personnalité juridique de l'animal et ses droits doivent être reconnus par la loi. La défense et la sauvegarde de l'animal doivent avoir des représentants au sein des organismes gouvernementaux.

Art. 10. – L'éducation et l'instruction publique doivent conduire l'homme, dès son enfance, à observer, à comprendre, et à respecter les animaux.

QUARANTE ANS PLUS TARD, LE CONSEIL D'ADMINISTRATION DE LA LFDA RÉACTUALISE LE TEXTE, QU'IL FAIT VALIDER PAR SON COMITÉ D'HONNEUR. IL EST REPRODUIT CI-DESSOUS À TITRE INFORMATIF :

Art. 1er. – Le milieu naturel des animaux à l'état de liberté doit être préservé afin que les animaux puissent y vivre et évoluer conformément à leurs besoins et que la survie des espèces ne soit pas compromise.

Art. 2. – Tout animal appartenant à une espèce dont la sensibilité est reconnue par la science a le droit au respect de cette sensibilité.

Art. 3. – Le bien-être tant physiologique que comportemental des animaux sensibles que l'homme tient sous sa dépendance doit être assuré par ceux qui en ont la garde.

Art. 4. – Tout acte de cruauté est prohibé. Tout acte infligeant à un animal sans nécessité douleur, souffrance ou angoisse est prohibé.

Art. 5. – Tout acte impliquant sans justification la mise à mort d'un animal est prohibé. Si la mise à mort d'un animal est justifiée, elle doit être instantanée, indolore et non génératrice d'angoisse.

Art. 6. – Aucune manipulation ou sélection génétique ne doit avoir pour effet de compromettre le bien-être ou la capacité au bien-être d'un animal sensible.

Art. 7. – Les gouvernements veillent à ce que l'enseignement forme au respect de la présente déclaration.

Art. 8. – La présente déclaration est mise en œuvre par les traités internationaux et les lois et règlements de chaque État et communauté d'États.

* Ce texte qui, d'après ses propres termes ne constitue qu'une prise de position philosophique, n'a aucune valeur juridique contraignante. Il a néanmoins semblé opportun de le faire figurer au frontispice de cet ouvrage car il a vocation à devenir une source d'inspiration comme en témoigne la décision historique rendue le 3 novembre 2016 par le Tribunal de Mendoza se référant à son article 4 pour pouvoir reconnaître la qualité de personne juridique non humaine à la femelle chimpanzé Cécilia (cf. J.-P. Marguénaud, Commentaire de la décision EXPTE. NRO. P-72.254/15 A.F.A.D.A. respecto del chimpancé Cécilia-sujeto no homano, rendue le 3 novembre 2016 par le Tribunal de Mendoza, RSDA 2/2016, p. 15).

Vers une reconnaissance juridique de la dignité animale

François-Xavier ROUX-DEMARE
Doyen honoraire de la Faculté de Droit
Maître de conférences HDR en droit privé
Directeur du DU de Droit animalier et d'Éthique et condition animale,
Université de Bretagne occidentale – Brest, Lab-LEX (UR 7480)

La protection juridique de l'animal a connu, en France, une lente évolution débutée par la fameuse loi Grammont du 2 juillet 1850[1]. Bien que lacunaire, ce long processus a permis d'aboutir à une meilleure reconnaissance juridique des animaux. Au fil des années, la protection juridique de l'animal a été principalement assurée par le renforcement du socle du droit pénal animalier. Récemment, la loi n° 2021-1539 du 30 novembre 2021 visant à lutter contre la maltraitance animale et conforter le lien entre les animaux et les hommes[2] poursuit ce processus par l'aggravation de peines, l'adaptation ou la création d'incriminations. Si les évolutions ont été progressives et soumises à critiques, le droit pénal animalier assure désormais une protection incontestable. Néanmoins, celui-ci est limité aux animaux domestiques, ou apprivoisés, ou tenus en captivité.

De même, les actuels débats se concentrent principalement sur le statut juridique de l'animal. Créé par la loi n° 2015-177 du 16 février 2015[3], l'article 515-14 du Code civil, extirpant les animaux de la catégorie des biens, fêtera ces dix ans en 2025. En effet, cet article permet la reconnaissance de la qualification à l'animal d'« être vivant doué de sensibilité » en lieu et place de « chose » dans le Code civil. Pourtant,

1. L. 2 juill. 1850, dite Grammont, sur les mauvais traitements envers les animaux domestiques : *Recueil Duvergier*, p. 299.

2. *JO* n° 279, 1er déc. 2021.

3. L. n° 2015-177, 16 févr. 2015, relative à la modernisation et à la simplification du droit et des procédures dans les domaines de la justice et des affaires intérieures : *JO* n° 40, 17 févr. 2015, art. 2.

cette réforme maintient un *statu quo* quant aux règles juridiques applicables à défaut d'évolutions juridiques spécifiques, en précisant : « Sous réserve des lois qui les protègent, les animaux sont soumis au régime des biens ». D'ailleurs, il faut regretter la présentation faite de cette évolution juridique dans les travaux préparatoires de la loi. Il est ainsi possible de lire dans un rapport de l'Assemblée nationale que cet article relatif au statut des animaux « vise simplement à reconnaître la qualité d'être sensible des animaux, sans modifier pour autant le régime juridique des animaux, qui reste celui applicable aux biens, meubles ou immeubles par destination selon le cas »[4]. Plus étonnant, le document précise son intention « d'apaiser les inquiétudes »[5] en indiquant que cette modification « ne remet en cause ni la chasse, ni la pêche, ni la consommation de viande, ni les pratiques d'élevage et d'abattage conformes aux textes en vigueur, ni la corrida. Les animaux resteront dans la sphère patrimoniale et les règles relatives à la propriété continueront à s'appliquer à l'animal, notamment en matière de vente et de succession »[6].

Ces constats démontrent les principales lacunes actuelles de notre législation : une protection doublement limitée. Une première limitation concerne la frontière entre les comportements admissibles et illicites. Une seconde limitation renvoie à l'approche catégorielle maintenue par notre législation, distinguant notamment les animaux de compagnie, d'élevage, d'expérimentation animale, susceptibles de causer des dégâts ou sauvages. Ces limitations invitent à poursuivre les réflexions pour l'amélioration de la condition animale.

À l'observation futile qu'une législation protectrice de l'animal est une insulte à la misère humaine, il convient de répondre que « la misère humaine résulte de l'exploitation ou de l'indifférence à la souffrance des plus faibles et que c'est au contraire l'insulter, sinon la légitimer, que de prôner l'indifférence farouche à l'égard de la souffrance d'autres êtres plus faibles encore qui ne peuvent jamais consentir »[7]. Au-delà de la pertinence sociétale d'une telle intervention protectrice, l'évolution des rapports des humains vis-à-vis de l'animal oblige et encadre la législation. Il n'est plus possible de penser l'animal par sa seule instrumentalisation pour assouvir les besoins ou les plaisirs de l'humain. Certes, cette protection renforcée s'appuie prioritairement sur le rapport des humains à leurs animaux de compagnie, déterminé par des relations d'affection. Plus encore, la protection du bien-être animal doit désormais

---

4. Rapp. AN n° 2200 sur le projet de loi relatif à la modernisation et à la simplification du droit et des procédures dans les domaines de la justice et des affaires intérieures, présenté par Mme Colette Capdevieille, enregistré le 17 sept. 2014, p. 7.

5. *Idem*.

6. *Idem*.

7. J.-P. Marguénaud, *Droits des animaux : on en fait trop ou trop peu ? : D.* 2010, p. 816.

être rattachée à la « morale publique »[8], pouvant dès lors être mise en balance avec les libertés fondamentales et les droits humains. De fait, la protection animale ne se borne plus à contraindre le droit de propriété. Elle limite les comportements humains en raison des liens entretenus avec les animaux et de caractéristiques intrinsèques qui leur sont reconnues.

S'intéresser au droit animalier est le plus souvent lié à une scène de vie personnelle ou un lien personnel à l'animal provoquant une prise en compte apparaissant alors nécessaire[9]. Ce rapport explique que la doctrine animaliste s'appuie « sur la promotion d'un droit naturel fondé sur l'Émotion »[10]. Renvoyant aux questions de sensibilité et de souffrance des animaux, cette doctrine viserait « ce qui est juste, davantage à l'écoute de sentiments et d'émotions qu'[elle] chercher[ait] à retranscrire dans le droit »[11]. Dès lors, cette émotion guide certaines propositions d'évolutions juridiques, transposition des sentiments d'une majeure partie des citoyens. En effet, 97 % des possesseurs de chien ou de chat déclarent ressentir un attachement profond envers leur animal, 68 % allant jusqu'à le considérer comme un membre à part entière de leur famille[12]. Dès lors, il semble apparaître une protection liée à une considération animale. Le terme « considération » se définit comme « le fait de considérer avec une attention particulière » ou comme l'« attention particulière qu'on porte à quelqu'un : estime, admiration »[13]. Le verbe transitif « considérer » se définit notamment comme « estimer quelqu'un en raison de sa valeur morale ou sociale » ou comme « prendre en compte, tenir compte de »[14]. Ce terme possède une proximité avec « estimer », c'est-à-dire « apprécier la valeur (...) juger, considérer, penser (...) avoir bonne opinion de quelqu'un »[15]. Le recours à cette notion, qui n'est pas juridique, permet d'expliquer la réalité d'une construction d'une protection de l'animal ou du droit animalier (I).

---

8. M.-C. de Montecler, *La convention européenne des droits de l'homme... et de l'animal ? : AJDA* 2024, p. 298.

9. F.-X. Roux-Demare, *Le droit, prétexte à l'engagement social ou politique – L'objet social et politique : le choix des « questions de société » : le statut de l'animal*, in V. Goesel-Le Bihan, J. Heymann et G. Protière, *Les Transversales de Lyon 2 – Le droit prétexte – Édition 2021*, publication numérique des Universités de Lyon, Sciences Po Lyon et l'Université de Saint-Étienne, https://transversales.org/edition-2021/actes-en-ligne, 2022.

10. S. Salles, *Le statut juridique de l'animal. Sujet de discussions sur le(s) droit(s)*, in F.-X. Roux-Demare (dir.), *L'animal et l'homme*, Paris, Mare & Martin, coll. « Droit privé et sciences criminelles », 2019, p. 42.

11. *Idem*.

12. IPSOS, *Le bien-être des animaux et la responsabilisation des possesseurs d'animaux*, IPSOS – Royal Canin, Vague 4, juin 2023, p. 9. – IPSOS, *68 % des Français considèrent leur animal de compagnie comme un membre de la famille*, 21 juin 2023, [En ligne], Site Internet IPSOS, www.ipsos.com/fr-fr/68-des-francais-considerent-leur-animal-de-compagnie-comme-un-membre-de-la-famille, page consultée le 14 juill. 2024.

13. V° *Considération*, in *Dictionnaire de l'Académie française*, 9e éd., [En ligne], Site de l'Académie française, www.dictionnaire-academie.fr/, page consultée le 14 juill. 2024.

14. V° *Considérer*, in *Dictionnaire de l'Académie française*, *ibid*.

15. V° *Estimer*, in *Dictionnaire de l'Académie française*, *ibid*.

Une concrétisation juridique de cette considération ou de cette compassion doit être obtenue par le recours à la notion de « dignité », qui découle de la conscience de la souffrance animale. Ce nom, emprunté du latin *dignitas*, peut se définir comme une « valeur éminente, excellence qui doit commander le respect »[16]. Selon Kant, « tout a un prix ou bien une dignité. Quand une chose a un prix, elle peut être remplacée par une autre comme équivalente. Mais quand une chose est au-dessus de toute espèce de prix et que par suite elle n'admet pas d'équivalent, elle a de la dignité »[17]. Ainsi et par mimétisme d'autres législations, la reconnaissance d'un principe de dignité animale est une nouvelle étape nécessaire. Par cette notion, il s'agira d'imposer un respect de l'animal, en tant que tel et sans référence à d'autres considérations, telles que la sensibilité ou le bien-être. Seul sera pris en compte l'attachement au genre animal, à l'animal en tant que tel, impliquant l'application de règles d'une protection générale (II).

I. – De la reconnaissance de la considération animale

Une considération anthropocentrée. Les débats sur la condition animale se sont établis à l'appui des préoccupations à l'égard des animaux de compagnie et plus particulièrement de leur sensibilité. Le grand public comme les associations dénoncent les atteintes qui leur sont portées et réclament l'amélioration d'une protection. D'ailleurs, les évolutions juridiques sont facilitées pour les animaux domestiques, tant par l'intérêt protecteur qu'il suscite des citoyens que par la difficile opposition politique à des avancées sur ce sujet. Si cette approche a offert une réflexion et des consécrations juridiques, la protection qui en ressort s'appuie sur une appréhension dépendante des sentiments humains, c'est-à-dire qu'elle est conditionnée par la considération de l'humain pour certains animaux. On peut alors parler d'une protection « anthropocentrée »[18] vecteur d'une mobilisation citoyenne, et par voie de conséquence, d'une intervention juridique. *A contrario*, certains animaux suscitent l'indifférence ou la répulsion, à l'image des tiques, des mouches voire des pigeons. Cette défiance justifie la contestation d'un quelconque statut protecteur des animaux. Ainsi, la protection est liée à l'attachement apporté à l'animal, ou à l'espèce : bien de consommation, animal d'affection, espèce en voie

16. V° *Dignité*, in *Dictionnaire de l'Académie française*, *ibid*.

17. E. Kant, *Fondements de la métaphysique des mœurs, Traduction nouvelle avec une introduction et des notes par H. Lachelier*, Paris, Hachette, 1904, p. 75.

18. K. Mercier et A.-C. Lomellini-Derclenne, *Le droit de l'animal*, Paris, LGDJ-Lextenso, coll. « Systèmes Pratiques », 2017, p. 35-36.

d'extinction, *etc.* Cet attachement est très variable, temporellement comme géographiquement[19]. Pourtant, si le postulat s'appuie sur la sensibilité animale, avec l'objectif d'établir la réalité de la souffrance animale, « il n'est pas nécessaire de savoir quels animaux souffrent exactement »[20]. Ainsi, si l'on retient une définition de l'animal mettant en exergue cette réalité – à l'image d'un « être sentient, doué de capacités intellectuelles, cognitives et émotionnelles »[21] –, une approche juridique catégorielle perd tout son sens, l'incohérence étant à son paroxysme pour les animaux transcatégoriels[22]. La protection ne doit alors plus être conditionnée par rapport à cette considération anthropocentrée mais s'appuyer sur les valeurs de l'animal ou, au besoin, par des justifications humaines impératives. À ce titre, les conditions de bien-être des animaux d'élevage ainsi que de certains animaux sauvages ont pu faire l'objet contemporainement d'un plus grand intéressement. Cette prise de conscience s'appuie bien souvent sur une confrontation brutale aux atteintes sévères à une considération minimale des animaux. La médiatisation des dérives du traitement des animaux dans certains élevages ou abattoirs[23] a pu provoquer cette conscientisation, appuyée par des images insoutenables[24]. Ces affaires ont parfois donné lieu à des modifications législatives protectrices[25], favorisant l'institution progressive d'une considération de l'animal.

Une considération affective. Dans la poursuite de ces constats anthropocentrés, l'affection des humains envers certains animaux a été consacrée. Sans surprise, l'animal de compagnie bénéficie de cette évidente considération, source d'un préjudice moral en cas de mort. Dès 1962, la Cour de cassation a reconnu que « la mort d'un animal peut être pour son propriétaire la cause d'un préjudice d'ordre subjectif et affectif susceptible de donner lieu à réparation »[26]. Toutefois, cette approche évolue

---

19. F.-X. Roux-Demare, *Assurer une protection de l'animal. Quelles transformations du Droit ? : RRJ* 2018-4, juill. 2019, p. 1608.

20. J.-B. Jeangéne Vilmer, *L'éthique animale*, Paris, PUF, coll. « Que sais-je ? », 2011, p. 15.

21. C. Morales Frénoy, *Le droit animal*, Paris, L'Harmattan, coll. « Bibl. de droit », 2017, p. 7.

22. Il s'agit des animaux appartenant à plusieurs catégories (par ex. le rat), leur protection étant rattachée à leur naissance non à leurs caractéristiques (notamment leur sensibilité). C. Vial, *Au soutien de la protection de l'animal, le classement de l'animal transcatégoriel*, *in* E. de Mari et D. Taurisson-Mouret (dir.), *Ranger l'animal. L'impact environnemental de la norme en milieu contraint II. Exemples de droit colonial et analogies contemporaines,* Paris, Victoires Éditions, 2014, p. 23.

23. V. dans cet ouvrage l'Entretien avec Caroline du Saint, *Journaliste et réalisatrice du documentaire* « L'usine des animaux » *(2022, diffusion Arte)*, de C. Bouglé-Le Roux et N. Reboul-Maupin, p. 134-141.

24. Par ex., les affaires de maltraitances dans l'abattoir d'Alès, du broyage des poussins de Brest, des ragondins maltraités à Nantes, du claquage et des castrations à vif des cochons de la Marne, *etc.*

25. Par ex., l'interdiction de la pratique de mise à mort des poussins mâles pour les espèces destinées à la production d'œufs de consommation imposant la technique du sexage *in ovo* ; l'interdiction des animaux sauvages dans les cirques itinérants à partir de 2028.

26. Cass. 1re civ., 16 janv. 1962 : *Bull. civ.* I, n° 33 (affaire dite *Lunus*).

également. À l'appui de la reconnaissance d'un « droit à ne pas souffrir »[27] de l'animal, il est désormais envisagé « la réparation du préjudice purement animal »[28] permettant de considérer l'animal « non pas comme l'objet d'une atteinte mais comme une victime »[29]. Dans une décision inédite prise le 11 janvier 2024, le tribunal correctionnel de Lille reconnaît un tel préjudice pour l'animal, en l'espèce le statut de victime d'une chatte pour les souffrances subies ayant entraîné sa mort[30]. Au-delà des animaux de compagnie, cette affection peut parfois concerner d'autres catégories animales, dont les animaux sauvages. Par exemple, une décision de l'Organisation mondiale du commerce souligne que les mesures adoptées par l'Union européenne pour interdire les produits dérivés des phoques étaient « nécessaires à la protection de la moralité publique »[31]. Ces constats démontrent une évolution sociétale et juridique offrant une attention renforcée aux animaux, d'une véritable considération grandissante à la possible consécration d'une dignité.

II. – De la consécration de la dignité animale

Une dignité implicite limitée. Par transposition du principe de dignité humaine, la dignité animale doit permettre de faire respecter le genre animal en tant que tel. Ainsi, si la dignité humaine se présente comme « une notion axiomatique au sens où elle se passe de démonstration et sert de base aux droits humains et aux libertés fondamentales »[32], la dignité animale doit au même titre permettre de ramener l'animal à son essence en mobilisant « une intensité symbolique apte à neutraliser les relativismes juridiques et culturels »[33] mais également être un « concept suffisamment large pour servir de dénominateur commun dans un domaine marqué par la diversité, la transversalité et l'hétérogénéité »[34]. Plusieurs illustrations démontrent

27. R. Libchaber, *La souffrance et les droits. À propos d'un statut de l'animal : D.* 2014, p. 380.

28. T. Goujon-Bethan et H. Kasoul, *Pour un aggiornamento de la responsabilité civile : vers la reconnaissance du préjudice animal pur : RSDA* 2002-2, p. 532.

29. *Ibid.*, p. 552.

30. L. Hannequin, *Préjudice animalier : pourquoi cette décision de justice inédite est une avancée dans la protection des animaux : Huffpost* 17 janv. 2024. – « *Préjudice animalier* » *: un chat perçoit des dommages et intérêts, une première en France : Le Parisien* 14 janv. 2024.

31. OMC, *Communautés européennes – Mesures prohibant l'importation et la commercialisation de produits dérivés du phoque – AB-2014-1 / AB-2014-2 – Rapports de l'Organe d'appel*, WT/DS400/AB/R – WT/DS401/AB/R, 22 mai 2014, spéc. p. 198 et s. V. égal. M. Morin, *Bien-être animal et commerce international : l'affaire des produits dérivés du phoque devant l'OMC : Rev. jur. env.* 2/2015, vol. 40, p. 282-297.

32. Y. Lécuyer et F. Lemaire, *Cours de droits humains et libertés*, Paris, Gualino-Lextenso, coll. « Amphi LMD », 1re éd., 2022, p. 248, § 401.

33. *Idem*.

34. *Idem*.

le processus engagé vers la consécration d'une telle notion. À ce jour, la dignité de l'animal bénéficie d'une reconnaissance implicite, notamment par l'existence de textes d'incrimination mais également par la réforme du Code civil consacrant la définition d'être doué de sensibilité[35]. Ainsi, l'interdiction des sévices graves, des actes de cruauté ou des atteintes sexuelles contenue dans les articles 521-1 et 521-1-1 du Code pénal est un marqueur du nécessaire respect d'une dignité animale. Toutefois, cette dignité est limitée aux animaux domestiques, apprivoisés ou tenus en captivité, avec l'ajout d'exceptions pour les courses de taureaux et les combats de coqs. Ces constats démontrent les lacunes de cette reconnaissance implicite. Le simple exemple de l'absence d'interdiction de la zoophilie à l'égard des animaux sauvages illustre cette incohérente limitation et invite à une consécration expresse.

Une dignité explicite étendue. Les opinions divergent sur l'adoption d'un principe de dignité animale. Opinion favorable, il s'agit de souligner que « les animaux n'ont pas de valeur seulement pour nous mais aussi pour eux-mêmes »[36]. Plus encore, c'est déclarer que « chaque espèce a une valeur en soi et chaque individu de chaque espèce a de même, une valeur autonome »[37]. Opinion défavorable : « Si les animaux avaient une dignité, ils ne pourraient pas être détenus à des "fins utilitaires" »[38]. Sans pour autant empêcher toute utilisation, une consécration de la dignité de l'animal provoquerait effectivement l'interdiction de certains comportements et la nécessaire justification des comportements plus attentatoires : « Conserver à l'autre sa dignité, c'est veiller à ne pas l'avilir, à ne pas le rendre grotesque, à ne pas exciter à son endroit le rire et la moquerie, à ne pas le rendre méconnaissable, le déformer dans son apparence, son comportement, sa forme physique »[39]. Par exemple, devront être interdits les violences récréatives sur les animaux sauvages (tauromachie, chasse à courre, *etc.*), les jeux ou les mises en scène mettant en œuvre des dépouilles animales (jeu de l'oie, taxidermie esthétisée, *etc.*), les modifications esthétiques des animaux de compagnie (teintures, tatouages, modifications génétiques, *etc.*). D'ailleurs, la Déclaration universelle des droits de l'animal du 15 octobre 1978 recourt à cette notion en prévoyant que « les exhibitions, les spectacles, les films utilisant des animaux doivent aussi

35. R. Libchaber, *La souffrance et les droits. À propos d'un statut de l'animal : D.* 2014, p. 380, spéc. p. 383-384. – F. Rouvière, *L'homme et la bête : de l'être au devoir-être ? : RTD civ.* 2017, p. 766. – J.-P. Marguénaud et X. Perrot, *Le droit animalier, de l'anecdotique au fondamental : D.* 2017, p. 996, spéc. p. 1001-1003.

36. M. Wild et P. Schaber, *Les animaux ont-ils aussi droit à la dignité : Horizons* 3 sept. 2020, [En ligne], Site Internet de *Horizons – Le magazine suisse de la recherche scientifique*, www.revue-horizons.ch/2020/09/03/les-animaux-ont-ils-un-droit-a-la-dignite/#:~:text=Ont%20une%20dignit%C3%A9%20les%20%C3%AAtres,conscience%20d'eux%2Dm%C3%AAmes., page consultée le 14 juill. 2024.

37. F. Capacete Gonzales, *Les animaux ont-ils une dignité ? : Rev. Acropolis* 28 janv. 2021, p. 4.

38. M. Wild et P. Schaber, *Les animaux ont-ils aussi droit à la dignité ?, op. cit.*

39. F. Burgat, « *La dignité de l'animal* ». *Une intrusion dans la métaphysique du propre de l'homme : L'Homme – Rev. française d'anthropologie*, janv.-mars 2002, 161, p. 202.

respecter leur dignité et ne comporter aucune violence ». La consécration suisse de la dignité de l'animal offre l'opportunité d'une définition précise contenue dans la loi fédérale sur la protection des animaux (LPA) du 16 décembre 2005 : « Valeur propre de l'animal, qui doit être respectée par les personnes qui s'en occupent. Il y a atteinte à la dignité de l'animal lorsque la contrainte qui lui est imposée ne peut être justifiée par des intérêts prépondérants ; il y a contrainte notamment lorsque des douleurs, des maux ou des dommages sont causés à l'animal, lorsqu'il est mis dans un état d'anxiété ou avili, lorsqu'on lui fait subir des interventions modifiant profondément son phénotype ou ses capacités, ou encore lorsqu'il est instrumentalisé de manière excessive »[40]. Cette consécration suisse doit permettre d'envisager une réforme comparable en France.

Dès lors, « faire du respect de l'animal une obligation réelle et effective, sans distinction entre animal approprié et non approprié »[41] semble se fonder tant sur une dignité de l'homme que sur une dignité animale.

40. Confédération suisse, Loi fédérale sur la protection des animaux, 16 déc. 2005 (État le 1er sept. 2023) : *Recueil officiel (RO)* 2008, p. 2966, art. 3, a.

41. P. Billet, *L'animal, prétexte d'une analyse renouvelée des relations juridiques entre l'homme et l'environnement : Cah. just.* 2019, p. 703.

Delacroix, Eugène (1798-1863), *Jaguar attaquant un cavalier*, vers 1855, huile sur toile, 23 × 28 cm, Tchéquie, Prague, Galerie nationale de Prague, O 4774, Photo © Leonard de Selva/Bridgeman Images.

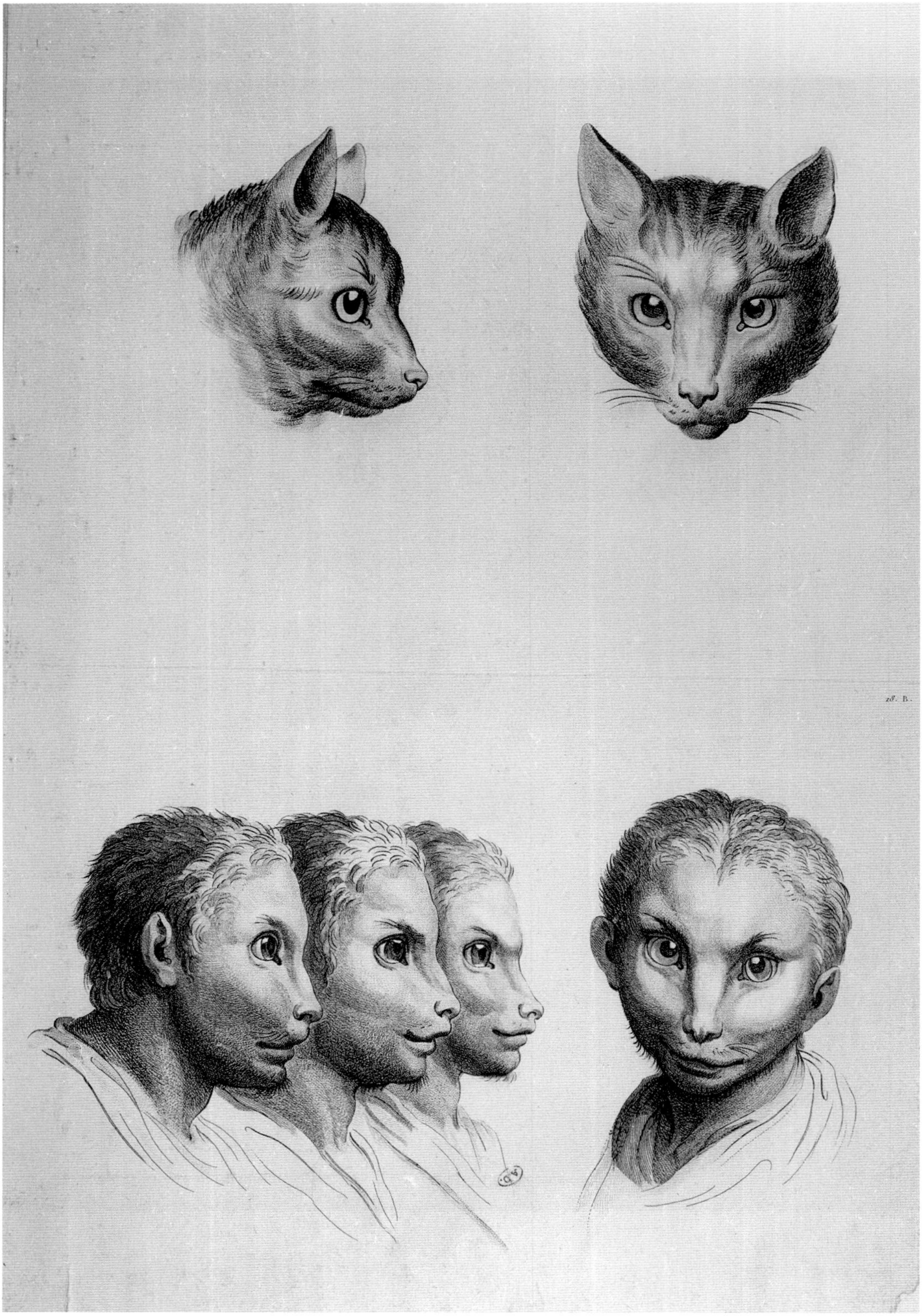

Le Brun, Charles (1619-1690), *Parallèle entre la tête d'un chat et d'un homme, Lien entre la physiognomie humaine et animale,* XVIIIe siècle, gravure tirée du *Livre de portraiture pour ceux qui commencent à dessiner* de Le Brun, France, Paris, Bibliothèque des Arts décoratifs, © Archives Charmet/Bridgeman Images.

De la sentience animale au préjudice sanitaire sous le prisme du principe « une seule santé »

Marie-Bénédicte DESVALLON
Avocate au Barreau de Paris
Solicitor of the Senior Courts of England & Wales
Responsable de la commission ouverte « Animaux et Droit »

Selon l'Organisation mondiale de la santé (OMS), l'Organisation des Nations unies pour l'alimentation et l'agriculture (FAO) et l'Organisation mondiale de la santé animale (OMSA)[1], cinq maladies humaines nouvelles apparaissent chaque année, dont trois d'origine animale, impliquant pour une large partie la faune sauvage[2].

Bien avant la Covid-19, les trois institutions soulignaient l'importance de l'unité de la médecine humaine, vétérinaire et de la biologie animale pour répondre aux enjeux transversaux et convergents autour de la santé des êtres vivants.

Défini par l'OHHLEP[3], le principe « Une seule santé » consiste en une « approche intégrée et unificatrice qui vise à équilibrer et à optimiser durablement la santé des personnes, des animaux et des écosystèmes. Il reconnaît que la **santé des humains, des animaux domestiques et sauvages**, des plantes et de l'environnement en général **est étroitement liée et interdépendante** ».

Le principe n'est pas nouveau, mais la prise de conscience des enjeux y afférents dépasse les sphères scientifiques depuis la Covid-19. Déclaré « combat du siècle », le risque

1. Précédemment désignée OIE (Office International des épizooties).

2. Source : 4e Plan National Santé Environnement.

3. *One Health High-Level Expert Panel* – Groupe d'experts de haut niveau pour l'approche « Une seule santé » – Organisme constitué à l'initiative de l'OMS, l'OMSA, le PNUE et la FAO.

de pandémies mobilise aujourd'hui l'ensemble des parties prenantes institutionnelles et professionnelles, du local à l'international comme en témoigne la reprise des négociations des États membres de l'OMS pour un accord mondial sur les pandémies. À l'aune des rapports scientifiques de la Plateforme intergouvernementale scientifique et politique sur la biodiversité et les services écosystémiques (IPBES), la majorité des risques d'émergence de maladies zoonotiques associées à la faune sauvage est liée aux contacts entre des écosystèmes et des systèmes de production animale intensifs. Cette proximité entre la faune sauvage, les espèces domestiques et les activités humaines est propice au franchissement de barrière d'espèce pour certains pathogènes.

Selon l'OMSA, une maladie émergente est « une infection nouvelle, causée par l'évolution ou la modification d'un agent pathogène ou d'un parasite existant, qui se traduit par un changement d'hôtes, de vecteurs, de pathogénicité ou de souche ». La santé humaine dépend de la santé animale et réciproquement. Partant, dans quelle mesure l'humain est-il responsable de ce changement d'hôte ? Comment l'action de l'homme influe-t-elle sur le développement de maladies chez l'animal ? Surtout, quels changements transformateurs l'homme doit-il adopter dans l'appréhension de la santé animale pour garantir la santé publique ?

I. – De l'empreinte humaine sur la santé animale

En France, le législateur peine à transcrire l'évolution des connaissances scientifiques sur la reconnaissance et la portée de la sensibilité des animaux sauvages comme domestiques. Alors que la notion de bien-être animal (BEA) définie par l'Agence nationale de sécurité sanitaire de l'alimentation, de l'environnement et du travail (ANSES) n'a pas été reprise dans la loi n° 2021-1539 du 30 novembre 2021 visant à lutter contre la maltraitance et conforter le lien entre les animaux, d'aucuns dissocient encore BEA et santé animale.

Mais la Covid-19 a fait prendre conscience de l'enjeu transnational de la santé publique liée à la santé animale sur laquelle l'homme influe tant pour les animaux sauvages que pour les animaux d'élevage. Dans les pas du préjudice écologique, la communauté juridique œuvre pour la reconnaissance d'un préjudice sanitaire.

Dès 1976[4], la préservation des espèces animales à l'état de liberté, composantes du patrimoine naturel, est reconnue d'intérêt général. Si la notion **d'animal sauvage** n'est pas retenue par le législateur français, le droit distingue les espèces non domestiques[5],

---

4. L. n° 76-629, 10 juill. 1976, relative à la protection de la nature.
5. C. envir., art. R. 411-5 et R. 413-8.

définies comme celles qui **n'ont pas subi de modification par sélection de la part de l'homme**, des espèces domestiques dont le processus d'évolution a été influencé par l'homme pour répondre à ses besoins[6]. L'animal sauvage est un spécimen d'une espèce non domestique à l'état de liberté. Qualifié de *res nullius*, c'est-à-dire sans maître, l'animal sauvage n'en demeure pas moins appropriable (comme les animaux dans les zoos), ou susceptible d'être apprivoisé comme les nouveaux animaux de compagnie (NAC), rapprochant ainsi toujours plus l'animal sauvage de l'homme.

Relativement aux espèces menacées, la France est le sixième pays en hébergeant le plus grand nombre inscrit sur la Liste rouge de l'Union internationale pour la conservation de la nature (UICN). Leur commerce est encadré non pas pour leur protection mais leur conservation. Les causes de la sixième extinction de masse des espèces sont multiples, telles que le trafic illicite, la prolifération des espèces exotiques envahissantes (EEE) comme le frelon asiatique, ou encore la destruction des habitats. La première résolution de l'Organisation des Nations unies (ONU) portant sur la surveillance du trafic illicite des espèces sauvages du 30 juillet 2015 A/RES/69/314 énonçait déjà :

> *« Le trafic constitue un risque pour la santé. En effet, le caractère clandestin du braconnage augmente le risque de propagation des maladies. De nombreuses espèces traversent les frontières et échappent ainsi au contrôle des services de santé. Selon des études du Fonds Mondial pour la Nature, ce trafic représente au moins un quart du nombre total des animaux commercialisés dans le monde. L'OMS estime, quant à elle, que près de 75 % des maladies émergentes sont transmises à l'homme par les animaux sauvages ».*

Aujourd'hui le trafic d'espèces animales s'élève au troisième rang des trafics les plus lucratifs au monde. Il participe à la propagation des risques sanitaires de zoonose. La notion de zoonose est fondée sur des agents étiologiques des zoonoses caractérisés comme « des agents transmissibles » (bactéries, virus, parasites ou prions) qui peuvent provoquer une infection ou une infestation chez au moins deux espèces de vertébrés dont l'homme.

Concernant les EEE, la stratégie nationale biodiversité 2030 reconnaît que les EEE, telles que le moustique tigre, peuvent être vectrices de pathogènes. L'article L. 411-5 du Code de l'environnement interdit l'introduction des EEE dans le milieu naturel, qu'elle soit **volontaire, par négligence ou par imprudence**, susceptible de porter préjudice aux milieux naturels, aux usages qui leur sont associés ou à la faune et à la flore sauvages. Sans le nommer, l'homme est un des vecteurs de la prolifération de ces EEE. La mobilité humaine (transport, tourisme), le transport d'animaux vivants et l'ensemble des flux mondiaux participent à leur foisonnement.

6. C. envir., art. L. 412-4.

Paradoxalement, pour contrer la menace tenant aux enjeux sanitaires associés aux animaux sauvages, le législateur français accorde des dérogations aux restrictions de chasse[7] ou aux interdictions de destruction de nids[8] qu'il justifie parfois pour protéger la faune sauvage.

Ainsi, alors même que l'animal sauvage n'a pas subi de modification par sélection de la part de l'homme, c'est la perturbation de son environnement, l'intrusion dans son milieu, la disparition de son habitat du fait de l'homme, que la santé de l'animal sauvage est affectée et devient porteuse/vectrice de maladies. **La faune sauvage est une composante du patrimoine naturel dont la préservation relève de l'intérêt général**. Dès lors, sa qualification ne devrait-elle pas être redéfinie comme une *res communs* et, en tant que tel, bénéficier de la protection au-delà de la seule conservation, par la société humaine, pour mieux encadrer tout prélèvement ? L'animal sauvage, du fait de l'empreinte humaine, n'est plus cet animal éloigné. Sa santé, sa survie sont tributaires de l'homme.

Alors que les débats juridiques sur la reconnaissance du caractère sensible à l'ensemble des animaux se poursuivent, force est de constater que cette notion de sensibilité n'est pas définie en droit français, et que la définition du bien-être animal (BEA) par l'ANSES n'a pas été reprise dans la loi n° 2021-1539[9] du 30 novembre 2021 relative aux animaux domestiques. À l'échelle européenne, le règlement relatif aux maladies animales transmissibles, dit « LSA » (législation sur la santé animale)[10], dispose en préambule que :

> « *Le présent règlement ne contient pas de dispositions régissant le BEA. Cependant, santé animale et bien-être animal sont liés : une meilleure santé animale favorise un plus grand bien-être animal, et* vice versa. *Lorsque des mesures de prévention et de lutte contre les maladies sont mises en œuvre conformément au présent règlement, il convient de prendre en considération leur effet sur le BEA, interprété à la lumière de l'article 13 du Traité sur le Fonctionnement de l'Union Européenne ("TFUE")*[11], *afin d'épargner aux animaux concernés, toute douleur, détresse ou souffrance évitable* ».

7. C. rur., art. L. 424-2.

8. C. rur., art. L. 424-10.

9. Susvisée.

10. PE et Cons. UE, règl. (UE) n° 2016/429, 9 mars 2016, relatif aux maladies animales transmissibles et modifiant et abrogeant certains actes dans le domaine de la santé animale.

11. « Lorsqu'ils formulent et mettent en œuvre la politique de l'Union dans les domaines de l'agriculture, de la pêche, des transports, du marché intérieur, de la recherche et développement technologique et de l'espace, l'Union et les États membres tiennent pleinement compte des exigences du bien-être des animaux en tant qu'êtres sensibles, tout en respectant les dispositions législatives ou administratives et les usages des États membres en matière notamment de rites religieux, de traditions culturelles et de patrimoines régionaux. »

Nonobstant cette dissociation, le texte renforce les responsabilités des parties prenantes (opérateurs, vétérinaires, laboratoires, autorités compétentes) et fixe les règles de surveillance, prévention, lutte ou éradication des soixante-huit maladies transmissibles visées par la LSA.

L'élevage intensif et extensif est identifié comme un facteur majeur favorisant les épizooties[12] et la transmission zoonotique des maladies. Fortement décriés par les acteurs de la protection animale, les consommateurs, les élevages intensifs sont pointés par les rapports de l'IPBES. S'ils font l'objet de nombreuses études commanditées par les représentants d'intérêts de la filière, d'autres procèdent des regards croisés des scientifiques, des chercheurs et des vétérinaires. Sans remettre en cause le caractère sensible de l'animal de rente, ces études relativisent le lien entre les critères de BEA (distincts selon l'espèce), et la santé animale. En 1992, la définition donnée à l'élevage intensif met en exergue le **lien entre densité et santé** animale. Aux termes du Protocole d'amendement à la Convention européenne sur la protection des animaux dans les élevages[13], on entend par « "système d'élevage intensif" les méthodes d'élevage dans lesquelles les animaux sont détenus en tel nombre, ou en telle densité, ou dans de telles conditions, ou en vue de tels taux de production que leur santé et leur bien-être dépendent des fréquentes attentions de l'homme ». En France, l'ANSES définit l'élevage intensif comme un élevage dont la productivité est maximisée avec optimisation des intrants. L'élevage industriel recourt à un processus utilisant les techniques/méthodes mises au point dans le cadre de la production industrielle, en particulier la segmentation des filières et des tâches, la spécialisation des ateliers, l'automatisation, le salariat. Il vise à une productivité maximale par unité de surface. **On n'y parle pas d'animaux par mètre carré, mais du nombre de kilogrammes par mètre carré**.

En France, les élevages, selon leurs grandeurs et les espcèces élevées (bovins, porcs, moutons, poulets...), relèvent du règlement sanitaire départemental ou, plus souvent, des installations classées pour la protection de l'environnement (ICPE). Selon ces mêmes critères d'espèce élevée et de taille de l'élevage, l'ICPE serait soumise au régime déclaratif, d'enregistrement ou d'autorisation nécessitant au mieux une évaluation environnementale. Mais **ni le BEA ni même la sensibilité animale ne sont visés par les ICPE**. Pour la Chaire « Bien-être animal »[14], les publications scientifiques ne montrent pas de lien direct entre le bien-être des animaux et la taille de l'élevage. Pour autant il est souligné que l'étude ne considère pas le système d'élevage

---

12. L'épizootie est l'équivalent d'une épidémie chez l'être humain. La plupart des épizooties sont des maladies très contagieuses qui se transmettent directement d'un animal à un autre ou *via* un vecteur.

13. STE 145, 6.II.1992.

14. Créée par Vetagro Sup en partenariat avec le ministère en charge de l'agriculture.

ni son intensification. À l'aune d'une réflexion étayée d'un collectif de scientifiques et chercheurs sur l'amélioration de la santé et du BEA[15] dans la transition des modèles d'élevage, intitulée « Vers une acceptabilité sociale et une soutenabilité des élevages », les auteurs s'accordent sur le fait que **la santé animale ne saurait être réduite à l'absence de maladie**. La maladie reflète un déséquilibre de l'organisme dans son environnement. Elle peut résulter de l'exposition aux infections externes pouvant provenir d'animaux sauvages ou bien des conditions défaillantes d'élevage concentrées sur la productivité. Ainsi pour les experts scientifiques c'est toute la chaîne de production animale qui est remise en question. La prévention des zoonoses appelle à revenir à la diversité génétique, facteur de résistance à la propagation des maladies. Rappelons que l'animal domestique est défini comme tout animal dont le processus d'évolution a été influencé par l'homme pour répondre à ses besoins. De quelle influence, parle-t-on ? Des scientifiques alertent sur les modes d'élevage intensif et extensif qui procèdent à la sélection des animaux sur les caractéristiques de production avec des hauts rendements. Cette similitude, combinée à leur promiscuité du fait de la densité des élevages, les expose davantage aux risques de maladies et contagion. Après la sélection génétique, les conditions de sevrage participent au développement de maladies. Selon des travaux de l'ANSES[16], le sevrage trop précoce emporte la chute du transfert de l'immunité maternelle. Les animaux sont susceptibles d'être infectés dès les premières semaines, nécessitant alors une réponse vétérinaire. Pour l'ONU, la prévention est moins chère, plus sûre et plus humaine que l'attente d'une réponse à une épidémie[17]. Mais prévention ne doit pas s'entendre par recours systématique aux antibiotiques. D'après l'OMS, plus de 50 % des antibiotiques produits dans le monde sont destinés aux animaux d'élevage. Elle signale le risque d'antibiorésistance lié à une trop grande administration à titre préventif. Dans le même sens, le rapport de

15. Animal board invited review, *Improving animal health and welfare in the transition of livestock farming systems : Towards social acceptability and sustainability* – Animal 18 (2024) Science Direct – ASTRE, Univ Montpellier, INRAE, CIRAD, Campus international de Baillarguet, 34980 Montferrier-sur-Lez, France. Département Santé animale, INRAE, 31326 Castanet-Tolosan, France c/ Herbivores, Université Clermont Auvergne, INRAE, VetAgro Sup, 63122 Saint-Genès-Champanelle, France, [d]LISIS, Université Paris-Est Marne-la-Vallée, INRAE, 77454 Marne-la-Vallée, France, [e]STLO, INRAE, Institut Agro, 35042 Rennes, France, [f]Département de Génétique animale, INRAE, 31326 Castanet-Tolosan, France, [g]CESAER, INRAE, Institut Agro, Univ. Bourgogne-Franche-Comté, 21000 Dijon, France, [h]GABI, INRAE, AgroParisTech, Université Paris-Saclay, 78350 Jouy-en-Josas, France, [i]IHAP, Université de Toulouse, INRAE, ENVT, Toulouse, France, [j]LRDE, INRAE, 20250 Corte, France, [k]GENPHYSE, Université de Toulouse, INRAE, ENVT, Toulouse, France, [l]BIOEPAR, Oniris, INRAE, 44300 Nantes, France, [m]PEGASE, INRAE, Institut Agro Rennes, 35590 Saint Gilles, France, [n]Département santé animale, INRAE, 37380 Nouzilly, France, [o]Modélisation Systémique Appliquée aux Ruminants, Université Paris-Saclay, INRAE, AgroParisTech, 91120 Palaiseau, France, [p]Département PHASE, INRAE, Tours, France.

16. ANSES, *Hépatite E : nouvelles connaissances du côté animal : Bulletin épidémiologique* n° 38, « Spécial zoonoses ».

17. OMS, Accord mondial sur la prévention, la préparation et la riposte face aux pandémies 2023 ; Conseil européen (www.consilium.europa.eu/fr/policies/coronavirus/pandemic-treaty).

l'Autorité européenne de sécurité des aliments (EFSA)[18] fait état des risques de santé publique tenant à la résistance aux antimicrobiens subséquente sur les animaux et *in fine* les consommateurs. De même, la LSA dispose que :

> *« Pour certaines maladies animales transmissibles, les stratégies de lutte nécessitent l'interdiction ou la limitation de l'utilisation de certains médicaments vétérinaires, car leur usage compromettrait l'efficacité de ces stratégies. Ainsi, certains médicaments vétérinaires peuvent masquer la manifestation d'une maladie, rendre un agent pathogène indétectable ou compliquer un diagnostic différentiel rapide et compromettre par là même la bonne détection de la maladie ».*

Face à la propagation de la grippe aviaire, les politiques ont privilégié l'abattage massif de certains élevages et porté leur attention sur la recherche de nouveaux vaccins. Pourtant, dans un avis de l'ANSES relatif à l'enfouissement de cadavres issus d'animaux d'élevage ou de la faune sauvage[19], plusieurs études identifient les risques pour la santé publique de la biosécurité, de la persistance d'agents pathogènes et les limitations de l'utilisation future du terrain concerné.

II. – À la naissance de contentieux systémiques pour préjudice sanitaire

À l'aune des alertes scientifiques et des enjeux financiers subséquents, les acteurs économiques prennent position. En 2023, les Principes directeurs de l'Organisation de coopération et de développement économiques (OCDE)[20] exhortent les entreprises à respecter le bien-être animal pour prévenir les maladies dans les termes suivants :

> *« (...) 85 Les entreprises* ***devraient*** *respecter les normes en matière de* ***bien-être animal*** *qui sont en conformité avec le Code terrestre de l'OMSA. Un animal est considéré comme étant dans une situation de bien-être s'il est en bonne santé, s'il bénéficie d'un confort suffisant, s'il est bien nourri et en sécurité, et ne fait pas face à une situation désagréable telle que la douleur, la peur ou la détresse, et s'il peut adopter les comportements* ***essentiels pour son état physique et mental****. Le bien-être animal requiert la* ***prévention des maladies et des soins vétérinaires****, un abri,* ***un élevage et une alimentation appro-***

18. EFSA, *Antimicrobial consumption and resistance in bacteria from humans and food-producing animals*, févr. 2024.

19. Avis complété de l'ANSES, Rapport complété d'expertise collective, mars 2022.

20. Principes directeurs à l'intention des entreprises multinationales sur la conduite responsable des entreprises.

> ***priés*, *un environnement stimulant*** *et sûr, ainsi que la manipulation, l'abattage ou la* ***mise à mort*** *dans des conditions décentes. Les entreprises devraient par ailleurs adhérer aux recommandations en matière de* ***transport d'animaux vivants*** *développées par les organisations internationales compétentes (…) ».*

En France, après avoir défini la notion de BEA en 2018, l'ANSES s'est saisie du sujet des référentiels d'étiquetage du bien-être des animaux pour une démarche unifiée destinée à éclairer le consommateur. Aux termes de ses lignes directrices[21], l'évaluation du risque sanitaire doit porter sur (*i*) la mise en œuvre de bonnes pratiques et de bonnes conditions d'élevage, associée à l'existence et au respect de protocoles préventifs (biosécurité, vaccination) ou curatifs préalablement établis et régulièrement actualisés (visite sanitaire biennale obligatoire, bilan sanitaire d'élevage, protocole de soins) permettant d'assurer, sinon l'absence totale de maladies, à tout le moins la préservation de la bonne santé et la guérison rapide des animaux ; (*ii*) la surveillance très régulière des animaux élevés (individus ou lots, selon les filières) et la prise en charge rapide et adaptée de tout animal malade ou blessé, quelle que soit sa valeur économique ; et (*iii*) l'obligation de soins afin d'éviter les défauts de soins ou soins inadaptés.

Si l'avis de l'ANSES s'inscrit dans le prolongement de la LSA, il procède surtout du constat des acteurs de terrain comme la Brigade nationale d'enquête vétérinaire (BNEVP) : celui du risque d'antibiorésistance. En 2018, le nombre de décès en France dus aux antibiorésistances a été estimé à plus de 5 500, et plus de 700 000 dans le monde[22]. À l'horizon 2050, elle sera à l'origine de 10 millions de morts par an dans le monde[23]. Deux leviers principaux existent pour limiter l'antibiorésistance : réduire l'utilisation d'antibiotiques et travailler sur des alternatives non médicamenteuses. Ainsi la BNEVP alerte sur des pratiques illicites telles que l'absence d'enregistrement des traitements, le mésusage des médicaments, la défaillance d'information sur la chaîne alimentaire (non-respect du délai d'attente entre la date à laquelle un médicament est donné à l'animal et la date d'abattage de l'animal destiné à la consommation humaine) ou bien encore l'utilisation de médicaments interdits sur animaux.

Si un éleveur peut pratiquer certains actes de médecine listés par arrêté ministériel, il lui est strictement interdit de réaliser des actes réservés expressément par la loi aux vétérinaires tels que la prescription de médicament (C. rur., art. L. 243-2). L'éleveur ne peut traiter un animal avec un médicament prescrit pour un autre

21. Lignes directrices pour l'établissement de référentiels d'étiquetage du bien-être des animaux – Avis de l'ANSES, Rapport d'expertise collective, mars 2024.

22. Source : site de la Direction générale de la santé.

23. Rapport britannique repris par l'OMS (Source : ANSES).

animal, ou au-delà de la date limite de consommation après ouverture du produit, ou encore modifier le dosage. Le vétérinaire doit agir au plus près du chevet de l'animal afin d'éviter l'automédication et l'utilisation abusive d'antibiotiques, limitant ainsi le risque de traitements inadaptés responsables de dangers sanitaires majeurs. La faculté pour un vétérinaire de prescrire des médicaments, hors examen clinique de l'animal, (sous réserve que ce vétérinaire ait réalisé un bilan sanitaire dans l'élevage datant de moins de douze mois) augmente le risque de traitements inadaptés et avec eux, celui de dangers sanitaires. Les dangers de nature à porter atteinte à la santé des animaux et les maladies d'origine animale qui sont transmissibles à l'homme, sont dits « dangers zoosanitaires ». Le vétérinaire ne saurait s'exonérer de sa responsabilité si l'ordonnance ne précise pas l'animal concerné, la dose à administrer, la voie d'administration, et la durée du traitement, en fonction de l'espèce, de l'âge, du sexe, du poids de l'animal, du degré de gravité des symptômes, du contexte sanitaire de l'élevage dans lequel il est détenu, et de la technicité de l'éleveur notamment[24]. La présence des vétérinaires dans les zones d'élevage est donc essentielle non seulement à la performance sanitaire des élevages, mais aussi et surtout à la préservation de la santé publique. Les éleveurs quant à eux sont les gardiens de la sécurité alimentaire en étant les derniers remparts pour éviter la présence de résidus et en n'ayant pas recours de manière systématique aux antimicrobiens. Ce sont des acteurs majeurs des plans Écoantibio grâce à une approche des enjeux sanitaires répondant au concept « Une seule santé ».

Les pratiques suscitées exposent au risque de consommer une denrée alimentaire d'origine animale préjudiciable à la santé. Pour déterminer si tel est le cas, il est tenu compte : *a)* de l'effet probable immédiat et/ou à court terme et/ou à long terme de cette denrée alimentaire sur la santé non seulement d'une personne qui la consomme, mais aussi sur sa descendance ; *b)* des effets toxiques cumulatifs probables ; *c)* des sensibilités sanitaires particulières d'une catégorie spécifique de consommateurs lorsque la denrée alimentaire lui est destinée[25]. À titre d'illustration, le rappel des barquettes de viande hachée par de nombreuses enseignes faisait suite à la détection de la bactérie *E. coli O157*. Ce colibacille (bactérie intestinale) est responsable de diarrhées ou de décès soudains chez certains animaux. La maladie peut être déclenchée par une mauvaise utilisation d'antibiotiques et par des facteurs de stress, comme un changement de milieu ou de nourriture, le sevrage ou la cohabitation avec des groupes d'animaux différents[26]. L'*E. coli O157 :H7* fait partie des souches d'ECPV virulentes pour les humains. Si les enseignes concernées ont alors « offert » de rembourser le

---

24. *2024 – Formation à l'ENM sur le module l'animal et le droit*, 23 avr. 2024 (Source : BNEVP, Hervé Sevestre, enquêteur).

25. Règl. (CE) n° 178/2002, 28 janv. 2002, art. 14.

26. Source : chercheurs canadiens.

prix de la barquette, leur risque était bien au-delà d'un risque commercial ou d'image. Il s'agissait d'un risque sanitaire régi par l'article L. 237-2 du Code rural et de la pêche maritime selon lequel :

> *« Est puni de* ***cinq ans d'emprisonnement et d'une amende de 600 000 €, dont le montant peut être porté, de manière proportionnée aux avantages tirés du manquement, à 10 % du chiffre d'affaires moyen annuel, calculé sur les trois derniers chiffres d'affaires annuels*** *connus à la date des faits, le fait pour un exploitant, de mettre sur le marché un produit d'origine animale ou une denrée en contenant préjudiciable à la santé*[27] ***ou de s'abstenir de mettre en œuvre des procédures de retrait ou de rappel*** *d'un tel produit qu'il a importé, produit ou transformé, en méconnaissance de l'article 19 du même règlement communautaire ».*

Les rapports de l'Institut national de la santé et de la recherche médicale (INSERM), l'Institut national de la recherche agronomique (INRAE), l'ANSES et le Centre national de la recherche scientifique (CNRS) convergent vers une présomption forte d'un lien de causalité entre des pathologies et l'exposition aux intrants de l'élevage et à la consommation de viande : cancers, troubles du développement neuropsychologique et moteur de l'enfant, troubles cognitifs et anxio-dépressifs de l'adulte, maladies neurodégénératives, endométrioses. Ainsi, consommer de la viande implique de consommer les additifs, les antibiotiques et vaccins des animaux. Plus encore, force est de constater le manque de données scientifiques internationales relatives aux conséquences sur le développement cognitif et physique des enfants[28]. Si le lien est établi entre la consommation de viande et ces pathologies, à ce jour les données ne permettent pas de distinguer selon que la viande procède d'un élevage intensif ou bio de donner une traçabilité des intrants ni de garantir le respect du BEA. La création d'un étiquetage uniformisé à l'échelle européenne intégrant le BEA, préconisée par l'ANSES, serait une première étape.

À l'aune des enjeux sanitaires et des enjeux économiques subséquents, à l'aune du spectre des infractions des différentes parties prenantes (éleveurs, vétérinaires, industrie agroalimentaire entre autres) sur la chaîne de production de « l'animal à la ferme » à la « viande dans l'assiette », la Société française pour le droit de l'environnement (SFDE) mène depuis plusieurs années des travaux pour intégrer les enjeux d'une seule santé dans l'ensemble du *corpus* juridique pertinent et développe la reconnaissance de préjudices sanitaires, objet futur des contentieux systémiques. Dans la même veine, le comité français de l'UICN rassemble des experts pour développer

27. Au sens de l'article 14 du règlement (CE) n° 178/2002 du Parlement européen et du Conseil du 28 janvier 2002.

28. Quantité mais aussi méthodes d'analyse harmonisée.

des outils de sensibilisation autour du principe « Une seule santé » dans toutes ses applications[29].

Partant, la question animale s'élève indirectement dans l'ordonnancement juridique au niveau constitutionnel. Dans sa décision n° 2019-823 QPC du 31 janvier 2020, le Conseil constitutionnel énonce : « Aux termes du onzième alinéa du Préambule de la Constitution de 1946, la Nation "garantit à tous (...) la protection de la santé". Il en découle un objectif de valeur constitutionnelle de protection de la santé »[30]. Protéger la santé animale, c'est protéger la santé humaine. Aussi, dans le contexte d'explosion démographique de l'espèce humaine, la politique de souveraineté alimentaire ne peut raisonnablement envisager de répondre à la demande des consommateurs sans sécuriser la santé des animaux domestiques comme sauvages. Seuls des changements transformateurs de la santé animale préserveront la santé humaine[31].

29. Impacts spécifiques de l'élevage industriel sur le sol, l'eau, le bien-être animal, la santé publique, les ressources consommées et les gaz à effet de serre.

30. Cons. const., 31 janv. 2020, n° 2019-823 QPC.

31. V. sur le sujet l'article très complet de A. Michelot, *Quelle loi pour « une seule santé » en France ? Les propositions de la SFDE pour l'Alliance Santé Biodiversité : Rev. jur. env.* 2023/1, vol. 48, p. 105.

Kuniyoshi Utagawa (1797-1861), *Scène d'une pièce de Labuki*, 1852, estampe, 36 × 26 cm, Royaume-Uni, Londres, British Museum, 2008,3037.20110, © The British Museum, Londres, Dist. GrandPalaisRmn / The Trustees of the British Museum.

CRAPAUD

n. masc., batracien terrestre, nocturne et insectivore, de forme trapue et dont le corps est couvert de pustules.

Bufo *bufo*

« Demandez à un crapaud ce que c'est que la beauté, le grand beau, le *to kalon* ? Il vous répondra que c'est sa femelle avec deux gros yeux ronds, sortans de sa petite tête, une gueule large & plate, un ventre jaune, un dos brun »[1]. Pour inviter à réfléchir à la relativité de la beauté, Voltaire convoque la figure hideuse du crapaud. La laideur proverbiale du crapaud provoque communément répulsion et dégoût, il faut l'âme d'un poète[2] ou celle d'un défenseur de l'environnement pour prendre le parti de cet animal victime d'une oppression séculaire[3].

Animal crépusculaire et venimeux

L'analyse du terme même de « crapaud » révèle un certain mépris pour l'animal qu'il sert à désigner. Étymologiquement, « crapaud » proviendrait vraisemblablement de *krappa*, terme germanique signifiant « crochet » en référence aux pattes de l'animal ou, plus incertainement, du français moyen « crape » signifiant « écaille, pellicule, crasse »[4]. Les définitions contenues dans les dictionnaires contemporains

---

1. Voltaire, *Dictionnaire philosophique portatif*, Londres, 1764, V° *Beau, beauté*, p. 47.

2. Victor Hugo, bien sûr mais aussi Louis Bouilhet, Tristan Corbière et Lucie Delarue-Mardrus notamment ont consacré des vers au crapaud. L'homme de lettres Octave Mirbeau s'en fait un éloquent défenseur.

3. Face aux enjeux écologiques et sous le poids croissant des préoccupations environnementales, le crapaud bénéficie aujourd'hui d'une protection juridique, il est visé par l'article 2 de l'arrêté du 19 novembre 2007 fixant la liste des amphibiens et des reptiles protégés sur l'ensemble du territoire national et les modalités de leur protection, modifié par l'article 6 de l'arrêté du 8 janvier 2021.

4. *Dictionnaire historique de la langue française*, dir. A. Rey, Paris, Le Robert, 2019, t. 1, V° *Crapaud*.

reflètent elles aussi toute la mésestime encore portée actuellement à cet amphibien. Y figure souvent la description – certes objective mais peu flatteuse – de l'apparence du crapaud[5], suivie de références très significatives aux expressions familières[6] ainsi que la mention du proverbe « la bave du crapaud n'atteint pas la blanche colombe ». Le crapaud semble encore malaimé à l'heure actuelle, pourtant certains progrès peuvent être observés par rapport aux siècles précédents : le Littré ou la quatrième édition du *Dictionnaire de l'Académie française*[7] brossent un portrait fort obscur du crapaud en se référant à son venin. Ce caractère prétendument venimeux est assez longuement développé dans l'*Encyclopédie* de Diderot et d'Alembert[8]. Parcourir les ouvrages lexicographiques permet donc d'entrevoir qu'attacher au crapaud un caractère négatif revêt une profonde dimension culturelle. La détestation du crapaud qui imprègne notre imaginaire collectif ne repose pas entièrement sur son apparence ingrate, elle a été alimentée par divers croyances et récits très largement répandus.

La réputation du crapaud, loin d'être intacte sous l'Antiquité romaine, est encore ternie à l'époque médiévale, pour être tout à fait diabolique dès le XIIe siècle[9]. Rangés dans les bestiaires et les encyclopédies tantôt parmi les êtres aquatiques aux côtés des grenouilles, avec lesquelles ils sont depuis longtemps confondus, et tantôt parmi les serpents et les vers, les crapauds sont toujours associés à des milieux inquiétants et à des bêtes immondes et maléfiques[10]. Ils pullulent ainsi dans la littérature exemplaire car ils permettent aux prédicateurs de nombreuses métaphores impressionnantes

5. *Dictionnaire de l'Académie française*, 9e éd., V° *Crapaud* : « Amphibien anoure au corps lourd et trapu, à la peau d'apparence pustuleuse ». En outre, par analogie, le terme « crapaud » est employé pour désigner un défaut qui apparaît dans un bloc de marbre, une pierre précieuse ou dans la fabrication d'un tissu, ce qui n'est guère flatteur ; *id. Dictionnaire historique de la langue française*, dir. A. Rey, *op. cit.*

6. *Dictionnaire de l'Académie française*, *op. cit.* : « Expr. fam. Être laid comme un crapaud. Avoir une peau de crapaud, une très vilaine peau. Un vilain crapaud, un petit homme fort laid » ; *id. Dictionnaire historique de la langue française*, dir. A. Rey, *op. cit.*

7. Littré : « Reptile batracien qui a les pattes beaucoup plus courtes que celles des grenouilles et dont le corps est couvert de tubercules ou glandes d'où suinte une humeur vénéneuse » ; Acad 4 : « Espèce d'animal venimeux qui ressemble à la grenouille ».

8. Même si le caractère venimeux du crapaud finit par être réfuté, un long passage lui est consacré : « Les crapauds passent communément pour des animaux venimeux (...). On dit que l'eau dans laquelle ces animaux vivent & l'air qui les environne, sont un poison pour les personnes qui se baignent dans cette eau, ou qui respirent cet air ; & que les fraises ou les autres plantes qui sont infectées de la bave ou de l'urine du crapaud, produisent de mauvais effets lorsqu'on les mange sans qu'elles ayent été lavées. (...) Enfin on a aussi attribué une qualité venimeuse au sang de cet animal, à ses œufs lorsqu'on les avale, *etc.* Il seroit inutile de rapporter ici tout ce qui a été écrit des effets du venin des crapauds ».

9. J. Berlioz, *Le crapaud, animal diabolique : une exemplaire construction médiévale*, in *L'animal exemplaire au Moyen Âge (V^e^-XVe siècle)*, Rennes, PUR 1999, p. 267. – J. Berlioz, *Le crapaud, animal ambigu au Moyen Âge ? Le témoignage des exempla et de l'art roman*, in *Regards croisés de l'histoire et des sciences naturelles sur le loup, la chouette, le crapaud dans la tradition occidentale,* Liège, Université de Liège, 2003, p. 85-106.

10. M. Pastoureau, *Bestiaire du Moyen Âge*, Paris, Seuil, coll. « Point », 2020.

visant à détourner leurs fidèles de toute forme d'avidité, de *la gula*[11]. Il finit même par symboliser à lui seul quatre des sept péchés capitaux : colère, avarice, luxure et orgueil, occupant ainsi « une place de choix dans le bestiaire du diable »[12]. Animal crépusculaire et venimeux à consonance diabolique, l'image du crapaud apparaît indissociable de la sorcellerie comme de la médecine[13].

Cette lourde symbolique accompagne le crapaud dans les contes et dans les fables, littérature qui s'est nourrie de l'imaginaire collectif autant qu'elle l'a alimenté. L'utilisation de la figure du crapaud dans cette littérature est très proche de celle qu'en avaient faite les prédicateurs médiévaux. Puni directement pour son orgueil dans *La grenouille qui se veut faire aussi grosse que le bœuf* de Jean de La Fontaine ou dans *Le crapaud* de Hans Christian Andersen, l'amphibien est aussi un instrument de punition à l'égard de ceux qui se montrent égoïstes et orgueilleux. Ainsi, dans *Les fées* de Charles Perrault, comme dans les *Trois nains de la forêt* des frères Grimm, les crapauds jaillissent de la bouche de jeunes femmes au comportement indigne ; dans *Le fils ingrat* des frères Grimm, un crapaud s'accroche au visage de l'enfant qui n'a pas voulu partager son repas avec son père… Pour marquer l'esprit des enfants, les conteurs recourent aux techniques jadis déployées par les prédicateurs : la punition du pécheur, par là même où il a péché, au moyen de cet animal honni qu'est le crapaud.

Animal exemplaire de la métamorphose

À côté de ces contes, à la morale incontestable, d'autres récits existent dans lesquels la place du crapaud semble plus ambiguë et dans lesquels l'enseignement dispensé paraît plus interprétable : ceux qui envisagent l'union matrimoniale d'un crapaud et d'une jeune femme. Une telle union est évitée dans *La petite Poucette* de Hans Christian Andersen. L'héroïne, enlevée par un crapaud désireux de la marier à son fils, parvient à s'enfuir. En filigrane de cette première aventure traversée par Poucette, transparaît notamment une question sociologique autant que juridique, celle des distances exogamiques, voire des mésalliances. Le crapaud, symbole d'orgueil, ne prétend-il pas à un mariage au-dessus de sa condition ? Cette dernière interrogation est transposable à *Henri de Fer* des frères Grimm ainsi qu'à un conte issu du

---

11. J. Berlioz, *Le crapaud et le prédicateur*, in *La gourmandise. Délice d'un péché*, dir. C. N'Diaye, Paris, éd. Autrement, 1993, p. 31-32.

12. M. Pastoureau, *Bestiaire du Moyen Âge*, *op. cit.*, p. 246.

13. H. Chaumartin, *Quelques aperçus nouveaux sur le crapaud : Rev. d'histoire de la pharmacie* 1955, p. 145-152. – M. Pastoureau, *Bestiaire du Moyen Âge*, *op. cit.*, p. 269 : « Avec sa peau, ses os et son venin, les enchanteurs fabriquent des philtres pour créer l'amour ou la haine entre deux personnes. Les médecins, quant à eux, se servent de ses sécrétions pour apaiser les fièvres. L'animal est de nature tellement froid qu'il vient à bout des plus fortes ».

folklore breton dont deux variantes ont été diffusées par Adolphe Orain, *Le crapaud qui se marie*, et François-Marie Luzel, *L'homme-crapaud*, précisément parce que dans ces récits les projets matrimoniaux du crapaud aboutissent. En effet, dans *Henri de Fer*, une grenouille obtient d'une princesse la promesse de devenir son compagnon en échange d'un service rendu. La jeune fille se voit contrainte, par le roi son père, de respecter ses engagements mais une fois seule avec l'animal, elle cède à la colère et le projette violemment contre un mur quand il exige de partager son lit. La grenouille se change alors instantanément en prince et époux de la princesse. Le conte breton met en scène une famille modeste dans laquelle, pour venir en aide à son père, la plus jeune des filles accepte d'épouser un crapaud qui se révèle être – selon la version – un magicien ou un prince victime d'un sortilège.

Dans ces récits, le rôle du crapaud ne saurait se résumer à une dimension punitive, l'orgueilleux animal n'est pas puni, de même que la princesse de *Henri de Fer* dont le comportement est loin d'être exemplaire et qui n'affiche que sa beauté pour vertu… Ces contes interpellent car ils sortent de l'usage traditionnel de la figure du crapaud. Selon une analyse psychologique, ces contes révéleraient le dégoût pour la sexualité[14], pourtant le terrain de la consommation du mariage n'est pas celui retenu, celui du choix du conjoint est ici préféré. Quelle est la part de réalité juridique que ces récits donnent à voir du choix du conjoint au jeune public qu'ils entendent éduquer ? Si les contes passent généralement sous silence de nombreuses questions juridiques ayant trait au mariage, il est un point sur lequel ils tendent à s'approcher de l'état du droit : celui du choix du conjoint[15]. Ces histoires font la part belle à la volonté paternelle, élément d'autant plus important que le choix du conjoint n'est pas conventionnel.

Si en matière de mariage le consentement des époux est déterminant, le consentement parental a été en France un élément essentiel durant les nombreux siècles où le droit distinguait l'âge de la nubilité et l'âge de la majorité matrimoniale. Cette distinction, introduite à l'époque moderne par la législation royale pour lutter contre les mariages clandestins[16], a progressivement cédé face au principe de liberté matrimoniale porté par la Révolution, pour être totalement abandonnée au début du XXIe siècle[17]. Ce décalage entre l'âge de la nubilité et celui de la majorité matrimoniale a érigé, durant cet intervalle de temps, le consentement des parents en condition de validité du mariage. Or, l'intervention des parents dans le choix du conjoint s'est longtemps inscrite dans un rapport familial hiérarchique établi selon une verticalité descendante permettant

14. B. Chouvier, *La médiation thérapeutique par les contes*, Paris, Dunod, 2015, p. 110 et 112.

15. D. Deroussin, *La famille, le droit et les contes du Grand Siècle*, in *Il était une fois. Analyse juridique des contes de fées*, dir. M. Ranouil et N. Dissaux, Paris, Dalloz, 2018, p. 71-102, spéc. p. 86 et s.

16. Édit sur les mariages clandestins de 1556 suivi de l'ordonnance de Blois de 1579.

17. La loi du 4 avril 2006 a mis fin au décalage entre l'âge de la nubilité et celui de la majorité élevant à dix-huit ans pour les deux sexes l'âge auquel un mariage peut être conclu.

la mise en œuvre de réelles stratégies matrimoniales indifférentes aux inclinations des principaux intéressés et pouvant mener, si elles se révèlent nécessaires, à la conclusion d'unions exogamiques.

Un fond de vérité juridique[18] autant que de réalité sociale imprègne donc ces contes qui soulignent l'importance de la volonté paternelle autant que la résignation des jeunes filles dans ces projets d'alliance avec un crapaud, animal indigne s'il en est. Le mariage d'une jeune femme avec un crapaud évoque ainsi la mésalliance. Par « mésalliance », « dérivé de mésallier », est désignée « l'alliance, le mariage d'une personne avec une personne d'une condition fort inférieure à celle de la personne qui l'épouse »[19]. La mésalliance est finalement une présentation subjective d'une union exogamique immodérée. L'inégalité de condition entre les personnes qui caractérise la mésalliance a pu être juridique – avant que les hommes ne deviennent égaux en droit – mais aussi sociale et corrélativement économique et culturelle. Cela concernait essentiellement la noblesse. Dans la société des XIXe et XXe siècles où circulent ces contes, l'appréciation de l'égalité de condition des futurs époux, qui n'est plus que sociale, relève de la sphère privée et les mésalliances ne peuvent plus faire l'objet de sanction[20].

En France, l'endogamie – le fait de se marier dans son milieu social – a été et est encore largement pratiquée, souvent de manière inconsciente et parfois par véritable stratégie. Contrairement aux idées reçues, elle n'est pas propre aux classes dominantes. Les crapauds, comme les princes, se marient entre eux[21]. L'exogamie, dans ce paysage, fait figure d'anomalie. En fonction des effets produits par une telle union, les familles peuvent la rechercher[22] autant que la repousser. Les relations familiales qui se nouent au moment de conclure une telle alliance relèvent davantage du champ de la psychologie ou de la sociologie que de celui du droit. Toutefois, le droit a pu jouer un rôle dans ces relations, notamment avec le consentement parental allié à la puissance paternelle, durant la minorité de l'enfant, pour imposer ou repousser un

---

18. Notons que le cadre juridique est imparfaitement brossé dans ces récits qui occultent totalement le consentement des parents de l'époux alors même que les fils subissent cette contrainte plus longtemps que les filles.

19. *Dictionnaire de l'Académie française*, 8e et 9e éd.

20. Renouant pour partie avec la législation d'Ancien Régime, le Code civil a accordé aux parents un certain contrôle sur les unions de leurs enfants majeurs au moyen des actes respectueux sans toutefois revenir sur la liberté matrimoniale établie par la Révolution. Les actes respectueux, contrairement aux sommations respectueuses, ne peuvent être sanctionnés par l'exhérédation même si en pratique l'enfant peut toujours être réduit à sa part de réserve.

21. V. not. les travaux d'Alain Girard poursuivis par Michel Bozon et François Héran.

22. Au XIXe siècle les unions entre les descendants de la noblesse et de très riches roturières issues du milieu de la finance sont fréquentes et relèvent de stratégies matrimoniales destinées à préserver l'éminence sociale des familles en question.

prétendant de condition inégale. Une fois atteint l'âge de la majorité matrimoniale, un acte juridique a encore pu servir les parents désireux de dissuader leur enfant de contracter un mariage déséquilibré : les actes respectueux. Mais cet instrument était bien fragile à côté de la liberté matrimoniale triomphante[23].

Il ressort de ces contes que, face au poids de la puissance paternelle, les jeunes femmes qui épousent des crapauds finissent par y trouver des princes... Plus que le triomphe de l'amour conjugal que ces récits ne nous livrent pas toujours, ne faut-il pas voir dans cette métamorphose l'élévation sociale consécutive aux alliances exogamiques savamment orchestrées ?

Élodie CRÉTEAU-ALBERT
Maître de conférences en histoire du droit
Université d'Angers, Centre Jean Bodin (EA 4337)

23. Par les articles 151 et suivants du Code civil, les enfants ayant atteint l'âge de la majorité matrimoniale sont tenus de solliciter formellement l'avis de leurs parents sur leur projet de mariage. En cas de désaccord entre les parents et l'enfant, cet acte juridique permet aux parents de retarder le mariage. Selon les travaux préparatoires au Code civil, l'objectif de ce délai est de favoriser le dialogue entre les parents et les enfants. Le manquement à cette obligation imposée par le code n'entraînerait pas la nullité du mariage, la sanction s'exercerait contre l'officier d'état civil.

Hoji, Matsumoto, *Meika gafu : Grenouille*, 1814, peinture sur papier, 27,7 × 19 cm, Royaume-Uni, Londres, British Museum, © The British Museum, Londres, Dist. GrandPalaisRmn / The Trustees of the British Museum.

CHAPITRE 8

ANIMAL SACRIFIÉ

Suzuki, Harunobu (1725-1770), *Jeune femme ajustant une épingle de son chignon, à cheval sur un bœuf ou un taureau noir* (bestiaire fantastique), estampe, Japon, XVIIIe siècle, © Bibliothèque nationale de France, département des Estampes et photographies, RESERVE DE-10-BTE FOL © BnF.

BŒUF

n. masc., « genre de mammifère ruminant de la famille des bovidés (bœuf, vache, taureau, buffle, yack, bison, *etc.*), et plus spécialement bovidé mâle, castré, pour les travaux des champs ou pour la nourriture de l'homme »[1], par opposition au taureau, « mâle non castré de l'espèce bovine dont la femelle est la vache »[2]. Du latin *bos, bovis, masc., fém.*, issu du grec *bous* (*βους*).

« Mettre la charrue avant les bœufs. » Commencer par où l'on aurait dû terminer (*cf.* Huysmans, *L'Oblat*, t. 1, 1903, p. 37 ; Green, *Journal*, 1941, p. 82).

« Qui vole un œuf, vole un bœuf. » Être peu à peu entraîné sur le chemin du vol. On commence par voler un œuf. Ensuite on vole un bœuf. Et puis on assassine sa mère (Renard, *Poil de Carotte*, 1894, p. 261).

« On lie les bœufs par les cornes et les hommes par la parole. » (Antoine Loysel).

Bos *bovis*

« Il est constant que la castration seule met toutes [l]es différences entre le bœuf et le taureau », affirme Diderot dans la notice « bœuf » de son *Encyclopédie*[3], qui nous décrit par ailleurs et dans le détail le procédé de séparation tout comme la nature des emplâtres nécessaires à la guérison.

Déjà à Rome[4], « un beau taureau [*taurus*] ne diffère de celui qui est châtré [le bœuf, donc] que par son air farouche, son aspect plus vigoureux, ses cornes plus courtes,

1. *Trésor de la langue française.*

2. *Ibid.*

3. Paris, 1752, vol. II, p. 291b-293a.

4. C. Duval et B. Clavel, *Bœufs gaulois et bœufs français : morphologies animales et dynamiques économiques au cours de La Tène et des périodes historique : Gallia* 2018, 75, p. 141-171.

son cou charnu et assez gros pour faire la partie la plus considérable de son corps, et son ventre un peu rentré, afin que l'animal en se dressant soit plus propre à couvrir sa femelle »[5]. Selon le contexte, le *bos* est tantôt la bête de somme, l'animal de trait, mâle comme femelle, castré ou non, tantôt le taureau castré. Du reste, le taureau est toujours pris au singulier, tandis qu'il sera nommé bœuf s'il est en troupeau ou en attelage. Tel est le cas du couple de « bœufs » – en réalité un taureau et une vache[6] – tirant la charrue qui a tracé le *pomerium*, l'enceinte sacrée de Rome. Autrement dit, le nom du *bœuf* est *génériquement* associé à une *action* attachée soit à une *fonction domestique* – celle du trait de charrue[7] (labour), ou charrette[8] (transport), celle de l'alimentation et de la peausserie[9] (abattage et boucherie) – soit à une *fonction religieuse*, celle, essentielle, du sacrifice rituel[10]. Le nom du *taureau*, au contraire, est *singulièrement* associé à un *état*. Toute la langue latine – comme la philosophie et la religion des Romains – héritée des Grecs[11] se répartit systématiquement en deux mouvements distincts et complémentaires : l'action et l'état, le mouvement et le moment, le dynamique et le statique[12].

La fondation de Rome, le sacrifice religieux et le droit

Le sillon primordial de Rome, celui qui trace les limites de l'enceinte sacrée de la Ville, le *pomerium*, est creusé par un soc tiré par un attelage composé d'une vache et d'un taureau. Le pas des bœufs, effacé par la fente de l'araire, a tracé l'anneau primordial, divisant le monde, profane au-dehors, sacré au-dedans. La puissance

5. Columelle, *De re rustica* (Iᵉʳ siècle), VI, 20.

6. A. Grandazzi, *Urbs*, Paris, Perrin, 2017.

7. Columelle, mais aussi Palladius, *De re rustica* (Vᵉ siècle).

8. Caton l'Ancien, *De re rustica* (IIIᵉ-IIᵉ siècle).

9. S. Lepetz, *Boucherie, sacrifice et marché à la viande en Gaule romaine septentrionale : l'apport de l'archéozoologie*, in W. Van Andringa (dir.), *Sacrifices, marchés à la viande et pratiques alimentaires dans les cités du monde romain : Food & History* 2008, 5-1, p. 73-105 ; V. aussi S. Lepetz, *L'amélioration des espèces animales domestiques à la période romaine en France du Nord*, in D. Garcia et J. Meeks (dir.), *Technique et économie antique et médiévale. Le temps de l'innovation*, Actes du colloque international d'Aix-en-Provence, 21-23 mai 1996, Paris, Errance, 1997, p. 157-165.

10. J. Scheid, *Quand faire c'est croire. Les rites sacrificiels des Romains*, Paris, Aubier, 2005 ; *Rites et religion à Rome*, Paris, CNRS, 2019.

11. M. Détienne, *Apollon le couteau à la main*, Paris, Gallimard, 1998. – J.-P. Vernant, *Les origines de la pensée grecque*, Paris, PUF, 1962.

12. B. Bernabé, *Hypothèse de recherche autour de la distinction et du rapport entre* jus dicere *et* judicare, in *Plenitudo juris : Mél. en hommage à M. Bégou-Davia*, B. Basdevant, F. Jankowiak et F. Roumy (dir.), Paris, Mare & Martin, 2015, p. 113-127 ; *L'office du juge et la liturgie du juste : Cahiers philosophiques* 2016, vol. 147, n° 4, p. 48-67.

féconde du couple bovin, mais domestiquée côte à côte, transformée en force de labour, crée la distinction fondamentale de la Ville, de la civilisation. Toute la morale du monde issu de la langue latine est contenue dans la capacité des sages à distinguer le bien du mal, le juste de l'injuste. Or, comme Ulpien aime à le rappeler en ses *Institutes* (liv. I, rapporté au *Digeste* 1, 1, 1) : « C'est à bon droit qu'on nous [les juristes] qualifie de prêtres, car nous exerçons la justice et nous faisons connaître ce qui est bon et équitable, séparant l'équité de l'iniquité, distinguant le licite de l'illicite, cherchant à susciter le bien non seulement par la menace des peines, mais par la promesse de récompenses, pratiquant ce qui nous semble la vraie et non une fausse philosophie ». Les sages en question sont donc des prêtres qui se font architectes lorsqu'ils séparent, par le pas des bœufs, les lieux sacrés des lieux profanes, et juristes lorsqu'ils distinguent, par la langue, le juste de l'injuste[13]. Or, la langue latine, issue de l'étrusque, s'écrit elle aussi en « pas de bœufs », jusqu'au IVe siècle : en *boustrophédon*, mot d'origine grecque qui décrit le retournement (*strophè*) de l'écriture à la manière du pas des bœufs (*bous*) dans le champ qui « ne revient pas à la ligne », mais qui change de sens (retournement en miroir) en fin de ligne.

L'une des plus anciennes inscriptions romaines, le *lapis niger*, est écrite en boustrophédon. Lieu supposé de l'apothéose de Romulus, le *lapis niger* est une stèle dressée devant le Sénat (*comitium*) dont il ne reste aujourd'hui que des vestiges partiellement lisibles. Le texte, placé à l'orée de l'enceinte sacrée, met en garde, semble-t-il, les attelages contre la pollution du *iuges auspicium*, les déjections des *iumenta*[14], qui ne sont pas les « juments » au sens où nous l'entendons aujourd'hui, mais l'ensemble des « bêtes de somme », dont les bœufs. Parmi les *iumenta*, les bœufs occupaient une place particulière à côté des chevaux, mulets et ânes[15]. Il n'était pas possible de les léguer, au même titre que les autres – *Iumentis legatis boves non continentur nec contra*[16] – en raison, vraisemblablement, de leur rôle dans les rituels sacrificiels publics[17].

Tite-Live entend nous instruire de cette place particulière du bœuf (la plupart du temps non castré) dans les rites sacrificiels. Au début de la *Fondation de*

13. M. Serres, *Les origines de la géométrie*, Paris, Flammarion, 1993.

14. G. Dumézil, *Le* iuges auspicium *et les incongruités du taureau attelé de Mudgala : Nouvelle Clio* 1993, 5, p. 249-266 ; *La religion romaine archaïque*, Paris, Payot, 1966.

15. G. Raepsaet, *Les principes de la sélection du gros bétail à Rome.* Iumenta et victimae, *au fil des traités agronomiques : Rev. belge de philologie et d'histoire* 2021, t. 99, fasc. 1, « Antiquité-Oudheid » p. 89-144.

16. *Digeste* 32, 65, 5.

17. J. Scheid, *L'animal mis à mort : Études rurales* 1998, n° 147-148, « Mort et mise à mort des animaux », p. 15-26.

Rome[18], il se demande pourquoi le premier culte connu sur le Capitole est rendu à Hercule. Son explication est la suivante : Hercule, de retour de son épreuve face au monstre Géryon, s'étant emparé de ses bœufs fabuleux, traverse le Tibre et s'arrête au pied du Capitole pour se reposer. Le pâtre Cacus, de mauvaise intention, en dérobe quatre paires. Hercule finit par s'en apercevoir et tue Cacus. Évandre, chef du clan local, empêche le lynchage d'Hercule par les autres bergers, reconnaissant en lui le demi-dieu qu'il est. Il faut cependant laver la terre et les cieux de la souillure que représente le meurtre de Cacus. On choisit une paire de bœufs que l'on sacrifie en lieu et place d'Hercule à qui l'on finit par rendre un culte[19].

Le bœuf (taureau, vache, veau, génisse) fait l'objet d'attentions spéciales dans de nombreuses civilisations et religions[20], notamment dans le zoroastrisme et l'hindouisme[21]. En Europe occidentale, le bœuf est la victime principale des sacrifices majeurs dont la mythologie grecque[22] comme romaine regorge[23]. Hésiode fait du partage de Méconé l'origine mythique des sacrifices bovins en Grèce[24] : Prométhée voulant apaiser les dieux à la suite du vol du feu organise un banquet autour du sacrifice d'un bœuf. Mais il maquille les bonnes parts en mauvaises, et inversement. Zeus, pris au piège de l'escroquerie prométhéenne, condamne les hommes à un régime alimentaire différencié d'avec les dieux les éloignant de l'immortalité et instaurant parmi les hommes une hiérarchie politique[25]. Les Romains ont repris ce principe hiérarchique en associant au politique la valeur normative de la parole rituelle : le droit et la justice naissaient du banquet sacrificiel romain[26].

---

18. Tite-Live, *Ab Urbe condita*, (Ier siècle av. J.-C.-Ier siècle ap. J.-C.).

19. M. Serres, *Rome. Le livre des fondations*, Paris, Grasset, 1983.

20. M. Pastoureau, *Le Taureau. Une histoire culturelle*, Paris, Seuil, 2020.

21. G. Dumézil, *À propos de la Plainte de l'Âme du Bœuf : Bulletin de la Classe des lettres et des sciences morales et politiques* 1965, t. 51, p. 23-51.

22. A. Jacquemin, *Le sacrifice dans le monde grec et ses interprétations*, in *Archimède : archéologie et histoire ancienne* 2014, 1, p. 107-113. – J.-P. Vernant et M. Détienne, *La Cuisine du sacrifice en pays grec*, Paris, Gallimard, coll. « Bibl. des histoires », 1979.

23. B. Bernabé, *De l'homo sacer à la « victime-vicaire »*, in B. Bernabé (dir.), *L'avènement juridique de la victime : Revue Histoire de la justice*, n° 25, Paris, Doc. fr., 2015, p. 135-147.

24. Hésiode, *Théogonie* (VIIIe-VIIe siècle av. J.-C.).

25. F. Notario Pachecho, *L'approvisionnement en bœufs sacrificiels dans l'Athènes classique*, in *Pour une histoire de la viande*, B. Laurioux et M.-P. Horard (éd.), Tours, PU François-Rabelais, 2017, p. 39-60. – B. Eck, *La mort rouge*, Paris, Les Belles Lettres, 2012.

26. R. Jacob, *Jus ou la cuisine romaine de la norme : Droit et cultures* 2004, 48, p. 11-62 ; *La question romaine du* sacer. *Ambivalence du sacré ou construction symbolique de la sortie du droit : Revue historique* 2006, vol. 639, n° 3, p. 523-588 ; *La parole impérieuse. Les formes premières du droit en occident I*, Paris, PUF, 2020. – X. Perrot, *Le geste, la parole et le partage. Abattage rituel et droit à Rome : RSDA* 2010, 2, p. 275-289.

BŒUF

Zeus, le taureau et l'idée d'Europe

La dimension politique de la place du bœuf dans la mythologie grecque ne s'arrête pas aux hiérarchies du banquet rituel, mais transcende le temps pour enrichir l'idée contemporaine d'Europe.

Lisons Ovide[27] : « Le père et le souverain des dieux renonce à la gravité du sceptre ; et celui dont un triple foudre arme la main, celui qui d'un mouvement de sa tête ébranle l'univers, prend la forme d'un taureau, se mêle aux troupeaux d'Agénor, et promène sur l'herbe fleurie l'orgueil de sa beauté. (…) Ignorant que c'est un dieu, que c'est un amant qu'elle flatte, [Europe, fille d'Agénor] ose enfin se placer sur son dos. Alors le dieu s'éloignant doucement de la terre, et se rapprochant des bords de la mer, bat d'un pied lent et trompeur la première onde du rivage ; et bientôt, fendant les flots azurés, il emporte sa proie sur le vaste océan. Europe tremblante regarde le rivage qui fuit ; elle attache une main aux cornes du taureau ; elle appuie l'autre sur son dos ; et sa robe légère flotte abandonnée à l'haleine des vents ».

L'idée contemporaine d'Europe se plaît à reprendre sans discernement le vieux mythe grec latinisé par Ovide, que Moschos avait mis en vers avant lui. En 2005, la municipalité d'Agios Nikolaios, en Crète, a fait don à l'Union européenne d'une sculpture des frères Sotiriadis représentant la nymphe Europe chevauchant Zeus/Jupiter métamorphosé en blanc taureau.

Détail intéressant, Europe ne foule pas une unité territoriale, mais une île, un royaume isolé ; elle n'aborde pas l'ensemble géologique continental, mais un démembrement satellite de cet ensemble, dans l'archipel éclaté. Comment aurait-elle pu donner au continent son nom ? Plusieurs étymologies sont retenues. Parmi elles, la plus convaincante réside dans l'hellénisation des deux mots phéniciens désignant le premier l'orient (*açu* = le levant), le second l'occident (*erob* = le couchant). En grec, *açu* serait devenu *asia*, et *erob*, *europè*. Les Latins ont procédé de même en nommant orient (de *origo* = origine) le lieu qui donne naissance au soleil, et occident (de *occidere* = mourir) le lieu où il « meurt » chaque jour. Il y aurait donc une sorte de redondance à employer les mots « Europe occidentale », puisque ces deux mots désignent, étymologiquement, le *couchant*, du point de vue des Phéniciens, qui peuplaient les côtes de l'actuel Liban.

Hérodote évoque Europe à plusieurs reprises et relate l'ignorance dans laquelle il se trouve de remonter à l'origine de son nom : « Quant à l'Europe, personne ne sait si elle est environnée de la mer. Il ne paraît pas non plus qu'on sache ni

27. Ovide, *Les Métamorphoses* (Iᵉʳ siècle av. J.-C.-Iᵉʳ siècle apr. J.-C.), II, 833-875.

d'où elle a tiré ce nom, ni qui le lui a donné ; à moins que nous ne disions qu'elle l'a pris d'Europe de Tyr : car auparavant, ainsi que les deux autres parties du monde, elle n'avait point de nom. Il est certain qu'Europe était Asiatique, et qu'elle n'est jamais venue dans ce pays que les Grecs appellent maintenant Europe ; mais qu'elle passa seulement de Phénicie en Crète, et de Crète en Lycie. C'en est assez à cet égard, et nous nous en tiendrons là-dessus aux opinions reçues[28] ». Certes, *Europè* est un continent. Certes, c'est aussi, dans la tradition, une jeune femme originaire de Tyr, dit-il – et de faire une référence sommaire au mythe de cette jeune femme, parfois qualifiée de nymphe (Hésiode), ayant pour père tantôt Phénix (Homère), tantôt Océan (Hésiode), Agénor (Moschos[29], Ovide), ou Tityos (Pindare[30], Apollonios[31]), et pour mère tantôt Téthys (Hésiode), tantôt Téléphaessa (Moschos). Dans tous les cas – sauf chez Homère – la relation est faite entre la figure féminine et le continent. Une relation qu'Hérodote ne comprend pas, puisque précisément, « Europe était Asiatique, et qu'elle n'est jamais venue dans ce pays que les Grecs appellent maintenant Europe ». Dans cette Antiquité grecque des poètes, des philosophes et des historiens, l'Europe est à la fois une figure mythologique et un « pays », un continent exotique, au sens premier : une terre étrangère réputée très vaste, un espace que les géographes – comme Ératosthène ou Strabon – vont continuer à nommer *Europe* et qu'ils orientent au couchant à partir d'un ancien vocabulaire phénicien, le comparent à l'Asie au levant, et à la Libye, au sud, qui est l'autre nom de l'Afrique. Cette idée géographique de l'Europe n'est alors que confusément liée à la princesse phénicienne qui lui aurait donné son nom. Ce sont les auteurs latins qui prennent le relais de leurs prédécesseurs grecs : Ovide réécrit fidèlement le mythe de la princesse phénicienne, et Horace, dans ses *Odes*[32], fixe définitivement l'origine mythique du nom du continent dans celui de la princesse : « Garde-toi [dit Vénus à Europe] de cette colère, de ces emportements, quand l'odieux taureau t'abandonnera ses cornes pour les mettre en pièces. Tu ne sais pas que c'est du grand Jupiter que tu es l'épouse. Laisse là les pleurs ; sache porter ta haute fortune : une moitié du monde recevra de toi son nom ». Victime d'un rapt de séduction, la nymphe Europe est fécondée par le taureau viril et transportée aux portes d'une terre immense qui ne trouve sa fin qu'à l'endroit même où le soleil vient mourir.

---

28. Hérodote, *L'Histoire* (Ve siècle av. J.-C.), IV, 45.

29. Moschos, *Europè* (IIe siècle av. J.-C.). – J. Irigoin, L'Europé *de Moschos : Revue des Études Grecques* juill.-déc. 1963, t. 76, fasc. 361-363, p. 421-427.

30. Pindare, *Pythiques* (VIe-Ve siècle av. J.-C.), IV, 44.

31. Apollonios, *Argonautiques* (IIIe siècle av. J.-C.), I, 181.

32. Horace, *Odes* (Ier siècle av. J.-C.), III, 3, 47 et III, 27, 25.

Tuer le bœuf et tuer le taureau à l'époque contemporaine

De nos jours, les fondements du droit ou de l'idée européenne ne convoquent plus le bœuf si ce n'est à l'appui d'un folklore à peine symbolique. L'intérêt pour les bovidés porte essentiellement sur la qualité de leur viande, de leur lait et les méthodes de leur abattage.

Il existe cinquante-quatre races bovines reconnues en France par l'arrêté du 29 avril 2015. Et parmi elles, seulement trente-deux races locales au sens du même arrêté, selon lequel « une race est dite locale (...) si des liens suffisants avec un territoire spécifique sont démontrés, notamment si 30 % des effectifs sont situés dans un seul département ou 70 % dans trois départements limitrophes deux à deux ». On y trouve par exemple l'Abondance, l'Armoricaine ou l'Aubrac, la Béarnaise ou la Bretonne pie noir, la Corse, la Ferrandaise ou la Gasconne des Pyrénées, la Salers, bien sûr, ou le Zébu mahorais.

La viande dite « de bœuf » est en réalité, selon la réglementation nationale comme européenne, toute viande provenant de l'espèce *bos taurus* : bœuf (*bos taurus* mâle châtré), mais aussi taureau (*bos taurus* non châtré), vache (*bos taurus* femelle), veau dit broutard (dont la viande est rouge, par opposition au veau « sous la mère » à la viande blanche), ou encore taurillon et génisse. Le droit européen fixe les conditions de traçabilité de la viande bovine dans le règlement n° 1760/2000 du Parlement européen et du Conseil du 17 juillet 2000 « établissant un système d'identification et d'enregistrement des bovins et concernant l'étiquetage de la viande bovine et des produits à base de viande bovine ». Le droit français s'est depuis longtemps doté d'une réglementation stricte, fréquemment mise à jour, concernant la qualité et la conformité de la viande bovine (A. 19 déc. 2012) et du lait de vache (C. rur., art. L. 654-29 et s.).

Le Code rural et de la pêche maritime (art. R. 214-63 et s.) a intégré la notion de « souffrance animale », sans pour autant en déterminer les principes et manifestations, imposant l'étourdissement, notamment des bovins, avant tout abattage, correspondant à « tout procédé qui, appliqué à un animal, le plonge immédiatement dans un état d'inconscience ». Mais l'étourdissement est excepté s'il « n'est pas compatible avec la pratique de l'abattage rituel » (C. rur., art. R. 214-70), pratiqué par certaines religions qui discutent sur le fait de savoir si l'étourdissement « réversible » (non létal) proposé par les pouvoirs publics est compatible avec la méthode d'abattage rituel.

Abattre un bœuf en dehors de cette réglementation non seulement est interdit mais encore est passible de sanction pénale. L'article 521-1 du Code pénal dispose en effet :

> *« Le fait, publiquement ou non, d'exercer des sévices graves ou de commettre un acte de cruauté envers un animal domestique, ou apprivoisé, ou tenu en captivité, est puni de trois ans d'emprisonnement et de 45 000 euros d'amende. (…) Lorsque les faits ont entraîné la mort de l'animal, les peines sont portées à cinq ans d'emprisonnement et à 75 000 euros d'amende ».*

Hergé, Georges Remi dit, (1907-1983), *Tintin en Amérique*, [1931], Casterman, 1946, planche 53, C1-C2, 6 × 6,2 cm © Hergé/ Tintinimaginatio – 2024.

Avec une exception notable :

> *« Les dispositions du présent article ne sont pas applicables aux courses de taureaux lorsqu'une tradition locale ininterrompue peut être invoquée ».*

Cette disposition légale a fait l'objet d'une question prioritaire de constitutionnalité qui s'est soldée par la décision n° 2012-271 QPC du 21 septembre 2012, par laquelle le Conseil constitutionnel a estimé que tout type de corrida en général et la tauromachie (étymologiquement « mise à mort du taureau ») en particulier, « ne portent atteinte à aucun droit constitutionnellement garanti ». Le recours portait essentiellement sur l'atteinte supposée à l'égalité de traitement étant donné que l'alinéa de l'article 521-1 contesté, tout en imposant une interdiction générale de la corrida, en excepte certaines parties du territoire. À vrai dire, ces lieux ne sont pas géographiquement déterminés par la loi : il s'agit de lieux où une « tradition locale ininterrompue peut être invoquée », encore aujourd'hui au Pays basque et dans le Gard (Nîmes et Arles). C'est au juge judiciaire qu'appartient l'appréciation de ce qu'est une « tradition locale ininterrompue », le Conseil constitutionnel ayant décidé que « cette notion, qui ne revêt pas un caractère équivoque, est suffisamment précise pour garantir contre le risque d'arbitraire[33] ».

Boris BERNABÉ
Doyen honoraire
Professeur d'histoire du droit, Université Paris-Saclay
Laboratoire Droit et Sociétés religieuses (EA 1611)

33. E. de Monredon, *Toros, culture et constitution : RFD const.* 2016, vol. 106, n° 2, p. 367-390.

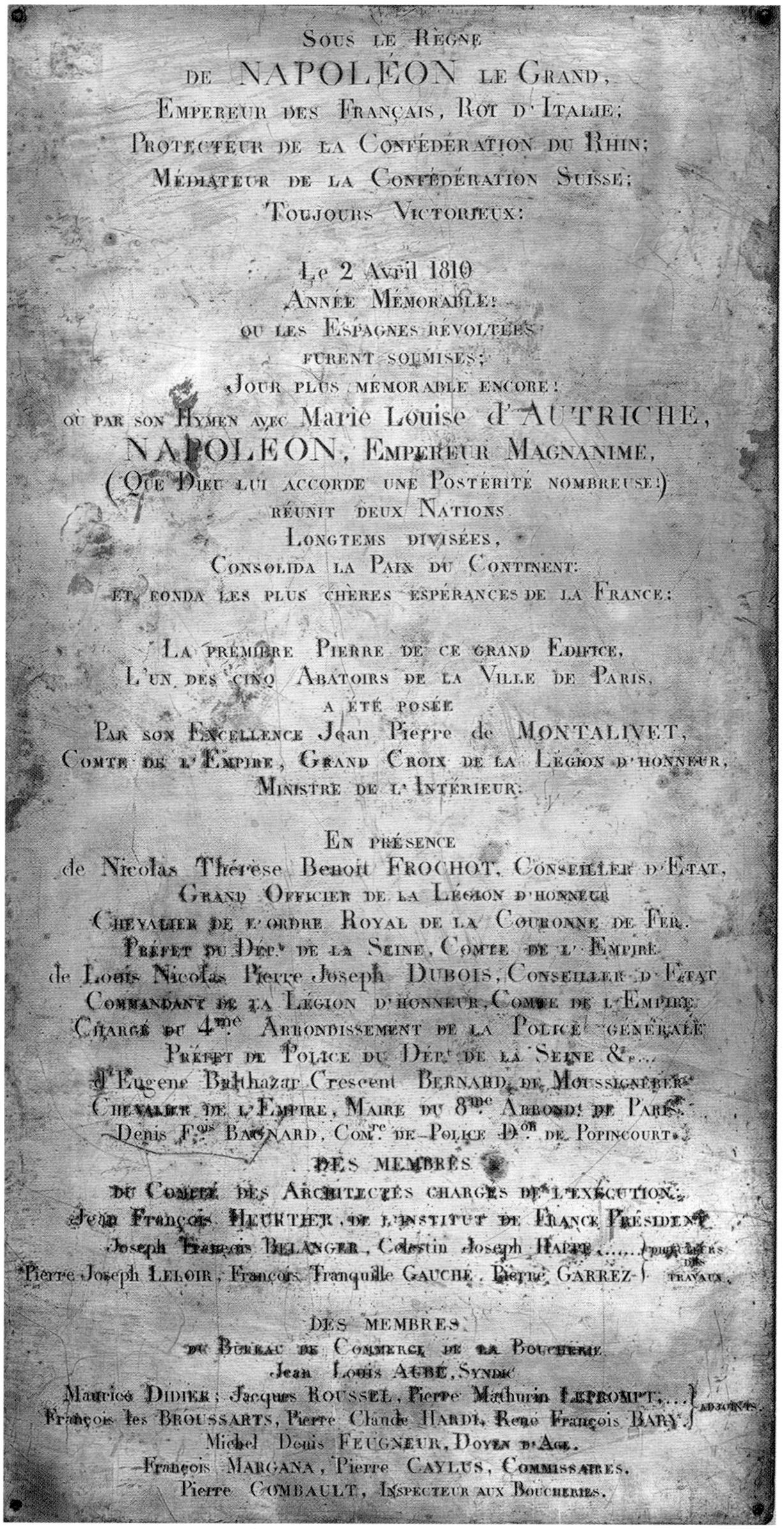

Pose de la première pierre de l'abattoir de Ménilmontant ou de Popincourt, 2 avril 1810, Plaque commémorative, 64,9 × 32,6 cm, France, Paris, Musée Carnavalet, AI77/2, © Musée Carnavalet Histoire de Paris © Domaine public.

Des tueries aux abattoirs Réglementation et sensibilités (1810-1964)

Xavier PERROT
Professeur d'histoire du droit
Université Clermont Auvergne, Centre Michel de l'Hospital (UR 4232)
Co-Directeur de la *Revue Semestrielle de Droit Animalier*,
auteur de Ad bestias… *Regards sur le droit animalier* (Neta Vania, PULIM, 2023)

Avant que les abattoirs n'apparaissent au début du XIXe siècle, la mise à mort des animaux de boucherie est une prérogative des bouchers qui tuent, débitent et vendent en un même local, généralement dans un quartier urbain spécifique. On ne parle pas encore d'abattoir, mais de « tuerie » pour la mise à mort et « d'affachoir » pour la préparation de la viande.

Ce qui caractérise la période qui précède l'avènement des abattoirs, c'est la visibilité (voir la mise à mort pour vérifier d'où vient la viande, constater qu'elle est saine ou corrompue) et la proximité (les tueries se situent en milieu urbain). Les problèmes d'hygiène sont constants et dénoncés de longue date ; la ville prémoderne est malsaine, parcourue de miasmes, pestilentielle par endroits[1]. Pourtant, les autorités, urbaines et royale, se révèlent incapables de reléguer les tueries hors des villes. Cela tient à la puissance des corporations de bouchers[2], des hommes importants dont certains sont

1. Sur l'histoire de l'hygiène et du rapport au sale, *cf.* A. Corbin, *Le miasme et la jonquille. L'odorat et l'imaginaire social XVIIIe – XIXe siècle*, Paris, Flammarion, coll. « Champs Histoire », 2016 et égal. G. Vigarello, *Le propre et le sale. L'hygiène du corps depuis le Moyen Âge*, Paris, Seuil, 1995.

2. R. Abad, *Les tueries à Paris sous l'Ancien Régime ou pourquoi la capitale n'a pas été dotée d'abattoirs aux XVIIe et XVIIIe siècles : Histoire, économie et société* 1998/4, p. 649-676. V. égal. S. Watts, *Boucherie et hygiène à Paris au XVIIIe siècle : Rev. d'histoire moderne et contemporaine*, 2004/3, 51, p. 79-103.

riches et influents, même si pèse sur eux depuis toujours la défaveur d'une profession marquée par la violence et le sang.

Malgré cette commune réprobation sociale des tueries, on ne parvient pas à trouver le remède contre les maux que cette activité véhicule. À la fin du XVIIIe siècle toujours, Louis Sébastien Mercier dresse un constat accablant de la situation dans son *Tableau de Paris*, où les tueries sont présentées comme responsables d'accidents, d'encombrements, de nuisances olfactives et auditives, mais aussi comme un spectacle démoralisant pour la population[3]. Très vite le constat fait place à l'inquiétude, celle de la dangerosité des miasmes urbains que ce genre d'activité provoque. Une chaire d'hygiène est d'ailleurs créée à Paris en 1794. Son premier titulaire est le professeur Jean-Noël Hallé, « infatigable arpenteur olfactif des deux rives » de la Seine « qui mène la bataille de la désodorisation »[4]. Parmi les industries polluantes qu'il dénombre, les tueries occupent une place de choix.

L'historiographie a montré que la sensibilité à la puanteur, au déchet, et à l'immondice a son histoire. Alain Corbin est l'un de ces historiens pour qui « l'horreur a son pouvoir » et, parce que « le déchet nauséabond menace l'ordre social », il faut tout mettre en œuvre pour assurer « la rassurante victoire de l'hygiène »[5]. Quant à Maurice Agulhon, il avait, lui, un peu plus tôt, jeté les bases d'une socio-histoire de la violence au prisme de la mort animale, où il est largement question de l'abattage des bêtes de boucherie[6]. Ces deux exemples historiographiques insistent sur les deux pôles, sanitaire et moral, d'une conception de l'hygiène qui se déploie tout au long du XIXe siècle. C'est la combinaison de l'hygiénisme sanitaire (par la crainte du sale et des maladies) et de l'hygiénisme moral (par la peur que la violence des abattages publics et la vue du sang ne communiquent des habitudes de cruauté à la population) qui va, au début de ce siècle, favoriser la promotion de l'abattoir par nécessité publique (I). Quant au sort peu enviable réservé aux animaux de boucherie dans les abattoirs, il a aussi son histoire. Celle-ci est plus récente, elle s'appuie sur une réglementation sanitaire du second XXe siècle qui octroie une place au bien-être animal dans les abattoirs (II). C'est pourquoi la normativité qui entoure l'objet « abattoir » et la mise à mort des animaux de boucherie, sur laquelle cette étude insiste plus particulièrement, est inséparable de l'évolution des sensibilités tant en ce qui concerne l'hygiène, que la santé et le bien-être des animaux.

---

3. L. S. Mercier, *Tableau de Paris*, 8 vol., Amsterdam, 1782-1783, rééd. 2006, Paris, La Découverte Poche / Littérature et voyages, n° 61.

4. A. Corbin, *Le miasme et la jonquille…*, *op. cit.*, p. 9.

5. *Ibid.*, p. 11.

6. M. Agulhon, *Le sang des bêtes. Le problème de la protection des animaux en France au XIXe siècle* : *Romantisme*, 1981, 31, p. 81-109.

I. – Répondre au nouvel ordre public sanitaire : l'invention des abattoirs au XIXe siècle

Avec la suppression des corporations durant la Révolution, les tueries d'animaux de boucherie ne sont plus encadrées, ce qui amplifie des problèmes qui étaient récurrents déjà sous l'Ancien Régime, d'hygiène, de sensibilité (à la mise à mort, à la vue du sang, aux cris des bêtes) mais encore de circulation des animaux et de sécurité des personnes. Or les questions de santé, avec la diffusion des théories aéristes au XVIIIe siècle, mais aussi de sensibilité à la souffrance animale[7] et au spectacle immoral de ces hécatombes publiques, deviennent une préoccupation de la puissance publique au début du siècle. La fonction de vigilance rattachée à la puissance publique conduit désormais celle-ci à intervenir en matière de salubrité publique[8] et les premiers textes juridiques de nature hygiéniste apparaissent[9]. Dès l'origine de l'histoire des abattoirs, on observe ainsi la volonté de les placer sous l'autorité d'une puissance de police. Ils relèvent dans un premier temps du ministère de l'Intérieur, administration compétente en matière d'hygiène publique. Cette décision va entraîner à terme la perte d'une prérogative à laquelle les bouchers étaient pourtant particulièrement attachés, l'abattage, qui constituait un véritable monopole de la profession sous l'Ancien Régime[10].

L'origine de ce processus débute avec la création des premiers abattoirs dans la capitale, sous le Premier Empire. Le 31 janvier 1810, Napoléon Ier donne l'ordre à son ministre de l'Intérieur, le comte de Montalivet, de faire procéder à la construction de cinq abattoirs dans Paris[11]. Les établissements sont livrés en 1818, situés à proximité de l'enceinte des Fermiers généraux : trois se trouvent sur la rive droite, ceux du Roule, de Montmartre et de Ménilmontant, les deux autres sont situés sur la rive gauche, les établissements de Grenelle et de Villejuif. Afin de répondre aux nouvelles exigences en matière d'hygiène, de sécurité et de santé publique, les abattoirs sont tous éloignés du centre de la capitale, pourvus d'adductions d'eau et dotés d'enclos à bestiaux.

---

7. É. Baratay, *La promotion de l'animal sensible. Une révolution dans la Révolution* : *Rev. historique* 2012/1, n° 661, p. 131-153. V. égal. P. Serna, *L'animal en République – 1789-1802, genèse du droit des bêtes*, Toulouse, éd. Anacharsis, 2016.

8. P. Legendre, *Trésor historique de l'État en France. L'administration classique*, Paris, Fayard, 1992, p. 234.

9. G. Jorland, *Une société à soigner : Hygiène et salubrité publique en France au XIXe siècle*, Paris, Gallimard, coll. « Bibl. des histoires », 2010.

10. R. Abad, *Les tueries à Paris sous l'Ancien Régime...*, art. cit., p. 649-676.

11. *Gazette nationale ou le Moniteur universel*, 10 févr. 1810, n° 41, p. 1. V. égal. *Correspondance de Napoléon Ier*, t. 20, année 1810, Paris, imprimerie impériale, 1858-1869, p. 190-191 (16188. Note pour le ministre de l'Intérieur). Voir figure 1, Pose de la première pierre de l'abattoir de Ménilmontant ou de Popincourt, 2 avril 1810.

A. – Des établissements publics dangereux, insalubres et incommodes

Cette initiative s'inscrit dans le contexte général de normalisation et de mise sous contrôle des activités artisanales et industrielles présentant un risque pour la sécurité et la salubrité publiques. Le texte emblématique de cette politique hygiéniste est le décret impérial du 15 octobre 1810 relatif aux établissements dangereux, insalubres et incommodes[12]. Le décret dresse une nomenclature des établissements selon leur niveau de nuisance et/ou de dangerosité qui ne variera pas jusqu'au XXe siècle en ce qui concerne les abattoirs, malgré plusieurs refontes du texte d'origine[13]. Les abattoirs relèvent de la première classe, celle dont les établissements doivent être éloignés des habitations particulières[14]. La création d'un abattoir nécessite par conséquent l'obtention d'une autorisation préalable délivrée par l'autorité administrative, nécessairement précédée d'une enquête d'utilité publique[15].

La création des abattoirs n'a pas provoqué l'arrêt de l'activité des tueries qui sont dites « particulières », parce qu'elles appartiennent à des personnes privées, en général des bouchers. On en trouve jusqu'au milieu du XXe siècle sur l'ensemble du territoire urbain et rural, en règle générale dans les localités non pourvues d'un abattoir public[16]. Ces tueries sont des établissements de deuxième classe, par conséquent leur éloignement des habitations n'est pas considéré comme rigoureusement nécessaire[17].

B. – Interventionnisme sanitaire

En dépit de l'initiative napoléonienne, la mise en adéquation des idées hygiénistes avec la réalité de l'abattage n'est pas immédiate. C'est ce que constatent encore au

12. Décret impérial du 15 octobre 1810 relatif aux Manufactures et Ateliers qui répandent une odeur insalubre ou incommode, in *Bulletin des lois de l'Empire français,* 4e série, t. 13e, *Contenant les lois rendues pendant le second semestre 1810*, Paris, Imprimerie nationale, 1811, n° 6059, p. 397. Sur le contexte des nuisances à l'âge industriel où il est question des abattoirs publics, V. F. Jarrige et Th. Le Roux, *La contamination du monde. Une histoire des pollutions à l'âge industriel*, Paris, Seuil, 2017.

13. Dalloz, *Répertoire méthodique et alphabétique de législation de doctrine et de jurisprudence*, t. 33, Paris, 1854, V° *Manufacture*, n° 17.

14. D. 15 oct. 1810, art. 1er et 10. Le tableau des établissements dangereux, insalubres et incommodes annexé au décret de 1810 identifie comme inconvénients l'odeur et l'altération des eaux pour les abattoirs et l'odeur et le danger des animaux pour les tueries. On peut consulter le tableau in L. Béquet, *Répertoire du droit administratif*, t. 16, Paris, Dupont, 1899, V° *Établissements dangereux, insalubres ou incommodes*, p. 46 et s., par J. Dejamme.

15. La forme de l'enquête est fixée avec le décret du 15 octobre 1810, complété par l'ordonnance du 23 août 1835. *Cf.* L. Béquet, *Répertoire..., op. cit.*, t. 3, V° *Bêtes*, p. 377, n° 305, par Brossard-Marsillac.

16. Les tueries privées seront supprimées dans les années 1960. V. *infra*, note 43.

17. L. Béquet, *Répertoire..., op. cit.*, t. 16, V° *Établissements dangereux, insalubres ou incommodes*, p. 44.

début de la décennie 1840 Félix et Louis Lazare, auteurs du *Dictionnaire administratif et historique des rues de Paris et de ses monuments*. Ils indiquent ainsi à propos des abattoirs parisiens qu'il semble difficile d'y combattre « l'esprit de routine » et des traditions bouchères rétives aux innovations sanitaires[18]. À la fin du siècle toujours, c'est cette fois-ci le conseiller d'État Brossard Marsillac, auteur de la notice « Bêtes » dans le *Répertoire du droit administratif* de Léon Béquet, qui déplore qu'en dépit des avantages incontestables que les abattoirs présentent « sur les écorcheries[19] et tueries particulières disséminées dans les divers quartiers d'une ville, ce n'est cependant qu'une conquête toute récente de l'hygiène publique ; et s'il est aujourd'hui très peu de grandes villes, en France, qui n'aient un ou plusieurs abattoirs, il y a lieu de regretter qu'un trop grand nombre de localités en soient encore privées »[20].

C'est seulement en effet à partir de l'épidémie de choléra de 1832 et les inquiétudes qu'elle suscite face aux milliers de morts qu'elle provoque, que le risque sanitaire va devenir une priorité de la puissance publique. La santé publique se soucie dès lors tant des hommes, dont l'indispensable force de travail pour le pays est menacée par la maladie, que des animaux de boucherie, dont la fonction est de nourrir la population. Les premiers sont confiés au médecin, les seconds sont placés sous la surveillance du vétérinaire, l'un et l'autre se hissant dans le courant du siècle au rang d'auxiliaire incontournable de l'ordre public sanitaire. Conseils d'hygiène et sanitaire vont alors progressivement se multiplier, contribuant à l'accélération de l'institutionnalisation des abattoirs à la fin du siècle[21]. En parallèle, s'il n'est pas question de supprimer les tueries par crainte des bouchers qui demeurent très organisés, l'ordonnance du 1er avril 1838 contraint à la fermeture celles situées à proximité d'un abattoir public mis en fonction et exploité par une commune[22].

Ce mouvement de fond au bénéfice des abattoirs est renforcé durant le second XIXe siècle par l'intensification de l'interventionnisme sanitaire de l'État. C'est à cette fin que le droit de police du maire l'autorise à « prescrire toutes les mesures de garantie que de la salubrité publique exige », ainsi que celles « touchant à la santé

---

18. F. et L. Lazare, *Dictionnaire administratif et historique des rues de Paris et de ses monuments*, Paris, F. Lazare éd., 1844, V° *Abattoirs*.

19. Lieu où sont « écorchés » les animaux, *i.e.* dépouillés.

20. L. Béquet, *Répertoire…*, *op. cit.*, t. 3, V° *Bêtes*, p. 377.

21. S. Muller, *Les abattoirs sous haute surveillance. Politiques et normalisation sanitaires à Saint-Maixent-l'École, du XIXe au milieu du XXe siècles* : *Rev. d'histoire moderne & contemporaine* 2004/3, n° 51-3, p. 104-120, ici p. 106.

22. L'ordonnance est complétée par un décret du 27 mars 1894 qui dispose qu'un arrêté préfectoral autorisant l'ouverture d'un abattoir public fixe le périmètre dans lequel les tueries doivent être supprimées (L. Béquet, *Répertoire…*, *op. cit.*, t. 16, V° *Établissements dangereux*, insalubres ou incommodes, p. 91).

publique des hommes ou à la préservation de la contagion des animaux »[23]. Il n'est en effet qu'à consulter le chapitre que le *Répertoire du droit administratif* de 1885 consacre aux « mesures spéciales contre les maladies des animaux », pour comprendre qu'il s'agit d'un sujet de préoccupation extrêmement sérieux[24]. C'est dans la crainte des épizooties, de l'insécurité alimentaire et « dans l'intérêt de la salubrité générale » qu'est ainsi adoptée l'importante loi du 21 juillet 1881 sur la police sanitaire des animaux, qui place les abattoirs publics et les tueries particulières sous une surveillance accrue[25]. L'arsenal normatif s'enrichit ensuite de façon significative durant tout le premier XXe siècle[26].

Dans ce cadre sanitaire de plus en plus contraignant, l'agent inspecteur qualifié du sain et du propre devient le vétérinaire, véritable « hussard de l'hygiénisme » sous la Troisième République[27]. Certes, pendant un temps les inspecteurs sanitaires des abattoirs sont des bouchers et des maréchaux-ferrants ; il faut dire que les municipalités sont pour certaines réticentes à faire assumer la charge des appointements d'un vétérinaire aux contribuables de la commune. Mais sous la Troisième République l'intérêt public commande que les vétérinaires se substituent aux bouchers, dépositaires d'un savoir animal empirique désormais déprécié, disqualifié par l'hygiénisme que la nouvelle élite sociale appelle de ses vœux. En 1895 à Paris, c'est par conséquent le service vétérinaire qui est chargé de l'inspection des abattoirs, une initiative de l'influent professeur Barrier, alors directeur de l'École vétérinaire d'Alfort. Le corps des vétérinaires s'impose comme l'autorité officielle de l'inspection sanitaire[28], en application de la loi de 1881 qui dispose que « les abattoirs publics et les tueries particulières sont placés d'une manière permanente sous la surveillance d'un

---

23. L. Béquet, *Répertoire…*, *op. cit.*, t. 3, V° *Bêtes*, n° 311.

24. *Ibid.*, p. 379 et s.

25. L. 21 juill. 1881 sur la police sanitaire des animaux : *JO* 24 juill. 1881, p. 4068 et s. V. aussi le décret d'application du 22 juin 1882. *Cf.* L. Béquet, *Répertoire…*, *op. cit.*, t. 3, V° *Bêtes*, p. 378, n° 315.

26. Sans être exhaustif, on peut citer : la loi du 21 juin 1898 sur le Code rural et le décret du 6 octobre 1904 pris pour l'exécution de cette loi ; les décrets du 11 juin 1905 et du 14 mai 1920 sur la police sanitaire des animaux à l'importation ; les décrets du 22 juin 1917, du 3 juin 1929, du 22 octobre 1929, du 3 juillet 1930, du 21 novembre 1930, du 13 juillet 1937 modifiant la liste des maladies contagieuses ; la loi du 7 juillet 1933 sur la prophylaxie de la tuberculose des bovidés et le contrôle de la salubrité des viandes, et le décret du 29 septembre 1935 pris pour l'application de cette loi ; la loi du 8 janvier 1905 sur les abattoirs, modifiée par la loi du 8 avril 1910 et la loi du 8 janvier 1921 ; le décret du 24 août 1908 fixant les droits et redevances des usagers des abattoirs ; l'acte dit loi du 11 janvier 1941 relative à l'extension du périmètre d'action des abattoirs ; la loi du 17 juin 1939 relative à l'exercice de la médecine et de la chirurgie des animaux ; l'acte dit loi du 2 février 1942 sur l'équarrissage des animaux ; ou encore l'acte dit loi du 8 février 1942 relative à la fabrication et à la vente des produits organiques destinés au diagnostic, à la prévention et au traitement des maladies des animaux.

27. D. Baldin, *De l'horreur du sang à l'insoutenable souffrance. Élaboration sociale des régimes de sensibilité à la mise à mort des animaux (XIXe-XXe siècle)* : *Vingtième Siècle. Revue d'Histoire* 2014/3, n° 123, p. 52-68, ici p. 63.

28. S. Muller, *Les abattoirs sous haute surveillance…*, art. cit., p. 104-120, ici p. 111.

vétérinaire délégué à cet effet »[29]. Les bouchers ont beau résister au processus de rationalisation en cours, la domination sociale passe définitivement du côté de l'ordre public sanitaire. La généralisation des abattoirs, la reconnaissance du savoir moderne des vétérinaires et la santé érigée en politique publique[30] modifient en profondeur l'activité des bouchers. À partir du début du XXe siècle, l'abattage est progressivement réservé au personnel des abattoirs, c'est le travail des « tueurs », et la boucherie devient le métier que l'on connaît toujours aujourd'hui, limité à la découpe de la viande et à la vente aux particuliers ; « Le "tueur" reste à l'abattoir et le boucher se voit "innocenté" de la mort de l'animal »[31].

De ce point de vue, l'abattoir est censé matérialiser l'espace idéal du changement de paradigme hygiéniste. Toutefois, le modèle du genre n'est pas français, ni même européen, mais étatsunien avec les abattoirs de Chicago qui, pour la première fois à partir de 1865, appliquent le travail à la chaîne et développent l'industrie de la transformation de la viande à destination d'une population en plein essor démographique et de plus en plus consommatrice de viande[32]. Cela étant, la fonction première de l'abattoir n'a jamais été la production de masse standardisée. En réponse à l'hygiénisme sanitaire et moral, l'intention programmatique visait en premier lieu à faire passer l'abattage des animaux de boucherie, du sale au propre et du montré au caché.

C. – Le propre et le sale, le montré et le caché

Si, avec les décrets napoléoniens, la relégation des abattoirs en périphérie des villes est présentée comme une mesure de salubrité publique, elle doit être également interprétée comme une opération d'occultation de la mise à mort des animaux pour des raisons morales. Le docteur Blatin, médecin hygiéniste et membre actif de la Société protectrice des animaux (SPA) créée en 1846, le dit très clairement sous le Second Empire dans un texte au titre évocateur puisqu'il traite des « cruautés commises envers les animaux », au double détriment « de l'hygiène » et de « la

29. L. Béquet, *Répertoire…*, *op. cit.*, t. 3, V° *Bêtes*, n° 317. Par la suite, la loi du 21 juin 1898 reprise par le Code rural institue dans chaque département la création « d'un service des épizooties chargé de l'exécution de toutes les prescriptions de police sanitaire » (*ibid.*). La loi du 12 janvier 1909 rend quant à elle obligatoire l'organisation de tels services d'inspection sanitaire.

30. G. Vigarello, *Histoire des pratiques de santé. Le sain et le malsain depuis le Moyen Âge*, Paris, Points, 2015, p. 279-280.

31. D. Baldin, *De l'horreur du sang…*, art. cit., p. 52-68, ici p. 58.

32. J.-L. Peaucelle, *Les abattoirs de Chicago à la fin du XIXe siècle : Rev. française de gestion industrielle* 2004/1, vol. 23, p. 25-36.

morale »[33]. Pour le docteur ami des bêtes, les abattoirs ont une fonction morale déterminante, car ils « cachent au peuple, et surtout aux regards curieux de l'enfant, des actes propres à retarder son éducation morale, ou même à développer chez lui de dangereux instincts »[34]. Au-delà de l'impératif sanitaire, l'abattoir a ainsi également pour fonction d'épargner le spectacle mortifère de la vue du sang, de la souffrance des animaux et de leur mise à mort, au risque sinon d'habituer toute une population à une cruauté que la puissance publique redoute depuis le souvenir traumatique de la sanglante révolution de 1848[35]. Éloigné des centres urbains, l'abattoir doit idéalement être situé à l'abri des regards, protégé par des murs élevés et proche d'un cours d'eau, ce qui n'interdit pas les gestes architecturaux insistant sur la fierté des communes à posséder de tels établissements[36]. Dans l'encyclopédie dirigée par Pierre Leroux de 1836, Jean Reynaud, disciple de Charles Fourier, se félicite de cette création dans l'article qu'il consacre aux abattoirs :

> *« On peut aussi se demander si les mœurs publiques n'ont point gagné quelque douceur à être ainsi rendues complètement étrangères aux pernicieux exemples de ces scènes cruelles : sans doute, c'est une impérieuse condition de notre nature qui nous force à égorger les animaux pour entretenir notre chair avec la leur, mais il est humain et profitable de laisser tomber un voile sur le tableau des meurtres ; il faut qu'ils demeurent relégués dans le silence de l'enceinte où l'utilité publique les commande »*[37].

Cacher la mort et étouffer les cris, le bâtiment affiche là une partie de son dispositif fonctionnel externe. Quant à l'interne, il n'est pas oublié par l'idéologie hygiéniste. Le *Répertoire de droit administratif* de Léon Béquet, pourtant centré sur la réglementation technique sanitaire dans les passages qu'il consacre aux abattoirs, s'en fait lui-même l'écho, ce qui montre que l'agencement interne des bâtiments n'est pas neutre et répond au contraire à une rationalisation permettant de combiner efficacité, sécurité et hygiène :

---

33. H. Blatin, *Nos cruautés envers les animaux au détriment de l'hygiène, de la fortune publique et de la morale*, Paris, Hachette, 1867. Sur le docteur Blatin, V. E. Pierre, *La souffrance des animaux dans les discours des protecteurs français au XIXe siècle* : *Études rurales* 1998, n° 147-148, « Mort et mise à mort des animaux », p. 81-97, ici p. 86.

34. H. Blatin, *Nos cruautés envers les animaux…*, *op. cit.*, p. 326.

35. V. à ce sujet l'article séminal de M. Agulhon, *Le sang des bêtes…*, art. cit., p. 81-109 qui reprend le titre du célèbre documentaire que Georges Franju avait consacré en 1949 aux abattoirs de Vaugirard et de la Villette.

36. Pour un exemple lillois, v. *https://art.rmngp.fr/fr/library/artworks/lille-l-abattoir?force-download=206522*.

37. *Encyclopédie nouvelle ou dictionnaire philosophique, scientifique, littéraire et industriel offrant le tableau des connaissances humaines au XIXe siècle* : P. Leroux et J. Reynaud (dir.), Paris, Librairie de C. Gosselin, 1836, t. I, p. 3.

> « *Tout abattoir se compose en général de quatre parties très distinctes : 1° la* bouverie, bergerie, porcherie, *où sont conduits directement les animaux provenant des marchés ; 2° l'abattoir proprement dit où* échaudoir ; *3° la* triperie *ou atelier où sont préparés les issues ; 4° le* fondoir, *où sont travaillés le suif et les graisses* ».

C'est ce qu'a bien montré Noélie Vialles à l'issue d'une enquête de terrain qui, bien que menée au sein des abattoirs des pays de l'Adour à l'époque contemporaine[38], se révèle très pertinente pour comprendre le phénomène sur la longue durée, en lien avec l'évolution des régimes de sensibilité. L'anthropologue constate que la structure de l'abattoir est avant tout conçue pour isoler la chair consommable, de l'animal sur pied, en somme à disjoindre le produit, de l'animal dont il est tiré. L'espace intérieur distingue dès lors nettement deux secteurs antagoniques, le secteur « souillé » et le secteur « propre » : le premier est l'endroit où les bétaillères déchargent les animaux et où ces derniers sont stockés, il s'agit de l'espace du vivant, du chaud et du moite ; le second est l'espace de stockage de la viande, des carcasses rosées et estampillées, opposé au premier, il s'agit du secteur de l'inerte, de l'exsangue, du froid. Entre les deux se trouve le hall d'abattage qui fonctionne comme « disjoncteur » entre le vif et le mort : la saignée manifeste l'instant ultime de la disjonction. L'opération consiste à disjoindre matière vivante (animale) et matière inerte (viande). La finalité de l'organisation fonctionnelle du bâtiment consiste à désanimaliser la viande, afin que les consommateurs achètent davantage un produit qu'une bête morte. Or, faire du *bon à consommer* ne va pas sans faire du *propre à consommer* ; le processus de transformation est en effet sous-tendu par une logique de l'hygiène, ce que confirme une réglementation sanitaire toujours plus stricte qui s'adresse tant au personnel qu'à l'organisation spatiale. C'est ainsi que la présence du blanc doit servir à atténuer l'omniprésence de l'autre couleur concurrente, le rouge. À l'opposé du rouge, couleur de la violence, le blanc est la couleur du neutre, voire de l'invisible que l'abattoir moderne s'est donné pour programme. Quant à l'eau, dont la législation n'a de cesse de répéter la nécessité au sein des abattoirs, elle est à la fois l'anti-sang mais aussi l'indispensable agent antiseptique favorisant le passage du sale au propre, de l'impur au pur.

Signe également d'un changement profond de la sensibilité, le vocabulaire lui-même a connu une transformation remarquable dans le courant du XIXe siècle. Abattoir est un terme de création récente[39] dérivé de celui d'abattage qui, dans son sens premier, ne concernait pas les animaux mais les arbres. Or, dans la sixième édition du *Dictionnaire*

38. N. Vialles, *Le sang et la chair. Les abattoirs des pays de l'Adour,* Paris, MSH/Ministère de la Culture et de la Communication, 1987.

39. La première attestation date de 1806. *Cf.* www.cnrtl.fr/etymologie/abattoir.

de l'Académie française de 1832, le sens du mot abattage s'est enrichi pour désigner en plus de l'« action d'abattre les bois qui sont sur pied », également « l'action de tuer, de mettre à mort les chevaux, les bestiaux, *etc.* »[40] Quant à « Abattoir », qui apparaît pour la première fois dans cette édition, il est défini comme le « bâtiment où l'on tue les bestiaux pour les boucheries »[41]. La mutation sémantique n'est bien entendu pas neutre, le terme « tuerie » étant trop explicite d'une violence qu'il s'agit de taire par le vocabulaire, après l'avoir dissimulée par l'architecture. Un nouveau répertoire boucher apparaît dès lors avec des termes comme « fleurer la viande » ou « équarrissage », par exemple, évoquant davantage, comme le rappelle Noélie Vialles, la forêt et le travail du menuisier que la tuerie des bêtes et les métiers de sang. L'anthropologue parle là d'une opération de « végétalisation du langage » qui, en sus de l'occultation, contribue à euphémiser la mort des animaux destinés à la consommation des hommes[42].

Au tournant du XXe siècle, l'ambition programmatique sanitaire et morale de l'abattoir est en voie de normalisation, même si le cycle ne s'achève véritablement que dans les années 1960 à la suite de l'adoption d'un plan de suppression des tueries privées[43]. C'est un autre défi toutefois auquel les abattoirs vont devoir faire face durant le XXe siècle, celui de la sensibilité croissante à l'égard de la souffrance animale à travers l'épineux problème de l'étourdissement préalable à la mise à mort.

---

40. *Dictionnaire de l'Académie française*, 6e éd., 1832-1835, V° *Abatage*. Dans cette version du dictionnaire, le mot ne prend qu'un seul « t ».

41. *Ibid.*, V° *Abattoir*.

42. N. Vialles, *Le sang et la chair…*, *op. cit.*, p. 22 et s.

43. C. Rémy, *Une mise à mort industrielle « humaine » ? L'abattoir ou l'impossible objectivation des animaux : Politix* 2003, vol. 16, n° 64, p. 51-73, ici p. 55.

II. – Introduire la question de la souffrance animale au sein des abattoirs : la poussée du concept d'animal sensible au XXe siècle

Avec le développement des abattoirs au XIXe siècle qui voit la promotion de l'hygiène sanitaire et morale au rang d'intérêt public, les procédés de mise à mort des animaux de boucherie sont reconsidérés à l'aune des enjeux sanitaires, de sécurité, de rentabilité et d'efficacité. Traditionnellement les bêtes sont tuées par saignée sans avoir été au préalable étourdies, à l'exception non systématique des grands animaux comme les bœufs et les chevaux pour des raisons de sécurité. La question de l'étourdissement des animaux préalablement à l'abattage est avant tout un problème pratique qui intéresse les professionnels, bouchers mais aussi vétérinaires. Si obligation il y a parfois à insensibiliser les animaux avant l'abattage, l'injonction relève d'une normativité interne aux abattoirs, celle des règlements intérieurs, mais pas de la puissance publique qui tardera à se saisir de cette question.

A. – Humaniser l'abattage !

Comment dès lors expliquer la multiplication des innovations techniques en la matière, durant le second XIXe siècle ? Diverses méthodes d'insensibilisation sont en effet expérimentées avant d'être généralisées dans les abattoirs. Il s'agit de dépasser l'emploi du merlin anglais, jugé trop aléatoire. Le progrès à l'œuvre commande de se tourner désormais vers les techniques modernes, donc efficaces. Le « masque Bruneau » connaît un vrai succès à la fin du siècle[44], mais est toutefois assez vite remplacé durant l'entre-deux-guerres par l'électrification, le pistolet d'abattage venu d'Angleterre, ou encore le gazage. Le recours à ces moyens modernes a pour but, une fois encore, d'euphémiser la mort animale. C'est toujours l'hygiénisme moral qui est à l'œuvre ici, l'idée étant de protéger l'animal pour l'homme en permettant par une opération purement technique, l'insensibilisation, de déconscientiser chez le « tueur » l'acte de mise à mort[45].

---

44. « (...) Mr Bruneau masque le bœuf dans la bouverie ; il a soin de passer la courroie qu'il fixe derrière les oreilles de la bête. De cette façon, la plaque s'applique parfaitement sur le frontal. À l'emplacement de la cervelle, ce masque est percé d'un trou assez large pour qu'on puisse y introduire un boulon qui n'est guère plus gros ni plus long que l'index. Le tueur, à qui la bête vient d'être amenée, place ce boulon dans le trou du masque, puis d'un seul coup de maillet, il l'enfonce dans le crâne. Le bœuf tombe (...). Par le petit trou que le boulon vient de percer dans la cervelle, on introduit une longue baguette de jonc. À peine a-t-elle touché la moelle que le mouvement convulsif des pattes s'arrête. L'animal déjà insensible est foudroyé. L'usage du masque Bruneau est aujourd'hui presque général aux Abattoirs » (H. Le Roux, *Aux abattoirs*, in *Le monde illustré*, n° 1718, p. 131 et s.).

45. N. Vialles, *Le sang et la chair...*, *op. cit.*, p. 55 et C. Rémy, *Une mise à mort industrielle « humaine » ?...*, art. cit., p. 51-73, ici p. 57.

L'étourdissement provoque en effet la perte de conscience de l'animal, ce qui facilite la saignée et est censé éviter tout stress et douleur à la bête.

C'est dans ce sens que doivent être comprises ces innovations techniques qualifiées par la doctrine vétérinaire « d'humanitaires », car on voit là le moyen moderne permettant de préserver la conscience des hommes, tout en évitant aux animaux des souffrances inutiles. Ainsi « humaniser l'abattage, c'est avant tout procéder à un étourdissement instantané et indolore »[46] qui présente l'avantage de déculpabiliser l'homme. C'est pourquoi une telle protection humanitaire des animaux est majoritairement soutenue tant par les vétérinaires que par la SPA, et ce jusqu'au milieu du XXe siècle[47]. Il ne s'agit pas là de parler pour l'animal, mais bien de protéger l'animal pour l'homme, une conception que l'on retrouve également dans l'esprit de la loi Grammont de 1850 qui sanctionne les actes de cruauté commis envers les animaux domestiques en public, mais pas ceux perpétrés dans l'espace privé. Cette protection humanitaire va toutefois contribuer à faire émerger une doctrine concurrente, qui va placer la souffrance animale au centre de la réflexion.

B. – Étourdissement préalable

Si, à l'opposé de l'animal-machine[48], la reconnaissance en soi de la souffrance animale n'est pas une découverte du XXe siècle[49], ce n'est qu'à partir des années 1960 que s'impose l'idée de limiter la douleur des animaux dans les abattoirs. Damien Baldin note à ce propos que l'on passe d'une protection humanitaire à une protection animalitaire, « centrée sur l'animal lui-même » et qui « se justifie par la seule sensibilité face à la fragilité et à la détresse d'un être vivant sans défense »[50].

Si le chef-d'œuvre de Georges Franju, *Le sang des bêtes*, montre encore en 1949 dans les abattoirs parisiens de Vaugirard et de la Villette des animaux égorgés sans avoir été auparavant étourdis, quinze ans plus tard un tel acte constitue une infraction passible d'une peine de quatrième classe[51]. L'œuvre d'assistance aux bêtes d'abattoirs (OABA)

---

46. N. Vialles, *Le sang et la chair…*, *op. cit.*, p. 42 et s.

47. D. Baldin, *De l'horreur du sang…*, art. cit., p. 52-68, ici p. 63.

48. V. dans cet ouvrage, N. Maillard, *L'animal-machine n'existe pas*, p. 104-111.

49. Cela ressort par exemple très explicitement de l'ouvrage d'Henry Blatin publié en 1867, cité plus haut. Voir figure 4, ordonnance de la préfecture de police de Paris de 1917, RELATIVE a la répression des mauvais traitements envers les animaux aux abattoirs.
Image envoyée à CBL : https://www.parismuseescollections.paris.fr/fr/musee-carnavalet/oeuvres/republique-francaise-liberte-egalite-fraternite-prefecture-de-police-2e-12#infos-principales

50. D. Baldin, *De l'horreur du sang…*, art. cit., p. 52-68, ici p. 63.

51. « 12. Ceux qui auront exercé sans nécessité, publiquement ou non, de mauvais traitements envers un animal domestique ou apprivoisé ou tenu en captivité ; en cas de condamnation du propriétaire de

a été déterminante dans ce changement. Créée en mai 1961 à l'initiative de Jacqueline Gilardoni avec l'expertise d'un avocat, Louis Lespine, et d'un vétérinaire, André Triau, le premier combat de l'OABA est de rendre obligatoire l'étourdissement préalable à l'abattage. Après un lobbying efficace qui convainc le ministre de l'Agriculture, Edgard Pisani, le gouvernement, par son décret du 16 avril 1964, généralise l'obligation d'insensibilisation à l'ensemble des abattoirs et prévoit une sanction en cas de violation[52]. Un arrêté pris le même jour précise quant à lui les procédés autorisés pour l'étourdissement des animaux[53]. L'arrêté à lui seul résume les préceptes de l'abattage industriel, quand son article 2 dispose que les modes d'abattage doivent assurer « la sécurité des personnes », « être en toutes circonstances efficaces », « éviter aux animaux toute douleur inutile », « être d'un maniement facile et rapide, permettant un rythme normal du travail dans les abattoirs » et « être peu bruyants » : l'abattoir moderne se doit ainsi d'être sûr, efficace, indolore, rentable et silencieux.

Le décret de 1964 présente toutefois certaines lacunes. Il limite par exemple l'étourdissement aux « animaux des espèces chevaline, asine et leurs croisements », ainsi qu'à ceux « des espèces bovine, ovine, caprine et porcine » (art. 2). C'est pourquoi le décret du 23 septembre 1970 étend l'obligation d'insensibilisation aux volailles[54]. Si ces textes confirment l'introduction des doctrines humanitaire et animalitaire (bien-être animal) dans la réglementation qui encadre l'abattage industriel, ils consacrent néanmoins dans le même temps l'exception rituelle qui autorise l'égorgement sans étourdissement pour motif confessionnel. Après-guerre en effet, afin de pallier l'insuffisance de main-d'œuvre, l'État encourage l'immigration notamment à partir de l'Afrique du Nord où les populations, majoritairement de confession musulmane, pratiquent l'égorgement rituel. Cette exception se justifiait pour des raisons économiques et d'inclusion sociale.

---

l'animal ou si le propriétaire est inconnu, le tribunal pourra décider que l'animal sera remis à une œuvre de protection animale reconnue d'utilité publique ou déclarée, laquelle pourra librement en disposer ; les dispositions du présent numéro ne sont applicables aux courses de taureaux ni aux combats de coqs lorsqu'une tradition locale ininterrompue peut être invoquée » (C. pén. ancien, version 1958, art. R. 38). « La peine d'emprisonnement pourra être portée à dix jours, en cas de récidive, contre les personnes et dans les cas mentionnés en l'article R. 38 » (*ibid.*, art. R. 39).

52. D. n° 64-334, 16 avr. 1964, relatif à la protection de certains animaux domestiques et aux conditions d'abattage : *JO* 18 avr. 1964, p. 3485 et s. Pour la peine, V. note ci-dessus.

53. A. 16 avr. 1964, portant sur les Procédés autorisés pour l'étourdissement des animaux au moment de l'abattage et agrément des types d'appareils utilisés à cette fin : *JO* 18 avr. 1964, p. 3486. On note que le texte privilégie une rhétorique qui met en avant les procédés autorisés, plutôt que d'interdire explicitement certaines techniques encore usitées au début des années 1960, comme le merlin qui ne fait pas partie des « procédés autorisés ».

54. D. n° 70-886, 23 sept. 1970 portant modification de l'article 2 (abattage), alinéas 1er, 2 et 3, et de l'article 3 (violation de la réglementation), alinéas 2 et 3 du décret n° 64334 du 16 avril 1964 : *JO* 2 oct. 1970, p. 9178.

Il convient pour conclure de souligner que la pénétration de la notion de bien-être animal dans les abattoirs ne manque pas d'être contradictoire. Catherine Rémy a ainsi montré que le travail des ouvriers d'abattoirs s'avère beaucoup plus complexe depuis que s'y est invitée la dimension sensible, avec la prise en compte de la souffrance animale dans leur mission. Il y a en effet une injonction contradictoire perturbante à donner la mort à un être vivant dont la sensibilité est par ailleurs reconnue. Elle est d'ailleurs officiellement reconnue en droit français depuis le milieu des années 1970, le Code rural et de la pêche maritime ayant intégré les dispositions de l'article 9 de la loi du 10 juillet 1976 qui dispose que « tout animal étant un être sensible, il doit être placé par son propriétaire dans des conditions compatibles avec les impératifs biologiques de son espèce » (C. rur., art. L. 214-1)[55]. La tâche du personnel des abattoirs était par conséquent certainement moralement moins problématique, lorsque l'animal à abattre était réifié, objet plus que sujet sensible. L'anthropologie montre d'ailleurs que les humains n'ont eu de cesse d'imaginer des stratégies de mise à distance avec l'animal sacrifié. L'opération consiste soit à « chosifier » l'animal, soit en faire un nuisible, un ennemi, voire le pousser à la faute, toujours avec le double dessein de justifier son exécution et de se libérer de la culpabilité que sa mise à mort provoque[56]. Comme le dit avec justesse Catherine Rémy, « si l'on tue une créature sensible et innocente, on est un "bourreau", si l'on tue un objet, on ne tue pas, et si l'on tue un ennemi menaçant, on accomplit un acte "héroïque" ou en tout cas de bravoure »[57]. Tuer un animal présenté comme sensible dans un abattoir ne peut donc que provoquer un profond malaise.

Quant à l'occultation de la mise à mort des animaux de boucherie dans les abattoirs, elle a été pensée à l'origine pour satisfaire aux exigences de l'hygiénisme sanitaire et moral. Après deux siècles de fonctionnement sans véritable contestation, l'opération de prestidigitation mortifère est aujourd'hui régulièrement dénoncée. À rebours du dispositif d'origine, certaines associations revendiquent un droit de regard dans les abattoirs, quitte à y faire pénétrer des caméras par effraction. Cela a conduit certains parlementaires à réagir et, en 2016, un rapport sur les conditions d'abattage des animaux de boucherie dans les abattoirs français a été publié. Les rapporteurs en parlent comme de véritables « "boîtes noires" qui brisent le lien entre l'animal et la viande »[58].

---

55. De ce point de vue, l'important article 515-14 du Code civil qui déclare que : « Les animaux sont des êtres vivants doués de sensibilité. Sous réserve des lois qui les protègent, les animaux sont soumis au régime des biens », est bien davantage un rappel du droit existant qu'une création.

56. S. Dalla Bernardina, *La langue des bois. L'appropriation de la nature entre remords et mauvaise foi*, Paris, Publ. scientifiques du Museum national d'Histoire naturelle, 2020.

57. C. Rémy, *Une mise à mort industrielle « humaine » ?...*, art. cit., p. 51-73, ici p. 73.

58. www.assemblee-nationale.fr/14/pdf/rap-enq/r4038-ti.pdf.

Comment toutefois s'en étonner, c'est en effet la matrice idéologique historique de l'abattoir qui est dénoncée ici : occulter le mourir pour mieux produire et vendre !

L'abattoir de Grenelle, 1871, estampe, 27,3 × 19,5 cm, France, Paris, Musée Carnavalet, © Domaine public.

Carp, Esther (1897-1970), *Corrida, La passe de capote*, vers 1950, 73 × 54, huile sur toile, France, Collection privée, Studio 102 © Tous droits réservés.

La corrida, une curiosité juridique

Thierry VIGNAL
Professeur de droit privé à l'Université de Cergy-Pontoise
Laboratoire d'Études Juridiques et Politiques (LEJEP) (EA 4458)

Sur le sujet des rapports de la corrida avec le droit, s'il serait évidemment intéressant et utile d'évoquer les aspects civils touchant notamment aux modalités d'organisation des corridas « à l'espagnole », à ne pas confondre avec les tauromachies plus locales que sont la course camarguaise ou la course landaise – mais la place nous manque ici pour cela –, le point essentiel est tout de même l'aspect pénal. En effet, la particularité du statut de la corrida en France, parfois difficile à comprendre depuis l'étranger et notamment depuis l'Espagne, est qu'il s'agit d'une exception à la législation pénale, en particulier les dispositions du Code pénal – plus précisément l'actuel article 521-1 – interdisant et réprimant les actes de cruauté envers les animaux. Au sens strict du terme, la corrida, relevant de cette catégorie, n'échappe à la répression qu'en vertu d'une sorte d'exception ou de dispense légale. On emploie parfois aussi le mot d'« immunité »[1]. Pour mieux comprendre de quoi il s'agit, une introduction historique nous paraît particulièrement utile.

Les combats de taureaux, dans un sens certes quelque peu différent de la corrida telle qu'on la connaît aujourd'hui, existent dans la partie méridionale de la France depuis plusieurs siècles, puisqu'on en relève les premières traces dès le XVIIe siècle. L'étonnant est que les différents gouvernements, depuis la monarchie jusqu'à la IIIe République en passant par les gouvernements révolutionnaires puis par le Premier Empire, avec la seule exception du Second Empire ont toujours eu une attitude franchement réticente voire hostile aux jeux tauromachiques et ont cherché à les interdire. Non certes

1. Sur la question, V. particulièrement V. Peltier, *La clé du toril, essai sur la tradition locale ininterrompue*, in *Mél. Ph. Conte*, Paris, LexisNexis, 2023.

par une sensibilité « animaliste » qui n'était pas vraiment dans les mentalités de ces époques, mais plutôt parce que les fêtes taurines, qui étaient alors organisées – si l'on peut dire – dans la plus grande liberté, étaient vues comme facteur de risque inutile, de désordre, et l'on peut ajouter pour les gouvernements révolutionnaires, comme une manière suspecte de commémorer des fêtes, notamment religieuses, que la Révolution avait abolies. Cet ensemble de facteurs, et non la supposée « cruauté envers les animaux », qui n'apparaîtra que beaucoup plus tard, expliquent l'hostilité permanente des gouvernements, quelle que soit leur « couleur » envers ce que l'on ne peut pas encore appeler la « corrida », tant le spectacle est tout de même, y compris au début du XIXe siècle, différent de celui que nous connaissons aujourd'hui.

Cependant, au XIXe siècle, en particulier dans le sud-est, les courses de taureaux acquièrent une forme de légalité et deviennent une pratique régulière mais souvent tributaire de l'autorité locale. Par exemple, sous la Monarchie de Juillet, dans les années 1830, les courses sont interdites pendant plusieurs années à Nîmes en raison de la présence d'un préfet hostile.

C'est à ce moment, précisément en 1850 – donc sous l'éphémère IIe République précédant le Second Empire – qu'intervient la première étape décisive avec la loi dite « Grammont » du nom de son initiateur. Cette loi prévoit une sanction pénale pour toute personne qui aura « exercé publiquement et abusivement de mauvais traitements envers les animaux domestiques ». Il semble que la loi ne visait en rien la corrida qui, en toute hypothèse, n'existait pas réellement en France à l'époque, mais plutôt les mauvais traitements « quotidiens » envers les animaux tels que chiens, chevaux, bœufs… omniprésents dans une société très largement rurale et qui devait le rester au moins jusqu'en 1914. La transformation de la loi Grammont en instrument de combat anti-taurin a été le fait des premières associations de défense des animaux, justement apparues à cette époque, soit la seconde partie du XIXe siècle, qui, comme par hasard, coïncide avec l'installation progressive en France de la corrida sous sa forme « moderne » et codifiée – ce qui est d'ailleurs encore aujourd'hui un argument des anti-taurins qui prétendent que la corrida ne correspond à aucune tradition française et n'est qu'un produit d'importation espagnol ; et, de fait, on considère que la « corrida » au sens moderne est apparue en France sous le Second Empire, en raison du goût pour ce spectacle de l'impératrice – née espagnole – Eugénie de Montijo. On peut signaler à ce sujet que, par exemple, la première corrida célébrée aux arènes de Nîmes a eu lieu en 1863, donc en plein Second Empire.

C'est à partir de la stabilisation de la IIIe République, soit dans les années 1880, que la corrida est entrée dans une période de turbulences, notamment en raison de l'action de certains hommes politiques de premier plan très hostiles au spectacle taurin, en particulier le ministre de l'Intérieur Waldeck-Rousseau – par ailleurs homme d'État de grande envergure – qui, en 1884, adressa une circulaire aux préfets indiquant que

Goya y Lucientes, Francisco José de, *Scène d'une corrida : Divertissement espagnol*, XVIIIe siècle, huile sur toile, 45 × 57 cm, Ashmolean Museum, Université d'Oxford, Royaume-Uni © Musée Ashmolean / Bridgeman Images.

la corrida relevait incontestablement des dispositions de la loi Grammont, donc des actes de cruauté envers les animaux domestiques. À partir de cette date, la corrida avec mise à mort est donc interdite. Il faut souligner : *avec mise à mort*, puisque c'est cette dernière qui cristallise les affrontements. Le spectacle lui-même n'est donc pas interdit et, autour de 1890, sont même célébrées des corridas à Paris, dans les arènes de la rue Pergolèse… mais sans mise à mort.

Toute cette dernière décennie du XIXe siècle, avec le recul, laisse une impression quelque peu surréaliste, surtout pour un juriste, car on se trouve dans la situation d'une loi qui n'est pas appliquée – car non applicable – ou l'est à géométrie variable. En effet, la résistance des populations méridionales à l'interprétation « prohibitionniste » de la loi Grammont est telle que, bien souvent, la loi n'est pas appliquée : les *toros* sont mis à mort et l'organisateur paie au nom des toreros le franc symbolique d'amende prévu par la loi ainsi que les dépens. On voit même, dans certaines arènes, le préfet du lieu qui assiste au spectacle, se retirer lorsque le matador porte l'estocade – ce qui atteste avant tout de son impuissance à faire appliquer la loi. Pourtant, en 1894, la situation se tend à nouveau lorsque le ministre de l'Intérieur entreprend de faire appliquer strictement la loi interdisant les courses, tout au moins la mise à mort. Il est relayé, en 1895, par le premier arrêt de la Cour de cassation en la matière[2] – il y en aura d'autres sur lesquels nous reviendrons plus loin – qui considère que la loi Grammont doit s'appliquer aux corridas car le taureau de combat est un animal domestique, étant sélectionné par l'homme, élevé dans des pâturages clos et recevant sa nourriture de l'homme. À la même époque, les tracasseries anti-taurines des gouvernements s'aggravèrent par la décision d'expulser du territoire tout matador ayant estoqué un *toro* en France, ce qui arriva à plusieurs reprises dans cette période-charnière. Très régulièrement, les interdictions provoquent des troubles à l'ordre public prenant parfois les dimensions de véritables émeutes. Cette période ne dure en réalité que quelques années, puisque les choses se calment vers 1897-1898, la corrida faisant alors l'objet d'une « tolérance » – qui n'équivaut pas à une autorisation. C'est à la suite de nouvelles initiatives parlementaires, aux alentours de 1900, tendant à appliquer aux corridas les dispositions de la loi Grammont, et auxquelles s'opposa avec une grande efficacité le député gardois Gaston Doumergue, futur Président de la République dans les années 1920, que commença à émerger la notion qui devait se révéler, quelques décennies plus tard, essentielle pour le statut légal de la corrida en France, celle de « tradition locale ». Par la suite, pendant toute la période allant de la fin de la Première Guerre mondiale jusqu'en 1950, la corrida se trouve en France dans une situation toujours incertaine, « tolérée » certes mais sans véritable statut et parfois encore objet de diverses persécutions administratives, causées il est vrai, au moins autant que par la volonté de protection des animaux, par les débordements auxquels donnent régulièrement lieu les corridas : le public de l'époque n'était pas celui d'aujourd'hui et manifestait son mécontentement de façon beaucoup plus virulente, allant parfois jusqu'à pratiquement dévaster des arènes et donnant ainsi du « grain à moudre » aux adversaires du spectacle taurin. On peut noter, au demeurant, que la Cour de cassation rendit en 1923 un arrêt nettement plus favorable à la corrida que celui de 1895 à l'occasion d'une question étrangère à la loi Grammont puisqu'il s'agissait de la fiscalité applicable aux spectacles taurins. Il faut toutefois remarquer, pour conclure, que la situation endémiquement instable de la corrida en France à cette époque est tout de même due, pour l'essentiel, à l'inlassable « guérilla judiciaire » menée par la Société protectrice des animaux (SPA). C'est à cela que mettra partiellement fin l'amendement à la loi Grammont, résultant de la loi du 24 avril 1951.

2. Cass. crim., 16 févr. et 17 oct. 1895, assimilant les taureaux de combat aux animaux domestiques.

C'est en effet en 1950 que deux députés de la Gironde, Ramarony et Sourbet, déposent une proposition de loi extrêmement brève, selon laquelle la loi Grammont « n'est pas applicable aux courses de taureaux ». À l'époque, parmi les arguments avancés en faveur de cette disposition, le plus significatif nous semble être celui selon les auteurs de la loi Grammont n'avaient très probablement pas visé les courses de taureaux au moment de la promulgation de cette loi. Or, tout étudiant débutant en droit pénal apprend que la loi pénale est d'interprétation stricte. Ce principe est essentiel pour la protection des libertés individuelles. Appliqué à la loi Grammont, il signifie que ce texte ne peut viser que les actes de cruauté envers les animaux domestiques *stricto sensu*, ce que n'est pas le *toro de lidia*[3].

Le second argument tient davantage aux sources du droit. Dans cette optique, la proposition de loi de 1951 n'aurait fait que consacrer une pratique ancrée depuis longtemps en France, au moins dans les régions méridionales, qui consistait à célébrer des corridas alors même que celles-ci, tout au moins la mise à mort, étaient interdites par le législateur. On aurait presque pu parler de coutume *contra legem*... presque, car l'existence d'une coutume *contra legem* nous paraît présupposer une disposition légale claire, ce qui n'était justement pas le cas de la loi Grammont, dont l'application aux courses de taureaux – nous l'avons déjà dit – n'avait rien d'évident et relevait plutôt d'une interprétation extensive..., laquelle n'a justement pas lieu d'être en matière pénale. Telle nous paraît donc être, pour l'essentiel, la *ratio legis* de la loi de 1951.

C'est à ce moment-là que s'est posée la question qui, pendant les décennies suivantes, est devenue centrale pour la jurisprudence : celle des *lieux* où s'applique l'exception à la loi Grammont. De fait, certains orateurs, au cours des débats parlementaires, avaient fait valoir que des corridas, ou plutôt des spectacles taurins étaient organisés à l'époque dans toute la France y compris dans des régions totalement dépourvues de culture taurine – comme le Nord ou la région parisienne –, par des « imprésarios » peu fiables et dans des conditions tout aussi douteuses. Même si cela n'était pas indiqué expressément dans le texte, l'idée sous-jacente était que l'exception ne devait s'appliquer que dans les lieux où la corrida correspondait à une « tradition locale ininterrompue », ce qui, à l'époque, englobait les diverses villes du sud de la France qui possédaient une arène et y célébraient des corridas. On est d'ailleurs surpris *a posteriori* de trouver dans la liste de ces localités des communes où l'on ne célèbre plus de corridas depuis fort longtemps, comme Bordeaux, Perpignan, Marseille... comme par hasard, surtout des grandes villes. Pour l'essentiel, il s'agissait donc de laisser à la corrida les territoires où elle était traditionnellement implantée, sans lui permettre d'en conquérir de nouveaux.

3. Malgré l'affirmation contraire quelque peu surréaliste de la chambre criminelle en 1895 (V. *supra*).

Le contentieux entre les associations protectrices des animaux, spécialement la SPA, et le monde taurin s'est alors focalisé, pendant plusieurs décennies, sur cette notion de tradition locale ininterrompue et sur les lieux auxquels elle pouvait s'appliquer. Les premières localités concernées furent Vichy et Oran – encore française à l'époque – et la jurisprudence donna à cette époque quelques indications quant à l'interprétation de la tradition locale ininterrompue, estimant en particulier que l'interruption pouvait s'être produite pour des motifs légitimes, qui n'empêchaient donc pas une éventuelle reprise ultérieure des corridas, mais ces motifs se limitaient à des cas de force majeure, comme les guerres ou la destruction des arènes[4].

C'est en 1957, à propos de l'organisation d'un spectacle taurin à Biarritz, qu'apparut une notion qui devait connaître une grande fortune, celle de « région de tradition » invoquée pour légitimer l'organisation de ce spectacle, ce qui était on ne peut plus logique, Biarritz étant pratiquement limitrophe de Bayonne qui est une ville taurine de tradition quasi immémoriale. Même si, par la suite, Biarritz n'est pas devenue pour autant une ville taurine, une telle affaire démontre clairement à quel point l'interprétation restrictive de la tradition locale ininterrompue est absurde : quel sens – sinon une volonté acharnée de combattre la corrida en tant que telle – y a-t-il à interdire à Biarritz ce qui est autorisé à Bayonne ?

Peu après cette dernière affaire, la loi Grammont fut abrogée et remplacée par l'article R. 38 du Code pénal, dont les dispositions étaient, pour l'essentiel, identiques, et qui indiquait que ses dispositions n'étaient pas applicables aux courses de taureaux « lorsqu'une tradition locale ininterrompue peut être invoquée ». On s'aperçut rapidement que le problème essentiel d'interprétation de ce texte allait résider soit dans la reprise des corridas dans une localité où elles avaient été interrompues pendant une plus ou moins longue période, soit dans la possibilité de les célébrer dans une commune jusqu'alors dépourvue d'arènes et qui en édifiait, comme ce fut le cas dans les années 1960 de la station balnéaire du Grau-du-Roi, qui cristallisa le contentieux entre les organisateurs et les protecteurs des animaux à cette époque. De fait, comme il n'y avait jamais eu d'arène auparavant au Grau-du-Roi, il semblait difficile d'y invoquer une « tradition ininterrompue » ; mais, en sens inverse, la commune se trouvait dans un département, le Gard, de haute tradition taurine et à quelques dizaines de kilomètres de Nîmes, probablement la principale ville taurine française. Tout dépendait donc de l'interprétation que l'on allait faire de la notion de « tradition locale ininterrompue », soit restrictive, auquel cas le Grau-du-Roi ne pouvait en bénéficier, soit extensive – nous dirions plutôt raisonnable – et, dans ce

4. V. à ce sujet, pour le cas de l'effondrement d'arènes, Bordeaux, ch. acc., 11 juill. 1989 : *JCP* G 1989, II, 21344, note E. Agostini.

dernier cas, il ne faisait pas de doute que le Grau-du-Roi s'inscrivait bien dans une tradition locale ininterrompue[5].

En outre, dans la seconde moitié des années 1960, une divergence commença à se faire jour entre les diverses cours d'appel qui avaient à statuer sur la question, celle de Nîmes – toujours à propos des corridas célébrées au Grau-du-Roi – tendant clairement vers l'interprétation restrictive de la tradition locale ininterrompue, alors que celle de Bordeaux, qui était confrontée au même problème à propos de l'organisation de *novilladas* dans la commune girondine de Captieux, adoptait une position beaucoup plus ouverte en interprétant la notion de tradition locale ininterrompue, non pas à l'échelle de la commune, mais à celle de la *zone géographique* : en d'autres termes, lorsqu'une commune se situe dans une zone d'activité taurine – la cour d'appel de Bordeaux se référait à une partie des « anciennes provinces de Guyenne et Gascogne » –, cela suffit pour qu'elle soit considérée comme bénéficiant de la tradition locale ininterrompue. Ces divergences justifiaient une intervention de la Cour de cassation, chargée d'assurer l'unité d'application et d'interprétation du droit en France. Cette intervention s'est produite par un arrêt de la chambre criminelle du 27 mai 1972[6], qui n'a jamais été véritablement remis en cause depuis, et qui a tranché en faveur de l'interprétation « extensive » justement à propos des arènes du Grau-du-Roi. La notion de tradition locale doit s'entendre, selon la Haute juridiction, comme un « ensemble démographique » et non comme le territoire d'une seule commune. C'est une position de bon sens. Comment justifier en effet, comme l'affaire de Biarritz l'avait déjà montré, que l'on puisse organiser des corridas dans une localité et que l'on soit dans l'impossibilité de le faire dans une autre localité distante de quelques kilomètres pour le seul motif qu'il n'y a pas de « tradition locale ininterrompue » dans cette autre commune ? Au demeurant – mais c'est une question sur laquelle on reviendra par la suite –, si l'on considère que la tradition locale consiste dans l'organisation de spectacles taurins, comment pourrait-il y en avoir une si la ville en question n'a jamais eu d'arènes ? Pour toutes ces raisons, l'interprétation de la « tradition locale ininterrompue » à l'échelle d'une zone géographique et non d'une localité était de loin la solution la plus pertinente et c'est bien celle qui a été retenue.

Les organisations protectrices des animaux n'ont pas pour autant cessé leur « guérilla » judiciaire et ont même, dans une certaine mesure, été aiguillonnées par l'expansion sans précédent qu'a connu la corrida en France dans les deux dernières décennies du XXe siècle, qui s'est caractérisée par l'inauguration d'arènes – et la

5. On peut noter au passage qu'à cette époque, précisément en 1964, fut votée une nouvelle loi qui reconduisait, pour l'essentiel, les dispositions de celle de 1951 même si elle élargissait quelque peu la catégorie des animaux pouvant être victimes d'actes de cruauté ; cependant, la corrida bénéficiait toujours de son exception fondée sur la tradition locale ininterrompue.

6. Cass. crim., 27 mai 1972 : *Bull. crim.* n° 171.

célébration subséquente de corridas – dans des communes qui n'en avaient jamais eu. Ce fut notamment le cas de la ville de Floirac, située en périphérie de Bordeaux, dont les arènes furent inaugurées en 1987 alors qu'il n'y avait plus de corridas à Bordeaux – ville pourtant de « haute tradition taurine » – depuis 1961. À ce sujet, la cour d'appel de Bordeaux, dans un arrêt de 1989[7], a défini la tradition locale comme la tradition qui existe dans un ensemble démographique déterminé par une culture commune, les mêmes habitudes, les mêmes aspirations et affinités, et « une même façon de ressentir les choses et de s'enthousiasmer pour elles ».

Peu après, le problème a également été posé devant la cour d'appel de Toulouse, à propos de l'organisation, non pas d'une corrida ou *novillada*, mais – preuve de l'activisme incessant des « amis des animaux » – d'une *becerrada* sans mise à mort ni d'ailleurs piques ou banderilles, dans la commune de Rieumes, à proximité de Toulouse. Dans cet arrêt en date du 3 avril 2000, elle a retenu une interprétation sensiblement plus large, mais logique puisqu'elle repose sur un argument *a fortiori*, selon lequel la tradition taurine peut certes se manifester par l'organisation de corridas formelles dans de grandes places bénéficiant de structures adaptées permanentes, mais aussi de façon plus épisodique dans les petites places à l'occasion de fêtes locales ou votives. Elle se manifeste aussi, selon la cour, par la vie de clubs taurins locaux, l'organisation de manifestations artistiques ou culturelles autour de la corrida, et le déplacement, organisé ou non, des *aficionados* locaux vers les places actives voisines ou plus éloignées. Cette interprétation est particulièrement intéressante dans la mesure où elle peut fonder l'organisation de spectacles taurins dans une ville qui n'en a plus organisé, pour diverses raisons, depuis fort longtemps. À ce sujet, il ne fait guère de doute, par exemple, que Montpellier n'a jamais été une ville « taurine » au sens où aucune corrida n'y a été organisée depuis fort longtemps, mais en est bel et bien une en raison de la présence de divers clubs taurins, de nombreux *aficionados* et de la proximité de diverses communes qui organisent des spectacles taurins à l'espagnole, comme Lunel ou Mauguio. Au demeurant, tout laisse penser que ces deux conditions sont cumulatives : il ne fait guère de doute à ce sujet que Paris, par exemple, ne peut être considérée, quoique comptant plusieurs clubs taurins et de nombreux *aficionados*, comme bénéficiant d'une « tradition locale ininterrompue » puisque la région parisienne n'est en rien une région « taurine » et qu'aucun spectacle taurin n'y a été organisé depuis de nombreuses années.

Ce même arrêt a rappelé, au demeurant, que la seule absence d'arènes en dur n'est pas la preuve évidente de la disparition d'une tradition. D'autres décisions ont d'ailleurs eu l'occasion d'indiquer que l'interruption de la tradition ne peut être causée

---

7. Cass. crim., 11 juill. 1989, préc. ; à propos de cette même commune de Floirac, V. aussi Cass. crim., 16 sept. 1997 : *Bull. crim.* n° 295.

par des événements matériels et fortuits du type guerre, effondrement des arènes, expropriation, fermeture des arènes en raison de difficultés financières, *etc.*

On peut également observer que, dans les dernières années du XXe siècle, le débat a aussi porté sur les types de spectacle pouvant bénéficier de l'immunité légale. Comme pour la *becerrada* de Rieumes, un argument *a fortiori* assez simple semblait justifier d'étendre l'immunité aux corridas « portugaises » traditionnelles puisque celles-ci ne comportent pas de mise à mort du *toro :* pourquoi en effet refuser l'immunité à un spectacle moins « sanglant » que la corrida formelle ? L'immunité a également été étendue à une *fiesta campera* organisée en privé[8], où des *novillos* avaient été tués par des *aficionados practicos* encadrés par des professionnels, la cour ayant estimé que « la définition de la course de taureaux n'est assujettie par la loi pénale à aucune condition de forme ou de fond ». Cela signifie que dans les zones de tradition taurine, la plus grande liberté règne quant à la définition d'une « course de taureaux », sachant que cette dernière bénéficiera en tout état de cause de l'exception à la loi pénale. Il est vrai que, ces dernières décennies, certains spectacles pour le moins discutables, mêlant *toreo* sérieux et *toreo* comique, qui n'étaient pas rares jusqu'aux années 1960, ont disparu pour l'essentiel et que le problème ne se pose donc plus que pour les spectacles « mineurs » du type *novillada* non piquée, *becerrada, fiesta campera*... comme la jurisprudence précitée l'a montré.

Cette jurisprudence, qui, pour l'essentiel, n'a jamais été remise en cause depuis, semble démontrer que l'immunité pénale dont bénéficie la corrida se justifie à présent par une sorte d'« exception culturelle » reposant sur les particularismes des populations du sud de la France. Comme l'a montré F. Wolff[9], la corrida n'est pas tolérée parce qu'elle est une tradition mais *là où elle est de tradition*, ce qui n'est pas tout à fait la même chose.

La question semblait réglée ainsi pour de nombreuses années. C'était sans compter sur l'activisme inlassable des anti-taurins qui ont saisi l'occasion de l'introduction dans notre droit positif de la question prioritaire de constitutionnalité, permettant à un citoyen ordinaire de poser cette question à l'occasion d'un procès devant une juridiction administrative ou judiciaire, celle-ci pouvant alors saisir le Conseil constitutionnel à propos de la conformité à la Constitution de telle ou telle disposition législative – dans le cas qui nous préoccupe, il s'agit bien sûr de la loi exemptant la corrida de la répression pénale pour actes de cruauté envers les animaux. Un certain nombre de collectifs anti-taurins ont donc emprunté cette voie, déposant une plainte devant les tribunaux administratifs tendant, pour l'essentiel, à ce que les actes de cruauté

8. Nîmes, 1er déc. 2000 : *JCP* G 2002, II, 10016, note E. de Montredon.

9. En particulier dans son ouvrage *Philosophie de la corrida*, Paris, Fayard, 2007.

envers les animaux soient réprimés partout de la même manière, sans exception. Ces collectifs reprochaient notamment au texte litigieux, actuellement l'article 521-1 du Code pénal, son manque de clarté et surtout l'atteinte qu'il porterait au principe d'égalité devant la loi : pour résumer, les actes de cruauté envers les animaux n'ont pas à être réprimés de façon différente, ou plutôt exemptés de répression, parce qu'ils seraient perpétrés dans des zones « de tradition ».

Cette argumentation a été fort opportunément rejetée par le Conseil constitutionnel dans sa décision du 21 septembre 2012[10]. Pour rejeter la critique tenant à la rupture de l'égalité devant la loi, le Conseil a relevé en particulier que la différence de traitement établie par le législateur entre des agissements de même nature se déroulant dans des zones géographiques différentes est en rapport direct avec l'objet de la loi qui l'établit – en d'autres termes qu'il est possible de prévoir une solution différente suivant la zone géographique concernée. Il a également relevé que la notion de tradition locale ininterrompue relève certes de l'appréciation souveraine des juges du fond, comme on a pu le constater à de nombreuses reprises pendant toute cette période, mais qu'elle est suffisamment précise pour garantir contre le risque d'arbitraire ; et, de fait, l'examen de la jurisprudence auquel nous avons procédé montre bien que si les juridictions ont interprété de façon relativement ouverte la notion de tradition locale ininterrompue, elles n'ont jamais pour autant utilisé cette notion pour couvrir un « expansionnisme » peu justifié des spectacles taurins : la tradition locale ininterrompue s'entend toujours à l'intérieur d'une certaine zone géographique[11].

La conformité de l'article 521-1 du Code pénal à la Constitution est donc clairement établie. Certes, les associations anti-taurines n'ont pas renoncé pour autant et ont même envisagé de saisir la Cour européenne des droits de l'homme, mais cette procédure n'a finalement rien donné de significatif.

Pour être tout à fait complet sur la question de l'immunité ou de l'exception pénale dont bénéficie la corrida en France, il faut toutefois noter que l'influence croissante des thèses animalistes a conduit en 2015 à une modification non négligeable du Code civil, les animaux étant dorénavant qualifiés d'« êtres sensibles », dans le nouvel article 515-14. Le but des initiateurs de cette réforme était de faire sortir les animaux de la catégorie des biens – meubles et parfois immeubles – à laquelle ils appartenaient traditionnellement, pour les rapprocher des personnes. Il est évident que si une réforme en arrivait un jour à assimiler l'animal à une personne, cela serait de

10. Cons. const., 21 sept. 2012 : *Rev. pénit.* 2012, p. 632, obs. A. Lepage et p. 905, obs. Ph. Conte ; *RSC* 2012, p. 427, obs. B. de Lamy ; *D.* 2012, p. 2486, note X. Daverat ; *RFDA* 2013, p. 141, note A. Roblot-Troizier et G. Tusseau ; *AJ pén.* 2012, p. 597, note C. Lacroix.

11. V. encore tout dernièrement, à propos de la ville de Bayonne, Cass. crim., 6 déc. 2022 : *Dr. pén.* 2023, comm. 15, obs. Ph. Conte.

nature à remettre en cause, non seulement la corrida, mais même toutes les formes d'« exploitation » animale, ce qui est d'ailleurs clairement l'objectif des militants animalistes. Cependant, ce texte n'a pas eu pour le moment de véritables conséquences concrètes. Il se présente plus comme une « avancée symbolique » destinée à apaiser les animalistes que comme un véritable changement de statut pour l'animal. On peut toutefois se demander s'il n'a pas à nouveau donné des idées aux mouvements anti-taurins, puisque, ces dernières années, ceux-ci, en particulier la SPA, se remettent à attaquer régulièrement devant les tribunaux les organisateurs de corridas. La SPA est – pour le moment – systématiquement déboutée de ce genre de demandes, mais on peut se demander si son but n'est pas plus médiatique que judiciaire : ce serait de conserver « sous les projecteurs » la question taurine.

En tout état de cause – et ce sera le mot de la fin – au-delà des arguments juridiques que nous venons d'exposer, il faut garder à l'esprit que la corrida, si elle s'achève par la mort de l'animal, le glorifie et même l'« individualise » comme très peu d'autres spectacles, hormis sans doute les courses de chevaux : elle se situe aux antipodes des pires formes d'exploitation animale que sont l'élevage industriel et l'abattage qui en est le corollaire. Ne serait-ce que pour cette raison, le point de vue de ses défenseurs mérite au moins, dans une démocratie qui se veut adulte, d'être pris en compte.

Rembrandt (1606-1669), *Le Bœuf écorché*, 1655, huile sur bois, 0,94 × 0,69 m, Paris, Musée du Louvre, MI169 © GrandPalaisRmn (musée du Louvre) / Gérard Blot.

L'animal utilisé à des fins alimentaires

Alice DI CONCETTO
Directrice juridique de l'Institut européen du droit et de la politique animale

Depuis une quinzaine d'années en Europe, la question du bien-être animal est devenue un fait d'actualité. Les scandales alimentaires (crise de la vache folle, lasagne à la viande de cheval, œufs au fipronil, *burger* de vaches malades en Pologne, *etc.*) se succèdent, avec en filigrane, la question du traitement réservé à l'animal d'élevage en Europe. Le modèle d'élevage à l'européenne célébré de par le monde pour la qualité et la diversité de ses produits serait en passe de devenir une image d'Épinal. La réalité des pratiques sur le Vieux Continent confirme en effet la forte industrialisation de l'élevage.

Ce phénomène d'industrialisation de la filière de l'élevage à l'œuvre depuis l'après-guerre a eu comme corollaire la critique grandissante, à partir de la fin des années 2000[1], de l'activité consistant à élever des animaux pour leur viande, lait, œufs, ou même leur laine, parfois sans distinction des différentes méthodes de production existant au sein des filières. Dans tous les cas, la contestation de l'élevage dit « intensif » s'accompagne invariablement d'une demande pour davantage de bien-être animal de la part de la société civile, qui voit dans les mesures de bien-être animal une façon efficace de protéger les animaux contre la cruauté systémique des systèmes industriels. À l'image des porteurs de l'initiative citoyenne européenne « Pour une ère sans cage », la société civile adresse notamment ces demandes aux institutions de l'Union européenne, qui a un rôle prépondérant en matière de réglementation du bien-être animal en élevage. Pour cause, les politiques publiques et le droit européen affectent directement et durablement les conditions de vie des animaux d'élevage depuis la communautarisation de la politique agricole en 1962.

1. En 2008 est créée en France l'association L214 éthique et animaux, dont le but est « de montrer les conditions de vie, de transport, et de mort des animaux (...), soulever des questions éthiques, proposer des solutions » notamment par la promotion du végétarisme et du véganisme (Source : l214.com.).

Le cadre réglementaire en matière de bien-être animal laisse toutefois peu de place à la protection des intérêts propres aux animaux, malgré la reconnaissance de la sensibilité animale dans les textes de droit européen et interne (I). Au contraire, le législateur, national comme européen, a tendance à considérer l'animal avant tout comme un bien économique (II).

I. – La reconnaissance de la sensibilité animale en droit et le devoir de prise en compte du bien-être animal par les politiques publiques

Depuis la fin des années 1970, il est possible d'assister à une reconnaissance accrue de la sensibilité animale en droit. Une telle reconnaissance a eu pour conséquence une prise en compte des intérêts propres aux animaux dans les politiques publiques, bien que de manière circonscrite par la compétence de l'Union européenne en matière de bien-être animal, d'une part, et la compétence des États membres en matière de politique commerciale sur le marché interne, d'autre part.

A. – L'animal en tant qu'être sensible

Le législateur français reconnaît pour la première fois aux animaux la qualité d'« êtres sensibles » par l'adoption de l'article L. 214-1 du Code rural et de la pêche maritime, qui dispose : « Tout animal étant un être sensible doit être placé par son propriétaire dans des conditions compatibles avec les impératifs biologiques de son espèce ». Adoptée en 1976, cette disposition codifiant la sensibilité animale ne concerne alors que les animaux d'élevage[2].

La reconnaissance de la spécificité de l'animal fait par la suite son apparition en droit pénal. La réforme du Code pénal de 1992 aboutit ainsi à la création d'un chapitre dédié aux infractions commises sur les animaux, là où celles-ci étaient auparavant regroupées dans le chapitre des infractions commises sur les biens. Bien que le législateur condamnait déjà pénalement les mauvais traitements envers les animaux depuis 1850[3],

2. Aujourd'hui, seuls les animaux sauvages ne bénéficient pas d'une telle reconnaissance, le Code de l'environnement n'ayant jamais été modifié en ce sens.

3. La première disposition pénale visant les mauvais traitements envers les animaux remonte à la loi Grammont du 2 juillet 1850, qui disposait : « Seront punis d'une amende (...) ceux qui auront exercé publiquement et abusivement des mauvais traitements envers les animaux domestiques ».

et en dépit des nombreuses faiblesses du droit pénal de l'animal contemporain[4], cette autonomisation des infractions commises sur les animaux constitue un marqueur dans l'histoire du droit de l'animal en France.

En 2009, le droit de l'Union participe au mouvement de codification de la reconnaissance de l'existence d'intérêts propres aux animaux, par l'adoption du Traité sur le fonctionnement de l'Union européenne (TFUE). L'article 13 du traité reconnaît ainsi la sensibilité animale – voire la « sentience »[5] animale selon les versions linguistiques[6].

Compte tenu de ces évolutions en droit rural, pénal et européen, le législateur français amende le Code civil en vue d'harmoniser le droit interne français en 2015. L'article 515-4 nouveau dispose ainsi que : « Les animaux sont des êtres vivants doués de sensibilité. Sous réserve des lois qui les protègent, les animaux sont soumis au régime des biens ». À défaut d'une qualification explicite de l'animal comme personne, le statut de l'animal en droit civil reste donc inchangé.

B. – L'obligation de prise en compte du bien-être animal en droit agricole

Les effets prescriptifs de la reconnaissance de la sensibilité animale en droit restent mineurs en l'absence d'une mise à jour de l'ensemble des dispositions réglementant le traitement des animaux. D'un point de vue pratique, ce n'est donc pas tant la codification de la sensibilité animale qui importe, que le devoir qui s'ensuit pour le législateur et les opérateurs économiques de prendre en compte le caractère sensible de l'animal.

Ainsi, le droit européen reconnaît la sensibilité animale, d'une part, et impose, d'autre part, aux législateurs national et européen la prise en compte « des exigences du bien-être des animaux » dans un certain nombre de domaines de l'action publique, notamment l'agriculture, la pêche et le transport. Cependant, l'effet de cette disposition s'avère limité en l'absence d'une compétence de l'UE en matière de bien-être animal, faute d'une base juridique autonome relative au bien-être animal dans le Traité sur l'Union européenne[7]. Il n'existe pas non plus d'objectif de protection ou

4. V. égal. J. Leborne, *Le droit pénal du bien-être animal : RSDA* 2/2012, p. 572-573 ; *La protection de l'animal par le droit pénal*, in *L'éthique face au droit pénal* (dir. J. Gallois et C. Lievaux), Paris, Dalloz, coll. « Thèmes et commentaires », 2023.

5. Sur l'usage du mot sentience, V. A. Guillaume, *Le poids des mots/maux autour de la sentience animale : différences sémantique et traductologique entre bien-être et bientraitance*, in *Le bien-être animal : de la science au droit*, Paris, L'Harmattan, 2018, p. 69-80.

6. C'est notamment le cas des versions italiennes et polonaises du traité.

7. Traité UE, version consolidée, art. 3 : *JO* n° C 326, 26 oct. 2012, p. 17.

de promotion du bien-être animal en droit européen, qui aurait pu servir de fondement à la reconnaissance d'une compétence implicite de l'UE en matière de bien-être animal[8]. La jurisprudence européenne a ainsi confirmé par deux fois l'absence d'un principe général de bien-être animal dans le droit communautaire. Un premier arrêt de 2001 de la Cour de justice de l'Union européenne détermine ainsi « qu'assurer le bien-être des animaux ne fait pas partie des objectifs du traité[9] ». Un arrêt plus récent de 2017 reprend ces mêmes termes pour rejeter le recours de requérants à l'origine d'une initiative citoyenne invitant la Commission européenne à légiférer en faveur d'une meilleure protection des animaux errants[10]. Ainsi, « assurer le bien-être des animaux ne fait pas davantage partie en tant que tels des objectifs du TFUE[11] ».

Par conséquent, la législation européenne sur le bien-être animal se limite avant tout à « garantir le fonctionnement rationnel » du marché[12] sur la base de la compétence de l'UE à harmoniser les conditions de production sur le marché agricole européen[13].

Le législateur national aurait pu remédier à cette carence du droit européen en adoptant des normes de bien-être animal plus ambitieuses, au-delà des objectifs d'harmonisation des normes de production sur le marché agricole européen. En effet, non seulement la protection animale relève de la compétence des États membres, mais certaines législations nationales reconnaissent un devoir de prise en compte des intérêts des animaux dans l'adoption de textes législatifs et réglementaires. Tel est le cas du droit français dont l'article L. 214-1 du Code rural et de la pêche maritime impose au propriétaire de tout animal de le placer « dans des conditions compatibles avec les impératifs biologiques de son espèce ».

Malgré cette obligation, le législateur français s'est limité à transposer, quasiment mot pour mot, les directives et règlements européens en matière de protection

---

8. V. Bouhier, *Le difficile développement des compétences de l'Union européenne dans le domaine du bien-être des animaux : RSDA* 2013/1, p. 361-364. L'auteur relève également que l'article 5(2) du Traité sur l'Union européenne rend de toute façon « improductive l'identification d'un objectif, ce dernier étant neutralisé en l'absence de compétence précise » (p. 364).

9. CJUE, 12 juill. 2001, aff. C-189/01, *H. Jippes c/ Minister van Landbouw, Natuurbeheer en Visserij*.

10. CJUE, 5 avr. 2007, aff. T-361/14, *H.B. c/ Commission*.

11. *Ibid.*, paragraphe 37.

12. Cons. UE, dir. 98/58/CE, 20 juill. 1998 concernant la protection des animaux dans les élevages, consid. 7 et 8 ; Cons. UE, dir. 1999/74/CE, 19 juill. 1999 établissant les normes minimales relatives à la protection des poules pondeuses, consid. 6 ; Cons. UE, dir. 2007/43/CE, 28 juin 2007 fixant des règles minimales relatives à la protection des poulets destinés à la protection de viande, consid. 6 ; Cons. UE, dir. 2008/119/CE, 18 déc. 2008 établissant les normes minimales relatives à la protection des veaux, consid. 5 et 6 ; Cons. UE, dir. 2008/120/CE, 18 déc. 2008 établissant les normes relatives à la protection des porcs, consid. 6 et 7.

13. CJUE, 23 févr. 1988, aff. C-131/86, *Royaume-Uni de Grande-Bretagne et d'Irlande du Nord c/ Conseil des Communautés européennes*, paragraphes 24 et 26.

animale en élevage. Au-delà du cas français, la majorité des normes nationales relatives au bien-être animal en élevage ne sont pas davantage strictes que les normes de droit européen[14]. Une telle situation s'explique en partie par l'existence du marché unique européen, qui prive les États membres de la possibilité de restreindre les importations en provenance d'autres États membres sur la seule base de considérations liées au bien-être animal. Ainsi, bien qu'un État membre soit en mesure d'imposer des normes de production plus strictes que les normes européennes à ses producteurs, ce même État membre ne sera cependant pas en mesure d'interdire la vente de produits d'origine animale issus d'autres États membres faisant application de normes moins-disantes. Partant, l'adoption de normes de bien-être animal plus strictes en droit interne a souvent pour effet de placer les producteurs nationaux dans une situation de concurrence déloyale, d'où une certaine réticence des gouvernements nationaux à procéder à un rehaussement des normes de bien-être animal en droit interne.

II. – Un niveau de protection insuffisante : l'animal comme facteur de production et bien de consommation

L'animal d'élevage est envisagé en droit avant tout comme un bien économique, tantôt facteur de production, tantôt bien de consommation. Une telle approche n'est pas forcément incompatible avec des niveaux élevés de protection animale. Cependant, le législateur européen n'a pas su faire usage des nombreux leviers d'amélioration de la condition des animaux présents dans en droit agricole et de la consommation.

A. – L'animal en tant que facteur de production

Sept actes législatifs européens établissent des normes minimales de protection des animaux d'élevage : une directive dite « horizontale » fixant les normes minimales de bien-être animal pour tous les animaux d'élevage que ce soit à des fins alimentaires, de production de laine, fourrures et toutes espèces confondues[15] ;

---

14. Certains États membres imposent des normes de bien-être animal en élevage davantage strictes que les normes minimales européennes, dont le Danemark, qui impose des normes plus élevées concernant l'espace disponible pour les porcelets durant le transport ; la Suède, qui interdit la coupe des queues des porcelets ; l'Autriche, qui interdit l'usage de cages pour les poules pondeuses.

15. Dir. 98/58/CE, 20 juill. 1998 concernant la protection des animaux dans les élevages : *JO* n° L. 221, 8 août 1998, p. 23-27.

quatre directives dites « sectorielles » fixant des normes minimales de bien-être animal pour les cochons[16], les veaux[17], les poules pondeuses[18] et les poulets de chair[19], et enfin deux règlements fixant les normes minimales en matière d'abattage[20] et de transport[21] des animaux. Malgré un champ d'application étendu, ce cadre réglementaire souffre d'importantes lacunes le rendant ineffectif, tant du point de vue des objectifs de protection animale que des objectifs en matière de concurrence économique.

Une première lacune tient à l'absence de normes spéciales pour un certain nombre d'espèces animales. Tel est le cas des vaches laitières, qui ne font pas l'objet d'une réglementation spéciale. Tel est le cas également des poissons, des dindes, des lapins, ou encore des oies et canards. Les invertébrés tels que les insectes et les céphalopodes ne sont pas non plus couverts par des textes spéciaux, alors même que les projets d'élevage de ces animaux se multiplient. Le nombre d'animaux d'élevage ne faisant pas l'objet d'une réglementation spéciale s'élève ainsi à 868 millions d'animaux (poissons et invertébrés non compris)[22]. Pour ces animaux, les producteurs doivent simplement se conformer à la directive horizontale. Or, celle-ci s'avère inopérante du fait d'une rédaction vague et de l'absence de spécifications en annexe.

Les directives sectorielles contiennent quant à elles des normes minimalistes en matière de bien-être animal, offrant là encore une importante marge de manœuvre aux producteurs les moins-disants. À titre d'exemple, ces directives autorisent l'élevage en cages pour les poules pondeuses[23], l'usage de cases individuelles pour les veaux jusqu'à huit semaines[24] ou encore les cages de contention pour les truies gestantes[25]. S'agissant des poulets de chair, la directive 2007/43 prévoit deux seuils dérogatoires

16. Dir. 2008/120/CE, 18 déc. 2008 établissant les normes minimales relatives à la protection des porcs : *JO* n° L 47, 18 févr. 2009, p. 5-13.

17. Dir. 2008/119/CE établissant les normes minimales relatives à la protection des veaux : *JO* n° L 10, 15 janv. 2009, p. 7-13.

18. Dir. 1999/74/CE, 19 juill. 1999 établissant les normes minimales relatives à la protection des poules pondeuses : *JO* n° L 203, 3 août 1999, p. 53-57.

19. Dir. 2007/43/CE, 28 juin 2007 fixant des règles minimales relatives à la protection des poulets destinés à la production de viande : *JO* n° L 182, 12 juill. 2007, p. 19-28.

20. Règl. n° 1099/2009, 24 sept. 2009 sur la protection des animaux au moment de leur mise à mort.

21. Règl. n° 1/2005, 22 déc. 2004, relatif à la protection des animaux pendant le transport et les opérations annexes et modifiant les directives 64/432/CEE et le règlement 1255/97.

22. European Commission (DG SANCO), *Evaluation of the EU Policy on Animal Welfare and Possible Policy Options for the Future*, déc. 2010, p. 29 (en anglais).

23. Dir. 1999/74/CE, art. 6.

24. Dir. 2008/119/CE, art. 3(1)(a).

25. Dir. 2008/120/CE, art. 3(4).

Snyders, Frans (1579-1657), *Boucherie*, vers 1640-50, huile sur toile, 135 × 210 cm, Russie, Moscou, Musée Pouchkine, CAL-F-001843-0000 © Archives Alinari, Florence, Dist. GrandPalaisRmn / Fratelli Alinari.

au taux de densité maximum au sol, permettant ainsi des taux de densité extrême en élevage. En pratique, 66 % des poulets de chair en Union européenne sont élevés dans des conditions dérogatoires[26].

Les deux règlements sur le transport et l'abattage sont également inefficaces, tant sur le volet protection animale que sur le volet concurrentiel. Le règlement n° 1/2005 sur le transport des animaux autorise ainsi des durées totales de transport illimitées à condition pour les opérateurs de respecter des périodes de repos minimales. Les temps de transport entre périodes de repos peuvent cependant être très longs – jusqu'à vingt-quatre heures pour les porcs, par exemple. De plus, la rédaction du règlement n° 1/2005 est si confuse que la Cour de justice de l'Union européenne a été saisie de pas moins de six questions préjudicielles visant à éclaircir les règles de calcul des durées de transport maximales et des temps de repos[27].

---

26. Commission européenne, Rapport de la commission au Parlement européen et au Conseil sur l'application de la directive 2007/43/CE et son influence sur le bien-être des poulets destinés à la production de viande, ainsi que sur l'élaboration d'indicateurs de bien-être, avr. 2018, p. 4.

27. CJUE, 23 nov. 2006, aff. C-300/05, *Hauptzollamt Hamburg-Jonas c/ ZVK Zuchtvieh-Kontor GmbH*. – CJUE, 17 janv. 2008, aff. jtes C-37/06, *Viamex Agrar Handels GmbH* et C-58/06, *Zuchtvieh-Kontor GmbH (ZVK)*

Enfin, l'obligation de prévoir des temps de repos pour les animaux ne s'applique pas au transport maritime.

Le règlement n° 1099/2009 sur la mise à mort des animaux autorise quant à lui l'ensemble des pratiques courantes de l'industrie, en autorisant notamment l'abattage des volailles par bains d'eau ainsi que l'utilisation du dioxyde de carbone pour la mise à mort des porcs ; deux méthodes contre lesquelles l'Autorité européenne de sécurité des aliments s'était prononcée en raison du niveau de souffrance qu'elles génèrent[28].

La Commission européenne elle-même a procédé à un inventaire des insuffisances de la législation européenne sur le bien-être animal dans une évaluation parue en octobre 2022[29], en vue de la refonte du cadre réglementaire européen en matière de bien-être animal en élevage. Toutefois, la présidence de la Commission européenne a abandonné ce projet de révision en fin de mandat, à l'automne 2023. L'exécutif européen s'est ainsi contenté de publier une seule des quatre propositions de nouveaux règlements ; celle sur le transport. Cette proposition de nouveau règlement constitue davantage un époussetage de la législation en vigueur visant avant tout à simplifier les règles de calcul des durées de transport et des temps de repos et à assurer le respect des normes européennes au-delà des frontières de l'UE pour les trajets à destination des pays tiers[30].

B. – L'animal en tant que bien de consommation de masse

Le droit européen ne prévoit pas d'obligation générale d'information du consommateur concernant le mode d'élevage des produits d'origine animale. Il existe seulement une obligation spéciale d'étiquetage de la méthode de production pour les œufs coquilles. Le règlement n° 589/2008 sur les normes de commercialisation des œufs[31] impose ainsi aux producteurs d'indiquer la méthode de production sur tous les œufs coquilles

---

c/ *Hauptzollamt Hamburg Jonas*. – CJUE, 17 juill. 2008, aff. C-207/06, *Schwaninger Martin Viehhandel – Viehexport c/ Zollamt Salzburg, Erstattungen*. – CJUE, 9 oct. 2008, aff. C-277/06, *Interboves GmbH c/ Hauptzollamt Hamburg-Jonas*. – CJUE, 30 juin 2011, aff. C-485/09, *Viamex Agrar Handels GmbH c/ Hauptzollamt Hamburg-Jonas*. – CJUE, 28 juill. 2016, aff. C-469/14, *Masterrind GmbH c/ Hauptzollamt Hamburg-Jonas*.

28. EFSA, *Welfare aspects of the main systems of stunning and killing the main commercial species of animals: The EFSA Journal*, 2004. – EFSA, *Welfare aspects of the main systems of stunning and killing applied to commercially farmed deer, goats, rabbits, ostriches, ducks, geese and quail: The EFSA Journal*, 2006.

29. European Commission, *Commission Staff Working Document, Fitness Check of the EU Animal Welfare Legislation*, oct. 2022.

30. PE et Cons. UE, Prop. de règlement relatif à la protection des animaux pendant le transport et les opérations annexes : Doc. COM(2023), 770 final, déc. 2023.

31. Règl. délégué n° 2023/2465, 17 août 2023 complétant le règlement 1308/2013 en ce qui concerne les normes de commercialisation applicables aux œufs : *JO* n° L 2023/2465, 8 nov. 2023.

vendus aux particuliers dans l'UE[32]. Les œufs coquilles vendus dans l'UE sont donc marqués avec un code allant de 0 à 3 selon que les œufs sont issus d'un élevage certifié biologique (0), en plein air (1), au sol (2), ou en cage (3)[33]. Cependant, à défaut de l'existence d'une définition réglementaire des productions animales intensives[34], les consommateurs ne sont pas en mesure de savoir si les produits d'origine animale qu'ils achètent proviennent de fermes usines.

Le consommateur européen est également la proie des discours trompeurs en l'absence d'une réglementation spéciale visant les allégations trompeuses en matière de bien-être animal[35]. Le droit européen prévoit seulement une obligation générale contenue dans le règlement n° 1169/2011, aux termes duquel « les informations sur les denrées alimentaires n'induisent pas en erreur, notamment : sur les caractéristiques de la denrée alimentaire et, notamment, sur (...) la durabilité, le mode de fabrication ou d'obtention de cette denrée[36] (...) ».

Au-delà d'une approche consumériste de la condition animale, les institutions de l'UE n'ont pas procédé à une réorientation des politiques publiques de sorte à réduire les volumes de production et de consommation de produits d'origine animale au profit d'une végétalisation des politiques alimentaires. Pourtant, à l'occasion de la publication de la stratégie « De la ferme à la fourchette » (2020) et du Plan pour vaincre le cancer (2021), la Commission européenne avait reconnu la nécessité pour les Européens de passer à « un régime alimentaire plus végétal avec moins de viandes rouges et transformées et plus de fruits et légumes »[37]. Afin d'accompagner cette transition, la Commission européenne s'était tout particulièrement engagée à réviser le « programme de l'UE en faveur de la consommation de fruits, de légumes

---

32. Règl. n° 589/2008, art. 12(2) : *JO* n° L 163, 24 juin 2008, p. 12. Plus précisément, les œufs issus de filières de production non conforme au droit européen doivent être étiquetés comme tels. En pratique, le volume d'œufs coquilles destinés à la vente au détail importés de pays tiers est anecdotique, les pays tiers s'étant spécialisés dans la vente d'ovoproduits. V. égal. A. Di Concetto, *Farm Animal Welfare and Food Information for European Union Consumers: Harmonising the Regulatory Framework for More Policy Coherence: European Journal of Risk Regulation* 1/2023.

33. Règl. n° 589/2008, ann. I et II : *JO* n° L 163, 24 juin 2008, p. 18-20.

34. V. A. Di Concetto, *Les productions animales intensives en droit : état des lieux et perspectives de transitions : Rev. jur. env.* à paraître, 2024.

35. V. égal. A. Di Concetto et A.-S. Epstein, *EU Consumer Information As a Tool to Regulate the Treatment of Farm Animals: Potential and Limits: European Journal of Consumer Law* 2023/1.

36. Règl. n° 1169/2011, 25 oct. 2011 concernant l'information des consommateurs sur les denrées alimentaires, art. 7 : *JO* n° L 304, 22 nov. 2011, p. 27.

37. Communication de la Commission au Parlement européen, au Conseil, au Comité économique et social européen et au Comité des Régions, *Une stratégie « De la ferme à la table » pour un système alimentaire équitable, sain et respectueux de l'environnement* : Doc. COM(2020), 381 final, 20 mai 2020, p. 15. – Communication de la Commission au Parlement européen et au Conseil, *Plan européen pour vaincre le cancer* : SWD(2021), 3 févr. 2021, p. 13.

et de lait à l'école en 2023[38] » ainsi que le « programme de promotion de l'UE en faveur des produits agricoles, afin de contribuer davantage à une production et à une consommation durables et en adéquation avec l'évolution des régimes alimentaires[39] ». La Commission précisait en outre qu'« en ce qui concerne la viande, cette révision [porterait] sur la manière dont l'Union peut utiliser son programme de promotion pour soutenir les méthodes de production animale les plus efficaces au regard des émissions de carbone et les plus durables[40] ». Ces deux projets de révision ont par la suite été abandonnés. En 2023, les programmes de promotion en faveur des produits agricoles ont ainsi subventionné en majorité des produits d'origine animale et sans même que la Commission européenne n'ait pris en compte les méthodes de production[41].

38. Communication de la Commission au Parlement européen et au Conseil, *Plan européen pour vaincre le cancer :* SWD(2021), 3 févr. 2021, p. 12.

39. Communication de la Commission au Parlement européen, au Conseil, au Comité économique et social européen et au Comité des Régions, *Une stratégie « De la ferme à la table » pour un système alimentaire équitable, sain et respectueux de l'environnement :* COM(2020), 381 final, 20 mai 2020, p. 9.

40. *Ibid.*

41. En 2023, 55 % du budget consacré aux programmes de promotion des produits agricoles européens a été au moins partiellement alloué à la promotion de la viande et des produits laitiers et 35,6 % exclusivement à la promotion de la viande et des produits laitiers. Les campagnes concernant les produits animaux représentaient plus de 57 % des programmes de promotion financés pour 2022 et 36,8 % concernaient exclusivement la viande et les produits laitiers. Source : *Promotion of EU Farm products*, European Commission (https://agriculture.ec.europa.eu/common-agricultural-policy/market-measures/promotion-eu-farm-products_en#decisions ; consulté le 12 juin 2024).

Soutine, Chaïm (1893-1943), *La raie,* vers 1924, huile sur toile, 0,813 m, New York, The Metropolitan Museum, 1997.149.1 © The Metropolitan Museum of Art, Dist. GrandPalaisRmn / image of the MMA.

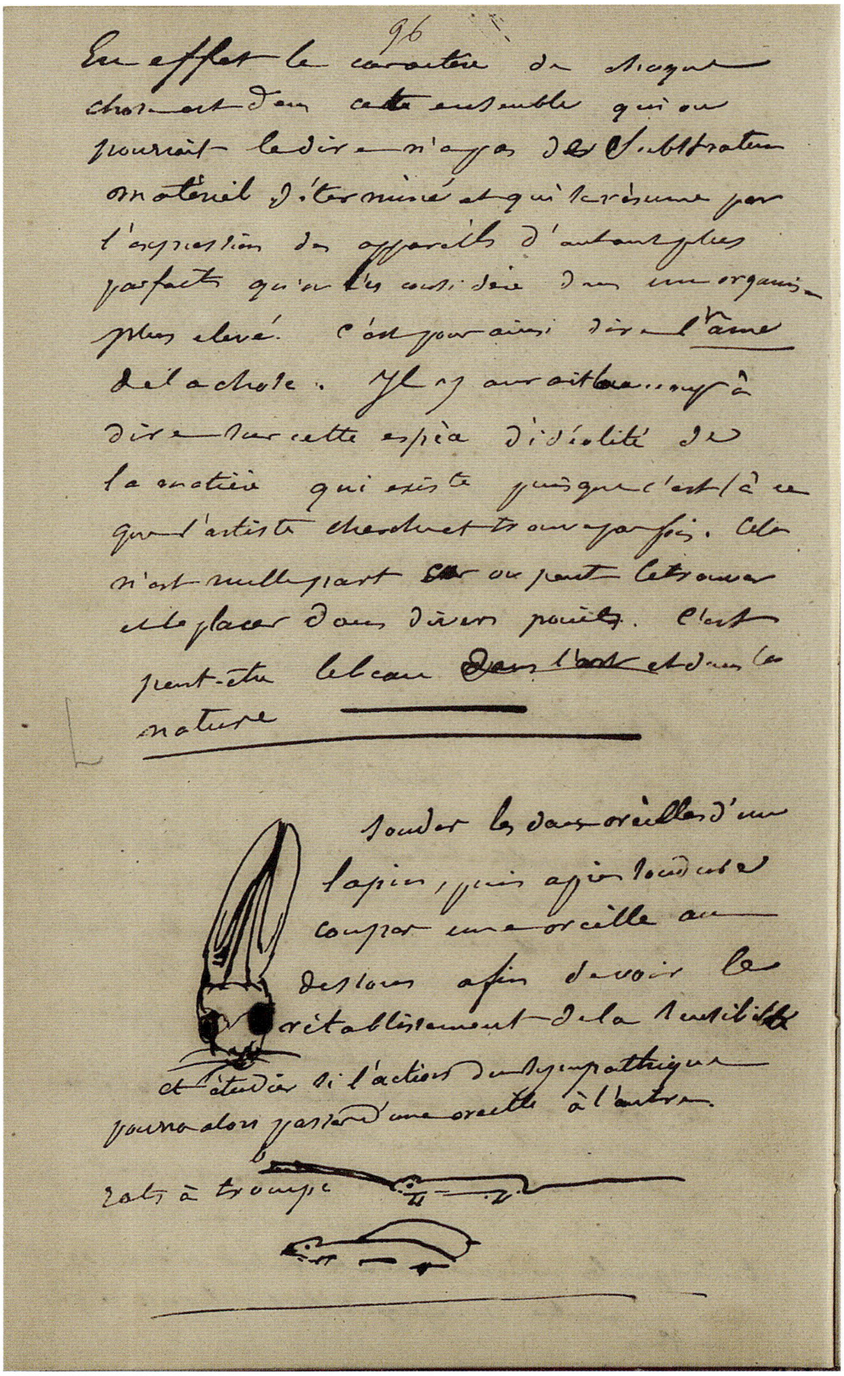

96

En effet le caractère de chaque chose est dans cet ensemble qu'on pourrait le dire n'a pas de substratum matériel déterminé et qui le résume par l'expression des appareils d'autant plus parfaits qu'on les considère dans un organisme plus élevé. C'est pour ainsi dire l'âme de la chose. Il y aurait beaucoup à dire sur cette espèce d'idéalité de la matière qui existe puisque c'est là ce que l'artiste cherche et trouve parfois. Cela n'est nulle part ~~et~~ on peut le trouver et le placer dans divers points. C'est peut-être le beau ~~dans l'art~~ et dans la nature

Souder les deux oreilles d'un lapin, puis après soudure couper une oreille au dessous afin de voir le rétablissement de la sensibilité et étudier si l'action du sympathique pourra alors passer d'une oreille à l'autre.

rats à trompe

Bernard, Claude (1813-1878), *En haut, tête d'un lapin dont les oreilles sont soudées dans leur partie distale. En bas, rats à trompe (pétrodromes)*, Cahier rouge, 1851-1860, Manuscrit 11, feuillet 108, Collège de France, 39 CDF 11 © Collège de France.

Les greffes d'organes issus d'animaux :

de la nécessité biomédicale à l'encadrement juridique

N'nan TESSOUGUE
Doctorante contractuelle en droit animalier
Université de Paris-Saclay (UVSQ, Versailles)
Laboratoire DANTE (EA 4498)

« Le jurisconsulte qui doit être chaste et pur comme la loi, se trouve embarrassé en traitant de ces matières, qui peuvent réveiller des images voluptueuses ; mais en se rendant l'interprète de la loi, il s'oblige à parler avec autant de courage que le législateur des mystères de la nature (…). Ici tout est épuré par la justice qui est à la fois le guide et l'objet de nos recherches »[1]. Si le législateur tout comme le juriste ne sont pas des scientifiques, ceux-ci doivent néanmoins agir par anticipation afin d'encadrer les recherches impliquant le vivant. Le législateur français l'a très vite compris en ce qui concerne l'utilisation de l'animal en santé à travers l'adoption de la loi du 1er juillet 1998, relative au renforcement de la veille sanitaire et du contrôle de la sécurité sanitaire des produits destinés à l'Homme[2], faisant de la France, le « premier pays au monde »[3] en la matière.

Dès le début du xxe siècle, les manipulations génétiques animales et humaines à travers le transanimalisme, c'est-à-dire l'augmentation des facultés physiques et cognitives de l'animal et le transhumanisme qui renvoie quant à lui à l'augmentation des facultés humaines, ont suscité des interrogations éthiques et juridiques bouleversant l'équilibre de la *summa divisio* entre les personnes et les choses. Aujourd'hui c'est

1. J.-N. Guyot, *Répertoire universel et raisonné de jurisprudence*, IX, 1784, p. 36, V° *Impuissance*.

2. L. n° 98-535, 1er juill. 1998, relative au renforcement de la veille sanitaire et du contrôle de la sécurité sanitaire des produits destinés à l'homme : *JO* n° 151, 2 juill. 1998.

3. S. Marquis, *Portée et limites de l'encadrement juridique de la xénotransplantation, étude comparée*, thèse Université de Montréal, déc. 2003, dir. T. Leroux.

au tour des greffes d'organes d'animaux de soulever des interrogations éthiques et juridiques déjà préexistantes.

En France, l'Agence de la biomédecine a en 2021 enregistré 1 913 donneurs dont 1 392 donneurs *post mortem*[4] contre 21 866 patients en attente d'une greffe d'organe[5] au 1er janvier 2024. Face à ce nombre grandissant de patients en attente d'une greffe d'organe, le Conseil consultatif national d'éthique français, dès le 11 juin 1999, présentait dans un avis le recours à la xénotransplantation comme une alternative médicale susceptible de contribuer à la sauvegarde de la vie humaine[6]. Des années plus tard, le président du Comité européen sur la transplantation d'organes, Emanuele Cozzi, affirmait à son tour que l'objectif ultime à travers la xénotransplantation « serait de pouvoir fournir un organe à tout le monde » afin de pallier « l'énorme pénurie d'organes »[7].

Au sens de l'article 3 de la recommandation du Comité des ministres aux États membres, la xénotransplantation désigne « toute intervention impliquant la transplantation ou l'administration chez un receveur humain, de cellules, tissus ou organes, vivants d'origine animale ou de fluides, cellules, tissus ou organes humains ayant eu un contact *ex vivo* avec des cellules, tissus ou organes, vivants d'origine animale »[8] à travers les méthodes d'édition du génome dont la technique CRISPR/Cas9[9]. Il s'agit d'un outil moléculaire qui permet de modifier les séquences d'ADN[10].

La xénotransplantation, dans la pratique, impliquerait des procédés de manipulation génétique des animaux afin de contrôler les risques de rejets suraigu, aigu et chronique[11]. Le rejet suraigu est causé par l'absence de l'enzyme « alpha 1- 3 galactosyltransférase »[12] chez l'Homme avec pour conséquence, « l'apparition d'un œdème, d'une

---

4. D. Maloubier et I. Closet, *Bilan activité-greffes 2021*, Service presse de l'Agence de biomédecine, 12 janv. 2022.

5. A. Duclos-Grisier, *Greffes d'organes : en augmentation en 2023 malgré un fort taux d'opposition : Vie publique* 21 févr. 2024.

6. CCNE, *Éthique et xénotransplantation*, avis n° 61, 11 juin 1999.

7. G. Peseckyte et N. Foote, *Pénurie d'organes dans l'UE : la transplantation de l'animal à l'Homme pourrait-elle être la solution ? : Euractiv.com* 10 févr. 2022.

8. CE/CM, Recommandation du Comité des ministres aux États membres sur la xénotransplantion : Rec. (2003) 17, n° 2003, 19 juin 2003, 844e réunion des délégués des Ministres (Chapitre 1er « Objet, champ d'application et définitions »).

9. B. Chardès, *Édition du génome par l'outil CRISPR/Cas, nouvel horizon de la thérapie génique*, HAL, 16 oct. 2023, p. 29.

10. INSERM, *CRISPR-Cas9 : vers un outil plus sûr pour éditer les génomes : Actualité Science* 15 mai 2019.

11. M. Vandervaeren, *Les xénogreffes d'organes de porc chez l'homme... Une utopie ?*, thèse en pharmacie, Université de Lille 2, dir. E. Hermann, 10 mars 2014.

12. U. Galili, *The a-gal epitope (Galal-3Gal~l-4GlcNAc-R) in xenotransplantation*, National Library of Medicine, note 40, p. 558

hémorragie ou d'une thrombose vasculaire »[13] au cours des premières minutes de la xénogreffe. Le rejet aigu peut être vasculaire et cellulaire engendrant la « névrose du parenchyme du greffon » au bout des premiers jours suivant la xénogreffe[14]. Le rejet chronique apparaîtrait de façon progressive à la suite de la xénogreffe. Ces différents rejets ont été observés au cours des expériences effectuées aussi bien en France qu'aux États-Unis.

En France, la première xénotransplantation remonte aux expériences du docteur Mathieu Jaboulay entre 1905 et 1906[15] réalisées à partir du rein d'un mammifère[16]. Aucune tentative n'a été entreprise depuis le docteur Jaboulay jusqu'aux années 1950 qui marquent pour la France l'apogée des techniques chirurgicales de transplantation d'organes entre les personnes[17]. Alors que les scientifiques français font preuve d'une grande prudence et exercent dans la crainte des règles de bioéthique, aux États-Unis, plusieurs expérimentations en lien avec la xénotransplantation ont été réalisées.

C'est ainsi qu'en 1983, la patiente *Baby Fae* âgée de dix-huit jours[18] originaire de l'État de Californie a été greffée d'un cœur de babouin. En 2021, des chercheurs new-yorkais sont parvenus à greffer un rein de porc génétiquement modifié sur une patiente en état de mort cérébrale. L'intervention a eu le mérite d'avoir pu éviter le rejet immédiat de l'organe animal qui a survécu pendant cinquante-quatre heures[19] contrairement aux précédentes greffes. Le 7 janvier 2022, un autre patient cette fois de l'État de Washington, âgé de cinquante-sept ans, atteint d'une arythmie au stade terminal, a été transplanté d'un cœur d'origine porcine. Celui-ci est décédé deux mois plus tard des suites d'une infection « cytomégalovirus »[20]. Le 16 mars 2024, des chirurgiens de l'hôpital de Boston ont transplanté le rein d'un porc à un patient âgé de soixante-deux ans souffrant d'une insuffisance rénale chronique après soixante-neuf modifications génétiques effectuées sur le rein de l'animal à l'aide de la méthode Crispr-Cas9[21]. La

13. S. Marquis, *Portée et limites de l'encadrement juridique de la xénotransplantation, étude comparée*, thèse, Université de Montréal, déc. 2003, dir. T. Leroux, p. 15.

14. *Ibid.*, note 11.

15. A. Heuqueville, *Pionniers de la greffe au début du xxe siècle*, Le Blog Gallica, la Bibliothèque numérique de la BnF et ses partenaires, 2 juill. 2019.

16. P. Richard, *Rein de porc, cœur de babouin… ces nombreux essais de xénogreffes depuis le début du xxe siècle : Ouest-France* 29 août 2023.

17. T. Starzl, *Transplantation en masse des organes abdominaux*, Bibliothèque nationale de médecine, Centre national d'information sur la biotechnologie, 11 juin 1991.

18. C. Ockrent, *États-Unis : un bébé vit depuis 5 jours avec un cœur de babouin : INA journal* 31 oct. 1984.

19. S. You, *La première greffe d'un rein de porc chez l'humain : France Culture le Journal des Sciences* 25 oct. 2021.

20. A. Musso, *Xénogreffe, la première greffe réussie d'un cœur de porc sur un humain : L'humanité-science*, 7 févr. 2022.

21. *Ibid.*, V. *supra*, note 9.

greffe a été porteuse d'espoir, car le patient a pu rejoindre son domicile[22]. Cette opération, qui aurait pu constituer un tournant véritable pour la science, a connu une fin similaire aux précédentes greffes, la mort. En effet, le 11 mai 2024, soit un mois et demi plus tard, l'hôpital de Boston annonçait le décès du patient[23].

Il ressort des cas précités que la xénotransplantation est une procédure impliquant une diversité d'animaux. Toutefois, le porc semble être *de facto* le donneur approprié compte tenu de sa constitution biologique (dimension du cœur ou poids) *a priori* similaire à celle de l'homme[24]. La similitude biologique constatée entre ces deux espèces vivantes, cependant, reste discutable face aux barrières immunologiques observées[25], auxquelles les équipes de recherche en transplantation d'organes de l'université Paris Cité, de l'Institut national de la santé et de la recherche médicale (INSERM) et l'Assistance publique des hôpitaux de Paris (AP-HP) ont tenté de remédier à travers une approche multimodale, axée sur des technologies innovantes que sont les « biotechnologies d'immunologie et de microscopie moléculaire capables de caractériser et de localiser précisément les cellules immunitaires dans les greffons »[26]. L'objectif étant d'éviter les rejets aigu et suraigu[27].

En tout état de cause, l'enthousiasme des scientifiques se heurte à des interrogations éthiques justifiées par le bouleversement des barrières inter-espèces ; de santé publique en raison des risques de zoonose[28] causés par « un virus animal infectant son hôte (…) »[29] ; juridiques pouvant découler des conflits au sein des libertés fondamentales des patients. C'est le cas du conflit entre la liberté de refuser des soins et la liberté religieuse du patient en prenant le cas particulier du patient de confession juive[30] ou musulmane[31] confronté à une xénogreffe porcine, étant précisé que la consommation de porc dans ces deux religions est, en principe interdite[32]. Dans un

22. M. Rose, *Des chirurgiens américains ont transplanté un rein de porc sur un patient vivant : Sciences et Avenir* 21 mars 2024 (mis à jour le 24 mars 2024).

23. M. Rose, *Greffe : mort du premier patient à avoir reçu vivant un rein de porc génétiquement modifié : Libération* 12 mai 2024.

24. C. Etter, *Un premier pas vers la transplantation animale*, in *Planète santé* (mis à jour le 20 avr. 2022).

25. A. Azimzadeh, C. Meyer, M. Audet et P. Wolff, *Le rejet de xénogreffe : acquis et perceptives*, in *Sang Thrombose Vaisseaux* juin-juill. 1999, vol. 11, n° 6, p. 448-59.

26. B. Hallier, *Xénotransplantation : pour la première fois, la réponse immunitaire après la greffe de reins de porcs génétiquement modifiés chez l'humain est décryptée*, Radio France, 17 août 2023.

27. *Ibid.*, V. *supra*, note 11.

28. *Ibid.*, V. *supra*, note 11.

29. C. Kapitz, *Xénogreffes : l'éthique dans la presse quotidienne française : Sciences, médias et société,* 2003, p. 60.

30. Lévitique 11 :7-8 et Livre de Deutéronome 14 :8.

31. Bibliothèque de l'Institut du monde arabe (BIMA), verset 173 de la sourate 2, verset V, p. 145.

32. A. Bondolfi, *Les rapports de l'humain à l'animal dans les traditions judéo-chrétiennes devant le nouveau défi de la xénogreffe* : *Lex Electronica* 2005, vol. 10, n° 2 (consulté le 25 mars 2023).

tel contexte religieux, le recours au porc en tant que donneur d'organes pourrait engendrer de nouveaux contentieux semblables aux contentieux liés à la transfusion sanguine des témoins de Jéhovah[33]. Au cours de ces litiges, le Conseil d'État, dans un arrêt du 20 mai 2022, a accordé au médecin la possibilité de pratiquer les actes médicaux proportionnés à la sauvegarde de la vie d'un patient dont le pronostic vital est engagé malgré son refus oral et/ou écrit[34].

L'étude de la xénotransplantation revêt une importance toute particulière. Il est donc pertinent de s'interroger sur le cadre juridique de la xénotransplantation en France (I) avant de s'intéresser au contentieux médical lié aux xénogreffes (II).

I. – Le cadre juridique de la xénotransplantation en France

La mise en œuvre de la xénotransplantation nécessite deux phases d'essais, à savoir précliniques et cliniques. Les essais précliniques renvoient à des expérimentations effectuées uniquement sur des animaux (le donneur et le receveur sont tous deux des animaux). À cet effet, des organes d'origine porcine génétiquement modifiés sont transplantés sur des animaux afin d'évaluer la sécurité des recherches. À ce stade de l'expérimentation, le décret du 1er février 2013[35] trouve à s'appliquer puisqu'il énumère les conditions légales de détention, de transport et d'utilisation de l'animal à titre expérimental.

Les essais cliniques, quant à eux, correspondent aux recherches impliquant la personne humaine (le donneur est un animal et le receveur est une personne). Il en va de même des essais thérapeutiques. Ces essais seront régis par la recommandation du Comité des ministres aux États membres sur la xénotransplantation et par le Code de la santé publique.

---

33. Les refus observés auprès des patients témoins de Jéhovah lors des transfusions sanguines étaient principalement motivés par deux moyens, à savoir, d'une part, l'atteinte aux convictions religieuses fondées sur la sacralité du sang et, d'autre part, l'atteinte à l'intégrité du corps humain. À titre illustratif, dans un arrêt n° 249552 rendu par le Conseil d'État le 16 août 2002, une patiente hospitalisée au service des soins intensifs post-opératoires a exprimé de façon orale puis écrite son refus de se faire transfuser en tant que témoin de Jéhovah. En raison du pronostic vital de la patiente, les médecins ont procédé à une transfusion sanguine. Il incombait aux juges de la Haute juridiction administrative saisis de cette requête de répondre à la question de savoir si la transfusion effectuée constituait une atteinte manifestement illégale aux libertés fondamentales de la patiente. Dans un autre arrêt n° 463713 rendu en référé par le Conseil d'État le 20 mai 2022, les requérants ont excipé plusieurs moyens fondés sur la liberté de pensée, de conscience et de religion garanties par l'article 9 de la Convention européenne des droits de l'homme.

34. *Ibid.*, note 33.

35. D. n° 2013-118, 1er févr. 2013, relatif à la protection des animaux utilisés à des fins scientifiques : *JO* n° 0032, 7 févr. 2013.

La recommandation du Comité des ministres sur la xénotransplantation aux États membres octroie aux États une marge de manœuvre et énonce le régime général applicable. En effet, l'article 5 de la recommandation établit un régime d'autorisation auprès d'une instance compétente désignée par l'État membre, sous réserve que soit rapportée la réalisation d'une recherche préclinique[36] conformément à l'état des connaissances scientifiques et en l'absence de tout risque de santé publique. L'efficacité et la sécurité de la recherche pour le patient doivent être avérées. De même, la xénotransplantation doit comporter un bénéfice et être dépourvue de tout risque d'infection pour la population, conformément aux normes scientifiques internationales[37]. Le texte subordonne la réalisation de la xénotransplantation à trois conditions cumulatives que sont l'absence de toute autre méthode thérapeutique appropriée, la preuve d'un bénéfice thérapeutique clair démontrant un fonctionnement satisfaisant de la xénogreffe et l'éviction des risques de rejet[38]. Une fois les risques infectieux écartés, l'intérêt de la greffe rapporté, le consentement écrit[39] du patient doit être recueilli en amont lorsque celui-ci dispose de la capacité à consentir avec un droit de rétractation possible[40].

En France, le don d'organes est régi par la loi Cavaillet du 22 décembre 1976 modifiée par la loi du 26 janvier 2016 portant sur l'organisation du système de santé[41]. Quant aux recherches impliquant la personne humaine, celles-ci relèvent de la loi Huriet-Sérusclat du 20 décembre 1988 relative à la protection des personnes se prêtant à la recherche biomédicale[42] complétée par la loi Jardé du 5 mars 2012[43], toutes deux codifiées au sein du Code de la santé publique. L'ordonnance du 29 juillet 2022[44] a permis d'insérer au sein du Code de la santé publique un chapitre VII intitulé « Dispositions particulières à certaines recherches ». Au sein de ce chapitre, l'alinéa 1er de l'article L. 1127-2 du Code de la santé publique exige, en amont de toute expérimentation thérapeutique, une autorisation expresse de l'Agence nationale de sécurité du médicament et des produits de santé après avis de l'Agence de la biomédecine.

---

36. INSERM, *La recherche clinique et pré-clinique*, 5 juill. 2017.

37. Recommandation du Comité des ministres aux États membres sur la xénotransplantion, art. 5 : Rec. (2003) 17, n° 2003, 19 juin 2003, 844e réunion des délégués des Ministres.

38. *Ibid.*, art. 12.

39. *Ibid.*, art. 16.

40. *Ibid.*, art. 18.

41. Loi de modernisation du système de santé n° 2016-41, 26 janv. 2016 : *JO* n° 0022, 27 janv. 2016.

42. Loi Huriet-Sérusclat n° 88-1138, 20 déc. 1988 : *JO* 22 déc. 1988.

43. Loi Jardé n° 2012-300, 5 mars 2012, relative aux recherches impliquant la personne humaine : *JO* n° 0056, 6 mars 2012.

44. Ord. n° 2022-1086, 29 juill. 2022 : *JO* n° 0175, 30 juill. 2022.

Il ressort des dispositions de l'article L. 1127-2 du Code de la santé publique que les règles liées au consentement, à la gratuité et à l'information du patient figurant au titre II du Code de la santé publique intitulé « Recherche impliquant la personne humaine » (RIPH)[45], trouvent à s'appliquer à la xénotransplantation.

S'agissant d'une recherche impliquant la personne humaine, la xénotransplantation mobilisera donc les acteurs habituels de la recherche que sont les promoteurs (personnes morales ou physiques chargées de la gestion et du financement de la recherche), les investigateurs (uniquement des personnes physiques dotées d'une expérience dans le domaine de la recherche) et les autres intervenants (techniciens, thérapeutes).

L'article L. 1127-2 du Code de la santé publique laisse à la charge de l'Agence nationale de sécurité du médicament et des produits de santé (ANSM), l'élaboration des règles de bonne pratique. Il prévoit également un dispositif de surveillance à long terme des patients. Cet article permet de s'inscrire dans la continuité des ambitions du Comité consultatif national d'éthique de 1999.

Le cadre actuel n'est pas exempt d'incomplétudes en ce qui concerne aussi bien les droits du patient que la gestion des risques. En effet, restent en suspens des questions fondamentales. Ainsi, faut-il étendre le principe de l'anonymat à la xénotransplantation et taire la nature de l'espèce animale dont l'organe aura permis de contribuer à la greffe ? Une réponse favorable à cette interrogation aurait pour corollaire la restriction du contenu de l'information délivrée au patient, lequel pourra voir engager la responsabilité de l'équipe de recherche pour manquement à son obligation légale d'information. Par ailleurs, s'agissant des risques, se pose la question des habitudes alimentaires du patient receveur d'un organe animal. Celui-ci pourra-t-il, à l'issue de la greffe, continuer à consommer de la viande issue de la même espèce animale ? À supposer que la réponse eût été positive, ce patient n'augmenterait-il pas les risques de rejet et ou d'infection ? Dans un article présenté par l'Organisation mondiale de la santé, il est rapporté que la consommation de viande bovine ou porcine, infectée ou insuffisamment cuite, favorise chez les consommateurs, l'apparition du ténia[46]. Les descendants des patients ayant bénéficié d'une greffe seront-ils exposés à des risques ? Dans l'affirmative, quel serait le régime de responsabilité applicable ? Enfin, un patient ayant bénéficié d'une xénogreffe pourrait-il, de vif ou *post mortem*, procéder au don de ses organes dans les conditions prévues par le Code de la santé publique ?

45. CSP, art. R. 1121-1, définissant la recherche impliquant la personne humaine.

46. Organisation mondiale de la santé, *Taeniasis/Cysticercose*, 11 janv. 2022.

Ces questions, qui peuvent paraître élémentaires aux yeux du scientifique, sont pourtant essentielles à l'information du patient qui se prête à une telle expérimentation, étant précisé que les seules difficultés connues à ce jour se rapportent aux risques de rejet[47]. Eu égard à ce qui précède, le recours à la xénotransplantation, à supposer que ce procédé soit effectif et dépourvu de tout risque, laissera émerger à la suite des litiges médicaux significatifs.

II. – Le contentieux médical lié aux xénogreffes

Le contentieux médical lié à la xénotransplantation s'entend des conflits pouvant découler des xénogreffes. Il peut paraître prématuré en 2024 d'envisager le contentieux de la xénotransplantation au regard des incertitudes scientifiques et de l'absence des essais cliniques en France. Pour autant, l'anticipation des arguments juridiques susceptibles d'être soulevés lors du contentieux reste tout à fait pertinente. En effet, les stratégies argumentatives pourraient porter sur l'atteinte aux libertés fondamentales des patients que sont la liberté religieuse, la liberté de consentir ou de refuser des soins. Il pourrait s'agir également de l'appréciation de l'obstination déraisonnable lors de la xénotransplantation.

S'agissant tout d'abord de l'argument du refus des soins, le système de santé français repose sur le principe du consentement depuis la deuxième moitié du XXe siècle. Dans un arrêt *Teyssier* de la Cour de cassation du 28 janvier 1942, les juges ont reconnu la responsabilité du chirurgien pour avoir manqué de recueillir le consentement du patient[48]. Cinq ans plus tard, le Code Nuremberg de 1947 a fait du consentement, un principe fondamental lors des recherches impliquant la personne humaine[49]. Aujourd'hui la loi Kouchner du 4 mars 2002[50] octroie au patient le droit de consentir aux actes médicaux et fait naître pour le médecin une obligation d'information[51]. Afin de garantir le respect du consentement du patient, le législateur a introduit deux dispositifs à travers la création de la personne de confiance et la possibilité pour toute personne majeure de rédiger des directives anticipées[52]. En conséquence, le consentement ou le refus[53] du patient

47. *Ibid.*, V. *supra*, note 11.

48. Cass. req., 28 janv. 1942 : *DC* 1942, 63.

49. Code de Nuremberg de 1947, art. 1.

50. Loi Kouchner n° 2002-303, 4 mars 2002, relative aux droits des malades et à la qualité du système de santé : *JO* 5 mars 2002.

51. CSP, art. L. 1111-2.

52. *Ibid.*, art. L. 1111-11.

53. *Ibid.*, art. L. 1111-4, al. 2.

à des soins pourra être exprimé au moyen de ces deux dispositifs. Bien que le consentement soit fondamental lors des actes médicaux, celui-ci en revanche n'est aucunement revêtu d'un caractère absolu[54].

S'agissant ensuite de l'argument du refus fondé sur la conviction religieuse, il renverrait au cas particulier du patient qui refuserait au nom de sa religion de consentir à une xénogreffe porcine malgré son pronostic. Cette réticence a été observée dans les réponses au questionnaire réalisé par le docteur Souad Touzri Takari à l'attention de quarante-deux étudiants inscrits en licence de biotechnologie lors d'un cours de bioéthique. La question alors posée était la suivante :

> *« Si vous êtes à la place d'une personne souffrant d'une insuffisance cardiaque aiguë et que l'on vous propose la transplantation d'un cœur porcin : décidez-vous d'accepter ce genre de xénogreffe ? Argumentez votre choix ».*

La majorité des étudiants présentait des arguments défavorables à la xénotransplantation motivés par « une approche axiologique et cela, même en présence d'un diagnostic vital »[55]. Ce refus observé auprès des étudiants fait émerger de nombreuses problématiques quant à l'étendue des droits du patient. Celui-ci peut-il refuser des actes médicaux sur le seul fondement de ses convictions religieuses lorsque son état de santé l'exige ? Dans un contentieux médical lié au refus des patients témoins de Jéhovah, le Conseil d'État[56] avait considéré que la transfusion qui constitue un acte indispensable à la survie du malade et proportionné à son état ne constitue pas une atteinte grave et manifestement illégale lorsque tout a été mis en œuvre pour le convaincre.

Dans le cadre de la xénotransplantation, il conviendra absolument d'apprécier l'absence de toute autre alternative médicale, d'écarter tout risque d'infection et de démontrer une urgence vitale appréciée par le comité de protection des personnes conformément aux articles L. 1122-1-3 et L. 1122-1-4 du Code de la santé publique. Dans ces conditions, la transplantation d'un organe d'origine porcine pourra être réalisée malgré le refus du patient. Un tel raisonnement ne serait pas contraire à l'article 19, 2 de la recommandation du Comité des ministres aux États membres qui étend la xénotransplantation au patient dans l'incapacité de consentir en l'absence de toute autre alternative susceptible de sauver la vie du patient, avec l'autorisation des représentants légaux après une information et une communication nécessaires aux proches du patient. Une telle intervention doit tenir compte des bénéfices directs et

---

54. L'article L. 1122-1-3 du Code de la santé publique énonce la possibilité de déroger au consentement du patient lors des recherches impliquant la personne.

55. S. Touzri Takari, *Analyse bioéthique de la xénogreffe de cœur porcin*, Noesis (mis en ligne le 8 oct. 2021, consulté le 21 mars 2024).

56. *Ibid.*, V. *supra*, note 34.

importants pour le patient[57]. L'incapacité à consentir au sens de cet article semble s'étendre à tous les patients considérés comme vulnérables en raison de leur condition physique ou en raison de leur état de santé.

S'agissant enfin de l'obstination déraisonnable, l'article L. 1110-5 du Code de la santé publique reconnaît à tout individu dont l'état de santé le requiert, l'accès aux soins, et exclut par la même occasion les actes disproportionnés. Le même texte prohibe l'obstination déraisonnable. À l'occasion de deux arrêts *Affaire Vincent Lambert*[58] rendus les 24 juin 2014 et 24 avril 2019, le Conseil d'État a pu juger que les traitements inutiles tendant au maintien artificiel de la vie constituent une obstination déraisonnable. Il s'agissait en l'espèce d'un patient tétraplégique plongé dans un état végétatif à l'issue d'un accident de la circulation. Le Conseil d'État a indiqué que l'interruption des traitements motivée par l'obstination déraisonnable s'apprécie selon la volonté du patient en état de s'exprimer ou de la personne de confiance lorsque le patient ne peut exprimer sa volonté ou selon le médecin conformément aux éléments médicaux et non-médicaux et à l'issue d'une procédure collégiale[59].

L'appréciation de l'obstination déraisonnable pourrait se poser dans le cadre de la xénotransplantation dans l'hypothèse où le refus du patient exprimé de façon anticipée ou par la personne de confiance se heurterait à une décision contraire de l'équipe médicale selon l'urgence et la nécessité de la greffe. S'il est rapporté que la xénogreffe est dépourvue de tout risque et qu'une transplantation contribuera à l'amélioration de l'état de santé du patient, dans ce cas, l'argument de l'obstination déraisonnable serait inopérant. En revanche, s'il est mentionné que la transplantation permettra uniquement le maintien artificiel du patient à la vie, l'argument de l'obstination déraisonnable pourrait être valable.

À ce stade des travaux scientifiques menés par les équipes de recherche en transplantation d'organes de l'université Paris Cité, de l'Institut national de la santé et de la recherche médicale (INSERM) et l'Assistance publique des hôpitaux de Paris (AP-HP) visant à éviter les risques de rejet, et face à la pénurie d'organes ainsi qu'au cadre juridique français qui semble favorable à la théorie de la xénotransplantation sous réserve d'une réforme interdisant la pratique, il est possible d'affirmer que la xénotransplantation finira par intégrer l'offre de soins. Toutefois, le décès du patient de soixante-deux ans le 11 mai 2024, à la suite de la xénogreffe du 16 mars

57. Recommandation du Comité des ministres aux États membres sur la xénotransplantion, art. 19.2 : Rec. (2003) 17, n° 2003, 19 juin 2003, 844e réunion des délégués des Ministres.

58. CE, 24 juin 2014, n° 375081 et CE, 24 avr. 2019, n° 428117.

59. A. Minet-Leleu, *Le refus de l'obstination déraisonnable : un cadre juridique encore perfectible* : RDSS, 28 févr. 2019, 95.

2024 réalisée à l'hôpital de Boston malgré les soixante-neuf manipulations génétiques animales, dissuadera peut-être la communauté scientifique.

En définitive, lorsque les risques de rejet seront éludés et que l'organe génétiquement modifié de l'animal fusionnera avec l'organisme humain pour donner corps à un individu vivant, comme ce fut le cas récemment à l'hôpital de Boston pendant un mois et demi, qu'adviendra-t-il des barrières inter-espèces et de la *summa divisio* entre les personnes et les choses ?

La Poulle d'Autr/u/y/che/ [...] [recto] Ah le Bel enfant, Embrasser maman nourice [verso], après 1791, estampe, France, Paris, Musée Carnavalet, G. 25647 © Musée Carnavalet Histoire de Paris.

AUTRUCHE

n. fém., genre d'échassiers brévipennes vivant à l'état sauvage dans les steppes africaines, caractérisé par sa grande taille, son long cou, ses ailes rudimentaires impropres au vol, sa rapidité à la course et sa voracité.

1. *Avoir un estomac d'autruche.*

2. *Faire l'autruche.* Nier l'évidence, chercher à se dissimuler l'imminence d'un danger ou la triste réalité en feignant l'incompréhension. *Avoir l'imprudence d'une autruche.*

Struthio camelus

L'autruche est élevée depuis l'Antiquité : elle fait partie des collections d'animaux rares et exotiques qui existent au Proche-Orient, en Égypte, à Rome et à Byzance et en terre d'islam ; la finesse et la beauté de ses plumes en font un ornement, un symbole religieux ou guerrier et sa viande est consommée par les plus riches. Les premiers ouvrages scientifiques sur les animaux apparus dans le monde gréco-romain la désignent sous le nom de *Struthio camelus, oiseau chameau*, en raison de sa taille, de son long cou et de ses yeux noirs proéminents pourvus de cils. Les traités d'Aristote et de Pline l'Ancien forment ensuite la matière première des encyclopédistes au Moyen Âge et en premier lieu les *Étymologies* d'Isidore de Séville élaborées au VIe siècle, qui font de l'étude des animaux et de la nature le support d'une réflexion sur la création divine[1]. Les bestiaires médiévaux envisagent l'autruche comme le symbole tout à la fois de la sagesse, de l'hypocrisie, de la paresse et de la bêtise. Ils rapportent que les œufs d'autruche enfouis dans le sable ne peuvent éclore que grâce au soleil car ils sont négligés par la mère ; d'autres auteurs soulignent que l'autruche est rappelée à ses devoirs de mère par la vue d'une étoile[2]. Les œufs d'autruche sont des objets d'exception qui font partie des

1. G. Clesse, *Des textes sources au texte compilé : le portrait de l'autruche dans les compilations naturalistes des ordres mendiants au XIIIe siècle* : *RursuSpicae* 2020, 3, *La conversation des encyclopédistes*.

2. B. Clavel et M. Barme, *Des coquilles d'œuf d'autruche dans le chœur de l'église de Nanteuil : Rev. archéologique de Picardie* 2019, 33, p. 170.

trésors d'église depuis le XIIIe siècle ; ils sont suspendus pour mettre en garde le bon chrétien et lui rappeler ses devoirs envers Dieu[3]. Quand on envisage la représentation du pouvoir, les ambivalences sont les mêmes : l'autruche est à la fois un signe ostentatoire du pouvoir depuis le Moyen Âge et un symbole de la profonde dégradation de son image à la fin de l'Ancien Régime.

Les collections d'animaux exotiques, objet politique

L'autruche est très prisée dans les ménageries[4] qui apparaissent en Occident latin médiéval à partir des temps carolingiens et sont pendant longtemps réservées aux princes[5]. Les animaux exotiques et sauvages sont des présents de grande valeur dans le cadre des relations diplomatiques et ils symbolisent le prestige qui dépasse les frontières de celui qui offre et de celui qui reçoit, comme en témoigne l'éléphant blanc Abul-Abbas offert par le calife de Bagdad Haroun al-Rachid en réponse à l'ambassade envoyée par Charlemagne en 797. Ils ont une fonction de divertissement réservé à la cour et aux hôtes de marque. Ces animaux sont surtout un élément de mise en scène, d'affirmation et de déploiement du pouvoir ; on n'hésite pas d'ailleurs à les massacrer pour signifier la défaite d'un adversaire[6]. Leur exhibition dans l'espace public est destinée à frapper les imaginations des sujets. Par exemple à la fin du XIe siècle, Raoul Tortaire, moine de l'abbaye de Fleury et poète, décrit le spectacle offert au peuple par le roi d'Angleterre « revêtu d'un habit pourpre et d'une tunique de lin fin rehaussé d'or » qui traverse Caen avec son escorte et des félins, un chameau et une autruche, manifestant ainsi la prise de contrôle du duché de Normandie[7]. Le moine présente pour chacun des animaux les caractéristiques sans doute inspirées des *Étymologies* d'Isidore de Séville, « une autruche, au long cou et aux pattes démesurées, provoquait tout autant l'étonnement de la foule : elle ne couve pas ses œufs mais les cache sous un tas de poussière et c'est la puissance du feu solaire qui leur donne vie ; son plumage ne lui permet pas de quitter le sol et elle digère le fer aussi bien que les nourritures liquides »[8].

---

3. M. Pastoureau, *Bestiaires du Moyen Âge*, Paris, Points, 2e éd., 2020, p. 201.

4. Le terme est utilisé par commodité. Il désigne au XVIe siècle l'entretien de la maison et des animaux domestiques ; il prend son sens moderne sous le règne de Louis XIV.

5. T. Buquet, *Les animaux exotiques dans les ménageries médiévales*, in *Fabuleuses histoires des bêtes des hommes*, J. Toussaint (dir.), Namur, Trema – Société archéologique de Namur, 2013, p. 97-121.

6. T. Buquet, *ibid.*, p. 115.

7. Selon P. Bouet, il s'agit du roi Guillaume le Roux qui tente de prendre le duché à son frère aîné, Robert Courteheuse (*Raoul Tortaire, mon voyage en Normandie*, in *Autour de Serlon de Bayeux : la poésie normande aux XIe-XIIe siècles : Tabularia*, 2017).

8. Trad. P. Bouet, *ibid*.

La Famille des Cochons ramenée dans l'étable, échec de la fuite de Louis XVI à Varennes, 21 juin 1791, 1791, Eau-forte coloriée, Bibliothèque nationale de France, département des Estampes et photographie, Reserve QB-370(23)-FT 4 © BnF.

À partir du XVIe siècle, les autruches semblent être plus nombreuses qu'auparavant dans les ménageries royales grâce aux relations commerciales entre la France et les Échelles du Levant, tout en apparaissant par intermittence, sous François Ier, sous les premiers Bourbons et sous Louis XIV qui crée une collection d'un nouveau type dont le modèle est repris dans toute l'Europe : la Ménagerie royale de Versailles édifiée par l'architecte Louis le Vau entre 1662 et 1664[9]. Les animaux – principalement des oiseaux, les autruches y étant les plus nombreuses après les poules sultanes[10] – vivent désormais de manière permanente en un même endroit, mais répartis par espèce dans différents enclos adaptés. Louis XIV refuse à Versailles les combats d'animaux qu'il a organisés à Vincennes jusqu'en 1682[11], le délaissement de tels spectacles par l'aristocratie étant analysé comme une illustration du processus de civilisation des mœurs dans les sociétés de cour décrit par Norbert Élias[12]. Il faut souligner le décalage entre les élites et le peuple : au XVIIIe siècle, les combats d'animaux désormais payants et pris en charge par des entreprises privées rencontrent un grand succès populaire à Paris, alors qu'ils font l'objet à la fin du siècle de plus en plus de critiques qui témoignent d'une nouvelle sensibilité à la souffrance des animaux[13].

Après le départ de Versailles de Louis XVI et de sa famille le 6 octobre 1789, la plupart des animaux sont abandonnés à leur sort et disparaissent, seuls quelques-uns étant envoyés au Jardin des Plantes à Paris. Toute la famille royale devient elle-même « la ménagerie royale d'animaux vivants » ; ce pamphlet datant probablement de 1792[14] évoque le roi « les yeux bêtes, la gueule assez bien fendue, le mufle rouge,

---

9. J. Pieragnoli, *La cour de France et ses animaux. XVIe-XVIIe siècles*, Paris, PUF, 2016, p. 26. Les Échelles du Levant sont les ports et les villes de l'Empire ottoman, au Proche-Orient ou en Afrique du Nord, dans lesquelles le sultan a concédé aux Français le droit d'y établir des comptoirs.

10. G. Loisel, *Histoire des ménageries de l'Antiquité à nos jours*, Paris, Octove Doin et fils 1912, 3 vol., 2, p. 115.

11. Au début du XVIIIe siècle, il n'y a plus d'animaux à Vincennes, G. Loisel, *ibid.*, p. 100.

12. P. Sahlins, *The Royal Menageries of Louis XIV and the Civilizing Process Revisite* : *French Historical Studies*, 34, 2, p. 237-267. – N. Élias, *La civilisation des mœurs*, 1939, trad. fr. Paris, Calman-Lévy, 1973.

13. J.-P. Duquesne et B. Telmas, *Le combat des animaux : une entreprise de spectacle rue de Sèvres à Paris sous le règne de Louis XV (1718-1778)*, in *L'animal : un sujet de loisirs*, J. Förstel et M. Plouvier (dir.), Paris, Ed. du Comité des travaux historiques et scientifiques, 2022.

14. *Description de la ménagerie royale d'animaux vivants, établie aux Tuileries, près de la terrasse nationale, avec leurs noms, qualités, couleurs et propriétés*, signé F. Dantalle, Diffusion/Distribution, Marseille, De l'Imprimerie des patriotes, BNF, Gallica.

les oreilles grandes, fort peu de crins ; son cri ressemble assez au grognement du porc ; il n'a point de queue »[15] ; et il est « aussi timide qu'un lièvre, aussi stupide qu'une autruche ». Le pamphlet réserve cependant ses propos les plus humiliants à la reine.

Marie-Antoinette, l'autru/ichienne

Beaucoup d'animaux auraient pu être choisis pour évoquer les caricatures de Marie-Antoinette, tant le bestiaire qui lui a été consacré est varié entre chimères, animaux sauvages et animaux de basse-cour. L'image de l'autruche semble à première vue éloignée de la notion de sacrifice et moins violente que celle de la hyène, la tigresse (ou l'architigresse), la panthère, la louve, la guenon ou encore la truie quand ce n'est pas le « monstre femelle », la harpie. Mais outre le fait que cet animal peut être dangereux en raison de la longue griffe acérée que présente sur chaque patte l'un de ses deux orteils[16], la représentation de l'autruche au début de la Révolution, plus précisément la « poulle d'Autru/yche », dit beaucoup des sentiments que la reine inspire avant la fin des années 1770 : un rejet qui se transforme progressivement en véritable haine et participe de la mise à mort symbolique.

Aux yeux de ses détracteurs, Marie-Antoinette est l'Autrichienne, l'étrangère, la traîtresse, celle qui ne peut que tromper la France pour défendre les intérêts de son pays d'origine, ennemi multiséculaire. Son mariage en 1770 avec le dauphin a été en effet le fruit d'un renversement de la diplomatie traditionnelle de la France, une nouvelle alliance violemment rejetée par une partie de la cour et de l'opinion française et qui ne produit pas les effets attendus. Marie-Antoinette est aussi décrite comme une femme dépensière, vaniteuse et frivole dont les robes et chapeaux créés par la marchande de mode Rose Bertin, les coiffures extravagantes et les éventails sont parés de plumes d'autruche, de paon ou de cygne, objets de luxe très prisés des élites, préparés par les centaines de plumassiers et les vingt-cinq maîtres plumassiers que compte Paris à la fin du XVIIIe siècle. Les défauts que les bestiaires médiévaux associent à l'autruche – trois des sept péchés capitaux, paresse, envie et gloutonnerie[17] – sont aussi imputés à la reine : comme l'autruche qui avale le fer, elle « digère l'or et l'argent ». Marie-Antoinette est enfin *L'Autrichienne en goguettes*[18] dont l'appétit sexuel décrit dans les pamphlets pornographiques et orduriers fait d'elle l'épouse lubrique et vicieuse d'un mari impuissant et dominé.

15. Les mots « Il n'a point de queue » sont en majuscules dans le texte.

16. Et c'est d'ailleurs comme espèce dangereuse qu'il est classé en France dans l'arrêté du 21 novembre 1997 : pour ouvrir un élevage d'autruches, il faut être titulaire d'un certificat de capacité pour la détention des espèces non domestiques et obtenir une autorisation préfectorale.

17. M. Pastoureau, *Bestiaires du Moyen Âge*, *op. cit.*, p. 202.

18. *L'Autrichienne en goguettes ou L'Orgie royale*, pamphlet anonyme publié en 1789, BNF, Gallica.

Les contrastes des portraits de Louis XVI sont saisissants. En 1789, l'image dominante du roi « ancrée dans la majesté du discours officiel » est celle du « bon roi » et du bon « père »[19], ce que traduisent aussi les cahiers de doléance. Mais la multiplication à partir du milieu des années 1770 des pamphlets sur le thème du mariage non consommé a fait progressivement de la figure du roi impuissant un discours politique[20]. La tentative de fuite de la famille royale et son arrestation à Varennes le 21 juin 1791 constituent néanmoins une rupture dans le cours de la Révolution et une étape majeure dans le processus de désacralisation de la monarchie. Après Varennes, le trivial qui existait dans les pamphlets anonymes se déploie désormais dans des images qui font du roi un animal de basse-cour, essentiellement le porc[21], symbole du discrédit qui frappe la monarchie. En ce qui concerne Marie-Antoinette, la différence de traitement est évidente, la Révolution ne fait qu'aggraver le registre de l'obscénité, associé à la monstruosité et à la perversion, aussi bien dans les pamphlets que dans les images[22].

La désacralisation par l'animalisation connaît un précédent. Pendant les guerres de religion, la dégradation de l'image royale, les attaques dont a été victime Henri III dès le début de son règne et plus encore après avoir organisé en 1588 l'assassinat des Guise, chefs de la ligue catholique, ont été tout aussi violentes. Dans les pamphlets publiés par les ligueurs parisiens[23], Henri III est un faux roi auquel est d'ailleurs refusé ce titre, il n'est plus que « Henri de Valois » ou son anagramme, le « vilain Herodes ». Toutes les représentations du souverain sont détruites dans la capitale, tel un régicide symbolique dont l'aboutissement est son assassinat le 1er août 1589[24]. Un bestiaire d'animaux sauvages ou monstrueux lui est consacré : une chimère hermaphrodite (mélange de dragon, lion et rapace avec un buste de femme), un fauve (le plus souvent un loup), un renard ou un reptile (le serpent). Cependant la bestialisation du roi apparaît bien plus dans les textes que dans des représentations figurées[25]. La Révolution de 1789 fait de la caricature un discours autonome ; tout en utilisant un répertoire des siècles passés – le bestiaire et le grotesque –, elle devient une arme politique majeure qui se déploie au XIXe siècle.

Sophie PETIT-RENAUD

Professeur d'histoire du droit, Université de Paris-Saclay (UVSQ, Versailles)

Laboratoire Droit et Sociétés religieuses (EA 1611)

---

19. A. de Baecque, *La caricature révolutionnaire*, Paris, Presses du CNRS, 1988, p. 173 et s.

20. A. de Baecque, *La défaite du corps du roi*, in *Le corps de l'histoire. Métaphores et politiques (1770-1800)*, Paris, Calman-Lévy, 1993, p. 45 et s.

21. Sur cet animal, V. dans cet ouvrage la contribution de C. Bouglé-Le Roux, *Cochons en cassation, Contribution à une archéologie du concept de sensibilité*, p. 448-463.

22. A. Duprat, *Les rois de papier. La caricature de Henri III à Louis XVI*, Paris, Belin, 2002.

23. Libres de toute censure car Henri III a fui la capitale.

24. N. Le Roux, *1er août 1589. Un régicide au nom de Dieu. L'assassinat d'Henri III*, Paris, Gallimard, 2006, p. 161.

25. A. Duprat, *Les rois de papier…*, *op. cit.*, p. 202 et s.

ÉPILOGUE

Hergé, Georges Remi dit, (1907-1983), *Tintin au Tibet*, Casterman, 1960, planche 62, D1, 18, 16 × 10 cm © Hergé/ Tintinimaginatio – 2024.

YÉTI

n. masc. Animal légendaire désigné communément sous le nom d'abominable homme des neiges, qui vivrait selon certaines légendes dans les montagnes himalayennes.

Homo nivalis

Intégrer le yéti dans un bestiaire souscrit à la tradition médiévale ouvrant le genre à l'imaginaire et l'hybride en y mêlant animaux réels et imaginaires. Griffons, licornes ou basilics envahissent les manuscrits médiévaux[1], livres de bêtes ou encyclopédies. Considéré à l'origine comme un animal réel, le dragon peuple lui aussi la littérature, comme l'illustre le *Roman de la Table ronde* et son chevalier au dragon, branche du récit dont des fragments ont été récemment retrouvés[2]. Il habite tout aussi bien les rêves d'enfants : en témoignent ces dessins découverts dans les années 1950 à Novgorod sur des écorces de bouleau, réalisés par un garçonnet dans les années 1215[3], mêlant combats de cavaliers et dragon. L'animal fantastique ne favorise-t-il pas la représentation des forces de la nature et du combat entre bien et mal ? Il est prétexte à une réflexion sur le « monstre », et à des variations subtiles et infinies d'un concept dont Michel Foucault[4] soulignait son rapport au droit, le monstre étant d'abord ce qui échappe aux classifications juridiques harmonieuses. Investir cette catégorie à travers le personnage introduit par Hergé dans l'album du *Tibet*, vingtième de la série, publié d'abord sous forme de strips en 1958 dans la revue *Tintin*, revient à s'emparer d'une création pionnière. Dans cette case ultime de forme ovale qui conclut l'album[5], le bipède, de dos, légèrement voûté, le poil hirsute, la patte sur une rocaille saillante,

1. M. Pastoureau, *Bestiaires du Moyen Âge*, Paris, Seuil, 2011, not. p. 92-98.

2. E. Arioli, *Ségurant ou le Chevalier au Dragon, Étude d'un roman arthurien*, Paris, Honoré Champion, 2019.

3. W. Vodoff, *Les documents sur écorce de bouleau de Novgorod*, in *Journal des Savants*, 1966, p. 214.

4. M. Foucault, *Les anormaux*, Cours au Collège de France, 1974-1975, Paris, Gallimard, Seuil, coll. « Hautes Études », cours du 22 janvier 1975.

5. Hergé, *Tintin au Tibet*, [1958], Casterman, 1960, planche 62, D1.

contemple en contrebas le spectacle d'une longue colonne d'hommes et de bêtes de trait s'éloignant dans le lointain en direction opposée, dans une forme d'élargissement de l'espace et du temps. Il apparaît massif et gauche, le regard perdu dans les montagnes effilées encore neigeuses qui se détachent d'un ciel sans nuage. Le plan rapproché opéré par la case précédente nous permet de surprendre un dialogue éloquent entre Tchang et Tintin à son sujet :

> *« – Eh bien ! moi, je souhaite qu'on ne le trouve jamais, car on le traiterait comme une bête sauvage. Et pourtant, je t'assure, Tintin, il a agi avec moi d'une telle façon que je me suis parfois demandé si ce n'était pas un être humain…*
>
> *– Qui sait ? »*[6].

En dépit des reproches articulés contre le créateur de la ligne claire au sujet du traitement qu'il réserve à l'animal[7], *Les Albums de Tintin* déploient à son sujet une réflexion très ouverte intégrant animaux domestiques et sauvages, et traitant par le second degré la porosité des frontières. Très influencé par Benjamin Rabier (1864-1939), caricaturiste animalier de premier plan, inventeur de *La Vache qui rit*, Hergé développe dans son œuvre un bestiaire substantiel[8], sous forme d'emblèmes, à l'exemple du pélican iconique ornant le sceptre d'Ottokar[9], ou de créatures bien vivantes, au sein desquelles Milou tient la place majeure[10] : doté de la parole dans les premiers volumes avant que l'univers du petit reporter ne s'ouvre à un panel plus large de personnages, il est élevé au statut d'animal conscient, y compris au plan moral. Dans *Tintin en Amérique*, album critique à l'égard des dérives de la société américaine, Hergé consacre une planche aux abattoirs de Chicago[11]. Cette attention remarquable aux animaux trouve une première clé dans le défi esthétique et l'attachement personnel – la prédilection pour les chats chez Georges Remi[12], mais un autre ressort d'inspiration est certainement la proximité qu'entretient le dessinateur avec le cryptozoologue belge Bernard Heuvelmans (1916-2001). Son influence est tangible, déjà, dans *L'Étoile mystérieuse*, album visionnaire dans lequel l'apparition de *spécimens* rares,

6. *Ibid.*, planche 62, C 2.

7. F. Marchadier, *Aspects juridiques et éthiques du bestiaire des Aventures de Tintin*, in *Tintin en droit, regards de juristes sur Les Aventures de Tintin*, J. Heymann (dir.), Paris, LexisNexis, 2024, p. 225-232.

8. G. Lippert, *Tintin et les animaux*, Hergé/Moulinsart, 2005. – B. Meysonnet, *Le zoo de Tintin*, Chez l'auteur, 2007. – F. Marchadier, *op. cit.*, p. 225.

9. P. Bonin, *L'institution royale dans Tintin : à propos du sceptre d'Ottokar*, in *Tintin en droit, op. cit.*, p. 39.

10. J.-P. Marguénaud, *Milou et le droit*, in *Tintin en droit, op. cit.*, p. 99-107.

11. Hergé, *Tintin en Amérique*, [1931], Casterman, 1946, planche 53, C 3-4.

12. Le siamois de Moulinsart n'est-il pas la chatte *Thaïke* dont Georges Remi est le propriétaire à la ville ?

dont une araignée[13] et un papillon géants[14], avertit des puissants bouleversements qui affectent la planète Terre. La parution du *Tibet*, entamée trois ans après l'ouvrage d'Heuvelmans, *Sur la piste des bêtes ignorées*[15], témoigne encore du lien fort qui les unit à la recherche de formes animales encore inconnues. Créature fantomatique, le yéti permet d'amorcer une réflexion sur la frontière, thème puissant qu'il décline dans son acception physique première[16], mais qu'il investit particulièrement sous l'angle de la porosité entre chose et personne[17] ou entre animal et homme. Animal des bordures, installé à la lisière de la Chine, le yéti s'impose de manière plus inattendue comme un être sensible.

Le yéti, animal frontière

Homo nivalis, l'homme des neiges entre de plain-pied dans une catégorie hybride rapprochée par les juristes du monstre[18], entre homme et animal[19] : s'y attache en premier lieu l'angoisse première de la difformité humaine, qu'envisagent deux fragments structurants insérés au *Digeste*. L'hypothétique *lex Romuli* datant de la fondation romaine en 753 avant J.-C., parvenue jusqu'à nous par tradition grâce à Denys d'Halicarnasse[20], qui autorise ainsi l'exposition de l'enfant frappé de difformité, « mutilé ou monstrueux », sous le contrôle du voisinage. Plus sûrement la loi des XII Tables réserve l'exception du « droit de vie et de mort », *vitae necisque potestas*[21]

13. Hergé, *L'Étoile mystérieuse*, [1941], Casterman, 1942, planche 4, B3 et planche 54, D3, et 55.

14. *Ibid.*, planche 53, A 2-3.

15. B. Heuvelmans, *Sur la piste des bêtes ignorées*, Paris, Plon, 1955, 2 vol.

16. D. Audren et S. Barbou des Places, *Tintin et les frontières. Le héros d'Hergé face à l'ordre westphalien*, in *Tintin en droit*, *op. cit.*, p. 119-125.

17. C. Bouglé-Le Roux, *De Tintin à la momie Rascar-capac : le corps dans tous ses états*, in *Tintin en droit*, *op. cit.*, p. 134-135.

18. A. Leca, *Corpus contra formam humani generis*. Note sur le monstre en droit romain, in *Le monstre humain*, *Imaginaire et société*, R. Bertrand et A. Carol (dir.), Presses universitaires de Provence, 2005, p. 89-94.

19. P.-J. Delage, *La condition animale : essai juridique sur les justes places de l'Homme et de l'animal*, dir. J.-P. Marguénaud, thèse Limoges, 2013 ; Mare & Martin, coll. « Bibl. des thèses », 2016.

20. D. d'Halicarnasse, IC, II, 15 : *Necessitatem cuique imposuit Romulus educandi omnem virilem prolem et filias primogenitas : et vetuit ne ullum foetum trienno minorem necarent nisi infans aliquis mutilus aut prodigiosus statim in ipso partu editus fuisset : neque vetuit istius modi monstrosos partus a parentibus exponi, dummodo eos prius ostenderent quinque vicinis proximis si etipsi id comprobarent*, cité par A. Leca, préc. *Nous proposons cette traduction :* Il imposa à chacun l'obligation d'éduquer toute progéniture virile et les filles premières-nées ; et il leur interdit de tuer aucun enfant de moins de trois ans, sauf à tuer aussitôt, pendant l'accouchement lui-même, un fœtus mis au monde mutilé ou monstrueux ; et il n'interdit pas que les produits monstrueux de ce genre soient exposés par les parents, pourvu qu'auparavant ils les aient montrés à cinq proches voisins et à condition que ceux-ci aient eux-mêmes approuvé l'exposition.

21. R. Westbrook, *Vitae Necisque Potestas*, in *Historia : Zeitschrift für Alte Geschichte*, vol. 48, n° 2, 1999, p. 203-223, *JSTOR* [en ligne].

sur l'enfant monstrueux, la littérature signalant comme des curiosités les naissances de siamois ou d'androgynes, interprétées comme signes de malédiction. L'analogie avec la bête ressort d'un fragment d'Ulpien[22] renvoyant alors le monstre à son côté animal, distinct de ce fait d'autres inclassables, comme le prodige ou l'hermaphrodite.

L'ambiguïté du yéti renvoie directement à cette difficulté de trancher entre homme et bête, fantasme universel nourri par des archétypes variés. Le lycanthrope ou loup-garou[23], obsession des sociétés européennes empruntée à la mythologie grecque, est investi dans les traités de droit criminel pour expliquer certains actes barbares[24]. Le cas du Lyonnais Gilles Garnier, qualifié tel par « arrest mémorable » de la cour du parlement de Dole, accusé d'avoir « en forme de loup-garou dévoré plusieurs enfants, & commis autres crimes »[25] en est une illustration, entre sorcellerie et nature corrompue. Un opuscule d'une vingtaine de pages, publié à l'occasion, permet de mesurer le dommage. Gilles Garnier est poursuivi pour le rapt d'une fillette de douze ans, enlevée dans les vignes puis « tuée & occise tant avec ses mains semblans pattes, qu'avec ses dents »[26], et celui d'une autre fille et d'un jeune garçon, dont il a dévoré jusqu'aux cuisses. Des faits d'anthropophagie et une apparence suspecte, alternativement « en forme de loup » ou « en forme d'homme & non de loup »[27], à défaut de témoin direct, justifient une condamnation à être traîné, brûlé vif et réduit en cendres le 18 janvier 1573.

Pour s'en distinguer, le yéti, dans la culture népalaise, flirte avec cette idée d'un être sauvage dont seules des preuves indirectes peuvent nous mettre sur la voie : empreintes surdimensionnées, traces, témoignages résiduels. Chez Hergé, il est également associé à l'enlèvement d'un enfant, Tchang, qu'il sauve de la mort après une catastrophe aérienne. Ours, grand singe ou homme sauvage, il se fond dans les vastes espaces rocheux de l'Himalaya et suscite encore aujourd'hui des études passionnées et des programmes de recherches génétiques[28]. Fascination récurrente à laquelle la Renaissance a donné

---

22. *Digeste*, 50, 16, 135, *Ulpianus lib. 4 ad legem Juliam et Papiam* : « (...) vel qualem visu, vel vagitu novum, non humanae figurae, sed alterius magis animalis quam hominis partume (...) », cité par A. Leca, préc.

23. V. aussi au bestiaire, la contribution de T. Barbieux, Le loup, *Canis lupus*, p. 360-369.

24. P. Nieto, *Les loups-garous devant la justice (xvie-xviie siècle) : l'hybridité comme mobile du crime « inhumain »*, in *L'animal symbole*, dir. M. Besseyre *et alii*, Éditions du Comité des travaux historiques et scientifiques, 2019.

25. D. d'Auge, *Arrest mémorable de la Cour de parlement de Dole, donné à l'encontre de Gilles Garnier, Lyonnais, pour avoir en forme de loup garou dévoré plusieurs enfans, & commis autres crimes, enrichi d'aucuns points recueillis de divers auteurs pour éclaircir la matière de telle transformation*, Lyon, Benoît Rigaud, 1574, Bibliothèque municipale de Lyon, en ligne sur Gallica.

26. *Ibid.*, p. 3-4.

27. *Ibid.*, p. 5.

28. B. C. Sykes, R. A. Mullis, C. Hagenmuller et T. W. Melton, *Genetic analys of hair samples attributed to yeti, bigfoot and other anomalous primates*, in *Proceedings of the Royal Society*, 2014, p. 20140161 [En ligne].

libre cours[29] : Ambroise Paré y fait écho en 1573 dans *Des monstres et des prodiges*[30]. Sous forme de catalogue, le traité sur les monstres *De Monstrorum natura, caussis et differentiis*[31] de Fortunio Liceti (1577-1657), édité pour la première fois en 1616, en multiplie les exemples. *Discours d'un monstre* mentionne l'engendrement d'êtres hybrides comme des enfants qui ont « les uns une tête de grenouille, comme il s'est vu dans la paroisse de Bois Le Roy (…) » ou « qui ont deux têtes, deux corps, quatre bras (…) »[32], Il ouvre la voie à une histoire des monstres, tentée par le docteur Ernest Martin (1830-1897) et publiée en 1880. L'auteur y revient sur la présentation par le naturaliste Étienne Geoffroy Saint Hilaire (1772-1844), le 9 janvier 1826, à l'Académie des sciences de Paris, d'un « monstre humain », exhumé de sarcophages égyptiens d'Hermopolis dédiés aux animaux sacrés, et ainsi mis au rang de divinité[33].

Loin de disparaître, l'intérêt pour l'hybride trouve à se renouveler à l'épreuve de la littérature comme le souligne le succès du roman *Frankestein* (1818)[34] de Mary Shelley, ou le cas réel d'*Elephant Man* – né en 1862, dont le surnom indique assez l'exploitation des frontières entre humanité et animalité. Il trouve encore une résurgence dans les agitations contemporaines autour des chimères. Fleurissent de nouvelles techniques, la xénogreffe[35] ou la transgenèse, se proposant aujourd'hui d'« humaniser les animaux afin de les rendre compatibles avec les receveurs humains »[36]. Ces débats, s'ils soulignent la complexité de ces interrogations, invitent à considérer ces « créations » humaines « outre nature » comme les monstruosités de la post-modernité[37]. Victimes de l'inventivité de savants fous, elles sont à l'image du yéti : tout autant qu'abominables au sens littéral du terme, elles apparaissent vulnérables, livrées aux mains toutes puissantes de l'homme dénaturé ou démiurge.

---

29. A. Fontaine, *Les monstres à la Renaissance*, in *Encyclopédie d'histoire numérique de l'Europe* [En ligne] et J. Céard, *Monstres et monstruosité à la Renaissance, in* A. Caiozzo et A.-E. Demartini (dir.), *Monstres et imaginaire social : approches historiques*, Paris, Creaphis, 2008, p. 203-219.

30. A. Paré, *Deux livres de chirurgie, I., De la generation de l'homme, et maniere d'extraire les enfans hors du ventre de la mère, ensemble ce qu'il faut faire pour la faire mieux, et plus tost accoucher, avec la cure de plusieurs maladies qui luy peuvent survenir. II Des monstres tant terrestres que marins, avec leurs portraits. Plus un petit traité des palies faites aux parties nerveuses*, Paris, André Wechel, 1573.

31. F. Liceti, *De monstruorum natura, caussis et differentiis*, Padoue, Apud Casparem Crivellarium, 1616.

32. J. Dissier, *Discours d'un monstre*, D. Vatard, 1614, p. 9-10.

33. E. Martin, *Histoire des monstres depuis l'Antiquité jusqu'à nos jours*, C. Reinwald et Cie, Paris, 1880.

34. M. Shelley, *Frankenstein or The Modern Prometheus,* London, Lackington, Hughes, Harding, Mavor and Jones, 1818.

35. V. dans cet ouvrage la contribution de N'nan Djénéba Tessougue, *Les greffes d'organes issus d'animaux : de la nécessité biomédicale à l'encadrement juridique*, p. 560-572.

36. X. Perrot et N. Maillard, *L'alliance de l'homme et de la bête. Permanence d'une angoisse de la tératogenèse : RSDA* 2013, « Les animaux face aux biotechnologies », p. 275. V. aussi X. Labbée, *Esquisse d'une définition civiliste de l'espèce humaine : D.* 1999, chron. p. 440.

37. X. Perrot et N. Maillard, *L'alliance de l'homme et de la bête (...), op. cit.* p. 273-296.

Le yéti, être sensible

À propos du yéti, le génie propre d'Hergé est certainement d'avoir fait de l'homme des neiges un animal (in)visible, visiblement doté d'une sensibilité, pulvérisant les idées reçues, dans une forme de trompe-l'œil. Sensible, le yéti l'est d'abord par son « inestimable rareté »[38] qui explique une part de l'attirance qu'il exerce. Ne rejoint-il pas la panthère des neiges, cette reine des montagnes en quête de laquelle Vincent Munier et Sylvain Tesson[39] partent de longs mois ? Substituant ainsi à la violence fantasmée de l'image toute faitela douceur au cœur de l'animal brut, il en fait le ressort de l'album, ce que confirment bien les notes personnelles de son cahier préparatoire[40]. De l'animal sauvage, le dessinateur fait un être civilisé. Le monstrueux, le gigantesque, l'abominable s'affirme bien au contraire généreux, vulnérable et touchant. Chez le maître de la ligne claire, le procédé n'est pas neuf et toujours lié à l'actualité : alors même que l'expression d'« abominable homme des neiges » est associée à l'expédition britannique de reconnaissance de l'Everest menée par le lieutenant Charles Howard Bury (1881-1963), que le monstre aquatique du loch Ness occupe alors la presse à grand spectacle, et concomitamment à la sortie du film *King Kong*[41], l'apparition du gorille Ranko dans *L'Île Noire*[42], aventure parue à la fin des années 1930, est elle-même propice à l'examen du poids de l'homme sur le comportement de l'animal. Le singe y est mauvais, non par nature, mais du fait d'un conditionnement dont seul l'homme peut être tenu pour responsable. Il pleure[43] déjà, préfigurant le cri douloureux du yéti[44]. Dans *Le Tibet*, Hergé respecte sa nature en le rendant à sa solitude : là où Ranko rejoignait la cage d'un zoo, il laisse le bipède *in situ*, en sanctuarisant son espace propre. Sans lui imposer des qualités trop humaines, écueil évocateur de l'affaire du singe Naruto[45], il conserve au yéti – effrayé, lui, par le déclenchement

---

38. À propos du yéti, V. M. Serres, *Hergé mon ami, Études et Portrait*, Moulinsart, 2000, p. 147 et 150.

39. S. Tesson, *La panthère des neiges*, Paris, Gallimard folio, 2019.

40. Avant même Tchang, la considération pour l'animal est le ressort de cet album en préparation. À son propos, il note :

Thème général très simple. Mais quoi ?

Sagesse tibétaine – Lama.

Abominable homme des neiges.

Pourquoi partent-ils au Tibet : le yéti ?, V. B. Peeters, *Hergé fils de Tintin*, Flammarion, Paris, 2016, p. 395.

41. *King Kong*, film américain réalisé et produit par M. Merian C. Cooper et Ernest B. Shoedsack, 1933, 104 min.

42. Hergé, *L'Île noire*, [1937], Casterman, 1943, planche 44, case A2.

43. *Ibid.*, planche 61, cases B3-4.

44. *Tintin au Tibet*, planche 58, cases D3 et 59, A1.

45. V. dans cet ouvrage la contribution de M. Clément-Fontaine, *Le droit d'auteur au soutien de la cause animale : l'affaire Naruto, un fait divers aux conséquences préoccupantes*, p. 72-83.

du flash d'un appareil de photographie ! –, ses caractéristiques premières et invite à sa considération.

La force du trait rejoint, toute proportion gardée, celle de l'artiste bolonaise Lavinia Fontana (1552-1614), célèbre pour son portrait bienveillant d'Antonietta Gonsalvus[46], fillette au visage couvert d'une très forte pilosité[47], portant parure et robe de brocart. Atteinte du syndrome d'Ambras ou d'hypertrichose, elle porte son regard inquiet vers le spectateur, lui montrant un manuscrit documentant sa filiation avec Don Pietro, homme sauvage découvert dans les îles Canaries et recueilli en 1547 comme prodige à la cour du roi de France Henri II[48]. Objet précieux ? Sauvageonne ? Animal ou individu à part entière ? Le statut de cet enfant interroge, comme le confirme l'examen de son cas à Bologne par le juriste et scientifique Ulysse Aldrovandi (1522-1605) féru de zoologie et de *mirabilia*, êtres et choses extraordinaires. Il l'évoque dans le *Monstrorum Historia*[49] qu'il illustre de plusieurs planches où elle figure parmi divers satyres et cynocéphales. Comme Lavinia avec Antonietta, Hergé impose le yéti comme une personnalité de premier plan, et modifie durablement sa représentation. La case ultime du Tibet supporte une seconde lecture dans une inversion remarquable : le grand singe, loin du chagrin que le lecteur lui attribue, regarde avec soulagement l'espèce humaine s'éloigner, favorisant l'idée que cet abominable homme des neiges mérite davantage d'être préservé dans son environnement que traqué comme curiosité.

Claire BOUGLÉ-LE ROUX
Maître de conférences HDR en histoire du droit
Directrice du Laboratoire DANTE (EA 4498)
Université de Paris-Saclay (Versailles)

46. C. Bromberger, *Antonietta, une « merveille » velue des cours du XVIe siècle*, in *La Grande oreille, la revue des arts de la parole*, 2017, [en ligne].

47. L. Fontana, *Portrait d'Antonietta Gonsalvius*, huile sur toile, 57 × 46, vers 1595, Château de Blois, France, 9997.1.1. La toile est conservée au musée des Beaux-Arts de Blois tandis qu'une seconde version vient d'atteindre un record d'enchères, adjugée 1 550 000 €.

48. M. Wiesner-Hanks, *The Marvelous Hairy Girls : the Gonzales Sisters and their Wolrds*, Presses universitaires de Yale, 2009. Renvoyons également à l'exposition *Des cheveux et des poils,* 5 avr.-17 sept. 2023, Musée des Arts décoratifs, Catalogue d'exposition, dir. D. Bruna, Paris, Éditions des Arts décoratifs, 2023.

49. G.-B. Coriolano, *Monstrorum Historia*, Bologne, Nicolai Tebaldini, 1642, p. 17.

Barthélémy l'Anglais, *Le livre des propriétés des choses (De proprietatibus rerum)*, avant 1416, trad. J. Corbechon, Reims, Bibliothèque municipale, ms. 993, fol. 254v.

Index des animaux

F

G

H

I

J

K

L

M

N

O

P

R

S

T

U

V

Y

Z

Index des notions

D

E

F

G

H

I

J

L

M

N

O

P

T

U

V

X Z

Index des noms propres

O

P

Q

R

S

T

U

V

W

Z

Hergé, Georges Remi dit, (1907-1983), *Tintin et le Temple du Soleil*, Casterman, 1949, planche 2, C2-C3, 5,6 × 6,2 cm et 10 × 10 cm © Hergé/Tintinimaginatio – 2024.

TABLE DES MATIÈRES

CHAPITRE I
ANIMAL EN IMAGES

CHAPITRE 2
ANIMAL RÉIFIÉ

CHAPITRE 3

ANIMAL SOURCE DE DROITS ET D'OBLIGATIONS

CHAPITRE 4
ANIMAL ET AFFAIRES

CHAPITRE 5
ANIMAL HUMANISÉ

CHAPITRE 6
ANIMAL ET ENVIRONNEMENT

CHAPITRE 7
ANIMAL SENSIBLE

CHAPITRE 8
ANIMAL SACRIFIÉ

ÉPILOGUE

TABLE DES ILLUSTRATIONS

P. 102 : Sceau et contre-sceau des États de Bretagne (non datés), France, Paris, Bibliothèque nationale de France © BnF.

P. 104 : Chardin, Jean-Baptiste-Siméon (1699-1779), *Le Singe peintre*, 1739/1740, huile sur toile, 25 × 18,5 cm, France, Paris, Musée du Louvre, MI 1033 © GrandPalaisRmn.

P. 112 : Détail du tableau : Brascassat, Jacques-Raymond (1804-1867), *Le passage de la girafe à Arnay-le-Duc*, 1827, huile sur toile, 45 × 55, Inv. 887.2.1, France, Beaune, Musée des Beaux-Arts, © Musée des Beaux-Arts de Beaune.

P. 119 : *Le chien militaire Ritz*, photographie © Tous droits réservés.

P. 121 : *Le rat Magawa*, photographie © Tous droits réservés.

P. 122 : Schiaparelli, Elsa (1890-1973), *Défilé – Fashion Week de Paris – Haute Couture Printemps Été 2023*, photographie © Estrop / Contributeur Getty Images Plus.

P. 142 : Chapu, Henri (1833-1891), *Allégorie de l'éloquence s'appuyant sur une tortue*, Monument à Berryer, Salle des Pas-Perdus, Palais de justice, Paris, Ile de la Cité © Photographie de l'auteur, tous droits réservés.

Chapitre 3 : ANIMAL SOURCE DE DROITS ET D'ONLIGATIONS

P. 150 : Géricault, Théodore (1791-1824), *Cheval cabré dit Tamerlan*, 19e siècle, huile sur toile, 45 × 37 cm, France, Rouen, Musée des Beaux-Arts, Inv 923-10.1 © GrandPalaisRmn / image GrandPalaisRmn.

P. 157 : Hamilton, Johann Georg (1672-1737), *Cerbero, un étalon Kladruber exécutant une capriole*, 1721, huile sur toile, 49 × 64 cm, Vienne, Imperial Carriage Museum © Bridgeman Images.

P. 158 : Vos, Paul de (1596-1678), *Le Paradis terrestre*, vers 1650, huile sur toile, 2, 65 × 3, 2 m, France, Paris, Musée du Louvre, Inv 1844, © © GrandPalaisRmn (musée du Louvre) / Gérard Blot.

P. 163 : Giotto (dit), Bondone Ambrogio (vers 1267-1337), *Saint François d'Assise recevant les stigmates* (détail), tempera et fond d'or sur peuplier, vers 1297-1299, Saint François d'Assises parlant aux oiseaux, France, Paris, Musée du Louvre, 3, 13 × 1, 63 m, Inv 309, © GrandPalaisRmn (musée du Louvre) / Michel Urtado.

P. 168 : Ward James (1769-1859), *Adonis, le destrier favori du roi Georges III*, huile sur toile, 60, 5 × 71, © Bridgeman Images/Images Christie's.

P. 178 : Steinlen, Théophile-Alexandre (1859-1923), 19e siècle, *Chat dormant*, estampe, Paris, Bibliothèque nationale de France, © BnF, Dist. GrandPalaisRmn / image BnF.

P. 190 : Velázquez, Diego (1599-1660), *Portrait équestre d'Élisabeth de France ou Isabelle de Bourbon*, 1628-1636, huile sur toile, Espagne, Madrid, Musée national du Prado © Photo Josse / Bridgeman Images.

P. 193 : Bonheur, Rosa (1822-1899), *La foire aux chevaux*, 1852-1855, huile sur toile, États-Unis, New-York, Musée d'art métropolitain de New-York, © Bridgeman Images.

P. 200 : Carré, Léon (1878-1942), *Société protectrice des animaux*, 1904, Affiche, France, Paris, Bibliothèque nationale de France, © BNF.

P. 203 : Vos, Paul de (1596-1678), *Un chien écrasé*, 17e siècle, huile sur bois, 74 × 106 cm, France, Angers, Musée des Beaux-Arts, © GrandPalaisRmn / Benoît Touchard.

P. 213 : Daumier, Honoré (1808-1879), *Don Quichotte et la mule morte*, 1867, huile sur toile, 45 × 26,3 cm, France, Paris, Musée d'Orsay © Musée d'Orsay, Dist. GrandPalaisRmn / Patrice Schmidt.

P. 214 : Webbe, William J. (1831-1904), *Le hibou blanc : « Seul et réchauffant ses cinq esprits, le hibou blanc est assis dans le clocher »*, 1856, huile sur panneau, 45 × 26,3 cm © Images Christie's / Images Bridgeman.

P. 217 : *Skyphos à figures rouges : chouette*, vers 480-450 avant Jésus-Christ, France, Paris, Musée du Louvre © GrandPalaisRmn (musée du Louvre) / Hervé Lewandowski.

P. 218 : Roubier, Jean (1896-1981), *Chouette effraie*, photographie, Charenton-le-Pont, Médiathèque du patrimoine et de la photographie, © Ministère de la Culture – Médiathèque du patrimoine et de la photographie, Dist. GrandPalaisRmn / Jean Roubier.

Chapitre 4 : ANIMAL ET AFFAIRES

P. 222 : Zurbarán, Francisco de (1598-1664), *Agnus Dei*, 1635-1640, huile sur toile, 37,3 cm x 62 cm, Espagne, Madrid, Musée national du Prado, P007293 © Bridgeman Images.

P. 227 : Vernet, Horace (1789-1863), *Étude pour une tête de bélier*, 19e siècle, huile sur toile, France, Béziers, musée des Beaux-Arts, © GrandPalaisRmn / Gérard Blot.

P. 229 : Prévost, Jean-Louis dit Le Jeune (1745-1827), *Panier de roses et composition champêtre avec mouton ou brebis*, XVIIIe siècle, estampe, Bnf, DC-28 (2)-FOL © BnF.

P. 232 : Delaunay, Robert (1885-1941), *Manège à cochons (ou Manège électrique)*, 1922, huile sur toile, 24,8 × 25,4 cm, France, Paris, Musée national d'Art moderne, Centre Pompidou, Photographie © Photo Josse / Bridgeman Images.

P. 239 : Lévy, Charles, *Hippodrome*, 1899, lithographie, France, Marseille, MuCEM, Musée des Civilisations de l'Europe et de la Méditerranée, © GrandPalaisRmn (MuCEM) / Gérard Blot.

P. 242 : Myle, Simon de, *L'Arche de Noé sur le mont Ararat*, 1570, huile sur panneau, 114 × 142 cm, Collection privée © Bridgeman Images.

P. 250 : Maître des livres de prières de Dresdes, *illustration sur velin des Géorgiques de Virgile*, vers 1500, Ms 311, fol. 41v Holkham Hall & Estate, Norfolk, Angleterre © Avec l'aimable autorisation du comte de Leicester et des administrateurs du domaine de Holkam/ Bridgeman Images.

P 261 : Bruegel, Pieter (1525-1569), *Le retour du troupeau*, 1565, huile sur panneau, 117 × 159 cm, Kunsthistorisches Museum, Vienne, Autriche © Bridgeman Images.

P. 262 : Barye, Antoine-Louis (1795-1875), *Éléphant du Sénégal chargeant*, avant 1875, bronze à patine brune, France, Paris, Musée du Louvre © GrandPalaisRmn / René-Gabriel Ojeda.

P. 272 : Degas, Edgar (1834-1917), *Jeune femme à l'ibis*, 1860/62, huile sur toile, 100 × 74, 9 cm, Musée d'Art métropolitain de New York, New York, États-Unis, © Bridgeman Images.

P. 282 : Vasari, Giorgio (1511-1574) et assistants, Antonio da Faenza (dit), Marco Michetti (vers 1528-1588), *Hommage de tous les peuples à Laurent de Médicis*, Italie, Florence, Palais Vecchio © Photographie Scala, Florence.

P. 289 : Langlumé, Joseph (1790-1830), *La plus grande bête qu'on ait jamais vue* (girafe habillée, caricature contre Charles X), 1830, lithographie, Paris, Bibliothèque nationale de France (BnF), © BnF, Dist. GrandPalaisRmn / image BnF.

Chapitre 5 : ANIMAL HUMANISÉ

P. 292 : Maubeuge, Thomas de (attribuée à), miniature du folio 55r, in *Le Roman de Renart*, 14e siècle (1310-1315), Ms. Français 1580, f° 55r © Bnf, Département des manuscrits.

P. 295 : Maubeuge, Thomas de (attribuée à), miniature du folio 114v, in *Le Roman de Renart*, 14e siècle (1310-1315), Ms. Français 1580, f° 114v © Bnf. Département des manuscrits.

P. 296 : Mithrapata, (04..-0370? av. J.-C. ; dynaste de Lycie), *Monnaie : Statère, Argent, Incertain, Lycie, Mithrapata, Autorité émettrice de monnaie*, Bibliothèque nationale de France, Cabinet des Monnaies, médailles et antiques, © Bnf. Département Monnaies, médailles et antiques.

P. 297 : Rabier, Benjamin (1864-1939), *Oscar, roi du désert*, 1928, monographie imprimée, in 4°, p. 16, Bibliothèque nationale de France © BnF. Département Littérature et art.

P. 300 : Champaigne, Jean-Baptiste de (1631-1681), *Alexandre faisant porter à Aristote des animaux étrangers afin qu'il écrive son Histoire naturelle*, vers 1672, huile sur toile, marouflage, 245 × 380 cm, France, Versailles, Châteaux de Versailles et de Trianon, © RMN-Grand Palais (Château de Versailles) / Daniel Arnaudet.

P. 312 : Rousseau, Henri (1844-1910), Le Douanier Rousseau (dit), *La Noce*, 20e siècle, huile sur toile, 163 × 114 cm, France, Paris, Musée de l'Orangerie © GrandPalaisRmn (musée de l'Orangerie) / Hervé Lewandowski.

P. 320 : Landseer, Edwin Henry, sir (1802-1873), *Le chien, chef de meute du vieux berger en deuil*, 1837, huile sur toile, 45, 7 × 61 cm, Royaume-Uni, Londres, Victoria and Albert Museum, FA.93[O] © Victoria and Albert Museum, Londres, Dist. GrandPalaisRmn/imahe Victoria and Albert Museum.

P. 330 : Géricault, Théodore (1791-1824), *Chat mort*, huile sur toile, 50 × 61 cm, Paris, Musée du Louvre, RF 2003 6 © GrandFalaisRmn (musée du Louvre)/ René-Gabriel Ojeda.

P. 350 : Cooper, Abraham (1787-1868), *Un renard*, 1817, huile sur panneau, 30, 4 × 25 4 cm, Collection privée, © Le British Sporting Art Trust/Bridgeman Images.

P. 356 : Degas, Edgar (1834-1917), *Renard mort sous bois*, huile sur toile, 92 × 73 cm, Rouen, Musée des Beaux-Arts, Rouen, INV 990-5-1, © GrandPalaisRmn/Michèle Bellot.

Chapitre 6 : ANIMAL ET ENVIRONNEMENT

P. 360 : Desportes, François (1661-1743), *La Chasse au loup*, 1725, huile sur toile, 336 × 332 cm, France, Rennes, Musée des Beaux-Arts, © MBA, Rennes, Dist. GrandPalaisRmn / Louis Deschamps.

P. 370 : Bry, Jean Théodore de (1561-1623), *Bible latine illustrée : Moise devant Pharaon ; sauterelles (Ex IX)*, 1609, burin (estampe), France, Magny-les-Hameaux, Musée de Port-Royal des Champs, © GrandPalaisRmn (musée de Port-Royal des Champs) / Michel Urtado.

P. 380 : Boudot-Lamotte Maurice (1878-1958), *Le chant du coq à Beautor*, 20e siècle, huile sur toile, 61 × 46 cm, Beauvais, Musée de l'Oise © Droits réservés. Beauvais, MUDO, musée de l'Oise, © GrandPalaisRmn (MUDO – Musée de l'Oise) / René-Gabriel Ojeda.

P. 390 : Desportes, Alexandre François (1661-1743), *Le Cheval rayé*, 1737 huile sur toile, 375 × 525 cm, France, Guéret, Musée d'art et d'archéologie, © GrandPalaisRmn / Benoît Touchard.

P. 395 : Rubens, Pierre Paul (1577-1640), *La Chasse à l'hippopotame et au crocodile*, vers 1616, huile sur toile, 248,3 × 321,3 cm, Allemagne, Munich, Bayerische Staatsgemäldesammlungen, Alte Pinakothek, © BPK, Berlin, Dist. GrandPalaisRmn / image BStGS.

P. 396 : Bernaerts, Nicasius (1620-1678), *Tortue sur un bord de mer avec trois pêcheurs*, 17e siècle, huile sur toile, Paris, Musée du Louvre, Inv 1624 © GrandPalaisRmn (musée du Louvre) / René-Gabriel Ojeda.

P. 401 : Hamel, Francis, *Arche de Noé*, 2005, huile sur lin, 90 × 121 cm, Collection privée, © Tous droits réservés, 2024 Bridgeman Images.

P. 407 : Copley, John Singleton (1738-1815), *Watson et le requin*, 1778, huile sur toile, 182,1 × 229,7 cm, États-Unis, Institut des Arts de Détroit, © Institut des arts de Détroit / Bridgeman Images.

P. 408 : Détail du tableau : Bonheur, Rosa (1822-1899), *Le Labour nivernais, le sombrage*, 1849, huile sur toile, 130 × 260 cm, France, Paris, Musée d'Orsay, Photographie © Photo Josse / Bridgeman Images.

P. 430 : *Lamantin et dugong*, vers 1880, lithographie couleur, École allemande, Collection privée, © Images prismatiques / Bridgeman Images.

Chapitre 7 : ANIMAL SENSIBLE

P. 440 : Desportes, François (1661-1743), *Pompée et Florissant, chiens de la meute de Louis XV*, 1739, huile sur toile, 1, 71 × 1, 41 m, France, Paris, Musée du Louvre, Département des Peintures, Inv 3917 © GrandPalaisRmn (domaine de Compiègne)/Daniel Arnaudet.

P. 443 : Giacometti, Alberto (1901-1966), *Chien*, 1951/57, bronze, 45,7 × 99 × 15, 5 cm, États-Unis, New-York, Musée d'Art moderne de New-York, 120.1958 © Image numérique Musée d'Art moderne de New-York/Scala, Florence.

P. 446 : Géricault, Théodore (1791-1824), *Tête de bouledogue*, huile sur papier et toile, 1800/1825, 24 × 26, 5, Paris, Musée du Louvre, RF 212 © GrandPalaisRmn (musée du Louvre) /Daniel Arnaudet.

P. 448 : Sérusier, Paul (1864-1927), *Bretonne donnant à manger aux cochons*, huile à l'oeuf sur toile, 1889, 46, 6 × 55 cm, Saint Germain-en-Laye, Musée Maurice Denis, © BnF Images Christie's/Bridgeman Images.

P. 452 : Marc, Franz, *Porcs*, 1912, huile sur toile, 58 × 83 cm, Collection privée © Bridgeman Images.

P. 464 : Nadar (1820-1910), *Misère du Cheval*, L'Assiette au Beurre (1re de couverture, n° 219), 10 juin 1905, France, Paris, Bibliothèque nationale de France, département Réserve des livres rares, RES G-Z-337 © BnF.

P. 479 : Steinlen, Théophile, *Un cocher devant le Tribunal*, L'Assiette au Beurre (n° 219, p. 4), 10 juin 1905, France, Paris, Bibliothèque nationale de France, département Réserve des livres rares, RES G-Z-337 © BnF.

P. 487 : Delacroix, Eugène (1798-1863), *Jaguar attaquant un cavalier*, vers 1855, huile sur toile, 23 × 28 cm, Tchéquie, Prague, Galerie nationale de Prague, O 4774, Photo © Leonard de Selva/Bridgeman Images.

P. 488 : Le Brun, Charles (1619-1690), *Parallèle entre la tête d'un chat et d'un homme, Lien entre la physiognomie humaine et animale*, 18e siècle, gravure tirée du *Livre de portraiture pour ceux qui commencent à dessiner* de Le Brun, France, Paris, Bibliothèque des Arts décoratifs, © Archives Charmet/Bridgeman Images.

P. 500 : Kuniyoshi Utagawa (1797-1861), *Scène d'une pièce de Labuki*, 1852, estampe, 36 × 26 cm, Royaume-Uni, Londres, British Museum, 2008,3037.20110, © The British Museum, Londres, Dist. GrandPalaisRmn / The Trustees of the British Museum.

P. 507 : Hoji, Matsumoto, *Meika gafu : Grenouille*, 1814, peinture sur papier, 27,7 × 19 cm, Royaume-Uni, Londres, British Museum, © The British Museum, Londres, Dist. GrandPalaisRmn / The Trustees of the British Museum.

Chapitre 8 : ANIMAL SACRIFIÉ

P. 510 : Suzuki, Harunobu (1725-1770), *Jeune femme ajustant une épingle de son chignon, à cheval sur un bœuf ou un taureau noir* (bestiaire fantastique), estampe, Japon, 18e siècle, © Bibliothèque nationale de France, département des Estampes et photographies, RESERVE DE-10-BTE FOL © BnF.

P. 518 : Hergé, Georges Remi dit, (1907-1983), *Tintin en Amérique*, [1931], Casterman, 1946, planche 53, C1-C2, 6 × 6,2 cm © Hergé/ Tintinimaginatio – 2024.

P. 520 : *Pose de la première pierre de l'abattoir de Ménilmontant ou de Popincourt*, 2 avril 1810, Plaque commémorative, 64, 9 × 32, 6 cm, France, Paris, Musée Carnavalet, AI77/2, © Musée Carnavalet Histoire de Paris © Domaine public.

P. 535 : *L'abattoir de Grenelle*, 1871, estampe, 27, 3 × 19, 5 cm, France, Paris, Musée Carnavalet, © Domaine public.

P. 536 : Carp, Esther (1897-1970), *Corrida, La passe de capote*, vers 1950, 73 × 54, huile sur toile, France, Collection privée, Studio 102 © Tous droits réservés.

P. 539 : Goya y Lucientes, Francisco José de, *Scène d'une corrida : Divertissement espagnol*, 18e siècle, huile sur toile, 45 × 57 cm, Ashmolean Museum, Université d'Oxford, Royaume-Uni © Musée Ashmolean / Bridgeman Images.

P. 548 : Rembrandt (1606-1669), *Le Boeuf écorché*, 1655, huile sur bois, 0, 94 × 0, 69 m, Paris, Musée du Louvre, MI169 © GrandPalaisRmn (musée du Louvre) / Gérard Blot.

P. 555 : Snyders, Frans (1579-1657), *Boucherie*, vers 1640-50, huile sur toile, 135 × 210 cm, Russie, Moscou, Musée Pouchkine, CAL-F-001843-0000 © Archives Alinari, Florence, Dist. GrandPalaisRmn / Fratelli Alinari.

P. 559 : Soutine, Chaïm (1893-1943), *La raie*, vers 1924, huile sur toile, 0, 813 m, New York, The Metropolitan Museum, 1997.149.1 © The Metropolitan Museum of Art, Dist. GrandPalaisRmn / image of the MMA.

P. 560 : Bernard, Claude (1813-1878), *En haut, tête d'un lapin dont les oreilles sont soudées dans leur partie distale. En bas, rats à trompe (pétrodromes)*, Cahier rouge, 1851-1860, Manuscrit 11, feuillet 108, Collège de France, 39 CDF 11 © Collège de France.

P. 572 : La Poulle d'Autr/u/y/che/ [...] [recto] Ah le Bel enfant, Embrasser maman nourice [verso], après 1791, estampe, France, Paris, Musée Carnavalet, G. 25647 © Musée Carnavalet Histoire de Paris.

P. 575 : *La Famille des Cochons ramenée dans l'étable, échec de la fuite de Louis XVI à Varennes*, 21 juin 1791, 1791, Eau-forte coloriée, Bibliothèque nationale de France, département des Estampes et photographie, Reserve QB-370(23)-FT 4 © BnF.

P. 580 : Hergé, Georges Remi dit, (1907-1983), *Tintin au Tibet*, Casterman, 1960, planche 62, D1, 18,16 × 10 cm © Hergé/ Tintinimaginatio – 2024.

P. 588 : Barthélémy l'Anglais, *Le livre des propriétés des choses (De proprietatibus rerum)*, avant 1416, trad. J. Corbechon, Reims, Bibliothèque municipale, ms. 993, fol. 254v.

P. 606 : Hergé, Georges Remi dit, (1907-1983), *Tintin et le Temple du Soleil*, Casterman, 1949, planche 2, C2-C3, 5,6 × 6,2 cm et 10 × 10 cm © Hergé/ Tintinimaginatio – 2024.

PEFC
10-31-1470
Certifié PEFC
Ce produit est issu de forêts gérées durablement, de sources recyclées et contrôlées
www.pefc-france.org

Imprimé et relié en France par SEPEC à Péronnas (01)
Numéro d'impression : 28135241003

IMPRIM'VERT®